アジア国際通商秩序と近代日本

籠谷直人
Naoto Kagotani

名古屋大学出版会

アジア国際通商秩序と近代日本

目　次

緒論　アジア通商網と日本近代史研究

一　本書の課題——非公式的な経済主体と近代日本

本書の課題は、日本人、華僑、印僑、そしてオランダ人らによって張りめぐらされたアジア通商網の存在と、それへの反応を通して近代日本が、どのようにアジア通商秩序の形成に関係したのかを考察することにある。検討の対象とする時代を、一八八〇年代から一九四〇年代初頭までの戦前期に求め、とくに華僑通商網にたいする近代日本の対抗と依存の両面に議論を集中させることになる。

近年のアジア経済史研究は、一九世紀の欧米の東漸に対応して通商活動を活発化させた華僑らの存在に注目するようになった。欧米資本主義のつくりだす世界市場に統合されることによって、近代アジアは植民地化の危機に直面するが、他方において華僑らの通商網の敏感な反応によってアジア市場の拡大を実現させた。日本人貿易商が、国家の財政・金融政策によって後援をうける存在であるとすれば、こうした国家の後援を受けない非公式的な経済主体の通商活動によって、近代アジアの市場機会が創造されるものであることを、近年のアジア経済史は強調している。「西欧の衝撃《ウエスタン・インパクト》」に対応した非公式的な経済主体による市場形成が、ヨーロッパ的帝国主義の課した不平等条約下でのアジアの工業化を促す条件であったとするなら、関税自主権と、通貨を自主的に評価する力とを欠いた一九世紀後半のアジアにとって、華僑らによる通商網は、緩やかではあるが着実な工業化を支える地域「公共財」としても評価しうるのである[1]。そうであるとすれば、工業化過程に注目して来た近代日本史研究は、こうしたアジア通商網の拡張と収縮のなかに、改めて近代日本を位置づけることを課題にしなければならないと考えられる。

本書の後編において強調するように、二〇世紀前半の日本に関わる近代アジア通商網は、華僑に限らず、印僑やオランダ人貿易商の参加によって多様化する。しかし、これまでの近代日本経済史研究においては、三井物産や東洋棉花（一九二〇年に三井物産棉花部が独立して創業）などに代表される日本人貿易商による流通網の拡張と組織化という、「流通支配」の問題には注目するものの、多様な担い手によって構成されるアジア通商網と近代日本との関係を正面から議論することは少なかった。日本製品は日本人貿易商が取引を担うべきものであるとする認識が前提とされ、日本製品取引に参画する日本人以外の貿易商の問題は外在的なものにとどまっていた。それゆえ、本書は、アジア通商網への対抗と依存の両面を通した、近代日本の対アジア関係史を描くことを目標としたい。本書の構成に即して述べれば、前編においては華僑商人の通商網への対抗の側面に、そして後編では依存の側面に議論が集中することになる。そして通商の個別事例として求めるのは、主に戦前期の主要な輸出入品であり、生地製品から加工製品へと高度化する、綿関係商品の取引である。

前編が対象とする明治期日本が、「国民経済」として立ち上がる時に問題とされてきたのが、一九世紀のヨーロッパ的帝国主義の時代にあって、西欧先進国からの「衝撃」にいかに対応するかであった。政治経済的な制度形成によって西欧の水準にいかに追いつくかが国家的な課題であった。しかし幕末開港後に日本へ新たに流入する外国人勢力は、帝国主義の担い手であった西欧人だけではなく、地域によっては中国人も含まれていたことに注目したい。明治期日本の地域における近代化の課題には、国家のそれとは異なる側面も含まれていたのである。したがって、幕末の開港は欧米だけに向けられたものではなく、ともにヨーロッパ的帝国主義によって世界経済に統合されたアジアにも向けられたものであり、それゆえ近代日本は欧米からの「衝撃」とともに、アジアからのそれにも対応する必要があったのである。明治期に刊行された商業雑誌などにおいて、「清国商人の商戦に巧なる、容易に内国商人をして直接に手を清国市場に伸ばすを得せしめざる」[2]といった、在日本華僑商人との通商的な競合面を強く意識する記事が多くみられたことはその現れであった。そして、こうした反応は近代日本の最初の開港場横浜港ではなく、むしろそれ以外の、対アジア関係の強い開港場でみられた。とくに一九〇〇年前後の大阪では、日本人貿易商の対アジア綿布「輸出と言えば朝鮮だけで、［中略］天津、チーフ、ニューチャン、奉天方面へ、［大阪の］川口の支那商を通じて売ったのが始まりで、［中略］支那綿布商は吾々より商売上手でした」[3]と評される状況にあった。

一八八五年四月に森有礼（文部大臣）は大阪商法会議所において、商業教育の充実を訴えたが、その際に強調されたのは日本人商人と在大阪華僑商人との競合の問題であった。

今西洋と支那との関係を考ふるに支那商人は欧米商人に比して資格上更に卓絶なるを覚ゆるなり、余と雖支那人をは萬事に勝れてあるとは思はされとも、商法の点に付ては遙に西洋人の上に在りと信して疑はさるなり［中略］、日本商人は支那商人に比すれはむろん商法上取組の出来兼ぬる商人にして動もすれは彼等の銃丸に中てらるるなり［中略］、実際欧米の商人は正面的に商法上の軍略を為すものにして左のみ畏怖するに及はさるなり、寧畏怖すへきは夫れ彼の支那商人乎、支那商人に至ては多くは正面的より商法の掛引を為さす、隠然に我を襲ひ我の血と肉とを吸い尽して以て徐に引挙け、或は唯一片の骸骨と為りて始めて彼等の術中に陥りたることを発明するの如きの奇談なしとすへからす［中略］、支那帝国（人民に非す）は亡ふることあるも支那商人は決して亡ふることなかるへし、思ふに支那商人の眼中君主なし、政治なし、世界中利の在る処は即ち是彼等の在る所なり、前途坤興の権力を左右する者、遂に支那商人乎、何となれは商業上の権利を掌握する者は総ての権威を指揮すれはなり、日本商人たるもの豈猛省せさる可けんや。(4)

やや誇張された華僑商人への認識ではあるが、「支那商人にも優りたる商人を造出すへき(5)」との主張は、大阪商人の「退守」性への批判もこめられており、近代的な商業教育の充実を企図してのものであった。そして、こうした森の主張は、改組(一八八五年三月)後間もない府立大阪商業学校(現在の大阪市立大学)にもむけられていた。(6)国家の後援を受けない華僑商人の参入への対応として、関西地域においては商業教育面での制度の充実が主張されたのであった。

そして一八九九年一〇月に、この大阪商業学校(同年一〇月に市に移管)を卒業した安川雄之助は(同年同月に三井物産入社)、それまでに大阪の外国人居留地川口を歩いた際に、

支那人や外国人は自国商品や外国商品を盛んに輸入して日本の金を持って帰っている。商品の生産されないのはまだ日本の産業が未熟だからで、これは仕方がないが、これによって生ずる莫大な利益を彼等に独占させておくのは不合理である。これはどうも日本人自ら行わねばならない。(7)

と日本人通商網の形成と拡張を指向していた。

実際に、日本の総輸出額に占める日本人貿易商の輸出額の割合(=直輸出率)は、一八七七年三・六%、一八八七年一二・五%、一八九三年一五・二%、一八九七年二七・二%、一九〇〇年三五・八%へと高まり、輸入面での割合(=直輸入率)も各年ごとに、一・五%、一一・三%、一八・九%、三六・二%、三九・二%へと上昇する。(8)直輸出入はその後も高まり、工業化に対応した日本人通商網の形成は、第一次大戦前までに達成される。それゆ

え、本書の前編は、国家の後援を受けない非公式的な経済主体が張りめぐらす通商網への対抗の側面から、日本人通商網の形成を模索する第一次大戦前の日本の対アジア貿易の特徴を検討する。「国民経済」として近代日本が立ち上がるなかで、華僑通商網への対抗を企図した、直輸出運動や、政府の「産業政策」に呼応した同業組合の形成の問題に注目したい。

第一次大戦前までに日本人通商網の拡張が進み、日本製品は日本人貿易商が取引を担うような通商形態が一般化する。しかし、その後においても華僑商人らの非日本人通商網の存在意義は大きく後退するものでは決してなかった。本書の後編においては、このアジア通商網の多様化とそれへの日本の依存の問題を検討するが、第一次大戦期以降の華僑通商網の存在は、状況の変化に対応して、多様な情報を提供し、日本綿業の加工製品生産への進出（＝産業の高度化）の動因を与えることになったのである。

一九四〇年一一月に開かれた加工綿布取引業者の「座談会」において、伊多波俊吉（田村駒商店）[9]が、

加工綿布の始めは私の方の店では紅天竺、黒天竺これが南洋行きの一番始まりです。大正四年頃か五年頃から私の方では神戸の元町に更紗屋というものがありましてこれが神戸の支那人商館と連絡をとりまして、かういふものが出来ないか、外国から行かないものでありますから、それをやり始めたのが私の方の輸出の始まりでありますが、紅天とか、黒天竺、それが今だにお陰様で商標が通ってをります。[10]

と述べていたように、日本綿業の加工製品への移行は、第一次大戦の勃発によるアジアでの加工綿製品の供給不足に対応した、華僑の情報が動因となっていたのである。

また一九四四年一二月に開かれた、加工綿製品の「売込業者」座談会でも、第一次大戦期における同様な回顧がなされていた。[11]いくつかの発言を紹介すれば、次のようになる。

〈隅谷純三（西宮市中濱町――西澤八三郎商店）〉

［第一次］欧州大戦のときには支那人やロシア人が来て、ドンドン［綿布］を買出した。（第一回、二八頁）

〈圓尾正一（大阪市東区淡路町）〉

綿製品を扱って輸出を始めた元祖は神戸の華商です。支那向、それも北支向ですが、それは［大阪の］川口の華商です。神戸の華商は南洋向をやってをったのですが、それは綿布やなしに綿製品［加工綿布のこと］が主です。（同前、四〇頁）

大正三年ですが、印度への輸出は印度人がやってをりました。綿製品の輸出を発達さしたのは支那人です。支那人が初めて日本の綿製品を輸出したのです。それからそれに続いて少し宛扱い出したのが印度人です。（同前、四〇―一頁）

〈亀山敏太（芦原市打出宮川――亀山商店）〉

［第一次］欧州戦争の勃発によって欧州から荷物が入って来なくなったといふやうなことから、ボツボツ支那人が日本に来ていて、欧州物なんかを買ひに来たことがあります。［中略］色々な見本を出して、こんなものは出来ぬかということになって、ジンスやとか、色々なもの［中略］の引き合いが大正三年頃欧州戦争によって来たわけです。その中には舶来のイギリスや、或いはドイツから入って来てをった、いまのイタリアンとかベネチアンとか、別珍とか、晒金巾類といったものがありまして［中略］それによって啓発されて、こちらでつくるやうになり、輸出するものが殖えていったわけです。（同前、四五―七頁）

大正何年といふ、まだ内地でポプリンが出来ていない時分、舶来ポプリンを支那人が持って来た。それから機屋を呼んで来て、私とその支那人とで、かういふものをこしらへてほしいといふわけで相談してみた。（七六

表0-1　在大阪・神戸華僑の対アジア輸出の構成比（推計）（1925年）

（単位：百万円）

輸出先	大阪		神戸		計		華僑の取引の構成比（%）		
	華僑の取引a	全輸出b	華僑の取引c	全輸出d	華僑の取引 e （a＋c）	全輸出 f （b＋d）	大阪 (a/b)	神戸 (c/d)	計 (e/f)
中　国	125	339	25	111	150	450	37	23	33
北　部	110	198	－	58	110	256	56	－	43
中　部	15	140	25	50	40	190	11	47	21
南　部	－	1		3		4	－		
香　港	－	18	25	35	25	53	－	71	47
東南アジア	－	43	30	99	30	142	－	30	21
小　計	125	400	80	245	205	645	31	33	32
英領インド	－	76	－	69	－	145	－	－	－
綿　糸	12	46*1					26		26
綿　布	73	197*1	50	80*2	123	(277)	37	63	44

資料）大阪市役所産業部『大阪在留支那貿易商及び其の取引事情』1938年7月，59-60，169-87頁。大阪市産業部貿易課『事変下の川口華商』1939年2月，49-55頁。

注記）＊1は対中国輸出。＊2は，対中国と対東南アジア輸出の計。東南アジアは，英領マラヤ，蘭領東インド，タイ，仏領インドシナ，フィリピンの計。－は取引なし。

頁）

〈吉岡甲吉（大阪市住吉区住吉町――田村駒）〉

僕の方は神戸の華商を通してラングーン［ビルマ］に出してをったやうです。それから［蘭領東インドの］ジャバとか、ああいふ方面に神戸の華商を通して大分出してをった。［中略］ラングーンは支那人を通じて初めてやった。（第二回、四五―六頁）

こうした「売込業」者は、綿布生産者と輸出商との間に介在する仲介業者であり、この座談会は、戦時統制によってその「仕事が全部終ってしまった」ことをうけて開かれたものであったが、この回顧談は当時から四半世紀前の日本綿業の加工製品への進出が、第一次大戦の勃発という状況変化に強く反応した華僑の情報に動因を得ていたことをよく示している。大戦という、制度の肥大化と動揺の時期において、華僑などの国家のバック・アップをもたない経済主体の敏感な反応が、産業（国民経済）の高度

表0-2 日本綿布輸出に占める外商の位置（1939年）
（単位：千万碼）

種類	輸出量	外商	〈%〉	輸出単価（円） 日本商	外商
生地	964	260	〈26.9〉	125	64
晒	577	156	〈27.0〉	148	96
糸染	238	103	〈43.1〉	183	183
反染	390	145	〈37.3〉	205	152
捺染	921	630	〈68.4〉	205	52
その他	65	25	〈37.9〉	251	194
計	3,155	1,319	〈41.8〉	161	84

資料）貿易局『貿易業調査書』昭和14年版，1941年12月，71-3，200-2頁。

化の対外的な契機になったのである。

第一次大戦後の日本綿業における加工製品への比重の移動に対応して、日本人通商網もこうした加工綿製品の取引に参入するが、多様な消費需要への対応を求める加工製品の取引には、消費市場の情報収集能力が問われ、日本人通商網は華僑、印僑の通商網との競争に充分な優位を占めることはなかった。前頁の表0-1は、一九二五年の大阪と神戸における華僑の対アジア輸出取引の構成比を推計したものである。大阪・神戸の主要な輸出ルートは、〈大阪—東北・華北〉（一億九八〇〇万円）、〈大阪—華中（主に上海）〉（一億四〇〇〇万円）、〈神戸—南洋（香港をふくむ東南アジア）〉（一億三四〇〇万円）の三つであり、在阪神華僑の取引額は、それぞれ一億一〇〇〇万円、一五〇〇万円、五五〇〇万円であった。三つの通商ルートのなかで、華僑の取引は、それぞれ五六%、一一%、四一%を占めたことになり、華僑は〈大阪—東北・華北〉と〈神戸—南洋〉の二つの通商ルートにおいて主要な担い手として存在していたのである。(12) 神戸華僑の場合、一九一〇年の神戸における対アジア輸出に占める取引シェアが二三%であったことを考えれば（後掲表3-12）、第一次大戦後の日本の華僑通商網への依存度の高まりは、近代日本経済史研究が考察の対象に据えるべきものであると考える。

本書が通商の事例に求める綿製品取引に即してみるならば、表0-2に示したように、一九三九年においても日本綿布の輸出において、その四割は外国人貿易商によって担われていたことがわかる。とくに外国人貿易商は、捺染と糸染において重要な取引の担い手として立ち現れていた。そして日本人綿関係商社のトップに位置した東洋棉花の、一九三五年上半期における品種別綿布の販売状況を整理した表0-3をみても、加工製品の販売において、東洋棉花は、神戸と大阪（川口）に居住する外国人貿易商への販売に約三割も依存していたことがわかる。第一次大戦前に華僑通商網からの離脱を企図して拡張された日本人通商網は、産業の高度化に対応して、再び華僑らの外国人通商網との相互依存関係を模索するようになったのである。

本書の後編では、こうしたアジア通商網への依存性を議論する。華僑、印僑などの非公式的な経済主体の外的な刺激への対応能力が、近代アジアのダイナミズムを形成していたとすれば、第一次大戦後の日本綿業のアジア通商網への依存の問題を考えることは不可欠であろう。なかでも大恐慌後の一九三〇年代という制度の動揺期を対象に、アジア通商網の敏感な反応を通して形成されるアジア国際秩序のあり方について述べてみたい。

表0-3　東洋棉花の綿布販売先（1935年上半期）

（単位：千円）

売　先	生　地	晒	色　物	計
関東州	**11,956**	780	2,368	**15,104**
中華民国	－	1,272	174	1,446
英領インド各店	**25,000**	**6,336**	**7,099**	**38,435**
海峡植民地	280	165	896	1,341
香港	1,653	531	2,160	4,344
フィリピン	155	25	378	558
タイ	1,055	2,224	2,933	6,212
セイロン	－	－	7	7
ビルマ	210	45	991	1,246
蘭領東インド	2,548	1,987	**7,429**	11,964
ヨーロッパ	1,017	317	1,048	2,382
スミス・マッケンジー社	2,140	－	811	2,951
アフリカ	2,915	457	765	4,137
オーストラリア	2,647	250	428	3,325
北米合衆国	828	478	1,657	2,963
南米	2,055	63	1,202	3,320
ハラヂアン	1,610	460	940	3,010
その他	225	－	215	440
神戸・川口	3,699	**4,064**	**13,679**	**21,442**
朝鮮	4,372	1,473	3,045	8,890
計	64,365	20,927	48,225	133,517
対紡績企業からの仕入	12,952	－	6,891	19,843

構成比（%）

売　先	生　地	晒	色　物	計
関東州	**19**	4	5	**11**
中華民国	－	6	0	1
英領インド各店	**39**	**30**	**15**	**29**
海峡植民地	0	1	2	1
香港	3	3	4	3
フィリピン	0	0	1	0
タイ	2	**11**	6	5
セイロン	－	－	0	0
ビルマ	0	0	2	1
蘭領東インド	4	9	**15**	9
ヨーロッパ	2	2	2	2
スミス・マッケンジー社	3	－	2	2
アフリカ	5	2	2	3
オーストラリア	4	1	1	2
北米合衆国	1	2	3	2
南米	3	0	2	2
ハラヂアン	3	2	2	2
その他	0	－	0	0
神戸・川口	6	**19**	**28**	**16**
朝鮮	7	7	6	7
計	100	100	100	100

資料）『東棉四十年史』資料より。
注記）太数字は，各計の過半を構成するもの。－はなし。

二　日本近代史研究とアジア通商網

ところで、これまでの日本近代史研究は、多様な通商の担い手によって構成される近代アジア通商網の敏感な反応が生み出すダイナミズムのなかに日本を位置づけることを課題とはしてこなかった。それは日本近代史研究の課題としてきた、「国民国家・経済」形成という制度形成史の分析視角に強く関わっていたと考えられる。おおよそ以下の四つの視角が問題となろう。

まず第一は、「国民国家」のような「纏まり」を追求する視角の問題である。一九世紀後半以降の近現代を対象にした日本史や東洋史研究は、「国民国家・経済」のような公式的な「纏まり」を有する政治経済的な枠組みや、それらを形成しようとする史的展開を考察の対象にしてきた。経済史であれば輸入代替型工業化過程を重視する産業発達史、政治史では主権の主張とその所在を確定しようとする制度形成史や、主権の奪取の過程を変革主体に即して議論した、農民、労働者、そして市民を含めた社会運動史が、中心的な課題であった。とくに近代日本史研究は、自らがアジアにおける最初の「国民国家」としての制度的整備を果たしたことを強く意識して、これに続くアジアのナショナルな主張に強い関心を払ってきたと言える。アジアの「国民国家」建設の動きを日本に追随するものとして高く評価するとともに、時にはそれを「超克」する姿勢を用意してきたのである。しかし、こうした公式的な「纏まり」や国家的な求心力への関心の強さは、かえって公式的な「纏まり」を持たないような、また持とうとしないような、華僑、印僑などの経済主体を歴史学の対象に据える機会を少なくしてきたと言える。東洋史において華僑が議論されるのは、孫文との関係を通して、華僑が新しい中国の国家体制の再編に関係した場合に限定されてきたのである。

第二は、経済史研究における「自給」と、その対極にある「相互依存」の問題である。これは、経済史研究における「生産」と「流通」の問題と言い換えることもできる。近代日本を対象にした経済史研究は、「国民経済」としての求心力を追求するなかで、輸入代替型工業化（＝アジアの「産業革命」）を高く評価し、国内に雇用機会を提供する製造業を主軸に、そして流通過程をそれに付随する副軸として描いてきたと言える。それゆえ日本経済史研究は、国内で供給しえない財をめぐる他国や他地域との通商的相互依存関係を、日本の「脆弱」性と読み換え、[13]勢力圏内における「自給」体制の形成に強い関心を払ってきた。また副次的な関心となった流通経済史においても、日本人による通商網の制度形成と組織化には高い関心を示すもの[14]の、日本人製造業者の外国人通商網への依存の問題には十分な関心を払うことなく、むしろ否定的ですらあった。アジアにおいて最初の「国民国家・経済」国であればこそ、近代的商品を自給（＝輸入代替化）する製造業を中心とした「纏まり」と、「均質」的な実体を追求する分析視角が歴史学の方法として優先されたのであり、流通過程に存在意義を有する華僑、印僑などの「不均質」な存在がつくりだすアジア通商網の存在と近代日本との関係は副次的にならざるを得なかったのである。

第三は、この第二の問題とも関わって、日本人通商網の実態に規定された近代日本流通経済史研究の分析視角[15]が、横断的なアジア通商網を可視化することを難しくさせていた点である。実態として、日本人貿易商は、アジア市場での取引を展開するなかにおいても、日本人投資の製造企業にかかわる原料仕入れや製造品販売に強く結びついていた。それゆえ、そうした日本人通商網の実態を検討することは、生産過程を拠点とする「領域」性の強い通商網を考察することにつながり、そのなかでの外国人貿易商との競合問題を議論することはあっても、領域を越えたアジア間の横断的な通商網そのものを考察の対象とし、その動態のなかに近代日本を位置づけることは視野の外に置かれる傾向にあった。日本人通商網は、日本人によって担われる生産過程に強く規定される存在であり、これは、自国品以外の多様な原産国品の取引に参入するような、領域性を前提としない、華僑、印僑、そしてオランダ

表0-4　日本人貿易商による外国内取引と対第三国貿易の推移

（単位：百万円）

年代	満洲			中国			東南アジア			英領インド			アジア計			その他とも計		
	国内	対外貿易		国内	対外貿易		国内	対外貿易		国内	対外貿易		国内	対外貿易		国内	対外貿易	
		輸出	輸入		輸出	輸入		輸出	輸入		輸出	輸入		輸出	輸入		輸出	輸入
1927				**217**	103		81	74		33	90		331	267		367	375	375
28				**287**	93		50	68		26	92		363	253		395	320	320
1929	26	0	0	**251**	**110**	0	20	69	0	26	88	0	323	267	0	364	386	386
30	21	88	5	**199**	39	**118**	14	68	14	24	83	17	258	278	154	291	352	352
31	43	67	21	**130**	30	**114**	17	34	33	15	51	14	257	241	179	273	371	371
32	55	88	26	**295**	42	**120**	13	56	14	17	51	14	380	241	181	433	404	404
33	38	**107**	44	**402**	53	**105**	27	**148**	29	18	57	20	476	335	195	566	467	467
34	99	99	50	**357**	52	82	65	**210**	26	12	56	31	531	416	191	801	538	538
35	**127**	94	53	**544**	64	67	52	**216**	24	15	69	37	738	443	181	928	563	563
36	**136**	99	43	**400**	47	43	69	**312**	24	19	60	54	624	518	164	742	622	622
37	**167**	96	72	**140**	23	29	**105**	**304**	22	8	53	9	420	479	132	601	599	599
38	**299**	**125**	不明	**243**	34	不明	61	**219**	不明	8	80	不明	611	458	不明	841	569	569

資料）商工省貿易局『本邦人商社ノ経営ニ係ル出商業取引』1931年版（1934年1月），32年版（34年12月），33年版（35年11月），35年版（38年3月），36年版（39年3月），37年版（40年7月），38年版（41年8月）。同『海外邦人商社ノ出商業取引』34年版（36年10月）。同『本邦人経営ニ係ル内外商社ノ出商業取引』29年版（31年3月）。

注記）太数字は100百万円以上。1927〜28年の満洲は，中国に含まれる。

人貿易商とは大きく異なる特徴であった。

表0-4は、一九二〇年代末からの日本人貿易商の外国内と対第三国貿易における通商活動の実態を整理したものである。比較的多額なものに注目すると、外国内取引においては、中国内と三五年以降の「満洲国」内、対第三国貿易としては中国での輸入と三三年以降の東南アジアからの輸出において、日本人貿易商が深く関係していることがわかる。中国と「満洲国」における国内取引は、綿関係商品や大豆、小麦粉などの日本人製造企業の供給する製品が中軸であり、とくに中国内では日本人投資の在華紡製品の取引が中心であった。そして対第三国取引においても、中国の輸入はアメリカ合衆国からの棉花取引が中心であり、在華紡への原料供給であった。また東南アジアからの輸出においても、これらは日本人の投資になるゴム生産を背景にした対アメリカ合衆国輸出の拡大が中心であった。[16] つまり外国内取引と対第三国貿易における日本人通商網の拡張は、日本人製造業にかかわる商品取引が主な内容であり、非日本人生産者の商品取引に参入

することは稀であった。「出商業」とよばれた外国内と外国間貿易においても、日本人通商網のひろがりは、日本人による生産投資の範囲におさまるような、領域性を有するものであったことになる。そうであるとすれば、そうした特徴をもつ実態を検討することは、当該国の製品はその国に出自を有する貿易商が担うべきであるとの認識を強めることになり、アジア市場において自国品ではなく、むしろ日本製品の取引を求める外国人貿易商の存在を副次的な問題として位置づけることになったと言える。

そして第四は、近代日本の対アジア関係史の主要な課題であった、植民地史の分析視角の問題であった。戦後の日本史研究は、植民地を放棄した戦後の「小日本主義」的意識を前提に、戦前期の日本の植民地部分を「外部」化し、近代史における日本「国内」史と「植民地」史を、それぞれ別個のものとして議論する傾向を有した。両者の関係を議論する場合においても、前者が後者を一方向的に規定（＝搾取）する日本「帝国主義」史論として描いてきたと言える。[17] そして、こうした帝国主義史としての対アジア関係史は、内的な求心力と外的な排他性を有する「国民国家」日本を「中心」に、その外部を「周辺」と据え置くような、対アジア序列化認識を強めるものであった。そして、こうした対アジア序列化認識は、日本近代史研究のなかにアジア間の横断的連携を通した相互依存関係を考察する視点を得がたくしてきたのである。また、日本帝国主義史研究の視角からすれば、華僑や印僑らの存在は、中国や英領インドといった、先進工業国を頂点とする序列のなかで下位に位置づけられる存在と照応するものであり、彼らの通商活動における主体性は議論の対象とはなりにくいものであった。

あくまでも近代日本の対アジア関係史は、「国民国家」日本の攻勢的な「大陸国家」への変質過程に関心を有し、あわせて一九三〇年代の侵略戦争突入という、経済的にはコストのかかる非合理的な方途を選択した日本の構造的な脆弱性に注目してきたのであり、国民国家の〈形成→変質→限界〉という、求心力の過度な高まりと秩序破壊的な進行に関心を払ってきた。もちろんこれらの研究は、ふたたび日本がアジア国際秩序の均衡破壊の担い手となることに強い警戒を示唆する貴重な歴史研究成果を蓄積してきたが、しかし他方において、こうした近代日本史研究が前提としてきた対アジア序列化認識は、アジア間の横断的な「秩序」形成の問題を視野の外に置いてきたことは上述の通りである。それゆえ、近年の「アジア交易圏」論[18]、「アジア間貿易」論[19]、「近代アジア流通ネットワーク」論[20]といった、必ずしも領域性を前提としないような、環海の都市間の横断的な空間に近代アジアのダイナミズムを求める議論に対して、近代日本史研究はあまり反応を示してこなかったと言えよう。それゆえ本書では、国家的な制度形成史に共有される、内的な求心性と外的な排他性の視点からは捕捉できなかった、横断的なアジア通商網との関係を通して、近代日本の特徴を捉え直したいのである。

三　華僑、印僑を可視化する視角と「地域」

前節で述べたように、華僑、印僑といった非公式的な経済主体のつくりだす通商網の実態とその意義を理解することは、「国民国家・経済」といった、求心力と排他性を有する公式的な制度の形成に強い関心を払う視角からは、難しいものであった。そしてこの視角の問題は、なにも歴史研究上のそれに限られるものではなく、現在の日本社会においても当てはまる問題であった。例えば近年、インドネシアにおいて民族主義的な求心力が高まった際、インドネシア華僑が排斥の対象になったが、日本社会はマスコミ報道を通して、スハルト体制後の新しい国家体制の行方については強い関心を払ったものの、「この［華僑・華人の］悲劇について殆ど関心を示さない[21]」状況であった。日本は、歴史学の分野においても、現代社会においても、国家的な求心力を背景にした均質的な「纏まり」を希求する視点を優先しており、非公式的な主体の実態や悲劇に注意を払うものではなかったのである。

しかし、これまでに日本社会が、こうした非公式的な経済主体に、まったく関心を示さなかったというわけではない。彼らが注目を集めた時代があったのであり、それが本書の前編と後編で取り上げる二つの時代である。

まず第一は、まさに「国民」という均質的な「纏まり」を強く意識するようになった時代である。前編で検討するように、日本社会は、一八八〇年代以降の条約改正にともなう「内地雑居」問題を議論するなかで、内的に均質なものとしての「国民」を強く意識するとともに、華僑通商網の存在を認識するようになる。条約改正は一八九九年に決着をみるが、そこに至るまでの約二〇年間にわたって、日本社会は、居留地の撤廃によって新たに流入するであろう華僑商人や労働者の存在を「不均質」な存在として意識し、それにたいしていかに対応するのかを議論した[22]。排斥という対応に出るものでこそなかったが、アジアからの衝撃と華僑通商網からの脱却（＝否定）を追求するなかで、華僑の存在に強い関心を払ったのである。当然のことながら、こうした姿勢のもたらすところ、日本人通商網が拡大して行き、工業化に伴う日本製品の輸出取引を華僑通商網から奪取するに及んで、彼らへの関心は大きく低下した。

そして、もう一つの時代は、本書の後編で取り上げるように、日本社会が「地域」概念に政治的な意味合いをもたせながら、華僑と印僑の通商網を対抗の対象ではなく、むしろ利用する対象として認識した、一九三〇年代から四〇年代初頭であった。次頁の図0-1は、最新の『華人・華僑関係文献目録』[23]を整理して、戦前期からの華僑・華人関係の日本語刊行物数の推移を概観し、日本社会の華僑に対する関心の推移をみたものである。これから読みとれる特徴としては、日本社会が華僑に関心を有したのは、三〇年代後半から四〇年代初頭、六〇年代から七〇年代前半、八〇年代から九〇年代のほぼ三つの時期であることがわかる。なかでも第一期の刊行物の集中が顕著であった。第一期の集中は日中全面戦争後に東南アジア華僑を戦略的に検討した結果であり、第二期はアジア経済研究所が主導した「地域研究」プロジェクトが目立ち、なかでも東南アジア地域を対象にした、華僑の「幇」ごとの言語集団や会館についての調査研究が多かった。そして第三期はとくに八〇年代後半からのアジア経済の台頭に有

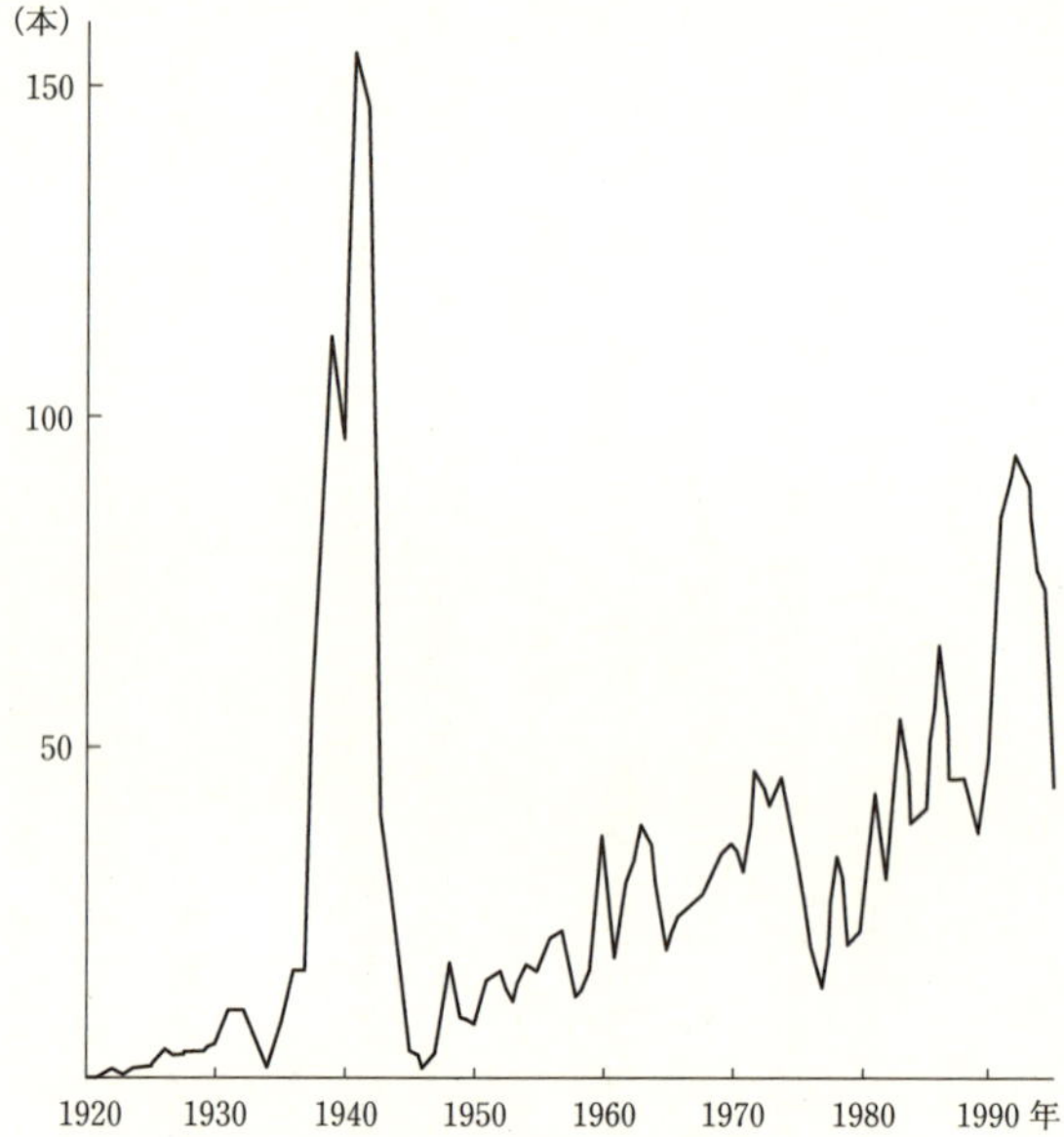

図 0-1　華僑関係日本語文献刊行数の推移

資料）福崎久一編『華人・華僑関係文献目録』アジア経済研究所，1996年８月，1-84頁。
注記）論文，著作も各１本として，各年ごとに集計した。

意な関係を有した「華人・華僑経済圏」への強い関心であった[24]。つまり、これらの三つの時期の共通点は、日本社会が、ネイションを越える「地域」の主体性に強い関心を払ったことであり、「国家主義《ナショナリズム》」ではなく、「地域主義《リージョナリズム》」の時代であった。

とくに第一期の日本の華僑研究が集中的であったのは、この時期に日本における「地域主義」の主張が最も先鋭的に登場したことと大いに関係していた。一九二〇年代後半からの「満蒙」地域への関心の高まりが、三一年九月の満州事変につながる対外膨張志向を形成したことは周知の点であるが、「満蒙」、そして後には「東亜」、「亜細亜」といった地域概念の創造と主張は、当時の主流とも言える三つの「国民国家」的システムへの挑戦でもあった[25]。第一は内政的なものであり、戦前期の政党政治の頂点とも言える民政党浜口雄幸内閣への挑戦であった。世界的金本位制への復帰を綱領に、対外協調路線を採る幣原外交への挑戦は、到達点としての政党政治の否定をも含意していたのである。第二は、三三年の国際連盟脱退にみられるように、民政党内閣が標榜した国際協調システムとしての国際連盟の普遍主義の否定であった。国際連盟が国民国家間の協調システムであったとすれば、満洲事変はそれへの挑戦でもあったのである。

そして第三の挑戦が、一九二八年六月の北伐の完了以降にみられる中国のナショナリズムの高揚と、その「国民国家」化の否定であった。三〇年代の中国は、後述するように「国民経済」の要件である、(1)関税自主権、(2)自国の通貨価値を設定しうる主体性（＝通貨設定権）を回復する過程にあり、日本はそれへの対応を迫られていた。さらに三六年末の西安事件は、国民党と共産党との連携によって中国の「国民国家」的統一が目前に迫ったという様相を日本に与えたのであった。日本はこうした中国のナショナリズムの高揚に対応する必要があったのであり、中国国民党を「対手トセス」といった主張自体が、中国を「主権国家」と観た日本側の認識にもとづくものに他ならなかった。そうしたなかにおいて、三〇年代の日本の思想界においては、中国の国家的統一を承認したうえで、ネイションを越える「連携」によって日本国内の社会変革を模索する潮流もみられたが[26]、そうした方向は対中国軍事的侵略によって後景に退くことになる。むしろ日本は中国の国家的な統一を追認せずに、むしろ解体、または「超克」するような「地域」概念を様々に唱え、攻勢的な対応を選択したのである。いわば日本の「地域主義」は、アジアにおける「国民国家」を単位とする政治システムの形成と成熟への攻勢的な志向を有したのであり、日本社会は、こうした攻勢的な「地域」概念を創造し、主張するときに、改めて華僑を可視化するようになったのである。

具体的には、一九三〇年代の中国のナショナリズムの高揚に呼応した、東南アジア華僑の対日本製品ボイコット運動の高まりに直面するなかで、日本は華僑通商網の実態を考察する対外的契機を得た。さらに「今次の支那事変を契機として、新亜細亜の自救と確立とは今後我が日本に課された重大使命である。この歴史的使命は、わけても支那人の協力を必要とする[27]」と主張されたように、対抗する対象として華僑を認識した一九世紀とは異なり、三〇年代の日本は中国の国家的統一を否定する「地域主義」の担い手として東南アジア華僑を取り込むことに期待を寄せながら、その実態調査に乗り出したのである。日本における本格的なアジア経済史研究の始点がここにあった。

国民国家としての「纏まり」に関心を集中させる「国家主義」の時代には、華僑への関心は希薄（または排他的）であり、「地域主義」の展開に政治的な意味を持たせようとする時代になって、華僑の存在に関心が持たれるという展開は、その後の二つの時期にも当てはまる。まず六〇年代以降には、戦後冷戦下における共産圏としての統一中国への対抗として「東南アジア」地域概念がつくられ、「地域研究」の一環として東南アジア華僑研究が進められた。また九〇年代にも「中国の改革・開放以来、海外に居を構えた中国系の人々——華僑・華人は中国の経済発展の助っ人として世の注目を集めた(28)」と言われたように、中国の開放政策に対応した「華南経済圏」の台頭やアジアＮＩＥｓの成長という「地域」の勃興が注目を集めた(29)。日本社会が華僑に注目するようになるのは、中国の体制変化に対応しながらその周辺「地域」に注目し、こうした「地域」の主体性に強い期待を寄せる時期に他ならなかったのである。

四　戦前期日本における「通商政策」の不在

戦前期の日本社会は、本書の前編と後編に照応する二つの時代にあって、華僑通商網を対抗と利用の対象として可視化したのであり、とくに、一九三〇年代にあっては、華僑通商網の実態と意義そのものを考察しはじめる機会を得たのであった。しかし、そうであったとしても、日本は中国の「国民国家」化への対応策として、いかに華僑を利用するのかという視点を優先していたのであり、華僑通商網のなかに日本を位置づけ、領域性が強く支配する近代日本の「国民経済」を相対化する契機を持つことはなかった。それゆえ、日本の政治は、日本と華僑通商網との通商的相互依存関係を対外政策に反映させることを追求することはなかった。日本製品の輸出拡大が華僑通商網への依存を通して支えられていたことを十分に認識していれば、日本がそれを破壊するような、対アジア軍事侵略を選択することはなかったのではないかと想定することは、歴史に「もし」を持ち込むものであるが、少なくとも華僑通商網の実態とその意義を認識しながら、近代日本の有する領域性を相対化する契機を持つことが必要であったと考えられる。

もっとも、日本と華僑通商網を相互に秩序づけることは、現在の日本政治においてさえなされているとは言いがたいが、とくに戦前期においては、政府機関のあり方を通して、対外的な通商政策が副次的に位置づけられていたこととも深く関係して、全く不十分なものであった。すなわち、戦前期の日本の政府機関には、通商政策を検討する単独の機関がなく、通商問題は割拠的な各省間の政策立案の狭間に据え置かれる傾向が強かったのである。綿業通商摩擦問題が真剣に議論された一九三〇年代において、三六年五月に外務省を依頼免官した川島信太郎がその翌六月のある座談会において語った内容は、日本政府内における対外通商政策を立案する主体の欠如であった。

アメリカでは最近商務省というものと国務省というものと一緒になりまして、関税委員会がそれに加はりまして現にそれがため外務省にも条約局というものをわざわざ作った、ドイツでは経済省、フランスでは商務省、イギリスでは海外貿易省と云う機関がありまして貿易のため政策を考へ実効している［が、日本でも］一番必要なことはそう云う中枢機関を作るということです、貿易参謀本部、貿易省と云ひますか、さう云ふものを作ることです。[30]

と川島が強調したように、当時の日本の政府機関は、通商問題を検討する中枢的な機関を欠いていた。三〇年代までの日本の政府機関における「対外通商事務は各方面に分散するのみにて、之を統括し其の政策を決定する中枢機関を設置[31]」することが急がれていたのである。

たとえば、綿業通商摩擦問題の台頭した一九三〇年代において日本政府内部では、この問題をめぐって、商工省が「官民で委員会」を作り、外務省が「通商審議会」を開き、大蔵省が「関税調査会」を開くといった、分立割拠的な状態が現れていた[32]。大蔵省は「関税権」を有する「関税政策」の立場から輸入（または関税）の側面については強い発言力を有し、商工省は「産業政策」の立場から「輸出統制」をもって対外政策を検討した。そして外務省は条約に関わる「外交政策」を担当するものの、「通商政策の方のことまでやると云ふ外務大臣はとてもいない」状況であった。つまり戦前期日本の「通商政策」は、各省間の割拠的な執務状態を背景に、各省の「関税政策」、「産業政策」、「外交政策」の主張の力関係のなかで選び取られるような、主体性の乏しいものにならざるを得なかったのである。

とくに、相手国との貿易収支均衡が必要となった一九三〇年代において、相手国からの輸入促進（財政支出を通した購買力増進や輸入関税引下げ）について大蔵省は「聞かない」し、自国の農産物保護のために農林省も同様の態度に出るなかで、ひとり商工省が輸出統制によって相手国に「御機嫌をつかっている」のみであり、結局は通商摩擦問題が加熱するにともない、大蔵省の主導のもとで、「関税報復といふ様に喧嘩をする[33]」途を選ばざるを得なくなったのである。三四年四月に制定された「通商擁護法」は報復関税条項をふくむものであり、対日本貿易黒字国のカナダとオーストラリアにたいして発動されたが、川島はその発動の「主管が大蔵省に委任せらるる如き無自覚の状態」を懸念し、あわせて日中戦争（一九三七年七月）後の貿易統制（同年九月の「輸出入品等に関する臨時措置に関する法律」公布）についても、大蔵省主導の狭隘な選択肢の結果と批判していた[34]。

そして、ここで注目したいのは、こうした一九三〇年代の各省間の割拠的な状況を背景にした対外的通商政策の不在は、一九世紀後半に「国民国家」として日本が立ち上がるなかでの帰結であったという点である。「国民経済」を形成する上で必要な制度的な要件と深く関わっていたからである。各アジア地域の近代史が描くように、一九世紀後半のヨーロッパ的帝国主義の時代にあって、アジア後進国の経済的自立には、

(1)関税自主権（輸入関税率設定権、および徴税権も含む）の確保
(2)自国の通貨価値評価をめぐる主体性（通貨設定権）の回復
(3)国内におけるインフラ整備（銀行、鉄道、電信など）をめぐる主体性の確保

などの要件が必要であった。植民地においては、いずれの要件も本国によって占有されており、これまでのアジア植民地を対象にした政治経済史は、本国からの独立を達成する経済過程を、これらの要件の回復の過程として描いてきた[35]。とくに前二者をめぐって、英領インドでは一九二〇年代から綿製品の輸入関税において、(1)を回復する傾向にあり[36]、そして中国では三〇年代に(1)と(2)を回復する[37]。

そして、近代日本に目を向けるならば、日本は一八九九年の条約改正によって、(1)関税自主権の回復をはかり（実質的には一九一一年以降）、一八九七年の金本位制への移行によって、(2)の要件をも取得するようになったことが知られている。そして注意したいのは、日本の場合には、こうした「国民経済」の要件を欠如させていた一九世紀後半において、それらを補完しながら工業化を促進させる条件として、農商務省（八一年設置）の「産業政策」が重要な意味をもった点である。具体的には、農商務省の「同業組合準則」の公布（八四年一一月）や、商品陳列所の設立（九六年開館、大阪商品陳列所は九〇年に設立）などである。後進国における「産業政策」の重要性がここにあり、戦前期日本において農商務省（後の商工省）の主体性が発揮された理由もここにあった。

そして、世紀転換期に「国民経済」の要件を獲得して以降も、「産業政策」の主体性は継続するが、一八九九年の条約改正を契機に、さらなる国家的な求心力を高める近代日本は、前述のように大蔵省、外務省、商工省の各省が、それぞれ「関税政策」、「外交政策」、「産業政策」を割拠的に担うようになる。「輸入の方に対しては大蔵大臣の所管であり農林大臣の所管である、商工省、外務省だけが輸出の方を考えるといふ様な［中略］珍しい現象[38]」

が、戦前期の日本において生じるのはこのためであり、こうした割拠的現象は、一九世紀の帝国主義の時代において後進国日本が「国民経済」を立ち上げるなかでの帰結に他ならなかったのである。そして一九三〇年代には、外務省通商局（一八八六年設置）と新設の商工省貿易局（一九三五年設置）とは「益々対立の関係」にあり、広田弘毅内閣期の両局併合案も実現しないような、分立的な構造ができあがっていた。[39] 各省ごとの政策の追求と連携の不足は、アジア通商網を認識しながらも、それを政治的に秩序づけるような「通商政策」を具体化させることを阻んだのであり、[40] 結局、戦前期日本の「通商政策」は、「産業政策」と「関税政策」と「外交政策」のせめぎ合いのなかで、それらよりも下位に位置づけられる他なかったのである。本書の後編において指摘するように、外務省と商工省は、日本をも包摂するアジア通商網を認識しえていたと思われる。しかし、それを政治に投影することが少なかったことは、こうした「通商政策」の主体性の不在に基づくものであった。

五　日本近代史研究における「地域」

第三節で指摘したように、日本社会の華僑への関心は、国家的な求心力が高まれば希薄となり、他方で、求心力がやや弱まり、「地域」の主体性に期待がもたれると彼らへの関心が強まるという、約三〇年周期の「振り子」の運動にも似た展開を示した。二〇世紀における三期にわたる日本の華僑研究の興隆は、政治的にも経済的にも「地域」の主張が強まることを背景にしていた。

しかし、日本における「国家主義」と「地域主義」の交錯は、極めて対抗的なものであり、「振り子」の運動のような予定調和的なものではなかったことにも注意しなければならない。一九二九年後半の日本国内は、先述のように政党政治の成熟期であり、関東軍の唱える「満蒙」権益を重視する「地域主義」は十分な支持基盤を有するものではなかった。それだけに中国の国家的統一に挑戦する「地域主義」は、「事変」という劇的な方途を採らざるを得なかったのである。[41]「地域」概念の創造と主体性が、アジアにおけるそれぞれの国家的な「纏まり」の形成に挑戦するものであってみれば、日本社会にとっての「国家主義」と「地域主義」の交錯は、いわば化学反応にも似た劇的な展開を伴うものであった。

それゆえ、戦後の日本近代史研究は、「小日本主義」に立ちながら、「国民国家・経済」の形成史に強い関心を払うなかにおいて、こうした「地域」の主体性にたいしては、かなり慎重であったのであり、むしろ、戦後の日本近代史研究が「地域」を議論するときには、国家の再編や秩序形成に貢献するような「地域」の主張のみを取り上げる傾向を有した。つまり、「地域」の自己主張を国家再編を促すエネルギーの源泉として位置づけるものの、「地域」そのものの自立的展開の問題は、外在的に扱われてきたと言える。[42]

また一九六〇年代の〈芝原拓自―遠山茂樹〉論争が示唆したように、日本近代史にとっての「地域」は、一九世紀後半のヨーロッパ的帝国主義諸国の影響下においてアジア間の利害が衝突する「矛盾」の集積地として議論され、[43]決して「秩序」形成の場としては考察されてこなかった。それゆえ、日本近代史研究は、近年の「地域」の主体的な側面から観た歴史学の潮流にやや距離を置く傾向があると言えよう。[44]そうであるとすれば、「地域ネットワーク」概念を通して近代アジアのダイナミズムを描こうとする濱下武志氏らの試みと、[45]日本近代史研究の方法とが、どのように関係するのかが問われているように思われる。

濱下氏らの描く近代アジア「地域」史は、資産などの上方への積み上げに意義を見いだすストック型の近代的発達史観ではなく、むしろ横断的に「繋がる」、または「繋げ変えうる」ような、人・財・通貨・情報の交錯に関心をもつフロー型のそれであった。そして政治史としては、前者を「主権国家」形成として、後者を「宗主権」的統治として整理し、後者の歴史的表現としての地域秩序=「朝貢システム」を想定した。「組織」ではなく、「ネットワーク」からみたアジア史の模索とも言える。九〇年代初頭に提唱された濱下氏らの「アジア交易圏」論は、これまで主流であった「西洋中心史観」の相対化を企図したものであり、あわせて地域を「矛盾」集積の場として位置づけるのではなく、むしろ広域「秩序」形成の場として描く試みであった。そして近年のアジア「地域」史研究の契機を、「一九世紀以来各民族の熱望の的であった『国民国家』が、その矛盾を露呈させつつある(46)」ことに求める濱下氏らの表現は、日本近代史が主流としてきた「国民国家・経済」形成史観の相対化へと比重を移しているように考えられる。

しかし、より重視したいのは、こうした「地域」史研究が、国境という領域性に限定されるのではなく、アジアの環海の都市間に広がる「地域ネットワーク」の拡大と収縮に注目することで、そのなかで通商活動を展開する華僑と印僑の役割に光を当てることにつながった点である。通商網の性格を濱下氏のネットワーク論に即して考えれば、それは制度的な「組織」ではないために、「本社」が担うような全体を把握する機能を持たない。その意味ではネットワークには国家的な領域性が無いのであるが、そのことは逆に、様々な政治形態と並存しうることを示していた。このことは本書の第九章での論点と関係するのであるが、華僑と印僑の通商網は、独立国の日本、英領植民地の香港・英領マラヤ・英領インド、半植民地的状態の中国南部、そして戦間期には中国共産党の影響下にある地域に繋がっており、異質な国や地域を含めた様々な政治形態を繋げる役割を果たしていた。つまり、「地域ネットワーク」は、「幇」にみられる「共同」性を通したある種の信頼関係を前提に、取引コストを引き下げる機能と、領域性が支配する政治形態を相対化する機能を有していたのである。そうであるとすれば、アジア通商網は、領域性を前提とする日本人通商網と、領域性に支配されない華僑・印僑通商網との共存を特徴としていたのである。

本書においては、こうした「地域」の視点を導入することで、環海の都市の有した近代化の課題も、領域性を前提とする国家が目指したそれとは異なる、多様な側面を持っていたことが理解できると考えている。たとえば、本書が多く言及する神戸港に注目するならば、神戸港の開港は、西洋への開港という側面だけではなく、むしろ華僑商人が優勢を占める「アジアへの開港」という側面をも有していた。日本の開港は、アジアにも向けられていたのであり、その時、そこに姿を現したのは華僑商人の海であった。これは、欧米にキャッチ・アップすることを課題とする国家的な視点からは可視化できない側面であった。

次頁の表0-5は、一八七三年の神戸港の輸入を、商品とその輸入先に即して整理したものである。輸入額の上位に現れる綿製品は、通史的理解においてはイギリスに代表されるヨーロッパからの輸入品とされてきたが、ここでは「後進国」の中国からのものであった。つまり、伝統的な日本の綿織物業に輸入圧力を加えていたのは、神戸港の場合、中国からの輸入綿布だったのである。依拠した資料の性格上、この輸入された綿布がどこで生産されたものかは判然としないが、古田和子氏(47)が強調するように、上海に一旦陸揚げされたイギリス・ランカシャー製品であった可能性が高い(48)。一八七〇年代の神戸において「支那ドンスとして支那商人が市井に販売して居た緞子はマンチェスターの綿ドンスであった」のである。そうであるとすれば、一八七〇年代の神戸港とその後背地は、この「上海ネットワーク」への依存と、そこからの脱却を、地域での近代化の課題としていたことになる。

表0-6は、つづく一八八〇年の前半の神戸港の輸出入商品の上位を、英領香港を念頭において、前年分と比較したものである。ここからは香港からの外国製綿糸の輸入が急速に高まったことが確認できる(49)。これらの輸入綿糸の原産国もここでは判然としないが、一八七〇年代の中国において綿糸紡績業の展開が弱いとするならば、上海と同様に中継貿易港として立ち現れる香港からの、イギリス製、またはインド製の綿糸であったと考えられる。そうであるとすれば、一八八〇年代後半以降に、神戸港の後背地において展開される近代的綿糸紡績業は、こうしたアジアから中継される外国綿糸布の輸入圧力への対応として、その動因が与えられたのであり、ここに神戸港という地域の結節点の対アジア関係史を描く重要性があると考えられる。

表0-5　神戸港の対外貿易（1873年）

輸出

国	金額(円)	構成比(%)	構成商品と単価(円)
イギリス	877,318	36	米（1斤3.87），木蠟（1斤16.79）
アメリカ	784,500	32	茶（1斤41.58）
中国	514,066	21	丁銅（1斤20.73），昆布（1斤1.52），生糸（1斤545.64），刻昆布（1斤1.74）
フランス	33,176	1	木蠟（1斤20.21）
ドイツ	24,925	1	雑貨（1箱3,443.61），丁銅（1斤**20.18**）
オランダ	13,626	1	木蠟（1斤**14.14**）
オーストリア	855	0	漆器（1箱6,000.00）
その他とも計	2,459,870	100	

輸入

国	金額(円)	構成比(%)	構成商品と単価(円)
中国	2,656,393	45	生金巾（1碼**5.75**），毛綿交織（1碼28.65），綿糸（1斤**36.62**）
イギリス	1,818,288	31	毛綿交織（1碼32.19），綿糸（1斤37.82），生金巾（1碼6.25），ブランケット（1斤55.07），木綿肌着（1打393.60）
ドイツ	797,937	14	毛綿交織（1碼27.23），羅紗（1碼179.88），木綿肌着（1打**380.32**），綿糸（1斤40.36）
フランス	363,598	6	毛綿交織（1碼**17.59**）
アメリカ	137,101	2	雑貨（1箱986.37），白砂糖（1斤7.56），石炭油（1斤5.70）
デンマーク	54,515	1	木綿肌着（1打645.91），絹呉呂（1碼18.76），毛綿交織（1碼65.71）
オランダ	22,708	0	モスリン（1碼14.14）
その他とも計	5,907,299	100	

資料）大蔵省『明治六年　大日本各港輸出入物品年表』。

注記）上位7国をとり，各取引額の過半を占める商品と，その単価（円）を示した。太数字は，類似のものがあるなかでの最も安い単価。

表0-6　神戸港の対外貿易と香港

輸出　（単位：円）

商品	1880年1～6月A	香港への輸出B	B/A(%)	1879年1～6月a	香港への輸出b	b/a(%)
茶	847,514	13	0	984,324	1,383	0
樟脳	353,088	110,516	31	172,277	122,820	71
寒天	179,873	47,076	26	146,540	44,151	30
銅	176,802	143,737	81	171,176	144,131	84
木蠟	99,129	47,730	48	26,072	21,792	84
米	81,640		0	118,542	9,024	8
椎茸	59,001	25,988	44	22,751	3,286	14
陶器	50,572	9,478	19	30,240	4,353	14
計	2,070,071	493,777	24	1,900,148	410,921	22

輸入

	1880年1～6月A	香港からの輸入B	B/A(%)	1879年1～6月a	香港からの輸入b	b/a(%)
毛布	822,480		0	513,763		
綿布	702,787	7,428	1	820,374		
綿糸	344,154	219,593	64	27,778	7,817	28
石炭油	293,800		0	613,977		
毛綿布	222,801		0	175,120		
鉄	221,151		0	133,440		
砂糖	142,897	57,763	40	119,465	39,625	33
機械	73,610		0	33,602		
紅花	62,310		0	49,539		
染料	56,767		0	13,680		
計	3,340,949	420,516	13	2,697,661	99,058	4

資料）『兵庫県勧業報告』第14号，1880年８月。

明治期の神戸港を抱摂した華僑通商網には、広東系・三江系のメンバーが多く、長崎を通した近世の対中国貿易の担い手であった福建系のメンバーとは異なっていた。彼らの多くは、蒸汽船の利用などによって通商活動に乗り出し、[50]かつイギリス・ランカシャー製品の上海からの再輸出に従事する勢力であり、[51]ヨーロッパ的帝国主義の東漸の過程で、新たに市場機会を形成する新興勢力であったと言える。本書は、こうしたウエスタン・インパクトに対応して形成される通商網を、アジアの工業化を支える条件と考えているが、明治期日本が、こうした華僑通商網に接することによって、より日本の工業化に適合的な日本人通商網の形成への動因を与えられたことを強調したい。冒頭で述べたように、安川雄之助は、日本の綿糸紡績業の確立に必要なインド棉花の輸入機構形成の必要を、大阪の華僑の通商活動を直視するところから学んだのであった。

しかし、そのアジア通商網の特徴は、領域性の支配する「国民経済」間にみられるような〈中心―周辺〉といった序列的な関係ではなく、むしろ複数の環海都市が核となり、水平的に併存しながら膨張と収縮を繰り返す構造を有しているのであり、神戸と大阪の両港を通した通商網の動態から、そうした通商的相互依存の構造を描きうると考えている。本書がアジア通商網のなかに存在する近代日本の特徴を、大阪、神戸などの非横浜港を通した「地域」の結節点の対アジア通商関係のなかから考察する理由がここにある。(52)

六　本書の構成

(1) 前　編

上述してきたように、本書は、華僑をはじめとする多様な貿易商によって張りめぐらされるアジア通商網への対抗と依存の両面を通して、近代日本の特徴を検討することを目的としているが、まず前編においては、華僑通商網への対抗を通して「国民経済」を立ち上げる明治期日本の通商秩序形成のあり方を、同業組合や直輸出入態勢形成の模索から検討したい。

検討の対象とする取引品としては、前近代からの対アジア輸出品であったものと、工業化に対応した近代的商品にわけて考察する。すなわち、前者は海産物類であり、後者は近代綿糸紡績企業の発生に即応した〈棉花→綿糸→綿布〉の生産工程をとる綿関係商品であり、とくに輸入棉花の流通機構の形成過程を取り上げたい。近代日本の製造業の展開は、原料の仕入れであれ、製品の販売であれ、日本人通商網によって支えられるべきであり、華僑などの外国人貿易商によって担われるものではないとする領域的な認識に注目しながら、それらの財を華僑通商網から奪取する過程を描きたい。いわば「国民経済」の一環をなす日本人通商網の形成過程の動因を明治期日本の華僑通商網との接触から検討し、近代日本が企図したアジア国際通商秩序形成のあり方を考察したい。

まず、第一章と第二章では、日本から輸出される海産物類をめぐって華僑通商網への対抗の側面を検討する。こうした海産物取引については戦前にいくつかの研究が残されているが、戦後の歴史学界では研究の対象とはなりにくかった。しかし、前掲の表0-5と表0-6に示したように、近代的綿工業が神戸港の後背地に定着する以前の一八七〇年代から八〇年代初頭にかけては、昆布や寒天などの海産物は、神戸からの対アジア輸出品として重要な位置を占めていた。とくに八〇年代の寒天は、神戸港からの輸出のなかにおいて無視し得ない存在であった。神戸からの寒天の輸出は、銅と木蠟と椎茸も含めて、華僑商人が取引するものであった。

先述したように、近代日本は「国民経済」の形成に必要な要件としての、(1)関税自主権と、(2)通貨設定権を一九世紀末まで欠いていた。それゆえ近代日本は、それらの要件の不足を補塡するように「産業政策」を実施するが、その政策は欧米へのキャッチ・アップを目指したものだけではなく、いかにアジア市場に対応するかという課題をも有していた。つまり、日本の開港場に流入する西欧人貿易商とともに、華僑商人の張りめぐらす通商網への対応を課題としていたのである。代表的な輸出品としては、アメリカ合衆国向けの生糸が有名であるが、一八八〇年代にはいまだ海産物は対アジア輸出品として重要な位置を占めており、華僑通商網に依存するのではない、日本人通商網の構築とそれを通した輸出拡大が企図されたのであった。一八八〇年代の寒天生産者の同業組合の設立（第一章）、昆布の直輸出会社（第二章）の設立に注目する理由がここにある。

もっとも、いずれの試みも短期に終息することから分かるように、伝統的な輸出商品をめぐる日本人通商網の拡張と組織化は、華僑通商網の前では限界を画された。しかし、こうした華僑通商網への対抗の動きは、農商務省の産業政策に呼応しながら、当業者の「纏まり」を希求する小生産者の存在が、「国民経済」の形成と深い関係を有していたことを示していた。華僑通商網への対抗を含意した、小生産者の「纏まり」を追求する意識が、日清戦争前の日本社会に醸成されていたことに注目したい。そして、こうした華僑通商網への対抗意識は、二〇世紀以降に明確化する日本—中国間の経済的格差が、いまだ通商面においては固定化していなかったことを示していたのである。神戸においては、「日清戦争前の支那の勢力の大きかった事、支那人の威張った事は大変なものであった」[53]のである。むしろ通商面における日本人通商網の優位は、伝統的な輸出商品ではなく、工業化とともに新たに立ち現れる綿関係品取引において模索されるようになる。

第三章は、近代綿糸紡績企業の成立に対応した商品取引〈棉花→綿糸→綿布〉のうち、棉花の輸入の側面に検討の重点が置かれる。前近代より国内に流通ルートを有する綿糸や綿布と異なり、棉花の輸入は一八八〇年代以降に新たにつくりあげられる流通ルートを通したものであり、日本の綿糸紡績業の依拠する輸入原料棉花は、時代を追うごとに、〈中国棉花→インド棉花→アメリカ棉花〉へと比重を移して行く。そのなかで、中国棉花からインド棉花へと輸入原料を転換して行く一八九〇年代を対象に、日本人貿易商（とくに三井物産）の形成する通商網の歴史的意義について検討を加えたい。

第一次大戦前までの近代的綿工業の台頭と成長はイギリス製綿糸布の輸入代替の過程であり、これまでの研究は「少品種大量生産」型の綿糸と生地綿布類を議論の対象としてきた。「規模の経済」が強くはたらく上位紡績企業の兼営織布生産と、三井物産や東洋棉花に代表される上位日本人貿易商との連携を通した、日本人通商網の形成と拡大が、日本帝国主義史論とのかかわりで議論されてきたと言える。[54]しかし、この章ではこうした日本人通商網の形成が、先進欧米諸国へのキャッチ・アップの過程としてではなく、むしろ上海に出自をもつ華僑通商網への対抗の視角から議論される。新しい近代的な流通網の形成は華僑通商網への対応を含意し、日本人独自の通商秩序形成

表0-7　東洋棉花の各店別棉花取引の「総利益」とその構成比

（単位：千円）

年代	棉花取引からの総利益					総利益その他とも合計B	A/B（%）
	大阪店	ボンベイ店	アメリカ店	上海店	合計A		
1920	**3,491**	**2,092**	1,305	499	7,443	570	**1305.7**
21	▲1,468	632	**2,161**	240	1,748	3,106	**56.3**
22	707	**1,160**	**1,079**	513	3,626	5,201	**69.7**
23	**1,828**	**1,331**	756	550	4,572	7,285	**62.8**
24	**2,289**	**1,949**	400	1,098	6,357	9,050	**70.2**
25	**1,776**	**2,036**	567	1,137	5,764	8,379	**68.8**
26	▲　567	**1,696**	179	178	1,763	2,870	**61.4**
27	**802**	**865**	394	728	3,050	5,657	**53.9**
28	▲　367	**619**	526	558	1,600	3,471	46.1
29	411	**1,460**	**621**	382	3,153	5,118	**61.6**
30	▲　239	252	▲　125	**1,197**	1,319	2,270	**58.1**
31	▲　702	1,078	540	837	2,002	2,629	**76.2**
32	▲　646	▲　635	**1,691**	1,211	1,918	5,328	36.0
33	1,088	▲　516	**1,433**	497	746	4,992	14.9
34	▲　546	318	**1,760**	802	2,593	6,881	37.7
35	**1,182**	425	**734**	701	3,552	6,576	**54.0**
36	▲　299	**710**	**642**	386	1,990	6,064	32.8
37	**5,412**	588	▲2,236	▲　321	3,951	12,248	32.3
38	994	617	**3,283**	249	5,526	13,058	42.3
39	**563**	**757**	358	497	2,286	13,090	17.5
合計	13,689	17,453	16,068	12,288	64,958	123,842	52.5

資料）東洋棉花「自大正九年上期至昭和十四年下期店別総損益明細及各期純損益表並ニ商品別店別総損益明細表」（『東棉四十年史』資料）。

注記）▲はマイナス。「総利益」は総経費を引きさる前のもの。太数字は，各年の棉花取引総利益の過半を構成する上位の支店。A/B の太数字は，総平均53%以上の数。棉花取引店は他に，東京，名古屋，京城，奉天，天津，青島，香港，スラバヤがあるが，略した。

（＝直輸出入態勢）を企図するものであったことを強調したい。

そして、第四章では、つづけて輸入棉花を事例に、日本人貿易商のインド奥地でのインド棉花の直接買付活動（＝直買《じきがい》）を通して、日本人通商網の拡張の過程とともに、あわせてその限界面をも検討したい。事例としては、代表的な日本人貿易商の三井物産棉花部と、それが一九二〇年三月に三井物産から分離独立した東洋棉花のインド棉花直買活動をとりあげる。もともと社名に「棉花」を冠した同社は近代的紡績企業への棉花供給を担う代表的な日本人貿易商であり、棉花輸入業務を通して収益をあげてきた。これまでの研究史では、同社をはじめとする日本人貿易商は、インド棉花取引においてインドの奥地にまで集荷網を拡張し、市場を規制するような「市場支配」力を有するまでに成長したと評されてきた。前頁の表0-7に示したように、実際に東洋棉花は二〇年代を通して棉花取引、とくにボンベイ支店からの収益に大きく依存していたことがわかる。しかし、同社は二〇年代後半から、ジュタワラと呼ばれたインド人商人との競争に直面し、再編を余儀なくされた。棉花取引からの利益の構成比は、三〇年代には低下する傾向にあった。むしろ三〇年代の東洋棉花における収益の多くは、棉花取引以外の、つまり綿糸布の輸出取引に強く依存するように変化していることがわかる。こうした日本人貿易商の再編の背景を、インド人商人との競争から検討したい。

(2) 後　編

東洋棉花に代表される日本人綿関係貿易商が、収益の多くを棉花取引から綿布輸出取引に求めるように転換したごとく、本書の後編では、検討の対象を日本の綿布輸出に求めたい。とくに「少品種大量生産」型の生地綿布ではなく、「多品種少量生産」型の加工綿布類を事例に、日本綿業の華僑と印僑の通商網への依存の側面を議論したい。「少品種大量生産」型の生地綿布は、上位紡績企業と上位日本人商社との連携を通して対アジア輸出を拡大させたが、綿工業の高度化にともなう加工製品の生産と販売には、様々な最終消費者の需要に対応する必要があり、こうした末端の情報確保は華僑と印僑をはじめとする通商網に依存せざるを得なかったのである。先述したように、東洋棉花においても加工製品の輸出については、神戸と大阪（川口）の外国人貿易商への売り込みに依存していたごとくである（前掲表0-3）。

後編の対象とする時代は、日本社会が、改めて華僑通商網に注目し、他方でアジア通商網が「崩壊」を余儀なくされたと考えられてきた一九三〇年代に絞る。三〇年代の世界経済史研究の指摘するところは、アジア国際通商秩序が、欧米のアジア植民地に適用された経済「ブロック」化政策と、日本の攻勢的なアジア進出によって、大きな再編を余儀なくされ、それまで再建著しかった自由通商体制が大きく後退して、日本製品は世界的に排除される対象になったとの認識であった。とくに後者に関連しては、抗日運動を企図した東南アジア華僑らの対日本製品ボイコットによって日本の対東南アジア通商関係は希薄化すると考えられてきた。同時代の日本人の認識では、華僑、印僑、日本人、オランダ人らの貿易商によって作り出されたアジア通商網は「崩壊」するとの印象が強かったのである。そして、三〇年代のアジア国際通商秩序の「崩壊」認識こそが、日本の国際的な「孤立」化認識を促し、多様な政治外交的選択肢を失った日本が攻勢的なアジア進出を選択せざるを得なくなったという、戦争突入への客体的な正当化認識に引き取られていった。

しかし一九三〇年代の日本製品の対アジア輸出は、伝統的な輸出市場であった中国市場の縮小は見られたものの、東南アジアや南アジア市場においては決定的な縮小を見ることはなかった。むしろ、三〇年代のヨーロッパ本国の対アジア経済「ブロック」化政策の適用という、制度の肥大化と動揺に対応して、国家の後援をうけない非公式的な華僑と印僑の通商網が敏感に反応し、日本とアジアとの通商的相互依存関係は弱まるのではなく、強まる方向にあった。後編では、こうした三〇年代におけるアジア通商網の敏感な反応によって形成されるアジア国際通商秩序と、それにたいする日本の関わりについて検討を加えたい。

まず第五章は、後編の総論的な位置を占める。一九三〇年代の日本に世界的な「孤立」化や、または「閉塞」感を付与したとみなされてきた事象を取り上げ、再検討することを企図している。取り上げる事象は、イギリスに代表されるヨーロッパ本国がアジア植民地に適用した経済「ブロック」化政策のあり方と、それに対応して日本が採用した輸出統制の実態についてである。経済「ブロック」化政策は、不況下のアジア市場にヨーロッパ本国の製品の輸出回復をねらって適用されたと考えられてきたが、実はアジア植民地の通貨を割高に設定するような通貨政策を通して、植民地から本国への利子・配当・政治費用などの毎年の支払いの円滑化を優先していた。華僑や印僑などが、こうした通貨政策に強く反応し、日本製品の取引に積極化することで、日本と南アジア・東南アジアの通商的相互依存関係は緊密化したのであり、その他にもオランダ人貿易商の参画を得て[55]、ネットワーク機能を有するアジア通商網は多様化したのである[56]。こうした通商網の緊密化と多様化を通して、神戸港の後背地にある糸染加工綿布産地西脇の織布業者が不況から回復して行く過程も紹介する。

そして、一九三〇年代の商工省の後援をうけた綿製品輸出統制自体も、こうした外国人貿易商の日本製品の取り扱いを制限するような排他的なものでなく、むしろ彼らの参入を追認する「開放」性を有するものであったことを強調したい。三〇年代のアジア国際通商秩序は決して崩壊したのではなく、アジア通商網の敏感な反応を通して、日本の多様な通商関係を形成していたのである。つまり、これまでの通史的理解にみられたような、通商的相互依存関係の希薄化によって、三〇年代の日本は国際的に「孤立」化を余儀なくされたわけではなかった。また外務省においても、一九四〇年代初頭に、対英領インド通商関係における在神戸印僑の存在を重視する政策志向を維持していたのである。

第六章から第八章までは、前章をうけて、日本とヨーロッパ綿業国との綿業通商摩擦問題と、その問題の解決を企図した政府間交渉について検討を加える。従来の研究史では、こうした国際通商摩擦をめぐる会議は、一九三〇年代の日本の世界的な「孤立」化を促す国際舞台と考えられてきた。こうした会議を通して、日本は製品の輸出市場を狭められ、政治外交的にも選択肢を狭められたと考えられてきたのである。しかし、英領インドと蘭領東インドを舞台とした綿業国際通商会議の、日印会商（第一次：一九三三〜三四年、第二次：一九三六〜三七年）と日蘭会商（一九三四〜三八年）の各交渉過程は、日本の「孤立」化を促す内容ではなく[57]、むしろ日本とヨーロッパのアジア植民地との相互依存関係を維持する方向で推移した。

不況下のアジア植民地においては、低廉な日本製品は「社会政策」的な観点からも必要であり、ヨーロッパ本国もその点については認識していた。また、在アジア西欧人貿易商（とくにオランダ人貿易商社）には、有益な日本製品取引への参画によって経営の回復を企図する傾向があった。むしろヨーロッパ本国の関心は、アジア植民地の第一次産品の輸出回復による貿易収支の出超を拡大し、それを源泉とする対本国利子・配当・政治費用の毎年の支払いの円滑化にあったと考えられる。近年のイギリス帝国史研究の一潮流となった「ジェントルマン資本主義」論の強調する「サービス・金融」利害に帝国の膨張の本質を見いだす議論に照応するものである。[58]各会商の過程においては、まず最初に日本綿製品の輸出数量調整が議論され、その後に各アジア植民地の対日本第一次産品輸出数量が議論されたが、通商協定の締結にいたる鍵は後者の問題であり、日本側がいかほどまで毎年の第一次産品の購入数量を認めるかにあった。英領インドであればインド棉花であり、蘭領東インドであればジャワ砂糖の輸入数量が問題であった。つまり、各会商の過程においてイギリスとオランダの両本国によって主唱された日本製品への「排除」性は、アジア植民地の第一次産品の毎年の購入を承認するような協調姿勢を日本から引き出すための「威嚇」的な交渉材料にすぎなかったのである。換言すれば、イギリスとオランダに代表されるヨーロッパ本国の対アジア植民地経済「ブロック」化政策は、日本にたいして徹底的に「排他」的であったのではなく、むしろ日本製品の輸入取引を追認し、植民地の第一次産品の対日本輸出拡大を希求する点で、「開放」性を有していたのである。

しかし、各会商が長期化し、交渉が難航したように見えた最大の理由は、一九三〇年代の日本が、すでにこれらの第一次産品を日本にとって必要不可欠なものとは認識していなかったことにあった。三〇年代の日本が必要とする輸入棉花の中心は、アメリカ棉花に移行しており、また先述したように、日本人貿易商にとってもインド棉花の輸入取引は必ずしも有益なものではなかった（表0-7と第四章参照）。砂糖においても、台湾産砂糖供給によって内需が満たされる必要があったために、ジャワ糖の輸入増加は協定によって明文化できる対象ではなかったのである。「ネットワーク」機能を有するアジア通商網を通した日本製品の対アジア輸出と異なり、日本による植民地アジアからの第一次産品の購入には「国家」間の利害が強く反映していたのである。けれども、各章で強調するように、各交渉においてはアジア植民地の対日本第一次産品輸出量の調整問題が、公式的な、または非公式的な通商協定によって、決着を見いだすことになるのであり、そうであるとすれば、三〇年代の日本と南アジア・東南アジアとの通商的相互依存関係は維持されたわけであり、日本は世界的に通商的な「孤立」化を余儀なくされたわけではなかったのである。各会商にあたった日本の外務省は、イギリスとオランダの両本国の「開放」性にたいして、協調的な経済外交で対応したのであった。

しかし、看過してならないのは、こうした日本の対南アジア・東南アジア協調外交が、東アジアにおける政治的な課題を有していたことである。つまり、こうした日本の「協調」性は、日本の東アジアにおける支配についてのヨーロッパ本国からの追認を引き出すために示された側面が強かったのである。日本の対外政策の中軸は、あくまでも中国の統一に対抗的な、「満洲国」の建国をふくめた、東アジアでの日本のヘゲモニーを確立することにあり、対東南アジア・南アジア外交はそれを達成するために、列強からの追認を引き出すための、補完的な、または副軸的なものであった。日本としては、英領インドや蘭領東インドにおけるヨーロッパ本国と日本の経済的利害関係の緊密化を、東アジア（なかでも「満洲国」）におけるそれぞれの権益保証と結びつけるような、(59)勢力均衡を模索していたのであり、日本の対東南アジア・南アジア経済外交は、日本の東アジア政策に強く規定される面が強かったのである。日本は、対東南アジア・南アジア通商的相互依存関係を強めるような協調外交を通して、東アジア支配の完成を目指したのであるが、こうした志向は中国の「国民国家」化の前に均衡を崩すことになる。ともあれ、本書が強調したいのは、第五章でも指摘するように、日本の世界的な孤立化は、三〇年代前半のヨーロッパ勢力の圧力によって促されたものではなく、むしろ対外政策の主軸であった対東アジア外交での、とくに中国の「国民国家」化への対応の失敗に基づくものであった点である。

第九章では、日本と欧米のアジア植民地、とくに東南アジアとの通商的相互依存関係の維持の問題を、日本製品を取り扱う東南アジア華僑の動向に即して検討したい。一九三七年七月の日中戦争の勃発以降の日本と東南アジアの通商関係は、ナショナリズムに目覚めた東南アジア華僑の対日本製品ボイコット運動によって希薄化するとの認識が共有されてきた。しかし、こうした認識はシンガポールの華僑においては該当するものの、東南アジア全般に共通する現象ではなかった。むしろ東南アジアの華僑輸入商は三七年以降も有益な日本製品取引を求めており、通商関係が希薄化することはなかったのである。そして第十章では、これらの東南アジア華僑もふくめたアジア通商網の対日本「開放」性のあり方を、日本人貿易商の提示した調査報告書資料・綿糸布輸出組合『南方地域向取引調』（一九四二年二月）を通して確認する。四一年の段階において、蘭領東インドの華僑・オランダ人輸入商、英領マラヤの印僑、英領インドのインド人輸入商は日本製品の輸入取引に深く関わっていたのである。

ただし、誤解のないように述べておくなら、本書において日中戦争後のアジア通商網の対日本「開放」性を指摘することは、アジア通商網の戦時期日本への「親和」性を強調しようとするものでは決してない。むしろアジア通商網の戦時期における「開放」性を認識しながらも、それを多様な政治外交に反映させようとしなかった日本の政治の問題を念頭においているのである。アジア通商網を通して多様な通商関係を維持した一九三〇年代の日本は、世界的な「孤立」化から対外政策の選択肢を狭められていたわけではなかったのであり、多様な選択肢の可能性をアジア通商網を通して可視化できなかった、戦前期日本の政治の限界こそが問題となろう。本書は、領域性に支配される国家が、領域性を持たない通商網をいかに秩序づけて行くのか、という問題に関心を有しているのである。

七　展　望

本書で強調するように、多様な貿易商によって張りめぐらされたアジア通商網は、不況や戦争という制度の肥大化と動揺にたいして敏感に反応し、新しい国際秩序を形成するものであった。先述したように、日本綿業の加工製品生産への移行という高度化は、第一次大戦期に対応した華僑通商網からの情報提供に動因があった。また第五章において事例として紹介する加工綿布織布業者は、一九三二年半ばからの華僑、印僑らの積極的な製品購入によって不況からの脱却をはかる。すなわち、公式的な制度の動揺に対応して、国家の後援を受けない非公式的な経済主体の反応が、経済の回復過程を支え、また産業の高度化という制度化を促したのであり[60]、非公式的な経済主体の外的な刺激への対応能力の育成が、近代アジアのダイナミズムを形成していたのである。そして近代日本もこうしたアジア通商網との対抗と依存を通してアジア国際秩序の形成にかかわっていたのである。

本書においては、充分に検討することは出来ないが、アジア通商網の歴史的意義は、戦前期に限られるものではなく、戦後の日本の貿易回復過程にも確認できる。日本は敗戦後の一九五一年にはすでに世界最大の綿布輸出国となる。同年の神戸港からの輸出額は二三三百万円であり、綿布輸出は首位の七九・一百万円を占めた（その後に、鉄鋼材三一・九百万円、人造繊維織物三一・四百万円、綿糸六・八百万円、人造絹糸六・一百万円）。そして輸出先としては、パキスタン（二三・六百万円）、アメリカ合衆国（二〇・三百万円）、インドネシア（一四・一百万円）、オーストラリア（一四・〇百万円）で三割を占めたように、英連邦市場とそれ以外の、むしろドル地域に依存する形で回復を果たした[61]。しかし、五〇年代には、英連邦圏やアメリカ合衆国がガットの枠組みに出来るだけ抵触しない範囲において、個別交渉による日本からの輸出自主規制の合意を引き出したために、日本製品の一貫して重要な市場

表0-8　対インドネシア綿布取引における輸出商と現地輸入商（1950年4～6月）

順番	輸出商	輸出量（千碼）	輸出額（千円）	単価（円）	順番	現地輸入商	輸入量（千碼）	輸入額（千円）	単価（円）
1	C. Itoh　伊藤忠	24,436	1,301,555	53	1	Gaboengan Importeurs GINDO	18,511	992,555	54
2	Mataichi　又一	9,156	539,295	**59**	②	Borneo Sumatra	11,767	647,851	55
3	Tomen　東洋棉花	9,544	522,100	55	3	N.V.Liem Bwan Sing Trading Co.	10,351	554,406	54
4	Sanyu　三友	7,306	475,832	**65**	④	Jacobson Van Den Berg & Co.	8,474	524,293	**62**
5	Marubeni　丸紅	5,803	309,178	53	⑤	Rotteredam Trading Co. Ltd.	8,253	460,732	**56**
6	Nichimen　日綿	5,031	288,131	**57**	6	Netherlandsche Selling Organization Ltd.	6,136	336,249	55
7	Gosho　江商	4,998	264,841	53	7	Societa Commissionaria di Export di Import	5,330	281,412	53
8	Isao	3,062	171,586	**56**	⑧	Geo Whery	5,004	271,075	54
9	Inanishi　稲西	3,170	170,596	54	⑨	L.E.Tels & Co.	3,059	163,595	53
10	Nippu　日布	2,959	160,150	54	10	Dassad Mussin Concern	2,373	126,938	53
11	Iida　飯田	2,337	128,075	55	⑪	Sih Khay Hie Trading Co. Ltd.	2,090	109,480	52
12	Sanshin　三信	2,190	110,009	50	12	Djo han Djojor Rerhoempoclan Dagong	1,926	99,113	51
13	Goyo	2,230	107,548	48	⑬	N.V.H.M.Y.Gunszel & Schmaeher	1,900	98,649	52
14	Hibiya　日比谷	1,413	80,022	**57**	⑭	Kian Gwan Co. Ltd.	1,397	79,408	**57**
15	Takemura　竹村	1,368	68,911	50	15	Hvg Harmson Verrverg & Dunlpo	1,302	75,388	**58**
16	Kofuku　興服	1,232	59,928	49	16	Hagemeyer Trading Co. Ltd.	986	52,873	54
17	K. Tsuji	1,046	58,306	**56**	17	N.V.Molksche H-VP	950	50,626	53
18	Kanematsu　兼松	987	52,893	54	18	Netherlandshe Verkoop Organization	927	47,351	51
19	Toyoshima　豊島	966	50,378	52	⑲	N.V.Handel Mij Deliatjch	829	45,222	55
20	Yoshioka　吉岡	972	46,857	48	20	Machaine Watson	890	43,648	49
	小計	90,215	4,966,200	55		小計	90,743	4,972,003	55
	計（60社）	102,755	5,622,163	55		計（61社）	101,436	5,553,395	55
	上位5社	56,246 (55%)	3,147,963 (56%)	56		上位5社	55,241 (54%)	3,055,355 (55%)	55

資料）輸出繊維統計協会『極秘情報』1950年1月20日起。

注記）単価の太数字は，日本からの輸出平均単価55円を上回るもの。順番の○は，戦前から日本製品の取引経験のあるもの（後掲表10-10・12）。

は、四九年一一月に主権を移譲されたインドネシアとなった[62]。

日本は一九四八年末にインドネシアと貿易協定を結び、ドル決済での輸出を試みた。そして、五〇年代前半の対インドネシア輸出の急速な回復は「アメリカのオランダ援助額中、大半がインドネシアに割当てられ［中略］その資金の使途が主として綿製品に限定[63]」されたからでもあった[64]。前頁の表0-8は、一九五〇年四～六月の神戸港の対インドネシア綿布輸出における在神戸輸出商と在インドネシア輸入商を整理したものである。取引の単価のあり方をみると、上位の輸入商は日本側の輸出平均単価五五（円／碼）をやや下回る値段で輸入取引しているものが多いことがわかる。当時の輸出製品は単純な生地綿布が多く、単価の多様な加工綿布は比較的少なかったことを考えれば、こうした単価の差異は、双方の取引交渉力が輸入商側に有利に働いていたことを示している。これは日本人輸出商が、「蘭印方面に地盤を獲得したいと云う意欲もあって無理な契約を締結したこと[65]」を示唆するものである。そして、より重要なことは、輸入商の多くが、三〇年代から日本製品を輸入するメンバーであったことである。つまり、五〇年代の日本綿業の世界的にも急速な回復は、ドル資金の散布を背景に潜在的需要の高まりを日本と結びつけたアジア通商網の復活によって可能になったのである。戦後の日本の通商活動に果たしたアジア通商網の意義を検討することは、本書の課題の範囲を超えるものであるが、本書が論じる時代の先に、このような通商網の復活があることを見通しておきたい。

（1）以上、杉原薫「近代アジア経済史における連続と断絶」（『社会経済史学』六二巻三号、一九九六年）。地域公共財の概念を杉原薫氏の整理に即して述べれば、次のようになろう。
公共財としては、道路や鉄道のような、強い公共性をもった物的な財などが想定できる。鉄道の敷設などは、それが軍事的な意味合いが強かったとしても、一旦、敷設されると、食糧の需給調整機能を担うことになり、ついには飢饉の防止につながり、社会全体のコストを引き下げる帰結をもたらすことになる。そして、こうした公共財は、鉄道などの物的なインフラに限定する必要はなく、私的所有権の確立や自由貿易体制といった「普遍性」を有する、非物的な市場秩序をも含んでいると想定される。ある種の信頼関係を前提に、取引コストを引き下げる機能を有するものを公共財と定義するのであれば（速水祐次郎『開発経済学——諸国民の貧困と富』創文社、一九九五年一二月、二五四—六〇頁）、国家と市場との間に介在する「共同」性としての（金子勝『市場』岩波書店、一九九九年一〇月、第二部参照）、同業組合や前貸し問屋制などの人的関係もそれに該当し（佐々木淳「日本の工業化と産地綿織物業における力織機導入後の前貸し問屋制」（『社会経済史学』第六四巻第六号、一九九九年）、華僑通商網もその機能を有するものと考えられる。

華僑通商網を、こうした公共財を提供するものとして認識する時には、濱下武志氏が強調される「地域ネットワーク」機能が重要となろう（濱下武志編『東アジア世界の地域ネットワーク』山川出版社、一九九九年五月）。通商網がネットワークであるということは、それが総合商社のような「組織」ではないために、「本社」が存在しない。それゆえに「本社」機能が担うようなネットワーク全体を総括する主体を持ち得ない。ネットワークの全貌を認知する人が存在しないということは、換言するならば、「国民国家」のような「領域」性を持たないということであり、ここで改めて定義の難しさが存在する。

しかし、濱下氏がネットワーク機能を重視するのは、それ自体が領域性に固執しないということを前提に、かえって「開放」性を伴うことに期待してのものであった。例えば、神戸にいる福建系華僑Aは、シンガポール華僑Bと知人であり、ふるくからの取引関係を有していた。そして、それと同時にBは、福建省廈門の商人Cや、一九三〇年代後半であれば共産党の影響下の中国奥地の商人Dとも取引関係を有していたとすれば、AはCやDと直接に知り合いではないとしても、福建人であるところから、ある種の信頼関係を前提に、通商関係をつくり、国家間の通商取引に付随するような制度的なコストを削減する可能性を有していたことになる（最新の事例としては、陳天璽「儒教文明と華僑の経済活動」〔比較文明学会『比較文明』一三、一九九八年一月〕）。出身地や言語の共通性（福建人の場合は閩南語）を通した「共同」性のなかに、コスト低減の機能が含まれていたのである。

この「開放」性を、政治史の文脈に即して述べれば、ある華僑通商網は、戦前期において、「独立国」の日本、イギリス「植民地」のシンガポール、「半植民地」的要素の強い中国南部、そして中国「共産党」下の中国奥地といった、異なる国や地域を含めた様々な政治形態を「繋げる」機能を有し、あわせて領域性が支配する権力の形態を相対化する機能を有すると想定されていた。ある種の信頼・信用関係を前提に、広がりが可能であるという点で開放性を含意したのが「地域ネットワーク」論であった。ネットワークに国民国家のような領域性が支配的でないということは、ネットワークが様々な政治形態と併存しうることを示していたのである。そうであるとすれば、杉原、濱下の両氏にみられる近年のアジア国際経済史研究は、出身地や共通言語を背景にした信頼関係を前提に、様々な権力形態を相対化する華僑通商網が、地域公共財を提供しながら通商秩序形成に資するものと想定しているのである。

(2) 北田正寅編『輸出と輸入』（商業文庫、第四編）同文館、一九〇八年八月、一五六頁。
(3) 山本顧弥太『綿業三十年』山本顧弥太商店、一九三五年一一月、一九一―二頁。
(4) 木村匡編『森先生伝』金港堂書籍、一八九九年九月（『明治教育古典叢書 一-一二』として図書刊行会から一九八〇年一一月に復刊）二〇四―九頁。
(5) 同前、二一〇頁。陶山誠太郎編『大阪商科大学六十年史』一九四四年九月、四八―五一、五九一―六〇一頁。
(6) 同前『大阪商科大学六十年史』五九一―六〇一頁。
(7) 安川雄之助『三井物産筆頭常務 安川雄之助の生涯』東洋経済新報社、一九九六年一二月、五頁。
(8) 前掲『輸出と輸入』一五四―五頁。
(9) 田村駒株式会社編『繊維専門商社は生きる――田村駒九十年史』一九八四年一二月、一〇八頁。
(10) 竹原寅之助編『輸出綿業界の回顧』日本綿糸布輸出組合連合会企画部、一九四一年三月、六六―七頁。
(11) 『売込業者座談会速記録』（第一回―第三回、場所：綿業会館）一九四四年一二月二三日（手書き原稿、輸出繊維会館蔵）。一九三〇年代の日本人売込商からみた在大阪・神戸華僑は、「商品ノ受渡及代金ノ支払確実ナリ」、「日貨排斥、為替率不利ノ場合ニテモ何等不安不便ナシ」と認識されていた（満鉄経済調査会『神戸華商ノ香港広東貿易事情』一九三六年九月、三七頁、東洋文庫蔵。史料の存在については飯島渉氏のご教示を得た）。
(12) 在大阪華僑は大阪の川口に居住しており、本店を「北支、中支及至満洲、関東洲等」に有しながら、日本製品の「買付けに従事する如き出張員」的性格が強いのに対して、在神戸華僑は「神戸を営業の本拠」地としながら、香港を含めた東南アジア向け輸出取引に従事していた。大阪華僑が在中国本店の方針をうけて通商活動を展開するのにたいして、神戸華僑は自己勘定にて活動する「定住」型という特徴を有していた（神田末保「川口華商の研究」（神戸貿易同志会『同志』一七号、一九四〇年八月）八七―一〇二頁。同「神戸華商の研究」（同『同志』一八号、一九四一年一月）五九―七五頁）。本書の後編においては、日本の対東南アジア輸出問題に焦点が絞られるために、神戸華僑に議論を集中させることになる。大阪華僑については拙稿「戦間期アジア通商網の歴史的意義――日本加工綿布取引を事例に」（日本孫文研究会、神戸華僑華人研究会編『孫文と華僑』（孫文生誕一三〇周年記念国際学術討論会論文集）汲古書院、一九九九年三月、所収）と西口忠「川口華商の形成」（堀田暁生、西口忠編『大阪川口居留地の研究』思文閣出版、一九九五年二月）を参照されたい。
(13) 名和統一『日本紡績業と原棉問題研究』鉄塔書院、一九三七年九月、四七三頁。のちに『日本紡績業の史的分析』として再版。
(14) 近年の成果としては、柳沢遊『日本人の植民地経験――大連日本人商工業者の歴史』青木書店、一九九九年五月。

(15) 最新の、かつ重要な成果として、波形昭一編著『近代アジアの日本人経済団体』同文舘、一九九六年三月。
(16) 楯朝二郎編『南洋経済懇談会報告書』南洋協会、一九四〇年一月、五七頁。
(17) 近年の成果としては、大江志乃夫ほか編『岩波講座　近代日本と植民地1　植民地帝国日本』岩波書店、一九九二年一一月。
(18) 川勝平太、濱下武志編『アジア交易圏と日本工業化　1500〜1900』リブロポート社、一九九一年六月。
(19) 杉原薫『アジア間貿易の形成と構造』ミネルヴァ書房、一九九六年二月。
(20) 杉山伸也、リンダ・グローブ編著『近代アジアの流通ネットワーク』創文社、一九九九年六月。
(21) ウォン・ピンファ「インドネシア華人の人権と日本」(『朝日新聞』一九九八年九月一七日付朝刊)。
(22) 山室信一「アジア認識の機軸」(古屋哲夫編『近代日本のアジア認識』京都大学人文科学研究所、一九九四年三月)。山脇啓造『近代日本と外国人労働者――一八九〇年代後半と一九二〇年代前半における中国人・朝鮮人労働者問題』明石書店、一九九四年二月。
(23) 福崎久一編『華人・華僑関係文献目録』アジア経済研究所、一九九六年八月、一―八四頁。
(24) 川崎有三『東南アジアの中国人社会』山川出版社、一九九六年八月。
(25) 以下は、三谷太一郎『近代日本の戦争と政治』岩波書店、一九九七年一二月。
(26) 米谷匡文「戦時期日本の社会思想――現代化と戦時変革」(『思想』八八二号、一九九七年一二月)。
(27) 中島宗一編『タイ国に於ける華僑』(南洋華僑叢書　第一巻)満鉄東亜経済調査局、一九四一年九月、序一頁。
(28) 前掲『華人・華僑関係文献目録』まえがき二頁。
(29) 渡辺利夫・今井理之編『概説　華人経済』有斐閣、一九九四年一二月。渡辺利夫『華人ネットワーク――アジア新潮流』日本放送出版協会、一九九七年七月。
(30) 丹波秀伯編『通商問題懇談会速記録　朝日新聞社主催　一九三六年六月三〇日開催』東京朝日新聞社、一九三六年八月、八五頁。
(31) 川島信太郎『本邦通商政策条約史概論』巌松堂書店、一九四一年二月、二八頁。
(32) 前掲『通商問題懇談会速記録』八三―五頁。
(33) 同前。
(34) 白木沢旭児『大恐慌期日本の通商問題』御茶の水書房、一九九九年二月、第二章。この輸入統制の画期性については、原朗「日中戦争期の外貨決済」(『経済学論集』東京大学経済学部、第三八巻第一〜三号、一九七二年)。
(35) 理論的な整理としては、山本有造『日本植民地経済史研究』名古屋大学出版会、一九九二年二月、第二章。そして、近年の成果としては、英領インドと中国を対象にした、長崎暢子、狭間直樹『世界の歴史27　自立に向かうアジア』中央公論新社、一九九九年。渡辺尚一「一九世紀中葉イギリスの対インド鉄道投資政策――旧元利保証制度の展開と撤廃をめぐって」(『土地制度史学』一〇六号、一九八五年)。同「第一次世界大戦とイギリスの対インド鉄道政策の転換」(『東北学院大学論集』歴史学・地理学第三一号、一九九九年二月)。半植民地と評された中国については、久保亨『戦間期中国〈自立への模索〉――関税通貨政策と経済発展』東京大学出版会、一九九九年六月。

(36) 山本盤男「一九三〇年代のインドの関税政策」(『アジア経済』二九-四、一九八八年)。

(37) 野沢豊編『中国の幣制改革と国際関係』東京大学出版会、一九八一年二月。前掲『戦間期中国〈自立への模索〉』。

(38) 前掲『通商問題懇談会速記録』八五頁。

(39) 前掲『本邦通商政策条約史概論』二七頁。

(40) 華僑についての調査は、一九三七年一〇月に設置された企画院の『華僑の研究』(松山房、一九三九年一〇月)と、一九三八年一二月に設置された興亜院(華中連絡部)の『華僑調査中間報告』(一九四一年四月)がある。企画院は物動計画の関係から対外通商や互恵協定に関する計画を立案し、興亜院は日中戦争の処理に関する事務を担当したが、日中戦争後に設置された政府機関が戦時政策の遂行にあわせて、華僑への関心を高めたことに注目したい。もっとも同時期の外務省の調査には外務省欧亜局第三課『南洋ト華僑』一九三九年九月、があるが、これは廈門日本総領事館経済部による中国語文献の南洋商報社『南洋年鑑』の一部の翻訳であった。

(41) また、戦後民主主義という内的求心性の高まりの中において、アメリカの反共政策を体現した対アジア地域主義的関与は、「小日本主義」と劇的に対立し、一九六〇年の「安保闘争」に繋がった。

(42) たとえば、通史的な解説において、原敬内閣を政党政治の出発点として議論する時には、出身地・東北の周辺的評価への反発を念頭において、原が中央(＝藩閥政治)からの権力の奪取を構想したとする逸話が持ち出されるようにである。また一九三六年の「二・二六事件」発生の背景を、同様に三〇年代前半の東北地方の貧困への青年層の強い危機意識に求める理解も、そうした「地域」の自己主張と国家再編との有意な関係を追う視点であった。

(43) 遠山茂樹「世界史における地域史の問題点」(『歴史学研究』三〇一号、一九六五年六月)。後に『遠山茂樹著作集』第四巻(日本近代史論)岩波書店、一九九二年七月、に採録。

(44) 日本史で言えば、前近代史研究からは、むしろ「地域」の主体性を考察する成果が生まれている。いずれも国境というボーダーを副次的なものとして位置づける「地域」史であり、代表的なものとしては、村井章介『中世日本の内と外』筑摩書房、一九九九年六月、荒野泰典『近世日本と東アジア』東京大学出版会、一九八八年一〇月、真栄平房昭「砂糖をめぐる生産・流通・

貿易史」（斎藤善之編『市場と民間社会』〔新しい近世史3〕新人物往来社、一九九六年四月）があげられる。前近代史研究は、とくに近世史などは、幕末の倒幕に帰結する西南雄藩などの「地域」勢力に検討を加えるところから、地域の能動的な側面を研究対象に置きやすい傾向にあり、近代史が想定しているような体制の求心力から比較的自由でありえたと考えられる。日本近世史研究者を中心に「地方史研究」として多くの研究業績が蓄積されていることがそれを物語っており、近代史の「地域」概念とは微妙な差異を有していた。

(45) 濱下武志『朝貢システムと近代アジア』岩波書店、一九九七年一二月。実際に、濱下氏の議論は、「朝貢システム」＝「宗主権」的統治の定義を「主権国家」の諸概念の否定形として説明する傾向が強い。

(46) 濱下武志、辛島昇編『地域史とは何か』〔地域の世界史1〕山川出版社、一九九七年七月、序文。

(47) 古田和子「上海ネットワークの中の神戸――外国綿製品を運ぶ中国商人」（『明治維新の革新と連続――政治・思想状況と社会経済』〔年報　近代日本研究14〕山川出版社、一九九二年一〇月）。同「上海ネットワークと長崎―朝鮮貿易――一八八〇年代」（『地域史の可能性――地域・日本・世界』〔年報　近代日本研究19〕山川出版社、一九九七年一一月）。

(48) また、輸入綿製品の価格形成のあり方についても判然としないが、中国から輸入される生金巾と綿糸の単価は、他国からの輸入にくらべては低廉であった（表0-5）。

(49) 台湾総督府熱帯産業調査会『明治初年に於ける香港日本人』一九三七年五月、九〇―一頁。

(50) 蒲地典子「明治初期の長崎華僑」（お茶の水女子大学史学科『お茶の水史学』第二〇号、一九七六年）。布目潮渢「明治一一年長崎華僑試論」（山田信夫編『日本華僑と文化摩擦』巌南堂、一九八三年四月）。

(51) 前掲「上海ネットワークの中の神戸」。

(52) 公式的な制度をもたないようなアジア通商網を可視化する視角は、「西洋中心史観」の相対化とともに、「国民国家形成史観」の相対化の契機を待たねばならなかったと言えよう。実際の日本社会において、「国家主義」と「地域主義」の交錯には劇的な展開が伴うことは先述したが、華僑研究を日本近代史研究に充分に位置づけるには、国家的な「纏まり」を相対化する契機とともに、歴史分析の方法論においても同様な展開への対応が求められる。それゆえ、本書においては従来日本近代史が対外通商史において前提としてきた横浜港を通した対外関係ではなく、むしろそれ以外の、とくに神戸、大阪、といったアジアとの通商関係が緊密な貿易港を取り上げて考察したい。横浜以外の各貿易港から対アジア関係を考察し、アジア通商網のなかに存在する近代日本の特徴について検討したい。

(53) 前掲「神戸華商の研究」六一頁。

(54) 高村直助『日本紡績業史序説』上・下巻、塙書房、一九七一年一一月。

(55) Peter Post, "Chinese business networks and Japanese capital in South East Asia, 1880-1940", in Rajeswary Ampalavanar Brown (ed.), *Chinese Business Enterprise in Asia*, Routledge, 1995.
(56) G. C. Allen and Audrey G. Donnithorne, *Western Enterprise in Indonesia and Malaya*, George Allen & Unwin Ltd., 1957, Chapter 14.
(57) 同様の分析視角は、上山和雄、阪田安雄編『対立と妥協――一九三〇年代の日米通商関係』第一法規、一九九四年一〇月。
(58) P. J. Cain and A. G. Hopkins, *British Imperialism: Crisis and Deconstruction 1914-1990*, Longman, 1993（木畑洋一、旦祐介訳『ジェントルマン資本主義の帝国II――危機と解体 1914～1990』名古屋大学出版会、一九九八年四月、として翻訳書が出版された）。同書への批判と反批判については、Raymond E. Dumett (ed.), *Gentlemanly Capitalism and British Imperialism*, Longman, 1999.
(59) しかし、満洲国におけるイギリスの権益はそれほど大きなものではなかった。日本の「帝国」膨張が、欧米との経済的相互依存関係を強める方向になかった点については、三谷太一郎「国際協調の時代から戦争の時代へ」（日本国際政治学会『昭和期における外交と政治』〔国際政治97〕一九九一年五月、所収）。同「井上準之助の財政金融政策と当時の外交」（佐藤秀夫、山本武利編『日本の近・現代史と歴史教育』築地書館、一九九六年二月、所収）を参照。
(60) そして、これらのアジア通商網の歴史的意義は、日本にとどまるものではなかった。第二次大戦の勃発した一九三九年に、日本人人絹製品輸出商社団がボンベイのインド人人絹工業の展開を視察した時にそこに見いだしたのは、在ボンベイ人絹工場が「長年日本製絹織物或は綿製品の取引に従事し、日本（神戸又は横浜）に店舗を持ち、日本に往来した経験のあるインド商人によって［中略］建設され」ているという状況であった。日本において一九三七年以降の戦時統制が展開するなかで、在日本印僑は日本製品の輸入取引から製品の輸入代替化を指向したのであった。このように対象とする地域は異なるけれども、こうした事例は制度の動揺期において、華僑や印僑などの非公式的な経済主体の反応が「国民経済」の高度化という公式的な制度形成に強く貢献したことを示していた（網本行利編『英領印度の旅を終えて――人絹織物輸出振興会海外展示会印度班報告』日本絹人絹輸出新興会、一九三九年一二月、三二九頁）。
(61) 神戸税関編纂『昭和二六年外国貿易概況』。
(62) 杉原薫「戦後日本綿業をめぐる国際環境――アジア間競争復活の構造」（前掲『地域史の可能性』）。
(63) 輸出繊維統計協会『極秘情報』一九五〇年一月二〇日起（輸出繊維会館所蔵）。
(64) 外務省・通産省管理貿易研究会『戦後日本の貿易・金融協定』実業之日本社、一九四九年一二月、四九―六〇頁。
(65) 前掲『極秘情報』。

前編　近代における日本人通商網の形成と華僑

第一章　一八八〇年代の華僑商人の台頭と日本の反応

――寒天小生産者の同業組合を事例に――

はじめに

本章の課題は、一八八〇年代の日本経済をとりまく国際環境の変化に注目して、東アジアにおいて通商活動を活発化させた華僑商人の動きと、それにたいする日本の反応を検討することにある。いわば、対中国通商関係を通して生じる日本近代の特質の考察である。こうした課題を設定した理由は、日本経済史の研究史上、どちらかと言えば外在的に扱われることの多かった華僑商人の活動が、対アジア貿易の比重を高めた八〇年代の日本経済にたいして強い影響を与えたと考えるからである。

近代日本のあり方を、幕末開港後の世界市場への統合とのかかわりで説明する試みは、従来の研究の特徴であった。説明の多くは、開港当初から最大の貿易額をほこった横浜港を念頭において、圧倒的な比重をしめた対欧米貿易関係の分析に重点をおいてきたと言える。日本の近代は、欧米先進国を中心とした世界市場への統合過程として描かれ、あわせて統合のなかで直面する西欧からの「衝撃」への対応として描かれてきた。「巨大外商」のイメージでとらえられてきた西欧人貿易商については、すでに、その相対化の研究が蓄積されているが[1]、しかし、そうした「衝撃」の担い手の相対化のみをもって、一九世紀後半の日本のおかれた国際環境の特徴を理解することは不十分なように思われる。一八八〇年代以降の日本は、構成比において対欧米貿易の割合を低め、他方で対アジア貿易の割合を高める変化をみせたからである。また貿易港においても、横浜港の割合の低下と他港の上昇という変化をみせていた。[2] 八〇年代以降の日本は、開港当初と異なる国際環境下に移行しており、「相対的自立性」を有する、アジア諸国内での多角的貿易の一環にくみこまれたとする近代「アジア間貿易」論[3]を考慮した場合、「相対的自立性」を有するアジア地域内での日本の位置づけが必要であり、とくに明治期において貿易額の多くを占めた対中国通商関係を通した近代日本の特質を検討することが求められていると言えよう。

日本の近代をアジア経済史上に位置づけるときに留意しなければならない点は、開港後の世界市場への統合過程のなかで、ヨーロッパ的帝国主義への対応の差異としてアジア諸国の発展段階の差を議論する傾向である。こうした傾向を有する従来の研究は、日本と中国の西欧への対応のあり方を検討し、対応の差異と担い手の特質をめぐるすぐれた研究を残したが、[4] 他方でアジア地域内における横断的な関係を検討する視角を稀薄にさせた。商業関係のレヴェルに即して述べれば、開港とともに勢力をのばした外国人貿易商には、華僑商人も含まれており、明治初期の日本は、旧幕府の貿易統制が後退するなかで「自由進出」[5]をはたした華僑商人への対応も迫られていたのである。[6] 日本の開港は、アジアへの開港でもあり、こうした開港から生じる対応関係の特質について、近年ようやく注目が集まるようになってきた。[7]

とくに一八八〇年代は、日本が対アジア貿易依存を高めながら、対中国通商関係を通して次のような問題を投げかけられた時期であった。表1-1は一八八三年から八九年の居留地における外国人とその「商社」(firm) の動きを示したものである。「商社」には「商店」も含まれているため、貿易商の正確な数を表現するものではないが、西欧人とは対照的な華僑勢力の拡大が確認できる。そして八〇年代の日本は、こうした勢力の拡大を前提に、条約改正の交渉過程で提示された「内地開放（雑居）」案によって対外的な緊張感を高めたのである。「内地開放」案は条約改正にむけての譲歩として居留地の撤廃を基本的な内容としていたが、「開放」によって強まるであろう外国人貿易商の勢力には、西欧人だけではなく華僑商人のそれも含まれていた。とくに当時の世論には「内地を開放し、以て外国人を雑居せしむるとせば、［中略］最も多く来るべきものは、白人にあらずして、却て黄人なるべし」（傍点は引用者。以下、ことわらない限り引用文中の注記等はすべて引用者のもの）と、華僑商人の「狡猾なる商策」を

表1-1　開港地別居留外国人と「商社」

（単位：人）

国別	居住人数と「商社」数										増減分				
	横浜		兵庫・大阪*		長崎		函館		計		横浜	兵庫・大阪	長崎	函館	計
	1883	1889	1883	1889	1883	1889	1883	1889	1883	1889					
イギリス	595	720	174	220	95	105	15	18	879	1,063	125	46	10	3	184
	(55)	(57)	(32)	(28)	(7)	(5)	(2)	(4)	(96)	(94)	(2)	(▲4)	(▲2)	(2)	(▲2)
アメリカ	253	257	54	114	42	90	8	8	357	469	4	60	48	0	112
	(27)	(17)	(9)	(12)	(3)	(3)	(…)	(…)	(39)	(32)	(▲10)	(3)	(0)	(…)	(▲7)
フランス	109	120	23	61	34	38	8	9	174	228	11	38	4	1	54
	(15)	(6)	(…)	(5)	(2)	(3)	(…)	(…)	(17)	(14)	(▲9)	(5)	(1)	(…)	(▲3)
ドイツ	160	201	38	67	17	22	1	…	216	290	41	29	5	▲1	74
	(22)	(19)	(11)	(15)	(4)	(3)	(…)	(…)	(37)	(37)	(▲3)	(4)	(▲1)	(…)	(0)
中国	2,681	2,993	636	875	644	692	39	33	4,000	4,593	312	239	48	▲6	593
	(180)	(213)	(53)	(69)	(19)	(59)	(…)	(5)	(252)	(346)	(33)	(16)	(40)	(5)	(94)
その他とも計	3,968	4,542	963	1,391	892	1,058	73	69	5,896	7,060	574	428	166	▲4	1,164
	(312)	(331)	(107)	(134)	(36)	(75)	(2)	(9)	(457)	(549)	(19)	(27)	(39)	(6)	(91)

資料）Great Britain, *Commercial Reports by Her Majesty's Consuls in Japan*, 1883, pp. 114, 118, 196.
Great Britain, *Diplomatic and Consular Reports on Trade and Finance, Japan*, 1889, pp. 7, 12, 19, 24.

注記）＊兵庫・大阪は，子供を除く数。（　）内は「商社」の数，ただし「商店」も含まれる（Great Britain, *Diplomatic and Consular Reports on Trade and Finance, Japan, Report for the Year 1885 on the Foreign Trade of Japan*, p. 5）。▲はマイナス。…は記載なし。

懸念する論調がみられるようになっていたのである。[8]

その他にも、

然らば則ち知るを得べし、他日内地雑居の日に至らば［中略］何れの国民が最も多く入り込み来たるか、既往の事実は吾人に左の如く告げたり。

本邦在留外国人　明治一八年一二月三一日調

支那	四〇七一	英吉利	一二〇〇
米合衆国	六二一	独乙	三一八
仏蘭西	二二〇	和蘭	六九
丁抹	六二		

右の大部分は、商用の為に来たりたるものなり。此割合は果して他日にまで保ち得べきか、余は其大差なかるべきを信ず、右各国の来侵者中、何れか最も我商人の勁敵たるべきか。人往々予言すらく、内地雑居の日に至らば、支那人最も恐るべし。支那人は吝嗇にして、商売に巧に、忍耐力強し。一度支那人に取り付かるるや、次第に其生血を吸収せられ、肥満豊脂の米人すら、彼に向て恐れを抱けり。日本の如き元来貧血症の国民に在りてはよく其身体の保安を維持し得べきか。必らず支那人をして日本国外に退去せしめざるを得ざるに至るべし。然るに日本国の微力なる、米人の如き断行は行う能はざるものあらん。果して然らば、内地雑居の表札を挙げると共に、洪水の如く侵入し来り、大波の如く押し寄せ来り、日本の労力者、日本の商人をして、生色なからしめんと。［中略］支那人は猶ヂウ人の如し。金銭の為には、身を忘る、故を以て天下至る所として、其卑吝を嫌忌せざるはなし。然れども、支那人は夙に商業功者の誉れを得たり。是れ蓋し支那人の拝金に熱心な

るの致す所なりと雖とも其団結力に強固なるは、其宇内に勢力を得たる所以の一大理由なり。聞く支那人の来て、我海港にあるもの、其結合の強固なること鉄門の如く。其商業上に為さんとする所あるや、時に或は一致団結の力を以て、取引を廃絶し、為に日本商人を苦しむる事ありと謂ふ。[9]

といった論調がみられるようになる。これらは、「内地雑居」案によって喚起された、「団結」力を有する華僑商人への畏怖感に他ならなかったのである。こうした論調は、華僑商人を担い手とする日本へのアジアからの「衝撃」[10]が、看過されてはならない近代アジアの特質であったことを物語っている。それゆえ、本章では対アジア貿易の割合を高めた横浜以外の諸港を念頭において[11]、華僑商人の動向と日本の反応にみられる近代の特質にせまりたい。

課題への接近をはかる上で、本章と次章では昆布や寒天などの対アジア輸出用海産物取引に事例を求める。華僑商人の動向には、棉花・砂糖・米などの輸入をめぐる対応の問題が重要な論点としてあげられるが、一八八〇年代を通した対中国

表1-2　日本華僑商人の取扱品目別の商店内訳（1904年）

（単位：記載店数）

取扱商品	神　戸	大　阪	横　浜	函　館	小　計	計
海産物	7	9(14)	4(1)	(10)	20(25)	45
棉　花	23(3)		2		25(3)	28
綿　糸	21(1)	1	2		24(1)	25
雑　貨	3(1)	3(7)	5(1)		11(9)	20
綿　布	1	7(10)			8(10)	18
織　物		8(8)			8(8)	16
マッチ	14(2)				14(2)	16
洋　傘		10(2)			10(2)	12
鏡		4(6)			4(6)	10
米　穀	7	2			9	9
麻	1	3(5)			4(5)	9
石　鹸		7(2)			7(2)	9
砂　糖	1		5(2)		6(2)	8
熟　皮	6				6	6
雑　穀	4	2			6	6

資料）打田一嘯『日本貿易商銘鑑』1904年12月（国立国会図書館蔵）。
注記）対象とした店数は，神戸39，大阪88，横浜14，函館10，である。各店ごとに記載されている取扱品目件数を集計し，6店以上が取引にかかわった商品を取り上げた。（　）内は，商品目が1店につき一つだけ記載されており，専業店と考えられるもの。（　）のないのは，取扱品目が1店につき複数記載されているものからとり，兼業店と考えられるもの。海産物には陸産物も含めた。

と考えている。対中国輸入問題については、対中国輸入が増加する一八九〇年代を対象に、第三章において、棉花（香港を含む）貿易は、出超を基調としており[12]、拡大する中国市場への輸出増加のあり方が重要な論点になりうる取引を中心に検討したい[13]。

また、輸出品を海産物に限定したことも、一八八〇年代の特徴を検討する上で有効であると考えている。前頁の表1-2は、一九〇四年のデータであり、本章の対象とする時期からややズレるが、華僑商人の多くが、海産物と綿関係品を取り扱っていたことがわかる。しかし、一八八〇年代の日本綿業は、後半からの「勃興期」をようやくむかえたにとどまり、輸出綿製品は新しいアジア向け製品としての性格を有していた。それゆえ、八〇年代の華僑商人は、いまだ伝統的な消費財としての海産物の取り扱いに関心を集中させていたのであり、海産物の問題を検討することによって、対中国通商関係から生じる八〇年代の日本の特質にせまりうると考えている。以下、輸出向海産物を事例に、八〇年代の華僑商人の動向と日本の反応を通して、日清戦争以前の一八八〇年代の日中関係の歴史的意義を展望したい。

一　一八八〇年代の日本における華僑の勢力拡大

（1）銀価の下落と中国市場の拡大

一九世紀後半は、アジアが欧米を中心とする世界市場のなかに統合された時期であり、対外関係がアジア諸国の動静を規定するように変化した。しかし、統合のなかで生じるアジアの対外条件は、欧米先進国への従属を一貫して強制していたわけではなく、自律的な側面をも有していた。

図1-1は、一八七〇年代以降の世界経済における東アジアの価格変動を概観したものである。日本のデータが

七九年以降しか得られないが、それ以前のイギリス、アメリカ、中国の動きをみると、一八七二年頃から三カ国ともに物価の低落を経験していることがわかる。イギリス、アメリカにみられる先進国の物価低落は、七〇年代から始まる「大不況」期を体現したものであったが、中国の物価も欧米諸国の動きに類似しており、世界市場に統合された中国の動きがうかがえる。しかし、状況はその後に大きく変化する。中国の物価は、八三年を境にして上昇に転じており、物価低落の続く欧米先進国とは対照的な動きをみせた。そして、日本においても松方デフレの影響が

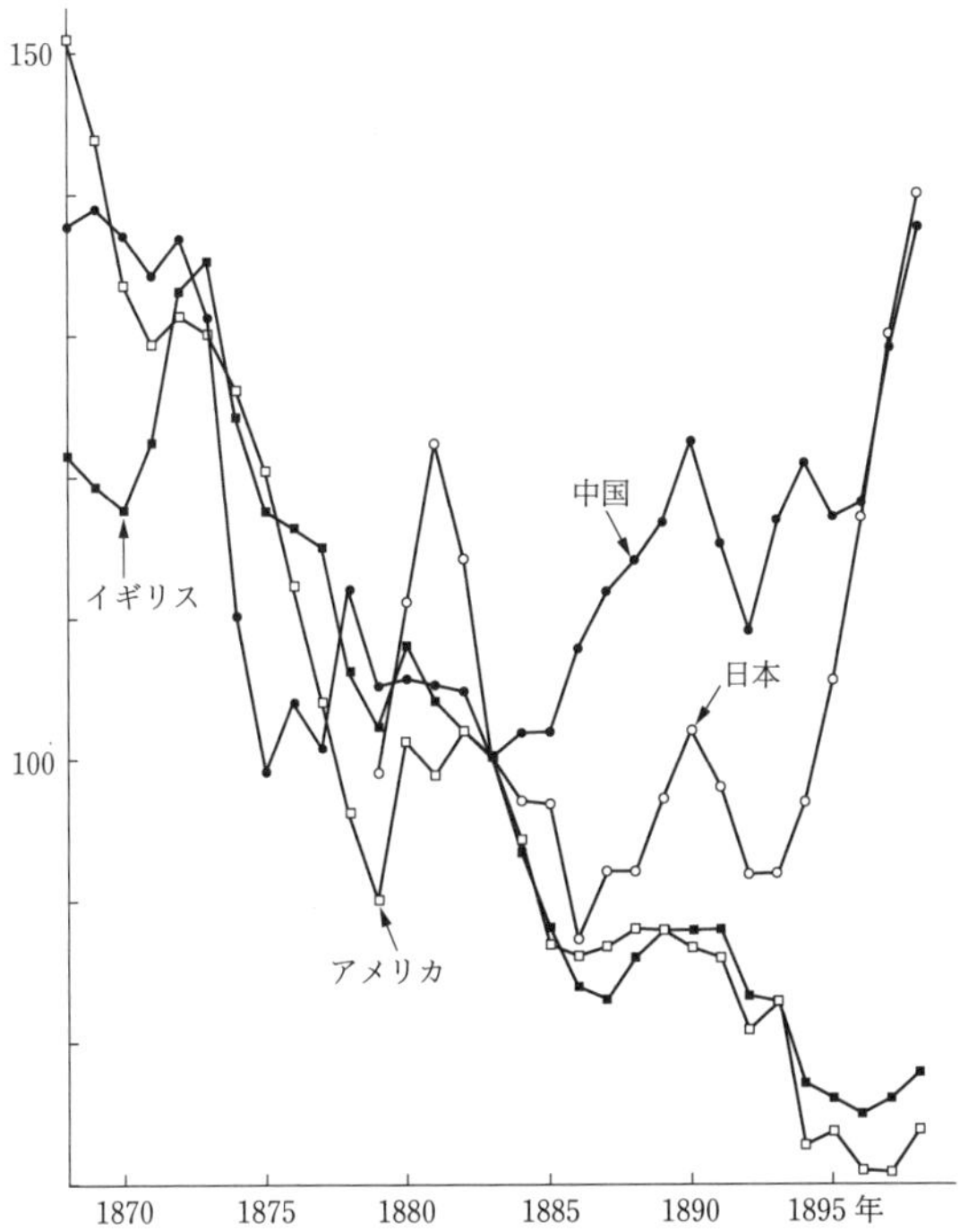

図 1-1　各国の物価変動（1883年＝100）

資料）大川一司ほか『物価』（長期経済統計 8）134頁。C. Y. Tang, *An Economic Study of Chinese Agriculture,* 1924, pp. 396-7.

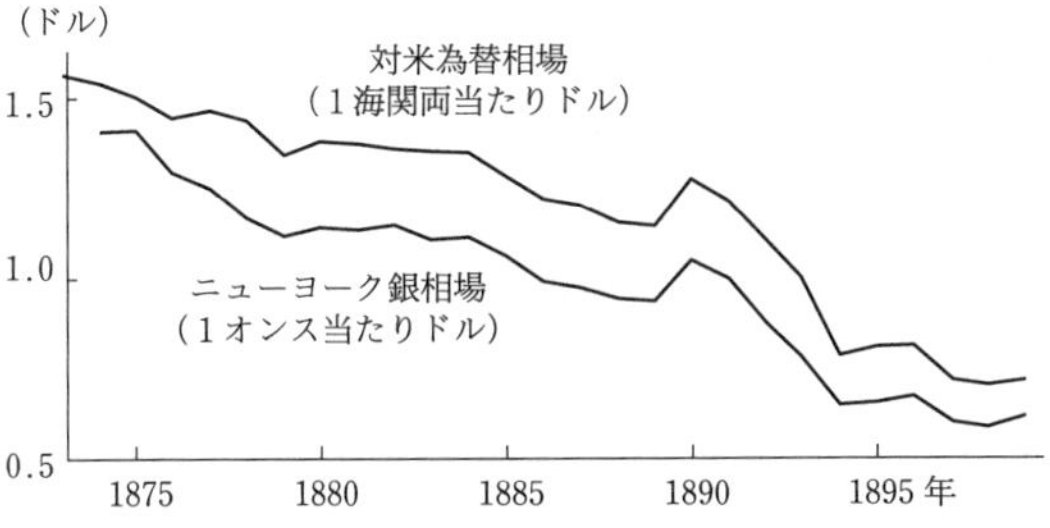

図 1-2　銀価と中国の為替相場

資料）Hsiao Liang-lin, *China's Foreign Trade Statistics, 1864-1949,* 1974, pp. 190-1.
G. F. Warren and F. A. Pearson, *Gold and Prices,* 1935, p. 257.

後退した八〇年代後半から物価の上昇が確認できる。その動きたるや、中国の循環変動に引きずられるように上昇しており、八〇年代から九〇年代前半までは、〈中国高—日本安〉の物価体系下にあった。

こうした欧米先進国と中国・日本に代表されるアジア諸国との対照的な物価変動は、世界的な銀価低落にみられる国際環境の変化にもとづいていた[14]。前頁の図1-2は銀価と中国の外国為替相場の動きを示したものである。中国は銀貨圏に属していたところから、両者は連動しており、こうした相関は同じ銀貨圏であった日本の外国為替相場の動きにもみられた[15]。周知のように、銀価の低落は銀貨圏国の対外為替相場を引き下げることで、その国の輸出を促し、他方で金貨圏国からの輸入を防遏する条件を提供した。この場合、世界的な銀価低落は、銀貨圏のアジア諸国に対して、金貨圏の欧米先進国からの輸入圧力を緩和し、国内の景気を刺激する条件を提供したのである。いわば、「銀価愈々下落セハ銀貨国ニ於ケル物価ノ騰貴ヲ促スニ至ル[16]」、自律的な状況が一八八〇年代の東アジアにあらわれたのである。

こうした状況のなかで、看過されてはならない変化は、次の二点である。まず第一は、アジアにおける国内市場の拡大である。一八八〇年代における「金銀比価ノ変動ハ銀貨国ニ於ケル農産物ノ騰貴ヲ来シ其生産者ハ収入増加スル[17]」条件となり、銀貨圏国の国内市場の拡大を促した。とくに日本と中国では、国内市場の拡大を背景にした工業化の契機になったのである。日本にあっては、いわゆる「企業勃興」期をむかえており、中国においても「漢国及上海ニ在ル紡績局並織布局ハ最モ直接ニ其効果ヲ顕シ同局織製ノ綿布類ハ随テ産出スレハ随テ高価ヲ以テ販途ニ捌カレ[18]」ていた。中国における「為替相場銀ノ下落ハ輸入英国産諸色商品ノ価格ヲシテ其銀貨的数字ヲ昂加セシメ[中略]支那人ノ製造スル某々種類ノ工業力ヲシテ大ニ興奮セシメ[19]」ていたのである。

第二に注意したいのは、銀価低落を背景にした国内市場の拡大が、日本と中国の貿易構造にも大きな変化を与えていた点である。購買力の上昇は、両国の輸入をも高めるものの、銀価の下落によって両国は「銀貨国トノ取引額ヲ一般ニ膨張セシメ[20]」ていたのである。両国の対金貨圏国からの輸入は、銀価低落によって「金貨国ヨリノ輸入品ハ価格ヲ騰貴セルト同一ノ結果」となり、停滞的であった[21]。そして一八八〇年代から九〇年代前半の〈中国高―日本安〉の物価体系が、日本の対中国輸出を促進させたのであった。

表1-3　対上海輸出品における日本華僑商人の取扱率（1887年）

輸出品目	対中国輸出額（千円）	港別対上海輸出における華僑商人の取扱率（%）				直輸出率（%）
		横浜	神戸	長崎	函館	
生銅 ○	1,156	● 83.2	98.3			4.5
鯣 ○	1,033	99.6	100.0	● 100.0	89.3	0.5
マッチ ○	933		● 83.2			4.9
熟銅 ○	633		● 72.7			22.2
石炭 ○	465			● 4.6		98.2
昆布 ○	461	99.8	83.4		● 70.3	27.8
銅貨	460		●			100.0
樟脳 ○	455		●	90.2		7.6
椎茸 ○	433	100.0	● 100.0	100.0		0.4
陶磁器 ○	385	●	96.5	85.9		8.7
鮑 ○	358	● 94.7				0.4
寒天 ○	316		● 99.8			1.8
米	286		●			20.7
海参 ○	250	● 99.6	97.8	99.7	100.0	1.4

資料）大蔵省関税局『大日本外国貿易年表』1887年版。町田実一『日清貿易参考表』1889年（国立国会図書館蔵）。

注記）○は各品目の輸出総額において対中国輸出依存度が最も高いもの。以上の品目で全体の72.0%を占める。●は各品目のうちで最多輸出額を示す港。華僑商人取扱率は対上海向けのデータ。直輸出率は全体額における日本人貿易商の取扱率。

（2）華僑商人の実勢

東アジアにおける通貨変動にたいして敏感に反応しながら、拡大する中国市場にたいして日本から中国への輸出貿易を担った主体が、華僑商人であった。この点を対上海貿易をめぐる一八八七年の調査から確認したのが表1-3である。日本の対上海貿易において、石炭と銅貨以外はこの華僑商人によって担われていたことがわかる。対中国貿易の拡大するなかで、華僑商人の通商活動は活発化しており、本章の冒頭でも述べたように日本の居留地で増加の停滞的な西欧系を横目に勢力をのばしたのはこの華僑勢力であった[22]。

また、『英国領事報告』横浜（一八八九年）には、横浜港における貿易品ごとの国籍別貿易商の取扱シェア調査が報告されている[23]。当時の日本の最大の貿易額を占めた対欧米輸出貿易港である横浜では、欧米人貿易商が主流であることは周知の点であり、同港全体の六八％を占めた生糸輸出では、スイス人四二％、イギリス人二〇％、アメリカ人一二％、ドイツ人一〇％、フランス人九％、日本人五％という構成であった。しかし、横浜に次ぐ貿易港である、一八九〇年の神戸港においては、表1-4に示したように対外輸出貿易をめぐって華僑商人が全体の二五％を占め、イギリス人の二七％、ドイツ人の二五％と肩をならべていることがわかる。いわば、神戸港の輸出は、イギリス人、ドイツ人、中国人の各貿易商が均等に勢力を維持している状況を呈していたのである。とくに、対アジア輸出依存度の高い商品だけを取り出して、神戸港の対アジア貿易に占める華僑商人の輸出取引額を推計すると（後掲表3-3）、華僑商人の割合が五三％と最も高くなり、神戸の対アジア貿易では彼らがイニシアチブをとる態勢にあったことがわかる。神戸における「支那貿易は、輸出入共に清商の手裡にありて、欧米人も敢て企及する能はざる所なり[24]」と述べられていた点は、決して誇張ではなかったのである。

神戸港における有力な華僑商人二五社を整理したのが表1-5である。ここから窺える神戸華僑の特徴は、第一に彼らの神戸での創業が、比較的新しいと考えられる点である。充分に資料が得られないために、結論には留保が必要であるが、洲脇一郎氏らの先行研究によって判明する、明治初期から一八七〇年代に来阪神した華僑商人のうち[25]、ここにも顔を出すのはわずか五店にすぎない。それゆえ、ここに現れる多くは一八八〇年代になって創業した新興勢力であったと考えられる。後掲表2-3に示した函館の有力華僑商人も一八八〇年代前半に創業しており、阪神方面においても同様の傾向が生じたと考えられる。世界的な銀価の低下を背景に、中国での物価水準が一八八三年を起点に上昇に転じるものの、松方デフレ下にあった日本の物価水準の低下は、低廉な日本製品の買付機会を華僑商人に提供したと考えられる。上海で陸揚げされたランカシャー製品を神戸に再輸出する「上海ネットワーク」の存在は一八七〇年代に確認できるが、日本製品を中国へ輸出する華僑通商網は八〇年代に形成された新しい存在であったと言える。

表1-4　神戸港における国籍別輸出商の取扱率（1890年）

輸出品	輸出額（千ポンド）	国籍別商人取扱率(%)					
		中　国	イギリス	ドイツ	フランス	アメリカ	日　本
茶	449		49	5		○ 41	1
銅	386	○ 21	25	35	1	10	6
樟　脳	289	4	22	**71**		1	1
マッチ	239	○ **92**	1	2			3
米	208		**71**	23		2	2
乾魚類	127	○ **99**					
石　炭	114	○ 19	**70**				11
陶磁器	97	16	25	12	8	23	11
生　糸	59		6	**85**	1	○ 6	1
椎　茸	59	○ **100**					
アンチモニ	59	○	1	**89**	2	4	2
マット	57		18	22		48	10
寒　天	49	○ **98**					
扇	47	16	25	12	8	23	11
木　蠟	43	○ 32	3	44	10	7	4
びょうぶ	40		○				
布くず	30			23		○ **76**	
綿製品	28						
竹　材	26		22	38		33	3
竹　器	26	16	25	12	8	23	11
漆　器	25	16	25	12	8	23	11
青　銅	22	○		**99**			
洋　傘	20	○ 16	25	12	8	23	11
木　材	16	○ **97**	2				
人　参	16	○ **100**					
ガラス器	11						
貝	7	3	2	**94**			
羽　毛	7		10	83			4
麦わら	6		23	12		**63**	
菜　種	4	1	○ 33	63			
硫　酸	4	16	15	1		49	23
小　麦	2		33	**66**			
菜種油	1	○ 16	42	40		1	
計　千ポンド	2,573	650	692	633	27	353	90
計　(%)	(100)	(26)	(28)	(25)	(1)	(14)	(3)

資料）Great Britain, *Diplomatic and Consular Reports on Trade and Finance, Japan, Report for the Year 1891 on the Trade of Hiogo and Osaka*, London, 1892, pp. 14, 20. 大蔵省関税局『大日本外国貿易年表』1890年版。森三郎『報告書』1896年12月（東京高等商業学校修学旅行調査 Azn-146）。

注記）○は，当該国への輸出依存度が50%をこえるもの。乾魚類，椎茸，人参については，前掲『日清貿易参考表』から求めたが，1887年のデータである。全体の輸出額は2,902千ポンドであるところから，同表は89%をカバーしている。太字は，50%以上のシェアを占めるもの。

取扱品の推移（1888～1909年）

代表者[c)d)]	備　　考[e)]	輸出取扱品目[b)] 綿糸	マッチ	銅類	水産・物陸類	輸入取扱品目[b)] 棉花	米	砂糖	豆
徐暁春	1883年３月雑居地借。	○				○			
張瑞徴		○			○				
潘霖生	1870年墓地地券。鄭雪濤開店。		○	○	○	○	○	○	
李耀旒			○	○	○	○			○
黄煜南		○	○	○	○	○	○	○	
麦少彭	1861年生，来崎後，81年開店。資本金20万円（1901年）。	○	○	○	○	○	○	○	○
陳伯華	1878年11月雑居地借。		○	○	○	○	○	○	
			○	○	○			○	
陳太和					○				
	３万両以上（1888年）。								
鄭雍門	1869年11月雑居地借。								
李細其									
周春生									
盧紹延									
任普修	1873年２月任作恬到着。								
黄文珊			○						
玉敬済	1870年王明王が開店。				○			○	○
呉錦堂	1855年生，85年来崎，90年来神，94年８月創立。	○				○			
黄礼蘭									
楊秀軒		○				○	○		
李光泰									
李叔孝									
周熊甫	資本金12万円[c)]，1899年３月創業。								
		7	10	6	17	8	8	7	3

e）洲脇一郎・安井三吉「明治初期の神戸華僑」（神戸大学教養部紀要『論集』42号，1988年10月）。天野健次「神戸居留地と在留外国人」（神戸史学編『歴史と神戸』117号第22巻第２号，1983年）。大日本綿糸紡績同業連合会『役員決議録』1899年６月起（日本紡績協会蔵）。貿易局（大阪貿易事務所）『阪神在留ノ華商ト其貿易事情』1938年，12，132-43頁。

注記）各号のうちの記号は，他港にも店を有したもの。◎は大阪，×は長崎，□は函館，○は横浜。とくに◎については「神阪両号各五万両」と注記されているところから，資本金10万両とみなした。太字は，備考より1870年代に創業したと考えられるもの。□は，前後期から判断して存在すると考えられるもの。

表1-5　在神戸華僑商人の規模と

資本金規模 1888年8月	番号	店(号)名	所　在	原籍	1893年[a]	1898年[b]	1901年[c] 営業税 (円)	1908[d] ～09年
10万両 (13万円)以上	①	鼎泰号　○×	栄　町　2.12	浙江	○	○	341	
	②	徳新号　□	海　岸　2.56	浙江	○	○		
	③	建記号	海　岸　4.70	福建	○			
	④	**同孚泰号**　◎	海　岸　4.14	広東	○	○	197	○
	⑤	広昌隆号○◎	栄　町　1. 3	広東	○	○	419	○
	⑥	裕貞祥号　◎	栄　町　4.30	広東	○	○	531	○
	⑦	怡和号　◎	栄　町　2.12	広東	○	○	540	○
	⑧	**祥隆号**　◎	海　岸　1.65	広東	○	○	□	○
	⑨	同茂泰号　◎	海　岸　1.20	広東	○	○	□	○
	⑩	怡錩号　◎	栄　町　3.90	福建	○	○	17	
5万両 (6万円)以上	⑪	徳興隆号	栄　町　2.41	浙江	○	○		
1万両 (1万円)以上	⑫	益昌号	海　岸　3.91	福建	○			
	⑬	**和昌号**　×	元　町　1.15	広東	○	□	20	
	⑭	其昌号	居留地　43	広東	○	□	27	
	⑮	全益号	栄　町　2. 1	浙江	○	□	126	○
	⑯	広同生号	居留地　42	広東	○	○	76	○
	⑰	**怡南号**	居留地　43	広東	○	□	126	○
不　明	⑱	利興成号	海　岸　1.24	広東	○	○	71	○
	⑲	**復興号**　○	海　岸　3	福建	○	○	134	○
その他 (1890年以降)	⑳	怡生号	栄　町　1	浙江		○	345	○
	㉑	広駿源号	下山手通　8	福建	○	□	123	
	㉒	文発号	海岸通	広東		○	78	○
	㉓	東源号	海岸通	浙江	○	□	77	○
	㉔	恒昌号	海岸通　2	広東			74	○
	㉕	興泰商会	海岸通　3	浙江			○	○

資料）町田実一「日清貿易ヲ拡張セシメ度ニ付意見」（外務省記録『外国貿易ニ関スル官民ノ意見書』1883年7月～1913年12月〔外交史料館所蔵，史料番号3.2.1.2〕）。

a）広川繁四郎『神戸港内外商家便覧』1893年9月，116頁。

b）大阪府内務部『大阪外国貿易調』（1898年版）1900年7月刊。取扱品目は，金額（100万円以上）の多いものから記した。水・陸産物は，椎茸，人参，鯣，乾鮑，海参，鰕，鱶鰭，寒天，昆布，の合計。下段の数字は，記載されている中国商の合計。

c）井出徳太郎編『日本商工営業録』（第2版1901年版）1902年9月刊，神戸市業別（国立国会図書館蔵）。

d）品川仁三郎編『神戸清商外商営業須知』1910年2月刊（国立国会図書館蔵）。伊藤武男『香港通過商業調査報告書』東京高等商業学校，1908年5月，29-33頁。

第二の特徴は、華僑商人の資産規模についてである。神戸の華僑商人は、日本の開港場に存在する華僑商人のなかでも、最も有力な存在であった（後掲表3-2）。一八八八年の段階において、各商人それぞれの資産規模は不明であるが、推計資産額一三万円以上のものが一一社、四万円以上のものが一三社、存在したことが確認できる。後述する寒天直輸出会社の構想が、資本金三〇万円を必要とし、また第二章で検討するように、一八七六年に設立される海産物の直輸出会社広業商会の資本金が六〇万円、その後の直輸出会社日本昆布株式会社のそれも五〇万円であったように、華僑通商網への対抗を企図した日本人流通網の担い手には一〇万円以上の資本規模を必要としていたのである。(26)

しかし、他方において、推定資産額の上位のメンバー一〇社の一九〇一年における営業税額をみると、かなりのバラつきが生じていることがわかる。また一九〇八年の資料では、そのなかで姿をみせなくなったものが、四社も現れていることがわかる。また、一八九〇年代以降に創業するものにも、営業税額が相対的に高いメンバー（表1-5の番号⑳、㉑）がいるところから、神戸華僑商人のなかにも激しい浮沈が生じていたことがわかる。先述したように、八〇年代の半ばから日本では、「団結」力を有する華僑商人への畏怖感が現れるようになる。それは華僑商人の経済力をある程度反映したものであったが、華僑商人のなかにおいてもこうした浮沈が存在したとすれば、そうした畏怖感は、むしろ当該期の「内地雑居」論によって喚起された対外危機感の投影であったと考えられる。これが第三の特徴であった。

第四の特徴は、出身地域ごとの分布をみるに広東系の華僑が多い点である。(27)日本の華僑には、大体、三江系、福建系、広東系、山東系の四系の存在が確認できるが、神戸では広東系が最も多かった。出身地域に即応して、三江系は上海を中心とする華中西部との通商関係が緊密であり、広東と福建の両系は華南から東南アジアにかけて、そして山東系は華北との通商関係を有していたのである。もっとも、当該期には山東系華僑商人は姿を現してはいないように、山東系は日清・日露戦争後の日本の勢力圏が華北に拡張するのに伴って参入してきた存在である（第三章参照）。

二　日本の反応

対中国貿易をめぐる華僑商人の優勢を確認したが、こうした実勢に対する日本の主要港ごとの報告が残されている。報告の観点は、日本人貿易商の取扱率の低さに示されるような直輸出の限界を意識したものであり、「直輸ヲ為シ能ハザル原因[28]」を求めていた。

直輸出の展開に制約を課した第一の要因は、日本人貿易商の資金力の弱さと貿易金融の困難に求められていた。日本人「貿易商ハ概ネ資産ニ乏シク独力以テ利ヲ海外ニ争フニ堪ヘズ」（長崎）、また「清国各開港場ニ於テ未ダ本邦銀行ノ支店或ハ出張所等ノ設ケナキタメ両国間貿易上ノ不便少ナカラズ」（函館）と述べられていた。

第二の要因は、この第一の点にも関連するが、資金力の弱さを前提に、競争的な性格が日本人貿易商に強かった点である。いわば「清国ヘ貨物ヲ直輸スル時ハ商機ノ如何ヲ察スルニ暇マアラズ着荷直ニ売却セザルヲ得ザル」（函館）立場にあり、「投売」（神戸）に走る性格を有していた。そして「眼前意外ノ利潤アル目的アルニ非ザレバ之［直輸出のこと］ニ従事スルヲ躊躇」（函館）していたのであり、日本人貿易商の「乱売ノ弊」（長崎）が問題になっていたのである。他方、華僑商人にあっては、「能ク互ニ連絡ヲ通ジ相合シテ其利益ヲ壟占」（神戸）する態勢にあり、「清国商人ハ同盟ヲナシ以テ［日本人貿易商による］直輸貨物ノ販路ヲ妨ケ」（横浜）る局面をみせていたのである。日本人貿易商による直輸出は、「相合」、「同盟」と表現されるような華僑商人との摩擦を伴うものであった。華僑商人の相互に協調的な行動については詳らかにしえないが、下記のように大阪の海産物貿易商・小泉清左衛門（西区阿波堀通四丁目）はこの点を次のように語っていた。

長崎ニテハ数多ノ支那商一店ニ相会スルコトアルトキハ入札ニ附シ後互ニ之ヲ分配シ、大坂ニテハ先ツ来リタル者ト相談スルニ方リテハ決シテ後レテ来レルモノト相商議スルコトナク彼等［華僑商人のこと］モ亦黙シテ敢テ口ヲ開カス。(29)

第三の要因は、輸出貿易を担う人材の問題であった。一八八九年において「本邦人未ダ清国商法の事情ニ通暁セザルコト及其言語ニ通セザル」（横浜）水準にあり、「我ガ商民ハ率子実地ノ経験ニ乏シクシテ［中略］直輸ヲ遅疑スル一端ト」（長崎）なっていた。海外市場調査能力の低さが、人材の問題として強調されていたのである。こうした直輸出拡大の制約下にあって、日本人貿易商のなかには華僑商人らへの依存を認め、調和的な接近をはかる反応もみられた。実際に「清商ニ其欲スル所ノ品類ヲ売込ミ相当ニ利益アリ何ヲ苦ンデ波濤ノ危険ヲ凌キ尚不確カナル利益ヲ期シ多クノ費用ヲ抛チテ彼国ニ直輸スルノ企ヲナスニ及バンヤ」（神戸）と、華僑商人に依存する現状肯定的な売込商が多かったのである。そして同様の報告は他港からも寄せられていた。現状に肯定的な姿勢は、華僑商人への調和的な接近に現れており、とくに神戸においては、次のような動きもみられた。

明治三〇［一八九七］年七月従来大坂川口に在て、日清貿易に従事せる清国商人が、相率ゐて神戸港に移るや、兼松房次郎、山本亀太郎、平野重太郎、瀧川辨三等発起総代となり、神戸貿易商人多数の連合を以て、極めて盛んなる清商款対の宴を張り、日清商売の懇親を厚からしめんとせし。(30)

表1-5にみたように、阪神の華僑商人は、神戸と大阪の両港に店を持つものが多く、とくに広東系貿易商にそうした形態をとるものが多かったが、一八九七年に神戸へ一本化する動きに出たのである。そして「大阪実業家

は、是非とも従前の通り彼等を引留めんと尽力[31]」したと言われていた。また、史料引用文中の神戸の人物は、鈴木喜八他編『日本全国商工人名録』（一八九八年）にも記載されている有力メンバーであり、山本亀太郎については神戸商業会議所の会頭を務めた経歴を有していた。それゆえ、こうした動きが周辺的な反応ではなかったことがわかる。

しかし、日本側の反応は、こうした調和的な接近だけではなかった。華僑商人への依存を意識しつつ、彼らとの取引において生じる不利な条件にたいして懸念する反応もみられたのである。それはとくに、価格形成の面においてみられた。長崎では「在留ノ清商［は――中略］其輸出先ニ通ジ価格ヲ落サシムル等ノ策ヲ行フモノナキヲ保シ難キ為メ清国市場ニ於テ真価ニ鬻ク能ハザルノ弊アリ」（長崎）と言われ、神戸では、

> 価格を定むる標準は種々ありますが、詰り支那人に左右せらるるので、一として真正なる需用《ママ》供給の作用に依るにあらず、直接需用《ママ》は居留支那人なれど、基本国市場に於ける需用《ママ》供給の程度、即ち実際の景況は得て審ならざれば、僅々十人なり二十人なりの居留商人が付与する直段を待って之を上下するので、誠に墓なき直建と申すべし。[32]

と言われていた。いわば、中国市場の需給関係から形成される「真価」ではなく、ややもすればそこから乖離した、華僑商人の提供する価格によって日本の通商活動が決定される懸念を指摘していた。この点は、先述した日本の海外市場調査能力の低さをも表現していたが、実際の市場価格から乖離した、高い価格によって生産が計画されれば、増産の結果から「其直段を売崩」されるような、競争激化の状態に陥りやすい関係をも内包していたのであり、当時の文献が強調した「利権回収」には、価格形成をめぐる主体性の回復の問題が含まれていたのである。[33]

これらの点をふまえ、「商勢挽回[34]」を強く主張していたのが、緒論において述べた、森有礼であった。森の主張

は、華僑商人の優勢を認めながらも、「退守主義を以て自ら足れり」とする現状肯定的な日本人売込商への「非難」からなっていた[35]。森が批判したように、日本人売込商の反応は対抗的なものではなく、むしろ現状維持的であったことは、先述したとおりである。表1-6は、表1-4において華僑商人が輸出取扱率の九割をしめる輸出品六品のうち四品を対象に営業税額からみた日本人売込商の経営規模と、その資産・負債状態をみたものである。言うまでもなく、これらの四品目は、近世以来の伝統的な対アジア貿易品であった。まず、営業税額をみると、寒天売込商に多額を納税するものがいることがわかる。しかし、そうしたなかにあっても、寒天売込商の上位の営業税は、二〇〇円をこえるものは見あたらず、表1-5の華僑商人の上位の営業税額を上回る水準ではなかったことがわかる。そうであるとすれば、直輸出を志向しながら取引条件の変化を求めるには、資金力の面などから限界があったと考えられる。むしろ売込商の多くは、不動産所有を高めており、こうした側面での家業保全に努めていたようである。実際、一八九六年ごろの対アジア売込商のなかでは、「両三年来株式、家屋、土地等ノ売買ニヨリテ莫大ノ利ヲ占メタル者多ク是等ハ皆飽食逸居シテ［中略］危険ナル外国貿易ニ放銀セントスル者少ナキ」（支那釦商・三平社・心斎橋通伏見町[36]）と語られていた。寒天売込商にみられるこれらの特徴は、他の売込商にも看取できるところであり、水・陸産物をめぐる日本人売込商による直輸出（＝華僑通商網への対抗）は企図されにくかったといえよう。実際に、海産物売込商の小泉清左衛門（表1-6参照）は、「支那商ハ代金ヲ一時ニ支払フモノナク少クトモ二三度ニ分済ス而シテ続々売買ヲ為スヲ以テ常ニ八九千円ノ貸越ヲ免カレス、然レトモ代金ヲ急カサレバ彼等モ亦高価ニ買入ルヘシ[37]」と述べたように、現状維持的であった。むしろ、華僑商人への対抗を主張したのは、森有礼に代表される日本政府や、政府の「産業政策」に呼応した小生産者層であった。そこで以下では、華僑商人への価格形成面での対抗のあり方を、政府の産業政策に呼応した小生産者の動きに即して検討したい。事例に求めるのは、寒天小生産者である。

表1-6　水・陸産物売込商の主要メンバー（1901年）

売込品	売込商	所在	開業	営業税（推定1カ月売上額）[a]	資産・負債[b] 公債株券類	市街宅地家屋	無担保約手割引尻平均 振出	裏書
				円　千円	千円	千円	千円	千円
乾魚乾介類	白水　甚蔵	西．靱中通2		61(10.2)	0.8	3.8	6.3	12.0
	板倉清次郎	西．靱中通3		55(9.2)	—	**17.6**	—	8.6
	古座政七郎	西．靱中通2		55(9.2)	2.2	**13.4**	—	—
	小泉清左衛門	西．阿波堀通4		38(6.3)	**10.9**	**24.4**	2.7	1.4
	揖西　源造	西．新町南通4		34(5.7)				
	山脇伊之助	西．靱中通2		26(4.3)	**25.3**	**6.1**	—	—
	前島仙太郎	西．西道頓堀2		18(3.0)	0.3	—	0.9	1.5
	谷中　利助	西．北堀江3		17(2.8)				
	大野平三郎	西．本田二番町		＊　10(1.7)	0.3	—	—	1.5
寒天	中村庄太郎●	西．靱上通1	天保元	×　172(28.7)	1.5	**53.8**	7.9	5.2
	田中四郎左衛門●	西．江戸堀南通1		○　167(27.8)	—	25.5	3.0	1.2
	加藤　甚助	北・樋上	嘉永年間	145(24.2)	**59.4**	**40.3**	—	—
	中村治兵衛●	西．京町堀上通1		×　95(15.8)	0.3	**15.7**	4.5	5.1
	和田半兵衛	北．滝川	文政年間	86(14.3)	**33.0**	**59.8**	—	—
	堀内　重造	西．江戸堀上通1		73(12.2)	1.0	—	2.9	0.5
	和田　常七●	北．菅原		54(9.0)	3.4	**18.8**	—	—
	松下彦兵衛●	西．江戸堀南通2		×　34(5.7)	1.2	**5.8**	1.9	3.8
	小林　要助	西．靱北通2		29(4.8)	1.0	—	0.8	0.5
	中村豊次郎●	西．靱北通1	幕末	25(4.2)	1.3	**4.4**	3.3	1.6
	松添卯兵衛●	東．道修1		＊　17(2.8)	**4.5**	**37.9**	—	—
椎茸	木村登興(庄三郎)	北．菅原		＊　142(23.7)	15.1	**26.7**	—	—
	小野三郎右衛門	東．京橋3	天保年間	81(13.5)	2.1	**19.2**	—	7.3
	永井　治助	北．菅原		64(10.7)	9.1	2.3	—	—
	北村　弥助	東．石2		62(10.3)	1.2	**43.6**	—	—
	北村芳三郎	北．菅原		57(9.5)	2.2	**13.8**	—	—
	吉野　喜七	北．樋上		42(7.0)	—	—	0.8	1.5
	平野　たね	南．九郎右衛門		＊　40(6.7)	—	—	—	—
	山田　庄助	西．新町南通3		40(6.7)	0.4	—	—	—
	吉野　藤七	北．菅原		37(6.2)	2.9	**9.9**	—	1.5
	和田吉兵衛	北．菅原		38(6.3)	0.4	4.3	—	—
	北村三次郎	北．菅原		＊　35(5.8)	2.4	—	2.4	2.2
	今津　勢助	西．新町南通4		25(4.2)	—	—	—	—
	沢木　政吉	北．菅原		21(3.5)	1.0	2.1	3.5	0.9
	山本　孫七	北．菅原町	明治25	＊　5(0.8)	—	—	0.7	—
人参	小野市兵衛	東．道修町2		184(30.7)	**36.9**	**44.4**	—	15.0
	日野九郎兵衛	東．淡路2		55(9.2)	**21.2**	**21.5**	—	—
	門川　定七	東．平野町一丁目		52(8.7)	**21.0**	**11.8**	—	—
	長岡　彦七	東．淡路町2		48(8.0)	**10.6**	**14.1**	—	—

資料）表1-4の中国商取扱率50％以上の輸出品6のうち，マッチ，木材以外の4品を対象に，売込商を大阪府内務部『大阪外国貿易調』（1898年版）でとらえ，次の資料を利用。a）井出徳太郎編『日本商工営業録』（1901年版）。＊は1899年版。b）牧野元良編『大阪・京都・神戸・名古屋商工業者資産録』（第5版，1902年6月刊）。開業は西村徳蔵編『大阪乾物商誌』1933年。

注記）売上額の推定は，営業税を0.0005で除したものを年間売上額とした（根拠は，大蔵省『明治大正財政詳覧』665頁）。太字は1カ月売上額をこえるもの。所在の．は区を示す。寒天売込商における●印は後述の黒田新六郎家との取引が確認できるもの（野村豊編『寒天資料の研究』後編，大阪府寒天水産加工業協同組合，1950年1月，689頁）。また営業税における○印は資産額5万円以上，×は5万円以下であることが確認できるもの（大阪経済史料集成刊行委員会『大阪経済史料集成』第1巻，大阪商工会議所，564-8，578頁）。

三　寒天小生産者の同業組合結成

図1-3に示したように、寒天は中国での輸入量の拡大に対応して増産される輸出用食料品であり、華僑商人による取扱率が極めて高いものであった（表1-3・4）。検討に用いる史料は、京都府南桑田郡牧村（現在、大阪府豊能郡豊能町）の黒田新六郎家文書である。[38] 同家は寒天生産を生業としており、当主の新六郎は一八八六年に、郡

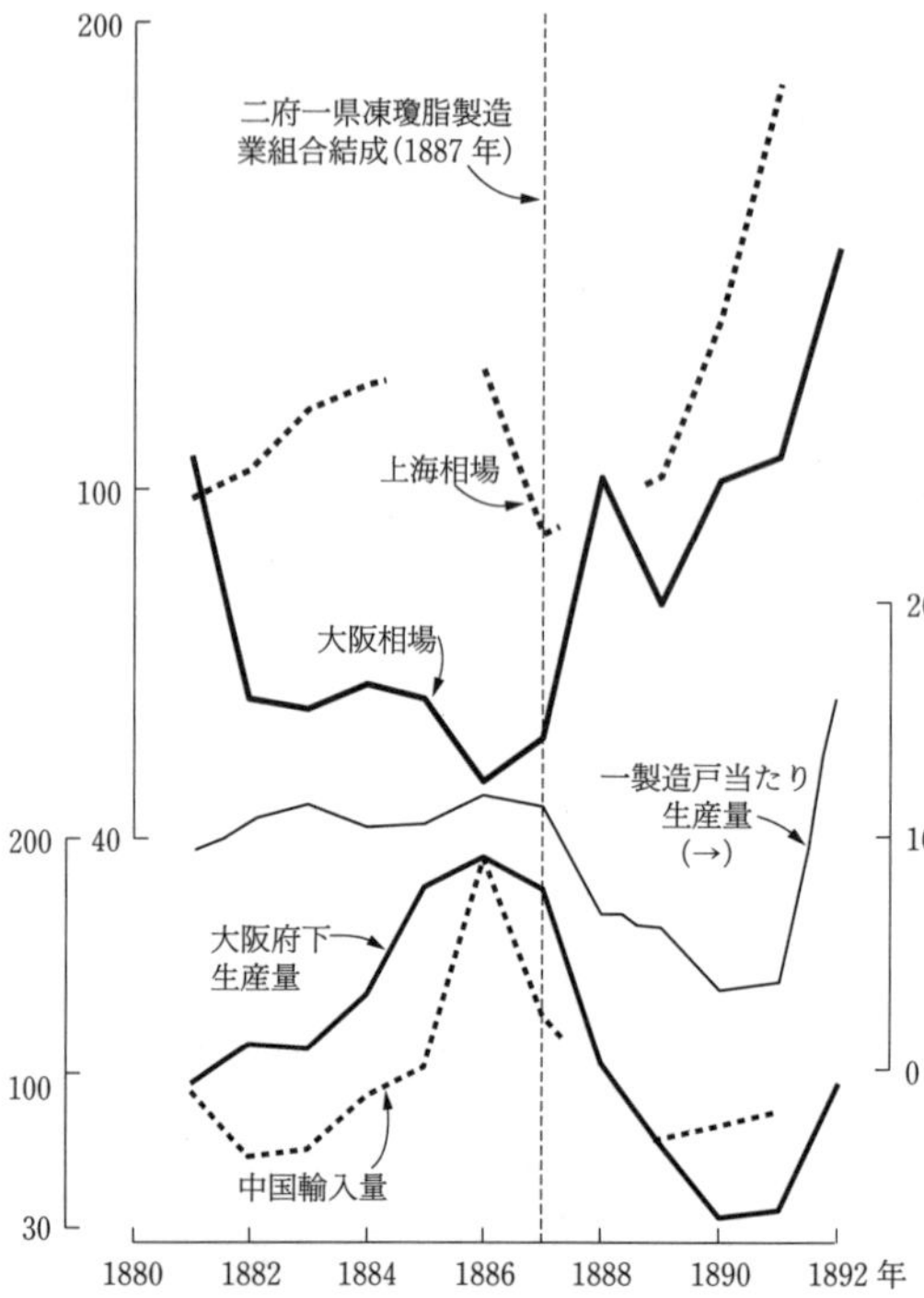

図1-3　寒天の市況（1880年＝100）

資料）奥青輔『清国必需日清物産略誌』1885年11月，98頁。農商務省水産局『清国輸出水産物概況』1887年3月，11頁。「清国輸出重要品増減ニ付調査報告」（外務省記録『本邦重要輸出品増減及沈滞ノ原因取調方農商務大臣ヨリ依頼一件』1892年6月～93年7月，外務省外交史料館蔵，史料番号3．2．1．8）。大阪府編纂『大阪府誌』第二編，1903年4月，376-7頁。前掲『日清貿易参考表』。「寒天の販路」（『大阪朝日新聞』1888年12月6日付）。

下の「寒天製造業総代」の一人として、同業組合の結成を通した生産者の組織化に奔走した人物であった。寒天小生産者には、①自己資金によって生産に従事する「手買」、②担保物件をもって原料を問屋より借り入れ、製寒天の出荷契約を取り交す「送り艸」、③問屋より工賃としての「焚賃」を取得する「賃焚」の三種類があった[39]。後二者は、寒天売込商への従属性が強かったが、黒田家は「手買」に属しており、売込商にたいして相対的に自立的な側面を有していた。

中国の寒天輸入量は、一八八三年から増加しており、日本の生産高も同様の動きを示した。しかし、日本国内の寒天価格は、上海相場の動きと異なり、低下傾向をみせる。黒田新六郎らによって小生産者の組織化が議論されるようになるのは、こうした価格低落が続いた一八八六年のことであった。黒田家のある京都府南桑田郡においても、図1-4にみられるように二年間にわたる価格低下のなかで、製釜数と生産者の減少がみられた。一八八七年には、黒田家自身の投売りと採算条件の悪化の跡がうかがえる。

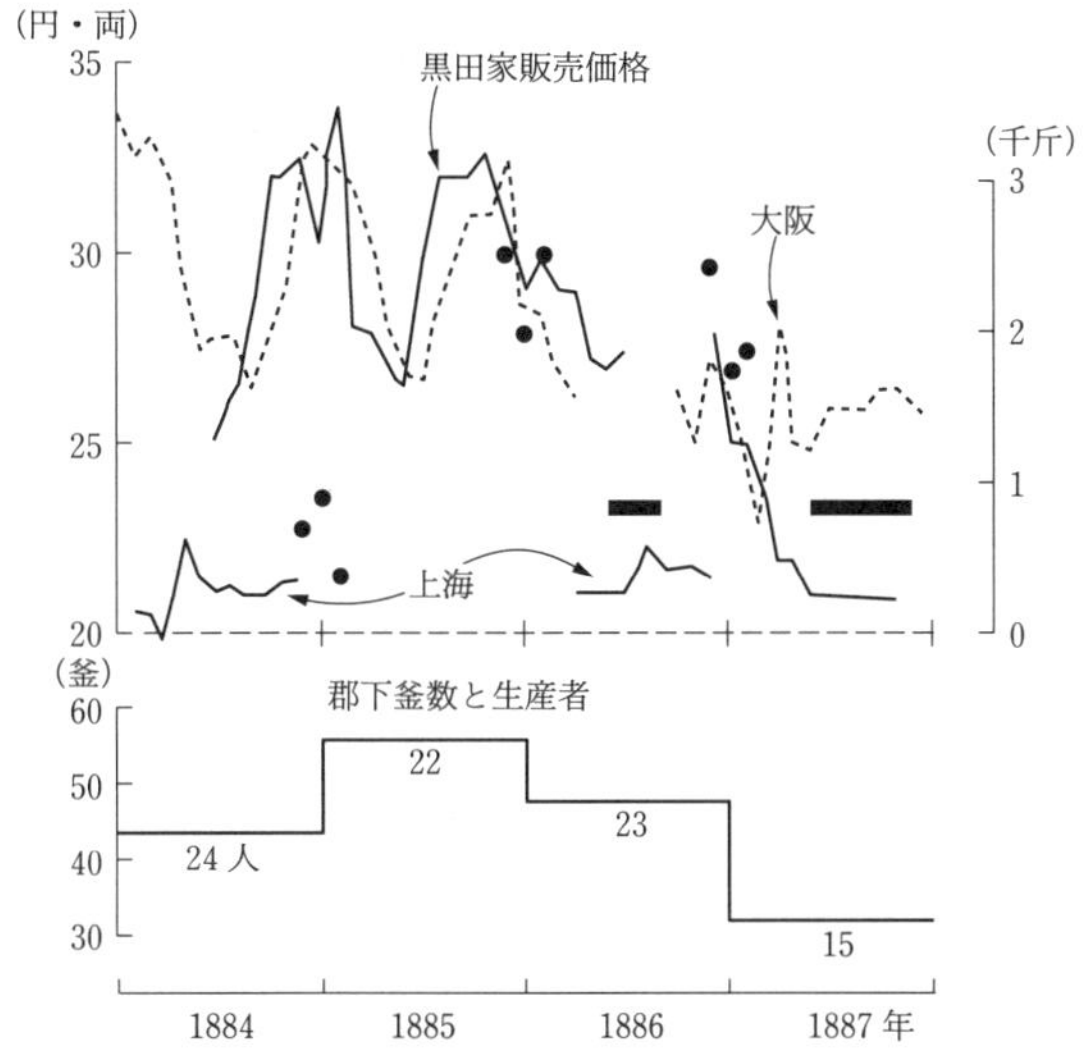

図1-4　南桑田郡の寒天市況

資料）黒田新六郎『当郡寒天商況毎月通信扣』1884年7月起（故黒田康男氏蔵，MF 2-36)。「明治期大阪卸売物価資料」9（『大阪大学経済学』第32巻第4号，1983年3月）104-5頁。前掲『清国必需日清物産略誌』98頁。農商務省水産局『清国輸出水産物概況』1887年3月，11頁。野村豊『寒天の歴史地理学的研究』大阪府経済部水産課，1951年4月，附録9-13頁。

注記）●は黒田家の製寒天（千斤)。■は，採算条件の悪化が『当郡寒天商況毎月通信扣』で確認できる期間。図中の数字は南桑田郡下の生産者数，価格は細寒天の上物（百斤)。

　こうした市況悪化について、黒田をはじめとする郡下の惣代は、次のような状況分析をおこなっていた。まず第一に、小生産者間の競争の激しさを指摘していた。

> 御維新以前ハ大阪総年寄ノ支配ニシテ、其取締方法ノ厳ナルコトハ言新シク陳述スル迄モナク〔中略〕、然ルニ御一新後其方法ヲ解放サレタル以後、年々歳々製造者ノ増加為スニ随ヒ、旧法乱レテ悪弊弥増シ、夫レカ為メ誠実ノ製造者ハ其陥害ヲ被ルコト甚タシ、〔中略〕日々悪弊弥増候ニ付、問屋製造者中ノ有志ニ謀リ、種々仲間ノ規約ヲ設ケ其悪弊ヲ矯正ナサント拾余ケ年間ニ数回改正為スト雖モ、一二ケ月ヲ待スシテ破約者アリ。（野村豊編『寒天資料の研究』後編、一九五〇年一月、六四五―六頁。以下、同書からの引用は、野村、六四五―六頁のように略す）。

ここで強調されている「悪弊」のうちには、製寒天の粗悪化も含まれており、増えた生産者のなかには「一包ノ中間エ嫌悪品或ハ生干ノ類ヲ包ミ込」（野村、六四八頁）むものがあり、「混淆物ノ甚シキ」（野村、六四七頁）出荷がみられた。

第二点は、寒天を集荷する問屋との関連であった。つまり、「製造者ノ競争有之候ヨリ、大阪問屋ハ之ヲ奇貨トシテ、其価格ヲ左右スルコト易」（野村、七一四頁）かったからである。

そして第三点は、買付にのぞむ華僑商人とのかかわりである。彼らは、大阪問屋（＝売込商）からの集荷に際して「製造者ノ内ニハ姦計ヲ行フ者之レ有ヲ知得シテ、〔中略〕七・八歩方ヨリ一割近キ見込ヲ附ケテ低価ニヨリ買取」（野村、六四九頁）ることが多く、売込商たる「大阪問屋ハ支那商人ノ狡猾ニシテ射利ニ巧ミナルヲ目撃致候ヨリ、〔中略〕支那商人ノ為メニ利益ヲ失フタル償ヒヲ、製造者へ取ル所業ニ出ツル」（野村、七一四頁）と認識されていた。表1-6にある有力な寒天売込商をみると、一八八六年の資産規模において五万円以下のものが多く、上位の神戸華僑より下位に位置したところから、寒天売込商の取引交渉力には限界があったと考えられる（表1-

5）。

以上は、寒天小生産者による観察であったが、黒田新六郎らは、一八八六～八七年の市況悪化について、売込商以上に華僑商人の動向に注目していた。黒田家の個人営業記録にあたる『当郡寒天商況毎月通信扣』（一八八四年七月～八八年十二月）には、

大阪ノ景況ハ細角共不進、此原因ハ支那商人ノ巧慧故ト想像ス、依之内国売買ノ角本売細寒天ニ連自今不景気ノ姿ナリ。（一八八六年一月）

近年稀ナル損害ノ生シタル原因ハ気候不適当良品此少ク且近年粗製濫造弥増、藁目多量、支那人ノ狡猾トニヨレハナリ。（一八八七年四月）

と強調されていた。このように小生産者が華僑商人に注視していたのには、次のような理由があった。つまり、寒天生産のあり方が、華僑商人の提供する情報に大きく依存していたからである。寒天の生産は、原料となる海草を煮汁とする工程と、それを寒気による凍結と室内での溶解の反復工程にかけて水分を除去する作業からなっていた。寒気を求めるところから、生産期間は厳冬期の数カ月に限られていた（図1-4）。それゆえ、年間生産量を初冬に計画する必要があり、その基準としてその年の売込予想価格を勘案する必要があった。ところが、寒天生産者の場合、その勘案の材料となる情報は華僑商人より提供されるものであり、一八八五年一一月には「外国人ヨリ寒天直段聞、今由ヲ以、一一月下旬ヨリ焚始メタル[40]」ことが多かったのである。市場調査能力の低さがここでも露呈していたが、海外市況は「支那商人ノ口述ヲ信スルノミ[41]」であった。こうした生産態勢であるならば、年間の生産量は華僑商人からの情報内容に大きく規定されており、ややもすれば市況とかけ離れた情報が提供されることで、生産へのインセンティブがはたらき、増産圧力による価格低下をまねく危険性が強かったのである。価格低下の理

由が「輸出先ノ内地実況ヲ探究シ、其製造高ニ増減掛引為サゝル[42]」ことに求められていたのは、この点を物語っていた。市況の悪化を「支那商人ノ巧慧」と評した背景には、こうした市況情報についての問題が孕まれていたのである。それゆえ黒田新六郎は、華僑商人の動きを意識した市況対応策の構想をうちだした。同業組合である「二府一県凍瓊脂製造業組合」の結成と、直輸出を促進する「寒天会社」の設立構想である。

(i)二府一県凍瓊脂製造業組合について。小生産者間の競争の激しさが、市況悪化の要因にかぞえられていた点は先述した。もっともこうした競争を制限する試みはなされていたが、それは特定の地域に限定されていたために、実効の極めて小さいものであった。たとえば大阪府下において、「当業組合規約」による規制を実施しても、他府県「下ノ投機業者ニ猾策詐謀ノ余地ヲ与エタルカ如キ」（野村、六三七頁）ものでしかなかった。そこで寒天産地である京都・大阪・兵庫の二府一県を対象にした同業組合の結成が急がれたのである。

同業組合の結成をめぐる特徴は、まず第一に、結成の目的が、華僑商人の優勢に対応するための組合規制におかれていた点である。組合は製寒天の品質維持に努めるとともに、生産制限にものりだし、一八八八年五月からは「凍瓊脂製造ハ一釜ノ制限ヲ五拾梵トシ之ニ超過スルヲ不得事」、「現在所有釜ニ増加製造スルヲ不得事」（野村、七四三頁）との規定を設けていた。生産制限の実効については後述するが、こうした目的には、「支那商人ノ為メニ利益ヲ失ヘルノ償ヒヲ取ラン」（野村、七一五頁）とすることが含意されていた。

第二の特徴は、組合の結成が対外関係を意識した農商務省の産業政策の方針を強く反映していた点である。つまり、一八八四年一一月の「同業組合準則」がそれである。「準則」の目的は、「営業上福利ヲ増進シ濫悪ノ弊害ヲ矯正スル[43]」ことにあったが、先述したように「外商ニ対ス」る「各業ノ秩序」形成にも求められていた。寒天生産者の意識にも、こうした政策的指導が反映されており、組合の結成をめぐり次のように表明されていた。

支那人ノ姦策ヲ間接ニ我同業ニ及ホサレ、正当ノ製造者困難言語ニ難尽場合ニ立至リ候ニ付、明治一七年一一月二九日、農商務省第三六号・同第三七号ノ御布達ニ基キ、二府一県下ノ製造者一致共同組合ヲ設ケ、規約ヲ作リ、農商務省ノ御認可ヲ受ケ、仲間ノ取締ヲ厳重ニ致シ度。（野村、七一八頁）

第三の特徴は、この第二の点に関連するが、同業組合結成の志向が、本章の冒頭でも述べた「内地開放（雑居）」案とのからみによって強まっていた点である。一八八二年の条約改正予議会で提起された「内地開放」案は、条約改正のための譲歩として、開港場での居留地貿易を廃する内容を有しており、同時に「内地雑居ノ説ハ世上ニ囂々シキ今日ニ至ルモ仲間取締ノ方法改良ヲ等閑ニ附シ置トキハ自然外国人ノ手ヨリ［中略］如何ナル困難ヲ惹起スヤモ不可許」(44)との危機感をあおっていた。それゆえ政府は、「内地雑居ノ場合ニ於テハ前項ノ恐レアルヲ以テ、農商務省第37号ヲ以、諸商業トモ組合準則ヲ設ケ」(45)させる政策的指導に乗り出したのであり、寒天生産者はこうした指導に即応したのであった。一八八〇年代後半には各地で同業組合の簇生がみられたが、こうした組織化の動きは「世上ニ囂々シキ内地雑居ノ予防」（野村、七〇二頁）と評されたような、対外緊張の高揚に対応する「市場秩序」形成を企図していたのである。そして「彼ノ準則タル斯ル大業者ノ為メニ設ケタルニアラサ」(46)るとも評されていたように、小生産者を対象にした「秩序」形成が企図されていた。凍瓊脂製造業組合は、「内地開放」に対応する政策的指導と、小生産者の「商勢挽回」の課題とが一致したところに結成の基盤を有していたのである。

政府の産業政策に呼応して、一八八七年五月に結成された組合の規約に目を移すと、「加入者ニ関する規程」に組織編成の特徴がみられた。規約は、生産者に対して「組合規約ヲ確守スルノ証書ヲ出サシメ」ていたが、この証書の提出がみられない場合は、「営業ニ関スル願」書に必要となる、組合取締役「ノ証印ヲナサヽルモノトス」る規程を有していた（野村、七二七頁）。つまりこの規程は、生産者が組合に加入しなければ、所轄官庁への請願条件が整わず、発言力を失うことを含意していた。組合外のアウトサイダーには、所轄官庁への請願の途が閉ざされることを意味していたのである。一八八八年の組合下釜数は五四一釜であり(47)、その数が翌八九年の該当地域の釜数八九三釜に接近する高さであることを考えれば(48)、当時の寒天生産者は華僑商人への対抗を意識しつつ、所轄官庁への請願を通した、上からの保護を希求する志向を強めていたと言えよう。所轄官庁からの保護の引出しをねらう志向は「御一新ノ頃ト今日ノ御政体トハ商業上工業等モ殊ノ外相変リ居リ、故ニ何事モ御政体ニ随ヒ行カザレハ成リマセン」（野村、七〇〇頁）といった表現からもうかがえる。そして、このような政府への接近姿勢は、次の直輸出会社構想のなかにもみられた。

(ii)寒天会社の構想について。寒天会社は、原料購入と製寒天の販売を担うものであり、とくに販売面では、先述の組合員の製寒天を直接「三井物産会社エ送リ、該社ニ於テ販売為セハ、支那商人ノ狡猾手段ヲ免レ」（野村、六五三頁）ることが期待されていた。会社の設立にあたっては、株式募集による資本金三〇万円の規模がめざされていた（野村、六九六頁）。そのうち一五万円を組合員の負担とし、残りを外部からの調達に求めたが、とくに政府からの資金援助を強く求めていた。ここにも、寒天生産者の政府への接近姿勢がみられたが、その意図するところはもう少し複雑であった。というのは、政府からの援助が若干なりとも求められれば、「然ルトキハ民ノ株主ハ直ニ集ル」（野村、六五二頁）効果を有すると考えられていたからである。政府からの出資は、たんなる資金援助という性格を持つだけではなく、当該会社に対する権威付けの効果を有し、いわば民間資金調達の「呼び水」的な役割を果たすものと位置づけられていた。

もっとも、この一手販売会社の構想は実現に至らず、組合の結成後に議論されることはなかったようである。政府からの援助が求められなかったためと考えられるが、会社設立をめぐる関係者の合意が成立しなかった点にも理由が求められる。まず黒田新六郎らは、市況悪化の対応策として、寒天売込商らとの協同歩調を求めていたが、

「各々問屋会議ノ傍聴仕候処、製造者ノ意見トハ甚シク反対」（野村、七一八頁）との反応がくり返されるだけであった。彼らは、華僑商人への対抗を強く意識してはいなかったのである。

寒天売込商が、生産者のうちだす直輸出会社設立構想に消極的な姿勢をとった理由は、生産者の構想が〈会社（荷主）による寒天の集荷→日本人輸出商（三井物産）〉を基本としており（野村、六五三頁）、〈荷主→売込商→華僑商人〉という既存の流通機構を否定する面が強かったためと考えられる。売込商にとっては〈荷主→売込商→日本人輸出商〉という構想が直輸出の前提であり、自らの存在を否定しかねない小生産者の直輸出構想には同意できなかったのである。

そして、こうした売込商側の姿勢は、生産者間の足並みをも乱す要因になっていた。先述したように、寒天生産者には問屋への従属性の強い「送リ艸」、「賃焚」が多く、彼らは「製造場及器械膳腕ニ至ル迄問屋ヘ書入、［中略］如斯キ人達者、会社トナレ者製造ガ出来ヌ様成ルカモ知レントノ考ヘヨリ、会社創立ヲ嫌」（野村、七〇〇頁）い、会社設立に消極的であった。

結局、生産者の打ち出した市況対策の構想は、「手買」層が主導権を握る、同業組合の結成を実現させるにとどまったが、図1-3からその組合活動のあり方を、組合による生産制限に即してみておきたい。まず、一製造戸あたりの生産量は、組合の生産制限が決議された一八八八年から減少しており、一八九一年ごろまで組合による規制の跡がうかがえる。生産量も同年より減少し、価格の反転が確認できるところから、組織的規制は実効性を有したといえる。上海においても、「本邦ニ於テ［中略］収穫を減シ引ツヽキ輸入ノ額ヲ減スルニ［中略］上海ニ於ケル相場ハ追々騰貴」[49]したと報告されていたように、組合による規制は中国の市場価格をも規定するまでの実効性を有したのである。そして品質維持の面においても、「信用ヲ回復シ、益々声価ヲ博スルニ至」っていた（野村、七五九頁）。もっとも組合は、市況の好転がみられた一八九二年ごろから売込商の影響下にある「賃焚」層の脱会に会い、組織率を低め、規制力を弱めたが[50]（図1-3）、一八九一年までの規制の実効性は、深刻な市況悪化に対応したものであると同時に、「国権ヲ拡張為ス」（野村、六七〇頁）ようなナショナリズムの喚起に支えられていた点に注意したい。

まとめにかえて

一八八〇年代は、国際環境の変化に伴って、日本における華僑商人の勢力が拡大した時期であり、彼らの商業活動は「狡猾」・「巧慧」と評された。森有礼の表現を借りるならば、「欧米ノ商人ハ前途深ク畏ルゝニ足ラス、支那商人ハ前途日本ヲ痿弊スルノ状アリ[51]」と懸念されていたのである。あわせて一八八〇年代に、条約改正とのかかわりで議論された「内地開放」案は、居留地を撤廃する内容を有しており、なかでも「支那人に先入せられ通商の権、労働出稼の実を奪はるゝに於ては実に日本国の経済を瓦解[52]」するとされ、緊張感が高まっていた。

そこで華僑商人からの「商勢挽回」が企図されたが、とくに問題とされた点は、価格形成をめぐる日本の対応の必要であった。価格規制力を回復し、華僑商人の優勢に対応する「国内市場秩序」の形成が必要とされていた。本章では、こうした対応として華僑商人と二府一県凍瓊脂製造業組合の事例を検討した。寒天生産者による同業組合の結成＝組織化の動きをみたのであるが、一八八〇年代後半に多くみられる同業組合の結成は、「世上ニ囂々シキ内地雑居ノ予防」（野村、七〇二頁）と評された政策的指導を背景にしており、寒天生産者もこうした指導に即応したのであった。

黒田新六郎らによって結成された二府一県凍瓊脂製造業組合は、「支那商人ノ為メニ利益ヲ失ヘルノ償ヒヲ取ラン」（野村、七一五頁）とする目的を有しており、組合結成や活動の実効性は彼らへの対抗を意識したナショナリズムの喚起によって支えられていた。黒田らの打ち出す構想には、「支那商人ノ狡猾手段ヲ免レ彼レカ手ニ陥ル利益ヲ我皇国ノ利益」（野村、六五三頁）とするという姿勢が貫かれ、組合の結成にあたっては、私信のなかにおいても「愛国心ナキ御国益ヲ顧サル問屋製造者」（野村、六六三頁）への批判が強調されていた。近代日本のナショナリズムの喚起は、従来もっぱら欧米からの「衝撃」に対応するものとして議論されてきたが、本章はアジアからの「衝撃」に対応した喚起の事例を提供している。寒天生産者の動向は、「内地開放」案によって「我内地人民と直接に競争場に馳騁を試みんとするものは、［中略］欧米の遠方にあらずして、対岸の近国なるべし(53)」と強調された対外緊張の実態を伝えており、日清戦争以前の日本社会においてアジアからの「衝撃」に対応した「国益」意識の高揚がみられた点を看過してはならないのである。

本章が対象にした一八八〇年代の日本は、後半から「企業勃興」期にあたり、工業化の始動する時期と把握されている。そこからは日本の近代を西欧資本主義へのキャッチ・アップの過程として理解する認識が形成されてきた。ところが、こうした認識は、日本の資本主義化を強調する反面、アジアの後進性が対比されてきただけに、近代日本のアジア史における位置づけを見失うことになる。一八八〇年代は、国際環境の変化に伴って、華僑商人の活動が活発化した時期でもあり、対中国通商関係のなかで直面した「衝撃」への対応をも課題にしていたからである。通商関係のレヴェルに即して述べれば、日清戦争までの段階で日本と中国の経済力には、二〇世紀以降に顕在化するような決定的な差はみられなかったと言える。日本の近代は、華僑商人からの「商勢挽回」の過程でもあり、アジアへのキャッチ・アップという課題を有していたのである。

（1）石井寛治『近代日本とイギリス資本』東京大学出版会、一九八四年六月。
（2）一八七九年から九九年にわたり、日本の対アジア貿易依存度は二三％から三七％に高まり、貿易額全体に占める横浜港の割合は七〇%から三九%へと低下した（東洋経済新報社『明治大正国勢総覧』一九二七年、四四五、四五六、四八五頁）。

（3）杉原薫『アジア間貿易の形成と構造』ミネルヴァ書房、一九九六年二月、第二章。

（4）芝原拓自『日本近代化の世界史的位置』岩波書店、一九八一年、第三編「明治維新と洋務運動」。

（5）内田直作『日本華僑社会の研究』同文館、一九四九年九月、一四七頁。同書は、「江戸時代長崎貿易において福州、泉漳、三江の三帮に同等に仲間入りしえなかった広東人が、かかる帮派的対立、乃至は清朝側の地方分離主義政策の障壁を乗りこえて、［中略］各開港都市へ真先に自由進出した」点を強調している。「進出」の要因については、分析されていないが、広東系貿易商の流入は日本の開港が西欧だけでなく、アジアへの開港でもあったことを示している。旧幕府の貿易統制下において、日中貿易を担ったのは、福建・三江（江蘇・江西・浙江）出身の貿易商であったが、開港後の一九世紀後半に勢力を拡大させる広東系貿易商は、「夙に欧化して居りますれば、其取引の活発なる西洋人にも優り」（仁礼敬之『清国商話』〔一八八九年述〕経済雑誌社、一八九五年八月、七七頁）と評されていた。広東系貿易商の進出の要因については、今後の検討課題としたいが、広東地方が西欧人貿易商の東アジアにおける活動拠点であるところから、彼らは西欧資本主義の東漸という世界史的規定性をうけ、開港後の地域変動を背景に抬頭した、近代の新興勢力であったと言える。

　後述するように、本章で注目した阪神地方の有力な華僑商人は、この広東系貿易商が多く、とくに一八八〇年代に勢力を拡大させたと考えられる。

（6）村田誠治編『神戸開港三十年史』乾、開港三十年紀念会、一八九八年、三六九―七一頁。中国人の流入が西欧人貿易商の「通訳」ないし「買弁」の増加と認識され、その従属性から存在が軽視されたと言える。しかし、中国人「買弁」は商談「媒介者」の地位を利用し、西欧人の「主人と地位を転倒せしめ、主人をして傭人たらしむる」（益田孝稿「外国貿易」〔副島八十六編『開港五十年史』一九〇八年〕七二四頁）自律性を有していたと言われており、軽視できない特徴をそなえていた。

（7）日本における在日本華僑史研究は、一九九〇年代に飛躍的に進展した。研究史としての整理は、飯島渉編『華僑・華人史研究の現在』汲古書院、一九九九年三月、を参照されたい。

（8）「支那人と内地雑居」（『新愛知』一八九一年五月一〇日付）。

（9）「日本商人の大同団結は今日の急務なり」（『日本之商人』一四号、博文館、一八八八年一一月）。

（10）開港後の「衝撃」は、一九世紀後半の世界資本主義の東漸という世界史認識の枠組みで議論されてきたために、「衝撃」の担い手は、西欧人貿易商に求められることが多かった。華僑商人の商業活動は、これら西欧人と異なり、幕藩体制下の日中貿易の経験を通して近世からの連続面を有しているが、本章で注目する広東系貿易商の勢力拡大は、開港という世界史的規定性のなかで生じた新しい動態であり、東アジアにおける世界史的条件の一環を構成するものであったと言えよう（注(5)を参照）。本章は、広東系勢力の拡大要因そのものについて検討を加えていないが、「衝撃」の内容を、華僑商人の台頭（主にそのバーゲニング・パワー）と、「内地開放」案を通した対外緊張の高揚などに求めている。

(11) 入手した史料類の制約上、長崎をめぐる動向に、検討が加えられていない。一八八八年一〇月の調査によると、対象となった八四店中三九店が広東出身、一八店が福建出身であり、長崎においても広東系の優勢が確認できる（町田実一『日清貿易参考表』一八八九年九月）。一八七九年は「福建、こと同安県優勢の時代」（布目、前掲論文、二一六頁）と言われているところから、八〇年代に広東系中国人の参入がみられ、長崎においても、本章が注目した阪神地方と同様の傾向が生じていたと考えられる。なお、横浜については、メーチニコフ『回想の明治維新』（一八八三年九月〜八四年一二月稿）岩波書店（文庫）、一九八七年、七一—二、九四—五頁、が華僑商人の台頭に言及している。

(12) 前掲『明治大正国勢総覧』四五五頁。

(13) 長井実編『自叙益田孝翁伝』内田老鶴圃、一九三九年、四七五—六頁、参照。

(14) 中村隆英「一九世紀末日本経済の成長と国際環境」（梅村又次他編『松方財政と殖産興業政策』東京大学出版会、一九八三年）。

(15) 同前。

(16) 貨幣制度調査会編「貨幣制度調査会報告」一八九五年（日本銀行調査局『日本金融史資料・明治大正編』第一六巻、一九五七年）六七六頁。

(17) 同前、六七七頁。

(18) 貨幣制度調査会編「貨幣制度調査会報告附録」（日本銀行調査局『日本金融史資料・明治大正編』第一七巻、一九六八年）七六三頁。

(19) 同前。また、Eiichi Motono, "Bonded Warehouses and the Indent system, 1886-95", in A. J. H. Latham and Heita Kawakastu (ed.), *Jananese Industrialization and the Asian Economy*, Routlege, 1994.

(20)「金貨騰貴ノ清国貿易ニ及シタル影響」（『官報』第三二七五号、一八九四年六月一日付）。

(21) 同前。

(22) 西欧人貿易商のあり方については、前掲「貨幣制度調査会報告」八八九頁。

(23) Foreign Office, *Diplomatic and Consular Reports on Trade and Finance, Japan, Report for the Year 1889 on the Trade of Yokohama*, p. 38.

(24) 前掲『神戸開港三十年史』坤、一八九八年、三五二頁。

(25) 洲脇一郎、安井三吉「明治初期の神戸華僑」（神戸大学教養学部紀要『論集』四二号、一九八八年）一九―二五頁。高原護郎「川口居留地」（上方郷土研究会『上方』九九号、一九四九年）一六一頁。

(26) 第二章の九三頁を参照。一八八七年の神戸で、資産額三万円以上は、次の五人であった。山本亀太郎（海岸通四）、光村弥兵衛（北長狭通五）、池田清助（元町通三）、池田貫兵衛（栄町通六）、鈴木岩次郎（同前六）（山本東策編『日本三府五港豪商資産家一覧』博文館、一八八七年、一七頁）。

(27) 鴻山俊雄『神戸大阪の華僑』華僑問題研究所、一九七九年、二二頁。また、海産物をめぐる広東系華僑商人については、飯島渉「香港―日本関係のなかの香港日本商工会議所」（波形昭一編著『近代アジアの日本人経済団体』同文舘、一九九七年三月）。

(28) 外務省記録『清国開港場ニ於ケル本邦商品ノ利害得失及新貨物ノ適否等取調書在清帝国公使ヨリ送付一件』一八八九年調査（外務省外交史料館蔵、史料番号三、二、一、七）。以下、本文において輸出港の注記が付されてある引用文は、同史料による。

(29) 森三郎『報告書』東京高等商業学校修学旅行報告書、一八九六年一二月（一橋大学図書館蔵、Azn-146）。小泉清左衛門は、一八八六年に「五万円以下」の資産所有者で（大阪経済史料集成刊行委員会『大阪経済史料集成』第一巻、大阪商工会議所、五六八頁）、一八九一年には府会議員の経歴を持つ（白崎五郎七他編『日本全国商工人名録』一八九二年、三〇三頁）。

(30) 前掲『神戸開港三十年史』坤、三九七頁。瀧川辨三については、横田健一『日本のマッチ工業と瀧川儀作翁』一九六三年、四八―八六頁。

(31) 同前。

(32) 前掲『清国商話』八四―五頁。

(33) 同前。

(34) 木村匡編『森先生伝』金港堂書籍、一八九九年九月、二一二頁。

(35) 同前、二一〇頁。

(36) 前掲、森『報告書』。

(37) 小泉清左衛門談（同前）。

(38) 同家については、豊能町史編纂委員会『豊能町史』本文編、一九八七年、五〇八―一四、五六六―八頁。以下で利用する同家の史料は、故黒田康男氏から閲覧を許されたものである。

(39) 野村豊編『寒天資料の研究』後編、大阪府寒天水産加工業協同組合、一九五〇年、六六五頁。同書には黒田家資料の一部が載せられている。以下、同書からの引用については、たとえば（野村、六六五頁）と略して本文中に記す。

(40) 黒田新六郎稿『当郡寒天商況毎月通信扣』一八八四年七月～八八年二月。

(41) 同前「寒天問屋諸君ニ対スル問答・第一章」一八八七年稿。
(42) 同前。
(43)「農商務省第五回報告」一八八六年、一五四頁（明治文献資料刊行会『明治前期産業発達史資料』別冊一七-一、一九六六年九月）。
(44) 前掲、「寒天問屋諸君ニ対スル問答第一章」。
(45) 同前。
(46) 大日本紡績同業連合会『大日本紡績同業連合会議事録』一八八九年三月一五日（日本紡績協会蔵）一一頁。
(47) 野村豊『寒天の歴史地理学研究』大阪府経済部水産課、一九五一年、一〇〇頁。
(48) 大阪商工会議所『大阪商業史資料』三〇巻、一二一頁。
(49) 外務省記録『本邦重要輸出品増減及沈滞ノ原因取調方農商務省大臣ヨリ依頼一件』一八九二〜九三年（外務省外交史料館、史料番号三・二・一・八）。
(50) 前掲『寒天の歴史地理学研究』一〇二頁。
(51)「商業学校設立理由案」年代不明（森有礼関係文書三四（国立国会図書館憲政資料室蔵））。
(52) 勝山孝三『貿易起業　日清関係』一八八九年、八頁。ここでは中国人の流入による日本人労働市場の縮小についても懸念されている。この点については、布川弘『神戸における都市「下層社会」の形成と構造』兵庫部落問題研究所、一九九三年九月、第三章。
(53) 前掲「支那人と内地雑居」。

第二章　華僑通商網への対抗と対アジア直輸出態勢の模索

——昆布直輸出会社を事例に——

はじめに

前章で述べたように、一八八〇年代は、近代日本が東アジア市場において台頭した華僑商人との関係を深めた時代であった。「内地雑居」問題を背景に、流入するであろう華僑商人勢力への対応が議論された時期であった。そして、当時の日本のなかには、農商務省の産業政策に呼応し、同業組合の設立による小生産者の組織化を通して、華僑通商網からの離脱を企図する反応がみられるようになる。華僑商人からの「商権」奪取が叫ばれた時代であった。

そこで、本章においては、昆布取引を事例に、政府の補助のもとに展開された直輸出運動の過程について検討を加えたい。次頁の表2-1は、企業勃興期直前の一八八三年と、日本の「産業革命」期にいたる九七年における、対アジア主要貿易品を整理したものである。八三年の輸出品には水産物が、上位に現れることがわかる。伝統的な輸出品であった水産物は八〇年代においても重要な輸出品であったが、日本人輸出商の取扱いを示す直輸出率はいまだ三・六%に過ぎなかった。

もっとも直輸出率の高さという点では、石炭のそれが注目される。石炭の直輸出率の高さは、三井物産の役割に

表2-1　日本の対アジア貿易構成（1883年）

（単位：千円）

	品目	アジア相手国別取引額				金額	1897年の対アジア貿易品	
		朝鮮	中国	インド・タイ	計			
輸出	水産物		2,041		2,041	2,046〔 3.6〕	**綿糸**	13.490〔63.3〕
	銅類	677	428	304	1,409	1,401〔 0.1〕	石炭	10.686〔71.7〕
	小麦		541	29	570	579〔 9.7〕	**マッチ**	5.641〔21.9〕
	石炭		391		391	395〔98.7〕	水産物	4.202〔 3.6〕
	椎茸		331		331	337〔 2.4〕	銅類	5.772〔 8.2〕
	その他とも計	1,671	5,492	410	7,573	37,380	計	161.459
輸入	綿糸			2,098	2,098	6,164〔 0.0〕	**棉花**	43.619〔60.4〕
	赤砂糖		2,578		2,578	2,581〔 0.0〕	**米**	21.528〔30.8〕
	白砂糖		1,799		1,799	1,799〔 0.0〕	白砂糖	14.098〔 1.2〕
	その他とも計	947	5,760	2,475	9,182	29,405	計	219.155

資料）大蔵省『大日本外国貿易年表』各年。
注記）〔　〕は直輸出入率。太字は，1883年にはみられない新しい貿易品。朝鮮のデータについては高村直助氏からのご教示を得た。

負うところが大きかった。一八七六年に三井物産と官営三池炭鉱との間で一手販売契約が結ばれ、七八年の口ノ津の特別輸出港指定、政府による輸送船の貸与などによって直輸出は促進された。町田実一の調査によると[1]、長崎―上海間の石炭直輸出率は、七八年三五%、七九年五三%、八〇年七〇%、八二年以降からは八〇%以上を継続するようになり、それまで優位を誇っていた華僑商人の取扱いを奪取した。また直輸出価格Ⓐと華僑商人の販売価格Ⓑを比較すると、相対価格（Ⓐ/Ⓑ）は一八七九年一一二、八〇年一一四、八一年一〇四、八二年一二三、八三年一四四、八四年一三五、八五年一三四、八六年一七〇となり、八二年以降二割以上の高い直輸出価格が実現していた。松方デフレ下においても日本人貿易商側が主導的な価格形成者として立ち現れており、「商権」の確立がみられた。しかし、これらの石炭は上海をはじめとする港湾の欧米外国汽船の燃料需要に対応しており、直接に中国の内地市場に供給されるものではなかった。それゆえ中国市場をめぐる華僑商人との競合は希薄であり、対抗に伴う摩擦は少なかったことが、直輸出率の向上を支えていたと言えよう。そうであるとすれば、華僑商人への対抗を課題とした「商権」奪取の過程は、中国内地市場が求める水産物取引を対象に考察しなければならないと考えられる。それゆえ、本章では、一八七〇年代後半から一八九〇年代前半ごろに展開された直輸出会社の動向を、海産物直輸出会社「広業商会」と、三井物産との関係をもつ北海道産昆布直輸出会社の「日本昆布株式会社」に事例を求めて考察したい。

一　広業商会の挫折

石炭以外の対アジア輸出品における、日本人貿易商による直輸出の拡大に大きな制約があったことは先述したが、上海において日本品の販売に従事した日本人貿易商をみたのが、次頁の表2-2である。開店期間の不明なものが多いが、「不堅ノ小店ヲ数個開キテハ閉ヅルノ例先キニ上海ニ瞭然タリ」[2]と言われていたように、貿易商の開店期間は短く、短期間に閉店を余儀なくされていた。日本人貿易商の中国での販売活動には、一店あたりの「資本ノ額　拾万円以下ニテハ開店スベカラス」[3]（引用文の傍点は引用者。以下同様）と報告されていたように、ある程度の資本規模が必要であった。前掲表1-5に示した神戸の華僑商人の資産規模から推察しても、彼らとの競合を意識した対アジア貿易には一社あたり一〇万円以上の資本規模が必要であり、直輸出の拡大には政府などの公的な機関からの資金援助が求められていたのである。実際に、開店期間の比較的長い三社をみると、公的な機関との関係を強く有するものであることがわかる。とくに一八八五年の上海では、「本邦商之取扱候要品ハ数ケ年以来僅ニ石炭三井昆布広業之両種ヨリ先ツ外ニハ一物モ無之」[4]と報告されており、広業商会と三井物産の二社が注目されていた。なかでも広業商会は、華僑商人との競合の激しい北海道産海産物、とくに昆布を取り扱っていたところから、「充分有益之海産物ヲ殆ント放擲ニ至」[5]る後退を余儀なくされ、一八八八年には閉店することになる。表2-3は一

表2-2　上海における日本人貿易商（1888年8月までに開店したもの）の開店期間

開店期間別類型	店名	開店期間（年月）	同左（月）	取扱品	特徴
8年以上	崎陽号	1872. 1〜86.9	177	陶漆器，小間物	自品・委託販売。長崎県の保護をうけ上野弥七郎らが設立。1886年夏に上野死去。
	広業商会	1876.10〜88	147	海産物（昆布他）	開拓使収税品販売，自品・委託販売。半官半民。開拓使廃止と設立者笠野熊吉の死去により後退。
	三井物産	1877.12〜	継続	石炭（三池炭）	大蔵省管轄の三池炭，自品・委託販売。支配人上田安三郎。商業実践学校の如き観あり。
4年以上	有馬洋行	1876. 8〜80.12	53	陶漆器，小間物	
	津枝洋行	1878. 3〜82	58	藍靛	五代友厚所有朝陽館の製藍販売。
	三徳洋行	1878. 5〜83.12	68	小間物，雑貨	
	北川藤五郎	1879.12〜85	73	陶漆器，小間物	
	藤井商店	1883. 3〜90	94	陶漆器，雑貨	
4年未満	4店	木綿屋（1871.12），渡辺源三郎（1884.2），梅本伝吉（1884.11），小泉洋行（1887.4）			
3年未満	6	**開通号**（1837.8），永昌号（1877.7），赤井市衛（1883.8），大倉組（1883.8），大亀玉治（1886.12），説田彦助（1888.7）。			
2年未満	4	荒木七郎（1871.5），**末松軍平**（1877.4），立川洋行（1882.10），柳川清助（1884.1）			
不明	12	略す			

資料）町田実一『日清貿易参考表』1889年9月（国立国会図書館蔵）。遠山景直『上海』1907年2月，220-7頁。

注記）1888年8月までに上海で開店したものにとどめた。物品販売を成業とするものに限定した。それゆえ，楽善堂（1880.4），鈴木忠視（1882.5），修文館（1884.8），東和洋行（1886.12），秋山純（1887.3）は除外した。（　）内の数字は開店時の年．月。太字は，公的な機関から後援があったことが認められるもの。広業商会の閉店については1885年とされているが，ここでは内田直作『日本華僑社会の研究』同文館，1949年9月，208頁，および「機密信第二号」（仮）町田実一発，大隈重信宛，1888年3月（外務省記録『外国貿易ニ関スル官民ノ意見書』1883年7月〜1913年12月〔外交史料館，3.2.1.2〕）にしたがった。

八八七年の函館港における華僑商人の海産物取引の実勢を示したものである。浙江系の華僑によって北海道産昆布の六八％が買い付けられていたことがわかる。[6] こうした実勢を前に後退を余儀なくされた、「半官半民」（表2-2）の広業商会に即して、政府の産業政策としての直輸出政策の限界に言及したい。

表2-3　函館華僑商人の実勢（1887年）

商店名	海産物取扱			等級	開店年次	原籍
	昆布（千石）	鯣（万斤）	（万円）			
震大号	25		20	1	1884（明治17）	浙江寧波
慎昌号	20	10	15	1	79（　12）	浙江湖州
徳新号	20	15	10	1	84（　17）	浙江寧波
誠大号	10		8	2	86（　19）	浙江
大有号	8	10	6	2	82（　15）	浙江寧波
成泰号	15	8	10	2	82（　15）	浙江寧波
源記号				3	85（　18）	福建福州
東和号				3	83（　16）	福建福州
小計　A	98	43	69			
函館港輸出　B	※ 101	39	58			
産出　C	144	※ 48	527			
A/B（％）	97.0	110.3	119.0			
A/C（％）	68.1	89.6	13.1			

資料）遠山景直『日清貿易北海道重要海産志』1891年（龍谷大学図書館，長尾文庫）11，15，92，117-8頁。前掲『日清貿易参考表』。北水協会編纂『北海道漁業志稿』1935年，344頁。大蔵省関税局『大日本外国貿易年表』1887年版，13-4頁。『北海道庁第二回統計書』1887年版。

注記）※の換算は，1斤＝0.16貫＝0.004石で求めた（根拠は，前掲『日清貿易北海道重要海産志』10頁）。原史料では，昆布25.161千斤，鯣1.9千石。空欄は不明。

広業商会は、北海道開拓使のイニシアチブによって一八七六年一〇月に設立された。営業期間を当初一〇カ年と定め、前後期各五カ年としていた。前期五年間については、「該業ノ得失ヲ実験」する期間と位置づけられていた。まず前期には、内務省勧商局からの資金援助を受けており、その額は四〇万円にのぼり、無利息貸与を条件にしていた。[7] つづいて一八七八年一月からは、年六％利率の貸与資金額二〇万円が「北海道物産取扱資金」として付け加えられ、[8] 六〇万円にのぼる資本規模になっていた。

直輸出にあたっての海産物の集荷は、勧商局と開拓使を通してなされたが、次のような方法がとられた。まず、開拓使の収税品である海産物を集荷する方法である。集荷の価格は、勧商局と開拓使の「双方熟議[9]」によるものとされた。次は、海産物の小生産者に対して資金を貸与し、その償還を現物の海産物の供出に代えて集荷する方法である。つまり、「広業商会資金中ヨリ勧商局ヨリ差出サセ之レヲ開拓使ニ交付シテ同使ヨリ右人民ヘ貸与シ其償還ノ昆布ハ開拓使ヨリ勧商局ヘ受取之レヲ広業商会ヘ引渡[10]」すと言われていたように、〈商会→勧商局→開拓使→小生産者〉という資金の流れと、それとは逆の償還物（海産物）の流れがあった。

小生産者に対する資金貸与の利率は、年六％であったが、この水準は次の現状に対応したものであった。つまり、小生産者のなかには「清商ニ依頼シ資本ヲ借用スルモノアリ其貸借方ハ利子率一割乃至一割半位[11]」であり、この一〇～一五％の水準より低位の利子率が求められたのである。この点から考えても、直輸出を目的とする広業商会は華僑商人への対抗を意識していた。

とくに広業商会の政策的課題は、海産物の価格形成面にあった。一八七六年一二月に勧商局が、「我人民の清国人より借入金又は手付金、約定金を受くるが為め低価に物品を投売する者あるとき其現物を抵当として貸付金を為す」ことを強調していた点は、それを物語っていた。また償還額に相当する生産高をこえて「余贏あるときは直ちに買上」げ、「清国市場相場低下の時内地に於て販売価格一時低下、他日回復の見込あるものを商会に買収す[12]」る点も強調されていた。海産物の集荷と直輸出の拡大を通して、海産物価格の安定を企図していたのである。広業商会の設立には、当時の「昆布ノ価格ノ不当、支那人ノ圧制ト云フコトニ官デ目ヲ着ケ[13]」（以下、鹿島万兵衛述「昆布販売顚末」〈『根室市史』史料編、一九六八年〉からの引用は、鹿島、頁数として本文に示す）ていたことが動因になっていたのである。

次に、広業商会の直輸出政策の実効性を、昆布市況を示した図2-1に即して検討してみよう。同商会からの資金貸与の対象となった海産物は、昆布・煎海鼠・乾鮑・鯣の四品であったが、昆布への貸与額が最も多く、直輸出の主要な対象になっていた。まず直輸出率の動きをみると、一八七八年から四〇％以上に高まり、その実効性が確認できる。同時に輸出価格も上昇しており、八一年までその傾向を続けた。しかし、状況は八二年から大きく変化する。直輸出率は二〇%台に低下し、輸出価格も上海相場に引きずられるように急落したのである。明らかに、広業商会の活動に後退がみられた。同商会の「損益ノ計算」をみても、八一年前期からは損失が続くようになっており、直輸出には大きな限界がみられたのである。

そこで、限界を画した要因が問題になるが、第一に考えられる点は中国市場のあり方である。当該期は、先述した一八八〇年代後半の市場拡大期に至る以前に相当していたために、中国の昆布輸入量は一八八四年まで停滞的で

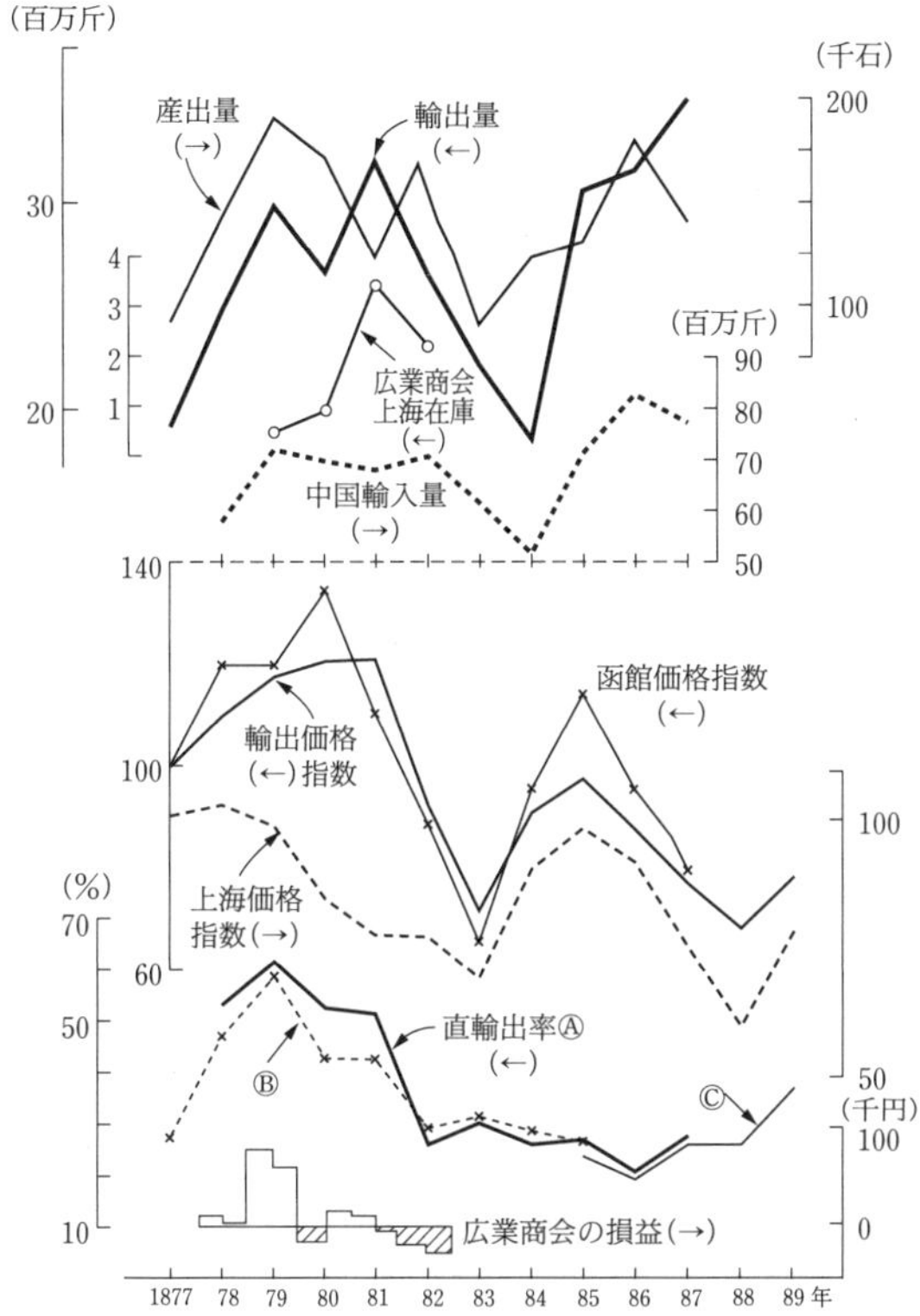

図2-1　昆布市況と直輸出率Ⅰ（1877年＝100）

資料）前掲『北海道漁業志稿』1935年9月，343-4，355頁。村尾元長編『北海道漁業志要』1897年（明治文献資料刊行会『明治前期産業発達史資料』別冊45-2･3），607-10頁。沼田正宣『日清貿易経験事情』1890年，32-46頁（国立国会図書館蔵）。前掲『日清貿易北海道重要海産志』1891年，85-7頁。勧業課商工係『上海領事館報告』1883～84年（北海道立公文書館，9110）。前掲「日清貿易ヲ拡張セシメ度ニ付意見」。鹿島万兵衛稿「北海道昆布支那貿易調査」1888年8月（北海道立公文書館，マイクロフィシュ史料）。大蔵省関税局『大日本外国貿易年表』1885～89年版。

注記）直輸出率Ⓐは前掲『日清貿易参考表』，Ⓑは前掲「北海道昆布支那貿易調査」の広業商会のデータ，Ⓒは前掲『大日本外国貿易年表』。斜線は損分。

あった。それゆえ輸出された広業商会の昆布は、在庫として上海で累積していた（図2-1）。また上海では、一八八三年前後に「内外各商家ノ金融ヲ逼迫セシメ不景気ヲ招」いており、つづく一八八四年には「清仏ノ葛藤ヨリ雲南地方へ諸物品ノ分輸減少」していた[14]。市場の縮小期ともいえる一八八〇年代前半にあって、直輸出を拡大させることには大きな制約があったのである。

直輸出の拡大に制約があった点は、昆布の品質面からも生じていた。これが第二の要因である。資金貸与を通して、「輸出を奨励したる結果は昆布採収人を増加し［中略］生産者は唯産出の多きを是れ務めて製造次第に粗悪に流れ遂には粗製至らざるなく清国市場の信用を失」っていた[15]。すでに一八七九年において「輸入セシ昆布ハ疎悪」[16]と報告されていた。もともと、品質面に関しては、「勧商局開拓使各二名」[17]によって検査がなされることになっていたが、粗悪品を発見したとしても、「品物ガ悪ルイト言ヘバズンズン外ノ人ノ所ヘ持ッテ往ッテ」（鹿島、一三二頁）しまい、投売りから来る価格の低下を招きかねず、広業商会はそれらの引き取りを余儀なくされていた。それゆえ「上海へ往ッテ販売ヲ見ルト下等ノ昆布モ上等ノ昆布モ突包《ツックル》ミニナッテ」（鹿島、一三二頁）いたのである。

第三の要因は、生産者に対する貸与資金の償還がとどこおり、「広業商会ハ資本ノ運転ニ困」[18]る状態に追い込まれていた点である。そもそも、資金を借りうけたものには、「昆布ヲ取ルガ趣意デナクテ金ヲ借リルガ趣意デア」（鹿島、一三四頁）るものが多く、一八八二年末の段階で「人民ヨリ償還ノ不足高［中略］三五万円余ノ巨額ニ騰」[19]るといわれていた。小生産者への資金貸与の危険性が表面化したのであった。

第四の要因は、第一の要因とも深く関わる点であるが、市況変化を判断する人材の問題である。広業商会にあっても、「支那ノ事情ニモ通ジ十分ヤリ得ラルル」（鹿島、一三二頁）と評された設立者・笠野熊吉が一八七九年六月に病死するや、長男の吉次郎が後継者となるが、その後は「社業モ殆ンド振ハヌ様ニナッテ」（鹿島、一三七頁）いた。経営の後援にあたった五代友厚も、いわゆる開拓使官有物払下げ問題に直面して以後には、「北海道ノ目的ハ、臨時ノ業ニ出デ、損益ハ僥倖ヲ待ツノ姿[20]」であると、北海道海産物の直輸出に消極的であった。当該期には、「昆布ノ商売上ノ事ニ付テハ委シイ人ガ勿論アリマセヌ」（鹿島、一三七頁）といった人材上の限界が存在していたのである。ちなみに表2-2の崎陽号をみても、開店期間が設立者の生存に規定されており、同様の傾向がみられる。開通号についても、「昆布ノ直輸ヲ開イタコトモアリマシタケレトモ是レモ甚ダ不慣レノ為メニ上海へ往ッテ目茶々々ニ清国人ニサレ［中略］政府デモ多額ナ損ヲ」（鹿島、一三二頁）した経験を有していた。

以上の諸点を理由にして、広業商会は後退を余儀なくされた。一八八三年ごろからは「只管ノ現品税ヲ取立テ夫レヲ扱ウ斗リデ他ノコトハ広業商会デシナクナッテ仕舞」い、「支那人ガ如何程昆布市場ヲ圧倒シテ専横ナ真似ヲシテモ広業商会ハ醜トシテ顧ミズニ居」（鹿島、一四一頁）る状態に陥っていたのである。政府においても、こうした状態を認識するにおよんでは、勧業政策の転換も伴い、経営後期からの援助を制限するようになった[21]。

広業商会にみられたような、資金貸与を通した直輸出政策の限界は、先にあげた四つの点に求めることができるが、とくにこれらのうち第二・第三の要因は、政策上において小生産者の動向を規制する力（共同性）が欠如していたことを示していた。品質の粗悪化も、償還不足額の累積も、資金貸与を求める小生産者の増加に基因しており、資金力の脆弱な小生産者の増加は直輸出政策上に不安定な要因をかかえこむことになった。小生産者の動向を規制する条件が、直輸出政策の上で必要とされていたのである。広業商会の経験は、華僑商人からの「商勢挽回」をはかる上で、海外市場調査能力の向上、直輸出を担う人材の育成とともに、小生産者の組織化の必要を示していたのである。政府からの資金援助が求められたとしても、それをうける小生産者の側に、なんらかの同業者間規制が加えられていなければ、政策の実効性は望めないことを表現していた[22]。こうした認識は、その後の勧業政策にも投影されており、「外国商売ニ接スルニ当リ、［中略］商業熟練ノ外商ニ対ス、彼レノ為メニ圧倒スル所トナルハ、遁ルヘカラサル」として、「各業ノ秩序ヲ整フル［中略］同業組合条例ノ発布[23]」が強調されていた点は、このことを示していた。対外的な緊張とのかかわりで、同業組合の結成（＝生産者の組織化）が主張されるようになるのであり、第一章でふれた産業政策としての同業組合設立の意義がここにあった。

二　日本昆布株式会社の限界

（1）大阪商人層の消極性と三井物産の後援

先述したように、広業商会が実質的な活動を停止したのは一八八三年であった。それ以降の昆布市況は中国市場の動向に強く規定される本来の姿になった。一八八五・八六年の中国の輸入拡大に応じて昆布の産出高は増加したが、八六年以降になると供給過剰と中国の輸入減少（八七年）のなかで昆布価格は下落に転じた。価格の動きに注意するならば、中国の輸入が拡大する八五年には、国内（函館）価格の上昇が顕著であり、生産意欲を強く刺激する価格水準が立ち現れていたことを示していた。市況の好転が直ちに供給過剰をつくりだすことは、小規模な昆布生産者の弾力的な性格からは必至であった。そして、日本昆布会社（以下、昆布会社と略す）の設立が改めて関係者の間で議論されたのは、こうした価格下落の続く八八年のことであった。市況変化に弾力的な小生産者への対応を課題に、直輸出率を高め、価格規制力を回復することが企図されたのである。

昆布会社の設立にあたっては、一八名が発起人になったが、そのうち主要なメンバーは次の六名であった[24]。

田中平八（二一四一円——一八九七年の所得税。以下同じ）〔東京麴町、第一一二銀行、田中銀行頭取〕

北村英一郎（三三八円）〔東京牛込区、田中銀行幹事、北海道炭鉱鉄道会社取締役〕

鹿島万兵衛（八一円）〔東京日本橋、紡績糸商〕

下村広畝（二七円）〔東京芝区〕
柳田藤吉（二三円）〔北海道根室、漁業海産物商〕
河野圭一郎〔鹿児島、帝国水産会社〕

これらのメンバーから窺えるように田中平八グループが発言力を持っていたようであり、後述する下村もその派内の人物であった。資本金は五〇万円（一株五〇円、一万株）であり、函館に本社を置き、東京、大阪、上海に、支店ないし出張所を置いた。田中平八に代表される東京資本が中心的であるところから、実際の経営においては東京と函館本社との連携が鍵であった。社長には北海道庁根室支長の広田千秋が就いたが、これには「官選」の権威によって株式募集を円滑に進めるための「呼び水」的性格が強く、後述するように実際の経営は、鹿島万兵衛と下村広畝の二人が担った。活動内容は、前節の広業商会と基本的に同じで、昆布生産者（採取・加工業者）に資金を前貸しし、その償還を相当額の現物供出に代えて昆布を集荷する方法をとった。既存の〈生産者→函館売込商→華僑商人〉ルートを否定し、〈生産者→直輸出会社〉ルートを構想していたのである。華僑商人は生産者に「先キニ金ヲ沢山貸シテ」（鹿島、一六九頁）いたようであり、昆布会社による資金前貸しは華僑商人のそれと競合し、それを圧倒する課題を有していた。

こうした前提をふまえて、以下では設立のための資金調達と、活動の実効性、およびその限界の二面に絞って昆布会社の特徴を検討したい。株式の募集は当初から難航したようであり、田中平八と帝国水産会社（河野圭一郎）が各一〇〇〇株引き受けたほかは、社長に就任した広田が株式の募集に尽力したと言われる。もともと昆布会社は本社のある①函館の商人グループと、②大阪商人を中心とする投資グループに出資を求めた。しかし、①グループは函館の昆布売込商が多く、「従来箱館ニ於テ商売ヲ致シテ居タ売買人ハ勿論此箱館ノ資本家ガ産地ヘ資本ヲ貸シテ、サウシテ昆布ヤ何カヲ取ッテ居リマシタ連中ガ先ツ一寸商売ガ出来ヌ」（鹿島、一六〇頁）との理由から昆布会社の設立そのものに否定的な態度を示した。函館の売込商は、従来より資金前貸を通した昆布の集荷に従事しており、昆布会社の活動と競合する面を警戒していたのである。また売込商のなかには華僑商人から資金援助をうけるものもいた。[25] 売込商にとっては自らの存在を否定される直輸出構想は認めがたいものであった。

函館の売込商以上に出資を期待されたのは、②グループであった。大阪は国内取引では「最モ昆布ヲ沢山売買スル所」（鹿島、一六二頁）であっただけにその期待は大きく、鹿島万兵衛らはまず藤田伝三郎、松本重太郎、田中市兵衛、金沢仁兵衛などの各グループに接近した。周知のように、これらのメンバーは一八八〇年代後半の「企業勃興」期において綿糸紡績業、鉄道業などの資本主義的工業化を支えた投資家グループであった。しかし、彼らの投資行動にはグループ間の協同歩調が必要であったようであり、結局「纏マリモ附キマセヌ」（同前）ために出資は実現しなかったようである。②グループは「若モ政府デ保護金ヲ与ヘルト云フコトデアルナラバ此方共デ株ヲ十分引受ケマセウ」（同前）とする消極的なものであった。すでに昆布の直輸出については広業商会の経験からその危険性が学習されており、出資への慎重論が多数を占めたと考えられる。政府の直輸出に対する財政補助も、「政府ニ利子補給ノ事ヲ願ッタ所ガ遂ニ今日［一八八九年四月現在］ノ閣議デ補給ガ出来ヌ」ことになり、「大阪ノ者ハ一株モ引受ケヌ」（鹿島、一六五頁）結果となった。政府においては、議会の開設前であるだけに、支出に対して慎重な態度を選んだのであろう。

以上の二つのグループに関連して、関西の対アジア売込商の動きにもふれておこう。彼らにも出資が求められたものの、同様に実現に至っていない。第一章でふれたように、売込商のなかでも有力なメンバーは寒天売込商であった。彼らは華僑商人との取引に大きな変革を求めておらず、いわば〈生産者→売込商→華僑商人〉ルートに位置することを追認し、直輸出態勢への転換は望んでいなかった。直輸出志向が弱い理由は、売込商の置かれた環境に求められる。神戸商法会議所が一八八九年に調査した報告書[26]によれば、売込商の直輸出志向の弱さを次のような理由から説明していた。まず第一点は、信用体系の未形成である。報告書は、「直輸スルトキニハ必ズ相当ノ荷為替ヲ要スルコトナレトモ彼ノ清商ニ在ッテハ常ニ其本国ニ向ッテ発スベキ戻リ為替ノ絶ユルナキヲ以テ之レヲ流用シテ双方ノ利便ヲ達スルノ益アリ又我商人ノ彼ニ比シテ直輸ノミニ不利アル」と述べており、中国側では既に形成されている送金為替と逆為替を連係させた日本―中国間信用網が、日本側では未発達である点を強調していた。日本側においても、直輸出の促進には、直輸入とともにそれらに照応した信用体系の形成が問題にされていたのである。その意味で、こうした課題は一八九三年五月の横浜正金銀行上海出張所の開設を待たなければならなかったと言える。第二点は、「我商人ニ不満ヲ抱カザラシメザル程ノ値段ニテ取引ヲナスニヨリ我ニ於テハ最早進ンデ直輸ヲ試ミルノ要ヲ生ゼザルナリ」と報告されたように、〈生産者→売込商→華僑商人〉ルートが売込商に取引利潤を保証する状態にあり、あえて直輸出を指向する必要がなかったことである。これは〈売込商→華僑商人〉での高価格の実現というよりも、〈生産者→売込商〉で集荷価格を低位に抑えうる状態が続いていたためと考えられる。関西の売込商にすれば、直輸出を可能とする信用体系が未形成であり、また自らの生産者統合に動揺がないかぎり、直輸出態勢への転換指向は弱かったと言えよう。第一章においてふれたように、森有礼が「内地雑居」を念頭に華僑商人への対抗を大阪商人層に訴えていたのは、こうした大阪商人の保守的態度を問題にしていたからであった。

大阪・函館の有力商人から出資が得られぬなかで、昆布会社を支えたのが社長広田の資金調達面での尽力であった。しかし、株主の多くは「昆布ノ仕事ト云フモノハ一向人ガ知ラナイ」（鹿島、一六二頁）と評された東京在住者であり、払込みは額面を大きく下回る一二万五〇〇〇円（一株一二円五〇銭）に留まった。初年度の生産者への前貸金が「一八万円斗り」（鹿島、一六七頁）といわれるなかで、さっそく昆布会社は運転資金の逼迫問題に直面した。副社長の北村は一八八九年七月に「金ガ出来ヌト云フ所カラ［中略］支那人ニ纏メテ売ッテ仕舞ヒタイ」（鹿島、一六八頁）として、震大号・徳新号・慎昌号（表2-3）への接近案を持ち出し、下村もジャーディン・マセソン商会への接近を仄めかす有り様であった（鹿島、一七二頁）。広業商会と異なり、政府保護の希薄な昆布会社は資金面での後ろ楯の弱いなかでスタートせざるを得なかったのである。

設立当初の窮状を救ったのが、鹿島万兵衛の益田孝への接近を通した三井物産からのバック・アップであった。一八九九年九月に三井物産上海支店との代理店契約が結ばれ、〈生産者→昆布会社→三井物産〉ルートが形成されたのである。[27]両者の「契約條款」には、

(1)昆布会社の集荷した昆布は、三井物産へ一手販売すること
(2)昆布販売にあたっては、三井物産上海店との「商議」を求めること
(3)三井物産は、中国海関通過後の昆布の受渡し・代金取立てなどの一切を負担すること
(4)三井物産は、昆布一万石までは相当額の七〇％の前貸金（年八％）を認めること。また一万石以上の場合は「其時ノ協議ニ決ス」ること

などが定められていた。これらの契約の具体的な施行については十分な史料を入手しえていないが、

(1)一八九二年度の昆布会社から三井物産に委託された昆布は約一〇万石（二五万担）、代価銀五七万五〇〇〇両にのぼっていたこと[28]
(2)創業直後の一八九〇年春には景気後退から動揺を受け、三井「物産会社デ事ヲ左右シ赤壁ニ郎［昆布会社上海支配人］ニハホンノ一部ノ相談ヲスルト云フヤウナ追々傾キガ生ズル」（鹿島、一七三頁）ようになっていたこと

(3)三井物産上海支店（上田安次郎）が「荷為替ヲ引受ケテ呉レ、又［昆布ガ］上海へ着イテモ相当ノ処置ヲシテ呉レ又金ノ足ラヌ時ハ日本銀行へ割引ノ約束ヲ出シテ呉レテ大ニ融通ヲ助ケテ呉レマシタ［中略］三井物産会社ガ振出人ニナッテ一時ハ日本銀行カラ七万円ノ融通ヲ致シテ呉レマシタ」（鹿島、一七二頁）と言われていたこと

などは、両者の緊密な関係の一端を示していた。

他方、三井物産にとっても、横浜正金銀行上海支店が設立される一八九三年までは、昆布の取扱いがアジア貿易への進出にとって重要な条件であった。三井物産は中国棉花を輸入するに際して、上海支店で昆布を抵当に入れて、荷為替を取り組む約束で外国銀行から輸入資金の融資を受けていたからである。[29] その意味で三井物産と昆布会社との関係は正金銀行の設立の一八九三年までは相互依存的なものであったと言えよう。

(2) 直輸出の実効性

先述した広業商会の直輸出活動の限界を改めて整理するならば、次の三つに整理できよう。

ⓐ活動の実効による国内価格の上昇が、小生産者の生産意欲を強く刺激し、供給過剰状態を招き、ひいては広業商会の在庫負担を大きくさせたこと

ⓑ資金貸与された小生産者からの償還不足によって、運転資金の不足問題に直面したこと

ⓒ一八八〇年代前半の中国市場の停滞基調のなかで、市況の変化を読み取る人材に不足していたこと

つまり広業商会の挫折の教訓は、資金前貸しを通した集荷→直輸出と、価格規制力の回復（=「商権回復」）に関す

る施策の継続には、小生産者の動向を規制することと、ⓒの市場調査力の向上の必要を教訓として残したのであった。そして、昆布会社の場合は、この教訓を念頭に置いていた。

つまり、昆布生産者に資金を貸与し、その償還を現物に代えて昆布を集荷する方法は広業商会と同様であったが、昆布会社は広業商会と異なり、生産者組合の連合体である「昆布営業組合連合」（以下、「連合」と略す）との間で次のような「契約要領」を取り結び、ⓐⓑの小生産者の動向への規制を企図していたのである。(30)

①「連合」の生産する昆布は全て、昆布会社に売り渡す
②昆布会社が引き受ける昆布単価は、昆布採取期（七～一一月）以前の四月に決定され、これをいわゆる「予定単価」と呼ぶ。「予定単価」の決定は、昆布会社と「連合」（＝生産者）との「値建会議」での協議による
③各生産者組合で査定された当該年度の予想産出高に「予定単価」を乗じた「予想産出額」を算出し、その金額の六〇％以内を昆布会社から生産者への資金貸与額とする
④資金貸与にあたっては、各生産者組合に二カ村以上の借受組合を設け、貸与金の償還に不足が生じた場合に連帯責任をもって清算する

まず「契約要領」②は、昆布会社の引受「予定単価」の決定に際して、生産者側との協議の場（値建会議）を設けたが、その場を通して急激な国内価格の上昇を抑制する意図が込められていた（＝ⓐへの対応）。協議の場で、供給過剰とならないような水準での価格を設定し、生産者に承認・伝達させることをねらったのである。そして「契約要領」④は、連帯責任制によって貸与資金の償還不足額の累積を未然に防ぐねらいがあった（＝ⓑへの対応）。

その他、小生産者の動きを規制する施策については、小生産者に昆布会社の株券の保有を求めた点が重要であった。そして、これは一八九一年に具体化した（後述）。その目的は「生産者ニ株券ヲ持タシテ会社ノ利益ハ即チ

翻ッテ生産者ノ利益ニナルト云フコトデ関係ヲ深クスル」（鹿島、一八〇頁）ことにあった。小生産者に、産出高に応じた積立金を求め、それによって株券を購入させた。そして株券の保有自体は、小生産者による場合には売却の危険性が高いために、会社が保有することになった。これらの株券は、会社が保有する側面をとらえて「担保株」と呼ばれた。

資金貸与を通した集荷において、小生産者の動向を規制することは広業商会の経験から学習できることであったが、価格を通した規制の必要は近世の管理貿易態勢においても要であった。「俵物」、「諸色」の集荷拡大が政策上の必要課題になった一七八五年以降に、資金貸与と集荷流通の「長崎会所」への一本化が実施されたが、そこでの買上価格は、「貢租的性格」を有する「公定」であり、「生産者は必ずしも買い上げを喜ばず」と評されたように、相対的に低水準であり[31]、過度な増産を抑制するものであった。それだけに、こうした規制が緩和された開港後に、海産物生産の急拡大が生じたのであるが、昆布会社の「契約要領」はこうした規制の再版に他ならなかった。

それでは昆布会社の具体的な活動を、次頁の図2-2から得られる概観によって検討してみよう。まず、昆布会社を中軸とする日本人の直輸出率に目を向けると、昆布会社が設立された一八八九年から上昇に転じ、翌九〇年から九三年にかけて六割を超えたことがわかる。あわせてこの時期の昆布価格も上昇に転じており、昆布会社のねらった「商権」の奪取が達成されたことが窺える。

こうした昆布会社の実効性を、広業商会の場合と比較して、価格面から検討したい。改めて図2-1をみても、広業商会は一八七八年から八一年の間に高い直輸出率を実現し、国内価格を引き上げた。しかし、広業商会の問題は、この国内価格が輸出価格を上回るほど上昇したために、小生産者の生産意欲を大きく刺激したことにあった。他方、昆布会社の場合は（図2-2）、国内価格の上昇がそれほど大きくなく、比較的安定していたことがわかる。そして、昆布の産出量も大きく増加することなく、一八九二年までは中国輸入量に対応して推移した。そうであるとすれば、昆布会社と小生産者との間で取り決められた価格決定は、需給の均衡した適当な水準にあったと言える。九二年までの中国輸入量に応じた昆布産出と輸出の推移は、昆布会社の引受「予定単価」が需給バランスを保つ合理的な水準に設定されたことを示していた。

また上海価格の動きをみても、広業商会の場合と対照的であった。昆布会社の場合は、直輸出率の上昇とともに上海価格自体の上昇が確認できる。昆布会社の上海での輸入量の推移に照応した、集荷と輸出量が上海市場そのものにも影響を与え、いわば上海での需要超過の状態をつくりだしたのである。一八九二年の上海では「有力ナ［中

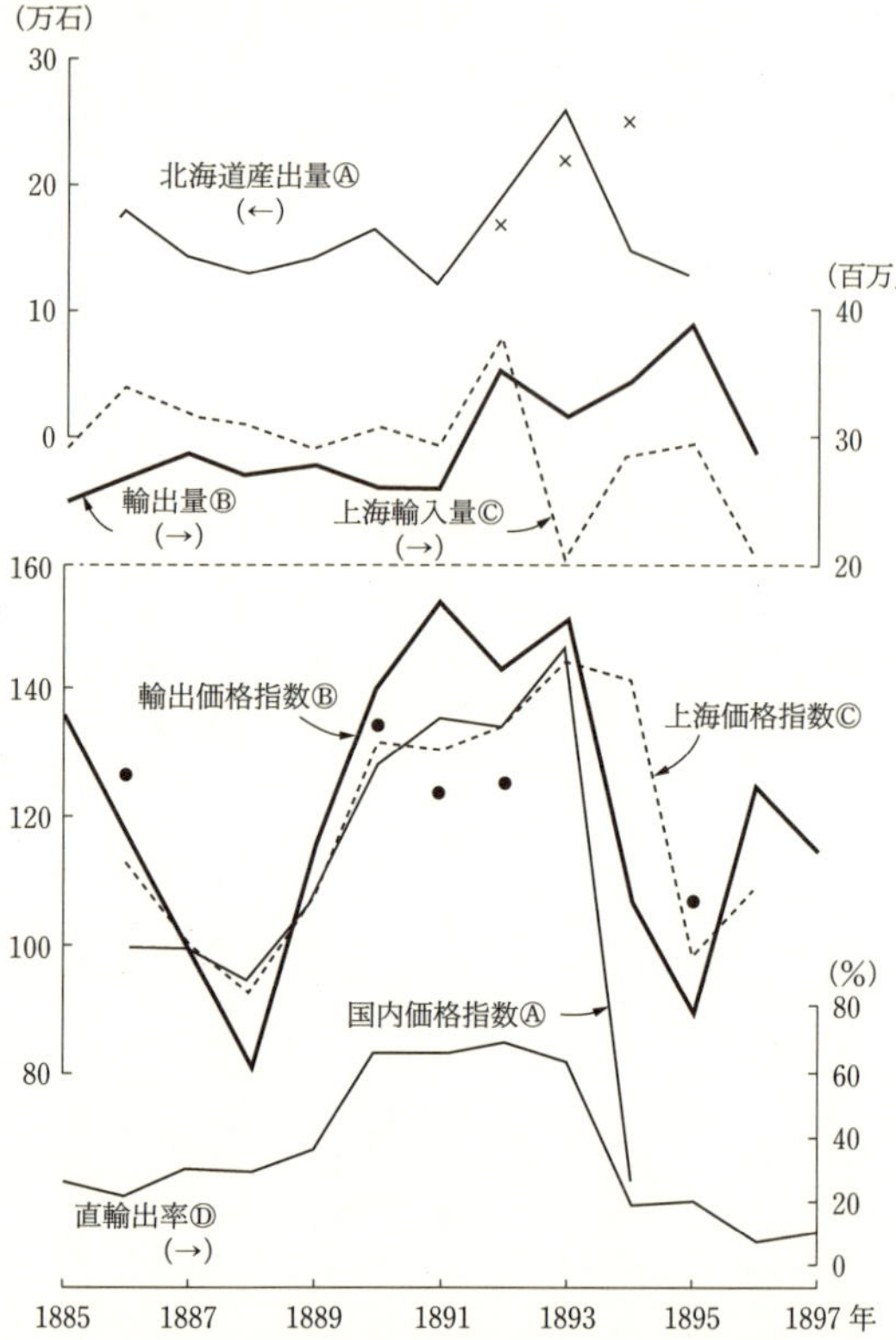

図 2-2　昆布市況と直輸出率 II（1887 年＝100）

資料）Ⓐ：武田英一『北海道昆布生産業及其輸出概況』1902 年 5 月（一橋大学図書館，Azn-275）。ただし 95 年は羽原又吉『支那輸出日本昆布業資本主義史』有斐閣，1940 年，233 頁。
Ⓑ：大蔵省『大日本外国貿易年表』各年。
Ⓒ：大阪府内務部『大阪外国貿易調』1893 年版，138-9 頁。1892 年以降の価格は，外務省『通商彙纂』各号で補足。ただし 93〜95 年は上半期のデータしか得られなかったため，それぞれを 0.3（1888 年の上半期輸入量と年間全輸入量から算出）で除した。96 年の輸入量はⒶによる。Ⓓ：Ⓑによる。

注記）・は大阪価格（『大阪商業史料集成』6 輯，1940 年，452-9 頁）。×は日本昆布会社の在庫（前掲『支那輸出日本昆布業資本主義史』206 頁）。

表2-4　昆布産地別前貸金の分布（1890年6～8月）

産出国，郡区	産出額 A(千円)	産出量 B(千石)	A/B (円)	前貸金 a (千円)	前貸金 b (回数)	a/b (千円)	a/A (%)	沿革
根室，花咲	135.6	39.3	3.45	30.8	4	7.7	22.7	天保3年に起業後，休場。安政2年に再開。
釧路，厚岸	125.3	37.9	3.30	21.8 43.6	3 3	7.3 14.5	52.2	○〔7.6〕文化年間起業。
千島，国後	55.5	15.7	3.53	26.0	2	13.0	46.8	明治5年に開拓。
渡島，亀田	47.2	5.7	8.28					○ 明治以降，内地向に転換。
〃，茅部	47.9	4.2	11.40					○
釧路，釧路	36.3	14.1	2.57	39.6	3	13.2	109.1	○〔5.5〕天明6年に開拓。
日高，幌泉	34.5	11.7	2.94	27.0	2	13.5	78.3	○〔13.0〕
北見，利尻	16.8	6.7	2.50					
日高，三石	14.1	3.3	4.27	1.7	2	0.8	12.1	○〔1.2〕
北見，礼文	11.3	9.6	1.17					
日高，浦河	10.5	4.3	2.44	12.9	2	6.5	122.8	○〔2.6〕文化年間に増産。
釧路，白糠	6.7	1.5	4.46					寛政11年に開拓。
日高，様似	6.5	3.1	2.09	4.2	2	2.1	64.6	○〔2.0〕
十勝，広尾	5.9	1.7	3.47	8.0	2	4.0	135.6	○〔4.2〕
根室，根室	5.1	1.5	3.40					
日高，静内	5.1	0.8	6.37	6.7	2	3.3	131.4	○〔1.8〕
その他とも計	584.8	168.7	3.46	228.3	29	7.8	39.0	

資料）A，Bは田辺旻三男稿『北海道輸出昆布調査報告』東京高等商業学校，1905年（一橋大学附属図書館蔵）19-24頁。a，bは前掲『支那輸出日本昆布業資本主義史』174頁。沿革は，前掲『北海道漁業志稿』342，374-80頁で補足。

注記）A，Bは1903年のデータ。厚岸の前貸金の上段は厚岸組，下段は浜中組。沿革の○は江戸幕府の「諸色」用であったことを示す。〔　〕は文久3年の産出高（千石）。

国人」昆布商人ガ出来テ参リマシテ、ソイツガ昆布会社ノ昆布ヲ買ヒタイト言ッテ非常ナ高値ヲ買ッテ出テ来マシタ」（鹿島、一八九頁）と語られたのは、そうした状況を伝えていたのである。

昆布会社にとって、内外の市況変化をにらんだ「予定単価」の設定は活動の要であり、過度に小生産者の生産意欲を刺激しない価格設定は、市場調査力を必要とするものであった。昆布会社では「昆布ノ商売上ノ事ニ付テハ委シイ人ガ勿論アリマセヌデ専ラ其衝ニ私ガ当リマシテ」（鹿島、一六七頁）と回想されたように、鹿島万兵衛が市況調査の役割を担った。鹿島は、綿糸商を生業とする傍ら東京紡績の経営にも参加しており、中

表2-5　横浜出張所の営業状態
(1892年6月現在)

項　　　目		金額(円)
昆布売上代金	A	432.548
コスト	B	335.601
抵当借入金		142.000
うち　横浜正金銀行		30.000
第一国立銀行		28.000
第二十国立銀行		25.000
三井物産		19.000
その他		40.000
上海輸送昆布代金繰替借入金(三井物産分)		78.120
三井物産約束手形		57.500
諸　掛		57.981
収　　入	A－B	96.947

資料）前掲『支那輸出昆布業資本主義史』203-6頁。

国棉花の輸入にかかわる経験からも中国市場についての調査能力を備えていたのである[32]。

運転資金の調達には、三井物産の後援が大きな役割を果たしたが、ここでは下村広畝の役割が大きかった。昆布会社においては、市場調査能力を有する鹿島と、資金調達能力を有する下村の両輪によって、前進する機能を有していたのである。とくに下村の重要性は、一八九一年の昆布会社の組織再編時に高まった。一八九〇年には、昆布の不作により、八万円にのぼる貸与金の償還不足問題が発生した。この額は前頁の表2-4に示した貸付額二二万円の三六%に相当した。また折からの一八九〇年恐慌の影響によって、期待された株式の払込みが停滞し、田中と北村からは会社解散説が出されるほどの窮状に直面した。直輸出活動の継続そのものが疑問視されたのである。そうした時に資金調達に奔走したのが下村であった（鹿島、一七七頁）。下村は、田中らの解散説を抑えながら、横浜に倉庫を設けて「正金銀行並ニ其他ノ銀行外国バンク等へ抵当ニ入レテサウシテ金ヲ借リ」（鹿島、一八四頁）、その難局を乗り切ったのである。さらに下村の奔走によって、「昆布ト云フ者ノ取扱ッテ危険ノナイト云フコトヲ銀行モ知リマシタ為メニ大キニ都合モ善ク」なり、「三井モ十分力ヲ入レテ呉レマシタ」と言われたように、再編を果たしたのである（鹿島、一八五頁）。表2-5は一八九二年の横浜出張所での営業状態をみたものである。同年の昆布生産額は六七万円であったところから、横浜出張所はその六四%を取り扱っていたことがわかる。これは、横浜に倉庫を設けて資金調達に奔走した下村の再編努力の結果を示しており、昆布会社の営業拠点が函館から横浜に移りつつあったことを表現していた。そして運転資金は三井物産をはじめとする有力機関から調達されたことがわかる。

こうした下村の奔走は解散説をとる田中らの方針とは異なるものであったところから、田中と北村は昆布会社を退くことになる。それゆえ、一八九一年以降の昆布会社は、資金調達面での下村と、市場調査面での鹿島、そして三井物産上海支店の三者によって主導される態勢へと再編されたのである。鹿島は「専ラ函館ノ本社ニ居テ指揮シ、又東京ノ方デハ下村ガ金配ヲヨク致シテ居」(同前)る分業体制は、それぞれの役割に照応したものであったが、実はこの後に生じる会社の動揺は、この函館と東京(横浜)との内部対立から生じたのである。

(3) 会社の挫折

昆布会社の活動は一八九二年までは好調であり、同年四月には新株一万株、五〇万円を追加して、一〇〇万円の資本規模になった。しかし、こうした推移も一八九三年以降にはかげりをみせはじめた。一八九三年の直輸出率は依然として六割台を維持したが(図2-2)、産出高は国内価格の上昇をうけて二〇万石を上回った。この増産は同年の中国市場の縮小と重なって、昆布会社の在庫負担を大きくさせた。そして、翌九四年に直輸出率の低下と、国内価格の急落を見るに至ったことは、同年に昆布会社が活動を実質的に停止したことを示していた。これ以降、昆布輸出は再び華僑商人によって担われるようになったのである。それでは、いかなる要因が昆布会社を後退させたのであろうか。

先述したように、一九世紀後半の日本における華僑商人への畏怖感を構成するものに、華僑商人間の「団結」力が強調されていた。「団結」の実態については詳らかにしえないが、華僑商人徳新号が「支那人モ明治六・七年頃此の万順号成記号ガヤッテ居ッタ時分ニハ莫大ナ金ガ儲カッタサウデスガ其後[中略――新規参入によって]近年大分損ヲシテ」(鹿島、一六四頁)いると語ったように、浙江系の華僑商人にも競争圧力が生じていたようである。(33)

華僑商人が「団結」力を有するという認識は、一面で「内地雑居」問題によって喚起された緊張感の産物でもあったといえよう。しかし、問題はこうした状況が存在しながらも直輸出態勢を継続できなかった昆布会社の限界面にあった。結論を先取りすれば、こうした状況を利用できなかった昆布会社の内的動揺が後退の要因であった。

後退要因の第一は、生産者への資金貸与・償還に関する条件が十分に機能しなかった点である。先述の「契約要領」③によれば、当該年度の貸与額はその年の予想産出額（「予定単価」×予想産出高）の六〇％以内と定められたが、予想産出高は各生産者組合からの報告に依拠していた所から、実態とズレることが多かった（鹿島、一八二頁）。小生産者側が多くの貸与金を求めようとすれば、予想産出高を多めに報告する傾向になり、貸与額は実態以上に多額になったのである。また先述したように貸与金の償還も、一八九〇年ごろから滞り気味であり、「契約要領」④の連帯責任制も「言フベクシテ行ハレヌ」（鹿島、一八一頁）というのが実情であった。

こうした貸与額の実態との乖離や償還の不足に対して、昆布会社は三つの対応策をとった。第一は、先述した生産者への株式の保有（担保株）による関係の緊密化である。第二は、「出石ノ模様ヲ確定サセ、ソレカラ値段ヲ押引キ」（鹿島、一八二頁）する協議（＝「契約要領」②）の徹底であった。そして、第三は、一八九一年二月からなされた取締役の産地巡回であった。巡回はこのほか九二年秋にもなされたが、その目的は「契約要領」の「趣意ヲ貫徹」（鹿島、一九五頁）させ、生産者との関係を建て直すことにあった。巡回には主に鹿島が当たった。しかし、鹿島の努力にもかかわらず、一八九三年までには「金ヲ借リル時に約束シテ其後ニ届イタコトガナイト云フコトハ数年一同」（鹿島、二〇一頁）という有り様であった。

第二に考えられる要因は、一八九三年の国内価格の上昇にみられるような、昆布会社の引受「予定単価」設定（「契約要領」②）をめぐる混乱である。具体的には、「予定単価」設定をめぐる昆布会社と生産者側の対立と、それを反映した社内対立の顕在化であった。会社の引受「予定単価」は、生産者側との協議によって年度初めの四月に決定されるが、この価格水準は、生産者にとっては七月以降の昆布採取量の目安でもあった。それゆえ、生産者は絶えず割高な単価の設定を求める姿勢を示した。契約要領②は「予定単価」の設定に生産者を参加させ、国内価格の規制をねらったが、逆にこの協議は価格引上げ圧力の集中する場にも転じたのである。

生産者の攻勢は一八九一年頃からみられたようであるが、こうした攻勢を抑えきれなくなったのは昆布会社の下村と鹿島の対立によるものであった。生産者側との価格交渉は鹿島の手腕に負うところが大きかったが、こと一八九三年の交渉には生産者側と歩調を合わせた下村の発言力が高まり、「予定単価」設定をめぐる混乱を一層激しくした。下村の発言力は、鹿島同様に高いものであったが、資金調達に奔走するところから東京に在住することが多く、昆布市況を判読する能力は鹿島よりも低かった。しかし、一八九三年の「予定単価」設定には下村の独走が目立ち、下村と生産者側との話合いが先行し、高いレベルでの価格設定が、鹿島を排除して用意されたのである（鹿島、二〇二頁）。鹿島は市況をにらんだ一〇〇石あたり四二〇円を主張したが、下村は四四〇円を既に取り決めていたのである。

そして、両者の対立は、四四〇円の設定と鹿島の退社（一八九三年六月）に結果した。改めて図2-2をみると、一八九三年には国内価格の上昇とそれをうけた産出高の増加が確認できる。「予定単価」四四〇円の設定が小生産者の生産意欲を刺激し、増産から生じる在庫負担を大きくしたのである。一八九三年の社内対立は価格設定を誤っただけではなく、市場調査力を有する鹿島をも失う結果となったのであり、それ以降の昆布会社の命運は、資金調達を担う下村の腕一本にかかっていたのである。

ここで下村に接近し、「予定単価」の高位設定を促した小生産者について言及しておきたい。史料の不足から、鹿島と距離を置いた下村の意図がいかなるものであったかは判然としない。先述したように、昆布会社の営業拠点が函館から横浜に移るなかで、在東京の下村の発言力が増したことがその遠因と考えられるが、この下村を動かし

表2-6　昆布会社の主要勘定

（単位：千円）

項　目	1890年度	1894年度	1896年度	1897年度	1899年度
総資産	742	2,520	1,522	511	398
払込資本金	288	660	990	250	250
積立金	11	42	25	19	1
前期繰越金	2	1	▲459		
滞貨準備	1	35			
当期利益金	59	▲488	▲271		▲146
（以上，自己資本金）	361	250	285	269	105
借入金	163	639	131	47	17
仕払手形		590	240	118	33
固定資産	1	34	30	38	102
製品在庫	318	1,407	469	222	

資料）前掲『支那輸出日本昆布業資本主義史』，207-8，226-9頁。日本昆布会社『実際報告書』第7・8期。同『営業報告書』第10回。
注記）▲はマイナス。

たのが、「下村ト柳田トノ上ニ於テ色々内緒ノ話ガアリマシタ」（鹿島、二一二頁）と言われるごとく、根室の柳田藤吉であった。根室地方は昆布の主産地であったが、「根室ノ如キハ中々連合組合ノ云フ事ヲ聞クコトデナシ」（鹿島、二〇一頁）と評されたように昆布会社にとっても生産者統合の難しい地域であった。表2-4をみても、根室は産出のトップにありながら産出に占める前貸金の割合（a／A）は極めて低いことがわかる。昆布会社は、根室を「連合」によっても組織化の困難な地域とみなしていたようであり、一回あたりの貸与金も上位のなかでは小額であった。

　もともと根室は、産地として立ち現れるのが比較的遅く、旧幕府の「長崎会所」による統制の経験をあまり持たない産地であった。それだけに、価格を通した規制を受け入れにくい体質を有していたと考えられる。根室は主産地でありながら、昆布会社との関係の希薄な特徴を有し、会社の規制を回避する志向を強く有する地域であったと言えよう。柳田の行動はこうした産地の特徴に基づく、地域利害優先の行動であったと言えよう。

　以上の二点と関連して、第三の後退要因は、運転資金の決定的な枯渇であった。それは、昆布会社に残った下村の手腕の限界でもあった。表2-6にみられるように、一八九四年の在庫は一四〇万円にのぼった。自己資金余裕金が減少するなかでそれを支えたのは、借入金と支払手形などの外部資金の導入であった。しかし、昆布会社は「甚ダシキニ至ッテハ千・弐千ノハシタ金モ約束手形ノ払ヒ期日に払渡スコトガ出来ヌト云フ結果ニナッテ」（鹿島、二二五頁）おり、生産者への資金貸与も「貸出サナケレバナラヌガ然ルニ金ガナイ」（鹿島、二一五頁）という窮状に追い込まれていたのである。また、資金調達に限界を感じた下村は、会社が保管していた「担保株」のキャピタル・ゲインに期待し、生産者名義の四〇〇〇株を売却した。この売却により約四万円が調達されたが、生産者と会社との関係緊密化をねらった「担保株」の売却は生産者への拘束力を弱める要因になったのである。

華僑商人への対抗を意図した昆布会社は、内部の動揺によって後退を余儀なくされた。一八九六年以降の昆布会社は規模を縮小しながら、事業整理に着手した[34]。昆布会社の挫折は、日中貿易における直輸出態勢の形成には次の条件の整備が必要であることを示唆していた。①鹿島万兵衛の役割にみられるような、内外市場調査力の確保、②価格の動きに敏感に反応する小生産者への規制、③資本主義的工業化を主導する大阪商人層の投資参加、などである。このほか、④日中貿易における信用網の形成も問題であった。三井物産の後援をうけた昆布会社であっても、こうした条件の欠如は直輸出の継続に決定的な影響を与えたのであった。一八八〇年代は、四つの条件の整備を課題に残したまま、「内地雑居」問題を背景にした華僑商人への畏怖感が喚起された時代であった。

まとめにかえて

一八七〇年代後半から一八九〇年代前半にかけて展開された、二つの海産物（主に昆布）直輸出会社、広業商会と日本昆布株式会社の動向を検討した。前者は政府の補助を、後者は代表的な日本人貿易商である三井物産の後援を受けた直輸出会社であり、資本金はそれぞれ六〇万円と五〇万円と定められ、華僑通商網への対抗に必要とされた資本金「一〇万円」（第一章）を上回る水準であった。両者はともに、小生産者に資金を貸与し、生産物（昆布）を集荷することで直輸出率を高めることに実効性を有した。しかし、市況の変化に弾力的に反応する小生産者の動向を規制する力と、充分な中国市場調査能力を有する人材を欠いたために、その実効性も数年にとどまる結果となった。

このことは、伝統的な対アジア輸出用商品の取扱いを華僑通商網から日本人通商網へ移行させるには、小生産者の動向を規制する「共同性」が必要であったことを示している。一九一〇年の神戸においても、マッチ、寒天、鯣、洋傘といった中小規模の生産者から供給される商品が、依然として華僑通商網を通して輸出されていたのは、華僑通商網の共同性が日本人小生産者のそれを優越していたからであった（表3-12）。日本人通商網の拡張は、こうした伝統的な商品を通して展開されるのではなく、むしろ新しい工場制の、それも寡占的な産業構造から供給される近代的な輸出用商品を通して展開されることになるのである。したがって次の章では、近代的な綿糸紡績業の形成と華僑通商網との関係を検討していくことにしよう。

（1）町田実一『日清貿易参考表』一八八九年（国立国会図書館蔵）。
（2）「天津商況視察復命書」一八八一年頃稿（早稲田大学社会科学研究所『大隈文書』第四巻、一九六一年、三六七―八頁）。
（3）同前。
（4）安藤太郎（上海領事）→前田正名、「書翰」一八八五年六月二〇日付（前田正名関係文書二九七、国立国会図書館憲政資料室蔵）。
（5）同前。
（6）浙江系華僑商人の優位は、一八七〇年代末に顕在化した広東系貿易商との競争の結果であるとされている（斯波義信「在日華僑と文化摩擦」（山田信夫編『日本華僑と文化摩擦』巌南堂書店、一九八三年、六七―九頁）。一八七〇年代に華僑商人の動揺と再編がみられた点は第一章で述べたが、こうした再編を不可避にした要因には景気の変動とともに、華僑商人間の競争も含まれていたと考えられる。しかし、華僑商人間競争については「顕著な対立闘争は発見されえない」(内田直作『日本華僑社会の研究』同文館、一九四九年九月、二九〇頁)との見方もあり、その実態は今後の検討課題にしたい。

(7) 以上、北海道水産協会編『北海道漁業志稿』一九三五年(一九七七年に国書刊行会より再刊)七二四―八頁。

(8)「函館広業商会概要」(函館市『函館市史』史料編、第二巻、一九七五年、八九八頁)。石井寛治『日本経済史〔第二版〕』東京大学出版会、一九九一年三月、一三〇頁。

(9) 注(7)に同じ。

(10) 大蔵省商務局「広業商会昆布事業経営概況」一八八三年一月(勧業課商工係『上海領事館報告』一八八三~八四年〔北海道立公文書館蔵、史料番号九一一六〕)。

(11)「品川総領事ヨリ昆布景況ノ質問ニ答タル書」一八八一年三月(五代友厚関係文書六六〇、R二四―七一、大阪商工会議所商工図書館蔵)。

(12) 以上は、前掲『北海道漁業志稿』七二五―六頁。

(13) 鹿島万兵衛述「昆布販売顚末」(根室市『根室市史』史料編、一九六八年)一三二頁。以下、この資料からの引用は、(鹿島、一三二頁)と略す。

(14) 鶴田幸吉(広業商会支配人)「昆布不捌ノ義ニ付上申書」一八八四年四月(記録課『商況統計表』〔北海道立公文書館蔵、史料番号四七二一〕)。

(15) 村尾元長編『北海道漁業志要』一八九七年(明治文献資料刊行会『明治前期産業発達史資料』別冊四五―二・三)二三二頁。

(16) 前掲「昆布不捌ノ義ニ付上申書」。

(17) 前掲『北海道漁業志稿』一三二頁。

(18)「輸出物品商況」一八八一年頃稿(前掲『商況統計表』)。

(19) 前掲「函館広業商会概要」九〇一頁。

(20) 日本経営史研究所編『五代友厚伝記資料』第一巻、一九七一年、三八三頁。

(21) 一八八一年以降は、財政整理の要請も伴い、勧業政策にも大きな転換がみられた。資金貸与を通した政策は後景に退き、「同業組合準則」などの「間接的勧業政策」が前面に現れるようになった(上山和雄「農商務省の設立とその政策展開」〔『社会経済史学』第四一巻第三号、一九七五年〕)。

(22) 広業商会の後退のあと、直輸出の展開については、羽原又吉『支那輸出日本昆布業資本主義史』有斐閣、一九四〇年二月、一四五―二四三頁。小川国治「明治政府の貿易政策と輸出海産物」(『社会経済史学』第三八巻第一号、一九七二年)。斯波義信「函

館華僑関係資料集」（『大阪大学文学部紀要』第二二巻、一九八二年）一〇―一頁。

(23) 前田正名編『興業意見』巻二八、一八八四年（大内兵衛他編『明治前期財政経済史料集成』第二〇巻、一九六四年、六七七頁）。

(24) 前掲『北海道漁業志稿』六九六頁。一八九七年の所得税は、交詢社『日本紳士録』による。前掲『日本経済史』一三〇頁。

(25) 前掲『支那輸出日本昆布業資本主義史』一七一頁。

(26) 以下、神戸商法会議所「清国直輸ニ関スル取調書」一八九九年四月（外務省記録『清国開港場ニ於ケル本邦商品ノ利害得失』資料番号三・二・一・七）。

(27) 前掲『支那輸出日本昆布業資本主義史』一八一―二頁。

(28) 山口和雄「三井物産会社」（山口和雄編著『日本産業金融史研究　紡績金融編』東京大学出版会、一九七〇年）一六四頁。

(29) 同前。

(30) 前掲『北海道漁業志要』二四六―五三頁。

(31) 沼田次郎「江戸時代の貿易と対外関係」（『岩波講座　日本歴史13　近世5』一九六四年）六六頁。

(32) 鹿島万兵衛『江戸の夕栄』（中央公論社、一九七七年）を参照。

(33) こうした函館の華僑商人間の競争については、斯波義信「函館華僑関係資料集」の解説を参照。

(34) 現在のところ、日本昆布会社の『営業報告書』は一八九九年七月までの存在が確認できる（表2-6）。

第三章　産業革命期日本の華僑通商網からの離脱
——中国棉花からインド棉花への移行に即して——

はじめに

本章の課題は、日本の「産業革命」期と評される一八九〇年代から一九〇〇年代を対象に、近代的綿糸紡績業の成立に必要不可欠な原料棉花の輸入機構の形成過程を、華僑通商網への対抗の側面から考察することにある。

周知のように、日本における近代的綿糸紡績業の成立過程にはすでに多くの研究が蓄積されている。しかし、ヨーロッパからの近代的な生産技術の吸収過程や、紡績資本の形成と寡占化についての、生産過程を中心とする研究蓄積[1]は豊富であるが、原料購入と製品販売についての流通過程については、やや副次的に位置づけられていたように考えられる。そこで、本章では、日本の綿糸紡績業の確立が、輸入原料棉花を中国棉花からインド棉花へと比重を移すなかにおいて達成されることに、改めて注目しながら、その過程が華僑通商網からの離脱を意味していたことを検討したい。

一八九〇年代後半以降、日本は産業革命期をむかえており、次頁の表3-1の太字に示したように、対アジア貿易においては新しい貿易品が顔をだした。輸出面では、綿糸が首位に現れ、マッチとともに新しい輸出品となっていた。輸入面ではこうした動きをうけて棉花が首位に現われ、これに続いて米が新しい輸入品になっていた。米は

表3-1　対アジア貿易構成（1897年）

（単位：千円）

品目		アジア相手国別取引額								全体計	大阪・神戸港の比重
		朝鮮	中国	香港	フィリピン	仏印	インド	タイ	計		
											%
輸出	**綿糸**	796	9,654	3,015			21	1	13,487	13,490	11,948(88.6)
	石炭	66	3,175	3,186	82		1,449	3	7,961	10,686	467(4.4)
	マッチ	141	1,421	3,104	15		923		5,604	5,641	5,530(98.0)
	水産物	3	1,853	2,259		2	23		4,145	4,202	1,517(36.1)
	銅類	151	656	3,201		1	79		4,088	5,772	3,083(53.4)
	計	4,680	21,059	25,128	182	34	5,517	20	56,620	161,459	53,750(33.3)
輸入	**綿花**	1	9,635			708	25,730		36,074	43,619	35,760(82.0)
	米	6,009	4,794			8,787	806	1,160	21,526	21,528	15,019(69.8)
	白砂糖		656	10,793	32				11,481	14,089	7,120(37.7)（白砂糖・赤砂糖計）
	赤砂糖		1,657	834	2,289				4,780	4,800	
	豆	1,817	4,701						6,518	5,889	4,670(77.3)
	計	8,846	29,230	12,006	2,675	9,525	29,763	1,190	93,235	219,155	115,166(70.8)

資料）大蔵省『大日本外国貿易年表』各年版。

注記）対アジア輸出入額のうち60％をカバーする商品を記載。太字は，1883年（前掲表2-1）には現れていないもの。

工場制の展開とともに求められる労働者用食糧である。こうした対アジア市場の新しい貿易品は、産業革命にかかわるものであり、日本の産業革命はアジア市場を舞台に展開した点を改めて確認したい。また、同表からわかるように、こうした新しいアジア貿易品は、神戸・大阪両港での取引比重が高く、綿糸紡績業に代表される産業革命が関西地方で展開したこと、および当該期に関西地方がアジア市場とのかかわりを深めたことが再確認できる。それゆえ、以下では神戸・大阪、とくに貿易額の多い神戸におけるこれらの貿易品取引を事例に、検討を加えていきたい。

一　一八九〇年代の神戸華僑の通商網

近代的綿糸紡績業が盛んに展開した大阪・神戸における対アジア貿易が、華僑商人に主導されるものであったことは、第一章において強調した通りである。日本における華僑商人の商業規模を一九〇一年の営業税額から推察すると、次頁の表3-2のようになる。営業税納税額からみて神戸華僑が圧倒的に優勢であり、また一八八〇年代の調査にも顔を出すものが上位に現れるところから、神戸に定住するように貿易事業を展開するようになったと考えられる。これは山東省に出自の多い大阪の華僑と異なる特徴であった。

一八九〇年の神戸港からの輸出において、各国籍別貿易商の取引額を推計したのが表3-3である。全体の輸出額に占める各貿易商の取扱率をみると、イギリス商人二八%、華僑商人二六%、ドイツ商人二五%と、いずれも二〇%台であることがわかる。従来の共通認識とも言える欧米人貿易商の優勢を前提に考えるならば、神戸華僑のシェアは注目に値いする。さらに貿易額をアジア向けⒶと、それ以外の、いわば欧米向けⒷにわけて推計すると興味深い事実を読み取ることができる。輸出品目二三のうち、アジア市場輸出依存度の高い一二品目の合計をアジア向けⒶ、それ以外の一一品目の合計を欧米向けⒷと仮定して分類すると、対アジア市場Ⓐにおいては、華僑商人が五三%を占め、欧米人貿易商をよせつけない実勢を有していることがわかる。日清戦争以前の段階で、対アジア貿易は、華僑商人によって主導されていたのである。

他方、対欧米市場Ⓑにあっては欧米人貿易商が取引の担い手となっていたが、各商の取扱率は、イギリス商人三八%、ドイツ商人二九%、アメリカ商人二三%という構成であり、イギリス商人が首位を占めるものの、その水準は決して抜群とは言えないことがわかる。こうした状況は欧米商間競争の激しさを表現しており、品目ごとにみても各商が五〇%以上を占める品目数は、Ⓑ一一品目のうちイギリス商人一、ドイツ商人二、アメリカ商人一という構成であり、残る七品目をめぐっては（各商取扱率五〇%未満であり）買付競争の激しさが読み取れよう。同様にⒶ一二品目に目をむけると、華僑六、イギリス商人一、ドイツ商人二となり、神戸華僑商人の優勢が改めて確認できる。欧米人の「外商間の競争は、外商をして一度に数千金の損失あるを顧みず」[2]と言われたほどの激しさを増していたのであり、華僑商人とは対照的であった。

表3-2　神戸・大阪・横浜における主要な華僑商人（1901年）

地域	番号	商名（代表者）	所在	1901年営業税（円）	業　種	出身
神戸市 [30]	①	**怡和号**（麦小彭）	栄町2	540	貿易輸出入	広
	②	**裕貞祥号**（黄煜南）	海岸通2	531	米・綿・砂糖・雑貨	広
	③	**広昌隆号**（李耀旒）	栄町2	419	米・豆・綿・砂糖	広
	④	怡生号（呉錦堂）	栄町1	345	雑貨・綿	浙
	⑤	**鼎泰号**（徐暁春）	海岸通2	341	雑貨・綿	浙
	⑥	**同孚泰号**（潘霜生）	海岸通4	197	米・綿・豆・砂糖・亜鉛・海産物・マッチ	広
	⑦	**復興号**（王敬済）	海岸通3	134	穀類・雑貨・糸・砂糖・海産物・肥料	福
	⑧	**全益号**（周春生）	栄町2	128	羅紗・両替	浙
	⑨	**怡南号**（任普修）	西町	126	印刷	広
	⑩	広駿源号（黄礼蘭）	下山手通	123	マッチ製造	福
	⑪	文發号（楊秀軒）	海岸通2	78	米・綿・雑貨	広
	⑫	東源号（李光泰）	海岸通1	77	船舶代理運輸	浙
	⑬	**広同生商会**（盧紹廷）	西町	76	西洋食品洋酒販売，雑貨輸出	広
	⑭	恒昌号（李叔孝）	海岸通2	74	米・綿・砂糖・雑貨	広
	⑮	生發号（陳恩培）	栄町2	71	糸類・アンペラ	
	⑯	利興成号（黄文珊）	海岸通2	71	雑貨販売	広
大阪市西区 [14]	①	同泰和号（林文藻）	本田2	48	支那反物生糸類販売	山
	②	源記新号（朱謌臣）	本田3	36	雑貨商，委託販売	
	③	長盛東号（李□東）	本田1	35	支那反物生糸類販売	山
	④	同和順（恵俊徳）	梅本	28	旅館	
	⑤	双盛泰号（王□）	本田1	26	支那反物生糸類販売	山
	⑥	王和成号（王紀洪）	本田2	25	旅館	
	⑦	元増司号（宋子美）	梅本	22	支那反物生糸	
	⑧	豊楽園（楊儒）	梅本	23	料理	
	⑨	豊泰仁号（王殿郷）	本田1	20	支那反物生糸類販売	

地域	番号	商名（代表者）	1901年営業税（円）	業　種
横浜市山下町 [63]	①	興泰（樓紀棠）	190	棉花綿糸商
	②	広万泰（黄錫忠）	179	海産物・雑貨・砂糖・米穀
	③	**順和桟**（周瑞立）	168	砂糖
	④	福和（譚輝垣）	135	米・棉花・海産物
	⑤	安泰（錘鳴阜）	125	洋服裁縫
	⑥	**永昌和**（羅和声）	123	砂糖・米・海産物・雑貨
	⑦	東同泰（羅廷探）	121	乾物・海産物・砂糖・米
	⑧	大徳堂（何熈生）	99	米・砂糖
	⑨	捷裕（楊聘千）	96	砂糖
	⑩	永義和（盧冠廷）	94	海産物・雑貨・茶・米・陶器
	⑪	復興昌（董阜成）	89	洋服裁縫
	⑫	**広生和**（盧棣生）	83	漆器・陶器
	⑬	新南盛（源章甫）	83	穀物・海産物・砂糖
	⑭	華生（関耀生）	78	海産物
	⑮	鄭岐川	73	製茶
	⑯	新隆（盧栄彬）	73	海産物
	⑰	光昌余記	71	米・砂糖・雑貨輸入
	⑱	万福（関国義）	71	海産物
	⑲	昌記（胡維義）	66	海産物
	⑳	明安（謝技）	66	陶器
	㉑	**協泰源**（魏学勤）	65	棉花・海産物・穀類
	㉒	永楽樓（陳秩芳）	62	料理
	㉓	俊盛（方坤）	62	洋服裁縫

資料）井出徳太郎編『日本商工営業録』第3版 1902年版，日本商工営業録発行所（国立国会図書館蔵）。

注記）[ ] 内は，資料に登場する商店の合計。神戸，横浜は営業税50円台以下は略し，大阪は10円台以下を略した。太字は，1888年の資料にも登場するもの（町田実一『日清貿易参考表』1889年）。広は広東省，浙は浙江省，福は福建省，山は山東省。

表3-3　神戸港における各国輸出商の競争関係（推計）Ⅰ（1890年）

（単位：千ポンド）

市場別項目 ＼ 各国輸出商〈社数〉		中国人〈34〉	イギリス人〈45〉	ドイツ人〈19〉	アメリカ人〈15〉	計	各商とも取扱率50％以下の品目
地域別輸出額（千ポンド）	アジア市場　Ⓐ	605〔53〕	186〔16〕	236〔21〕	49〔 4〕	1,150〔100〕	
	その他(欧米)　Ⓑ	44〔 3〕	501〔38〕	379〔29〕	299〔23〕	1,313〔100〕	
	計	649〔26〕	687〔28〕	615〔25〕	348〔14〕	2,463〔100〕	
輸出商取扱率50％以上の品目数	Ⓐ	6(2)	1(1)	2(0)	0(0)	12(4)	3(1)
	Ⓑ	0(0)	1(1)	2(1)	1(0)	11(3)	7(1)
	計	6(2)	2(2)	4(1)	1(0)	23(7)	10(2)
品目内訳（％）	Ⓐ	**マッチ**92，**乾魚類**99，椎茸100，寒天98，木材98，人参100	**石炭**70	アンチモニ89，青銅99			**銅**・木ろう・洋傘
	Ⓑ		**米**71	**樟脳**71，生糸85	布くず76		**茶**・マット・扇・陶磁器・竹材・竹器・漆器

資料）前掲表1-4より作成。輸出額2万ポンド以上の23品目を対象にした。Ⓐは表1-4の○印を付した品目の合計で，アジア向けと考えられるもの。

注記）〈　〉は商社数（広川繁四郎編『神戸港内外商家便覧』1893年）。〔　〕は％。品目の太字と（　）は，10万ポンド以上の輸出品。品目内訳の数字は各商の取扱率。

対アジア貿易における神戸華僑の優位は、神戸高等商業学校生が、「団結が鞏固ナリト云フハ是レ同郷者及同業者間ニノミ見ル所(3)」と述べたように、ある程度の競争制限的な行動にもとづくものであったと考えられる。なかでも広東・浙江商のそれが最も強固であったようであり、輸出品の買付けにあたっては、

其商品ノ原価ヲ調査シ［中略］投売スルニ至ル可キ程度ノ価格ヲ査定シ、之ヲ［華僑商人］組合員ニ通知シ其以上ノ価段《ママ》ニテハ決シテ取引スルコトナカラシム、如斯支那人ハ攻守ノ策等ニ周到ニシテ能ク競争ヲ避ケテ自家ノ商利ヲ保全(4)

すると言われていた(5)。

次頁の表3-4は、同年の神戸港の輸入について、同様に各国籍別貿易商の取引額を推計したものである。イギリス商人が全体の三三％を占め、華僑商人はそれに次ぐ二六％を占めていた。なかでも華僑商人は産業革命期に新たに輸入品となる米と棉花の輸

表3-4　神戸港における各貿易商の輸入取扱率（1890年）

輸入品	金額（千ポンド）	各輸入商取扱率（%）				
		中国	イギリス	ドイツ	アメリカ	日本
米	○1,011	**60**				34
綿糸	700		**89**	8	1	
棉花[a)]	○ 603	**62**	7	4	4	23
毛織物	512		13	**75**		11
砂糖	○ 419		**98**			
鉄類	349		21	44	16	10
機械	216		32	4	11	40
豆類	○ 181	**85**				15
金巾	151	10	**82**	2	1	3
薬	131	15	24	22	14	2
貨車[b)]	128		32	4	11	40
計（千ポンド）	4,401 (100)	1,170 (26)	1,481 (33)	664 (15)	145 (3)	716 (16)

資料）表3-3に同じ。全体の輸入額は5,749千ポンド。
注記）a）は表3-5，b）は機械のデータを適用。太数字は，各輸入商が過半を占めるもの。（　）内は%。

入取引において優勢を示していたのである。一八八〇年代から勃興する近代的な綿糸紡績業が原料とする棉花は、当初、国内で産出されるものであったが、一八九〇年代前半には、中国棉花にとってかわられるようになった。そして、三井物産の安川雄之助が、

当時棉花の輸入は大阪の川口に拠点を有していた中国商人によって行われ、われわれはこの中国人から必要なまで買い入れていたのである。しかしながら、紡績が発展するにつれて、その輸入数量も増加する。それを中国人の掌中に握られていては、日本としてははなはだ不利である。殊に当時の中国人は莫大な利ざやを取っていたので非常な高価についている。これは一つわれわれ自ら直輸入の衝に当たらねばならないと決心した。[6]

と語ったように、この中国棉花輸入も、華僑商人によって取引され相対的に割高な購入を余儀なくされていたのである。つまり、日本人による棉花輸入通商網の形成の動因が、華僑通商網への対抗を通して与えられたのであった。

二　外国棉花輸入をめぐる新しい通商網の形成

従来、指摘されてきたように、日本の輸入棉花は一八九五年まで中国棉花が中心であり、その後はインド棉に比重を移す。しかし一九〇〇年はインド棉花不足から中国棉花の輸入が高まった年でもあり[7]、ここでは一八九三年と一九〇〇年の両年の中国棉花の輸入状況から検討を始めたい。表3-5・6は、神戸港における両年の棉花輸入を輸入商別にみたものである。中国棉花の輸入をみると、華僑商人が圧倒的に優位を占めており、両年とも七割以上の取扱率となっていた。表3-6には、一九〇〇年の各輸入商上位六社を記したが、これらの上位メンバーのうち一八九三年（表3-5）にも顔を出すものは、華僑商人では四社も存在しており、新規参入の二社をのぞく全てが上位に位置しながら九三年より営業を継続していることがわかる。華僑商人においては、新規参入を許すものの、安定的な推移をたどっており、彼らの競争制限的な行動を示唆していた。他方、インド棉花とアメリカ棉花を取り扱う西欧人輸入商をみると、両年にわたって上位に顔を出しているものは一社も見あたらず、唯一、インド人貿易商のタタ商会のみが残る状態であった。華僑商人とは対照的に、西欧人輸入商にはかなり激しい売込競争がくりひろげられていたことがわかる[8]。

一八九〇年代前半の日本綿業は、華僑商人より棉花供給をうけていたことになるが、紡績企業家は「支那の棉花商人は組合同業規則を厳重に遵守[9]」していると認めた上で、次のような問題に直面していた。

横浜神戸等に在て営業上の連絡を通ずる支那商人より、今度棉花買入の為め［日本の］紡績会社員が渡航する旨［中略］等を電報させるに由り、上海の各問屋に於ては早く其商機を察し需要者の競争を奇貨として例の同

表3-5　神戸港における外国棉花輸入とその取扱者Ⅰ（1893年1～3月）

（単位：俵）

輸入取扱者	所在	中国棉		インド棉	アメリカ棉	計
		繰綿	実棉			
① 鼎泰号（浙江）	栄町 2.12	17,044	7,755			24,799
② 徳新号（浙江）	海岸 2.56	9,455	100			9,555
義生号		2,121	4,010			6,131
⑫ 益昌号（福建）	海岸 3.91	5,238				5,238
㉓ 東源号（浙江）	栄町 2.52	175	4,230			4,405
⑤ 広昌隆号（広東）	〃 1.3	500	1,470			1,970
銘石号		1,147				1,147
⑯ 広同生号（広東）	神戸居留地 42		860			860
祥生号		400				400
益祥号		240				240
⑧ 祥隆号（広東）	海岸 1.65	130				130
③ 建記号（福建）	〃 4.70	100				100
⑦ 怡和号（広東）	栄町 2.12	50				50
小　計〔13〕 A		36,600	18,425			55,025
フレザア商会（米）	神戸居留地 70	1,270		1,700	749	3,719
イリス商会（独）	〃 12	2		1,908	300	2,210
ハンター商会（英）	〃 29	1,212	300		200	1,712
ジャアデン・マジソン商会（英）	〃 107	353		963		1,316
ブラオン商会（英）	〃 26			1,101	100	1,201
ブレース商会（独）	〃 91				650	650
ルカス商会（英）	〃 20	250		385		608
タタ商会（印）	神戸市栄町通 2			600		600
バタフイルド・アンド・スワイア商会（英）	神戸居留地 103	40		457		497
英国領事館（英）	〃 9	400				400
ベルゲニー商会（英）	〃 118			358		385
エストマン商会（独）	〃 47			330		330
フインドレー・リチャードソン商会（英）	〃 110			60	10	70
コーンス商会（英）	〃 7	11		50		61
シモン・エバス商会（独）	〃 101		7			7
ストロン商会（英）	〃 1			1		1
小　計〔16〕		3,538	307	7,913	2,009	13,767
榎並伝七	栄町 3.50	425	3,999	7,927		12,351
三井物産会社	海岸通 3	2,371	100	2,942	1,005	6,418
熊谷伊三郎〈36〉	〃 2.2	507				507
平野重太郎〈297〉	栄町 3.2		500			500
悦源次郎	〃 2.109	355		2		357
小　計〔5〕 B		3,658	4,599	10,871	1,005	20,133
計〔34〕 C		43,796	23,331	18,784	3,014	88,925
B/C（%）		8.4	19.5	57.9	33.3	22.6
A/C（%）		83.6	78.9	0.0	0.0	61.9

資料）『大日本綿糸紡績同業連合会報告』5号，1893年1月，65-6頁。同6号，1893年2月，51-3頁。同7号，1893年3月，44-6頁。同8号，1893年4月，30-1頁。所在は前掲『神戸港内外商家便覧』。

注記）華僑商人の番号は，前掲表1-5のもの。（　）内は出身地。〔　〕は社数。所在の．は丁目を示す。日本人の〈　〉は，1901年の営業税（円）（前掲『日本商工営業録』第3版）。

表3-6　神戸港における外国棉花輸入とその取扱者II（1900年，ただし９・10月を除く）

（単位：俵）

輸入取扱者		1893年（表3-5）	中国棉	インド棉	アメリカ棉	計
⑳ 怡生号	（浙江）		59,091			59,091
① 鼎泰号	（浙江）	○	57,563			57,563
㉕ 興泰号	（浙江）		25,123			25,123
㉓ 東源号	（浙江）	○	17,155			17,155
⑦ 怡和号	（広東）	○	5,298	511		5,809
⑤ 広昌隆号	（広東）	○	4,537	205		4,742
その他	［11］		10,904			10,904
小計A	［17］		179,671	716		180,387
イー・デー・サスウン	（印）			16,521	6,346	22,867
エス・ゼー・ダビッド	（印）		2,863	10,404	9,310	22,577
日支テレジン			1		20,238	20,239
サミュエル・サミュエル			142	17,120	1,654	18,916
タタ	（印）	○	750	12,885	1,050	14,685
イー・パバニー	（印）		500	12,061		12,561
その他	［18］		5,117	44,077	26,654	75,848
小計	［24］		9,373	113,068	65,252	187,693
三井物産		○〔2,088〕	20,131	26,622	65,939	112,692
日本綿花		〔1,064〕	2,165	25,753	27,504	55,422
内外綿		〔 716〕	4,003	14,517	26,466	44,986
半田綿行			21,788	4,870	5	26,663
日清貿易					16,039	16,039
内外物産				7,582	500	8,082
その他	［ 5］		2,428	6,942	250	9,620
小計B	［11］		50,515	86,286	136,703	273,504
合計C	［52］		239,559	200,070	201,955	641,554
B/C	（%）		21.1	43.1	67.7	42.6
A/C	（%）		75.0	0.4	0.0	28.1

資料）日本棉花同業会『日本棉花同業会報告』第１～７，10，11号（日本綿花協会蔵）。伊藤武男『香港通過商業調査報告書』東京高等商業学校，1908年５月，25-8頁。

注記）○は1893年にも顔を出すもの（表3-5）。〔　〕は，1901年の営業税（円）（前掲『日本商工営業録』）。華僑商人の番号は表1-5。［　］は社数。（　）内は出身地，印はインド人貿易商。

業団体の慣手段を用ゐ種々の辞柄を設けて容易に貨物を手放さず、漸々相場を引上げジッと持堪へて相手にならず、荏苒時日を費すうち各紡績会社にては原料の欠乏を告げ供給を仰ぐこと急なるより［中略］看す〳〵高値の品を買入れ首尾よく支那商人の略中に陥り各紡績会社自業自得の損失を被る。(10)

ここでは華僑商人の「団結」が、割高な棉花購入を余儀なくさせ、企業経営に制約を加えていたことを強調しており、あわせて「一致結合せる勁敵に当らんと欲せば我も亦一致結合の力を以て塁壁を固うし相対峙(11)」する必要を訴えていた。

では日本紡績企業家はこうした棉花問題にたいして、いかなる対応に出たのであろうか。結論を先取りしてのべるならば、インド棉花を対象にした新しい棉花調達機構の形成であった。インド棉花への転換は、従来、製品質の転換の目的から説明されてきたが、ここではコスト面を通した華僑商人の「団結」への対応過程でもあった点を強調したい。

インド棉花の輸入が本格化するのは、紡績企業家の結集する大日本綿糸紡績連合会（以下、紡連と略す）、棉花輸入商と日本郵船との間で取り交された「インド棉花積取契約」（一八九三年）の成立以降であり、この点については多くの先行研究がある。それゆえ、契約の成立そのものについてはそれらの研究に譲るとして、ここでは契約（＝新しい流通機構成立）の背景となったアジア棉花市場の変化と機構の機能について、中国棉花取引と対比しながら述べてみたい。

(i)アジア棉花市場の変化。表3-5のようにインド棉花の直輸入率（B／C）は一八九三年当初から高く（五八％）、中国棉花の場合（一二％）とは対照的であった。こうした対照性は、華僑商人の「団結」を前提にした日本人貿易商の参入のむずかしさを示しているが、その他にも次のような市場の変化に基づいていた。一八九〇年代の中国でも、銀価下落を背景にした紡績業の発展がみられ、中国棉花の国内消費のなかで、日本への中国棉花供給が制約される傾向にあった[12]。図3-1にみられる上海棉花価格の上昇傾向は、中国棉花の国内需要の拡大を反映していた。日中間の棉花取引は、中国側の売手市場になっていたと考えられるのであり、中国棉花取引をめぐる直輸入率の低さや、華僑商人の「団結」もこうした市場変化に支えられていたと言えよう。

他方、インド棉花取引については、こうした市場条件と異なる環境下にあった。従来、指摘されなかった点であるが、一八九一年六月の紡連定期総会には、インド商人のタタが出席しており、次のように語っている。

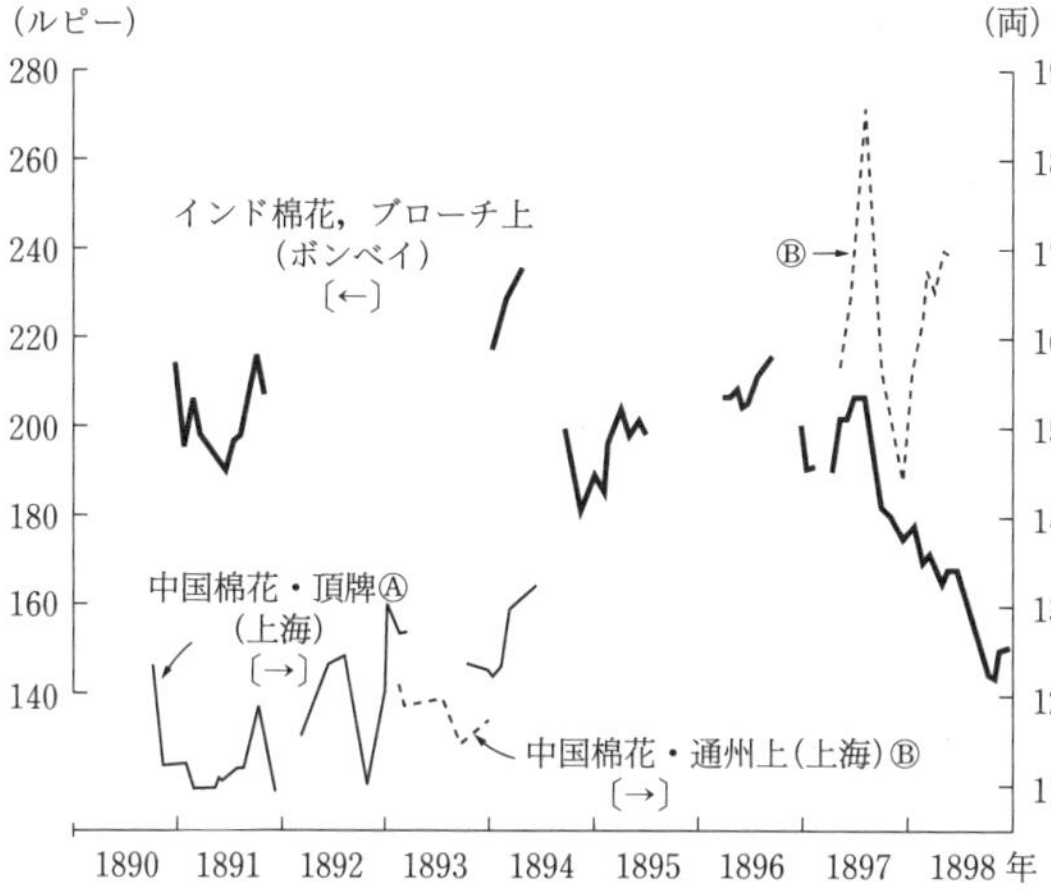

図 3-1　アジア棉花の価格変動

資料）『紡織月報』，『大日本綿糸紡績同業連合会月報』各号。
注記）インド棉花は 1 カンディー，中国棉花は 100 斤。

> 「リバプール」ノ商人モ米国ノ綿ヲ仕入レルヤウニナレリ加之米国ノ綿作ハ四十年来ニ無イ大出来ナレバドン〱輸出スル、印度［棉花の価格］モ之ニ伴レテ下落セザルヲ得ズ自分ノ考ニテハ此廉価ノ明年マデ続クハ思ヒモ寄ラヌコトナリ[13]。

インド棉花の輸出は、従来対ヨーロッパ向けに比重を置くものであったが、ヨーロッパでは低廉なアメリカ棉花への利用の転換が進み、インド棉花は販路縮小→供給過剰より「廉価」に陥ったと強調されていた。次頁の表3-7で確認できるように、インド棉花の対ヨーロッパ輸出は減少傾向にあり、国内供給は九一年から過剰ぎみであった（表3-7D）。タタの来日は、こうしたインド棉花の売り込み

表3-7　インド棉花の収穫と対ヨーロッパ輸出

（単位：千ポンド）

年　代	収穫高　A	ヨーロッパ輸出　B	国内消費 C	B/A (%)	C/A (%)	D (%)
1885(明治18)	1,139	791	392	69.4	34.4	△3.9
86(　19)	1,480	1,009	391	68.2	26.4	5.4
87(　20)	1,703	1,147	454	67.4	26.7	6.0
88(　21)	1,472	893	500	60.7	34.0	5.4
89(　22)	1,851	1,286	565	69.5	30.5	0.0
90(　23)	2,235	1,488	636	66.6	28.5	5.0
91(　24)	2,020	1,070	762	53.0	37.7	9.3
92(　25)	1,770	905	728	51.1	41.1	7.7
93(　26)	1,738	816	724	47.0	41.7	11.4
94(　27)	1,769	908	731	51.3	41.3	7.3
95(　28)	1,540	525	815	34.1	52.9	13.0
96(　29)	2,151	800	849	37.2	39.5	23.3
97(　30)	1,612	603	703	37.4	43.6	19.0

資料）Bombay Millowners' Association, *Report of the Bombay Millowners' Association for the Year 1897*（日本紡績協会蔵）.

注記）△はマイナス。D＝(A－B－C)/A。

を目的としたものであり、日印間の取引は、日本側の買手市場化を示すものであった。インド棉花の直輸入率の高さは、こうした条件に支えられていたのである。

表3-8は、インド棉花の主要積出港ボンベイにおいて、棉花を集荷し、日本人貿易商に売り込む棉花商をまとめたものである。上位に顔を出すガダム・バイゼル社やライオン社などは、日本棉花、三井物産の有力商の買付けにかかわった有力なヨーロッパ人商人であったが[14]、同表ではインド人売込商の活動も目立ってくることがわかる。インド人売込商のシェアは三三％から五二％へと高まっていた。一八九五年七月〜九六年六月の取引実績をみると、これらインド人売込商は既存の海外市場であった対ヨーロッパ取引の経験を持たない新興勢力であったことがわかる。こうした新興のインド人売込商の参入にともなって、上位三社のシェアは低下（七〇％→五九％）傾向にあるところから、九〇年代後半の日本―インド間棉花取引は、インド人売込商の台頭を背景にした激しい売込み競争の展開を特徴としていたと言えよう。日本綿糸紡績業の確立におけるこれらインド人売込商の役割を看過してはならない。そして小池

表3-8　ボンベイにおける対日本売込商

（単位：俵）

対日本売込商	国籍	1895.7〜96.6[a]		96.11〜97.10	97.11〜98.10	98.11〜99.10
			対 欧 州			
ガダム・バイゼル	欧商	**79,749**	② 162,004	**123,291**	**86,350**	**64,100**
タタ	印商	**59,857**		**64,352**	**59,102**	**55,783**
ライオン	欧商	**47,635**	⑧ 38,226		17,200	3,489
テザム・アベルクロンビー	欧商	26,041		30,800	1,900	400
三井物産	日商	17,689		**83,100**	**80,223**	**61,100**
ハリファックス		14,772				
ヴァルカルト・ブロス	欧商	14,350	③ 90,838	22,800	22,417	13,948
カルリンボイ・イブラヒム	印商			32,556	19,584	27,752
デー・デー・カルラニ	印商			18,064	7,412	3,999
ダビッド・サッスーン	印商			10,493	2,365	4,322
サッスーン・ジェー・ダビット	印商				46,803	46,201
アール・エス・エヌ・タレード	印商				27,588	6,339
その他	欧商 印商	23,986		(4) 632 (5) 3,113	(8) 5,337 (4) 6,366	(4) 2,850 (5) 17,388
対日本輸出高計　A		(18)*284,078		(15)389,201	(23)382,648	(20)308,471
対欧州輸出高			799,821	545,565	502,744	502,097
輸出高全計　B		1,083,899		1,011,432	946,369	867,255
A/B　(%)		26.3		38.5	40.4	35.6
上位3社/A　(%)		65.9		69.6	59.0	58.7
印商/A　(%)				33.0	44.2	52.4

資料）a）は「印度綿花綿絲及紡績概況」1896年10月（『東洋経済新報』第40号）20頁。それ以外は根本正「英領印度商工業視察報告」1899年10月報告（『農商務省商工局臨時報告』1900年，第8冊）124-6頁。

注記）1895.7〜96.6の○内は，同期の対欧州輸出の上位10社の順位。その他は次のとおり，①ラリ・ブラザース205,081俵，④グルード65,931俵，⑤ブルセヒーク56,803俵，⑥サヲン45,321俵，⑦スピンナー42,078俵，⑨ボンベイ22,953俵，⑩ワッター・ザッカー18,504俵。（　）内は売込商数。＊は『大日本綿糸紡績同業連合会報告』第51号，13頁。太字は上位3社。96年11月以降の対欧州はイギリス・フランスの計。

賢二、杉原薫の両氏らが指摘したように[15]、ここで台頭するインド人売込商は、もともと「多く阿片の取引のみに従事せし者なりしが一朝孟買に於て紡績事業の勃興せし以来其製糸は漸次此等商店の手にて支那日本へ輸入し英国製糸と競争し遂に今日の盛況に至らしめた[16]」商人であった。一九世紀の「西欧からの衝撃」のもとで形成された、インドから中国へのアヘン貿易を起源に、〈アヘン→インド綿糸→インド棉花〉という取引の変遷を辿った「アジア間貿易」商であったと言える。

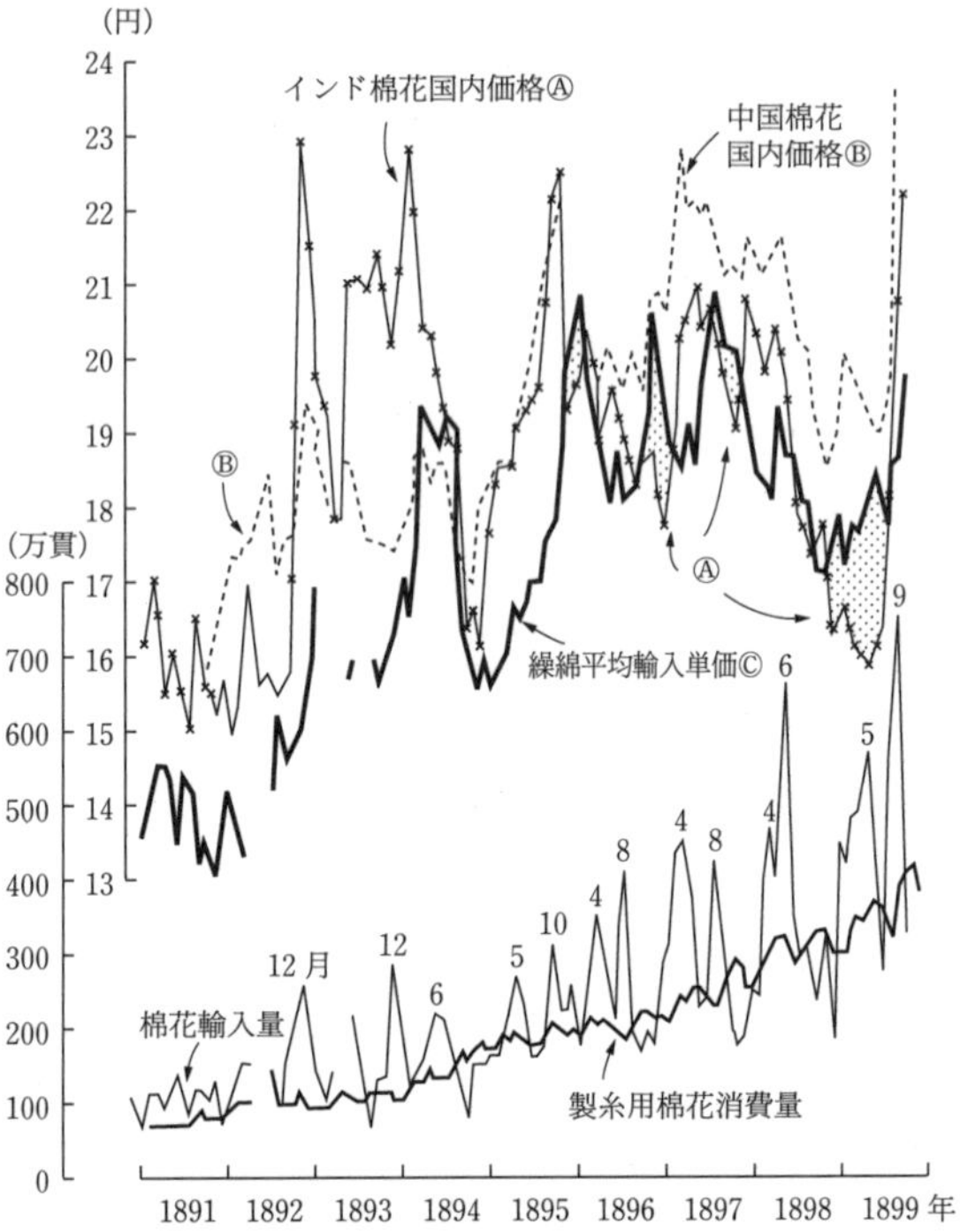

図 3-2　国内における外国棉花価格の推移

資料）ⒶⒷは，大蔵省『外国貿易概覧』各年。その他は『紡織月報』，『大日本綿糸紡績同業連合会報告』各号（原史料は，大蔵省『大日本外国貿易月表』各月）。いずれも 100 斤当たり価格。

注記）数字は各月を示す。

(ii)新しい流通機構の機能。こうした新しい流通機構が、日本紡績業の確立にとって必要不可欠であったことは周知の点であるが、ここでは中国棉花取引の価格形成面と対比しながらその機能に言及したい。図3-2は繰綿の平均輸入単価Ⓒと、中国・インド棉花の日本国内での価格ⒶⒷを示したものである。輸入単価を入港時点での価格（大蔵省調査）、国内価格を対紡績企業販売価格（紡連調査）と考えるならば、商人の介在（マージンの取得）によって国内価格が輸入単価より上位にあることは当然であろう。中国棉花の動きをみると、日清戦争の勃発により華僑が一時帰国した一八九四年ごろを除いて、国内価格Ⓑは輸入単価Ⓒの上位にありながら連動していることがわかる。華僑商人が相互の競争を制限しながら、順調な収益を上げていることが看取できよう。しかし、インド棉花に目をむけると、輸入の高まる九〇年代後半から、国内価格Ⓐが輸入単価Ⓒを下回ることが数回確認できる。これは、インド棉花取引をめぐる競争の激しさを改めて示すものであり、一八九七年のインド棉花取引価格をめぐっては「印度紡績業者と本邦との間別に高低の差あることなし(17)」と評されるようになっていた。日

表3-9　内外綿会社における輸入棉花の収益性

年・月	中国棉花				インド棉花				外国棉花買入高	全輸入に対するシェア	収益率	
	買入高	売残	買入単価A	売捌単価B	買入高	売残	買入単価A	売捌単価B			中国棉花	インド棉花
1892. 1	804	▲80	149.3	134.6	1,628	**645**	**139.2**	139.6	2,432	52.7	▲9.85	0.29
2	759	58	**163.2**	**164.9**	903	▲341	135.3	138.4	1,752	26.0	1.04	2.29
3	358	▲50	157.6	160.2	**2,457**	**775**	132.8	135.6	2,914	35.2	1.65	2.11
4	612	87	**161.1**	**163.9**	**3,178**	**641**	132.6	135.3	3,860	40.1	1.74	2.04
5	791	165	**161.4**	**167.2**	**4,980**	**2,643**	125.5	134.6	2,123	22.7	3.59	7.25
8	405	▲8	**170.7**	**170.3**	**2,570**	**779**	**143.5**	140.3	3,151	36.1	▲0.23	▲1.88
9	402	▲105	**161.8**	**162.8**	1,604	▲842	**143.6**	**149.4**	2,096	38.2	0.68	4.04
10	**1,606**	50	155.1	156.3	844	▲827	**145.6**	**146.4**	2,545	23.8	0.77	0.55
11	**3,259**	703	158.4	158.9	865	▲679	**152.6**	**153.5**	4,123	31.7	0.32	0.59
12	**5,212**	**1,224**	**164.9**	**166.6**	435	▲168	**144.4**	**157.4**	5,653	36.5	1.03	9.00
計	14,211	1,944	160.9	160.9	19,468	2,626	135.6	141.9	26,794	29.1	0.00	4.65

資料）『紡績月報』，『大日本綿糸紡績同業連合会報告』各号。
注記）単価は千斤当たり。▲はマイナス。※は，アメリカ棉の買入れを含む。売残は，「買入高」より「売捌高」を差し引いたもの。収益率は，B×100÷A－100で求めた。太字は，月平均を上回るもの。

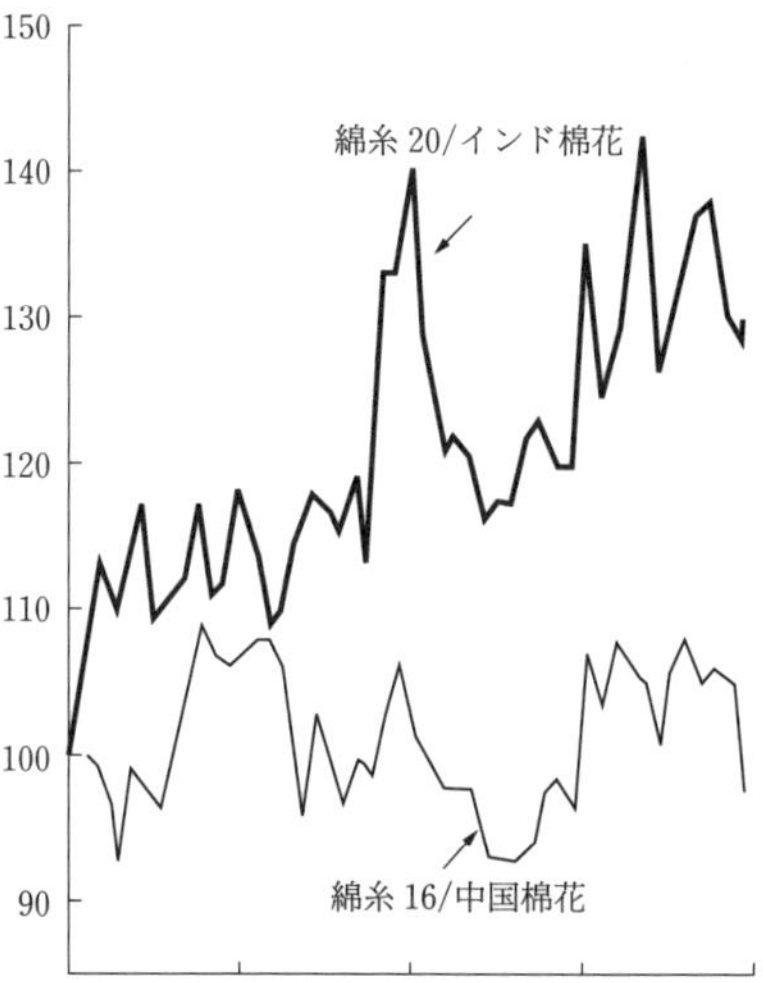

図 3-3　棉花種類別綿糸の採算（1893 年 1 月＝100）

資料）インド棉花，中国棉花は，大蔵省『外国貿易概覧』各年。綿糸は「明治期大阪卸売物価資料」7（『大阪大学経済学』第 31 巻第 4 号，1982 年 3 月）。

本におりながら、インド綿糸紡績業者と同じ水準の価格によって棉花購入が可能となる、このような価格現象を、当時の業界では「走《はし》り」と呼んでいた（第四章）。日本紡績業は、競争的なインド棉花流通機構を通して低廉な原料の取得を保証されたのであり、それによってインド綿糸を中心とする外国綿糸の流入圧力に対抗しえたのであった。綿糸紡績業に代表される日本の産業革命は、競争制限的な華僑商人の規制下から離脱することで、その原料基盤を確保したのである。

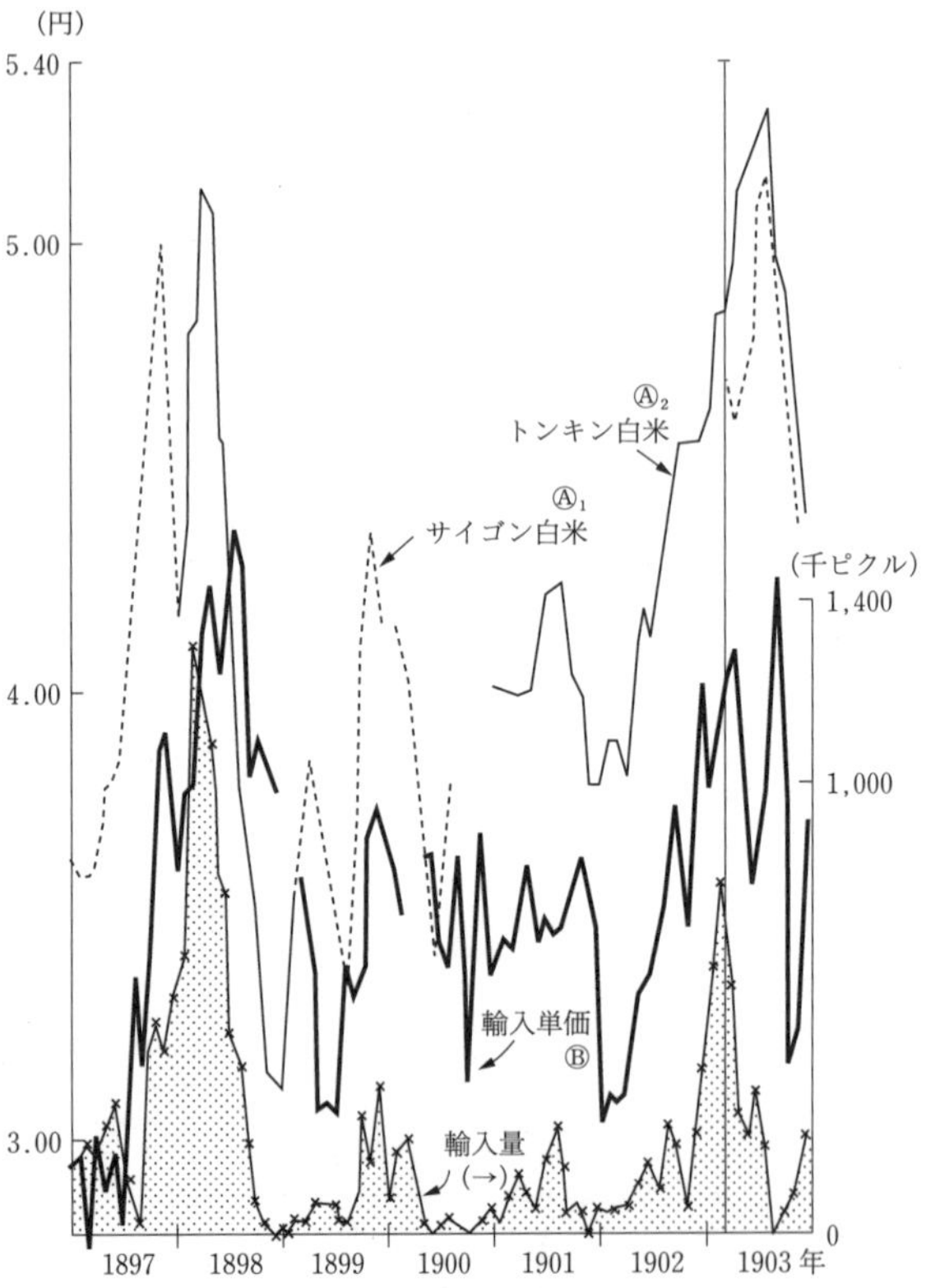

図 3-4　仏印米の輸入状況

資料）国内価格Ⓐは，大蔵省『外国貿易概覧』各年。その他は，同『大日本外国貿易月表』各月による。

中国棉花とインド棉花の価格形成の差は、前頁の表3-9からも窺える。同表は、中国棉花が輸入の中心であった一八九〇年代初めにおける内外綿会社の棉花の「買入」・「売残（買入量から売捌量を差し引いたもの）」の状態を、数量と単価に即してみたものである。中国棉花取引のそれらと比較したインド棉花の特徴は、単価の低廉な時期に、買入れと、「売残」にみられる在庫の持ち抱えが集中してなされ、その後の単価上昇期（九二年八月以降）になって販売に転じていることである。こうした動きは中国棉花取引では明確でなく、インド棉花には価格の動きを睨んだ弾力的な取引が可能であったことがわかる。むしろ、中国棉花の場合では、一二月のように、割高な買入れを余儀なくされる場合がみられた。こうした差異を反映して取引の収益率も中国棉花の場合は低位にあることが多かった。

日本の綿糸紡績業が、その原料基盤を、中国棉花からインド棉花へと移すなかで、その産業としての確立を果たしたことは、それぞれの原料による採算条件からも判断できる。図3-3に示したように、中国棉花をもちいた一六番手綿糸の採算は、インド棉花をもちいた二〇番手綿糸のそれよりも悪いことがわかる。インド棉花の輸入に依存した日本綿糸紡績業の確立過程は、華僑通商網からの離脱の過程でもあったのである。

そして、同様の傾向は、棉花と同様に、産業革命期の新しい輸入品となった外米の輸入取引についても言える。要点のみを述べると次のようになる。当該期の外米の輸入は、一八九七・九八年と一九〇三年以降の二つの時期に

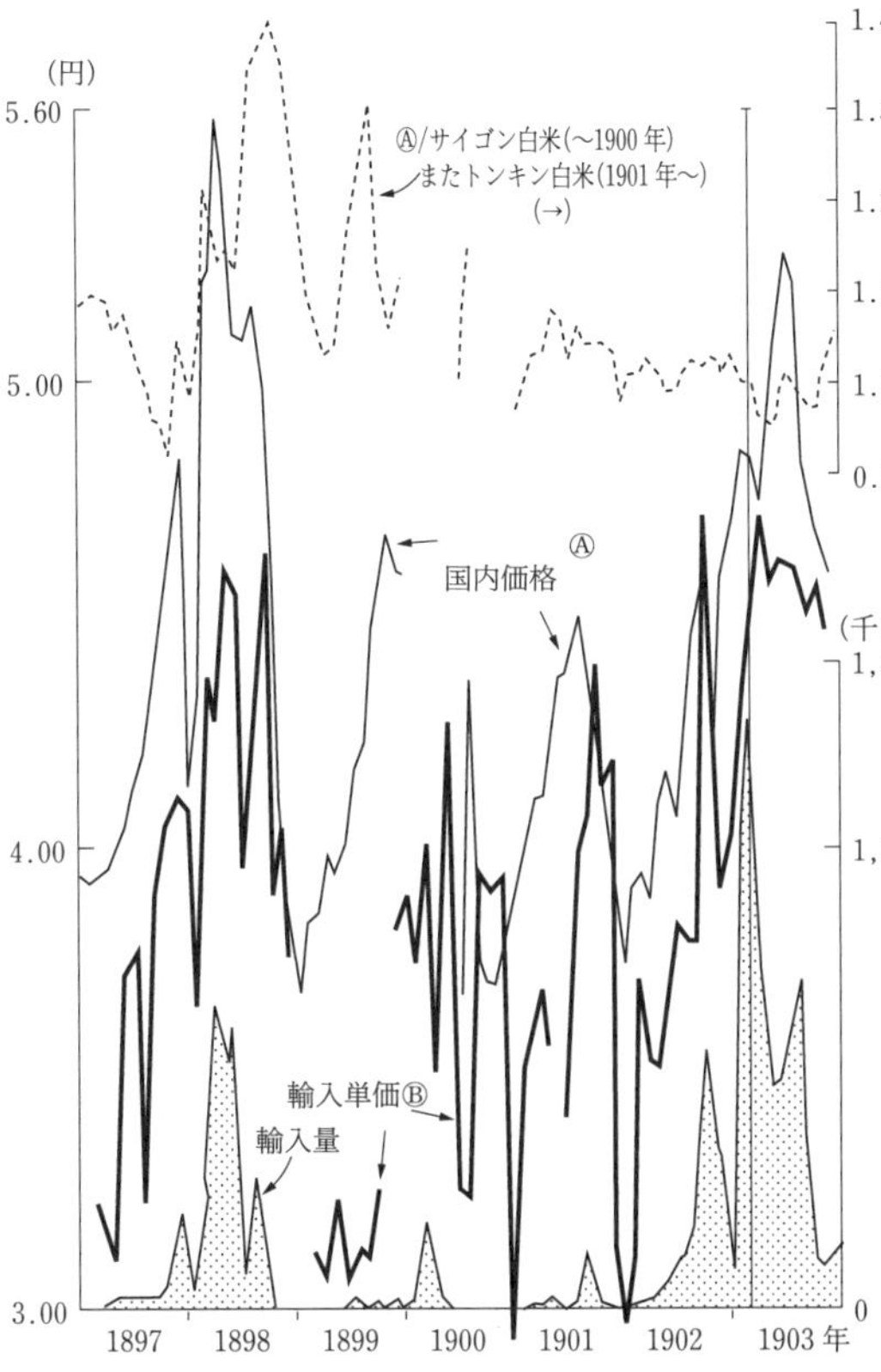

図3-5　ビルマ米の輸入状況

資料）図3-4と同じ。
注記）国内価格は「ラングーン白米」のデータであり，1900年は「一等」，10年以降は「上白米」である。

高まり、前期は仏領インドシナ（サイゴン・トンキン）米、後期はビルマ（ラングーン）米が多く輸入されるようになった。そもそも仏領インドシナ米は「精米業ノ実権ハ支那人ノ掌握セル所[18]」といわれ、日本への売込みは「支那人中広東人ノ取扱[19]」いであった。仏領インドシナ米の価格変化を図3-4よりみると、平均輸入単価Ⓑと国内（販売）価格Ⓐの差は一定の幅を保

ちながら連動していることがわかる。中国棉花の輸入単価と国内（販売）価格の推移と同様の動きを示した。他方、ビルマ米の動きを示した図3-5をみると、その価格差は輸入量が増加する後期に至り縮小していることがわかる。ビルマ米は「独逸人印度人並ニ三井物産」によって取り扱われており[20]、競争的な売込みを通して調達されたと考えられる。工場労働者の食用として求められる外米においても、華僑通商網からの離脱を通して低廉な供給を確保したのであった。

三　日本製品輸出をめぐる華僑間競争

綿糸輸出をめぐる華僑商人への対応問題については、棉花取引の検討に利用したほどの取引数量の史料が入手できていないため、いくつかの文献史料を通して推察を加えるに留めたい。日本綿糸の対上海向け輸出においては「綿糸ノ商権ハ全ク清商ノ手ニ帰セントス」[21]と言われており、紡績企業家も「日本ノ商工業家ニ団結ノ鞏固ナラザル事ハ之ハ最モ日本人ノ欠点デ［中略］、紡績ノ糸ヲ売ル事ニ就テモ支那商人ニ負ケテ居ル殊ニ支那人ニハ団結ガ出来テ居リマス、一致団結ト云フ事ハ日本人ニ乏シイ」[22]と語っていた。図3-6をみると、綿糸輸出の増加する一八九〇年代後半に日本綿糸単価の割安傾向がみられた。

しかし、こうした状況は一九〇〇年以降に転換する。日本綿糸の対中国輸入単価相対価格（両換算）は上昇に転じており、日本綿糸が割高に買い付けられるように転換したからである。こうした変化は、いかなる条件によるものであったのか。一九〇一年から〇三年にかけて、紡績企業家の結集する紡連では、目立った市場対応策はとられていない[23]。それゆえ、条件の変化は、日本綿糸を求める華僑商人側にみられたと考えられる。

表3-10は大阪府内務部の調査によって作成した、綿糸輸出にかかわる華僑商人メンバーの推移である。一八九

〇年代後半には、神戸在住の有力商（前掲表1-5）が綿糸の買付けにあたっていたが、一九〇〇年代には大阪の川口に居住する新興勢力が取引に乗り出していることがわかる。また、その勢力拡大と対照的に、神戸の有力華僑は綿糸輸入取引から姿を消す傾向にあることも確認できる。一九〇〇年代には、大阪の新興勢力の参入による買付競争の激化という市場条件の変化が加えられたのであり、その勢いは「団結」力を有する神戸華僑（主に広東・浙江）を綿糸取引より後退させるものであった。

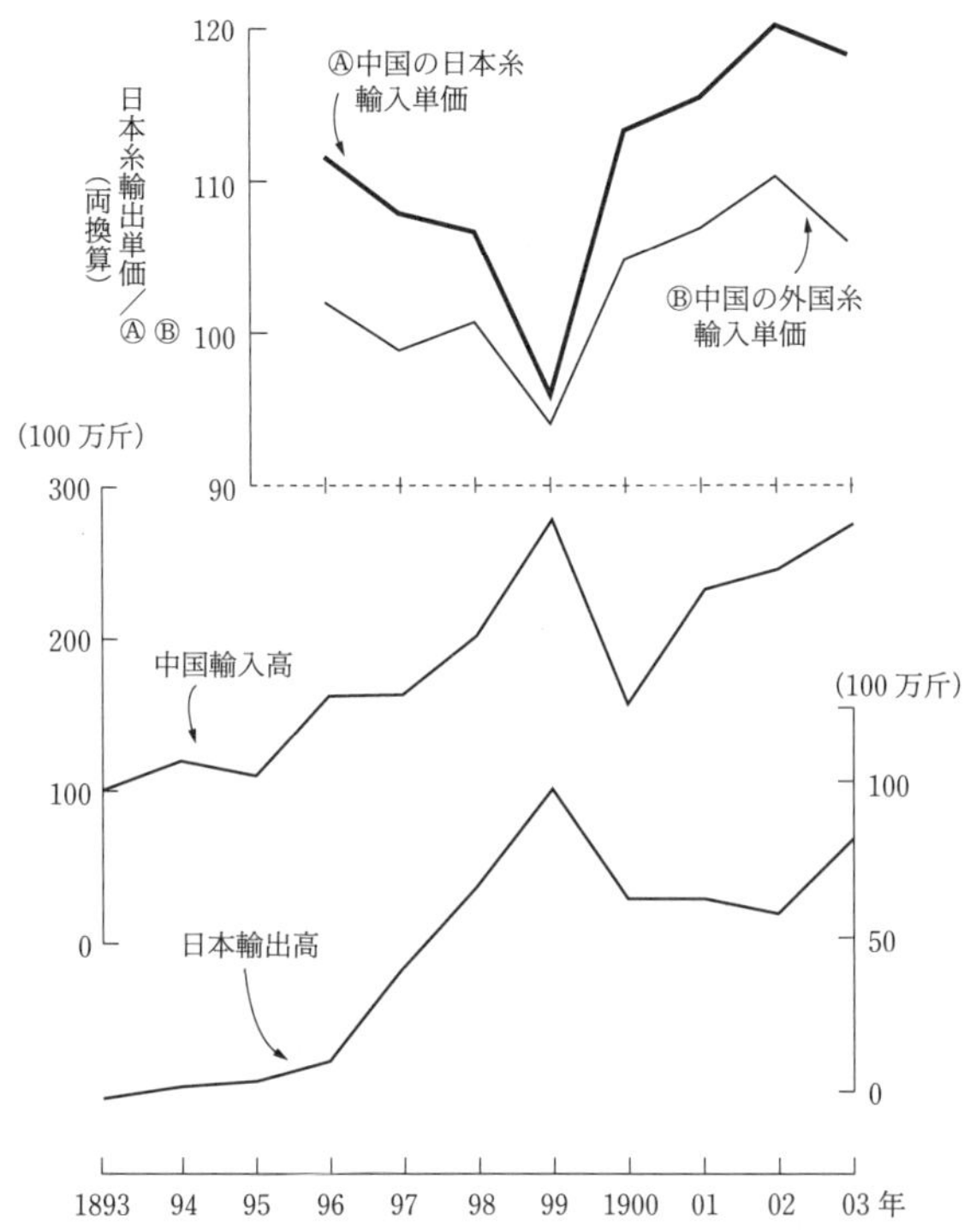

図3-6　日本綿糸輸出の対外条件（1895年＝100）

資料）日本の輸出価格，輸出高は，大蔵省『大日本外国貿易年表』各年。中国の輸入価格Ⓑ，輸入量は，Hsiao Liang-Lin, *China's Foreign Trade Statistics, 1864～1949,* Cambridge, 1974. ただし，Ⓐは，東亜同文会編『支那経済全書』第11輯，1907年，454頁。為替相場は，大蔵省『明治大正国勢総覧』による。

新興勢力に目をむけると、全てをカバーしたわけではないが、華北の山東出身であることがわかる。あわせてその規模は営業税額からみて三〇円未満の極めて小さいものであった。神戸高等商業学校生の調査報告によると、これらの在大阪華僑は「皆個人営業ニシテ合資ノモノ少ナク殊ニ小資本ノ仲買的」なものであり、「清国ヨリ注文ヲ取ル際モ多大ノ競争ヲナ」すと評されていた(24)。小規模であり、か

表3-10　日本綿糸輸出をめぐる華僑商人の推移

号名	所在	原籍	資本金[a]	1901年営業税[b]（円）	1898	1899	1900	1901	1902	1904	1902年[c] マッチ	銅	錫	寒天	昆布
怡和号	⑦	広東	●	540	○	○	○	○	○	○	○		○	○	
裕貞祥号	⑥	広東	●	531	○	○	○				○	○	○	○	
文発号	㉒	広東		78	○	○					○				
鼎泰号	①	浙江	●	341	○	○	○					○			
徳新号	②	浙江	●		○	○									
怡生号	⑳	浙江		345	○	○	○	○	○		○				
同泰和	大，川口130	山東黄県	1万両	48	○	○		○	○	○	○				○
興泰号	㉕	浙江				○	○	○							
ⓐ洽新号	神，海岸通2							○	○						
ⓑ長盛東	大，川口 4	山東		35				○	○	○	○				
ⓒ万盛桟	大，川口 3	山東黄県	5万両					○	○	○	○				
ⓓ双盛泰	大，川口 10	山東		26				○	○	○	○				○
ⓔ聚盛長	大，川口 10							○	○	○					
ⓕ中盛恒	大，川口 11	山東黄県	3万両					○	○	○	○				
ⓖ怡美号	大，川口 86	山東黄県	5万両					○	○	○	○				
ⓗ泰生東	大，川口 60							○	○	○					
ⓘ万順恒	大，川口 16	山東		15					○	○	○				
ⓙ永泰号	大，川口 22			17					○	○		○			
ⓚ東順泰	大，川口 96								○	○	○				
ⓛ豊裕号	大，川口 65								○	○	○				○
ⓜ景徳和	大，川口 66	天津							○	○					
ⓝ豊盛泰	大，川口136								○	○	○				
ⓞ中和盛	大，川口 67								○	○					

資料）大阪府内務部『大阪外国貿易調』各年版（大阪市立大学学術情報総合センター蔵）。

a）●は，1888年調査による資本金10万両以上のもの（前掲表1-5）。「清国商況視察復命書」（外務省通商局『通商彙纂』第120号，1898年12月28日）86-9頁。

b）前掲『日本商工営業録』。

c）前掲『大阪外国貿易調』1902年版。横田健一『日本のマッチ工業と瀧川儀作翁』1963年，91-2頁。そのほか，東亜同文会『清国商業綜覧』第5巻，1908年，606頁による。

注記）所在の大は大阪市，神は神戸市を示す。

つ競争的な山東系華僑商人の流入により、華僑間競争が高まり、広東・浙江系華僑にたいして綿糸取引からの後退を迫ったのである。

山東系華僑商人の参入は、日清戦争後にみられた現象であり、先行研究によると、日清「戦争によって日本の威力が北支那に伸びたので、直隷、山東あたりから続々客商として大阪等に仕入れに出て来た」と言われ、さらに「日露戦役後、日本の勢力が満蒙に扶植せられたので、東三省から大阪に仕入れに来るものが盛んになった[25]」と言われていた。いわば、日清・日露両戦争後における日本の華北支配の拡大が、華北系華僑の参入の契機になったのである[26]。一九〇〇年代の日本綿糸輸出は、華北と華中西部に集中するが、華北では、大阪華僑が関わるものの、華中西部では「神戸に居る支那商人にて［中略］此長江筋販路に至っては右の人々の関係は甚だ薄い[27]」と言われたように、神戸華僑は、綿糸輸出取引から大きく後退したのであった。

以上の点を念頭において、一九〇〇年代前半の綿糸輸出取引の特徴について検討を加えておきたい。次頁の表3-11は、一九〇二年九月の輸出綿糸の売主（紡績企業）と買主（輸出商）をまとめたものである。わずか一カ月と限られたデータであるが、九月は同年の輸出量の最も多い月であり、取引の特徴を示していると考えられる。まず注目したいのは、取引に乗り出す華僑商人のほとんどが大阪（川口）のものであり、神戸の華僑商人の姿はほとんどみられないことである。一九〇二年の段階で、神戸の有力商は綿糸取引から後退したことが改めて確認できる。第二に看取できる点は、綿糸輸出の多くが、上位企業（鐘淵・摂津）と有力な日本人輸出商との取引に担われるように移行していたことである。上位企業と有力商との連携による直輸出振興策の展開は、紡連がカルテルとしての内実を固めた日露戦争後に本格化したのである[28]。表3-12にみるように、一九一〇年の綿糸直輸出率は七〇％に高まっており、そうした日本人通商網の拡張は、三井物産に代表される有力な貿易商と紡連に結集する上位紡績企業との組織的連携によるものであった。そしてその背景には、華僑間競争の激化が存在したことも看過されてはなら

表3-11　日本綿糸輸出をめぐる紡績企業と輸出商（1902年9月）

（単位：20玉入，梱）

買主	所在	営業税 1901年a)	売主（紡績企業）	計	買主による転売先
三井物産・大阪	東，高麗橋2	2,088	**鐘淵** 10,560，大阪合同 2,000 **摂津** 500，明治 300	13,360	文盛桟 100
半田棉行	西，本田町通2	212	日本紡織 2,200，倉敷 1,800 半田 1,000，岡山 200	5,200	
芦田芳蔵	東，北久太郎町2	633	泉州 2,600，平野 1,200	3,800	正祥号 60
第58銀行・久野			**鐘淵** 2,950	2,950	神木彦三郎 300
前川善三郎 神木彦三郎	東，備後町2	847	**摂津** 2,200，平野 265	2,465	高田常三郎 40 今枝捨市 50
内外綿	北，源蔵町	413	大阪 1,600，**鐘淵** 400 岡山 100	2,100	文盛桟 120
八木与三郎	東，南久太郎2	1,203	**鐘淵** 940，博多 120 **摂津** 50，播磨 40	1,150	裕成桟 100 盛泰義 150
岩田保太郎	東，北久太郎町2	280	讃岐 450，岡山 300 日本紡績 150，大阪合同 100	1,000	万盛桟 50 双南豊 100
米国貿易			**鐘淵** 600	600	恒祥外 70
高田常三郎			**摂津** 140，平野 100	240	益豊裕 150
竹村藤兵衛	東，伏見町4	775	**摂津** 230	230	豊盛泰 40
兼松房次郎	神，海岸通3	329	**鐘淵** 200	200	正祥号 50
庄野嘉久蔵	西，北堀江通4	87	**摂津** 120	120	中和盛 90
興泰号	㉕		福山 2,000，播磨 200 東京 100，**摂津** 5	2,410	中盛恒 250
文成桟			播磨 250，吉備 150 岡山 50，大阪合同 50	500	
双盛泰 聚成長	ⓓ ⓔ	26	日本紡績 150，吉備 100 讃岐 100，阿波 100，岡山 50	500	
双南豊			岡山 125，播磨 50，笠岡 50 大阪合同 50，阿波 50	325	
万盛桟	ⓒ		岡山 100，播磨 50，讃岐 50 大阪合同 50，阿波 50	300	
洽新号			倉敷 200	200	
豊裕号 恒順興号			播磨 200	200	
福聚泰			播磨 150	150	
西盛永			播磨 50，岡山50，大阪合同 40	140	
中盛恒	ⓕ		播磨 50，阿波 50	100	
成泰義			播磨 50，阿波 50	100	
永興順			岡山 100	100	
豊盛泰 恒祥外	ⓝ		播磨 50，岡山 50	100	
益豊裕			岡山 50	50	
東昌盛			笠岡 50	50	
中和盛	ⓞ		大阪合同 50	50	
長盛号			大阪合同 50	50	
玉和盛			笠岡 50	50	
長盛東	ⓑ	35	岡山 50	50	
正祥号			岡山 30	30	
元増司	西，梅本番外	22	大阪合同 6	6	

資料）大日本紡績連合会『登録証明書』1902年9月（日本紡績協会蔵）。取引高について，とくに注記のないものを40玉入とみなして換算した。a）前掲『日本商工営業録』。

注記）太字は1902年の運転紡績数6万錘以上の上位企業（拙稿「第一次大戦前における日本紡績独占の成立」『社会経済史学』第52巻第5号，1986年，73頁）。所在の○内の番号とアルファベットは表3-10の華僑商人。

表3-12　神戸港における各国輸出商の競争関係（推計）II（1910年）

（単位：千円）

各国輸出商〈社数〉／市場別項目		日本人	イギリス人〈43〉	ドイツ人〈28〉	中国人〈63〉	計	各商とも取扱率50%以下の品目
地域別輸出額（千円）	アジアⒶ	25,415〔55〕	8,004〔17〕	465〔 1〕	10,536〔23〕	46,067〔100〕	
	(欧米)Ⓑ	19,966〔42〕	8,721〔18〕	11,700〔24〕	770〔 2〕	48,045〔100〕	
	計	45,380〔48〕	16,725〔18〕	12,165〔13〕	11,306〔12〕	94,112〔100〕	
輸出商取扱率50%以上の品目数	Ⓐ	4(2)	0(0)	0(0)	5(1)	10(3)	1(0)
	Ⓑ	5(2)	0(0)	1(1)	0(0)	17(6)	11(3)
	計	9(4)	0(0)	1(1)	5(1)	27(9)	12(3)
品目内訳（%）	Ⓐ	**綿織糸**70，**綿メリヤス肌衣**50，綿製浴巾57，生金巾シーチング61			**マッチ**50，寒天52，鯣96，綿フランス87，洋傘87		玻璃製品
	Ⓑ	**米**59，**樟脳**83，ブラシ69，清酒99，精糖100		**銅**54			**麦稈経槙田**，**花莚**，**陶磁器**，魚油鯨油，貝鈕釦，木蠟，瓩具，木材，竹製品，扇子，団扇

資料）神戸税関『明治43年神戸港外国貿易概況』。商社数は，塩野直一『我国直輸入貿易発展ヲ論ズ』1909年1月（神戸大学人文社会科学系図書館蔵）。

注記）作成方法は前掲表3-3と同じ。〔　〕は%。品目の太字と（　）内は，500万円以上の輸出品。品目内訳の数字は各商の取扱率。

ない。それ以降、大阪華僑は、下位の紡績企業との取引にかかわるようになったのである。

最後に、産業革命期に新しく登場する輸出品のマッチに言及しておきたい。表3-12に示したように、マッチも華僑通商網に依存する商品であった。そして、表3-10からわかるように、山東系の流入による華僑間競争はマッチにおいてもみられた。しかし、紡績業と異なり、マッチの直輸出率は日露戦争後に至っても進展していない（表3-12）。

次頁の表3-13にみるようにマッチ業界には、井上貞治郎・瀧川辨三などの有力メンバーが存在したが、中小企業生産を内容とする業界は競争の激しい性格を有しており、紡連にみられたような組織的対応はとりにくく、直輸出の展開も低位に留まったのであった。ここでは日本燐寸工業会『燐寸年史』(二)を通して、業界協調の試みとその限界につい

表3-13　関西における有力マッチ生産者

	営業主	社名	所在	1901年営業税	（1カ月売上額推定）	負債（千円）不動産抵当借入金	無担保約手割引尻平均 振出	裏書
				円	（千円）			
神戸	瀧川　辨三	清燧社，良燧社	楠町4	303	(50.5)	30.0	40.0	31.9
	播磨　幸七	鳴行社	東川崎5	235	(39.2)	—	1.5	4.7
	本多　義知	明治社	湊町3	225	(37.5)	—	3.6	—
	直木政之介	奨拡社	楠町6	156	(26.0)	6.0	—	—
大阪	井上貞治郎	公益社	西，本田3	676	(112.7)	—	9.6	14.0
	土井亀太郎		東，東平野3	183	(30.5)	34.8	9.8	12.3

資料）前掲『日本商工営業録』。負債については，牧野元良編『大阪・京都・神戸・名古屋商工業者資産録』（第5版）1902年。
注記）営業税額150円以上のものをとった。

て一つの事例を紹介したい。

　マッチ市況の悪化に対応して、一九〇四年ごろより斯業では「合同」の気運がみられ、一九〇五年二月に「日本燐寸同業組合」（組合長瀧川辨三）が設立された。さらに同年一〇月には、同組合をバックにしたトラスト組織「日本燐寸合同会社」の設立が協議された。同社は資本金を五〇〇万円とする「当業者ノ一大燐寸合同会社」であり、政府の承認をうけて「製造販売ノ特権」を保証される構想を有していた。「特権」の具体的内容は不明であるが、同社の構想のベースとなった「大日本燐寸株式会社」案には「専売特許」の取得がもりこまれていたところから、同社は各社の製造品の一手販売権の公認をねらっていたと考えられる。

　ところが、一九〇六年一月になると状況は大きく変化する。合同に対して、瀧川辨三をはじめとする勢力の反対姿勢が明らかとなり、合同推進派として残った井上貞治郎・直木政之介らとの間で対立が生じたためである。結局、合同案は〇六年三月に廃棄されることになるが、業界の協調のむずかしさは業界を二分するような資本類型の差にあった。先行研究が強調したようにマッチ生産者のなかには華僑商人より融資をうけているものが多く[29]、とくに合同反対派に転じた瀧川などは怡和号（麦少彭、前掲表1-5の番号⑦）との関係が深かった[30]。表3-13をみると、自己資本型の井上・直木[31]と異なり、瀧川は多くの外部資金を導入しており、華僑商人との取引関係の強さを示唆していた。華僑商人にとって、業界の合同は融資などを通した業界への影響力を制限するものに他ならず、瀧川らの姿勢転換は、そうした華僑商人の姿勢に即応したものであった。〇六年二月に井上・直木が「清商等ハ、今次ノ大合同ニ対シテモ当初ヨリ反対ノ意ヲ蔵シ、昨今ニ及ビ神戸ノ当業者中彼等ノ頤使ニ甘ンズルモノヲ指嗾シ一面彼等ノ下職トナリマタハ取引関係アルモノヲ煽動シテ急遽賛同ヲ取消サシメ合同反対ノ背徳行動ニ出デシメタ[32]」と述べていたのは、そうした資本類型の差を指していたのである。合同を通した競争制限の試みは、資本類型の差を前提とした業界の足並みの乱れから果たされず、マッチ製造業はその後も競争的な性格を残し、華僑通商網に依存しつづけたのである。

まとめにかえて

産業革命期の神戸・大阪は、欧米市場とアジア市場とのかかわりを持ちながら、とくに後者の比重を高めた。一八九八年の大阪・神戸の両港の対アジア市場依存率は、輸出七〇・七％（六三百万円）、輸入五四・〇％（一四一百万円）であった[33]。直輸出入の展開がいまだ低位にあった一八九〇年代前半において、それぞれの市場は、西欧人貿易商と華僑商人によって取引がリードされていた。西欧人貿易商は軍事力と高い生産力を背景にした商品取引から日本近代史を大きく規定する主体として位置づけられてきた。しかし、九〇年代前半の西欧人貿易商は、自由貿易システム下での激しい外商間競争をくりひろげており、日本の対アジア貿易からは後退を余儀なくされる（表3-3・12）。むしろ、一八九〇年代の日本が対応を求められたのは、華僑通商網への対抗を通して、工業化を促すような新しい通商網を形成することにあった。

日本の産業革命の中軸とも言える綿糸紡績業の展開は、アジア市場を舞台にしており、原料・製品の取引はまず華僑通商網の下で始動した。「ギルド的結合」に支えられたとする華僑商人の「団結」力は日本の工業化に不適合なものであった。(34) 一八八〇年代以降の日本は、この規制下に強く組みこまれたのであり、日本綿業の展開はこうした華僑通商網への対応を求められたのである。西欧近代へのキャッチ・アップという文脈で語られる日本産業革命であるが、アジア史上において捉え直すとき、それは華僑通商網への対応＝離脱過程であり、対応を可能とする条件の形成を課題としていたのである。こうした視点から日本綿糸紡績業史を検討するならば、①インド棉花の調達機構の形成（＝華僑通商網からの回避）、②綿糸輸出取引をめぐる山東系華僑の参入による華僑間競争（＝規制の後退）は、斯業の確立にとって不可欠の条件であった。

（1）高村直助『日本紡績業史序説』上・下、塙書房、一九七一年一一月。
（2）一八九〇年の在神戸英国領事エンスリーの本国宛報告（村田誠治編『神戸開港三十年史』坤、一八九八年一〇月、三五八頁）。
（3）池尾与一『我か邦居留清商の研究』一九一三年、二七丁（神戸大学図書館蔵）。
（4）村上泰三郎『商業上ヨリ清国人ヲ論シテ日清貿易ノ一端ニ及ブ』一九一一年、二四頁（神戸大学図書館蔵）。
（5）華僑商人の競争制限的行動がいかなる条件に支えられていたのか、検討されなければならないが、本章ではその課題に接近する用意がない。それゆえ、先行研究にしたがってかかる条件を「家父長制的原則により支配される自力救済的なギルド的結合」（内田直作『日本華僑社会の研究』同文館、一九四九年九月、三六四頁）であったとしておきたい。
（6）安川雄之助稿「ボンベイ在勤の回顧」（『余の足跡』年代不明〔『東棉四十年史』資料〕）。のちに、安川雄之助『三井物産筆頭常務　安川雄之助の生涯』東洋経済新報社、一九九六年一二月、二四―五頁。
（7）横浜市『横浜市史』資料編2（一九八〇年三月）二六三―六頁。
（8）表3-5・6より一八九三年から一九〇〇年にかけての外国棉花の各輸入商上位三社のシェアをみると、華僑商人は七三・六％→七八・九％へと推移しているのに対して、非華僑・日本人輸入商は五五・五％→三五・〇％へと低下しており、その競争の激しさが看取できる。伊藤武男『香港通過商業調査報告書』東京高等商業学校、一九〇九年五月、二五―八頁、も参照。

(9)「本邦将来の棉《ママ》業に就て」(『連合紡績月報』第一七号、一八九〇年九月)四八頁。
(10)「支那産棉花買入方に就て」(同前、一六号、一八九〇年八月)八—一四頁。
(11)同前。
(12)「紡績業ノ過去ヲ回想シ其将来ニ論及ス」(同前、第一号、一八八九年五月)一四—五頁。中島誠治『阪神地方修学旅行報告書』(東京高等商業学校、一八九九年一〇月)二四頁。また、大蔵省『外国貿易概覧』一八九八年版、三六六頁。
(13)大日本綿糸紡績同業連合会『定期幷臨時会議事録』一八九一年六月、三七頁(日本紡績協会蔵)。
(14)前掲『日本紡績業史序説』上、二七〇—一頁。
(15)小池賢二『経営代理制度論』(研究参考資料二七八、アジア経済研究所、一九七九年)一八八頁。杉原薫「コメント　アジア間貿易と日本の工業化」(川勝平太、濱下武志編『アジア交易圏と日本工業化　1500~1900』リブロポート社、一九九一年一一月)二五二頁。
(16)「香港綿糸取引に関する事項」(『連合紡績月報』二五号、一八九一年)。三井物産香港支店『香港綿糸貿易実況報告』一八九一年一〇月(日本紡績協会蔵)。
(17)「明治三十年中外国貿易景況」(『大日本綿糸紡績同業連合会報告』第七五号、一八九八年一二月二五日)二四頁。
(18)農商務省商務局「英領印度暹羅及仏領印度産米調査」(同『英領印度貿易指針』一九一一年一月)三〇頁。
(19)久住信太郎『本邦ニ於ケル外国米調査』一九〇六年一二月(神戸大学図書館蔵)。同報告ではタイ米・仏領インドシナ米の輸入取引商を前掲表1-5の番号④⑤⑥⑦⑧⑱㉒㉔と記している。
(20)同前。
(21)大阪府内務部『大阪外国貿易調』一八九九年版、四三頁。
(22)大日本綿糸紡績同業連合会『臨時連合会議事録』一八九八年一一月九日~一二月二日、一二七頁(日本紡績協会蔵)。
(23)拙稿「第一次大戦前における日本紡績独占の成立」(『社会経済史学』第五二巻第五号、一九八六年一二月)。
(24)前掲『我か邦居留清商の研究』一四、二二丁。
(25)根岸佶『支那ギルドの研究』(斯文書院、一九三二年一二月)六三—四頁。高原護郎「川口居留地」(『郷土研究上方』九九号、一九三九年三月。その後、川口居留地研究会『川口居留地』一、一九八八年五月、に再録)一六二頁。
(26)古田和子「境域の経済秩序——上海ネットワークと黄海交易圏」(『岩波講座　世界歴史23』一九九九年一一月)。同論文では、日本帝国主義の後援をうけた黄海交易圏形成と上海ネットワークとの競合の側面を強調しているが、これは、本章の華北系華僑と浙江・広東系華僑の競合と照応している(大阪商業振興会『対支貿易と川口の商習慣』〔商業振興叢書第三輯〕一九三八年一一月、七頁、も参照)。

また、綿糸取引をめぐる山東系華僑商人の参入については次の要因も看過されてはならない。①日本糸が、「支那人の使用して居る右撚と同一」(渾大防芳造述『北清綿絲市場視察報告』一八九九年一一月述、一六頁)であったこと、②生産形態の変化によって原糸需要が拡大したこと、などである。棉作地帯でない「山東省では南清より綿を買ふて然して絲を紡いて木綿にする」(同前)生産形態であったが、一八九〇年代の棉価高騰(図3-1)はこうした形態での生産コストを高め、相対的に低廉な原糸購入を通した生産形態への転換を促したと言えよう。いわゆる〈棉作→紡糸→製織〉三工程の分化が、右撚を中心とする日本糸需要を喚起したと考えられる。

(27) 前掲『北清綿絲市場視察報告』四七頁。副島圓照「日本紡績業と中国市場」(『人文学報』京都大学人文科学研究所、三三号、一九七二年二月)一〇三頁。

(28) 前掲「第一次大戦前における日本紡績独占の成立」。

(29) 山下直登「形成期日本資本主義における燐寸工業と三井物産」(『三井文庫論叢』六号、一九七二年)九五頁。

(30) 横田健一『日本のマッチ工業と瀧川儀作翁』一九六三年五月、九一頁。

(31) 直木政之介は三井物産との関係を強め、直輸出を志向する(前掲「形成期日本資本主義における燐寸工業と三井物産」)。

(32) 日本燐寸工業会『燐寸年史』二、刊行年不明、九二丁(神戸市史編集室蔵)。

(33) 前掲『大阪外国貿易調』一八九九年版(日本紡績協会蔵)四三頁。

(34) 前掲『日本華僑社会の研究』三七一頁。

第四章　戦前期の日本人貿易商によるインド棉花の奥地買付活動

――東洋棉花ボンベイ支店を事例にして――

はじめに

本章の課題は、戦前期の日本―英領インド（以下、インドと略す）間貿易の主要品であったインド棉花取引を対象に、貿易の担い手であった日本人綿関係貿易商社の日本綿業の発展にはたした役割について検討することにある。次頁の表4-1は日本の綿関係貿易を概観したものであるが、一九三〇年代には棉花の輸入先としてのインドの比重が低下し、他方で日本綿布の輸出市場としてのそれが上昇するという対照をみせるが、それでも戦前期を通して日本綿業は棉花輸入と綿布輸出の両面においてインド市場に依存していたことがわかる。

代表的な日本人綿関係貿易商社は表4-2に示したように、「三綿《さんめん》」と総称される東洋棉花（一九二〇年三月に三井物産棉花部から独立）、日本綿花、江商の三社である。日本綿業史研究のなかで、これらの商社は流通過程から紡績企業の発展を促す役割を担うものとして位置づけられてきた。とくに棉花取引においては紡績企業が商社にたいして相対的に強い立場に立っていたことを前提にして、上位紡績企業の発展を促す商社の役割に検討が加えられてきた。第一次大戦前に形成される有力綿関係商社と上位紡績企業との「共生的原棉特約」関係に注目するもので[1]、〈鐘淵紡績―三井物産〉、〈尼崎紡績―日本綿花〉、〈大阪紡績―内外綿〉にみられる特約関係が、良質な棉花を求め

表4-1　日本の綿関係品貿易の概観

（単位：百万円）

年	棉花輸入額				綿糸輸出額			綿布輸出額			
		英領インド	アメリカ	中国		中国	英領インド		中国	英領インド	蘭領東インド
1903	69(100)	38(55)	10(14)	16(23)	31(100)	28(90)	0(0)	6(100)	2(33)	0(0)	0(0)
05	110(100)	53(48)	35(32)	16(15)	33(100)	28(85)	0(0)	11(100)	4(36)	0(0)	0(0)
10	159(100)	101(64)	17(11)	34(21)	46(100)	40(97)	0(0)	20(100)	10(50)	0(0)	0(0)
15	218(100)	139(64)	55(25)	15(7)	69(100)	55(80)	0(0)	47(100)	27(57)	3(0)	0(0)
20	727(100)	357(49)	339(47)	12(2)	154(100)	81(53)	30(19)	352(100)	130(37)	67(19)	60(17)
25	923(100)	475(51)	360(39)	49(5)	123(100)	52(42)	38(31)	432(100)	194(45)	70(16)	49(11)
30	362(100)	147(41)	176(49)	21(6)	15(100)	2(13)	6(40)	272(100)	86(32)	61(22)	28(10)
35	714(100)	259(36)	371(52)	20(3)	35(100)	0(0)	20(57)	496(100)	11(2)	85(17)	66(13)
39	462(100)	120(26)	146(32)	4(0)	71(100)	0(0)	28(80)	403(100)	10(2)	62(15)	53(13)

資料）日本紡績協会『日本綿業統計　1903～1949』（『日本紡績月報』第49号２月号付録）。

注記）（　）内は％。

表4-2　ボンベイ港における対日本棉花輸出商の推移

（単位：千俵）

順位	1894/95～1914/15年 輸出商	輸出量	%	1919/26年 輸出商	輸出量	%	1934/35年 輸出商	輸出量	%
①	三井物産	3,139	25.4	①	285	22.7	①東洋棉花	251	15.4
②	日本綿花	1,299	10.5	②	218	17.4	⑨	208	12.8
3	Ralli Brothers.	1,036	8.11	横浜生糸	132	10.5	②	163	10.0
4	Tata Sons & Co.	887	7.2	⑨	113	9.0	3	146	9.0
5	Gaddam & Co.	776	6.3	湯浅棉花	71	5.7	8	111	6.8
6	S. J. David	556	4.5	4	52	4.1	×Narsy Nagsy & Co.	101	6.2
7	Currimbhoy Ebrahim	447	3.6	西松商店	39	3.1	Kotak & Co.	80	4.9
8	Volkavt Brothers.	416	3.4	8	33	2.6	Langley & Co.	67	4.1
⑨	江商	375	3.0	3	29	2.3	Madhavdas Amersey & Co.	58	3.6
10	Goculdas Dossa	243	2.0	×Kilschand Deochand	19	1.5	×Viram Ladha & Co.	50	3.1
11	D. D. Curranee & Co.	151	1.2	10	15	1.2	×Arjan Khimji & Co.	41	2.5
12	Havidas Goculdas	136	1.1	C. Bomanji & Co.	9	0.7	×　15	23	1.4
13	Hirjee Nensey	110	0.9	7	9	0.7	N. Fatehali & Co.	23	1.4
14	F. F. Campbell & Co.	105	0.9	13	8	0.6	×Bombay Co.	20	1.2
15	×Bruel & Co.	95	0.8	6	7	0.5	Osman Suleim & Co.	17	1.0
	その他とも合計	12,348	100.0	その他とも合計	1,256	100.0	その他とも合計	1,628	100.0

資料）Tokyo Menka Kaisha, Limited, *Report of Cotton Business in India* (Bombay, August 1923). 同社, *Cotton Exports from India to All Destinations, Season 1934.9/35.8*（笹倉資料，045962，大阪市立大学経済研究所蔵）。
注記）○は「三綿」（日本人三大綿関係商社）を示す。×はジェタワラを示す（坂上國治編『印度棉花事情』江商株式会社，1832年12月，162-3頁）。

る上位紡績企業と安定的な棉花販売先を求める上位商社との利害の一致によって形成され、紡績業の寡占を促進する条件と考えられた。

第二の研究は日本紡績業全体の国際競争力にかかわる論点である。日本人貿易商は外国棉花産地の（円換算済）相場以下の水準で、輸入棉花の国内販売を展開しており、日本紡績業の生産コストの相対的な引下げに大きく貢献したと評価された。〈ボンベイ高―大阪安〉といった競争的な販売価格現象を、当時の業界では「走り」[2]と呼んだ（前掲図3-2参照）。

研究史においてはこうした日本人貿易商の役割を支えた条件に検討が加えられ[3]、とくに棉花販売の激しい競争から生じる経営上の不利をいかに補填しえたのかという観点から、次の三つの条件が指摘された。第一は有力商が投機的な取引に成功したことであり、定期市場（インドではサッタ）への「繋《つな》ぎ」を利用したこと。第二は兼業の綿糸布取引が棉花取引における損失を補填しうる有益な部門であったこと。とくに加工綿布の集荷にあたっては、紡績企業の兼営織布よりは中小規模の企業を中心とする産地専業織布を対象にした取引に比重が置かれていた。本章が事例に求める東洋棉花においても、一九三五年上半期には、紡績企業からの輸出用綿布の仕入は、全額の五％にとどまっていた（前掲表0-3）。そして第三は有力商社が展開した「直買《じきがい》」と呼ばれる外国棉花産地での出張員による直接買付けである。インド棉花の買付けには、ボンベイ、カラチ、チンネベリーで集荷される繰綿をインド人棉花売込商から買い付ける方法と、産地に赴いて実棉を生産農家から直接買い付ける方法の二つがあった。有力商社は後者の直買によって、棉花の品質を確保するとともに、ある程度の流通支配力を有し、「市場操作」による「有利な価格を実現」したとされる。木下悦二氏の研究[4]によっても、三綿は直買を通して現地のインド人棉花商だけでなく、ラリー社やボルカルト社などの欧州系商社の活動をも抑え、インド市場における棉花流通を支配する「国際的商業資本」にまで成長したと述べられていた。

以上のように、三綿に代表される日本綿関係商社は、紡績企業の成長を促進させる役割を担うものと位置づけられ、その役割を支えた条件として、①投機的取引、②綿糸布輸出の兼営、③棉花産地での市場操作を通した有利な価格設定、の三点が指摘されてきた。本章はインド棉花取引を対象に、これらの条件の有効性を改めて検討することに課題を求め、とくに③にかかわるインド奥地での棉花の直接買付け＝直買活動の検討に焦点を絞りたい。検討にあたっては依拠した資料の性格上、三井物産棉花部と、同部が一九二〇年に独立して設立された東洋棉花の事例に即して、インド奥地に張りめぐらされた日本人商社の棉花集荷機構の実態に迫りたい。二六年に東洋棉花は一九名の日本人出張員（Agencies）を派遣し、彼らのもとで三一七名のインド人を雇用しながら一五六カ所の副出張所（Sub-agencies）を開店していた(5)。

一　ボンベイ支店の重要性

三井物産がインド棉花取引に乗り出すのは、一八九一年一〇月に飯田義一をボンベイに派遣し、実地調査にあたってからである。飯田の調査報告から、仲介業者を廃して、現地に開店して直接棉花を買い付ける方針が決められた。まず安川雄之助が翌年一〇月に渡印し、九三年二月から具体的な買付けに乗り出した。当時のインド棉花の買付けには、特約を結んでいる在ボンベイ外国人商社からの購入と、ボンベイのコラバ（後にセウリ）市場において出先機関（三井物産では九三年二月にボンベイ出張所を開設、九四年七月棉花部ボンベイ支部、九七年支店に昇格）が棉花荷主から直接購入する方法の二つがあった。当初、三井物産では前者においてライオン商会とラリー社からの購入が多かったようであるが、表4-3に示したように九七年には後者が七九％を占めるようになっていた。出先機関による直接購入では、インド人名望家ダモーダル・ゴルテンダスを専門ブローカーとして雇い入れたこと、そ

表4-3　三井物産棉花部ボンベイ支店によるインド棉花取引と支店の純益と経費

年	対日本全輸出量Ⓐ	三井物産による棉花仕入量				ボンベイ支店経営			Ⓑ/Ⓐ	直買率Ⓒ/Ⓑ
		Ⓑ	ライオン社より	ラリー社より	ボンベイ市場より	経費ⓐ	純益ⓑ	ⓑ/ⓐ		
	俵	俵	俵	俵	俵	ルピー	ルピー	%	%	
1896**	105,682	17,200	5,400	6,850	4,950	23,334	37,144	**159**	16.3	
97*	223,367	52,750	0	8,200	44,550	n. a.	n. a.	n. a.	23.5	
**	165,834	28,086	700	7,427	19,959	23,747	41,785	**176**	16.9	
98*	144,161	52,950		30,900	22,056	36,460	3,380	0	36.7	
**	238,436	34,860		10,860	24,000	38,278	5,738	15	14.6	
99*	263,013	70,990		30,230	40,760	42,380	2,247	5	27.0	
**	197,860	43,128		16,960	26,228	41,129	4,609	11	21.8	
1900*	241,708	28,157		5,790	22,388	37,915	5,415	14	11.6	
**	2,208	0		0	0	27,918	▲23,925	▲86	—	
01*	176,905	41,900		8,500	38,400	37,420	25,030	67	23.7	
**	249,922	61,606		n. a.	n. a.	40,430	26,533	66	24.7	
02*	176,905	109,525		26,250	83,275	n. a.	n. a.	n. a.	61.9	
*	74,520	31,501		18,701	12,800	n. a.	n. a.	n. a.	42.3	
03*	215,100	47,500		n. a.	n. a.	n. a.	n. a.	n. a.	22.1	
**	206,172	83,020		22,050	60,970	n. a.	n. a.	n. a.	40.3	
04*	216,006	46,850		n. a.	n. a.	n. a.	n. a.	n. a.	21.7	
**	77,442	10,299		n. a.	n. a.	n. a.	n. a.	n. a.	13.3	
05*	416,139	104,200		38,580	65,630	54,981	57,988	106	25.0	
**	149,620	25,650		n. a.	n. a.	28,457	9,910	35	17.1	
06*	306,659	88,475	直買	4,550	83,725	42,386	68,827	**162**	28.9	
**	132,446	42,500	Ⓒ	8,150	34,350	43,405	60,137	139	32.1	%
07*	306,659	150,931	20,202	n. a.	n. a.	49,547	126,368	**255**	49.2	10.7
**	172,176	37,545		n. a.	n. a.	46,665	17,703	38	21.8	
08*	234,474	91,144	18,940	14,265	57,975	47,655	93,966	**197**	33.9	20.7
**	160,388	76,216	49	20,549	55,618	47,738	43,447	91	47.5	0.1
09*	444,555	158,902	26,769	43,750	88,733	46,099	144,258	**313**	35.7	16.3
**	163,569	99,598	8,630	22,375	68,593	44,356	31,106	70	60.9	8.7
10*	741,139	127,769	31,814	33,300	62,635	53,211	191,077	**359**	17.2	24.9
**	163,744	62,600	6,021	20,450	36,137	50,104	39,593	79	38.2	9.6
11*	445,839	125,957	37,963	32,565	55,429	56,740	87,570	**155**	28.3	30.1
**	218,578	59,781	3,923	10,440	45,402	59,260	6,355	11	27.3	6.6
12*	718,698	193,434	68,727	38,472	86,035	60,248	106,621	**177**	26.9	35.5
**	189,395	29,670	9,804	11,897	7,977	48,945	47,272	97	15.6	33.0
13*	724,482	200,942	96,631	31,167	64,411	54,256	175,630	**324**	27.7	48.1
**	360,524	83,118	n. a.	n. a.	n. a.	63,183	78,901	125	23.1	n. a.
14*	652,089	271,865	120,773	19,690	115,338	66,522	161,582	**243**	41.7	44.4
**	436,055	128,948	48,490	6,243	73,353	71,788	582,367	**811**	29.5	37.6
15*	758,862	324,800	135,028	36,729	152,184	75,160	283,028	**377**	42.8	41.6
**	697,845	96,585	20,571	5,147	70,708	87,279	181,811	**208**	13.8	21.4
16*	902,187	308,558	259,944	12,114	36,500	192,349	325,033	**169**	34.2	84.2
**	636,320	272,940	158,651	6,895	107,393	129,754	501,879	**387**	42.9	58.1
17*	644,719	178,640	150,107	3,372	25,161	260,801	273,327	105	27.7	84.0
**	783,090	142,512	84,330	100	58,032	172,748	602,464	**349**	18.2	59.2
18*	711,827	170,179	142,310	2,750	25,119	140,064	198,114	134	23.9	83.6
**	186,680	16,174	14,869	0	1,305	146,526	311,727	**213**	3.7	91.9
19*	496,418	127,868	108,965	0	18,708	191,900	335,197	**175**	25.8	85.2
**	545,368	142,943	34,709	6,205	102,008	165,143	797,223	**483**	26.2	24.3

資料）笹倉貞一郎『覚書』1920年3月4～5日，3月16～17日，3月20～21日，3月30～31日の日記欄のメモ。同資料は，大阪市立大学経済研究所蔵（以下同様）。

注1）＊は9～3月。＊＊は4月～翌年8月と考えられる。高村直助『日本紡績業史序説』下，塙書房，1971年，164頁で補足。

2）▲はマイナス。3）n. a. は不明。4）ⓑ/ⓐの太字は，150以上。

表4-4　三井物産棉花部の棉花取引の純利益

支店		種類	純利益（千円）				単価（円/担）			
			1907年	08年	09年	10年	1907年	08年	09年	10年
販売店	大阪	インド棉	47	42	65	**131**				
		チンネベリー棉	18	26	22	23	25.98	26.16	26.05	32.96
		ラングーン棉	▲1	−	−	−				
		中国棉	39	22	17	31	28.21	27.11	26.31	33.14
		アメリカ棉	▲32	▲111	28	15	43.81	36.95	32.19	48.72
		エジプト棉	▲2	6	14	8				
		小計	67	▲14	146	208				
合計 ⓐ			85	16	181	244				
仕入店	ニューヨーク	アメリカ棉	34	7	36	97	34.23	35.44	28.90	41.22
	オクラホマ		**52**							
	上海	中国棉	22	8	40	▲3	22.47	22.66	26.04	31.39
	ボンベイ	インド棉	**92**	**94**	**118**	**150**	25.38	25.19	24.75	31.34
合計 ⓑ			201	111	195	246				
計 ⓐ+ⓑ			286	127	376	490				

資料）藤野亀之助『参考手帳抜粋』（仮）1898〜1913年，101-5頁（『東棉四十年史』資料）。
注1）太字の数は，純利益全体の過半を構成するもの。
　2）合計にはその他の支店も含まれる。
　3）▲はマイナス。

して「見込み売買」が有効であったといわれ、また国内販売においても鐘淵紡績、三重紡績、三池紡績との間でインド棉花委託買付け契約が出来たことが棉花の有利な買付けを保障したと言われている。[6] しかしこれらは、限定された人材の確保と、初発的な独占的関係に支えられた不安定な取引であり、インド支店の高い収益は一八九六年下期と九七年下期に限定されていた（表4-3のⓑ／ⓐ）。むしろインド支店が、再びインド棉花取引から高い収益をあげるようになったのは日露戦争後であり、直買の高まる一九一一年以降であった。直買活動の重要性が確認できる。

ここでは、こうしたボンベイ支店取引の三井物産棉花部全体における位置を考察したい。棉花部の各種棉花取引の利益（円換算）を各店ごとにまとめたものが表4-4である。当該期のインド棉花単価は〈ボンベイ安—大阪高〉であり、先述した〈ボンベイ高—大阪安〉といった「走り」現象はみられないが、注目したいのは、利益の多くがインド棉花取引から発生しているとともに、それらが大阪支店からというよりも、むしろボンベイ支店から発生している点である。日本綿花においても、「配当はボンベイ店で出すのだと言う意気込みをよく聞かされた(7)」と言われたように、ボンベイ支店からの収益はかなり大きなものであったと言える。大阪支店では紡績企業への販売競争が激しいために高い収益を望めなかったと考えられるが、利益の多くはボンベイ支店の棉花集荷過程から生じていたのである。同様の傾向は前掲表0-7に示した東洋棉花の一九二〇年代にも該当する。そうであるとすれば、ボンベイ支店棉花取引の高い収益はいかなる条件によって可能であったのだろうか。

	現物取引		定期市場
当日Ａ：	(1)買付100		(2)売繋105(5 off)
後日Ｂ：	(3)販売 90	〈▲10＋10〉	(4)買戻 95(5 off)
後日Ｂ'：	(5)販売 90	〈▲10＋20〉	(6)買戻 85(5 on)

図4-1　定期市場での「繋ぎ」の一例

資料）故福井慶三氏からの聞取り（1984年4月23日）。
注記）数字は棉花単価。▲は損失。

インド棉花取引に実際にあたった福井慶三の回顧談によると、次の二点がボンベイ支店の収益源であると言われている(8)。福井は日本綿花の所属であるゆえ、東洋棉花との差異を考慮しなければならないが、ボンベイ支店勤務の経験は日本人貿易商のインド支店経営を推察する上に有効であると考える。まず第一は、インド（サッタ）定期市場を通した独特のオペレーション。第二は、インド奥地に出張員を送って展開しはじめた棉花の直接買付け（＝直買）である。これらの二点は研究史上においても指摘されていたものである。まず第一の操作はボンベイの棉花定期市場（サッタ）を利用した「売り繋ぎ、買い繋ぎ」と称される操作である。定期市場での「繋ぎ」はやや複雑であるが、聞き取り調査(9)から、その操作の一事例を簡単に紹介したい。

図4-1の基本的な取引の手続きは以下のようである。まずAの時点で、(1)貿易商が現物棉花を単価一〇〇で買い付けるが、直ちに紡績企業への販売が困難なために、(2)定期市場に単価一〇五で「売り繋ぐ」。後日Bの時点で相場が一〇も下落し、(3)単価九〇での現物売却を余儀なくされたとしても、(4)同様に一〇値下がりした単価九五で定期市

場から「買い戻し」をすれば、現物差損一〇は定期差益一〇で相殺されることになる。これらは異なる時点A・Bでの、現物と定期の差（ベーシスという）五に変化がない場合であるが、このベーシスは「大体に［棉花の］出盛り期に差が少なくなり、期末に大きくなるのが常道」であったところから、「ベーシスの低くなった［棉花出回り］時に現物を買って定期につないで置[10]」き、差が変化した、たとえば(6)後日B′の場合のように八五で買い戻せば、現物差損一〇を凌駕する定期差益二〇を得ることが可能であった。

こうした操作がどの程度の貢献を果たしたのかを確認する資料は充分にそろっていないが、東洋棉花ボンベイ支店では一九二〇年九月報告において、通常の現物と定期の値開きは三〇ルピーから四〇ルピーであったのが、「一五〇ルピーに達した[11]」ことが大きな利益につながったと報告されている。実際、二〇年度上半期の利益三八二万円のうちボンベイ店は一四五万円の利益を上げていた[12]。また一九二一年のダラス店でも、「大正一〇年、その［ニューヨーク］定期が暴落するに及んでこれを利食いし、日本の三綿［東洋棉花、日本綿花、江商のこと］はその利益金を日本へ送金し[13]」たと言われるように、定期差益による面が強かったのである。しかし、「繋ぎ、戻し」操作は「いつも必ずしも、そううまく行くとは限らず、そこにリスクもある[14]」との限界を有していた。東洋棉花ボンベイ支店でも二〇／二一年に本店から与えられた一〇〇〇万円分のルピー資金が二二年八月に本店に引き上げられ、借越限度五〇〇万円に限定されてからは「ボンベイ支店の金融力は遙に減殺された次第でありますから、本年度は或る意味に於いてSuttaと現物との両建Operation［中略］は昨年の半額しか出来ぬ[15]」状態になったと言われたように、操作には資金的な裏付けに強く規定される不安定な側面を有していた。

東洋棉花が金融難に直面したのは、一九二三年九月の関東大震災、二七年四月の金融恐慌、三一年九月の三井銀行の「ドル買い」を背景にした三井系企業批判、の三期であったと言われており[16]、二〇年代から三〇年代初頭にかけて、操作の幅は狭められていたと考えられる。そうであるとすれば、もう一つの条件であった直買の役割に改めて注目しなければならない。

二 「直買」の意義

東洋棉花は一九〇四年に、インドの各奥地に出張員を派遣して産地直買を開始したと言われている。あらためて表4-3をみれば、〇七年以降のボンベイ支店の収益率は上昇しており、直買の進展との間に有意な関係を読み取ることができる。表4-5は、東洋棉花ボンベイ支店の二二年三月で終わる上半期のインド各出張地での直買収益をまとめたものである。奥地の出張所は「独立採算制」[17]であり、期末に報告が義務づけられていた。インド棉花第一季出回り期に相当する、二二年三月までの二二年度上半期に得られた直買からの利益一三万七〇〇〇ルピーは、「予想外の好成績」[18]と評されたボンベイ店二二年度（二二年八月決算）収益二〇万六〇〇〇ルピー（後掲表4-8）の過半以上を構成しており、直買の有効性を示している。東洋棉花が直買を積極的に展開した地域は次頁の表4-6に示したように、中央部のAカンディシュ、Bベ

表4-5　東洋棉花インド出張所の直買成績内訳
(1921年10月～22年3月)

（単位：ルピー）

	地　　域		利　　益
A	**ドゥリア**		83,911
B	**アコラ**		42,699
C	カンドワ		42,910
K	カラチ		14,282
D	ジャルナ		10,979
B’	ワルダ		280
E	**ムルタン**		▲39,970
F	カンポール		▲11,944
F	チャンドゥシ		▲4,124
H’	ウェスタン		▲10,668
I	**ブローチ**		▲10,731
B	アムラオティ	ジン工場	2,676
		プレス工場	14,958
A	ドゥリア	ジン工場	2,164
		プレス工場	15,908
	計		137,422

資料）笹倉貞一郎『覚書』1922年。
注1）太字は，表4-6の1924/25年における東洋棉花の3万俵以上の直買地域に含まれるもの。
2）▲はマイナス。
3）A～Kは図4-2を参照。

表4-6　各商社別インド棉花直買実績

(1924/25年度)　　(単位：千俵)

	出張所	Ⓐ 東洋棉花	Ⓑ 日本棉花	Ⓒ 江商	ラリー社	ボルカルト社	インド紡績工場	インド人商	Ⓓ その他とも合計	Ⓐ~Ⓒ/Ⓓ (%)
A	カンディシュ	**36**	15	**25**	9	1	17	145	264	28.8
B	ベラール/中央州(B')	**41**	**39**	**42**	**63**	14	**109**	**331**	**657**	18.6
C	中央インド	27	31	18	14	9	**117**	**183**	**423**	18.0
D	ジャルナ	25	10	16	5	0	32	38	137	37.2
E	パンジャブ	**53**	**86**	24	**69**	**44**	75	111	**508**	32.1
F	ベンガル	2	2	2	0	0	11	19	40	15.0
G	トゥティコリン	6	13	7	18	19	40	0	107	24.3
H	カンボディア	7	14	2	10	15	46	0	99	23.2
I	ブローチ	30	**48**	14	47	14	**120**	134	**435**	21.1
J	ドーレラ	12	13	7	3	2	76	20	142	22.5
K	カラチ	10	36	**37**	**72**	**113**	118	n. a.	388	21.4
	その他とも計	257 (8.0)	317 (9.9)	202 (6.3)	330 (10.3)	238 (7.4)	768 (23.9)	987 (30.8)	3,208 (100)	 (24.2)

(1934/35年度)

	出張所	Ⓐ 東洋棉花	Ⓑ 日本棉花	Ⓒ 江商	ラリー社	ボルカルト社	インド人商	Ⓓ その他とも合計	Ⓐ~Ⓒ/Ⓓ (%)
A	カンディシュ	**33**	10	10	10	15	158	238	22.3
B	ベラール/中央州(B')	23	8	15	**43**	31	**232**	**255**	18.0
C	中央インド	1	0	3	4	5	69	84	4.8
D	ジャルナ	4	4	11	12	13	103	150	12.7
E	{ パンジャブ(地棉種) パンジャブ(米棉種)	**25** { 8 17	**65** { 7 58	**28** { 9 19	**67** { 6 61	**91** { 47 44	**538** { 252 286	**820** { 331 489	**14.4** { 7.3 19.2
G	トゥティコリン	1	2	—	8	12	61	86	3.5
	アフリカ	20	7	**40**	—	—	179	246	27.2
	その他とも計	111 (5.6)	99 (5.0)	109 (5.5)	147 (7.4)	171 (8.6)	1,344 (67.8)	1,983 (100)	 (16.1)

資料）1924/25年は東洋棉花ボンベイ支店『大正13/14年度内地出張員事業報告』1925年（8月）。1934/35年は，笹倉貞一郎『覚書』1935年5月26日付。

注1）A～Kは図4-2を参照。

2）太数字は，各商の直買量の過半を構成する地域。

ラール、北部のEパンジャブ、西部のIブローチ（図4-2参照）の四地域であったが、表4-5から高い収益を実現している地域を確認すれば、これら四地域のうち、中央部のAカンディシュ、Bベラールの二地域であり、北部のEパンジャブ、西部のIブローチでは直買の有効性を充分に発揮していなかったことがわかる。直買を通した収益性には地域的なばらつきがあり、収益の低いEパンジャブ、Iブローチを念頭に置きながら、この差異を検討することで直買の有効性を考察したい。

　まず直買の収益が低位にとまる北部のEパンジャブは、地棉種のほかにヨーロッパ向け輸出用アメリカ棉種を栽培しており、カラチ港を通した対ヨーロッパ輸出用産地であった。ラリー社とボルカルト社の欧州系商社がカラチ（Kシンド）とあわせてこの地域に

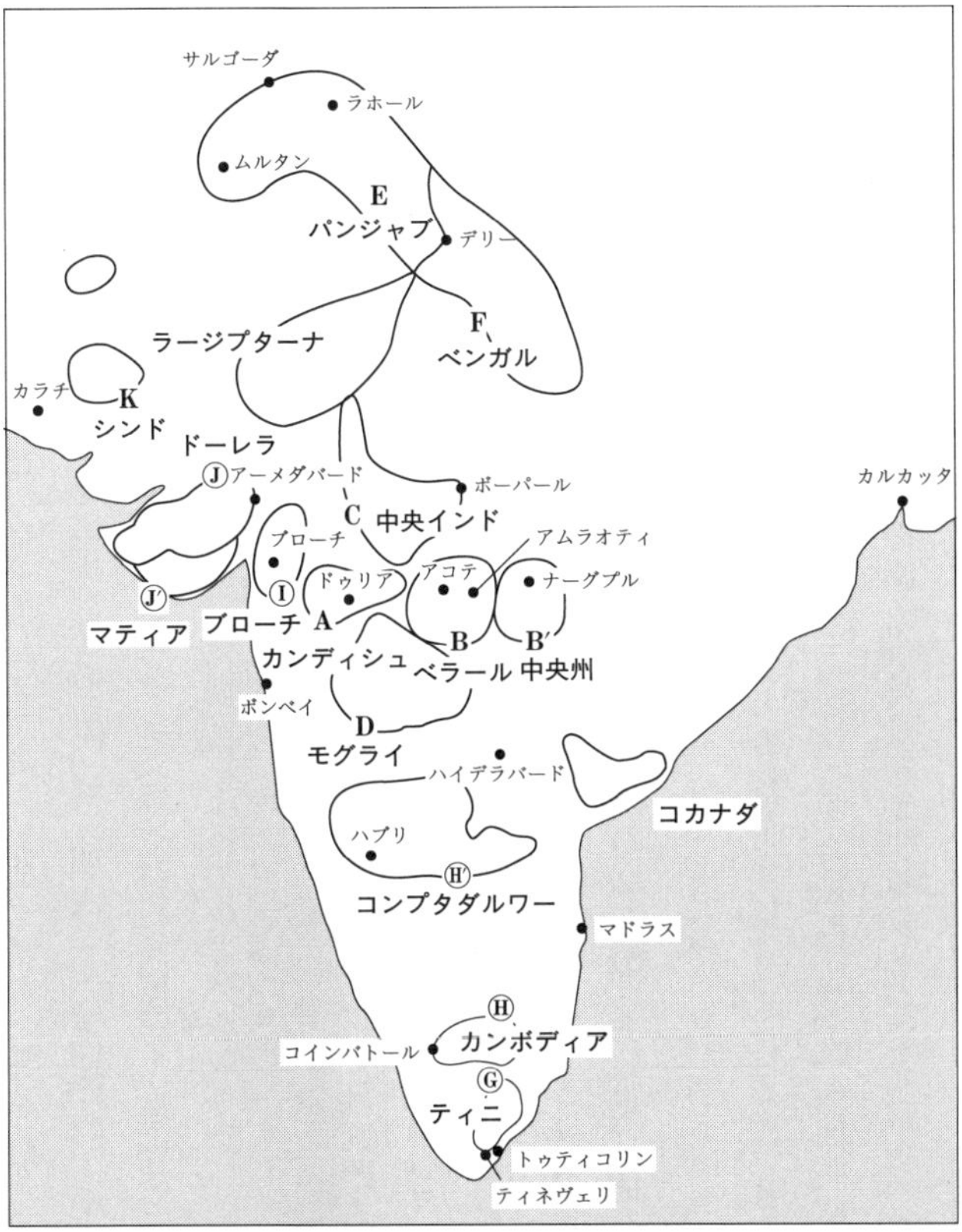

図4-2　インドにおける棉花産地

資料）坂上國治編『印度棉花事情』江商株式会社，1932年。
注記）A～Kは当該地域で栽培される棉花の名称。○は第二季（3月～），それ以外は第一季（10月～）の産地。

多くの買付けを展開していたのはそのためであり、また江商と日本綿花もこの地域での買付けに高い比重を置いていた（表4-6）。奥地からの輸出用棉花の取引は〈農民→在村仲買商→地方卸売商→在輸出港インド人売込商→輸出商〉と、輸出商の直買が始まってからは〈農民→在村仲買商→輸出商の地方出張所→輸出商〉の二つからなっていたが、いずれも地方のレベルでは、実棉（kappas）から実を取り除いて繰綿（loose cotton）にするジン工程と、それを一俵（＝四〇〇ポンド）の締上俵にするプレス工程を必要としており、両工程を含むジン・プレス工場主からの工場の借受けが必要であった。しかし北部のEパンジャブでは欧州系商社と日本綿花、および江商らが自らのジン・プレス工場を所有していたことが「非常なるAdvantage」[19]と言われたように、ジン・プレス工場の所有と利用の如何が重要な分岐であったことが報告されていた。当地にジン・プレス工場を所有しない東洋棉花にとっては「工場の借入困難」となり、「カパス（Kappas）買を不許、皆loose cotton（またはGinned Cottonと表現される繰綿買[20]」を余儀なくされ、工場主を兼ねた商人から重量増をねらった異品種（たとえば地棉種）混入の粗悪な繰綿（ないし締上俵（Full Pressed Cotton））を売りつけられる危険性が大きかったのである。また工場主を兼ねた商人の繰綿販売価格は割高に設定され、「カパス買と繰綿買との差は実にRs201 per candyに達する[21]」状態にあった。同様の傾向は、Kシンドでも発生しており、「当社のScind棉は値段常に他商に比し割高なりとの非難を受け[22]」ており、東洋棉花は繰綿、ないし締上俵の購入価格を規制することができなかったのである。東洋棉花にとってはEパンジャブとKシンドにおけるジン・プレス工場使用の困難が実棉購入を制約し、品質面とコスト面において後塵を配する結果となったのであった。その意味で、東洋棉花ボンベイ支店の流通規制力は、研究史が強調するほどに強いものではなく、地域によって限界があったのである。

東洋棉花が北部のEパンジャブ地方で自社工場を所有しなかったのは、日本人棉花商社が直買に乗り出した当初には「日本商社の間に買い付け競争はなく[23]」、「三井物産のをるところへは日本綿花は出さん[24]」と言われた商社間協調の結果であった。三井物産の一九〇七年度から一〇年度までの直買地域は、ナーグプル（B′）、アムラオティ（B）、アコテ（B）、Fベンガル、Aカンディシュの第一季の地域と、ハブリ（H′）、ティネヴェリ（G）、ブローチ（I）の第二季の計八地域であり[25]、日本綿花が主眼にしたEパンジャブ地方には当初進出していなかった。その後こうした協調は崩れるようになるが、東洋棉花がEパンジャブ地方に出遅れたのはこうした当初の商社間協調の結果であった。

他方、東洋棉花が高い収益を上げている地域のAカンディシュ、Bベラールでは、ドゥリア（A）、アムラオティ（B）に自己のジン・プレス工場を所有しており（表4-5）、実棉による購入が可能であった。自己所有であれ、借受けであれ、工場使用を前提とした実棉の直接買付けが直買の有効性の鍵であったと言える。そうであるとすれば、いかなる意味で、繰綿や締上俵ではなく、実棉の直接買付けが重要であったのであろうか。実棉の買付けには次のような「隠れた利益」があったと言われている。

> 百姓が持ってくる実棉を、それぞれ品質を見て買うのですが、そこにおおきなコツがありまして、［中略］実棉をつかんだその感触によって、その綿のアウト・ターン（out turn）［実にたいする繊維質の割合］はどれ位か、を自分で判断するわけで、これが最も大切なカンとテクニックを要する仕事なのです。［中略］その手触りのよく肥えた綿をなるべく選んで買うのが買付けのコツというものです。［中略］それを、つぎつぎとジン（GIN）——綿と実とを離す——して、プレス——固く四〇〇ポンドの綿俵に締める——して大体一〇〇俵単位を一ロットとして、契約に応じて、ボンベイへ積送します。よく成熟した実綿《ママ》を買っていると、こうしてジン・プレスした結果が、一〇〇俵の積もりが、それ以上一〇三俵あるいは一〇五俵と出るわけで、その一〇〇俵以上、余分の棉花が（これを出目と言う）即ち、隠れた利益となるわけで、予めこの出目の利益を見計らって、それだけ売値

表4-7　出張所別「出目」の内訳（1919/20年度）

（単位：俵）

	出　張　所	「出目」の量
A	ドゥリア	14,258
B	カムゴン	▲6,260
B	アコラ	3,487
B	アムラオティ	5,984
B'	ワルダ	4,367
C	カンドワ	▲6,542
D	ジャルナ	▲430
E	ムルタン	5,236
F	チャンドゥシ	1,584
F	カンポール	1,317
I	ブローチ	▲1,927
J	ヴィラムガオン	3,200
	その他とも計	24,274

資料）東洋棉花ボンベイ支店『大正9年度内地出張員会議々事録（其一）』1920年9月，29-31頁。
注1）▲はマイナス。
　2）A～Jは図4-2参照。

表4-8　東洋棉花ボンベイ支店の直買出張員の純利益

（単位：ルピー）

決算年．月	純　利　益
1920.9	308,044
22.8	206,015
23.8	84,297
24.8	155,821
25.(8)	249,304
26.(8)	34,365
27.7	▲287,882
28.8	▲261,347
31.(8)	36,631
32.(8)	▲160,019
33.(8)	60,032
34.(8)	52,566
35.(9)	▲86,042

資料）東洋棉花ボンベイ支店『内地出張員会議々事録』各年。同店『出張員事業報告』各年。1931年以降は笹倉貞一郎『覚書』1935年5月22～23日の日記欄。
注1）▲はマイナス。

を安くすることもできるんです。これがボンベイで綿花《ママ》を買っていたら、フルプレス・ベイル即ち、堅俵［締上俵のこと］での商内ですから一〇〇俵は一〇〇俵で、奥地の様なうま味はない訳です[26]。

つまり直買はよく成熟した実棉の買付けによる「出目」（Excess weight）（この場合、約三―五％）の確保に主眼が置かれていたのである。こうした「隠れた利益」が、「走り」を支える条件であった。

出目を示す記録は少ないが、東洋棉花では表4-7に示したように、一九一九／二〇年度（九月決算）に二万四二七四俵の出目を記録しており、これは後掲表4-9に示した同年の直買高二〇万八二五八俵の一二％に相当した。とくに出目は東洋棉花が自社工場を有するAカンディシとBベラールでの実績が大きいことが確認できる。また二三年八月には七万四二一二ルピーの出目を上げており[27]、これは表4-8の内地出張員決算の純利益八万四二九七ルピーの八八%を占めたのである。

直買の意義は、「工場経営の主眼点は out-turn を多くするにあり[28]」と言われたように、成熟した実棉の「out-turn から生じる甘味を得ること[29]」にあったのであり、棉花価格そのものを規制しうる価格支配力の向上という意味での「市場操作」に求められるものではなかったのである。「常に繰綿相場と kappas 値段とを比較し有利なる場合に kappas を買い付け漸次経験を積[30]」むと言われたように、直買出張員はあくまでも市場価格に対して客体であった。棉花「値段は奥地に行ってもColaba［ボンベイ］が中心となるものであった[31]」と言われ、また「ボンベイの店が大阪本社へ売った値段やボンベイの定期市場の値段を勘案して指値し」、「奥地ではボンベイ店から毎日何俵を何俵、いくら［値段］で買えと[32]」指示されたと言われるように、日本人出張員自体は実棉の価格そのものを低位に抑える意図を有していなかったのである。

三　一九二〇年代後半からのインド人棉花商の台頭と「直買」の後退

Ｉブローチ地方においても直買をめぐる他社との競争劣位が、東洋棉花では問題であった。とくに、東洋棉花は、日本綿花の積極性に圧倒されていた。インド棉花の収穫には地域によって、一〇月から始まって翌年初に出回りの最盛期となる第一季と、三月からはじまる第二季に分類できるが、日本綿花が第一季のＥパンジャブ地方で買付活動にあたった出張員を、続けて「第二季はチュチコリン、ブローチなどへ時を移さず融通しつつあ」ったのに比して（図4-1参照）、東洋棉花はそうした出張員を「第二季に使用せざる[33]」ような消極性が存在していた。

そして、さらに競争を激化させたのは、インド人棉花商による直買への積極化であった。とくにボンベイに拠点を有するインド人棉花売込商の「Jettawala［ジェタワラ］の内地直買い開始」による競争激化によって、Ｉブローチ

表4-9　東洋棉花のインド棉花取引と直買，およびそのコスト

年　度	取引量Ⓐ	直買量Ⓑ	Ⓑ/Ⓐ	経費Ⓒ	Ⓒ/Ⓑ
	俵	俵	%	ルピー	ルピー/俵
1919/20	307,855	208,258	67.6	401,035	1.93
20/21	321,606	72,121	**22.4**	223,596	**3.10**
21/22	385,917	266,754	69.1	425,421	1.59
22/23	499,361	292,090	58.5	493,056	1.69
23/24	436,325	208,333	**47.7**	437,264	**2.10**
24/25	545,226	270,955	**49.7**	640,565	**2.36**
25/26	540,499	276,538	51.2	518,014	1.87
26/27	434,720	202,856	**46.7**	430,154	**2.12**
27/28	389,500	142,467	**36.6**	406,940	**2.86**
28/29	476,060	276,572	58.1	410,863	1.49
29/30	536,468	341,532	63.7	388,301	1.14
30/31	470,086	234,963	50.0	299,309	1.27
31/32	186,354	59,865	**32.1**	213,517	**3.57**
32/33	286,114	179,613	62.8	220,433	1.23
33/34	319,268	131,302	**41.1**	158,116	1.20
34/35	283,805	111,078	**39.1**	168,938	1.52

資料）東洋棉花ボンベイ支店『大正12年度（第3回）内地出張員会議々事録』1922年8月，20頁。笹倉貞一郎『覚書』1935年5月20，22日付。木下悦二「日本商社のインド棉花買い付け機構」（『日印綿業交渉史』アジア経済研究所，1960年11月）88-91頁。
注1）年は，9月～翌年8月。
2）Ⓑ/Ⓐの太字は50%以下，Ⓒ/Ⓑのそれは2ルピー以上。

では「昨年に於けるBroachの如きは地元と比較しボンベイが遙かに安値[34]」になったのである。〈ボンベイ安―奥地（ブローチ）高〉という、本来の姿からは大きく逆転した価格体系が現れたわけである。もともとジェタワラは地方卸売商からの委託販売を請け負うコミッション・マーチャントであったが、「両三年来棉価下落の為に［地方商人が］倒産破産するもの相つぐに及びJettawalaに委託荷発送する商人の数減じたる為め勢いJettawalaは奥地市場に出張員を派し直買をなし[35]」、自己勘定取引の商人へと転換したのであった。一九二〇年代のインド紡績企業の棉花需要の拡大や、金融、通信などのインフラ整備[36]もこうした転換の背景となっていた。実際に、二四／二五年のインド人棉花商の直買は直買実績全体のうち三一％を占めていたが、二七年七月には五〇％へとその勢力を急速にのばし[37]、三四／三五年には六八％を占めるようになった（表4-6）。インド紡績企業は、こうしたインド人棉花商との取引に原料調達の比重を移したのである。

東洋棉花の直買実績を示した表4-9から、直買のコスト単価（Ⓒ／Ⓑ）と直買率（Ⓑ／Ⓐ）の動きをみると、逆相関の様相がみられる。コスト単価が高くなれば、直買は後退し、かえってボンベイ市場での買付けが選択される傾向は、東洋棉花が市場価格の変動にたいして客体であり、かつ敏感に対応していたことを示していた。しかしコスト単価がともに低位にあった一九二一／二二年と三四／三五年とを比較すると、直買率は六九％から三九％へとかなり低下していることがわかる。三〇年代には、直買コストが低位となっても直買が積極的に展開されることはなかったことになる。三〇年代には日本の棉花需要がアメリカ棉花に比重を移しつつあったことも考慮しなければならないが、直買経営そのもののなかでも大きな変化が生じていたことを窺わせる。

一九三四／三五年のインド人棉花商の直買実績の全体におけるシェアが六八％にのぼったことは先述したが、とくにインド人棉花商は、Ｅパンジャブ地域の直買に積極化した。インド人棉花商の参入による買付け競争の激化によって「奥地に於ける買い付け値段は吾人の到底追従し得ざる処にして所謂 Sutta［ボンベイの定期］相場其他を標準にしての理詰相場にての買い付けの如き思いも寄らざる[38]」ものとなった。「奥地の相場がボンベイより高く」なるにつれて、「日本人はますます競争が不得手になり[39]」、直買そのものの「うま味」も大きく削減されたのである。二七年には「出張員の相場なりといえども土人商より割高なる場合に於てはこれを特に買うの必要を認めず［中略］敏に閉店帰孟するの覚悟を要す」とともに「買い付け競争激甚の度を加え、［中略］この為に売越買越をなすが如き事は絶対に不可[40]」との慎重な姿勢が選択された。江商もこうしたインド人棉花商のジェタワラによる競争激化によって買付け「困難」に直面していた[41]。

表４-８に示したボンベイ支店内地出張員の決算収益は一九二六年から低下していることが確認できる。出目の発生は限界を画されたのであり、そうであるとすれば、「走り」の幅も狭められる傾向にあったと言える。二五年には「地元より一円五〇銭から二円位は走[42]」る状態であり、日本綿花でも「工場を有するため安く仕入れ得る程度は擔一円二〇銭位[43]」であったが、二九年には「印棉一円[44]」、三一年には、恐慌の影響も考慮しなければならないが、

は、日本綿花も「無茶に走る様な事はなく[46]」なったと報告されていた。

「平均擔六〇銭走る[45]」と言われるように、二〇年代後半において「走り」の幅は縮小する傾向にあった。三一年には、日本綿花も「無茶に走る様な事はなく[46]」なったと報告されていた。

こうした状況のなかで東洋棉花は、直買を後退させることを選択した。本社の一九三二年六月九日の打合会議では「一ケ年直買経費は廿万留比」として、「将来印棉商売復活の見込なしとせば少くとも一五万B／S〔俵〕Basisにする必要[47]」を検討していたが、実際に直買経費は三〇年代に二〇万ルピー台に減少し、直買量も一五万俵以下になっていた（表4-9）。直買予算は削減されたのである。Eパンジャブに勢力を有した日本綿花も、三綿のなかでは二九年恐慌の影響を深刻に受けたこともあって、パンジャブでの直買を三四年一月の段階でもいまだ「禁止されたまま[48]」であった[49]。日本人棉花商は日本紡績企業の必要とするインド棉花の集荷を、直買によるのではなくボンベイ市場での繰綿買付けに求めるようになったのである。日本綿工業の発展を支えた日本人通商網は、インドの奥地にまで進出したものの、一九三〇年代にはインド人棉花商の台頭の前に限界を画されたのであった。

直買の後退を考えるときにもう一つ看過してはならない点は、対日本紡績企業取引関係の変化である。大戦前の上位紡績企業との「共生的特約」関係にみられるような密接な取引は、日本人棉花商にとっては棉花の安定的な販路を保証し、直買の進展を支える条件でもあった。第一次大戦中にはこうした「特約」は後退する傾向にあったが[50]、それでも〈東洋紡績—東洋棉花・江商〉、〈鐘紡—東洋棉花・日本綿花〉などには相互に密接な関係が存在していた[51]。しかし一九二八年には「最近の日本紡績の買い方が往年の如く原棉出回時期に大高仕入れの方法を採らず、一年を通して有利なる時期に不断買い付けをなす事により自然季節的の奥地直買は不如意となり[52]」と報告されており、対紡績企業との取引関係の変化が直買に大きな影響を与えていた。三〇年代には紡績企業が「買い先に対し一流二流の区別を附する事なく値段の割安なる事が先決問題となれり。自然経費の少なくして委託荷を積送るインド土人商が此機に投ずるを得て、所謂邦商三店は往年に比し取扱率半減する[53]」状態であった。とくに対日本売込みに参入するインド人棉花商にはジェタワラもいたのである（表４-２）。三四年の取引については先年の「インド棉不買」運動の影響を考慮に入れなければならないが[54]、こうした緊密な取引関係が〈東洋紡績―江商〉に限定されるように変化しており（後掲表７-５）、三綿が三大紡績企業以外に販路を求めるような取引の流動化が進んでいたのである。

四　一九三〇年代の再編――まとめにかえて

東洋棉花にとってボンベイ支店棉花取引は、収益に大きく貢献する重要な取引であり、一九〇七年以降の直買が経営において重要な鍵を握っていた。しかし二〇年代後半からのインド人棉花商の台頭は買付け競争の激化につながり、直買の有効性に大きな制約を加えたのである。また対日本紡績企業との取引関係の変化もその有効性に制約を加えるものであった。東洋棉花の各店の棉花取引利益をまとめた前掲表０-７を改めて見ると、ボンベイ店は二〇年代後半以降に利益を減らし、三〇年代前半には有益な支店ではなくなっていることがわかる。ここでは最後に、インド支店の棉花取引にかわって収益確保に貢献した支店を考察することで、三〇年代の東洋棉花の再編に若干の検討を加えたい。

各支店ごとの棉花取引の収益は、ボンベイ支店を頂点とする形から一九三〇年代には分散化する傾向にあった。三〇年代の収益確保に貢献したのは、棉花取引におけるアメリカのダラス支店と上海支店である。資料不足からダラス店の高収益の要因については明らかにできないが、同店の高い収益は、三二年から三四年上期に集中していた。三一年一二月の金輸出再禁止による為替下落をにらんで「綿紡筋、綿花輸入商社筋は、この措置を予期して米綿の相場低落に乗じて事前に大量の米綿を手当し[55]」たと言われているが、東洋棉花の「内地買付の甘味は［中略］

益々減少しつつあ[56]」った点から考えて、「思い切ったオペレーション[57]」を展開したことが有効であったと考えられる。しかし、ニュー・ディール政策によってアメリカ棉花の「相場変動の幅は縮小する結果とな」り、「日本では米棉を思惑の対象から外す空気が強くな[58]」り、同店の収益の貢献には限界があったと考えられる。もともと直買の展開の弱いアメリカ棉花の場合、「走り」の幅はインド棉花取引と比べて小さなものであったが、「相場変動の小幅なるは走売のカバーにも不便[59]」であり、アメリカ棉花取引においても三〇年代の「走り」の幅はさらに狭められたと考えられる。それだけに日本綿布の輸出拡大が世界的に注目された三〇年代にあっては、日本綿業の国際競争力は紡績企業の展開する合理化と「原棉操作」に依存する生産コストの切下げと、三二年以降の為替の切下げによるものであったと言えよう[60]。

他方、上海支店の棉花取引は、銀安を背景にした東洋棉花の在華紡上海紡織の好成績が棉花需要を高めたことによるものであったが[61]、三二年以降の銀の回復と三四年以降の「インド商人の進出[62]」によって限界を画されたようである。

かわって一九三四年下半期以降は、大阪支店の棉花取引が収益に貢献するように変化した。これは棉花の国内販売が有益となったことを示す。インド棉花取引においては、対紡績取引に流動化が生じていたが、アメリカ棉花取引においては上位企業の「原棉操作」が東洋棉花からの棉花購入を高め、東洋棉花の内地での取引条件を好転させたと考えられる[63]。しかし、東洋棉花の「本店及び上海店がダラス店以外［中略］より多量買い付け[64]」ると言われたように、アメリカ棉花取引の増加がダラス店の収益増には必ずしもつながらなかったのである。

一九二〇年代においては、東洋棉花の棉花取引からの収益は、全収益の過半を占めたが、三〇年代には、三五年を例外として、過半を占めることはなくなっていた。つまり、三〇年代の東洋棉花の収益の回復は、棉花取引以外の、つまり綿糸布輸出取引から実現するように再編されたのである。そして、日本の代表的な綿関係貿易商にとって、経営の重点を綿糸布輸出取引に移行させた三〇年代こそ、本書の後編が検討の対象とする、日本綿製品の輸出拡大をめぐる世界的な綿業通商摩擦問題が発生した時期であった。

（1）高村直助『日本紡績業史序説』下、塙書房、一九七一年一一月、第五章第二節三。
（2）塚田公太『鶏肋集　敗戦から独立まで』実業之日本社、一九五三年七月、一九八頁。山崎広明氏（同「日本綿業構造論序説」法政大学経営学会『経営志林』第五巻第三号、一九六八年）の推計によると、インド棉花では一九一一年から一四年までと、一八年から三四年までとの二一年間のうち一四年間に、アメリカ棉花では一九一八年から三七年の二〇年間のうち一一年間に、こうした「走り」現象が確認されている。アメリカ棉花の場合には、直買による三綿の市場支配が相対的に弱く、「走り」の市場操作力は限定されていたとされる。
（3）以下、前掲「日本綿業構造論序説」四二―八頁。山崎広明「日本商社史の論理」（東京大学社会科学研究所『社会科学研究』第三九巻第四号、一九八七年）一八四頁。
（4）木下悦二「日本商社のインド綿花買い付けの機構」（アジア経済研究所『日印綿業交渉史』一九六〇年一一月、七八―九頁。同論文は東洋棉花の笹倉貞一郎氏の在ボンベイ支店執務文書（大阪市立大学経済研究所蔵）を利用した実証分析である。本章も木下氏の利用したこの「笹倉文書」に依拠しながら東洋棉花の直買経営に検討を加えるが、一九二〇年代後半からの日本人商社の直買活動の限界に注目する点で同論文の含意とは異なる。
（5）東洋棉花株式会社『支店長会議議事録』一九二六年七月、三七頁。
（6）安川雄之助稿『余の足跡』年代不明（『東棉四十年史』資料）。のちに、安川雄之助『三井物産筆頭常務　安川雄之助の生涯』東洋経済新報社、一九九六年一二月、として刊行、三〇―四頁。
（7）紡協創立一〇〇年記念座談会「『綿花を語る』をめぐって」（日本紡績協会『日本紡績月報』四三〇号、一九八二年一〇月）一七四頁。
（8）福井慶三「綿花を語る」（前掲『日本紡績月報』四三〇号）一四七頁。
（9）故福井慶三氏からの聞取り（一九八四年四月二三日付）。
（10）塚田公太『第二　鶏肋集』実業之日本社、一九五九年二月、一〇七―八頁。
（11）東洋棉花株式会社ボンベイ支店『大正九年度　内地出張員会議議事録（其一）』一九二〇年九月一五日、四―五頁。
（12）表0-7の資料より。

(13) 野田洋一「明治・大正期の米綿事情」(堀勉、鷲見一政編『綿花百年』下巻、日本綿花協会、一九六九年六月) 六六二頁。
(14) 同前。
(15) 東洋棉花ボンベイ支店『大正十二年度(第三回) 内地出張員会議議事録』一九二三年八月六日、四頁。また笹倉貞一郎『覚書』一九二二年五月一一日の頁メモ。
(16) 前掲『第二 鶏肋集』三一九―二〇頁。
(17) 福井慶三『回顧録 わが半世紀』一九七九年一一月、二六頁。
(18) 前掲『大正十二年度(第三回) 内地出張員会議議事録』二頁。
(19) 中西勇次郎、田川清一、黒田孝次郎稿『パンジャブ経営に就いて』一九二四年五月、二二―三頁。
(20) 同前、二二―四頁。
(21) 同前、四〇頁。
(22) 「吉田豊を唐地派出員次席とする事」ボンベイ支店長宛の本店取締役書簡、一九二五年九月一八日付。
(23) 木下清次郎「インド在任二十二年の思い出(談話)」(前掲『綿花百年』下巻) 六四九頁。
(24) 貿易庁輸出局繊維課繊維品海外販売委員会『加藤末雄氏にきく』一九四七年一〇月一八日、一六、二二頁(日本紡績協会蔵)。
(25) 前掲「日本商社のインド綿花買い付けの機構」一〇七、一五六頁。
(26) 前掲「『綿花を語る』をめぐって」一七〇―一頁。
(27) 東洋棉花ボンベイ支店『大正一一/一二年度内地出張員事業報告』一九二三年八月一五日、二六頁。
(28) 高岡定吉稿『ボンベイ支店経営ニ関スル若干ノ意見』一九三四年一月、三〇頁(故高岡定吉氏蔵)。
(29) カンディッシュ出張員(笹倉印有)稿『大正三/四年度カンディッシュ出張員棉花買付報告』一九一五年六月一日、七頁。
(30) 高柳武勇稿『チンネベリー棉産地事情』一九一六年一〇月、二〇九頁。
(31) 前掲『余の足跡』。
(32) 前掲「『綿花を語る』をめぐって」一七〇頁。
(33) 前掲『パンジャブ経営に就いて』五三頁。また小沢友義編『日本綿花株式会社五十年史』日綿実業株式会社、一九四三年九月、八八頁。
(34) 東洋棉花ボンベイ支店『内地出張員会議々事録』一九二五年一〇月、二頁。
(35) 東洋棉花ボンベイ支店『大正一五年度内地出張員事業報告』一九二六年八月頃、二五頁。
(36) 笹倉貞一郎「印度の棉花」(飯本信之、佐藤弘編『南洋地理体系』第七巻、ダイヤモンド社、一九四二年一〇月) 二五七―九頁。
(37) 前掲「日本商社のインド綿花買い付けの機構」一八一頁。
(38) 東洋棉花ボンベイ支店『昭和二年度出張員事業報告』一九二七年七月、二二二頁。
(39) 前掲『加藤末雄氏にきく』一六、二二頁。
(40) 東洋棉花ボンベイ支店『内地出張員会議議事録要領』一九二七年九月二〇日、二頁。
(41) 坂上國治編『印度棉花事情』江商株式会社、一九三二年一二月、八九頁。
(42) 東洋棉花株式会社『支店長会議議事録』一九二五年八月、三九頁。
(43) 同『支店長会議打合事項』一九二五年八月、三頁。
(44) 同『支店長会議議事録』一九二九年八月、三四頁。
(45) 同『支店長会議議事録』一九三一年七月、三七頁。
(46) 同前、四六頁。
(47) 笹倉貞一郎『覚書』一九三二年一月一日付。
(48) 前掲『ボンベイ支店経営ニ関スル若干ノ意見』一九三四年一月、一七頁。
(49) 日本綿糸布輸出組合「日本綿業貿易小史」(『輸出綿糸布月報』一九五七年四月) 五八頁。
(50) 前掲『日本紡績業史序説』下、二〇六頁。
(51) 後掲表7-5参照。
(52) 東洋棉花ボンベイ支店『昭和三年度(一九二七/二八) 出張所員事業報告』一九二八年八月、二九—三〇頁。
(53) 東洋棉花株式会社『支店長会議議事録』一九三六年一月、五二頁。
(54) 本書、第六章参照。
(55) 前掲『綿花百年』上巻、三四七頁。
(56) 前掲『支店長会議議事録』一九三一年七月、六九頁。
(57) 篠原好雄「回想——大正期の綿花取引事情」(前掲『綿花百年』下巻) 七〇四頁。
(58) 西川武四郎「一九三〇年代の米国綿花政策」(同前) 七五七頁。
(59) 前掲『支店長会議議事録』一九三六年一月、五二頁。
(60) 紡績企業の生産コストの引下げにおける「原棉操作」の意義については、前掲「日本綿業構造論序説」を参照。上位紡績企業が「原棉操作」を全面的に展開するのは為替が急速に下落する一九三二年以降であると考えている。

(61) 前掲『支店長会議議事録』一九三一年七月、二二頁。
(62) 東洋棉花株式会社『東棉四十年史』一九六一年一月、一三二頁。
(63) 東洋紡績調査『紡績会社原綿買付統計資料』一九三二〜三五年（『東洋紡百年史』資料）。
(64) 前掲『支店長会議議事録』一九三六年一月、一一三頁。

後編　綿業国際通商摩擦とアジア通商網

第五章　一九三〇年代のアジア通商網と日本

はじめに

本章では、一九三〇年代の日本と英・蘭領アジア植民地との通商的相互依存関係について検討することを通して、この時期、崩壊を余儀なくされたと考えられてきたアジア通商網の果たした役割と、日本との関係について論じて行くことにしたい。

大不況下の日本経済は、一九三二年からの財政拡張による景気への刺激と、通貨の切下げを背景にした日本製品の輸出の急拡大とによって、世界的にもいち早い不況からの回復を果たした。[1] しかし、この日本からの「集中豪雨」的とも評された輸出拡大が、日本の綿製品を内容に、英・蘭領アジア市場を対象にしたところから、アジア市場を舞台にした綿業国際通商摩擦問題が発生した。これらのアジア市場は本国の伝統的な綿製品輸出市場であったために、両本国綿業と日本綿業との通商摩擦が主要な問題となった。

そして、こうした摩擦問題の解消を目的に、まず一九三三年からは英領インド（以下、英印と略す）を舞台にした政府間交渉の「第一次日印会商」（三三年九月〜三四年一月）[2] が開かれ、続いてロンドンにおいて日英両国綿業代表者による「日英民間会商」（三四年二〜三月）がもたれた。そして三四年六月からは蘭領東インド（以下、蘭印と

○日印会商（1933年9月～34年1月）——成立
　33年4月……英領インドが日印通商条約を破棄
　日本は原棉不買で対抗
　34年1月4日……日印間合意（7月ロンドンで正式調印）
○日英民間会商（1934年2～3月）——不成立
　34年5月……植民地や英本国で輸入制限実施
○日蘭会商（1934年6月～37年4月）——部分的成立
　33年……セメント，ビールの緊急輸入制限
　34年1月……蘭領東インド政庁は日本との交渉を提案
　　2月……サロン，縞綿布に緊急輸入制限
　　6月……日蘭会商開催（バタビヤ）
　37年4月……日蘭通商仮協定（石沢・ハルト協定）
○日米会商（1935年夏～36年5月）——不成立
　35年12月……日本は自主規制
　36年5月……交渉決裂し，米政府は関税引上げ
　37年12月……マーチソン使節団来日（38年1月日米業界間の合意）
○日（米）比綿交渉（1934年4月～35年10月）
　35年10月……日米紳士協定
○日加交渉（1935年）——成立
　35年7月……日本は通商擁護法を発動
　　12月……協定成立
○日埃通商会議（1935年10月～36年6月）——不成立
　代表引上げ
○日豪会商（1936年）——成立
　35年2月……中断
　36年1月……再開
　　6月……日本は通商擁護法を発動
　　8月……再開
　　12月……覚書交換

図5-1　各綿業通商摩擦会議についての略年表

資料）石井修『世界恐慌と日本の「経済外交」——1930～1936年』勁草書房，1995年11月。

略す）を舞台にした政府間交渉の「日蘭会商」（一二月に休止）が開かれた（図5-1参照）。いずれの交渉についても、既存の研究の多くは、各交渉を各国綿業のアジア市場確保をめぐる「産業」的利害の衝突と調整の場として描き、そして一連の政府間交渉の限界面に言及する点で共通していた。日印会商や日英民間会商の後、日本の対英印輸出に制約が加わるなかで、日本綿業は対蘭印輸出に販路の拡張先を求めるが、三四年一二月末に日蘭会商が「休止」してからは、日蘭会商は「事実上の決裂」(3)に陥ったと評されたのである。

国際政治の含意からすれば、日本の対アジア輸出の急拡大は、世界経済の「保護主義」的傾向を強め、あわせて

日本も各交渉での「失敗」を通して、世界から「孤立」化する傾向を強めた、とする歴史認識が共有されてきたと言えよう。そしてその際には、各国政府の外交方針が各国綿業の輸出市場拡大という「産業」的利害に即したものであったとの認識も共有されてきた。つまり三〇年代の日本の「経済外交」は、日本綿業の利害に即しながら、ヨーロッパ本国の主導する対植民地経済「ブロック」化政策が適用されるなかで、対外協調を果たすことも、また欧米から協調を引き出すことにも限界があり、日本の世界的な「孤立」化を回避できなかったと評されてきたのである。(4)

このように、一九三〇年代の世界経済史研究の想定するところは、アジア国際通商秩序が、欧米のアジア植民地に適用された経済「ブロック」化政策や、日本の攻勢的なアジア進出によって大きな再編を余儀なくされ、それまでに再建著しかった自由通商体制を大きく後退させたとの認識であった。そして、本書の検討対象としているアジア通商網についても、ヨーロッパ本国の経済「ブロック」化政策のなかで、それぞれの本国の勢力圏ごとに取り込まれ、分断的に再編されるものと認識されてきたと言える。あわせて、三一年の満洲事変と三七年の日中全面戦争の勃発に対応した東南アジア華僑らの対日本製品ボイコット運動によって、日本と東南アジアとの通商関係は希薄化するものと考えられてきた。同時代の日本人の認識には、日本人、華僑、印僑、オランダ人貿易商らによって作り出されたアジア通商網は「崩壊」するとの印象が強かったのであり、それゆえ、三七年七月の日中戦争の勃発は、アジア通商秩序の「崩壊」を背景にした世界政治的な「孤立」化のなかで、多様な選択肢を与えられなかった日本の止むを得ざる選択であったとの、客体としての「正当」化認識が、当時のマスコミを通して流布されていった。(5)そして、この認識はまた、現在の日本史研究においても、三〇年代の日本の対外関係史を考える時の歴史認識の前提となっているように思われる。

しかし、本章においては、一九三〇年代の日本を世界的に「孤立」化させる、または日本に「閉塞」感を付与するとみなされてきた事象を取り上げ、そうした事象の再検討を試みたい。事象のなかには、先述した東南アジア華僑の対日本製品ボイコット運動も含まれるが、この問題については、日中戦争後を対象に第九章と第十章で検討することにして、本章においては、(1)イギリスに代表されるヨーロッパ本国がアジア植民地に適用した経済「ブロック」化政策のあり方（本章の一～三）と、(2)それに対応して日本が採用した輸出統制の実態（本章の四）の二つについて検討することにしたい。

まず、イギリスによる対アジア植民地経済「ブロック」化政策は、不況下のアジア市場に本国製品の輸出回復をねらって適用されたと考えられてきたが、実はアジア植民地の通貨を割高に設定するような通貨政策を通して、植民地から本国への利子・配当・政治費用などの毎年の支払いの円滑化を優先したものであった。そして華僑・印僑などは、こうした通貨政策に強く反応することで、日本製品の取引に積極化し、日本と南アジア・東南アジアとの通商的相互依存関係を緊密化させたのである。また蘭印では、オランダ人貿易商の参画をも得て[6]、日本製品をとりまくアジア通商網は多様化したのである[7]。本章では、こうしたアジア通商網の緊密化と多様化を通して、神戸港の後背地にある糸染加工綿布産地西脇の日本人織布業者が、不況から回復して行く過程も紹介する。

そして、一九三〇年代の日本における、商工省の指導した綿製品輸出統制自体も、こうした外国人貿易商の日本製品の取扱いを制限するような排他的なものではなく、むしろ彼らの参入を追認する「開放」性を有するものであったことを強調したい。三〇年代の綿製品輸出統制はアジア通商網を規制するのではなく、むしろそれらを前提とし、維持する内容を有したのである。三〇年代のアジア国際通商秩序は決して崩壊したのではなく、状況変化に対するアジア通商網の経済合理的な、そして敏感な反応を通して、日本の多様な通商関係を形成していたのである。つまり、これまでの通史的理解にみられたような、通商的相互依存関係の希薄化によって、三〇年代の日本は世界的に「孤立」化を余儀なくされたわけではなかった。そして、外務省においても、一九四〇年代初頭の時点でなお、対英印通商関係における在神戸印僑の存在を重視する政策志向を維持していたのである。

一　一九三〇年代のアジア国際通商秩序の概観

まずは、一九三〇年代のアジア通商網をとりまくアジア国際経済秩序の大枠を、近年のイギリス帝国史研究の新しい潮流となった「ジェントルマン資本主義」論[8]の対アジア関係史の方法と、近年のアジア経済史の示唆するところを念頭におきながら概観することからはじめよう。

杉原薫氏がそのアジア経済史研究において強調された点は、一九三〇年代の「アジア間貿易」の分断的な様相ではなく、むしろ相互依存の回復という再編の側面であった[9]。杉原氏の推計をまとめた図5-2からもわかるように、三〇年代の輸出の回復過程において、対欧米市場依存の高まりが、英領マラヤ、タイ、仏領インドシナ（以下、仏印と略す）、蘭印にみられるが、こと輸入面においては、仏印を除いては、ほとんどの地域が対アジア輸入を増やす傾向にあった。三〇年代の東南アジアと南アジアの輸入面は、対アジア関係の回復が対欧米関係のそれよりも顕著であったのである。これは、欧米本国の製品市場としてアジア植民地圏を分割的に再編するものと考えられてきた経済「ブロック」化政策の含意に大きく反する結果であり、それゆえ、アジア市場を舞台にした日本と欧米各国との綿業通商摩擦問題が三〇年代前半に現れたとみなされてきた。

しかし、近年のイギリス帝国史研究における「ジェントルマン資本主義」論が強調するように、イギリス本国の対植民地経済利害には、

①本国製品を植民地に販売する「産業」的利害

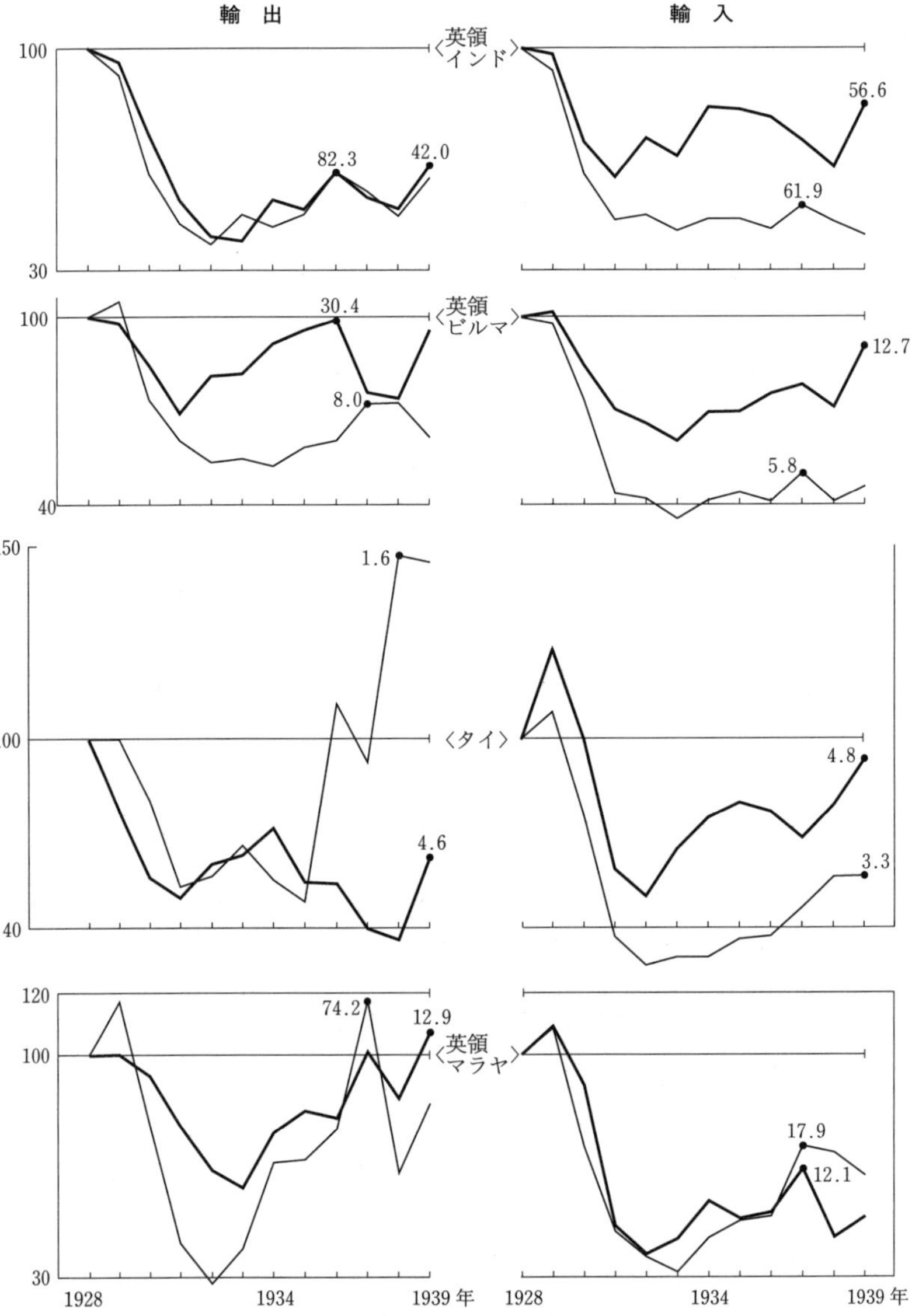

図 5-2　南アジア・東南アジア諸地域の対外貿易の推移（1928 年＝100）

資料）杉原薫『アジア間貿易の形成と構造』ミネルヴァ書房，1996 年 2 月，第 4 章付表 4-4，4-7 より作成。

注記）太線は対アジア，それ以外は対欧米。数字は，回復の頂点となる年の貿易額（100 万ポンド）。

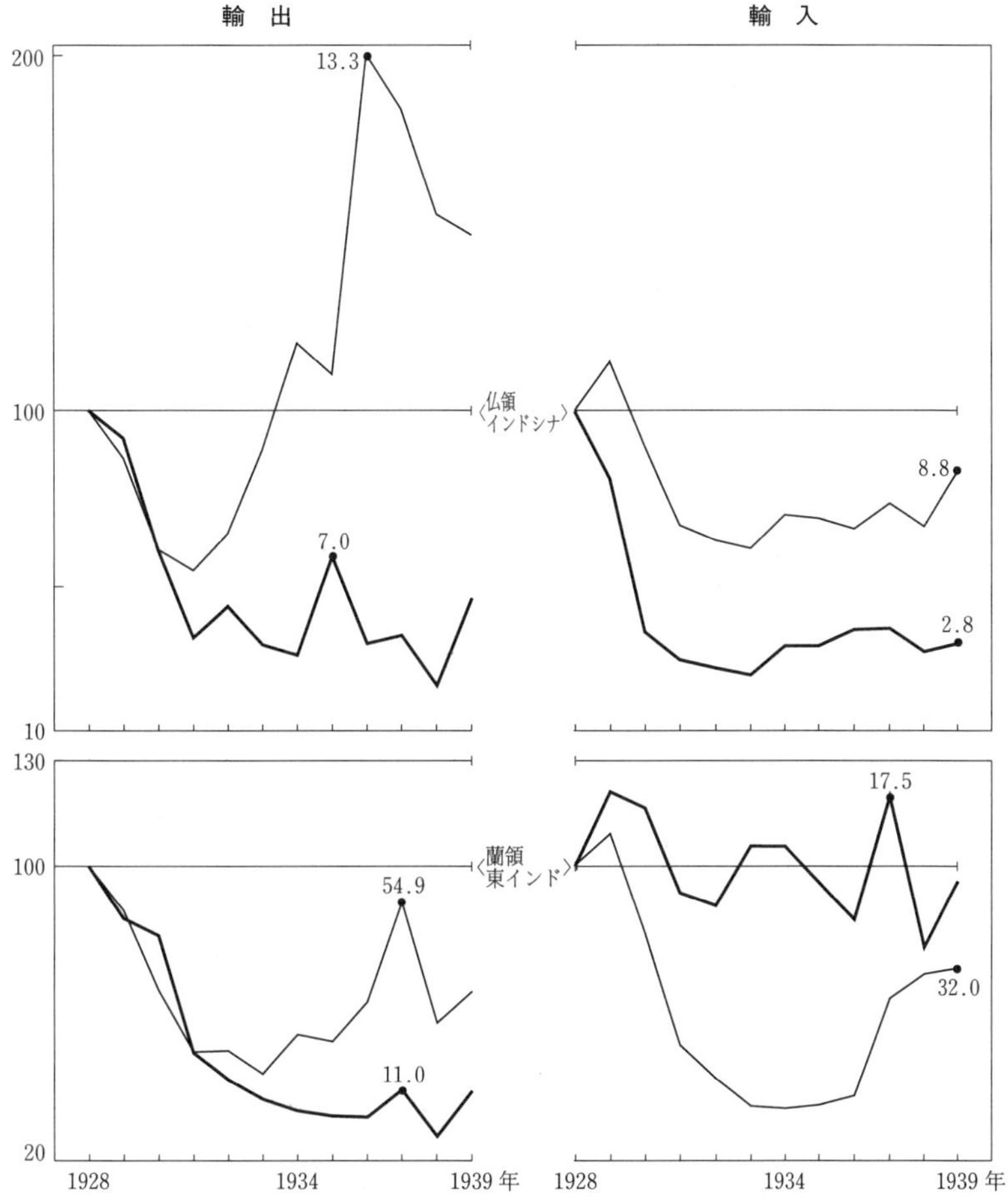
輸　出
輸　入
200
100
10
130
100
20
13.3
7.0
8.8
2.8
〈仏領インドシナ〉
〈蘭領東インド〉
54.9
11.0
17.5
32.0
1928
1934
1939年
1928
1934
1939年

図5-2　（つづき）

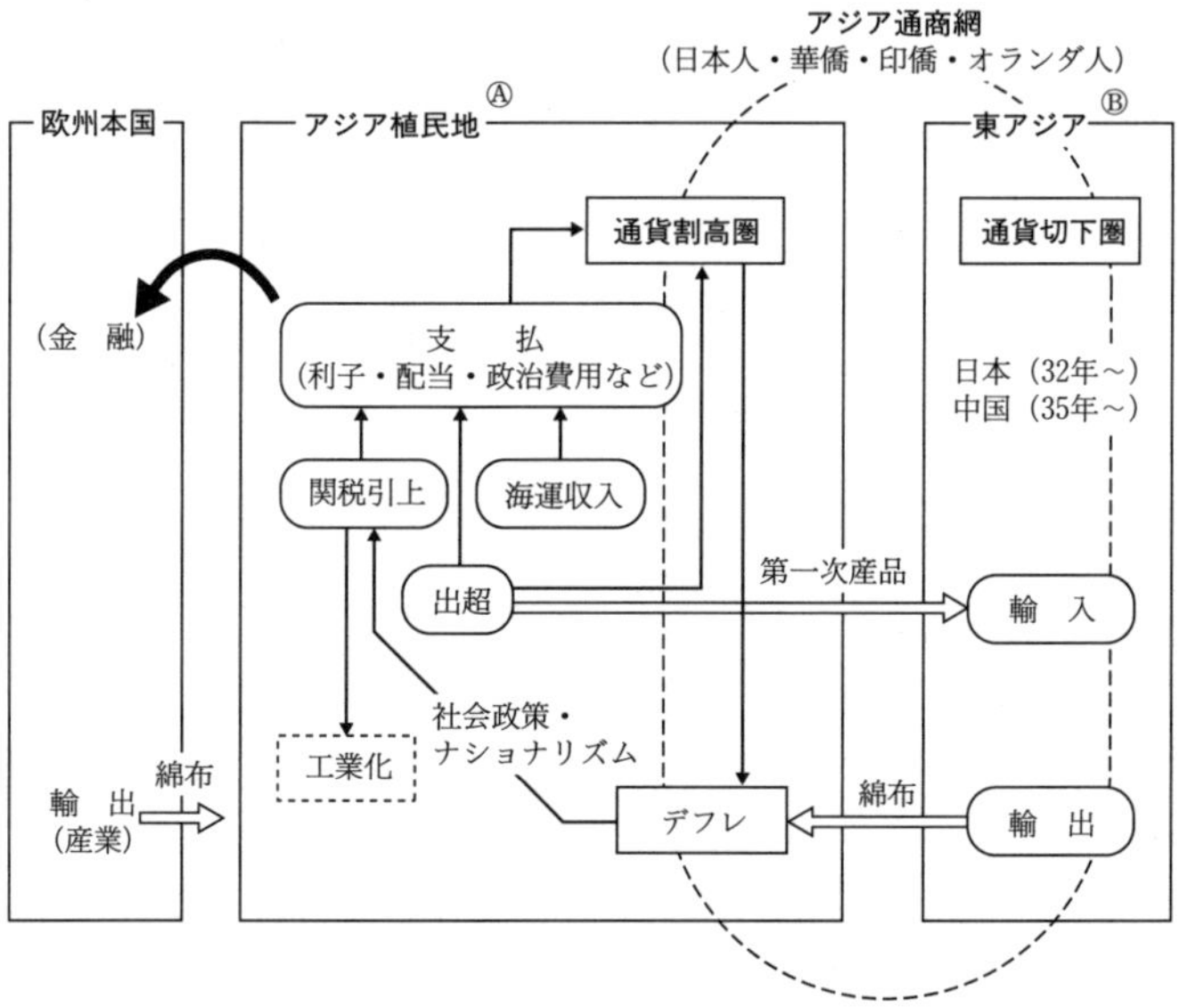

図 5-3　1930 年代のアジア国際経済秩序についての概観

資料）P. J. ケイン，A. G. ホプキンズ（木畑洋一，旦祐介訳）『ジェントルマン資本主義の帝国II——危機と解体　1914〜1990』名古屋大学出版会，1997 年 4 月，第 2〜4，8，10 章より作成。

注記）図の➡は支払い。⇨は財の流れ。

②植民地から本国への配当、利子などの毎年の支払いの円滑化と、それを通したポンド通貨価値の維持という、「サービス・金融」的利害

の二つが存在し、とくに一九三〇年代においては、後者に比重が置かれるようになったと言われている。それゆえ三〇年代の対アジア政策の基調は、政治的費用（英印の場合は「本国費」、蘭印の場合は年金）の支払いをも含めた、アジアからの毎年の支払いが滞ることなく維持されるべきであるという「サービス・金融」的利害にあり、本国を含む帝国内の通貨政策もそうした利害によって規定されるようになったと考えられている。「ジェントルマン資本主義」論の描く三〇年代の対アジア関係史をやや理念的に整理すると図5-3のようになろう。

ヨーロッパ本国側がこの「産業」と「サービス・金融」の両者の経済利害を追求するうえで、アジア植民地に付与した経済的条件は次のようなものであった。

Ⓐ植民地通貨の割高な設定

Ⓑ支払いの源泉となる植民地の貿易黒字（輸出超過）の拡大、ないし維持

Ⓐは植民地通貨を強くすることで、②の本国への支払いを円滑にするものであり、あわせて①の本国製品の輸入を促す条件であった。しかし、大不況下の三〇年代には通貨の割高な評価が、植民地に対してはデフレ的環境を供与し、本国は植民地のデフレ的環境への対応が必要となった。英印では、二〇年代半ばからポンドに対して割高に通貨が設定されており、[10] 蘭印は、オランダ本国の金本位制維持方針から三〇年代前半にはポンドに対して割高な通貨レートに釘づけされていた。次頁の表5-1に示したように、オランダ本国をはじめとする金本位制維持国（フランス、三四年までのベルギー）などでは、二九年を基準とした場合に、約七割もポンドにたいして通貨価値が高く評価されており、三六年まで不況が継続した。それゆえ、三二年以降に円をポンドに対して約四割切り下げた日本からは、これらの英・蘭領アジア植民地の通貨「割高」圏にたいして、日本製品の輸出が強く促される構造になっていた。三五年の中国の幣制改革後に中国も通貨レートを切り下げたことを考えれば、東アジアには通貨「切下」圏が、南アジア・東南アジアにはそれとは対照的に通貨「割高」圏が生まれ、前圏から後圏に製品の輸出が促される構造連鎖が生じていたのである。日本からの「集中豪雨」的な対アジア輸出拡大は、「ソーシャル・ダンピング」論として世界的に批判の対象になったが、それは低賃金論と関係する日本の社会構造から説明されうるだけでなく、こうしたヨーロッパ本国と日本の双方がつくりだした通貨政策の対照性に起因するものに他ならなかったのである。

これまでの世界経済史研究においては、こうした通貨政策の対照性を背景にした東アジア製品の輸出促進の構造にたいして、「オタワ体制」や「スターリング・ブロック」圏の形成は否定的に作用するものと考えられてきた。

表5-1　イギリス本国の海外投資と地域別入超額

相手国	1930年の長期海外投資(%)	イギリスの入超額（百万ポンド）			為替レートの変化(29年＝100)
		28年 A	34年 B	B－A	
オーストラリア	13.3	▲13.5	19.1	32.6	208
英領インド	14.5	▲28.8	7.3	36.1	100
カナダ	14.1	19.7	28.5	8.8	99
南アフリカ	7.1	15.0	35.0	20.0	100
ニュージーランド	3.3	19.9	23.7	3.8	99
英領マラヤ	2.9	▲16.5	1.9	18.4	101
小　計	55.2	▲4.2	115.5	119.7	
ロシア	7.9	15.3	11.6	▲3.7	167
フランス		31.6	1.4	▲30.2	167
ドイツ		20.5	15.7	▲4.8	167
オランダ		20.2	8.4	▲11.8	167
ベルギー		25.6	5.6	▲20.0	130
小　計	7.9	131.2	42.7	▲70.5	
アルゼンチン	12.1	42.9	30.8	▲12.1	75
ブラジル	5.1	▲11.9	2.4	14.3	167
チ　リ	1.3	2.0	2.7	0.7	167
小　計	18.5	33.0	35.9	2.9	
合衆国	5.4	131.2	58.5	▲72.7	167
中　国	1.2	▲6.9	▲1.2	5.7	86
日　本	2.0	▲6.6	3.5	10.1	62
小　計	3.2	▲13.5	2.3	15.8	

資料）王立国際問題研究所（楊井克己ほか訳）『国際投資論』日本評論社，1970年，341頁。
The Leauge of Nations, *Review of World Trade*, Geneva, 1939, pp. 82-3.
注記）入超額のマイナス（▲）はイギリスの輸出超過を示す。為替レートは各国の対ポンド・レートの変化を示す。

しかし先述したように、一九三〇年代のアジア各地域の対欧米貿易は輸入の拡大ではなく、反対に輸出の拡大を結果していた。この第一次産品を内容とする対欧米輸出の回復は、まさに②に即したⒷを企図したものであったことに注意したい。つまり、三〇年代のオタワ体制は本国製品の輸出市場確保の利害を優先して構想されたものではなく、対ポンド通貨レートを割高に固定された植民地の貿易黒字の回復を企図した貿易調整のシステムであったと考えられる。

スターリング・ブロック圏の形成も、いわばポンド通貨価値の維持を企図したものであった。ポンド自体の切下げによって参加国の域外への輸出を促進させ、受取りを増加させて、対外支払準備をポンド建て預金としてロンドンに集中させることにより、本国自身の貿易収支が好転しなくても、ポンドを安定させえたからであった[11]。一九三〇年代のイギリス本国の対外経済政策は、帝国特恵関税制度を通して本国製品の輸出拡大に重点を置いたものと言うよりは、むしろ植民地の第一次産品輸出の回復を通した貿易黒字の確保を、帝国圏内で調整するシステムの構築に重点があったと言える[12]。

そしてアジア市場を舞台に繰り広げられた日本綿業との通商摩擦において主張された日本への排他性も、日本綿製品そのもののアジア市場からの排除を企図したものであったと言うよりは、むしろそうした排他性を主張することで、こうしたアジア植民地の第一次産品の購入者として日本を制度的に関わらせようとする「威嚇」的姿勢に他ならなかった。これはオランダの場合にも該当することであるが、英印と蘭印は、仏印やフィリピンの場合とは大きく異なり、対本国貿易依存度は高くなく、輸出の拡大には帝国圏外の工業国の輸入増加に期待しなければならない関係にあった。次頁の表5-2は一九二九年から三七年までの東南アジア諸地域の対外貿易の増減を推計し、貿易の回復過程を考察したものである。仏印やフィリピンは本国への輸出額を顕著に伸ばして出超幅を拡大させているのに対して、英領マラヤと蘭印は本国への輸出拡大ではなく、アメリカ合衆国への輸出拡大に大きく依存しながら、出超を形成していたことがわかる。仏印やフィリピンは植民地本国との緊密な関係によって輸出の回復を図ったが、英領マラヤと蘭印はともに本国との緊密な関係を通してではなく、本国以外の工業国との通商関係（とくにアメリカ合衆国）を通して輸出を回復させたのである。換言するならば、イギリスとオランダの両本国は、植民地と帝国圏外との通商関係を通して、植民地の出超を拡大させ、本国への支払いの円滑化や通貨価値の維持を模索する「開放」体系を採っていたのである。そして、三二年からの通貨の切下げと財政拡張によって世界大不況からのいち早い回復をとげた日本にその開放体系に関わることを強く期待したのであった。

表5-2　東南アジア諸地域の貿易の回復（1929/37年の増減）

（単位：百万円）

貿易相手国	フィリピン			仏　印			タ　イ			英領マラヤ			蘭　印			計		
	輸出	輸入	収支	輸出	輸入	収支	輸出	輸入	収支	輸出	輸入	収支	輸出	輸入	収支	輸出	輸入	収支
アメリカ	153	21	132	25	▲4	29	1	▲4	5	**321**	▲9	330	**198**	▲18	216	698	▲14	712
イギリス	6	▲4	10	▲1	0	▲1	▲1	▲32	32	38	35	3	▲14	▲24	10	29	▲25	54
フランス	▲2	0	▲2	118	13	104	0	▲5	5	**93**	▲12	106	▲6	5	▲11	203	0	202
オランダ	1	6	▲6	0	1	▲1	0	▲5	5	▲40	▲14	▲26	167	▲6	173	128	▲17	145
ドイツ	▲2	4	▲5	8	▲7	15	0	▲18	18	▲30	2	▲32	22	▲21	44	▲1	▲41	40
日　本	20	31	▲11	3	3	▲1	▲16	9	▲25	**74**	**52**	22	41	**140**	▲99	121	235	▲113
中　国	▲4	▲4	0	3	5	▲2	▲5	▲21	17	▲13	5	▲18	▲22	1	▲23	▲40	▲14	▲26
香　港	1	0	2	▲31	▲16	▲15	▲25	▲35	10	2	▲24	25	▲10	6	▲15	▲63	▲69	7
フィリピン	—	—	—	▲8	0	▲8	0	▲1	1	▲1	▲1	0	▲6	▲1	▲5	▲15	▲3	▲12
仏　印	0	▲8	8	—	—	—	▲2	▲3	1	▲1	▲6	5	▲3	▲26	23	▲5	▲42	37
タ　イ	0	0	0	1	4	▲3	—	—	—	▲31	**68**	▲99	▲5	▲15	10	▲36	56	▲92
英マラヤ	0	0	0	3	0	3	▲14	▲7	▲7	—	—	—	**80**	▲41	121	69	▲48	117
蘭　印	▲1	1	▲2	▲20	▲6	▲14	▲17	▲19	3	▲37	**116**	▲153	—	—	—	▲74	91	▲166
英　印	0	1	▲1	▲1	0	▲1	3	49	▲47	9	3	6	▲114	▲28	▲86	▲103	25	▲128
計	172	47	125	100	▲6	107	▲75	▲93	18	385	216	169	329	▲29	358	911	135	777

資料）加納啓良「国際貿易から見た20世紀初期の東南アジア植民地経済」（『歴史評論』539号，1995年３月）44，51頁。原典は，台湾総督府官房外事課『南支南洋貿易概観』1935年，南洋協会編『南方圏貿易統計表』日本評論社，1943年。

注記）▲はマイナス。太数字は，各地域の輸出入の回復の顕著なものとして，50百万円以上を示す。太線の枠内は各地域の宗主国との関係であり，タイの場合はイギリスをそれとみなした。百万未満を略しているために，収支には誤差が出る。

いわば、一九三〇年代の日本とイギリス・オランダの両本国との綿業通商摩擦の激化は、アジア植民地の第一次産品の恒常的な購入者として参加する姿勢を日本から引き出すための舞台裏にすぎなかったのである。不況下のアジア植民地は低廉な日本製品を社会政策的な観点からも強く求めており[13]、本国も植民地において歓迎される日本製品の輸入規制に積極化できない状況がつくられていた。三〇年代の日本の「集中豪雨」的な輸出拡大は、不況下の南アジア・東南アジアにとっては必要なものであり、またイギリスとオランダの両本国が「サービス・金融」利害に比重を移すなかで、アジアにおける通貨政策の対照性を背景にした、相互補完的なアジア国際通商秩序の現れに他ならなかったのである。とくに英領マラヤと蘭印における日本からの輸入増加が顕著であった（表5-2）。そして、このアジアの国際通商関係を担ったのが、日本人貿易商、華僑、印僑らであり、そして蘭印においてはオランダ人貿易商もこれに参画した。

二　イギリス本国の対植民地輸入割当制の実施とアジア通商網――英領マラヤの事例

（1）華僑通商網と日本製品の競争力

一九三四年五月にイギリス本国は、直轄植民地・保護領国への「外国織物輸入割当」制の適用を声明した（図5-1）。この統制実施の声明は、日英民間会商が決裂した同年三月の直後であっただけに、「日本商品の排斥を企図する差別的待遇」[14]であるとの批判を日本から喚起し、通説的には日本の世界的な通商上の「孤立」化を促すものと評されてきた。しかし、華僑と印僑は、先述したヨーロッパ本国と日本の双方がつくりだす通貨政策の対照性に反応することによって、日本製品、そして後には中国製品の対アジア輸出増加に拍車をかけ、イギリス本国製品の輸出市場確保という政策課題に制約を加えることになった。換言すればこのことは、非公式的な華僑と印僑の通商網が、通貨政策の対照性に強く反応することによって、イギリス本国が植民地を有する上での、「産業」的利害と「サービス・金融」的利害のうち、前者を副次的に位置付ける結果になったことを示していた。以下では、英領マラヤを事例に、イギリス本国の対植民地輸入割当制とアジア通商網の関係を検討することによって、この点を検証したい。

表5-3　シンガポールにおける綿布輸入（1934年6～12月）

（単位：千碼）

	華僑	印僑	日本人	西欧人	計
英国製品	1,227(39)	571 (24)		10,833 (34)Ⓔ	12,632 (97)
中国製品	4,127(34)Ⓒ-2	1 (1)	14 (1)	205 (1)	4,348 (37)
日本製品	20,252(32)Ⓒ-1	13,844 (39)Ⓘ	15,827 (14)Ⓙ	2,782 (18)	52,707(103)
計	25,608(105)	14,416 (64)	15,841 (15)	13,821 (53)	69,688(237)
1社当たり輸入量					
英国製品	31	23		318	130
中国製品	121	1	14	205	117
日本製品	632	354	1,130	154	511
計	243	225	1,056	260	294

資料）南洋協会新嘉坡商品陳列所『英領馬来に於ける綿布（附人絹布）』1935年11月，附録の ‘Imports into Singapore of Japanese Textiles (Cotton, Rayon and Sarong there of) by race and by firms, during the period from June 1st 1934 to Dec. 31st 1934’ より（シンガポール国立大学中央図書館蔵）。

注記）100以下の切捨てにより，計と各々の合計は一致しない。（　）内は社数。それぞれの輸入商の内訳は，表5-4・5・7を参照。Ⓙ，Ⓒ，Ⓘ，Ⓔはそれぞれ表5-6の表記に対応している。

イギリス本国の意向を受けた英領マラヤは外国製品の輸入割当制を採用したが、このことは、これまで関税の引上げ政策の実施とあわせて、自由貿易体制を強く否定するものと解釈されてきた。しかし、英領マラヤが、日本製品を含めた外国製品の輸入割当制を採用したことは、徹底した排他性を意図するものではなかった点に注意したい。英領マラヤ内においては、日本製品を対象にした輸入関税の引上げは、「驚くべき密輸入の激増を招来せるのみ、却って関税収入はそのため非常な減退を示すに至」[15]ると判断された。過度の輸入関税の引上げは、日本製品の密貿易取引を通して関税収入を減少させるものであり、本国の「サービス・金融」利害を損ねる危険性を有していたのであって、日本製品の輸入規制策には、この利害を大きく損ねることのない割当制が採用されたのであった。

表5-3は、英領マラヤが外国綿布輸入割当制を実施した、一九三四年六月以降の綿布の輸入状況を各国製品別に調査したものである。同年六月から一二月までの七カ月間における日本に割り当てられた全輸入量は約二二六〇万碼であったが[16]、結果的にはそれを上回る五二七〇万碼の日本製品が輸入された。割当制の効果は、ただちに現れなかったのである。その他も含め

た全輸入量において、イギリス本国製品は一八％を占めたが、そのほとんどは西欧人貿易商によって取引されていたことがわかる。しかし、華僑と印僑は、すすんで日本製品を取引しており、日本製品の輸入取引をめぐって、華僑は三八％、印橋は二六％、日本人は三〇％を占めた。その結果、全輸入量に占める華僑の取引割合は三八％、印僑は二一％、日本人は二三％、西欧人は二〇％、という構成比を示した。外国綿布輸入割当制が実施されても、華僑、印僑は有益な日本製品の輸入に意欲を示し、割当制の効果を弱めたのである。

各輸入商の一社当たりの取引量をみると、日本製品を取引する日本人が一一三万碼と最も多量であり、日本製品を取引する華僑の取引量は六三万碼、印僑のそれは三五万碼、英国製品を取引する欧米人のそれは三二万碼という違いがあった。日本人輸入商が日本製品を集荷しやすいことは当然であるが、華僑輸入商の一社当たりの取引量を基準に考えれば、印僑と西欧人輸入商は相対的に少量であり、取引活動において競争的な性格を有していたか、またはアジア市場において一度に大量の製品を取引できない条件下にあったと考えられる。[17]

同調査から印僑の輸入取引を各商ごとに整理したのが表5-4である。日本製品を扱う上位のメンバー（番号Ⓐ-1から6まで）では、一九二〇年代末において日本製品を取引していたことが確認できないところから、彼らはおそらく三〇年代になって新たに日本製品の輸入取引に参画した新興勢力であったと思われる。実際、Maganlal Nagindas（番号Ⓐ-1、Ⓑ-4）は、三三年に神戸に支店を開設した。[18] また、イギリス製品の輸入取引に深く関わっていたGian Singh（Ⓑ-2）も一九三五年に日本に支店を設けるようになった。

同表から窺えるように、日本製品を輸入取引する印僑輸入商には、シンディー系のメンバーが多いことが特徴であった。シンディー系は資源の乏しい北西インド・シンド（前掲図4-2参照）出身の印僑であり、本社をボンベイとシンド地方のハイデラバードに置くものが多かった。[19] 例えば、G. Ramchand（Ⓐ-4）、J. T. Chamrai（Ⓐ-7、Ⓑ-10）、F. Hoondamall（Ⓐ-13、Ⓑ-13）は、本店をハイデラバードに置き、神戸に支店を設けていた。そしてこのシ

表5-4　シンガポールおける印僑綿布輸入商（1934年6～12月）

（A）日本製品　（単位：千碼）

	順番	輸入商	兼商	輸入量	20年代末	備考
S	1	Maganlal Nagindas & Co.	B4	3,573		
S	2	J. kimatrai & Co.	B20	3,548		絹綿織物商
S	3	T. Chhotalal & Co.		1,130		絹綿織物商
S	4	G. Ramchand	B21	1,000		織物商。ハイデラバードに本店。ボンベイ，横浜，神戸，香港，カルカッタに支店
	5	R. Purshotam		623		
S	6	Khomchand & Sons	B12	610		
S	7	J. T. Chanrai & Co.	B10	590	日本品	卸小売商。ハイデラバードに本店。横浜，神戸，マドラス，ボンベイに支店
	8	M. A. F. Ellahi & Co.		536		
S	9	C. Ramchand & Sons		324	日本品	
S	10	Wassiamull Assomall & Co.		223	日本品	絹織物商
G	11	A. A. Valibhoy & Co.		217		
	12	Vanmali Dass & Co.		197		
S	13	F. Hoondamall & Sons	B13	169	*	卸小売商。ハイデラバードに本店。神戸に支店
G	14	Uttamram & Co.		134		
	15	J. M. M. Hayat & Co.	B24	132		
	16	S. M. Aboobucher & Co.		131		
M	17	N. M. Ismail Brothers		125		
S	18	J. Gurbamall & Co.		115		
S	19	D. Hiralal & Co.		100		
S	20	T. Kessamall	B19, C1	88	*	卸小売商。Thakurdas Kessamall
	小計			13,574		
	その他とも計　39社			13,844		

資料）表5-3と同じ。備考は，*Directory of Malaya 1941. The Blue Directory*, Lithographers Ltd.の Commercial and Miscellaneous（シンガポール国立大学中央図書館蔵）の項目を参照。

注記）＊は，1920年代末にも資料に現れるメンバーで，取引商品の国名がわかるものには，その国名を記した（新嘉坡商品陳列所『英領馬来に於ける主要綿布』1928年3月，92-6頁，滋賀大学経済学部図書室蔵。同『新嘉坡市場に於ける綿布商況』〔所報第474号〕1929年9月3日付，37-46頁。商工省商務局編『内外市場に於ける本邦輸出織物の現勢』1929年2月，886-93頁）。人種の判明するもので，Sはシンディー系，Mはムスリム系，Gはグジャラート系，Pはパンジャビ系（坂上武史編『対印輸出貿易事情』日本綿糸布輸出組合，1939年2月，52頁。Raieswary Ampalavanar Brown, *Capital and Entrepreneurship in South-East Asia*, St. Martin Press, 1999, pp. 203-11. また富永智津子氏のご教示も得た）。

表5-4 （つづき）

（B）イギリス製品

	順番	輸　入　商	兼　商	輸入量	20年代末	備　　考
	1	S. I. Bin & Co.		188		総合商。Soon Wee Joey
P	2	Gian Singh & Co.	A27	115		総合商。Inder Singh
	3	V. M. M. Aboo Bakar & Co.		75		
S	4	Maganlal Nagindas & Co.	A1	65		
M	5	M. S. M. Ibramhim & Co.		63		卸商
M	6	V. M. Abdul Kader & Co.		20		卸小売商
M	7	R. E. Mohamed Kassim & Co.		18		総合商。小売商。M. Zainul Abidin
M	8	M. B. Abdul Azia & Sons		5		綿布，陶磁器商。S. E. Abdul Hai
S	9	B. H. T. Doulatram & Co.	A22	2	日本品	絹織物商。B. Doulatram
S	10	J. T. Chanrai & Co.	A7	2	日本品	表5-4-(A)の 7
M	11	Abdul Wahab		1		総合商
S	12	Khemchand & Sons	A6	1	日本品	
S	13	F. Hoondamall & Sons	A13	1		表5-4-(A)の13
P	14	M. A. Ahmed Din Brothers		1		軍事用品取引
	15	Lallubrai Brothers	A33	1		
M	16	K. N. Mohamed Esuff & Sons		1		
S	17	T. Dialdas	A21	1		
M	18	K. M. M. Ibrahim & Co.		1		
S	19	T. Kessamall	A20, C1	1	＊	表5-4-(A)の20
S	20	J. Kimatrai & Co.	A2	1		
	小　計			569		
	その他とも計　24社			571		

（C）中国製品

	順番	輸　入　商	兼　商	輸入量	20年代末	備　　考
S	1	T. Kessamall	B19, A20	1	＊	表5-4-(A)の20
	計　　1社			1		

表5-5　シンガポールにおける華僑綿布輸入商（1934年6～12月）

（A）日本製品

表9-1	順番	輸入商	兼商	輸入量	20年代末	備考
[18]	①	Cheong Fart（長発）		3,491		
[18]	②	Chup Yick（集益）		3,323	日本品	
[6][18]	③	Lee Sang Yion Seng Kee（**利生源**）		2,915	日本品	
永和	④	Ng Hong Hing（**呉漢興**）		2,441	日本品	
永和	⑤	Kwong Wah Loong（広華隆）		2,113		
	6	Yau Seng & Co.（友成）		1,590		
	7	Kwong Sang Long（広三尤）		957		
	8	Teck Leong（徳隆）		951		
	9	Lian Tung Fo & Co.		861		
	10	Yue Tai & Co.（**裕泰**）	B11	625	日本品	
	11	Lee Woo & Co.		388		
[2][5][19]	⑫	Tai On（泰安）		179	日本品	
	13	Heap Onn（協安）		87		
	14	Nam Seng（南生）		80		
[2][5][19]	⑮	Wing Hing Loong（永興隆）		52	日本品	
	16	Seng Thyo Hong		42		
	17	Yick Tai（益泰）	C6	35		中国製品取引
	18	Kwong Fook Tai（広福安）	C1	28	*	
	19	Sim Ah Kow & Co.（沈亚九）	B2	24		輸出入商。ロンドンに居住する商人の代理店
		小計		20,190		
		その他とも計　32社		20,252		

資料）表5-4と同じ。

注記）表5-4と同じ。順番の○は，1942年においても神戸華僑との取引が確認できるメンバー。□の数字は，後掲表9-1のもので，広東系であることを示す。永和は，表9-1の番号外の広東系神戸華僑。太字は，「主要」輸入商（兵庫県内務部商工課『南洋市場ニ於ケル綿織物調査』1931年3月，86頁。中島宗一〔井出季和太，須山卓，国本嘉平次稿〕『英領馬来・緬甸及濠洲に於ける華僑』満鉄東亜経済調査局，1941年2月，258-9頁。英文名の翻訳にはティモシー・ツー氏の助力を得た）。

ンディー系は、神戸においても多く在住しており、一九三〇年代初頭に神戸において設立された「インド人社会協会」は、彼らの主導下にあった[20]。日本の印僑社会は「属性としては、シンディー・コネクション、地理的には香港とシンガポールが重要[21]」であったと言われるように、三〇年代の日本製品の取引にかかわる印僑通商網は、このシンディー系によって占められるものであったといえる[22]。

華僑の輸入取引を整理したのが、表5-5である。日本製品を輸入するメンバー（A）には、その他の他国製品を取引するもの（兼商）が少なく、とくに上位のものは日本製品を専門

表5-5　（つづき）

（B）イギリス製品

順番	輸入商	兼商	輸入量	20年代末	備考
1	Tung Sen & Co.		404		
2	Sim Ah Kow & Co.（沈亚九）	A19	184		表5-5-(A)の19
3	Tan Huat Seng（陳発盛）	C18	172	欧州品	
4	Yew Guan（友源）		121		
5	Sing Huat（信発）	C4	82	欧州品	鉱業，不動産
6	Chua Joo（泉裕）	C9	40	欧州品	
7	Yong Nam Say（永南生）	C19	33	欧州品	
8	Kim Sing（金成）		23		
9	Kwong On（広安）	C8	23		
10	Buan Seng Long（万盛隆）		22	*	
11	Yue Tai & Co.（裕泰）	A10	17	日本品	
12	Fook On（福安）	C3	13		
13	Boon Seng & Co.（文成）		11		鉱業
14	Ku Shing Hong（邱倍宏）		9	*	
15	Thiam Chiang（添泉）		9		
16	Yaw Cheong（耀昌）		7	*	
17	Lee Moh Chan（李茂成）		7	*	
18	Keat Cheong & Co.（吉昌）		6	*	
19	Yaw Guan（耀光）		6		
20	Jong Kiat Aun（永吉安）		4		
	小　計		1,200		
	その他とも計　39社		1,227		

的に輸入していることがわかる。英領マラヤにおいて、日本製品は専門的に取引される、安定的な華僑と印僑の通商網に支えられていたのである。

第九章で述べるように、一九四二年初頭には、戦時体制下のもとで神戸華僑とアジア各地域の華僑輸入商との通商関係についての調査がなされた。それらの調査から推察して、三〇年代の日本製品を取引するシンガポール華僑輸入商は、長発公司（後掲表9-1の番号2。以下同様）、成興公司（5）、東南公司（6）、三盛公司（18）、裕発公司（19）などの広東系神戸華僑と通商関係を結んでいたことがわかる。表5-5のNg Hong Hing（呉漢興、番号(A)-4）も広東系華僑東南公司との取引関係を有する輸入商であった[23]。それゆえ三〇年代の日本製品を取引する英領マラヤの華僑通商網は、広東系ルートによって主導されていたのである。東南公司（陳澍彬）は来神

表5-5　（つづき）

（C）中国製品

順番	輸　入　商	兼　商	輸入量	20年代末	備　　考
1	Kwong Fook Tai（広福安）	A18	980	＊	
2	Kwong Yow Seng		844	＊	中国製品専門取引商
3	Fook On（福安）	B12	377		
4	Sing Huat（信発）	B5	323	欧州品	表5-5-(B)の 5
5	Chin Guan & Co.（進源）		311		
6	Yick Tai（益泰）	A17	241		表5-5-(A)の17
7	Kwong On（広安）	B9	117		
8	Chua Joo（泉裕）	B6	115	欧州品	
9	Wing Yue Loong（永友隆）		96		
10	Kwong Tesk Ghen		72	＊	
11	Sam Yick & Co.（三益）		70	＊	
12	Hup Tai（合泰）		66		
13	Yue Tai Cheong（友泰昌）		64		
14	Kwong Yick（広益）		52		
15	Kwong Yick Wing On Coy（広益永安）		48		
16	Goh Chiaw Hup		42		
17	Tan Huat Seng（陳発盛）	B3	35	欧州品	
18	Yong Nam Say（永南生）	B7	32	欧州品	
19	Loh Lee Nang		24		
小　計			4,047		
その他とも計　34社			4,127		

後に仁和号に入店し、一九一三年に独立して「大阪一部京都より仕入れ南洋方面に買継をな㉔」す輸出商であり、一九一五年に帰化した「広東商人中一流の」商人であった㉕。

表5-6は、判明する輸入商と輸入綿布の品種を整理して、各国籍別輸入商ごとに取引の多い綿布の品種を整理したものである。各品種については、輸入量四〇万碼以上のものを対象とした上で、日本製品を輸入する日本人（Ⓙ）・華僑（Ⓒ-1）・印僑（Ⓘ）、イギリス製品を輸入する西欧人輸入商（Ⓔ）、中国製品を輸入する華僑（Ⓒ-2）、の五つのケースを抽出することができた。各国籍別の輸入商の取引量はそれぞれの全体をカバーしているわけではなく、日本製品の場合、日本人は五五％、華僑は五八％、印僑は五五％をカバーし、イギリス製品の場合、西欧人は七〇％をカバー、中国製品の場合、華僑は四二％をカバーしている状態であり（表5-3

表5-6 日本製品輸入商の主要取引品種（1934年6～12月）

（A）日本製品

〈日本人〉Ⓙ

（単位：千碼，取引回数）

輸入商	W. Shirtings Ⓘ		Print Poplin Ⓘ		G.T. Cotton ●		D. Poplin Ⓒ		G. Shirtings Ⓘ		B. Poplin ●		W.Cambrics ●		B. Shirtings Ⓘ		小計		1回当たり輸入量
B. S. Simoda & Co.（士母他公司）	2,238	30	447	21	1,166	19	535	18	666	13	251	6	123	5	390	7	5,819	119	48
S. Katoh & Company（加藤商店）	149	7	359	13	0	0	232	9	247	5	230	16	308	14	0	0	1,529	64	23
Mitubishi Shoji（三菱商事）	342	14	459	16	0	0	65	6	0	0	0	0	0	0	0	0	868	36	24
Mitsui Bussan（三井物産）	0	0	143	7	33	3	144	7	16	1	12	1	0	0	23	2	374	21	17
Katsura & Company（桂）	0	0	21	3	0	0	0	0	0	0	0	0	0	0	0	0	21	3	7
計	2,730	51	1,432	60	1,199	22	978	40	958	20	493	23	432	19	414	29	8,640	264	32
大阪	1,894	36	1,124	44	19	2	647	26	258	6	218	13	409	18	354	6	4,927	151	32
神戸	219	4	161	8	0	0	5	2	80	1	44	2	0	0	18	1	527	18	29
名古屋	575	9	146	8	1,180	20	325	12	559	11	230	8	22	1	41	2	3,082	71	43
その他	42	2	0	0	0	0	0	0	57	1	0	0	0	0	0	0	99	3	33

〈華僑〉Ⓒ-1

輸入商	D. Cotton Ⓔ		Print Cotton Ⓔ		W. Cotton Ⓔ		B. Cotton Ⓔ		C. Cotton ●		C. Poplin Ⓘ		D. Poplin Ⓙ		Str.Cotton ●		Bleached Cotton Ⓔ		小計		1回当たり輸入量
Chup Yick	597	24	407	7	251	12	274	7	607	8	147	4	50	1	0	0	0	0	2,337	57	41
Ng Hong Hing & Co.	664	41	941	37	203	20	127	10	0	0	0	0	70	5	201	11	0	0	2,209	117	18
Lee San Yion Seng Kee	568	20	217	10	138	12	140	13	56	4	438	10	438	13	37	1	0	0	2,036	82	24
Chong Fart & Co.	536	31	78	8	786	23	96	7	70	5	213	6	0	0	76	5	15	1	1,873	78	24
Yau Seng & Co.	293	13	256	13	211	20	336	28	108	11	15	2	18	2	3	1	0	0	1,243	90	13
Teck Leong & Co.	222	11	101	5	20	2	6	1	0	0	7	2	6	1	29	1	0	0	393	20	19
Yue Tai & Co.	140	11	22	4	155	10	0	0	7	1	0	0	0	0	38	3	0	0	364	28	13
Lee Woo & Co.	49	7	212	11	30	8	20	6	3	1	0	0	9	1	0	0	0	0	326	34	9
Kwong Wah Loong	0	0	91	2	0	0	75	5	0	0	0	0	23	3	96	4	0	0	287	14	20
Lian Tung Fo & Co.	40	4	33	5	11	1	48	6	14	1	13	2	22	2	19	2	0	0	202	23	8
計	3,113	162	2,363	102	1,809	108	1,125	83	867	31	837	26	639	24	504	28	499	7	11,760	539	21
大阪	106	10	161	9	121	7	85	5	24	3	15	2	40	3	44	2	0	0	600	40	15
神戸	2,985	149	2,179	89	1,568	93	1,010	74	842	28	822	24	551	24	459	26	15	1	10,434	483	21
名古屋	0	0	0	0	14	1	0	0	0	0	0	0	47	1	0	0	0	0	62	2	31
その他	21	3	22	4	105	7	29	4	0	0	0	0	0	0	0	0	0	0	178	18	9

〈印僑〉 Ⓘ

輸　入　商	Rayon ●		Print Poplin Ⓘ		C. Poplin ©		Print Shirtings●		W. Shirtings Ⓘ		G. Shirtings Ⓘ		B. Shirtings Ⓘ		小　計		1回当たり輸入量
Kimatrai & Company	822	24	370	12	269	7	396	11	222	5	0	0	250	6	2,331	65	35
Maganlal Nagindas & Co.	322	23	218	12	438	21	393	19	295	14	453	17	68	8	2,189	114	19
T. Chhotalala & Co.	63	17	126	11	78	6	120	6	152	7	150	7	12	2	704	56	12
G. Ramchand	232	27	125	7	83	5	3	2	58	3	0	0	72	3	576	47	12
Khemarchand & Sons	215	23	140	16	38	4	13	4	14	7	9	2	18	5	450	61	7
R. Purshotam	117	14	163	10	0	0	24	2	64	4	0	0	29	4	399	34	11
J. T. Chanrai & Co.	134	15	14	4	74	3	13	5	32	3	0	0	30	3	299	33	9
A. A. Valibhoy & Co.	40	7	0	0	15	2	47	2	36	3	36	2	12	1	186	17	10
C. Ramchand & Sons	129	18	0	0	26	2	25	2	3	1	0	0	0	0	185	23	8
Wassiamull Assomall & Co.	174	11	0	0	0	0	0	0	0	0	0	0	0	0	174	11	15
M. A. F. Ellahi & Co.	0	0	46	4	21	2	0	0	36	3	0	0	6	0	109	9	12
計	2,253	179	1,206	76	1,045	52	1,037	53	915	50	649	28	499	33	7,607	471	16
大阪	27	6	63	4	82	3	47	2	55	2	0	0	0	0	276	17	16
神戸	1,737	157	1,117	69	911	46	926	46	848	47	130	8	499	33	6,171	406	15
名古屋	32	3	16	1	51	3	45	4	12	1	519	20	0	0	677	32	21
その他	455	13	8	2	0	0	18	1	0	0	0	0	0	0	482	16	30

(B) イギリス製品

〈西欧人〉 Ⓔ

輸　入　商	W. Cotton ©		D. Cotton ©		G. Cotton ●		Print Cotton ©		Bleached C.©		小　計		1回当たりの輸入量
Henry Waugh & Co., Ltd.	611	39	302	33	0	0	349	16	3	1	1,267	89	14
Brinkmann & Company	477	24	142	24	374	28	41	9	0	0	1,036	85	12
Watts & Company, Ltd.	157	9	336	26	189	9	4	1	281	15	969	60	16
Edgar Brothers, Ltd.	316	14	197	13	0	0	264	17	0	0	778	44	17
Barlow & Company	188	15	124	12	461	17	0	0	0	0	774	44	17
Boustead & Co., Ltd.	354	22	68	10	124	14	0	0	0	0	546	46	11
Diethelm & Co., Ltd.	36	5	118	17	0	0	59	8	156	17	371	47	7
Jackson & Co., Ltd.	0	0	10	4	0	0	354	27	0	0	364	31	11
Trading Co. "Holland"	47	8	162	22	0	0	47	5	3	2	261	37	7
Internationale Crediet-En Handelsve	147	3	6	1	0	0	0	0	73	2	226	6	37

Anglo Siam Corporation	169	16	52	13	0	0	0	0	0	0	222	29	7
Societa Commercial Orientale	42	5	78	14	0	0	45	6	0	0	166	25	6
A. & S. Henry & Co., Ltd.	11	2	57	15	0	0	24	7	25	6	119	30	3
Singapore Trading Company	20	8	90	11	0	0	0	0	0	0	111	19	5
L. E. Tels & Co., S Trading Society	44	11	38	14	0	0	23	13	0	0	106	38	2
Rahaman Penhas	47	2	30	6	0	0	27	7	0	0	106	15	7
Paterson Simons & Co., Ltd.	0	0	10	2	39	3	0	0	0	0	49	5	9
Tung Seng & Company	38	5	10	2	0	0	0	0	0	0	48	7	6
Guthrie & Co., Ltd.	0	0	0	0	2	1	7	1	0	0	10	2	5
計	2,712	188	1,888	242	1,192	72	1,251	117	547	44	7,589	663	11
Liverpool	1,339	100	878	130	629	36	827	78	179	21	3,854	365	10
Manchester	196	16	350	33	221	11	0	0	270	13	1,043	74	14
Southampton	420	30	265	32	143	11	248	22	11	3	1,089	98	11

（C）中国製品

〈華僑〉Ⓒ-2

輸入商	D. Cotton Ⓔ		Nankeens ●		小計		1回当たりの輸入量
Kwong Fook Tai	300	18	161	11	461	29	15
Kwong You Seng	298	4	97	1	396	5	79
Fook On Company	269	11	50	2	319	13	24
Chin Guan & Co.	111	8	160	8	272	16	17
Sin Huat	210	9	0	0	210	9	23
Yick Tai	78	5	0	0	78	5	15
計	1,269	55	469	22	1,739	77	22
Hongkong	537	30	16	2	553	32	17
Shanghai	732	24	453	20	1,185	44	26

資料）表5-3と同じ。

注記）品種に付したⒿは，日本人輸入商も取引している品種を示す。同様にⒸは，華僑輸入商，Ⓘは，印僑輸入商，Ⓔは，西欧人輸入商。●は，他の輸入商の取引が確認できないところから，各輸入商が専門的に取引していると考えられるもの。品種は，輸入量40万碼以上のものを選んだ。それぞれの全輸入量は，表5-3を参照。各数字の左は輸入量（千碼），右は取引回数（回）。

と対照されたい)、ここから直ちに全体像を描くことはできないが、四〇万碼以上の輸入取引量にのぼる品種(Ⓙ—八種、Ⓒ-1—一〇種、Ⓘ—七種、Ⓔ—六種、Ⓒ-2—二種)、のべ三三種を対象とする、各国籍別輸入商の取引の特徴を推察することができる。

それによってわかることは、第一に、各国籍別輸入商の一回当たりの輸入取引量に差異があることである。日本製品を扱う各輸入商(Ⓙ、Ⓒ-1、Ⓘ)のなかでは、日本人の平均は三万二〇〇〇碼、華僑のそれは二万一〇〇〇碼、印僑のそれは一万六〇〇〇碼であった。そして、イギリス製品を扱う西欧人輸入商(Ⓔ)のそれは一万一〇〇〇碼、中国製品を扱う華僑輸入商(Ⓒ-2)のそれは二万二〇〇〇碼であった。華僑輸入商の平均取引量は、日本人輸入商のそれに及ばないものの、決して低い水準ではなく、むしろ個別の輸入商のなかには三井物産や三菱商事と同じ水準にいるものが存在したところから、華僑輸入商は一度に多量の日本製品や中国製品を取引しうる資金力を有していたと考えられる。第二にわかることは、この華僑輸入商の取り扱う綿布品種は、日本製品の輸入取引に限定した場合、比較的に他の輸入商の取引品種と重なることが少ないということである。華僑輸入商は、日本製品を輸入する場合、他の輸入商との競合を避けるように取引に関わっていたのである。そして、第三は、この華僑輸入商のもう一つの特徴であるが、イギリス製品を輸入する西欧人輸入商らの取引綿布の種類をみると(Ⓔ)、華僑輸入商の輸入する日本製品の綿布品種(Ⓒ-1)と重なるものが多い点である。一九三〇年代のアジア市場においては、日本製品とイギリス製品の競合が生じ、イギリス製品の後退が強く問題視されたが、そうした競合は、輸入商のレベルでみた場合には、西欧人貿易商と日本人貿易商との競争ではなく、華僑輸入商との競争の結果であったのである。換言するならば、日本製品のアジア市場における国際競争力は、東南アジア市場における華僑通商網に強く依存して、発揮されるものであったのである。

同様のことは、中国製品を輸入取引している華僑輸入商のメンバー(表5-5のⒸ)に目をむけても窺える。そこには、イギリス製品を取引しているメンバー（表5-5の(B)）と重複するものがあり、とくに(C)のメンバーには二〇年代までは欧州品を取引していたものが四社確認できる。これらの事実は英領マラヤにおけるイギリス製品は華僑を通して中国製品に代替される対象であったことがわかる。イギリス製品にとっては、華僑通商網において台頭著しい中国製品との競合も重要な問題であったのである。

第三の特徴は、印僑輸入商の取引についてである。印僑輸入商は、人絹織物（Rayon）の輸入取引に積極的に関わるものの、その他の品種では日本人輸入商が取引する品種に参入する傾向を有した。このことは、印僑輸入商が日本人輸入商にたいして競合的な取引に乗り出していたとも考えられるが、むしろ日本人通商網を補完する役割を果たしていたと考えたい。印僑が、一九三〇年代初頭に華僑の対日本製品ボイコット運動に乗じて日本製品取引に参入したことはよく指摘されるが[26]、おそらく印僑は日本人輸入商が華僑の排日運動に直面した時に、日本人輸入商の取り扱う品種の輸入取引に関わる機会を得たのである。満洲事変後の華僑の対日本製品「ボイコットのお陰で面目を一新し、すっかり土台を固めたカンボン・ヂァワの印度人商店」と評されたように[27]、シンガポールの印僑輸入商は、日貨排斥運動に直面した日本人輸入商が容易に取引することのできない地域や相手を対象に、取引に参画したのであり、印僑は日本人通商網に課せられた通商上の制約を補完する役割を演じたのである。

先述したように、イギリス本国は、製品の販売市場の確保という「産業」的利害と、植民地からの毎年の支払の円滑化という「サービス・金融」的経済利害の二つに即して、植民地の通貨を割高に設定したが、このことは、一九三二年以降の日本の通貨切下げと呼応して、東アジアの「通貨切下」圏と、東南アジア・南アジアの「通貨割高」圏の対照を形成した。三〇年代のアジア国際通商秩序を形成する基本的な制度的条件は、この通貨政策の対照性であった。しかし、日本にとって重要なのは、この対照性にたいして、華僑と印僑の通商網が強く反応し、イギリス本国の英領マラヤへの輸入割当制の実施によっても、日本製品には「数字的影響殆どなく、割当前年と同等輸

表5-7　シンガポールにおける西欧人綿布輸入商（1934年6～12月）

（A）日本製品　（単位：千碼）

順番	輸入商	兼商	輸入量	20年代末	備考
1	Edgar Brothers, Ltd.	B3	974	欧州品	表5-7-(B)の 3
2	William Jacks & Co.	B17	172	*	表5-7-(B)の17
3	Harper Gilfillan & Co.		125		輸出入，不動産，鉱山，海運（浅野物産との取引）
4	Boustead & Co.	B7	119	欧州品	表5-7-(B)の 7
5	Irving Jones & Co.	B18	99		表5-7-(B)の18
6	Straits Java Trading Co.	B16	96	*	
7	L. E. Tels & Co. Trading Society	B13	94		表5-7-(B)の13
8	G. W. Haumma & Co.		82		
9	Borneo Sumatra Trading Co.		43	欧州品	
10	J. S. Bros. & Co.		41		
11	Diethelm & Co.	B9	33	欧州品	表5-7-(B)の 9
12	J. Witt		31		
13	Guthrie & Co.	B11	23		表5-7-(B)の11
14	Paterson Simons & Co.	B15	14	欧州品	表5-7-(B)の15
15	Hagemeyer Trading Co.		12		総合商
16	American Lloyd Agency, Ltd.		7		
17	Societa Commercial Orientale	B10	2	*	表5-7-(B)の10
	その他とも計　18社		2,782		

資料）表5-4と同じ。
注記）表5-4と同じ。

入勢力を記録(28)」したのであった。イギリス製品のアジア市場における国際競争力は、東南アジア市場における華僑通商網の反応に強く規定されるものであり、また印僑通商網は日本人通商網を補完するものであった。そうであるとすれば、華僑と印僑が、こうした通貨政策の対照性に敏感に反応することによって、イギリス本国が植民地に有する二つの経済利害のうち、「産業」的利害が副次的に位置づけられる結果をもたらしたと言える。換言すれば、イギリス本国の対アジア植民地利害は、通貨政策の対照性への華僑と印僑の通商網の反応を通して、「サービス・金融」的利害に比重を移すことになったのである。

(2) 西欧人輸入商内における対立

それでは、このとき西欧人輸入商はどのような状況にあったのであろうか。次に、英領マラヤにおける西欧人輸入商の動きを検討したい。先にみたように、イギリス製品の輸入取引は彼らが担っ

表5-7　（つづき）

（B）イギリス製品

順番	輸入商	兼商	輸入量	20年代末	備考
1	Henry Waugh & Co.		1,419		ゴム，スズ取引，保険，欧州品輸入商
2	Watts & Co.		1,396	欧州品	コミッション・マーチャント
3	Edgar Brothers, Ltd.	A1	1,118	欧州品	輸出入。支店はロンドン，マンチェスター，バンコク，スラバヤ，大阪
4	Brinkmann & Co.		1,062	欧州品	輸入，保険，自動車。本店はロンドン
5	Barlow & Co.		783	欧州品	不動産，保険，鉱物・ゴム取引，欧州品輸入業
6	Trading Co. “Holland”		733	*	オランダ商
7	Boustead & Co.	A4	621	欧州品	不動産，海運，保険，輸入業
8	Jackson & Co.		539		保険，輸入
9	Diethelm & Co.	A11	515	欧州品	輸入。本店はスイス
10	Societa Commercial Orientale	A17	406	*	オランダ商
11	Guthrie & Co.	A13	373	*	不動産，保険，鉱山，プランテーション，総合商
12	A. & S. Henry & Co.		318		
13	L. E. Tele & Co. Trading Society	A7	241		オランダ商
14	Singapore Trading Co.		239	欧州品	
15	Paterson Simons & Co.	A14	216	欧州品	不動産，海運，総合商。本店はロンドン
16	Straits Java Trading Co.	A6	184	*	
17	William Jacks & Co.	A2	155	*	総合商，海運
18	Irving Jones & Co.	A5	133		コミッション・マーチャント
19	International “Rotterdam”		98	欧州品	オランダ商
20	Adamson Gilfillan & Co.		69	欧州品	
小計			10,629		
その他とも計　34社			10,833		

ていた。西欧人輸入商のメンバーを整理した表5-7をみると，西欧人輸入商の上位（(B)の1〜6）は，エドガー・ブラザーズ（Edgar Brothers：(A)-1，(B)-3）の一社を除いては，イギリス製品の輸入に特化していることがわかる。彼らの多くは，単なる輸出入業だけでなく，錫，ゴム生産事業や保険業務に関わる多角的経営体であり，イギリス本国製品の輸入業務はその一環であった。

しかし，ここで注意したいのは「欧州人ばかりの貿易会社が出来て大いに英国品を売るつもりであったが重役会議の結果，どうしても八割は日本品を扱わなければ算盤が採れないと云う事に決定し，支配人が態々仕入れ旁々日本視察に行った[29]」と言われたように，西欧人輸入商のなかにおいても日本製品の輸入取引に関わろうとする動きが現れていたことである。日本製品の輸入取引に関わったエドガー・ブラザーズの場合をみると、同社は、輸出入取引を専業とする企業であり、日本製品の輸入取引に関わる、Diethelm（A)-11、(B)-9）、Irving Jones（A)-5、(B)-18）も同様であった。多角的な事業体を有するものではなく、輸出入業を主体とした企業の場合には、有益な日本製品の取引は必要であったと考えられる。エドガー・ブラザーズは、本社をシンガポールにもつ貿易商であり、チャータード銀行から円資金を調達して、「コミッション・マーチャント」として日本製品の輸入に関わるようになった[30]。同社は、二〇年代末まではヨーロッパ製品の輸入に関わっていたが、三〇年代の初めには有益な日本製品の輸入に乗り出したのである。ロンドン、マンチェスター、スラバヤ、バンコク、そして大阪に支店を有していた[31]。

西欧人輸入商においても、通貨政策の対照性に反応し、日本製品の輸入取引を選好する勢力が存在したことは、イギリス本国が「外国織物輸入割当」制の施行を求めたときに、「海峡植民地英商協会委員会」が「輸入割当制を適用するの不可」なる「陳情書」を本国植民地省に提出し（三四年六月一一日）、またシンガポールの立法議会においても民間議員七名から「割当制に反対」する投票がなされた（三四年六月一一日）ことにも示されていた。英商協会委員会の割当制導入反対の理由は、英領マラヤは本来「原料産出地」であり、「物資集散通過」機能を維持することが「生命」であり、通商制限策には基本的に反対する、というものであった。つまり「飽迄通商自由主義に立脚し、繁栄を維持する方、些々たる輸入制限より得可き利益よりも、遙に英帝国の為有利なり」とするものであった[32]。

しかし、結局、議会では「官吏議員十名の賛成」によって割当制の実施が決定された。そして、こうした決定を促したのが、輸入商内の利害対立であった。民間のなかにおいて、イギリス製品の輸入増を企図して、割当制の実施を強く主張する勢力があらわれたのである。その代表的な存在が、英国製品輸入の首位にいた、ヘンリー・

表5-8　英領マラヤにおける各国綿布輸入量の推移

年代	輸入量（千碼）				単価（ドル/千ヤール）			
	日本	イギリス	中国その他	計	日本	イギリス	中国その他	平均
1933	99,465	25,877	19,561	145,903	90.0	190.9	126.9	112.2
34	99,239	29,007	16,158	144,404	95.4	185.7	123.5	117.0
35	53,755	33,340	16,553	103,648	94.3	186.7	132.1	130.1
36	53,033	38,052	23,326	114,411	91.8	176.5	116.4	124.1

資料）『内外綿業年鑑』昭和13年版，日本綿業倶楽部，1938年12月，「諸統計表」の174頁。

ウォー（Henry Waugh：表5-7の(B)-1）のデイヴィス（L. A. Davies）であった。同社はシンガポールに本社を置き、ヨーロッパ製品の輸入取引の代理店を多くつとめる輸入商であったが、先述したように、多角的な事業体を構成しており、輸入業務だけに特化するものではなかった。[33]また、一九二〇年代における綿布輸入取引の記録が見あたらないところから、おそらく三〇年代に新たに綿布取引に参入した新興勢力であったと考えられる。同社のこうした性格がイギリス本国の求める輸入割当制を強く支持する姿勢を形成したと考えられる。[34]同社が「委員会に選出されている企業はマンチェスター製品の取引に深い関心をもっておらず」と批判し、自らを「少数派」と評したように、英商協会委員会は有益な日本製品の輸入を選好していたのである。しかし、こうした民間内の対立が表面化しては、「割当制度に対する反対は明らかに信頼を失っていった[35]」のである。

一九三五年以降の英領マラヤにおける綿布輸入状況をみたのが表5-8である。かくして実施された外国織物輸入割当制の継続によって、日本製品の輸入量は三五年以降に減少することになる。日本と英領マラヤの通商関係は、稀薄化したとの理解も可能になろう。しかし三五年以降の約五〇〇〇万碼の日本製品輸入水準は、日本製品の輸入実績としては三一年以前と同等のものであり、この水準は割当制の企図するものであった。それゆえ、日本は対イギリス協調的な姿勢をみせることで、通商関係を維持したと評価できる。またイギリス側においても、三七年春には、こうした割当制の継続下における規制「緩和」が、日本への宥和政策として有効であると考えられており、[36] そのこと自体が外交政策の選択肢になりうるほどに、日本と英領マラヤとの通商関係が実態として存続していたことを示していた。

そして、アジア通商網との関係でさらに注意したいのは、日本製品の輸入に規制が加えられつつも、他方において中国製品の輸入が一九三六年から増えはじめた点である。先述したように、この中国製品の輸入増加は三五年の中国の幣制改革後における通貨切下げによる輸出促進の結果であり、華僑通商網を通して中国製品と代替関係にあったイギリス製品は、改めて競争圧力を受けることになったと考えられる。そして、この華僑通商網を通した中国製品の供給増加が、三七年以降のシンガポール華僑による対日本製品ボイコット運動の継続を支える条件になったのである（第九章参照）。一九三七年の日本製品の輸入に占める華僑輸入商の取引割合は二七％、印橋は三九％、日本人は三〇％、西欧人は五％という構成であったが、日中全面戦争の勃発後の一九三八年一月から六月までの六カ月間においては、華僑の輸入割合は二・八％へと急激に減少し、印僑五六・三％、日本人三八・八％、西欧人二％という構成に変化する。[37] こうしたシンガポールにおける日本製品取引をめぐる華僑輸入商の退場を支えたのは、上海と香港を通した中国製品の供給増加であった。とくに「新嘉坡を中心として見たる華僑の支那人客荷物の動きと云うものは、新嘉坡から香港と云う間が非常に多い[38]」という状況が現れたのであった。イギリス本国の「サービス・金融」的利害に即してつくりだされた通貨政策の対照性は、中国の工業化をも促し、華僑通商網を刺激したのである。

三　アジア通商網の多様化と日本人織布業者の回復

前節では、一九三〇年代のアジアにおける通貨政策の対照性に反応したアジア通商網のマクロ的意義について述べたが、ここではそうした通商網の多様化が、神戸港とその後背地において、どのように具体的意義を有したかを考察したい。対アジア貿易に比重を置く神戸にとってアジア通商網との連携がいかに重要であったかを強調したい。

（1）神戸港における貿易商の多様化

次頁の表5-9は在神戸華僑の取引額の推計である。数冊の商業興信所編纂『商工資産信用録』（各年版）から「華僑」を取り出し、各年版に初出するメンバーごとに時代を追って整理し、他方で彼らの営業税額を、佐藤純吉編『大日本帝国商工信用録』[39]と神戸市役所商工課編『神戸市商工名鑑』から求め、取引額を推計した。神戸華僑の取引額が輸出額であるとみなして、神戸港の対東南アジア輸出額と対比すると、神戸華僑の取引額がピークを示すのは、二九年の七五四七万円であり、これは同年の神戸港の対東南アジア輸出全額の七割を占めたことになる。その後の三二年の取引額は二九〇八万円（神戸港の対東南アジア輸出額において四三%を占める。以下同様）へと急激に減少するが、三六年には五五六三万円（三七%）に回復する。[40]この推計は、神戸の「華商全取引高満洲事変前約百店約八千万円であったが、現在では約六十店約五千万円である[41]」と語った記録と近似したものである。同様に、在神戸印僑の取引額を輸出額とみなして推計した表5-10をみると、二九年には一六八八万円（神戸港の対英印輸出額の三三%を占める。以下同様）であったものが、三六年には七八六六万円（八〇%）へと急激に増加することがわかる。つまり以上の推計から、三六年の時点での在神戸華僑、印僑の輸出額は、神戸港の対東南アジア・英印輸出額

表5-9　神戸華僑の取引額推計

（単位：千円）

	1925年	26年	29年	32年	36年	38年	41年
21年資料に初出するメンバー	32,585	32,046	41,417	15,060	19,590	7,250	10,150
25年資料に初出するメンバー	26,795	20,764	17,475	8,164	14,340	6,475	1,850
28年資料に初出するメンバー			16,578	5,146	12,668	2,475	2,960
32年資料に初出するメンバー				714		2,200	1,850
36年資料に初出するメンバー					9,027	5,395	3,275
38〜43年資料に初出するメンバー						1,438	9,715
その他とも計　A	59,381	52,810	75,470	29,084	55,625	25,233	29,800
神戸港の南洋輸出額　B	135,350	123,718	106,154	67,567	151,105	92,047	96,076
A/B（%）	44	43	71	43	37	27	31
社数計　C	81	79	119	47	40	55	86
A/C（千円）	733	668	634	619	1,391	459	347

資料）商業興信所（牧野元良）『商工資産信用録』第22回（1921年12月），26回（25年10月），29回（28年11月），33回（32年10月），37回（36年10月），39回（38年10月），42回（41年10月）より華僑を選んだ。営業税額は，25年は佐藤純吉編『大日本帝国商工信用録』（第42版），東京博信社，1926年5月，26，29，31，36年は神戸市役所商工課『神戸市商工名鑑』26年（1927年10月刊），29年（30年3月刊），32年（32年12月刊），36年（37年3月刊）。38年，41年の取引額は『商工資産信用録』。

注記）25〜36年の取引額は上記の営業税額からの推計。36年以降は0.00022，それ以前は0.00028で除した。南洋は，仏領インドシナ，タイ，蘭領東インド，英領マラヤ，フィリピンの計。

合計の約半分を占めたことになる。二九年の輸出額を基準（＝一〇〇）とすれば、三六年に華僑の輸出額は七三に回復し、印僑のそれは四六六に急拡大したことになり、三〇年代の在神戸印僑の積極的な日本製品取引への進出が確認できる。

　また一社当たりの在神戸華僑の取引額（表5-9のA／C）は、二六年の六七万円から三六年には一三九万円に増加するが、在神戸印僑のそれは一七三万円から一〇二万円へと減少する（表5-10）。あわせて前掲『商工資産信用録』各年版から、一社当たりの資本金を推計すると、在神戸華僑のそれは、二五年五万七〇〇〇円、三二年九万五〇〇〇円、三八年一七万三〇〇〇円へと拡大基調にあるのに対して、印僑の場合は各年において二〇万円、八万四〇〇〇円、七万円へと減少することがわかる[42]。それゆえ在神戸印僑は三〇年代を通して、一社当たりの取引額や資本金を低下させながら全体の取引額を増やしたことになる。これは、資本金規模の比較的小さな印僑が三〇年代に新規参入し、日本製品の取引に積極化したことを示している。他方、在神戸華僑の方は二〇年代からのメンバーが着実に規模を拡大させ、三〇年代に取引額を回復させたことになる。さらに一九三〇年代の日本綿布取引をめぐる貿易商の多様化を促進させた勢力として、オランダ人貿易商の取引参入についてふれておきたい[43]。従来の研究においては、一九三四年の日蘭会商（図5-1）は、蘭印市場をめぐる日本とオランダ本国の綿業の通商摩擦問題の解決が課題であったと考えられてきた。しかし第八章において具体的に検討するように、この政府間交渉は、蘭印の第一次産品（とくに砂糖）の毎年の対日本輸出量の確定と、有益な日本製品取引機会のオランダ人貿易商への移譲をめぐって議論が続けられたものであり、日本製品の徹底的な排除問題をめぐって議論されたものではなかった。むしろオランダ本国政府は、低廉さを背景とした有益な日本製品を在アジアのオランダ人貿易商が取引することで、彼らの収益・配当を回復させ、本国の投資家の期待に応える姿勢を有していたのであった。その意味で、オランダ本国も「産業」的利害ではなく、「サービス・金融」的利害を対外政策の基調に置いていたのである。

表5-10　在神戸印僑・欧米商人の取引額推計

（単位：千円）

		1926年	29年	36年
インド人A		41,582(24)	16,875(41)	78,655(77)
欧米人		215,632(69)	51,600(75)	50,841(41)
神戸港の対英印輸出B		65,751	51,904	97,882
A/B（%）		63	33	80
一社当たり取引額	インド人	1,733	412	1,021
	欧米人	3,125	688	1,240

資料）表5-9に同じ。
注記）（　）内は社数を示す。

次頁の表5-11に示したように、日本綿布の対蘭印輸出は一九三二年から三五年までに約五〇〇〇万碼の増加をみせており、その増加の殆どはオランダ人貿易商によって主導されていたことがわかる。日蘭会商を通して、日本人貿易商からオランダ人貿易商への日本製品取引の移譲がなされたのであった。とくにオランダ人貿易商は加工綿布取引に意欲を示した。このなかで三五年の西欧人輸出商と印僑のメンバーを示したのが表5-12である。ここでの田中助左衛

表5-11　日本綿布の対蘭領東インド輸出

（単位：千碼）

国　籍	1932年	1935年	1932年から35年の増減
西欧人	76,823	145,841	69,018(45,293)
日本人	286,456	264,684	▲21,772(▲9,069)
インド人	16,066	24,549	8,482(　8,625)
中国人	11,680	7,187	▲4,492(▲5,942)
計	391,027	440,749	49,722(37,343)
社数			
西欧人	6	14	8
日本人	45	52	7
インド人	18	13	▲5
中国人	5	7	2
計	74	86	12

資料）「昭和6年7月1日～11年12月31日　蘭領東印度向綿織物の輸出実績届け出数量」1937年6月29日付（日本綿糸布輸出組合『日蘭会商委員会』所収）。

注記）▲はマイナス。（　）内は加工綿布の増減。

門はオランダ人貿易商の「テルス商業会社と提携」しており、同社のダミー会社として認識されていた[44]。三〇年代に日本製品の取引に乗り出すオランダ人貿易商は輸出統制機関であった日本綿糸布輸出組合下の「蘭印輸出組合」の非組合員が多く、アウトサイダーであったことがわかる。オランダ人貿易商は、予想される組合統制を忌避しながら（第八章参照）、日本製品の取引に乗り出す条件を会商のなかで作り出したのである。そして、それだけ三〇年代の神戸港を起点とする日本製品をめぐる通商網は、日本人貿易商だけでなく、華僑、印僑、オランダ人貿易商などの主体によって担われるように多様化し、日本とアジアの相互依存関係を強めたのである。

（2）神戸港の後背地西脇における織布業者の回復――高瀬弘家[45]の事例

次に、多様な貿易商によって構成されるアジア通商網の歴史的意義を、糸染加工綿布産地兵庫県西脇の織布業高瀬織布株式会社（高瀬弘）の昭和恐慌からの回復過程を通して考察したい。西脇は、輸出用の糸染加工綿布産地として存立しており、阿部武司氏が詳細に検討されたように、工業組合や兵庫県染織指導所などの制度的な後援を受けながら、産地内の分業体制を有機的に整備していた[46]。それゆえ西脇の織布業者間の有機的結合を「分散的大工業[47]」と評することもあった。

他方、こうした有機性は情報の開放性につながり、「利益ありと見れば競うて之に趨り、かのサロン、ドビー格

表5-12　日本綿布の対蘭領東インド輸出にかかわる在日本の西欧人と印僑（1935年）

（単位：千碼）

国籍	順番	商社品			輸出量
西欧人	1	DB-5	N. V. Borneo Sumatra Handel Mij.		57,525
	2	*	Internationale		15,292
	3	DT-11	田中助左衛門		14,813
	4	*	和蘭貿易		14,636
	5	*	Geo. Wehry		10,533
	6	*	Oriental Purchasing Co.		10,435
	7	*	Dieher & Stibbe		7,730
	8	*	Deli-Atjeh		5,664
	9	*	Everard & Co.		5,435
	10	DN-6	Netherlands-Asiatie Trading Co.		2,100
	11	DJ-2	James Globe Trading Co.		1,087
	12	DB-2	Bergmann & Co.		230
	13	*	Jacobson Van den Berg		180
	14	*	Hagemyer		174
	計（14社）				145,841
印僑	1	DA-5	K. Arjane & Bros.		4,203
	2	DH-10	Hotchand Khemchand	S	3,677
	3	DN-4	P. K. Nataraja		3,611
	4	DP-3	Pohoomull Bros.	S	3,222
	5	DB-3	G. Bhoroomall Sons	S	1,994
	6	DD-5	K. N. Dhanamall & Co.	S	1,556
	7	DN-3	B. Naraindas		1,455
	8	DP-2	Perimall Odernamall & Co.	S	1,441
	9	DM-1	Magnlal Nagindas & Co.		649
	10	DC-1	J. T. Chanral & Co.	S	643
	11	DS-9	T. M. Sobhrajmall	S	277
	12	DP-1	T. P. Panjoomall	S	250
	13	*	Maganral	S	28
	計（13社）				24,549

資料）表5-11と同じ。

注記）＊は，対蘭印輸出組合の非組合員を示す。それ以外は，組合員。田中助左衛門は，オランダ人出資のダミー会社との「解説」をうけて，欧米人とみなした。Sは，シンディー系。

式会社の主要勘定

（単位：円）

自己資本金 C	払込資本金	内部留保	自己資本金余裕金 C−A	長期負債 D	借入金	無尽借入金	長期資金余裕金 D+C−A	資料
127,637	120,000	7,637	4,946	8,150	8,150		13,096	『株主総会議事録』
123,735	120,000	3,735	36,770	3,500	3,500		40,270	『総勘定元帳』32
143,378	120,000	23,378	49,266	16,000	16,000		65,266	『原簿』17
127,608	120,000	7,608	43,800	5,788	5,788		49,588	同上12
128,386	120,000	8,386	58,558	10,171	10,171		68,730	同上18
122,573	120,000	2,573	53,558	971	971		54,529	同上19
126,090	120,000	6,090	55,007	972	972		55,979	同上14
139,404	120,000	19,404	74,321	59,000	59,000		133,321	『営業報告書』
144,995	120,000	24,995	76,298	0			76,298	『原簿』11
122,000	120,000	2,000	28,924	18,180	18,180		47,104	同上
不明	不明	不明	不明	不明	不明	不明	不明	
135,000	120,000	15,000	79,433	0			79,433	『営業報告書』
138,190	120,000	18,190	92,623	80,000	80,000		172,623	同上
368,761	120,000	248,761	▲3,320,617	2,320,000	2,320,000		▲1,000,617	同上
432,996	120,000	312,996	▲9,298,315	1,231,000	1,000,000	231,000	▲8,067,315	同上
3,993,992	120,000	3,873,992	▲6,228,660	2,660,005	1,500,000	1,160,005	▲3,568,655	同上

流動負債	当座借越	支払手形	原料未払買掛	製品代仮受	固定比率（%）	内部資金比率（%）	運転資金比率（%）
70,048		1,380	47,193	0	96	36	11
60,608	868	3,250	26,015	11,528	70	2	46
46,736	7,433	0	26,684	8,128	66		69
41,612	14,091		18,993	8,528	66	27	59
18,815	7,801		10,015	500	54	40	98
7,587			7,587	0	56	7	79
6,404			6,404	0	56	3	79
30,154			24,754	0	47	38	205
0			0	0	47		111
0			0	0	76		51
不明	不明	不明	不明	不明	不明	不明	不明
88,534			68,534	0	41		143
334,330			334,330	0	33	0	379
2,707,486			2,693,086	0	1,000	0	▲27
13,777,361			13,072,297	705,064	2,247		▲83
13,652,022		3,000,000	7,292,022	3,000,000	256	0	▲35

表5-13　高瀬織布株

期	期　間	総資産	固定資産 A				減価償却金 B	設備投資 Aの増減＋B
				建　物	機　具	Aの増減		
	1935.6.30	197,698	122,691	26,067	81,433	122,691		122,691
1	35.7〜36.6	210,700	86,965	22,221	52,503	▲35,726	7,692	▲28,034
2	36.7〜37.6	237,490	94,112	22,707	58,297	7,147		7,147
3	37.7〜38.6	211,416	83,808	21,027	51,629	▲10,304	10,072	▲232
4	1938.7〜39.6	198,214	69,828	18,566	41,923	▲13,980		▲13,980
5	39.7〜40.6	191,588	69,015	17,566	42,265	▲813	3,700	2,887
6	40.7〜41.6	197,173	71,083	15,566	48,745	2,068	9,500	11,568
7	41.7〜42.6	253,449	65,083	14,566	44,745	▲6,000		▲6,000
8	42.7〜43.6	213,692	68,697	18,180	44,745	3,614		3,614
9	43.7〜44.6	215,076	93,076	39,314	45,812	24,379		24,379
10	44.7〜45.6	不明	不明	不明	不明	不明	不明	不明
11	1945.7〜46.6	268,673	55,567	29,314	20,304	▲37,509		▲37,509
12	46.7〜47.6	930,352	45,567	19,314	20,304	▲10,000		▲10,000
13	47.7〜48.6	7,669,524	3,689,378	1,321,173	1,961,251	3,643,811	364,000	4,007,811
14	48.7〜49.6	20,257,371	9,731,311	2,816,645	5,126,756	6,041,933	694,580	6,736,513
15	49.7〜12	20,571,823	10,222,652	2,727,025	5,600,420	491,341	327,655	818,996

期	期　間				流動資産 E	D＋C－A－E
		原糸関係	製品関係	預金，現金，有価証券		
	1935.6.30	5,641	44,609	10,796	67,371	▲54,275
1	35.7〜36.6	0	47,601	10,315	64,163	▲23,893
2	36.7〜37.6	1,456	86,549	5,271	102,423	▲37,157
3	37.7〜38.6	2,679	20,564	5,622	75,865	▲26,277
4	1938.7〜39.6	2,679	82,304	5,165	118,005	▲49,275
5	39.7〜40.6	0	17,571	6,875	49,989	4,540
6	40.7〜41.6	0	14,330	14,800	54,136	1,843
7	41.7〜42.6	0	125,924	26,596	188,366	▲55,045
8	42.7〜43.6	0	48,538	16,600	65,138	11,160
9	43.7〜44.6	0	13,094	42,707	56,695	▲9,591
10	44.7〜45.6	不明	不明	不明	不明	不明
11	1945.7〜46.6	64,821	63,699	76,973	205,493	▲126,060
12	46.7〜47.6	0	519,613	148,368	874,785	▲702,162
13	47.7〜48.6	361,037	1,964,146	833,815	3,920,146	▲4,920,763
14	48.7〜49.6	1,996,350	5,509,155	1,422,716	10,526,060	▲18,593,375
15	49.7〜12	553,273	3,963,200	454,936	8,430,608	▲11,999,263

注記）第10期は，高瀬弘が出兵のために事業中止。内部留保は，積立金＋前期繰越金。固定比率＝A/C。内部資金比率＝内部留保/A。運転資金比率＝長期資金余裕金/A

子、キコイ、ラペット、紋織に見たる如く、雨後の筍式に乱立せる」[47]ような新規参入の激しい性格を有していた。高瀬織布も、これらの新製品のなかで対モンバサ輸出用「キコイ」を一九三三年から生産するようになり、急速に台頭する。

高瀬弘が織布工場を創業するのは、一九二八年九月（当時、二二歳）であり、当時の所有織機は六五台であった。そして、三六年には三二八台を擁し、播州織工業組合員の所有織機台数の首位を占めるように急速に成長する。[48]あわせて、三五年七月には節税対策として株式会社へと組織を変更する。それゆえ同年同月以降に揃う『営業報告書』の主要勘定をまとめたものが、表5-13である。同表からは、第二期（一九三六年七月〜三七年六月）の流動資産が一〇万二〇〇〇円となっていることがわかるが、創業間もなく直面した二九年からの昭和恐慌期には「大阪で売った小幅ネルの代金、六〇〇〇円が流動資産のすべて」[49]であったように、高瀬織布も強い打撃を受けた。そして不況からの回復は、高瀬弘が、「[昭和]七・八・九年の三カ年間、私の方としましては、本当に好況の波に乗った」と語ったように、為替の切下げがみられた三二年の後半期であった。実際に高瀬織布の綿布販売額を整理すると、三二年二〜一二月が二四万円（表5-14）、三三年一〜一二月が五二万円[50]、三五年一〜八月が七〇万円[51]となる。そして、株式会社になって以降は、三五年七月〜三六年六月（第一期）九九万円、三六年七月〜三七年六月（第二期）八一万円、三七年七月〜三八年六月（第三期）六四万円、三八年七月〜三九年六月（第四期）一四万円、三九年七月〜四〇年六月（第五期）一六万円、四〇年七月〜四一年六月（第六期）二三万円、四一年七月〜四二年六月（第七期）四六万円、となり[52]、三五年七月から翌年六月まで（第一期）の販売収入が、戦前期の頂点であった。そして、長期資金余裕金も、第一期（一九三五年七月〜三六年六月）以降は、四万円以上の水準を維持するようになっていた（表5-13）。

高瀬織布が昭和恐慌からの回復期にあたる一九三二年の注文主別の綿布販売先を整理したのが、表5-14である。

表5-14　高瀬弘家の綿布販売（注文主別）（1932年2～12月）

順位	国籍	注文主	売上反数 a(反)	売上 b(円)	構成比 (%)	単価 b/a(銭)	入金 c(円)	割引金 d(円)	売掛 b-c-d(円)	売上回数	入金回数	1回当たり売上金 e(円)	1回当たり入金 f(円)	f－e (円)
1	中国	三盛洋行	33,347	41,142	17	123	35,675	161	5,306	67	32	614	1,115	501
19		東南公司	3,700	3,256	1	88	3,242	0	14	7	6	465	540	75
32		成興洋行	1,800	738	0	41	4,404	0	▲3,666	2	2	369	2,202	1,833
2	日本	日商	33,137	29,201	12	88	28,328	0	873	59	31	495	914	419
4		三井物産	27,920	17,764	8	64	17,764	0	0	44	41	404	433	30
6		近藤	14,100	12,654	5	90	10,907	18	1,729	21	11	603	992	389
7	西欧	ネザランド	31,880	11,133	5	35	10,810	159	164	26	23	428	470	42
17		和蘭貿易	8,300	4,378	2	53	4,350	46	▲18	6	5	730	870	140
23		コンボイ	2,000	2,720	1	136	2,720	0	0	5	5	544	544	0
3	インド	pk ナタラジャ	16,857	18,151	8	108	21,777	338	▲3,964	39	28	465	778	312
5		ダンナマル	28,500	17,740	8	62	16,023	454	1,263	33	22	538	728	191
10		カルワー	6,000	6,450	3	108	6,425	53	▲28	10	10	645	643	▲3
計（その他とも）(34)			280,378	236,116	100	84	233,531	1,751	834	459	312	514	748	234
内訳	中国人(3)		38,847	45,136	19	116	43,321	161	1,654	76	40	594	1,083	489
	日本人(16)		116,744	101,856	43	87	99,954	299	1,603	216	141	472	709	237
	西欧人(5)		43,680	19,881	8	46	18,940	228	713	40	35	497	541	44
	インド人(10)		81,107	69,243	29	85	71,316	1,063	▲3,136	127	96	545	742	197

資料）高瀬弘『売日記』1932年2月起（史料番号0）。
注記）各国籍商の上位3社を取り上げた。▲はマイナス，売掛での▲は注文主からの受取超過。（　）は社数。順位は売上金額。

ここからは、昭和恐慌からの回復は日本人貿易商だけではなく、華僑と印僑からの買付けに支えられていたことがわかる。日本人では日商・三井物産・近藤、華僑では三盛洋行、印僑ではpkナタラジャ・ダンナマル、西欧人ではオランダ人貿易商のネザランドの買付けが目立っていた。これらの七社への販売状況を主要製品ごとに整理したのが表5-15である。当時の高瀬織布における主要生産品は、サロン類であった。売込み額が五〇〇〇円以上をしめる製品一〇種ごとに、売先別の平均販売単価の差異をみると、日本人は平均単価より安値で購入しており、三盛洋行、pkナタラジャ、ダンナマルは比較的に高値で購入していることがわかる。さらに主要製品のサロン（幅四二×長八）を対象に、売込み先の判明するものだけについて販売額と単価ごとにその推移をまとめたのが表5-16である。三盛洋行（番号の①）は、不況からの回復過程にあたる三二年後半期に相対的に高値で購入する姿勢を継続させていることが

売と注文先（1932年2～12月）

（単位：円）

						単価の格差（総計平均100として）（%）						
ネザランド		pk ナタラジャ		ダンナマル		日　商	三　井 物　産	近　藤	三　盛 洋　行	ネザランド	pk ナタラジャ	ダンナマル
売上額	平均単価	売上額	平均単価	売上額	平均単価							
		7,386	1.735	4,930	1.233	**95**	116	**91**	**104**		**134**	95
700	0.700	1,700	0.850			113		130	71	86	105	
				2,700	1.080	93			**106**			115
		3,175	0.722	1,160	0.580			123			99	79
						98	**95**					
						101						
1,301	0.650			1,300	0.650	109				73		73
				5,625	0.433							**100**
11,133	0.349	18,151	1.077	17,740	0.622	155	112	158	217	61	190	110

わかる。それに対して、日商（番号の(2)）は後半期に平均単価より安値で購入する対照をみせた。恐慌期にあって日商はスタミナを失ったかのような様相を示したのである。[53] そして、年末にはｐｋナタラジャ（番号の3）やダンナマル（番号の5）も平均単価より高値に購入する陣営に位置していた。加工製品種のキコイ生産をはじめる三三年以降には売り先は、第一貿易、東洋加工綿業、藤本勝商店などの日本人に集中するが、不況の回復期には非日本人貿易商への売込みに依存したのである。

売込み先の首位にある三盛洋行は、前掲表5-5と後掲表9-1（番号18）に示すように、一九二〇年代後半から資料に登場する広東系貿易商であり、シンガポールの華僑輸入商と取引関係を有した輸出商であった。なかでも三盛洋行は上位のシンガポール輸入商と取引しており（表5-5）、神戸華僑のなかでも積極的に対英領マラヤ輸出を担っていたのである。神戸には出身地域別の華僑の団体として、福建公所（福建）、三江公所（江蘇・浙江・江西）、広業公所（広東）の三つが存在したが、三盛洋行は「三公所中最も勢力ある」神戸広業公所の所属であり、あわせて三三年一一月に設立され、三五年一一月に社団法人として認可された華僑貿易機関「神戸華商南洋輸出協会」の

表5-15　高瀬弘家の品種別綿布販

品種（幅×長さ）		総計		内訳 日商		三井物産		近藤		三盛洋行	
		売上額	平均単価	売上額	平均単価	売上額	平均単価	売上額	平均単価	売上額	平均単価
42×8	サロン	101,391	1.296	12,134	1.232	4,500	1.500	8,014	1.179	28,319	1.347
24×8	サロン	18,592	0.812	1,840	0.920			560	1.120	344	0.574
27×8	サロン	14,797	0.937	2,938	0.867					7,574	0.997
42×4	サロン	14,601	0.730					2,520	0.900		
27×152	サロン	10,819	0.494	970	0.485	6,580	0.470				
30×6	サロン	7,915	0.676	4,760	0.680						
23×8	サロン	6,940	0.890	2,720	0.971						
30×40	ギンガム	6,864	4.601								
26×4	サロン	5,625	0.433								
27×304	サロン	5,360	0.893			2,400	1.200				
その他とも計		236,116	0.568	29,201	0.881	17,764	0.636	12,654	0.897	41,142	1.234

資料）表5-14と同じ。
注記）単価格差の太数字は売上額5千円以上を対象。

理事をつとめた重要商社であった[54]。同協会は、後述するような日本の「輸出組合」の設立に対応して、「輸出組合其の他の団体と連絡を保つ[55]」ことを目的に設立されたものであった。

一方、pkナタラジャとダンナマルは、前掲表5-12（インド人の番号の3と6）と、後掲表5-18（順位の71）にも顔をだすメンバーであったところから、対蘭印・英印輸出を担った印僑であったと考えられる。取引の一回当たりの売上額と入金額をみると（表5-14のf）印僑の入金額は華僑のそれと比べて少額であったことがわかる。この点からも推察して、在神戸印僑の資金力は華僑よりも低かったと考えられる。それだけに先述の印僑の競争的な性格と照応するものであった。

高瀬家の事例のように、一九三二年の通貨切下げによる輸出拡大を通した加工綿布織布業者の回復は、こうした華僑と印僑の通商網の敏感な反応によって支えられたものであった。三〇年代のイギリスとオランダの両本国の対アジア政策は、日本製品の輸入を強く規制する排他的なものではなく、むしろ「サービス・金融」的利害に即した通貨政策を通し

表5-16　綿布（42×8サロン）販売額と単価の推移，および注文主（1932年）

（単位：円）

単価（%）	2月	3月	4月	5月	6月	7月	8月	9月	10月	11月	12月
139											[3] 3,200
123									① 1,200	① 3,000	① 300
123										(28) 600	
121									① 200	① 2,200	
116								① 100		(4) 4,000	
115											(21) 2,000
114									[10] 500		
112		① 1,000							[16] 2,000	[5] 600	[5] 400
110				(2) 2,947							
105							〈23〉2,000				
103			(9) 2,500								
103			① 1,000								
100			① 1,000	(14) 1,000	(6) 3,000	① 1,000		① 200	① 143		
同上					[12] 1,200	[12] 500					
同上						① 2,000					
同上				[12] 1,300							
96			(2) 900	(2) 1,100							
94					(6) 1,000						
93						[12] 300		[3] 357			
91											[3] 100
同上							① 600	(6) 400			
同上								(28) 100			
同上								① 5,900			
90						[5] 3,000					
89		(9) 1,700	(9) 1,300			[15] 2,000					
同上			[15] 1,000								
88					[12] 1,200						
同上						(2) 200	(2) 1,800				
86	(6) 500		(6) 700								
85	〈30〉 700	〈29〉 800					(2) 1,100	[10] 1,800	[10] 200		
同上								(2) 700	(2) 100		
84		[10] 500	[10] 500								
同上		(14) 2,000	[15] 600				(2) 1,000				
81					① 106						
69					(6) 1,200						
61			[11] 1,000								
44				① 200							
25									① 373		
	1,200	6,000	10,500	6,547	7,706	9,000	6,500	9,557	4,716	9,400	6,500

資料）表5-14と同じ。

注記）○は華僑，□は印僑，（　）は日本人，〈　〉は西欧人。それぞれの番号は，販売額の順位を示している（表5-14参照）。なお，表5-14に現れないメンバーで，(9)はM商会，[12]カリム，(14)紫利，[15]キマドライ，[16]バスニア，(21)東洋加工綿業，(28)笹原商店，〈29〉コロンボ・エキスポート，〈30〉エキスポートを示す。平均単価を100とした（表5-15参照）。計は，77,626円であり，42×8サロン全額の77%をカバーしている。

て、通商的な「開放」性を有するものであり、日本の三二年からの通貨政策とも共鳴しながら、華僑・印僑通商網を強く刺激したのであった。先にも述べたように、三〇年代前半の日本は、通商面において世界的に「孤立」化したのではなく、華僑・印僑通商網の、またオランダ人貿易商の反応を通して、アジアとの相互依存関係を維持する方向にあったのである。換言すれば、同時期の日本は、同時代人の多くが認識したのとは違って、対外政策の選択肢を狭められていたのではなく、アジア通商網の敏感な反応によって、多様な対外関係形成の可能性を有していたのである。

四　印度輸出組合の輸出統制

(1) 輸出統制の開放性

一九三二年の為替切下げ以降の日本綿製品の輸出取引には、日本人貿易商の外に、華僑、印僑、オランダ人貿易商などの多様な貿易商の参入がみられ、アジア通商網の多様化によって、日本綿製品の対アジア輸出は急拡大した。こうした輸出拡大に起因して、南アジア・東南アジア市場を舞台にした綿業通商摩擦問題が発生し、日印会商と日蘭会商などの政府間会議がもたれた(本書、第六〜八章)。そして、対英印綿業通商関係においては、日印会商で締結された日印綿業通商協定に即して、三四年四月から定期的なインド棉花の購入と日本綿製品の対英印輸出数量統制が実施された。

統制にあたったのは、「輸出組合法」に依拠して設立された日本綿糸布印度輸出組合(以下、印度組合と略す)であった[56]。これは、日印会商で締結された第一次日印綿業通商協定に則して綿業通商統制を担当する機関であった。組織そのものは「業界人の手によって為され」たが、統制事業については「公的乃至国家的なものであっ[57]」た。組合の毎回の理事会には、商工省から書記官・事務官が出席しており、統制の実施方法の内容やその変更には、総会での議決内容について商工大臣に承認を得ることが義務づけられていたからである。[58] こうした綿業輸出統制については、これまで多くの研究が蓄積されてきたとは言いがたい。むしろ、これまでの通史的な認識では、こうした輸出統制を日本綿布の輸出拡大への「規制強化[59]」につながるものと理解し、一九三〇年代の日本綿業をとりまく「閉塞」感の喚起につなげて、消極的に評価してきたと言える。そこで、本節では三四年以降の輸出統制のあり方を検討しながら、これらの輸出統制が、多様な貿易商によって形成されるアジア通商秩序にどのように関係していたのかを検討したい。

結論を先取りして述べるなら、印度組合の輸出統制は、数量統制を基本としたが、印僑を含めた下位貿易商に輸出取引への参入機会を与える内容であり、アジア通商網の担い手である各貿易商の日本製品取引意欲を決して殺ぐものではなかった。印度組合は、印僑をはじめとする外国人貿易商の参入を容認するような開放性を有し、多様な通商関係を維持するように対応したのであり、日本綿業に「閉塞」感をもたらすような通商関係の希薄化を促すものではなかったのである。また、一九三九年一〇月からはじまる第三次日印会商においても、日本側の代表は在日本印僑との取引関係を通した通商関係の維持に、交渉の重点を置くようになっていた。実際に、印度組合の組合員（社）数は、初年度末の一一六社（三五年三月）から、一六五社（三六年三月）、一六八社（三七年三月）、二一一社（三八年三月）、二二六社（三九年三月）、二三八社（四〇年三月）へと増加し、四一年三月においては二四六社となった。[60] このことは、対英印輸出取引に意欲を有するメンバーが絶え間なく存在し、日本と英印との通商的相互依存関係は四一年三月まで維持されていたことを示唆している。組合員数の増加が三六年度（三六年四月〜三七年三月）に停滞的であることについては後述するが、こうした趨勢は統制下の対英印関係が「閉塞」感を通して認識されるような統制の実態ではなかったことを示していた。[61]

さて、具体的な対英印輸出統制は、各年度を二期にわけ、各期の輸出数量の上限を定めて、組合員（＝在日本輸出商）に輸出量を割り当てることを基本とした。それゆえ輸出統制は数量規制が主であり、直接に輸出価格を規制することはなかった。図5-4から、各年期の月平均輸出割当量の推移をみると、後年になるにつれて低下する傾向にあり、対英印輸出に制約が課せられているようにみえる。しかし、実際の輸出量は、三六年末から三八年前半までと四〇年前半の二期において、月平均輸出割当量の推移を大きく下回るものの、それ以外は月平均輸出割当量をやや上回る位置で推移したことがわかる。この輸出量の減退した二期は、いずれも輸出単価の異常な上昇期にあたった。前者は三六年度末の日本政府の「強度ノ為替管理」と日中戦争の勃発による三七年八月からの一層の為替管理に伴う原料輸入規制によるものであり、[62] そして後者は対英印通貨レートの割高化に起因していた。つまり

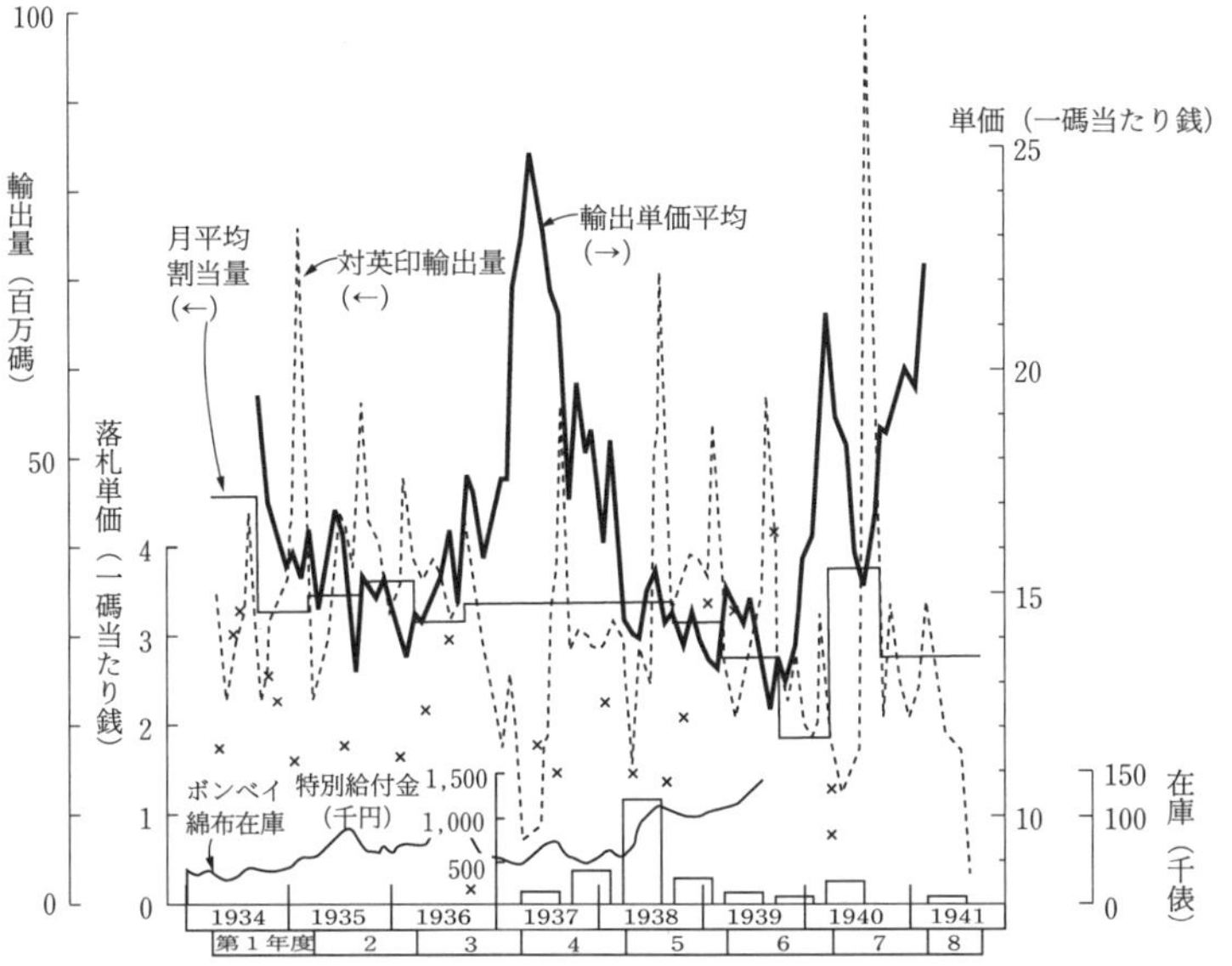

図5-4　輸出組合による対英領インド綿布輸出統制

資料）日本綿糸布印度輸出組合『事業報告書，決算報告書』各年版。ただし，第7年度は日本綿糸布印度輸出組合『印度輸出組合資料』（第7年度の『事業報告書』にあたる）。第8年度は同『事業概況』第8年度。×は落札単価。ただし落札量1000万碼以上のものを選んだ。月平均割当は表5-17から割り出した。ボンベイ綿布在庫は，*Report of The Millowners' Association*, Bombay の各年版。特別給付金は，表5-21（輸出精励金も含めた）。

表5-17　対英領インド綿布輸出割当と割当残

（単位：千碼）

年度	期	期間	割当						割当残						Ⓑ/Ⓐ (%)
			生地	縁付生地	晒	色物		合計Ⓐ	生地	縁付生地	晒	色物		合計Ⓑ	
1	1	34年4月～35年3月	193,588	59,749	45,887	178,770		477,994	4,984	9,926	▲2,237	▲4,244		8,429	1.8
2	1	35年4～9月	88,252	28,165	17,777	73,336		207,530	24,924	3,060	▲1,191	▲ 994		25,799	12.4
	2	35年10月～36年3月	90,093	28,790	19,929	81,286		220,098	4,375	▲2,667	▲1,626	▲6,953		▲6,871	▲ 3.1
3	1	36年4～9月	86,259	24,128	16,904	65,735		193,026	18,940	▲1,687	▲2,749	▲8,765		5,739	2.9
	2	36年10月～37年3月	94,837	25,717	17,003	68,183		205,740	50,056	3,763	1,148	1,488		56,455	27.4
						捺染	反染・糸染					捺染	反染・糸染		
4	1	37年4～9月	73,440	22,052	24,480	44,880	38,148	203,000	41,835	12,191	▲11,780	▲25,809	18,297	34,734	17.1
	2	37年10月～38年3月	93,943	33,923	12,699	19,071	44,362	203,998	59,114	15,351	▲1,593	▲5,848	40,080	107,104	52.5
5	1	38年4～9月	78,442	30,700	22,888	39,031	32,936	203,997	235	0	▲3,211	▲4,903	19,530	11,651	5.7
	2	38年10月～39年3月	73,060	29,833	19,667	37,039	31,050	190,649	▲7,561	▲ 734	▲2,770	▲4,800	3,827	▲12,038	▲6.3
6	1	39年4～9月	65,998	23,717	17,266	31,931	28,049	166,961	1,980	▲2,419	▲3,813	▲6,688	1,537	▲9,403	▲5.6
	2	39年10月～40年3月	48,546	15,367	9,699	18,085	20,632	112,329	▲2,537	▲ 519	7	▲ 435	1,096	▲2,388	▲2.1
7	1	40年4～9月	72,864	25,222	44,880	59,985	30,642	233,595	7,384	2,779	10,568	▲25	8,749	29,457	12.6
	2	40年10月～41年3月	56,100	16,181	36,191	41,893	19,567	169,932	147	3,419	3,974	2,228	▲928	8,841	5.2
8	1	41年4～7月	54,809	13,491	26,139	44,462	29,740	168,644	31,683	13,083	20,294	28,709	19,998	113,767	67.4

同上構成比（%）

年度	期	期間	生地	縁付生地	晒	色物		合計
1	1	34年～35年3月	41	12	10	37		100
2	1	35年4～9月	43	14	9	35		100
	2	35年10月～36年3月	41	13	9	37		100
3	1	36年4～9月	45	12	9	34		100
	2	36年10月～37年3月	46	12	8	33		100
						捺染	反染・糸染	
4	1	37年4～9月	36	11	12	22	19	100
	2	37年10月～38年3月	46	17	6	9	22	100

5	1	38年4～9月	38	15	11	19	16	100
	2	38年10月～39年3月	38	16	10	19	16	100
6	1	39年4～9月	40	14	10	19	17	100
	2	39年10月～40年3月	43	14	9	16	18	100
7	1	40年4～9月	32	11	17	29	11	100
	2	40年10月～41年3月	35	8	20	25	13	100
8	1	41年4～7月	33	8	16	28	17	100

資料）図5-4と同じ。
注記）▲は，割当量を超過した量を示す。構成比の太数字は，協定の基準を下回るもの（第一次〔第1～3年度〕・二次〔第4～6年度〕協定は後掲表7-5，第三次〔第7～8年度〕協定は表5-22参照）。

印度組合の統制自体によるものではなく、いわば組合外で生じた環境変化によるものであり、これらの二期を除く統制期間において、組合員は対英印綿布輸出への意欲を失ってはいなかった。むしろ、印度組合は、次期の英印における市況変化を予測して輸出量を想定し、その輸出割当量を充足するように動いたのであった。月平均輸出割当量の推移とボンベイの綿布在庫の推移を比較すると、在庫が増加すれば割当量が減少するような逆相関の関係が読みとれるのは、印度組合が市況変化に対応して輸出割当量を確定していたことを示している。印度組合の対英印輸出統制は、市況変化をにらみながら、対英印通商関係を維持する方向に働いたのである。

インド政庁が発表した印度組合の輸出割当結果を整理したのが表5-17である。これをみると、各年期の割当量を上回って輸出されているのが、晒・色物（なかでも捺染）の加工綿布であることがわかる。生地類などは、すでに「印度紡績発達ニ依ル供給過多」[63]であり、英印が海外に求める綿製品は加工品であった。そして、注目したいのは、こうした加工品取引に強い関心を示したのが、日本人輸出商だけでなく、印僑をはじめとする外国人貿易商であったことである。

表5-18は、統制第二年度第一期（一九三五年四～九月）の輸出商ごとの品種別割当比率と、各商の取引製品品種

表5-18　対英領インド輸出商（1935年4～9月）

順位	組合員番	商社名		所在	出資口数		取引構成比（%）				品種別シェア（%）				
					34年	40年	生地	縁付生地	晒地	色物	生地	縁付生地	晒地	色物	計
(外国人)															
5	K-9	B. M. Kharwar		神戸市葺合区	7	14	26	15	10	49	3.41	6.37	6.30	7.81	5.62
7	K-6	**A. A. Karim Bros., Ltd.**		神戸市葺合区	6	12	21	0	5	74	2.44	0.00	2.69	**10.36**	4.93
10	K-10	J. Kimatrai & Co.	S	神戸市葺合区	5	10	11	0	6	83	0.44	0.00	1.13	3.88	1.66
13	O-6	Omprakash Durgadas	S	神戸市神戸区	1	2	0	0	1	99	0.00	0.00	0.14	3.31	1.18
14	K-13	Kundanmal Ramial	S	神戸市神戸区	1	2	0	0	1	99	0.00	0.00	0.08	3.19	1.14
17	J-1	M. Jaffer & Co.		神戸市葺合区	1	2	2	0	10	88	0.04	0.00	1.10	2.28	0.92
21	T-1	田中助左衛門	D	大阪市西区	1	2	84	0	0	16	1.49	0.00	0.00	0.34	0.75
27	J—2	Jaigopal Ramkishen Bros.		神戸市葺合区	1	2	0	0	0	100	0.00	0.00	0.00	1.41	0.50
28	D-7	V. Doshi & Co.		神戸市葺合区	1	2	1	0	0	99	0.01	0.00	0.00	1.36	0.49
29	G-4	Gurdial Naraindass	S	神戸市神戸区	1	2	0	0	1	99	0.00	0.00	0.05	1.33	0.47
33	D-8	B. Durlabhji & Co.		神戸市葺合区	1	2	0	0	1	99	0.00	0.00	0.02	1.01	0.36
35	M-18	G. N. Musry		神戸市神戸区	1	2	0	0	0	100	0.00	0.00	0.00	0.95	0.34
38	V-5	Vasunia & Co.		神戸市葺合区	1	2	0	0	3	97	0.00	0.00	0.09	0.72	0.26
40	B-3	N. V. Borneo Sumatra Handel Mij.	D	大阪市東区	3	6	0	0	0	100	0.00	0.00	0.00	0.68	0.24
42	V-4	Vasuka & Co.		神戸市神戸区	1	2	0	0	11	89	0.00	0.00	0.24	0.46	0.18
44	B-1	Batheja Brothers		神戸市神戸区	1	2	32	0	0	68	0.13	0.00	0.00	0.33	0.17
47	T-20	Tulsi Ram Jagat Ram		神戸市神戸区	1	2	0	0	0	100	0.00	0.00	0.00	0.33	0.12
49	H-7	F. H. Hillel		神戸市神戸区	1	2	0	0	5	95	0.00	0.00	0.07	0.30	0.11
54	N-5	Netherlands-Asiatic Trading Co.	D	神戸市神戸区	1	2	0	0	100	0	0.00	0.00	0.87	0.00	0.07
57	R-1	Rijhumal Brothers	S	神戸市葺合区	1	2	0	0	0	100	0.00	0.00	0.00	0.18	0.06
58	C-1	G. R. Chadha		神戸市葺合区	1	2	0	0	0	100	0.00	0.00	0.00	0.17	0.06
59	V-2	Valiram Sons	S	横浜市中区	1	2	0	0	0	100	0.00	0.00	0.00	0.16	0.05
61	B-4	Budhram & Sons	S	大阪市西区	1		35	55	0	10	0.04	0.21	0.00	0.01	0.05
62	A-2	Ahmed Ebrahim Bros.	M	神戸市葺合区	1	2	0	0	3	97	0.00	0.00	0.02	0.14	0.05
64	H-8	M. H. Hirji & Co.		神戸市神戸区	1	2	0	0	26	74	0.00	0.00	0.14	0.10	0.05
65	P-1	Peer Mahomed Gomei Kaisha	M	神戸市神戸区	1	2	0	0	0	100	0.00	0.00	0.00	0.11	0.04

67	A-1	H. R. Advani		神戸市葺合区	1	2	0	0	0	100	0.00	0.00	0.00	0.11	0.04
69	G-2	Gokalchand Rattanchand	S	神戸市神戸区	1	2	0	0	0	100	0.00	0.00	0.00	0.10	0.03
70	D-6	Dhanamal Mohanial	S	神戸市神戸区	1	2	0	0	13	87	0.00	0.00	0.04	0.06	0.03
71	N-4	P. K. Nataraja		神戸市神戸区	1	2	0	0	0	100	0.00	0.00	0.00	0.06	0.02
72	M-5	G. D. Mehrottra		大阪市西区	1	2	0	0	0	100	0.00	0.00	0.00	0.06	0.02
78	B-2	Bhajan Singh & Sons	P	神戸市葺合区	1	2	0	0	0	100	0.00	0.00	0.00	0.05	0.02
81	*	V. H. Torrabally					0	0	0	100	0.00	0.00	0.00	0.05	0.02
82	S-5	Savani & Co.		神戸市葺合区	1	2	0	0	100	0	0.00	0.00	0.19	0.00	0.02
85	J-4	S. M. Jan & Co.		大阪市西区	1	2	0	0	0	100	0.00	0.00	0.00	0.03	0.01
86	*	Joseph & Co.					0	0	0	100	0.00	0.00	0.00	0.03	0.01
91	*	Curmally					100	0	0	0	0.02	0.00	0.00	0.00	0.01
92	M-1	Maganlal Brothers	S	神戸市神戸区	1	2	0	0	0	100	0.00	0.00	0.00	0.02	0.01
95	S-10	Shroff Son & Co.		神戸市葺合区	1	2	0	0	0	100	0.00	0.00	0.00	0.02	0.01
97	*	G. M. Shah					71	0	29	0	0.01	0.00	0.01	0.00	0.00
99	G-1	Gobhai Karanjia, Ltd.		神戸市葺合区	1		0	0	0	100	0.00	0.00	0.00	0.01	0.00
102	F-1	E. Falzullabhoy		神戸市神戸区	1	2	0	0	2	98	0.00	0.00	0.00	0.01	0.00
107	*	Kewalram Bulchand	S				0	0	0	100	0.00	0.00	0.00	0.00	0.00
108	L-1	K. N. Lawyer & Co.		神戸市葺合区	1	2	0	0	100	0	0.00	0.00	0.01	0.00	0.00
（日本人）															
1	T-16	**東洋棉花株式会社**		大阪市東区	10	20	61	5	14	19	**29.37**	7.93	**34.07**	**10.93**	20.34
2	N-7	**日本綿花株式会社**		大阪市北区	10	20	59	35	1	5	**23.34**	43.21	2.68	2.34	16.84
3	I-3	**伊藤忠商事株式会社**		大阪市東区	10	20	53	31	9	7	13.11	24.30	**10.94**	1.93	10.49
4	G-3	**江商株式会社**		大阪市北区	10	20	51	2	22	25	8.88	0.83	**18.67**	5.24	7.34
6	T-3	株式会社　竹村商店		大阪市東区	5	10	36	18	2	44	4.35	6.83	0.95	6.32	5.09
8	M-4	**又一株式会社**		大阪市東区	7	14	50	0	23	27	4.36	0.00	**10.15**	2.79	3.71
9	H-4	**株式会社　服部商店**		名古屋市東区	7	14	67	0	1	31	3.13	0.00	0.26	1.75	1.97
11	N-3	合資会社　南星商会		大阪市東区	5	10	0	0	4	96	0.00	0.00	0.55	3.64	1.33
12	M-8	**三井物産株式会社大阪支店**		大阪市北区	10	20	0	0	2	98	0.00	0.00	0.22	3.37	1.21
15	H-3	合名会社　服部幸吉商店		大阪市東区	1	2	74	0	0	26	1.91	0.00	0.00	0.81	1.10
16	M-19	武藤商店		大阪市東区	5	10	56	30	2	13	1.23	2.09	0.17	0.34	0.94
18	I-5	**株式会社　岩井商店神戸支店**		神戸市神戸区	5	10	0	0	10	89	0.01	0.00	1.06	2.19	0.87
19	S-9	昭和棉花株式会社		大阪市北区	4	8	20	2	10	68	0.41	0.10	1.03	1.63	0.85

20	I-7	岩田商事株式会社	大阪市東区	5	10	27	0	18	55	0.49	0.00	1.66	1.20	0.77
22	N-11	株式会社　西松商店	大阪市北区	2	4	6	93	0	0	0.11	4.75	0.00	0.01	0.69
23	k-4	鐘淵紡績株式会社　▲	神戸市林田区	3	6	0	0	3	97	0.00	0.00	0.20	1.74	0.63
24	K-11	北川株式会社	大阪市東区	1	2	0	8	0	92	0.00	0.36	0.00	1.57	0.60
25	T-5	瀧川商店	神戸市神戸区	3	6	20	64	0	16	0.27	2.73	0.00	0.26	0.58
26	A-6	旭貿易株式会社	大阪市東区	2	4	0	0	16	84	0.00	0.00	0.95	1.18	0.50
30	D-1	大同貿易株式会社	神戸市神戸区	4	8	0	0	2	98	0.00	0.00	0.11	1.14	0.41
31	N-12	株式会社　西澤八三郎商店	大阪市東区	2	4	0	0	0	100	0.00	0.00	0.00	1.07	0.38
32	T-17	**株式会社　豊島商店**	大阪市東区	5	10	0	0	0	100	0.00	0.00	0.00	1.06	0.37
34	N-14	日商株式会社　●	大阪市東区	5	10	32	0	27	40	0.27	0.00	1.12	0.40	0.35
36	M-2	株式会社　丸紅商店大阪支店	大阪市東区	2	4	0	0	0	100	0.00	0.00	0.00	0.86	0.30
37	S-11	合名会社　杉本商店	名古屋市西区	1	2	37	0	21	42	0.23	0.00	0.66	0.31	0.27
39	T-6	瀧定合名会社大阪支店貿易部	大阪市東区	3	6	0	0	6	94	0.00	0.00	0.17	0.68	0.25
41	M-9	株式会社　三露商店	大阪市東区	2	4	0	0	40	60	0.00	0.00	0.87	0.32	0.19
43	S-2	合資会社　佐久間商店	大阪市北区	2	4	0	0	0	100	0.00	0.00	0.00	0.51	0.18
45	A-3	愛知織物株式会社	名古屋市東区	2	4	100	0	0	0	0.40	0.00	0.00	0.00	0.17
46	F-3	合資会社　藤井商会	大阪市東区	3	4	0	0	12	88	0.00	0.00	0.17	0.30	0.12
48	K-12	合名会社　近藤興商店神戸出張所	神戸市神戸区	1	2	0	0	1	99	0.00	0.00	0.01	0.32	0.11
50	M-12	**宮本物産合名会社**	名古屋市西区	1	2	27	42	0	31	0.06	0.29	0.00	0.08	0.09
51	M-7	三菱商事株式会社大阪支店	大阪市南区	1	2	0	0	0	100	0.00	0.00	0.00	0.24	0.08
52	M-6	合資会社　綿業商行	神戸市神戸区	1	2	0	0	0	100	0.00	0.00	0.00	0.23	0.08
53	T-7	株式会社　田村駒商店	大阪市東区	1	2	0	0	10	90	0.00	0.00	0.09	0.20	0.08
55	T-12	東洋貿易株式会社	大阪市東区	1	2	0	0	0	100	0.00	0.00	0.00	0.20	0.07
56	D-2	大名物産株式会社	神戸市葺合区	1	2	0	0	0	100	0.00	0.00	0.00	0.19	0.07
60	O-2	岡田貿易合資会社	大阪市東区	1	2	0	0	0	100	0.00	0.00	0.00	0.15	0.05
63	Y-4	山本貿易合資会社	神戸市神戸区	1	2	0	0	0	100	0.00	0.00	0.00	0.14	0.05
66	T-8	株式会社　田附商店　●	大阪市東区	5	10	0	0	0	100	0.00	0.00	0.00	0.11	0.04
68	K-7	**加藤合名会社**	神戸市神戸区	5	10	0	0	0	100	0.00	0.00	0.00	0.10	0.04
73	T-2	株式会社　田嶋商店	神戸市葺合区	1	2	0	0	0	100	0.00	0.00	0.00	0.06	0.02
74	K-1	合名会社　香川商会	神戸市葺合区	1	2	0	0	0	100	0.00	0.00	0.00	0.06	0.02
75	Y-6	横濱帆布株式会社	大阪市東区	1	2	10	0	0	90	0.00	0.00	0.00	0.05	0.02
76	N-1	長井佐兵衛商店	大阪市東区	1	2	0	0	0	100	0.00	0.00	0.00	0.06	0.02
77	N-10	株式会社　西島竹蔵商店	大阪市東区	2	4	0	0	0	100	0.00	0.00	0.00	0.05	0.02

79	U-1	株式会社　宇佐見商店	大阪市東区	3	6	0	0	0	100	0.00	0.00	0.00	0.05	0.02
80	N-8	日本メリヤス株式会社神戸出張所	神戸市神戸区	1	2	0	0	0	100	0.00	0.00	0.00	0.05	0.02
83	O-5	株式会社　奥澤商店　●	横浜市中区	5	10	0	0	0	100	0.00	0.00	0.00	0.04	0.02
84	I-6	株式会社　岩尾商店	大阪市東区	1	2	0	0	0	100	0.00	0.00	0.00	0.04	0.01
87	A-7	浅野物産株式会社大阪支店	大阪市東区	1	2	0	0	0	100	0.00	0.00	0.00	0.03	0.01
88	K-5	株式会社　兼松商店	神戸市神戸区	1	2	0	0	0	100	0.00	0.00	0.00	0.03	0.01
89	N-17	野澤組神戸支店	神戸市神戸区	1	2	0	0	0	100	0.00	0.00	0.00	0.02	0.01
90	＊	中山商店				12	0	0	88	0.00	0.00	0.00	0.02	0.01
93	O-3	岡本製造所	大阪市東淀川区	3	6	0	0	0	100	0.00	0.00	0.00	0.02	0.01
94	K-16	株式会社　共同商会	大阪市南区	1	2	0	0	0	100	0.00	0.00	0.00	0.02	0.01
96	＊	大和組				0	0	0	100	0.00	0.00	0.00	0.01	0.00
98	D-5	合名会社　出口レース店	大阪市東区	1	2	0	0	100	0	0.00	0.00	0.04	0.00	0.00
100	S-1	株式会社　酒井寛三商店	大阪市西区	1	2	0	0	0	100	0.00	0.00	0.00	0.01	0.00
101	＊	近江帆布株式会社　▲				100	0	0	0	0.01	0.00	0.00	0.00	0.00
103	A-4	秋田商店	横浜市中区	1		0	0	0	100	0.00	0.00	0.00	0.01	0.00
104	＊	興隆洋行				63	0	0	37	0.00	0.00	0.00	0.00	0.00
105	K-15	呉羽紡績株式会社　▲	大阪市東区	1	2	0	0	100	0	0.00	0.00	0.02	0.00	0.00
106	N-2	合資会社　中村商会	神戸市神戸区	1	2	0	0	0	100	0.00	0.00	0.00	0.00	0.00
109	＊	中井商店				0	0	0	100	0.00	0.00	0.00	0.00	0.00
計		（109社）		239	470	42	14	9	35	100.00	100.00	100.00	100.00	100.00
外国人		小計（43社）		56	108	17	4	6	73	8.04	6.58	13.19	41.51	20.13
日本人		小計（66社）		183	362	49	16	9	26	91.96	93.42	86.81	58.49	79.87
			その他とも　組合社数　計	158	239									
			その他とも　口　数　計	317	722									

資料）「第二年度第一期割当比率表」（日本綿糸布印度輸出組合『第16回理事会決議録謄本』1935年2月25日。1934年の組合社数と出資口数は，日本綿織物対印輸出組合『組合員名簿』1934年8月末。40年のそれらは，『第7回定時総会』1940年4月27日付。

注記）順位は，取引量ごとのもの。太字は理事，●は監事（1934年8月末）。▲は生産者。＊は非組合員。外国人のSはインド人シンディー系，Pはインド人パンジャビ系，Mはインド人ムスリム系，Dはオランダ人。品種別シェアの太数字は，表5-20の太線内に対応する。

構成をまとめたものである。日本人貿易商六六社の輸出量の占有率は八割を超えるものであったが、品種別にみるとその圧倒的なシェアは生地と縁付生地においては確認できるものの、こと色物品においては抜群とは言えないことがわかる。とくに色物（捺染、反染、糸染）においては外国人輸出商が四割を占める構成を示した。外国人貿易商の上位に顔をだす、B. M. Kharwar（順位の5）、A. A. Karim（順位の7）は、ラングーンに拠点を有する印僑であった(64)。印僑は積極的に加工品の輸出取引に参画しており、輸出組合による統制はこうした外国人貿易商の色物品を中心とする日本品取引を排除するものではなかったのである。輸出組合の輸出統制は、先述の組合員数の増加傾向からも窺えるように、印僑の参入を許しながら多様な通商関係を維持するように対応したのであり、日本綿業に「閉塞」感を与えるような、通商関係の希薄化をもたらすものではなかったのである。むしろ、日本の対英印輸出が決定的に縮小するのは、一九四一年七月の対日資産凍結という国際政治における大状況の変化によるものであった（図5-4）。

（2）入札による下位貿易商の参入

印度組合が外国人輸出商の参入にたいして開放的であったことは、統制方法にみられる入札割当制にも示されている。組合員への輸出割当方法の規程は、表5-19にまとめたように、一期（六カ月）分の綿布輸出割当総量の八〇%を「普通割当」（A）に、二〇%を「特別割当」（B）にわけていた。前者は前期の輸出実績に基づいて割り当てられるものであるが、後者は入札方法を採用することで、過去に輸出実績を多く持たない輸出商にも輸出取引に参入する機会を与えることを企図したものであった。つまり、入札方法を採用した（B）での輸出割当量は、その当該期の実績となり、次期の（A）を裁定する基準に含まれるようになっていたのである。その意味で、「特別割当」（B）は過去に大きな輸出実績を持たない下位輸出商にも、対英印輸出取引に参入しうる機会を提供するもの

表5-19　対英領インド輸出割当方法の変化

		第一次協定			第二次協定			第三次仮協定	
年．月．日（理事会）		34.6.8 (4)	34.11.17 (第2回臨時)	36.3.28 (32)	37.3.30 (41)	37.4＊	38.8.25 (73)	40.3.29 (106)	40.5.25 (113)
1期分（2億碼）について	普通割当A（%）	80（前年の実績）	—	—	70（初～3年度実績）	60｛初年度実績20%、第2年度実績30%、第3年度実績50%｝（40年3月まで）	—	80（第4～6年度実績）	—
	特別割当（入札）B（%）	20（Bの実績は，次期のAの実績となる）	—	—	30（—）	40（ただし，Bの実績は次期のAの実績とはならない）	—	20	—
Bに関する規程	一般入札ⓐ（%）		70			75（糸染・反染は62.5）	—（ ）内は削除	—（1%未満）	50
	特別入札ⓑ（%）		30（各品種5%未満の占有者のみ）	—	—	25（糸染の反染は37.5）（2%未満のみ）			50（—）
	一組合員のなしうるBの内の上限（%）	50	30（縁付は100%。ただし35年9月10日付で削除）	生無地・縁付生地｝70　晒・色物｝30	生無地 50　縁付生地 60　晒地・捺染物・反染・糸染物｝50	ⓐ 50　ⓑ 生無地・縁付無地・晒｝10　捺染・反染・糸染｝5	30	—	—

資料）日本綿糸布印度輸出組合『理事会決議録』各回。

注記）＊は，日本綿糸布印度輸出組合『時報』1937年6月による。―は，前回と同様を示す。

であった。

さらに、入札方法を採用した（B）には、下位輸出商の参入を保証する規程が設けられていた。まず、一組合員の入札量は、当該期の（B）の総量の「二分ノ一ヲ超エテ入札スルコトヲ得ズ」[65]との制限が決められており、落札を一部の上位貿易商によって占有される傾向に歯止めをかけていた。また、三四年九月には、決議に至らなかったものの、上位貿易商が多くを占める理事会社（表5-18の太字）は、（B）の総量の「八分ノ一ヲ超エテ入札セザル」[66]ことを求める案が総会で出され、理事会において「申し合わせ」事項として処理される規程も作られたほどであった。

そして、さらに一九三四年一一月には、（B）の総量における一組合員の入札上限を五〇％から三〇％（晒、色物については三七年三月までこれを継続）へと変更し、資金力のある上位輸出商の参加に制約を加える方向で修正された。また、具体的な入札方法においても、その七割を「一般入札」ⓐ、三割を「特別入札」ⓑとわけて、とくに後者には「各品種別割当比率五歩未満の組合員でなければ参加出来ない」との制限も設けて、過去に輸出実績の少ない下位輸出商への優遇措置を強めたのであった。これらの規程によって、「実績を有すること少なき組合員程、余分に入札権を当てられ[67]」ることになったのである。

印度組合の輸出割当は、（B）の入札方法を通して、組合員の輸出取引への意欲を引き出すものであった。それゆえ、落札単価の推移は輸出組合員の取引参加への意欲を体現したものと言える。落札量一〇〇〇万碼以上の落札平均単価（図5-4）をみると、輸出量の減少する時期には落札単価も低下傾向を示すが、一九三四年後半、三六年半ば、三八年末から三九年にかけては、落札単価の割高化が確認できる。当該期において下位輸出商を含めた組合員は積極的な輸出取引に参加する姿勢を示したのである[68]。

それゆえ、上位輸出商からはこの（B）の入札方法については批判的な意見がだされた。東洋棉花は、この割当について「一面既存輸出業者ニ甚大ナル犠牲ヲ敢テセシメ」ており、「全部既存実績」[69]に即して輸出量を割り当てることを要求した。「二割ノ入札ニ於テ新規開業者及ビ小量割当者ニ不当過大ノ利便ヲ与フル」[70]と評していた。東洋棉花の推計では、ある輸出商が（B）を受けない場合には、初年度割当「ヲ一〇〇％トスレバ第二年度八〇％、第三年度六四％、即チ三六％減トナル」ものであった。[71]他方、外国人貿易商もふくめて中小規模の輸出商が多く参加する神戸貿易同志会[72]などは「過去ノ輸出実績ハ権利ニ非ザルヲ以テ」、普通割当は八〇％ではなく、「過去ノ実績者ニ対スル優先割当ハ五割トスルコト」[73]を要求したほどであった。輸出統制の方法をめぐって、上位輸出商と下位輸出商との間では利害対立が生じていたのである。

実際に、この入札方法によって、上位輸出商の取引割合は減少する傾向にあった。次頁の表5-20は、各期各種輸出量の一〇％以上を占有する輸出商を対象にした上位メンバーの輸出量の占有率の推移を概観したものである。同表の第二年度第一期（太線内）の詳細が、前掲表5-18に相当するが、これらから推察して、第一期の生地における上位二社（東洋棉花、日本綿花）のシェアは、初年度の五二％から第三年度には四九％へと低下したことがわかる。そして、第一期の晒においても首位の東洋棉花のシェアは第二年度の三四％から第三年度には三〇％へと低下した。輸出統制をめぐって、日本の「閉塞」感が主張されたのは、こうした取引シェアを下げた上位輸出商からの批判を通してであったが、印度組合は、外国人輸出商をも含めた下位のメンバーの参入を許しながら、日本製品の担い手を多様化させる開放性を有したのである。日本製品は世界市場のなかにおいて「孤立」化する立場に置かれていなかったということが、改めて確認できよう。

印度組合が、こうした中小規模の輸出商の参入を認めたことについては、上位企業の意向を規制する傾向にあった商工省の指導が強く、[74]なかでも輸出組合の総会での「議決規程」には、そうした方針が反映されていた。組合の総会での議決権は各商社の「出資口数」（第五一條）によって与えられるものとされていたが、議決は、組合員の

表5-20　印度輸出組合による割当比率の変化

品種	年期	1社当たりのシェア	初年度（34年5月～35年3月）社	%	2年度（35年4月～36年3月）社	%	3年度（36年4月～37年3月）社	%	4年度～6年度（37年4月～40年3月）社	%		社	%	7年度（40年4月～41年3月）社	%	8年度（41年4月～42年9月）社	%
生地(A)	第1期（4月～9月）	20%～	2	51.73	2	52.71	2	48.76	2	49.0				2	42.23	1	23.02
		15%～	1	16.76	—	—	1	15.97	—	—				—	—	1	19.93
		10%～	1	11.38	1	13.11	—	—	1	14.58				1	13.34	2	22.43
	第2期（10月～3月）	20%～	第1期と同じ		2	51.91	2	49.41	2	55.43				2	47.01		
		15%～			1	15.31	1	15.01	—	—				—	—		
		10%～			—	—	—	—	1	11.83				1	10.28		
晒(B)	第1期（4月～9月）	20%～	2	53.93	1	34.07	1	26.83	1	29.61				1	21.73	1	24.71
		15%～	—	—	1	18.67	—	—	1	17.07				1	15.57	—	—
		10%～	1	12.64	2	21.09	2	26.10	1	12.44				1	14.15	3	42.22
	第2期（10月～3月）	20%～	第1期と同じ		2	51.54	2	44.83	2	51.97				—	—		
		15%～			1	15.13	—	—	—	—				2	38.63		
		10%～			—	—	1	12.56	1	12.53				1	13.24		
色物(C)	第1期（4月～9月）	20%～	—	—	—	—	—	—	—	—	捺染(D)	—	—	—	—	—	—
		15%～	—	—	—	—	—	—	—	—		—	—	—	—	1	15.52
		10%～	2	24.25	2	21.29	1	10.01	1	16.21		1	10.68	2	25.14	1	10.30
	第2期（10月～3月）	20%～	第1期と同じ		—	—	—	—	—	—		—	—	—	—		
		15%～			—	—	—	—	1	16.58		—	—	—	—		
		10%～			2	23.58	1	11.11	1	15.03		3	33.77	2	22.46		
	第1期（4月～9月）	20%～									反染・糸染(E)	—	—	—	—	—	—
		15%～										—	—	—	—	—	—
		10%～										2	25.99	1	14.43	2	25.75
	第2期（10月～3月）	20%～										—	—	—	—		
		15%～										1	16.57	1	17.29		
		10%～										1	11.02	—	—		
(A)	第1期	10%～	} 4	79.87	3	65.83	3	64.73	3	63.58				3	55.5	4	65.3
	第2期	10%～			3	67.22	3	64.42	3	67.26				3	57.3		
(B)	第1期	10%～	} 3	66.57	4	73.82	3	52.93	3	59.12				3	51.5	4	66.9
	第2期	10%～			3	66.67	3	57.39	3	64.50				3	51.8		
(C)	第1期	10%～	} 2	24.25	2	21.34	1	10.01	1	16.21							
	第2期	10%～			2	23.58	1	11.11	2	31.61							
(D)	第1期	10%～										1	10.7	2	25.1	2	25.8
	第2期	10%～										3	33.8	2	22.5		
(E)	第1期	10%～										2	26.0	1	14.4	2	25.8
	第2期	10%～										2	27.6	1	17.3		

資料）図5-4と同じ。
注記）太線内（第2年度第1期）は，表5-18に対応している。

「三分ノ二以上ノ出席」にて「議決権ノ四分ノ三以上ノ同意」（七五%——定款の第二六條[75]）が必要であった。そして、一社の議決権には「口数ノ十分ノ三ヲ超ユル事ヲ得ス」というように、上位輸出商の議決権の占有化に歯止めがかけられていた。それゆえ、上位貿易商の多くで構成される理事会が原案を作成したとしても、「小組合員ガ［中略］総会ニ於テ［理事会案に］反対セバ如何、議決権ニテ争ヘバ、此種ノ理事会案ハ全然敗ルノ外ナシ[76]」というのが実状であった。一九三四年を事例とするならば（表5-18）、理事だけの総口数は八六口であり、これは全口数（三一七口）の二七%にすぎず、たとえ上位貿易商によって占められる理事会であっても、その意志を総会に反映させることは難しい状態であった。

資本金や取引額の規模に照応して議決権の優劣が付与されるのではなく、企業規模に関わらない、一定の社数の合意を必要とする議決方式を「員数主義」と呼んだが、上位輸出商が主導する輸出綿糸布商同業会は「組合員ノ取扱高ヲ参酌シ［中略］員数偏重ノ弊害」を問題にした。しかし、印僑も含めた下位貿易商が結集する神戸貿易同志会は「員数主義ノ弊害ヲ認メズ」との反応を示していた[77]。このように印度組合による輸出統制は組合内における上位輸出商と下位輸出商との利害対立を生じさせていたが、一九三〇年代の日本製品の対英印輸出をめぐるアジア通商網の多様化は、第六〜八章において検討する外務省の「協調的経済外交」とともに、商工省の「員数主義」によっても促されたのである。

（3）第二次協定下統制の変化

印僑をはじめとする下位貿易商の参入に開放的であった輸出統制に変化が生じたのは、第二次日印会商によって締結された第二次日印綿業通商協定に基づく第四年度輸出統制（三七年四月〜）からであった。先述したように、第一次協定下においては、綿布輸出割当総量の八〇%を前年度までの対英印輸出実績を基準にした普通割当（A）

に、そして二〇%を入札方法による特別割当（B）に振り分け、後者の入札実績を次年度の（A）基準に反映させるような連携がはかられていたが、第二次協定からは（B）を綿布輸出割当総量の四〇%に拡張する一方で（表5-19）、その入札実績を「次の年度の［普通割当（A）の］実績にならぬ[78]」ように変更したのであった。また（A）においても、第一次協定期の三年度分の輸出実績を基礎に、それを第二次協定の有効期限（四〇年三月）まで「固定[79]」化する修正がなされたのである。入札方法による（B）の実施は、過去に輸出実績を持たない下位輸出商の輸出取引への参入を保証するものであったが、こうした（A）と（B）の連携を断ち切り、かつ（A）を固定化する修正は、輸出割当を希求する新規参入を（B）の範囲に留め、（A）内において第一次協定下の輸出実績を維持するような守勢的な内容であった。そして、下位輸出商の入札参加を保証した「特別入札」（B-ⓑ）も、第一次協定下では（B）内の三〇%の枠であったものが、第二次協定下では二五%へとより狭く変更されたことも、輸出割当を希求する新規参入を抑制するものであった。第二次協定下の輸出割当方法が、新規参入に抑制的であったところから、入札による（B）の枠を、第一次協定下の二〇%から四〇%へと拡張することで妥協がはかられたと考えられる。

こうした一九三七年三月の輸出統制方法の変化は、これまでの輸出割当実績を固定化しようとするものであり、下位のメンバーの新規参入を（B）の範囲にとどめようとするものと理解できる。しかし、組合内における事情はやや複雑であった。つまり、こうした大胆な修正が、理事会において、そして総会においても承認された背景には、第一次協定期の輸出統制が「過去に於いてその輸出の本業に全然触れてをらぬ人の方が有力になって、統制規程は［輸出業に］関係のない人によって決定される[80]」傾向を有するようになったからである。とくに「輸出の本業に全然触れてをらぬ人」のなかで発言力を高めたのは、綿糸紡績企業の結集する大日本紡績連合会（以下、紡連と略す）に代表される生産者であった。輸出商と生産者との利害対立が、統制方法の修正の背景であった。

紡連は、第一次協定下の輸出統制が「輸出商ノ立場ノミニ立脚シ、生産者ノ立場ヲ無視セル」ものであるとして批判的であった。輸出量割当によって輸出商の「輸出権ハ特権化サレ売買ニ際シ強力ナル威力ヲ発揮」しているとして、輸出統制が生産者（紡連）側の対輸出商取引交渉力の弱化につながったと問題視していたのである。[81] それゆえ、上位紡績企業のなかには印度組合員として参加し、「輸出割当ニ参加」[82] しようとする対応に出たものがあった。実際、前掲表5-18に示したように、印度組合には鐘淵紡績、呉羽紡績、近江帆布が組合員として参加しており、三六年までにはそれに加えて、東洋紡績、豊田紡織、日清紡績、大日本紡績、富士瓦斯紡績が印度組合員になっていた。[83] そして、紡連からは入札割当に反対する意見書が出され、輸出商から生産者への「輸出権」の移譲が求められた。[84]

それゆえ、輸出商は、この上位紡績企業の輸出統制への干渉に対応する必要に迫られた。東洋棉花などの上位輸出商は、当初、理事会において「輸出権ノ五割ヲ生産者ニ割譲」することを検討した。これは、上位輸出商には本来「生産者ト好関係アル輸出組合員」が多く、輸出権の移譲は上位輸出商にとって「不利ナラザル」ものと解釈したからであった。[85] しかし、こうした理事会案も、組合内の「大数ヲ占ムル一般中小組合員ハ、自己擁護ノタメ定款ニ従ヒ臨時総会ヲ要求シ役員［理事］ノ改選」[86] を求める動きにつながるとの懸念が強まり、結局それ以上は具体化することがなかった。

紡連からの「輸出権」移譲要求への対応策をめぐって、印度組合内の上位輸出商と下位輸出商との間で硬直状態が続くなか、上位紡績企業は対輸出商取引交渉力の向上を企図して、自らが輸出商の組織化に乗り出すようになった。東洋紡績は江商との関係緊密化を進め、また大日本紡績、鐘淵紡績、東洋紡績の三大紡績は「共栄商事」の設立と同社の輸出組合への参加を通して「輸出権」の奪取を企図する動きをみせはじめたのである。[87] 本来、上位輸出商の東洋棉花は鐘淵紡績との取引関係が緊密であったが、こうした動きを認識するに及んで、東洋棉花は上位紡績企業に対しても「生産者ハ自己ノ欲スル者ニ自由ニ輸出権ヲ与エ［中略］何年カノ後ニハ、当社ヲ利用シテ甘味ナキニ至ラバ即チ搾レルダケ搾ッタ後ニハ何時ニテモ他社ニ走ル[88]」との懸念を表明するに至り、守勢的な方法として、これまでの輸出割当実績の固定化に乗り出すことを決定したのであった。紡連をはじめとする生産者側からの輸出権移譲要求が続くなかでは、印度組合の下位輸出商も、こうした実績の固定化は、生産者側の干渉からこれまでの輸出実績を保護するものであると認識し、実績の固定化に強い抵抗姿勢を示すことはなくなったのである。

各期各種輸出量の一〇%以上を占有する上位輸出商の輸出割合の推移を前掲表5-20から確認すると、第四年度から第六年度の三年度間において上位貿易商の取引シェアは、それまでの低下傾向に歯止めがかけられるように変化していることがわかる。第一期における生地では、上位二社（東洋棉花、日本綿花）のシェアは、第三年度から次年度に、四九%を維持しており、同様に晒では、上位一社（東洋棉花）は二七%から三〇%へとシェアを高めた。すなわち、上位のメンバーは第三年度の取引シェアを維持するか、または若干なりとも高める方向にあった。印度組合員は、上位紡績企業側からの「輸出権」奪取の動きに対応して、これまでの三年度間の輸出実績をめぐる「旧勢力保護[89]」方針に転じたのである。

印度組合員数の増加傾向が一九三七年三月までの第三年度に弱まることは先述したが、これはこの過去の輸出実績の固定化（＝「旧勢力保護」）方針をめぐる印度組合側と紡連側との対立を背景に、新規参入への意欲を削ぐ事態が生じていたからであった。しかし、その後の三八年以降の組合員の増加は、各期の輸出割当量の四〇%を対象とした入札方法による特別割当（B）に参加するメンバーの増加に裏付けられていた。先述したように、この第二次協定下の入札方法を採った（B）での輸出割当量が、当該期の実績として次期の普通割当（A）を裁定する基準に含まれることはなくなったが、三八年末から三九年にみられる落札単価の高騰（図5-4[90]）は、入札方法を通して、対英印輸出取引参加への意欲を有するメンバーが、三八年以降も多く存在したことを示していた。

表5-21　印度輸出組合における輸出奨励金と原料輸入奨励金

（単位：千円）

年度	期	期間	給付金	特別給付金	輸出精励金	組合員分配支給金	対象綿布（千碼）（%）	対象輸出期間の限定	種類	給付対象者	棉花輸入補償金	輸入奨励金	棉花輸入統制協会寄付	羊毛買付補償金
2	1	35年4～9月	37				74,763 (36)		生地	輸出業者				
	2	35年10月～36年3月	47				95,872 (44)		生地	輸出業者				
3	2	36年10月～37年3月	27				54,917 (27)		生地	輸出業者				
4	1	37年4～9月		107			10,764	37年9月30日まで	生地・縁付生地	生産者				
				127			25,456	37年7月25日～9月30日	生地・縁付生地・晒	生産加工業者				
			27				54,990 (45)		生地・縁付生地	輸出業者				
	2	37年10月～38年3月		401			80,275	37年11月1日～38年3月31日	生地・縁付生地・反染・糸染	輸出業者				
			20				40,085 (59)	38年2月1日～3月31日	生地・縁付生地・反染・糸染	輸出業者				
5	1	38年4～9月		1,248		3,250	140,218 (69)		生地・縁付生地・反染・糸染	輸出業者		85	3,250	
	2	38年10月～39年3月		314			31,415 (16)		反染・糸染	生産者				
6	1	39年4～9月	68				137,743		生地・縁付生地・反染・糸染	輸出業者	150			246
				166			33,397 (103)		反染・糸染	生産者				
	2	39年10月～40年3月		129			25,997 (23)		反染・糸染	生産者				
7	1	40年4～9月			337		67,459 (29)		反染・糸染	輸出業者		601		
8	1	41年4～9月		79			10,630 (6)		晒			60		

資料）図5-4と同じ。

注記）対象綿布の（　）内は，各期の対象綿布の計が各期割当全量（表5-17のⒶ）に占める割合。

第二次協定下の輸出統制において、もう一つ注目したい点は、輸出の促進をはかるために輸出奨励金が交付されたことである。前頁の表5-21に示したように、とくに第四年度からは「特別給付金」が交付され、第五年度第一期（三八年九月まで）には最も多額の奨励金が交付された。この時期は英印においても綿布在庫の増加が目立つような市況の後退期であり、印度組合は同年度第二期以降の輸出割当量全体を低位におさえるようになったが、あわせてこの第一期には奨励金交付を通して日本の輸出競争力の向上が目指されたのであった。印度組合はこうした資金と市況の変化をみながら、対英印輸出を継続させたのである。

（4）第三次日印会商の意義

本節の最後に、第二次大戦勃発（三九年九月）後の日本の対英印通商関係を、第三次日印会商に即して考察しておきたい。第二次日印綿業通商協定は、一九四〇年三月に失効するものであり、その後の協定のあり方については三九年一一月から始まる第三次会商において議論された。戦時状況への突入が正式な協定化に制約を加えたが、四〇年二月には「申し合わせ」が成立するように、交渉は短期間で終わった。交渉の内容も、日本側にとっては、代表（カルカッタ総領事若松虎雄）がインド政庁へ赴き、相手（商務次官アラン・ロイド）側との交渉の上、日本本国政府に打電して、次の指示をあおぐような「純然たる請訓外交」であり、「随分間の抜けたもの」[91]と評されたように、日本側の代表団に交渉の主体性は与えられていなかった。

表5-22にその経過を整理したが、ここからわかることは、基本的に第二次協定内容の継続を求めたインド政庁側（四〇年一月）に対して、日本側は対英印輸出量を増やしながら、品種においても晒・捺染の割当比率を多く求めたことであった。そして一九四〇年二月の「申し合わせ」においては、ほぼこの日本側の意向を実現するかたちで決着した。インド政庁側においても、戦時状況下においてランカシャー製品の輸入が減少するなかでは、日本か

表5-22　第三次日印会商の経過

期	年月日	① 対インド綿布輸出量 Ⓐ 百万碼	① インド棉花輸入量 Ⓑ 百万俵	① Ⓐ/Ⓑ 碼/俵	〈1〉 ⒶⒷの増減条件	② Ⓐの品種別割当（%） 生地 無地	② 生地 縁付	② 晒	② 色物 捺染	② 色物 その他	③ 時期別割当	④ インドの綿布輸入税率 生無地	④ その他	備考
第二次協定		283～358	1.00～1.50	239	Ⓑ＜1.00：Ⓐの減，〔1万俵＝200万碼〕 Ⓑ＞1.00：Ⓐの増，〔1万俵＝150万碼〕 Ⓑ＞1.50：超過分は次期棉花年度に加える	40～44 (10)	13～15.6 (20)	10～12 (20)	20～22 (10)	17～18.7 (10)	年2期，各期½割当。期間別融通量は2500万碼	従価50%または1ポンド5¼アンナ（従量税）	従価50%	
						（ ）内は各委譲率の上限，以下同じ								
	39.11.21							8.3～10 (20)	18.2～20 (10)			②案に代わり，晒・捺染に従量税を新設		36～37年度における平均価格の50%に相当する従量税
I	39.12.8	350～450	0.80～1.30	346	Ⓑ≦0.8：Ⓐの増減〔1万俵＝200万碼〕	30～33 (10)		30～33 (10)	40～44 (10)			従価35% 従量税は廃止	捺染に従価37.5% そのほかに従価35%	為替変動に対応した左の税率の引下げの権利
	40.1.15	＊　現行の内容を継続。11/21案を撤回。												
申し合わせ	40.2.12	300～400	1.00～1.50	267	Ⓑ≦1.00：Ⓐの増減〔1万俵＝200万碼〕	45～49.5 (10)		15～18 (20)	25～27.5 (10)	15～18 (20)	＊	従価45%または1ポンド4¾アンナ（従量税）	従価45%	

資料）奥村正太郎編『日印会商史』日印通商協議会，1942年9月，429-508頁。日印会商準備委員会『第三次日印会商記録』其一～三（輸出繊維会館蔵）。

注記）点線内はインド側の提案，それ以外は日本側の提案。紡連の「第三次日印会商対策」（1939年7月末）と「日本側最後提案ニ関スル日印会商準備委員会小委員会案」（1940年1月25日付）は下記。＊は，第二次協定と同じ内容。

	年月日	①				②					③	④		
紡連	39.7.2	283～400	0.80～1.175	340	Ⓑ≦0.8：Ⓐの増減〔1万俵＝200万碼〕 Ⓑ＞1.175：Ⓐの増〔1万俵＝150万碼〕	32.6		30	37.4			従価30% 従量税廃止	捺染に従価35% そのほかに従価30%	②が認められれば，④に固執しない。
会商準備委員会	40.1.25	300～400	1.00～1.50	267	Ⓑ≦1.00：Ⓐの増減〔1万俵＝200万碼〕	48～52.8 (10)		15～18 (20)	25～27.5 (10)	15～18 (20)	＊	従価45%または1ポンド5アンナ（従量税）	従価45%	

らの晒・加工製品の輸出増加要求は抵抗の少ない条件であったと考えられる。

そして、第三次日印会商の過程において注目したい点は、インド政庁側が、第二次協定（第四年度〔三七年四月から〕～第六年度〔四〇年三月まで〕）下の輸出統制方法において「在日印度人ニ不平ガア[92]」るとし、その点についての修正を強く求めたことである。先述したように、第二次協定下においては、入札方法による特別割当（B）での入札実績を次年度の普通割当（A）基準に反映させることを止めた。入札方法による（B）は、輸出割当を希求するメンバーの新規参入を保証するものであったが、この（A）と（B）との連携の切断は、そうした新規参入を（B）の範囲に留め、既存のメンバーの第一次協定下での輸出実績を（A）の固定化を通して維持するものであった。そして第二次協定下では、普通割当（A）と特別割当（B）との振分け比率を、第一次協定下の〈八〇％―二〇％〉から〈六〇％―四〇％〉へと、後者を増やす形で修正することによって、参入を企図する下位メンバーとの妥協をはかったのであった（表5-19）。しかし、第三次日印会商において、インド政庁側はこの（A）と（B）の振分け方法の修正にたいして、在日本「印度商は前者に多く、後者に皆無である」ために、「従来より確立されて居た［在日本］印度商が或程度の損害を蒙った」（三九年一一月一五日）と批判し、振分け比率の改訂を求めたのである[93]。（A）の輸出実績を固定化する第二次協定下の統制方法は、紡連に代表される生産者側が輸出割当に積極的に参画しようとする動きのなかで採られた、輸出組合の守勢的な対応策であったが、在日本印僑にとっては、対英印輸出取引拡大に制約を加えるものと認識されていたのである。それゆえ、第三次協定下においては、（A）と（B）の振分け基準の変更を強く求めたのである。このことは、一九三九年末においても印僑が日本製品の取引に強い関心を有し、その取引量の増加を企図していたことを示している。そして印度組合は、第七年度（四〇年四月～）からの割当において、（A）を八〇％、（B）を二〇％へと変更したのである[94]。印度組合が、印僑通商網を通した日本と英印との通商関係の維持という課題に対応するようになったことが、第三次日印会商の歴史的意義であった[95]。

「申し合わせ」にとどまりはしたものの、第七年度以降の実際の輸出割当統制の内容を、前掲表5-17から確認すると、生地・縁付生地の輸出割当は「申し合わせ」の割当基準を大きく下回り、他方において晒・捺染については基準を上回る割当となっていた。これは、「申し合わせ」とは言え、それから逸脱するかのごとき割当内容であり、印度組合は英印市場にたいして、撹乱的な姿勢に転じたようにみえる。しかし、一九四一年七月の対日本資産凍結によって日本の対外輸出が停止するまでに、インド政庁側からは、こうした仮協定からの逸脱に抗議が出されなかったことを考えると、第二次大戦の勃発とその継続によってヨーロッパからの綿製品の輸入減少がみられるなかでは、晒・捺染などの日本製品の割当量以上の輸出は、英印にとっても抵抗の少ないものであり、また在日本印僑の活動にとっては取引機会を増やすものとして歓迎されたと考えられる。戦時状況と在日本印僑の利害を重視するなかで、印度組合の「申し合わせ」協定からの逸脱は追認されたのである。

また、印度組合の第七年度第一期の輸出割当総量も前期に比べて多く設定され（図5-4）、印度組合は戦時期において対英印輸出拡大を企図したように読みとれるが、インド側が「一時ニ大量積出ヲ為シ印度市場ニ悪影響ヲ及ボスコトナキ」よう、「各月平均ニ輸出」することを求めたのを受けて[96]、印度組合理事会は「一時ニ大量積出ヲ為シ印度市場ヲ悪化スルコトナキ」よう、輸出量を「月平均ニ自制」する方針を固めた[97]。あくまでも印度組合は英印市場に対して競争的に対応することを避ける姿勢を用意していたのである。また、インド棉花の輸入促進を企図して、棉花輸入奨励金を第七年度と第八年度に、計六六万円交付したことも[98]（表5-21）、日本と英印との通商的な相互依存関係を維持することを最後まで模索していたことを示していた。

まとめにかえて

これまで、一九三〇年代の世界経済史研究においては、アジア国際通商秩序が、欧米のアジア植民地に適用された経済「ブロック」化政策や、日本の攻勢的なアジア進出によって大きな再編を余儀なくされ、再建著しかった自由通商体制を大幅に後退させたとの認識が共有されてきた。後者においては、三〇年代の東南アジア華僑の対日本製品ボイコット運動も、日本と東南アジアとの通商関係を希薄化させるものと考えられてきたと言える。同時代の日本人の認識においてさえも、日本人、華僑、印僑、オランダ人貿易商らによって作り出されたアジア通商網は「崩壊」するとの認識が強かった。そして、この三〇年代のアジア通商秩序の「崩壊」こそが、日本の国際的な「孤立」化を促し、さらなる日本の攻勢的なアジア進出への「正当」化認識につながっていった。

しかし一九三〇年代の綿製品を中心とする日本製品の対アジア輸出は、伝統的な輸出市場であった中国市場においては減少するものの、東南アジアや南アジア市場においては決定的な縮小をみることはなかった。むしろ三〇年代の経済「ブロック」化という、制度の肥大化に対応して、国家の後援を持たない非公式的な華僑・印僑通商網の敏感な反応を引き出すことによって、アジア通商秩序が維持された点を本章では強調した。そして、オランダ人貿易商もオランダ本国の製品をアジア市場において取り扱うのではなく、むしろ有益な日本製品の取引に乗り出したのであった。後の第九章と第十章では、三七年の日中全面戦争の勃発後においても、しばしば日本と東南アジアとの通商関係を希薄化を示すものとされてきた、東南アジア華僑らの対日本製品ボイコット運動が実は限定されたものであり、東南アジアの華僑通商網は四〇年代初頭まで日本に対して開放的であったことを強調することになろう。

そうであるとすれば、一九三〇年代のアジア通商網は、崩壊したのではなく、むしろ多様な通商の担い手を通して、アジア国際通商秩序を維持する方向にあったと言えるだろう。換言すれば、通商網の敏感な反応を引き出すことによって、三〇年代の日本は東南アジア・南アジアとの通商的相互依存関係を緊密化させたのであり、外交的な選択肢を狭められるような世界的な「孤立」化の方向に立たされていたのではなかったのである。

一九三〇年代のアジア通商網を通した、日本と英印や蘭印との通商的相互依存関係が、日本の外務省の「協調的経済外交」によって支えられたことは、後の第六〜八章で強調する点であるが、商工省の指導する輸出統制も在日本印僑の存在を認識しながら、同様の効果を有するものであった。輸出統制は、数量統制を基本としたが、下位貿易商に輸出取引への参入機会を与える内容であり（商工省の「員数主義」）、アジア通商網の担い手である各貿易商の日本製品取引意欲を削ぐものではなかったのである。三九年一〇月からはじまる第三次日印会商においても、日本側の代表は在日本印僑との取引関係を通した通商関係の維持に、交渉の重点を置いていた。日本の対外貿易の決定的な衰退は、四一年七月の対日本資産凍結といった国際政治上における大状況の変化によるものであり、そうであるとすれば、戦争につながる日本の「孤立」化は、三〇年代の通商摩擦に起因するものではなく、こうした多様なアジア通商網のなかに位置する日本を認識しながらも、それを政治に投影できなかった戦前期日本の政治そのものから議論されるべきであろう。換言すれば、アジア通商網を秩序づける日本政治の不在が問題であったのである。

（1）橋本寿朗『大恐慌期の日本資本主義』東京大学出版会、一九八四年七月。
（2）第一次日印会商については、本書の第六章、第二次会商については第七章。
（3）日蘭会商については、本書の第八章。

（4）多くの日本外交史研究者が利用する、日本学術振興会編（外務省監修）『通商条約と通商政策の変遷』世界経済調査会、一九六一年三月、などにみられる歴史認識であった。

（5）代表的なものとして星野辰男編『国際通商戦』（朝日時局読本第八巻）朝日新聞社、一九三七年九月、がある。八月末の校了であり、七月七日の日中戦争勃発から数カ月で出版されたことは、通商問題での日本の「孤立」感と戦争突入の選択に有意な関係を探ろうとする姿勢が、すでに用意されていたことを示唆している。

（6）Peter Post, "Chinese Business Networks and Japanese Capital in South East Asia, 1880-1940", in Rajeswary Ampalavanar Brown (ed.), *Chinese Business Enterprise in Asia*, Routledge, 1995.

（7）G. C. Allen and Audrey G. Donnithorne, *Western Enterprise in Indonesia and Malaya*, George Allen & Unwin Ltd., 1957, Chapter 14.

（8）P・J・ケイン、A・G・ホプキンズ（木畑洋一、旦祐介訳）『ジェントルマン資本主義の帝国II――危機と解体　一九一四～一九九〇』名古屋大学出版会、一九九七年四月（原書は、P. J. Cain and A. G. Hopkins, *British Imperialism: Crisis and Deconstruction 1914-1990*, Longman, 1993）。

（9）杉原薫『アジア間貿易の形成と構造』ミネルヴァ書房、一九九六年二月、第四章。

（10）Basudev Chatterji, *Trade, Tariffs and Empire: Lancashire and British Policy in India 1919-1939*, Oxford University Press, 1992, Chapter 6 参照。また、スミット・サルカール（長崎暢子ほか訳）『新しいインド近代史II――下からの歴史の試み』研文出版、一九九三年九月、三九〇頁。

（11）米倉茂「一九三〇年代のスターリング地域とポンド管理」上・下（『金融経済』二一四―二一五号、一九八五年）。

（12）上川孝夫「複数基軸通貨体制の回顧――一九三〇年代スターリング地域の経験」（上川孝夫、今松英悦編『円の政治経済学――アジアと世界システム』（同文舘、一九九七年）。石見徹『世界経済史――覇権国と経済体制』東洋経済新報社、一九九九年六月、一一四頁。

（13）Ann Booth, "The Evolution of Fiscal Policy and the Role of Government in the Colonial Economy", in Ann Booth, W. J. O'Malley and Anna Weidemann (ed.), *Indonesian Economic History in the Dutch Colonial Era*, Yale University Southeast Asia Studies, 1990.

（14）天野健雄編『英国植民地の織物輸入割当制』東京商工会議所（商工調査第五三号）一九三四年一一月、七頁。

（15）当房盛吉編『シンガポールを中心に同胞活躍　南洋の五十年』南洋及日本人社、一九三七年四月、三二七頁。

（16）南洋協会新嘉坡商品陳列所『英領馬来に於ける綿布（附人絹布）』一九三五年一一月、八〇頁（シンガポール国立大学中央図書館蔵)。

(17) 神戸の印僑については、「気の侭に往復する小商人の数も少なからざると他に神戸にても人種別、宗教別の対立が相当根強いやうでこれ等の為に和と一致を欠」くと評されていた(神田末保「本邦に於ける印度商人」〔神戸貿易同志会『同志』一四号、一九三九年一月〕二六—三〇頁)。実際に神戸においてインド商業会議所が設立されるのは一九三七年と、かなり遅れるのも、印僑社会内の協調性の不足が背景であった(金谷熊雄「神戸とインド」〔『日印文化』二号、関西日印文化協会、一九六一年〕二九—三〇頁)。

(18) Shimizu Hiroshi and Hirakawa Hitoshi, *Japan and Singapore in the World Economy: Japan's Economic Advance into Singapore 1870-1965*, Routlege, 1999, p. 87. 清水洋「戦前期日本の対英領マラヤ貿易拡張——神戸華商の役割を中心として」(愛知淑徳大学『論集』第二〇号、一九九五年三月)。

(19) Sachdev Durgadass のインタヴュー記録によれば、一九三〇年代のシンガポールでは、シンディー系商人が優勢であり、パンジャビ系としてはじめて登場するのは Gian Singh (Ⓑ-2) であったという(マイクロ・フィシュ史料、A000153/07, Archives and Oral History Department, Singapore)。また、A000167/07 の BAJAJ Jaswant Singh も参照。

(20) The Indian Social Society, *Directory 1985-1986*, p. 7. 南埜猛、工藤正子、澤宗則『日本の南アジア系移民の歴史とその動向』(ディスカッション・ペーパー、文部省科学研究費・特定領域研究(A))一九九七年七月。

(21) 富永智津子「日本のインド人移民」(『アジ研　ワールド・トレンド』第八号、アジア経済研究所、一九九五年一二月〜九六年一月)一五頁。詳細は、同「インド人移民社会の歴史と現状——横浜・東京・神戸・沖縄」(『日印文化』創立三五周年記念特集号、関西日印文化協会、一九九四年一月)五八—九五頁。

(22) Rajeswary Ampalavanar Brown, *Capital and Entrepreneurship in South-East Asia*, St. Martin's Press, 1994, pp. 207-9.

(23) Shimizu Hiroshi and Hirakawa Hitoshi, *op. cit.*, p. 65.

(24) 武井啓治郎編『織物要鑑』東京信用交換所大阪支店、一九一八年六月、兵庫県の一七頁。

(25) 山川茂雄編『京阪神における事業及人物』一九一九年九月、「ち」の二頁。

(26) 東亜研究所『第三調査委員会報告書——南洋華僑抗日救国運動の研究』一九四五年七月、四一八頁。

(27) 前掲『シンガポールを中心に同胞活躍　南洋の五十年』三三三頁。

(28) 前掲『英領馬来に於ける綿布(附人絹布)』一〇九頁。

(29) 前掲『シンガポールを中心に同胞活躍　南洋の五十年』三二九頁。

(30) 輸出繊維統計協会『極秘情報　大阪に於ける外商の進出状況について』一九五〇年一月二〇日(輸出繊維会館蔵)。

(31) *Directory of Malaya 1941*, Lithographers, Singapore, p. 111（シンガポール国立大学中央図書館蔵）.
(32) 東京商工会議所『英国植民地の織物輸入割当制』（商工調査第五三号）一九三四年一一月、一一—二頁。
(33) *Directory of Malaya 1941*, Lithographers, Singapore, pp. 435-8.
(34) イアン・ブラウン「日本の経済進出とシンガポールのイギリス資本」（杉山伸也、イアン・ブラウン編著『戦間期東南アジアの経済摩擦——日本の南進とアジア・欧米』同文館、一九九〇年八月）一八四—五頁。
(35) 同前、一八五頁。
(36) 木畑洋一「イギリス帝国の変容と東アジア」（秋田茂、籠谷直人編『一九三〇年代のアジア国際秩序』渓水社、二〇〇〇年近刊）。
(37) Rajeswary Ampalavanar Brown, *Capital and Entrepreneurship in South-East Asia*, St. Martin's Press, 1994, pp. 210-1.
(38) 楯朝二郎編『南洋経済懇談会報告書』南洋協会、一九四〇年一月、五二頁。
(39) 同資料については、伊藤泉美氏（横浜開港資料館）のご教示を得た。
(40) ほぼ同様の推計が、経済安定本部総裁官房企画部調査課『在日華僑経済実態調査報告書　昭和二二年度調査総括』（華僑調査資料第三号）一九四七年九月、一三頁、にある。
(41) 満鉄経済調査会『神戸華商ノ香港広東貿易事情』一九三六年九月、一〇頁（東洋文庫蔵——同資料の存在には飯島渉氏のご教示を得た）。
(42) 表5-9の資料から推計。
(43) G. C. Allen and Audrey G. Donnithorne, *op. cit.*, Chapter 14. Peter Post, *op. cit.*
(44) 松村道三郎編『実業功労者苦心談』大阪府知事官房、一九三五年一月、一七九頁。
(45) 史料の閲覧には、高瀬弘氏のご長女塩田耀子氏のお世話になった。
(46) 阿部武司『日本における産地綿織物業の展開』東京大学出版会、一九八九年九月、第五章。
(47) 松原健治（兵庫県西脇染織指導所技師）「輸出織物産地としての播州織物の横顔」（細田忠治郎編『播州織工業組合史』一九四〇年一二月）一〇二頁。
(48) 宇野米吉編『紡織要覧』一九三六年版、紡織雑誌社、一九三五年一二月。
(49) 高瀬弘談（高瀬織布六〇周年記念挨拶の録音テープ、一九九〇年九月）。以下、高瀬家についての引用は同様。
(50) 高瀬弘家文書『売日記』一九三二年二月起（史料番号〇）。
(51) 高瀬弘家文書『売日記』一九三五年一～八月（史料番号五、六）。

(52) 高瀬弘家文書『原簿』各年版（史料番号一一、一二、一四、一七、一八、一九）。同『総勘定元帳』（史料番号三二）。同『営業報告書』第七期。
(53) 当時の日商では、台湾銀行名義の株好きの買戻し問題に直面しており、また銑鉄、石油の輸入取引に経営の比重を移していた（日商株式会社『日商四十年の歩み』一九六八年八月、第二章）。
(54) 企画院編纂『華僑の研究』松山房、一九三九年一〇月、三五二―三頁。
(55) 神田末保「神戸華商の研究」（神戸貿易同志会『同志』一八号、一九四一年一月）七二頁。
(56) 印度組合の対英領インド貿易統制は、日印会商で締結された第一次日印綿業通商協定（後掲表6-4参照）に即して、一九三四年四月から実施された。第一次協定も含めて、二次にわたって協定が結ばれた日印会商の具体的な交渉過程については、本書の第六章と第七章で具体的に検討するが、輸出組合は、第一次協定が結ばれた三四年三月一四日に、第一回理事会と、そして四月二三日に第一回定時総会を開き、統制の具体的な実施方法を決定した。初代の理事長は伊藤忠商事の伊藤竹之助であり、専務理事は奥村正太郎であったが、統制の具体的な方法については商工省の第三会議室で検討されたように、商工省の指導の強い性格を持っていた。
(57) 小杉真「綿業貿易史余録」（『輸出綿糸布月報』一九五七年六月）八九頁。
(58) 日本綿織物対印輸出組合『定款　輸出数量統制規程　付諸規程』一九三四年五月、第二六-七條。
(59) 代表的なものとしては、石井修『世界恐慌と日本の「経済外交」――一九三〇～一九三六年』勁草書房、一九九五年一一月、五七頁。また同様の視点は、白木沢旭児『大恐慌期日本の通商問題』御茶の水書房、一九九九年二月、序章、にも見られる。
(60) 日本綿糸布印度輸出組合『事業報告書、決算報告書』各年度。
(61) 同前。
(62) 同『第四年度事業報告書、決算報告書』五六頁。
(63) 同『第二〇回理事会決議録』一九三五年六月三日。
(64) 商工商務局『内外市場に於ける本邦輸出綿織物の現勢』日本輸出綿織物同業組合連合会、一九二九年二月、五一〇頁。
(65) 日本綿糸布印度輸出組合『第四回理事会決議録』一九三四年六月八日。
(66) 同「第十回理事会申し合わせ事項」一九三四年九月二二日。
(67) 以上、日本綿織物対印輸出組合『入札に関する輸出数量統制規程改正の要綱』一九三四年一一月一七日稿。
(68) 前掲『事業報告書、決算報告書』各年度。前掲『理事会決議録』各回。
(69) 日本経済連盟会『我国貿易統制ニ関スル関係当業者ノ意見並ニ参考資料』（調査彙報第二四号）一九三六年一一月、六八頁。

(70)　国松祐次郎稿「綿業界ニ於ケル統制問題」(三井合名福島喜三次宛書簡に同封の「意見書」)一九三五年一二月二七日付(『東棉四十年史』資料)二二頁。
(71)　東洋棉花「対印度輸出組合主要組合員品種別割当比率比較」一九三六年末頃調査(『東棉四十年史』資料)。
(72)　神戸貿易協会『神戸貿易協会史――神戸貿易一〇〇年の歩み』一九六八年九月、参照。
(73)　前掲『我国貿易統制ニ関スル関係当業者ノ意見並ニ参考資料』七八頁。
(74)　宮島英昭「昭和恐慌期のカルテルと政治――重要産業統制法の運用を中心にして」(原朗編『近代日本の経済と政治』山川出版社、一九八六年三月)を参照。
(75)　日本綿織物対印輸出組合『定款　輸出数量統制規程　付諸規程』一九三六年四月一七日改訂。
(76)　東洋棉花「極秘　日印協定の更改ヲ機トスル輸出割当制度ノ改廃私見」一九三六年五月五日付、五―六頁(『東棉四十年史』資料)。
(77)　前掲『我国貿易統制ニ関スル関係当業者ノ意見並ニ参考資料』四三、八〇頁。
(78)　日本綿糸布印度輸出組合『時報』第一巻二号、一九三七年五月、三頁。
(79)　同前。
(80)　同前。
(81)　前掲『我国貿易統制ニ関スル関係当業者ノ意見並ニ参考資料』一一―一二頁。
(82)　同前、四三頁。
(83)　日本綿織物対印輸出組合『組合員名簿』一九三六年。
(84)　日本綿糸布印度輸出組合『第二五回理事会決議録』一九三五年一〇月一四日。
(85)　「秘　綿布輸出割当ニ於ケル入札制度ヲ全廃シテ、輸出権ノ一部ヲ生産者ニ与フルコトハ果タシテ実行可能ナルヤ(所謂五割割譲問題ニ付テ)」年月日不明(『東棉四十年史』資料)。
(86)　同前。
(87)　「輸出割当ニ五割五割制ヲ実施スルトセバ結局ハ生産者ノ輸出独裁トナラン」年月日不明(『東棉四十年史』資料)。
(88)　同前。
(89)　日本綿糸布印度輸出組合『時報』第一巻四号、一九三七年七月、二二頁。
(90)　「近来入札値ハ著敷く飛離シタル高値ヲ現出セル」ために「一部組合員ノミナラズ紡連ヨリ甚敷非難ノ声ヲ聞ク」状態であった(日本綿糸布印度輸出組合『第九一回理事会決議録』一九三九年七月二九日)。

(91) 阿部利七郎「デリーの半年」(シムラ会〔小野慶太郎〕編『日印会商』日印会商刊行会、一九五四年一〇月) 九五頁。
(92) 奥村正太郎編『日印会商史』日印通商協議会、一九四二年九月、四四六頁。
(93) 同前、四四九頁。
(94) 日本綿糸布印度輸出組合『定款』一九四〇年八月、二四頁。
(95) 第十章において指摘するように、英印には、一九四一年の時点においても、日本人輸出商と複数の取引関係を有するインド人輸入商が、他の地域と比べても多く存在しており(後掲表10-6)、日本と英領インドとの通商関係は、インド人通商網を通しても緊密な関係を有していたのであった。四〇年代初頭においても、インド人通商網は日本に対して開かれていたのであり、日本側もそうした開放性の維持を求めていたのである。その意味においても日本綿業の「孤立」化は不可避なものではなかったのである。
(96) 日本綿糸布印度輸出組合『印度輸出組合資料』一八頁。同史料は、第七年度の『事業報告書』に相当する。
(97) 日本綿糸布印度輸出組合『第一〇六回理事会決議録謄本』一九四〇年三月二九日。
(98) 日本綿糸布印度輸出組合『第一三一回理事会決議録謄本』一九四〇年一一月二一日。

第六章　第一次日印会商（一九三三〜三四年）の歴史的意義

――一九三〇年代前半の日本綿業と政府――

はじめに

本章の課題は、戦前期の代表的な通商摩擦問題を討議した第一次「日印政府間会商」（一九三三年九月〜三四年一月）を取り上げ、その歴史的意義を検討することにある。とくに通商摩擦問題発生の主要因となった日本綿業の動向と、この会商に臨む日本政府の外交姿勢との距離に注意して、議論を進めたい。(1) そして、最後に日印会商の交渉過程のなかで日本側が読み取ったインド政庁の有した利害について言及したい。

日本綿業は、一九三二年からの為替の切下げを契機に、イギリス綿製品の伝統的な輸出市場であった英領インド（以下、英印と略す）にむけて、日本綿布の輸出を急拡大させた。この対英印綿布輸出拡大こそ、日印会商を開く契機となった通商摩擦問題発生の背景をなすものであった。日本からの輸入圧力に対抗するため、インド政庁は一連の対日本綿布輸入制限策を実施したが、三三年四月にはインド政庁が、日印通商条約の廃棄を前提にした、日本品全体の輸入制限策となりうる「インド産業保障法」の制定に踏み切ったほど、問題は深刻化していた。こうした摩擦拡大のなかで、日本側は保障法の発動を未然に防ぐような摩擦問題の解消の必要にせまられた。問題が条約廃棄といった外交政治問題にまで発展したところから、その解決は日本政府とインド政庁の両者の協議に委ねられることになり、各国綿業も各政府（庁）の民間顧問的役割を担うようになった。この政府間交渉が日印会商であった。

一九三〇年代の日本にとって、この会商を開くことには次のような含意があった。まず第一は、英印輸出市場の安定的確保といった課題に直面していた点である。日印会商の引き金となった通商摩擦は、日本がその伝統的な輸出市場であった中国を離れ、英印市場に大きく依存するようになったことを背景にしていた。二〇年代後半からの中国での対日本製品ボイコット運動は中国市場を縮小させ、さらに満洲事変・上海事変の勃発もこうした傾向に拍車をかけた。つまり、日本としては、中国に代わる輸出市場として、英印市場への依存を余儀なくさせられていたのであり、会商を通した摩擦解消には英印市場の安定的確保といった課題が含まれていたのである。第二は、新たな外交課題にも直面していた点である。つまり、満洲事変の勃発以来、国際連盟からの脱退などにみられるように、世界的な「孤立」化にむかう日本にとって、この会商は初めての「個別的な協定外交」であり、もはや二〇年代の中国支配にみられたような「多国間の提携システム」に支えられた外交姿勢はとりえず、新たな外交姿勢での対応をせまられていた。(2) その意味で、この会商は日本に対して新たな外交上の教訓を示すことになったと言えよう。

もっとも外交の相手はインド政庁であったが、日本にとっては、植民地にたいして経済「ブロック化」政策をすすめるイギリス本国の動向に注視しなければならなかった。摩擦の舞台がイギリス本国の伝統的な輸出市場であったところから、この会商には本国の様々な干渉がみられ、「日英会商」と映る局面をも現していたからである。つまりこの会商には、満洲支配に乗り出した日本とイギリスとの、帝国主義国間の対峙といった側面がみられたのである。これが第三の含意であった。本章では、新たな外交課題に直面した日本政府が、英印市場の安定的確保のために、イギリス本国との関係を考慮しつつ、いかなる外交姿勢をとったのか検討したい。

そこでまず、この課題設定の意味を研究史に位置づけて述べておきたい。一九三〇年代の日本綿業と政府の関係を貿易摩擦問題に係わらせて言及した研究は少なく、西川博史氏の「綿業帝国主義論」が代表的なものと言える[3]。もっともこの議論は、二〇年代が中心であり、三〇年代はその後の展望として描かれたにすぎず、実証的な検討が充分になされているとは言い難いが、次のように整理できる。三〇年代に、上位紡績企業を中心とした「綿業独占体」は、在華紡による中国市場支配を達成し、他方で高級綿製品をもってイギリスの伝統的な輸出市場たるアジアに輸出を拡大させ、「イギリス製品の地盤沈下」を促した。そしてこれらの動向は、中国のナショナリズムの高揚に直面するとともに、世界経済の「ブロック」化のなかで欧米（とくにイギリス）勢力との「国際的緊張を激化させ」、「強大な軍事力によるバックアップ」を政府に要請した。要請をうけた政府は、軍事力増強のために重化学工業化をすすめるが、その原材料の確保には、「外貨獲得手段」としての綿業のさらなる輸出拡大が必要とされ、列強との通商摩擦を一層強めると展望された。つまり、日本綿業の海外進出（商品輸出・資本輸出）→列強との摩擦・民族的抵抗に対応した軍事力増強の要請→政府の重化学工業化政策に伴う、外貨獲得手段としての綿布の輸出拡大→さらなる列強との対立、といった「悪循環」が想定され、「戦争への道」が綿業の利害に即して展望されたのである。日本綿業の立場に即して述べれば、一九三〇年代の日本綿製品の輸出拡大は、その急速な展開によって通商的相互依存関係を崩す結果となり、日本の世界政治的な「孤立」化につながることが想定されていた。

本章の課題との関連で、この議論の問題点を指摘しておくと、まず第一は、一九三〇年代の日本政府の政策方針が対外膨張主義的な綿業の利害を強く反映させていたとする前提である。政府の軍事力増強は、在華紡にたいする民族的抵抗と、綿布の輸出拡大をめぐる列強との対立に対応したものと説明されているところから、政府は、中国の資本輸出市場としての確保、その他のアジア地域（とくに英印）の商品輸出市場としての確保といった綿業の二つの利害を、対外政策に大きく反映させていたと考えられているのである。本書では、在華紡の分析を課題としていないために、前者をめぐる検討は後日に俟たなければならないが、日印会商を事例に後者の利害に即して検討してゆくならば、綿布輸出市場の確保をめぐる政府と綿業との利害関係には大きな距離が存在していたことを強調したい。むしろ政府は日印会商を通して、日本綿業の急激な輸出拡大に規制を加えようとしていたのであり、かかる意図が三四年四月以降の「日本綿糸布印度輸出組合」による輸出統制に結実したのであった（第五章）。綿業帝国主義論の与える展望では、この事実の位置づけが難しくなるのみならず、政府の輸出規制方針もいかなる外交姿勢に支えられていたものなのか明確にしえない難点を持つ。

第二の問題点は、一九三〇年代の外貨獲得産業を綿業のみに求めている点である。アメリカの大不況を背景に輸出産業の主流であった生糸がその比重を低め、綿業の位置が重要視されたことは事実であった。しかし、対英印輸出について言えば、三〇年代の日本政府がインド綿業の成長を認めた上で、日本綿布の「今後我方ノ印度進出ハ自ラ限度アル」[4]と考え、他方で中小規模経営からなる雑貨の輸出に注目していた点も看過されてはならない。三二年の日本の対英印輸入は棉花が全体の七八％を占める高い集中性を示していたが、輸出面では綿製品が四二％を占めていたように、その集中性はやや低く、その他は雑貨によって占められていたからである。[5]原料を輸入に依存する綿業とちがって、雑貨は原料を国内から調達するものが多く、外貨獲得産業としての性格を与えられるようになっていたのである。また、その生産が中小規模経営を主体としていたところから、その輸出振興には社会政策的な含意もあった。

一　対英領インド綿布輸出拡大の条件

一九二九年下期からの不況は、日本綿業にも深刻な影響を与えた。井上財政下の金解禁政策はデフレ圧力を強め、世界的な銀貨下落は対中国輸出の減少をまねいた。内外需要の減少は、綿糸の供給過剰につながり、綿糸価格は二九年六月をピークに崩落した。三〇年半ばからの糸価の回復は、同年二月から実施された第一一次操短による綿糸の供給制限に負うところが大きかったが、三一年九月の満洲事変によって、中国市場が排日運動の影響からさらに縮小するや、本格的な市況好転は三二年後半からの中国以外の市場への綿布輸出拡大に俟たなければならなかった[6]。

この排日運動の特徴は、華僑「商人側が積極的に行動[7]」していた点にあり、華僑の勢力下にあった東南アジア市場も縮小を余儀なくされた[8]。大阪の居留地貿易の拠点であった川口においても、在日中国人貿易商の数は、三〇年五月から三二年三月までに、一七三七人から三〇六人へと急減しており[9]、帰国による取引停止を通した排日運動が展開した。大阪綿布商同盟会は、中国向け輸出をめぐって「川口華商売約品受渡ハ不能[10]」と報告しており、日本綿業は、市場拡大の鍵を華僑の勢力圏外に求めざるを得なくなったのである。表6-1をみるに、その拡大した市場は英印と蘭領東インドであり、インド人貿易商やオランダ人貿易商の勢力圏であった。

表6-1　日本綿布輸出の拡大

（単位：百万碼）

輸出先	輸出量	輸出の増減	
	1930年	31〜32年	33〜35年
中国	436	▲243	▲137
満洲	—	9	152
関東州	45	39	▲ 16
香港	105	▲ 82	26
英領インド	404	240	▲ 88
海峡植民地	44	38	▲ 38
蘭領東インド	182	170	18
その他	455	189	777
合計	1,671	360	694

資料）紡連『日本綿業統計　1903〜49年』。
注記）▲はマイナス。

一九三二年以降の日本の綿布輸出拡大は、イギリス本国の伝統的な綿布輸出市場であった英印に向けられていた。とくに、この時期の日本の消費原棉の多くが、次頁の図6-1にみられるような、インド棉花との比価で割安なアメリカ棉花であったことは、同時にアメリカ棉花を中心に中糸（二一〜四〇番手）での原糸消費を高めていたイギリス綿布との競合性が高まることを意味していた[11]。日本の輸出拡大は、次のような競争条件での優位に基づいていた。

(i)価格の切下げとアジア市場の変化。日本綿業が製品の低廉さを実

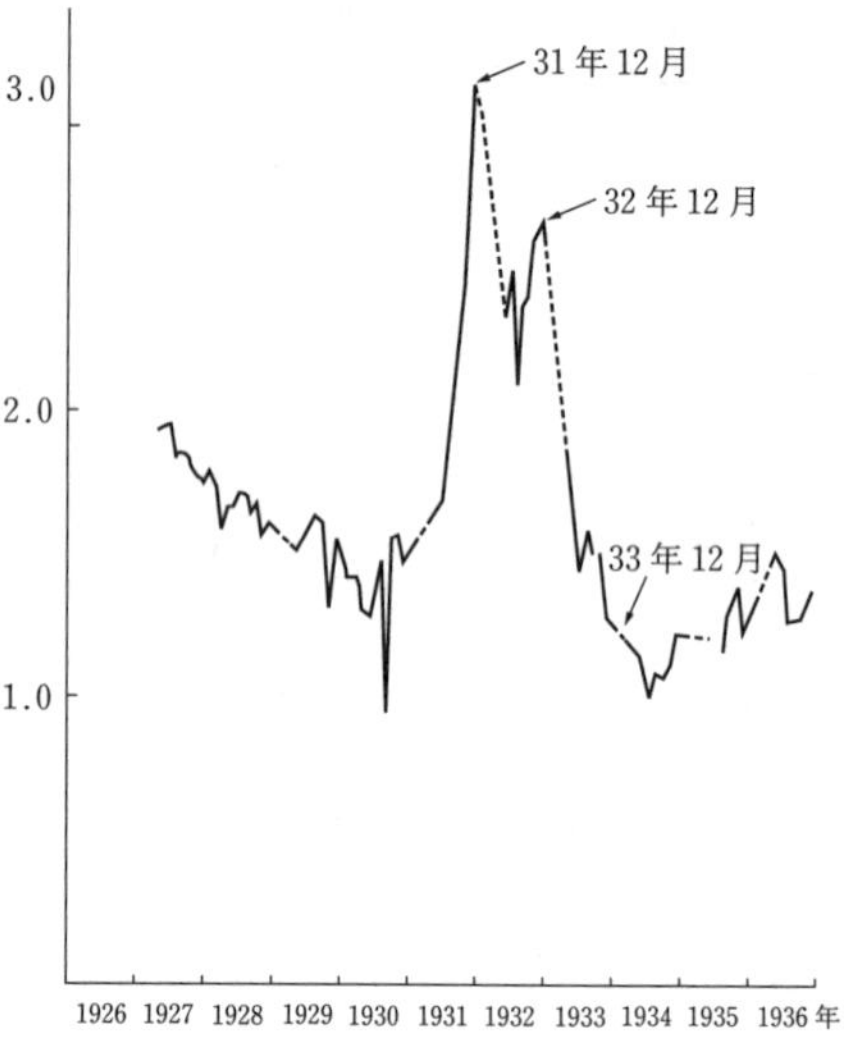

図 6-1　インド棉花のアメリカ棉花にたいする相対価格の推移

資料）「統計月報」（『東洋経済新報』各号附録）。

注記）$\frac{\text{インド棉（ボンベイ，中品ウムラ）相場（ルピー）}}{\text{アメリカ棉（ニューヨーク）現物相場（セント）}}\times 10$ によって計算し，各棉花の最高相場でとった。

現させた条件として、先行研究は、一九二〇年代末からの対英印為替相場の下落、綿業内合理化の進展などをあげてきたが、本章では「原棉操作」による「低廉な棉花」買付けにも注意したい(12)。一九三一年から三四年までは、棉花価格の上昇期であり、この時期には価格上昇前の安価な原棉を大量に買い付け、在庫として持ち抱えておくことが可能であった。表6-2でみても、消費に対する在庫の割合は日本の方がイギリスよりも高く、かつ年々上昇していることがわかる。そして、図6-2にも示したように、三〇年代には棉花価格の上昇を背景に、棉花輸入量に比した棉花在庫量の水準が、二〇年代のそれを大きく上回っており、積極的な操作が展開していたのである。こうした操作によって、日本綿業はイギリスに比べて低廉な原棉消費によって低価格を実現した。

低価格の関連で注意しておきたいことは、この時期のアジア市場では、製品の品質よりも価格面に消費選択の基準が置かれるようになっていた点である。図6-3をみると、一九三二年までに英印の輸入綿布に占める日本のシェアが高まっていたことがわかる。しかし、看過されてならないのは、イギリス品に比べての日本品の低価格は、日本品シェアの拡大する以前の二九／三〇年と三〇／三一年の時点においても確認できる点である。従って、日本品の市場シェアを高めるような競争優位は、相対的な低価格だけに求められるのではなく、日本品の価格低落、

表6-2　日本とイギリスの棉花在庫の推移

（単位：千俵）

年次	日本				イギリス			
	消費 Ⓐ	在庫Ⓑ	Ⓑ/Ⓐ	千錘当在庫	消費 Ⓐ	在庫Ⓑ	Ⓑ/Ⓐ	千錘当在庫
1931	2,565(36.3)	425	16.6	58.1	1,964(50.5)	174	8.9	3.2
32	2,769(56.4)	530	19.1	68.0	2,386(56.2)	162	6.8	3.1
33	2,900(61.0)	647	22.3	78.8	2,248(62.3)	220	9.8	4.5
34	3,252(54.8)	653	20.1	71.6	2,470(59.1)	238	9.6	5.2

資料）『紡織界』26巻6号，1935年6月号，6-8頁。
注記）（　）内は米棉消費の割合。

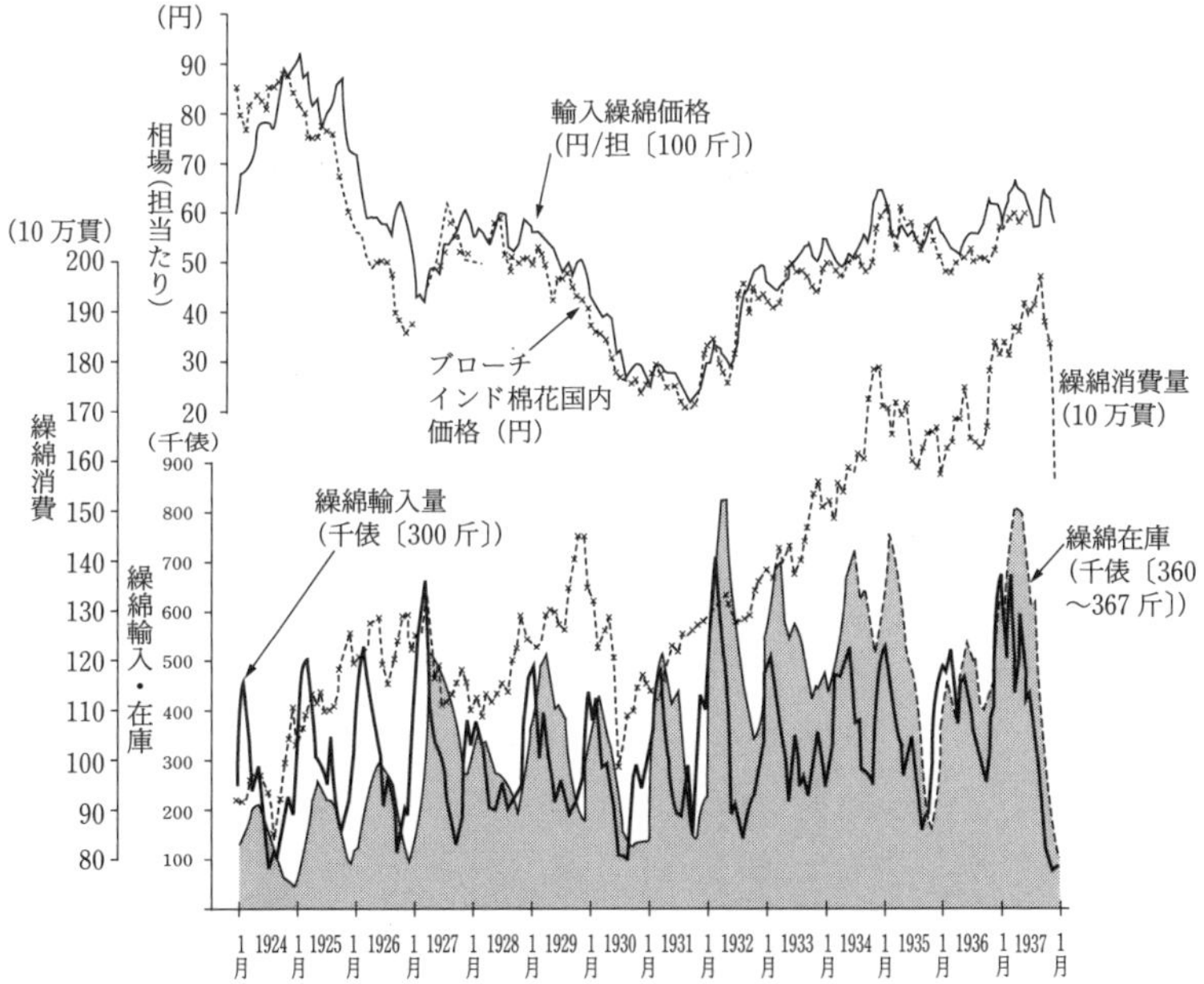

図6-2　日本の棉花輸入・在庫・相場

資料）紡連『大日本紡績連合会月報』各号。同『綿絲紡績事情参考書』各次。

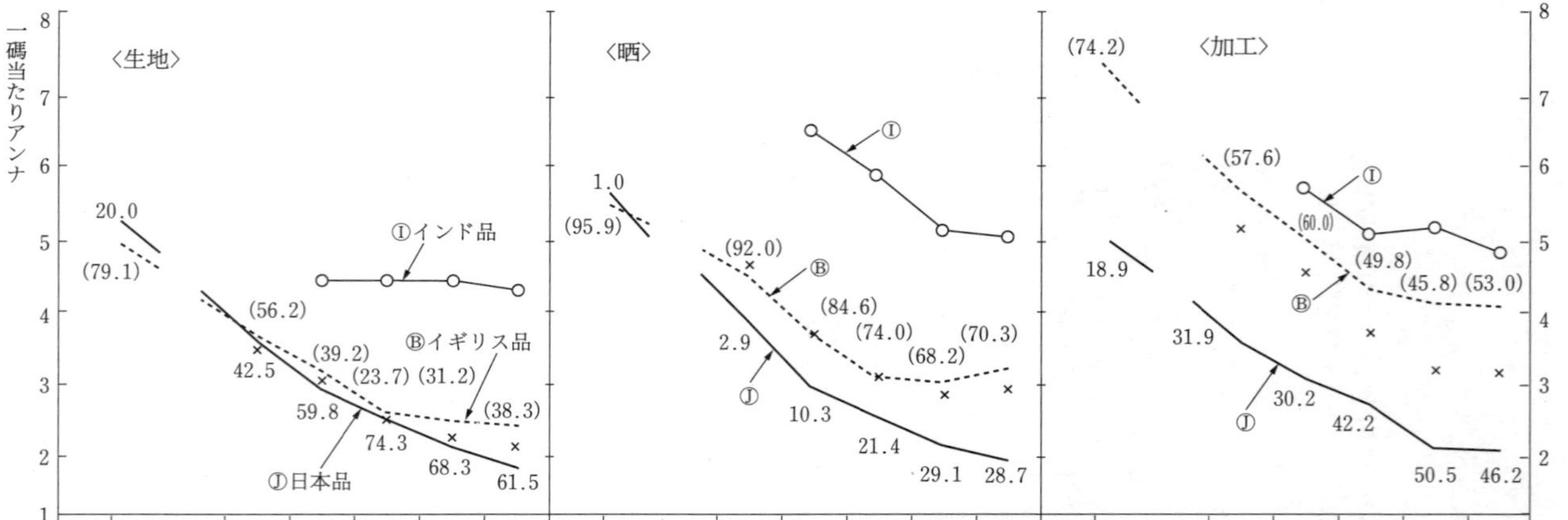

	年次	25/26	29/30	30/31	31/32	32/33	33/34
〈生地〉	a	……	1,369	1,517	1,750	1,839	1,724
	b	709	925	365	249	356	230
〈晒〉	a	……	446	487	561	584	541
	b	465	473	272	280	413	262
〈加工〉	a	……	604	557	678	746	680
	b	365	481	245	223	425	269

図 6-3　英領インドにおける日英印綿布価格の推移

資料）紡連『大日本紡績連合会月報』498 号，1934 年 3 月，9-10 頁。524 号，1936 年 5 月，24-7 頁。529 号，1936 年 10 月，24 頁。日本綿糸布印度輸出組合『時報』201 号，1937 年 11 月 8 日，2 頁。また 16 号，1936 年 2 月 5 日，参照。日印会商準備委員会『日印貿易参考資料』1936 年 4 月，31-2 頁。

注記）a インド紡績兼営織布生産量（百万碼）。b 外国綿布輸入量（百万碼）。(　) は b のうちイギリスのシェア，(　) のないものは日本のシェア。単位は%。×は，輸入綿布の平均価格。インドの晒生産量のデータは『時報』201 号。インドの価格Ⓘは『月報』529 号より輸出価格から取った。

過程において表面化したのであった。つまり、英印市場においては、価格の低落過程において需要が喚起されるような市場構造を有していたのである。大不況の影響が深刻であった地域にむかって、日本が輸出を拡大させたとする逆説的な報告は、[13]現金収入の減少の下で、安価な製品への消費性向を高めた市場構造の形成を指摘していたのであり、日本綿業は価格を引き下げることで、「中流階級以下下層階級婦人子供用衣料ニ対スル需要[14]」をとらえていたのである。他方、イギリス綿布にとって、かかる市場構造は非関税障壁の役割をはたしていた。

(ii)市場調査・製品開発。製品開発に必要な市場調査が、日本では積極的になされた。商工省や外国領事館からの報告はそれを伝えていたし、日本人輸出商にあっても「顧客に面接[15]」するなどの調査をすすめた。また、生産者にあっても、これら日本人輸出商の「販売に協力する新しい手法」として、「販売仕向地向け好適試作生産に柔軟的に応ずる[16]」方針をとるようになっていた。綿糸生産でも「従来ハ製品ハ製造会社ノ意思ニヨリ紡ギ居リタルモノナレド、最近ハ需要家ノ要求ニテ紡出シ居[17]」るようになっていた。その結果、「従来日本品ノ意匠ハ大部分英国品ノ模造」であると評されつつも、日本綿業は「英国よりやや低級だが印度製品よりも高級な所謂中間品」を、「印度人の嗜好の適応」した形で生産するようになっていたのである[18]。

こうした日本のあり方は、「印度・支那の市場の実際の要求に対する研究は余り関心が払われて居なかった[19]」イギリス綿業と際立った差異を示していた。もっとも、このようなイギリスの態勢は、イギリスの「著名商社頭文字ある部分を腰布の後方から得意げに覗かせ[20]」ながら着用されていたと言われるように、英印市場においてイギリス品が優越的な銘柄として好まれていた時代にはその限界を現さなかった。こうした時代には、「欧州人は欧州人に適する品物の余り物を土人に買はして居る[21]」ような、アジア向け販売の様相がみられたのである。

(iii)インド人貿易商の買付け活動。インド向け輸出に関して、日本人輸出商は取引条件においても「所謂『外国商館型』ヲ離脱[22]」するほど、インド内地での信用を高め、自らの商権を高めていた。だが、看過されてならないのは、一九三二年の対英印綿布輸出拡大には、日本人だけではなく、むしろインド人貿易商（印僑）の日本品買付け活動の高まりに負う面が強かった点である。三二年の為替下落を背景に、インド人「土商［中略］ハ本邦商社トノ間ニ円建商談ヲ行ヒ［中略］本邦品ノ異常ナル進出ハ此ノ為替上ノ思惑取引ノ成功ニ基因」していたし、また日本人の「各当業者間ノ売込競争ハ彼等ノ買付進渉ヲ著シク容易ナラシメ」ていた(23)。とくに在日本印僑は、インド「本国商社ノ仕入代理店タルノ地位ニ於テ活動シ［中略］本邦市場ニ於テ註文品ヲ買付クルモノナルカ其数量ハ実ニ本邦繊維工業品対印輸出ノ首位ヲ占メ(24)」ていたと報告されている。インドのシムラでは、輸入品の四割が「印度人ノ取扱」で、ビルマでも八割が非日本人取扱いであったと言われる(25)。日本綿布が、排日運動をすすめる東南アジア華僑の勢力圏を避け、対英印輸出を拡大させたのには、印僑に依存しえた条件が大きかったのである（本書、第五章）。そしてこれも、「印度人・支那人ノ手ニヨリ輸出スル場合ナシ(26)」と言われたイギリスとの際立った差異であった。

二　通商摩擦の発生と対外協調路線

(1) インド政庁の対日輸入制限策と日本側の認識

先述した〈インド棉花高―アメリカ棉花安〉傾向のなかで、アメリカ棉花消費を高めた日本綿業は、インド棉花主体のインド綿布に対しても、競争圧力を強めた。価格面に消費選択の基準が強くおかれ、低価格品への消費性向を強めた英印市場にあっては、安価であるがゆえに、アメリカ棉花を中心とする日本の「細番手の製品は印度産棉花にて製造せる綿布と競争する(27)」市場構造となっていたからである。日本綿布は、主に晒と加工綿布を中心に輸出をのばしたが（図6-3）、英印では「生地及晒の取引に於ては製品の品質が同一にして一層代替性を有《ママ》っていた(28)」

だけに、晒を中心とした日本の輸出圧力は、生地物生産の多い英印市場にとっても深刻な問題であった。一九三二年後半に価格を切り下げた日本綿布は、インドの「留比売値ヲ引下ゲ市場ヲ圧迫」し、「日本品安値売急ギハ［インド品の］高値既約品受渡困難」な状態をもたらしていた。[29]その上で「印度ノ下層階級ハ印度品又ハ日本品ノミヲ用ヒ[30]」る状況となっていたのである。

また一九三二年のインドでは、三〇年四月の「インド綿業保護法」（以下、綿業保護法と略す）の発効による輸入関税の引上げのもとで、「国内同業者の競争を増[31]」していただけに、綿布の増産圧力が強まっていた。増産と日本品の輸入圧力により、インド綿布は、次頁の図6-4にみられるように、三二年の関税引上げ後においても市場価格を下げ、あわせてその在庫量を高めていた。他方で、英印におけるインド棉花価格は三三年度に若干の上昇を示しており（後掲表6-6）、インド綿業は〈原料高―製品安〉傾向下にあったと言える。

インド紡績業は、綿糸生産の六割以上を兼営織布用原糸にあてているところから、[32]綿布の採算条件の悪化はその経営を大きく左右した。表6-3は、その経営状態を示したものであるが、なかでもボンベイ紡績業のそれが著しく悪化していることがわかる。ボンベイ紡績業は、インド棉花を中心とする太糸生産率が高かっただけに、[33]〈インド棉花高―アメリカ棉花安〉傾向のなかで深刻な経営悪化に直面していたと言える。当然、綿布価格の引上げといった対応策が必要視されるのであるが、操業短縮などの組織的規制による需給調整策の実施は、非集中型の産業構造を有するインドでは困難であった。それゆえ、日本品の輸入制限を目的とする関税政策の実施を、インド政庁に迫る対応をみせたのであり、その中心にあったのがボンベイ紡績業の結集するボンベイ紡績連合会（以下、ボンベイ紡連と略す）であった。

一九三二年末からボンベイ紡連を中心にインドの商工業者は、「インド産業保障法」（以下、保障法と略す）の制定をインド政庁に求めた。綿布だけでなく、他の製品にも日本からの輸入圧力が強かったからである。綿業保護法

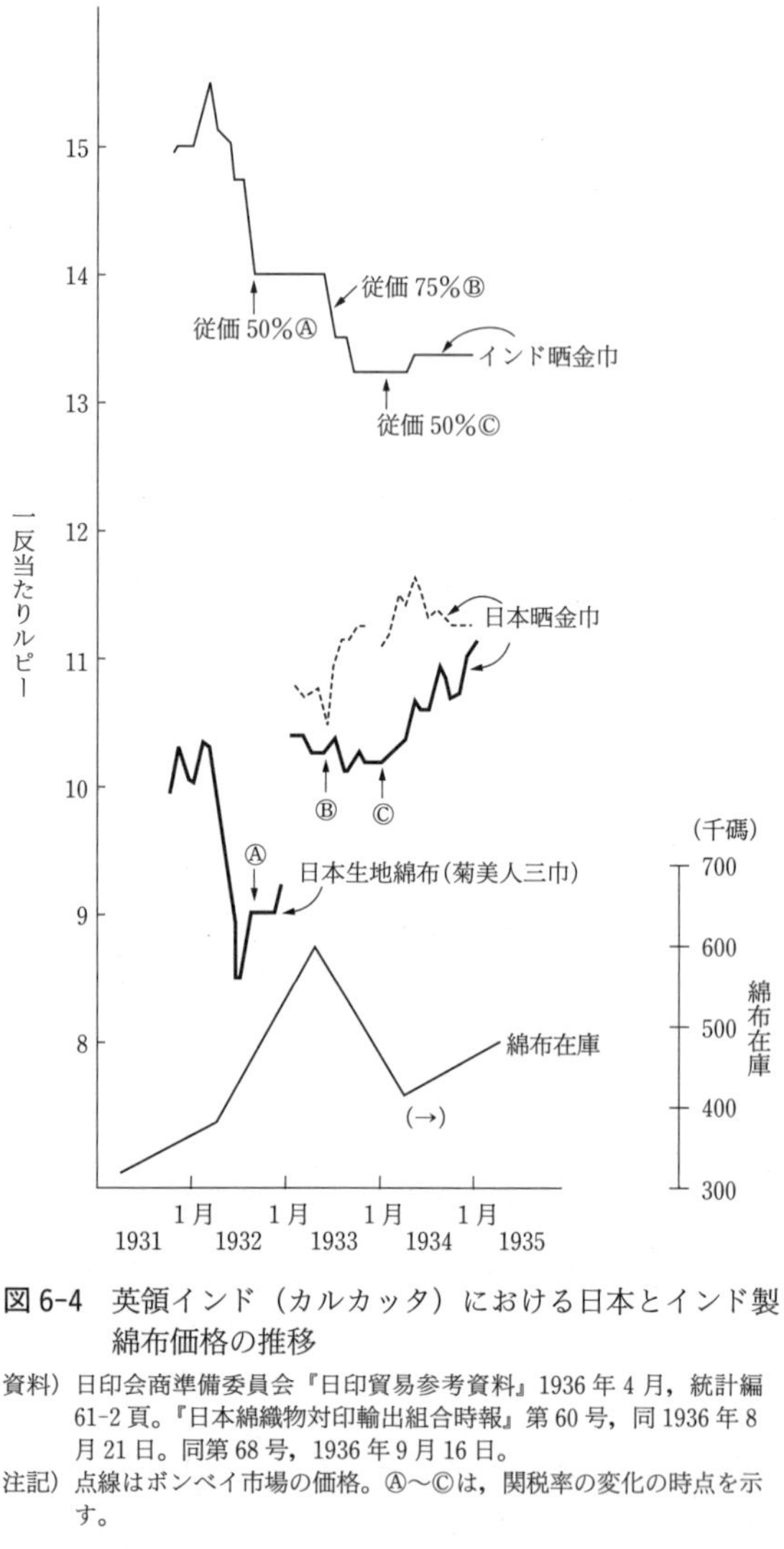

図 6-4　英領インド（カルカッタ）における日本とインド製綿布価格の推移

資料）日印会商準備委員会『日印貿易参考資料』1936 年 4 月，統計編 61-2 頁。『日本綿織物対印輸出組合時報』第 60 号，同 1936 年 8 月 21 日。同第 68 号，1936 年 9 月 16 日。

注記）点線はボンベイ市場の価格。Ⓐ～Ⓒは，関税率の変化の時点を示す。

により、綿布の輸入関税が三二年八月に従価五〇％へと引き下げられたが（図6-4）、日本人輸出商が「円低落ノ事実ニ顧ミ増税カ今回ノ程度ニ止マルヲ不幸中ノ幸ト」(34)述べたように、その効果は三二年の対英印為替相場の下落によって減殺されていた。

保障法は、「対日反ダンピング法」とも呼ばれたように、低廉な日本品の輸入圧力を緩和するために、インド総督の官報告示によって輸入関税の引上げを実施しうる内容を有していた。これは、通商条約の締結各国への均等同率な輸入関税の賦課を謳った「最恵国待遇」に抵触するところから、日本製品への同法の発動には、日本との最恵国待遇を約束した日印通商条約の廃棄を必要としたのである。インド政庁は一九三三年四月一〇日に、インドの外交権を握るイギリス本国を通して条約の廃棄を通告し、あわせて一五日には保障法を上院にて通過させた。それゆえ日本品全体の輸入制限となりうる同法の発動は、通商条約の失効が認められる廃棄通告六カ月後の、三三年一〇月一〇日以降に現実的可能性をおびるようになったのである。

インド政庁が、通商条約の廃棄と保障法の制定に踏み切った理由は、以下のようなインドでの政治状況を背景にしていた。第一は、ガンディー指導の第二次非暴力的抵抗運動にみられるような当時の反イギリス感情の高まりである。とくに一九三五年の「インド統治法」につながる憲法改正問題はインドのブルジョワジーを含めて反イギリス感情を高揚させていた。つまり、「憲法改正は、［英印間の］円卓会議の方法に依らずして英吉利議会の任命する委員会に依って決定する[35]」との声明は、「一般ノ不満ヲ買[36]」い、憲法改正問題をめぐって「孟買紡績関係者ノ多クガ［中略］属スル」、「自由連盟［派］ハ政府［庁］ニ非協力ヲ声明」するに至ったのである。インド政庁としては、「『オタワ』ノ英印通商取極ノ関係モ有リ［中略］此際自由連盟派ノ意ヲ迎フル必要」に迫られていたのであり、保障法制定の要求を受け入れる姿勢に傾いたのである[37]。

そして第二の理由は、より重要なもので、一九三三年三月に失効する綿業保護法の継続の可否を調査した、「関税調査委員会」の勧告に対応する必要から生じていた。インド政庁には一九二一年から、関税自主権がイギリス本国より移譲されており、「英国デモ何

表6-3　ボンベイとアーメダバッドにおける紡績企業の利益率

年代	会社数（社）		利益率（%）		1社当たり
	ボンベイ	アーメダバッド	ボンベイ	アーメダバッド	紡機（千錘）
1931	68(24)	60(18)	▲1.21	16.87	34.7
32	71(26)	62(20)	▲1.47	15.40	34.8
33	57(13)	62(15)	▲1.52	6.72	35.0
34	61(25)	62(24)	3.80	7.73	35.0

資料）『日本綿糸布印度輸出組合時報』第88号，1936年11月9日。
注記）（　）内は，二交替制の会社数。▲は，マイナス。日本の1社当たりの紡機は，1932年で127.6千錘（揖西光速編『繊維』上，統計編45頁）。

トモシ難[38]」い側面が強かったが、関税調査委員会の勧告は、三二年一一月に出されており、ナショナリズムの高揚のなかで、現行の従価五〇%綿布輸入関税にも採られてきた対イギリス特恵（イギリス綿布には従価二五%の関税率）を基本的に認めない内容となっていた[39]。しかし、この委員会勧告は対イギリス特恵を定めた「オタワ英印協定」の基本方針に反するものであり、イギリス本国が綿製品に関しては現行の対イギリス特恵方針の継続を強く要求していただけに（後述）、インド政庁は三三年に入ってもこの勧告を公表せず、その対応に腐心していたのである。このことは、三〇年代の英印の輸入関税率の引上げが、イギリス製品をも対象にすえるほどの強烈なナショナリズムに促されたことを意味していた。日本製品の輸入を規制することにおいて、イギリス本国と英印との間には、利害の一致があるようにみえるものの、関税政策の実施には、英印側の主導性が目立っていたのである。そこでインド政庁は、この委員会勧告提出が「実現されなかった[40]」として公表を避け、現行輸入関税の三三年一〇月までの継続を許す、綿業保護法の失効延期を議会で通過させ（三月二〇日）、他方で委員会勧告を「流産せしめるに十分な力をもつものとして[41]」、委員会勧告が強調した日本品の輸入圧力緩和だけに的を絞った保障法の制定に踏み切ったのである。つまり、保障法は、綿業保護法の化身に他ならなかったのである。

　以上の通商条約の廃棄と保障法の制定のなかで、改めて注意したいのは、これらのインド政庁の関税政策が「対英国トノ政治的考慮[42]」に基づくものであったとしても、イギリス本国の直接的指導によるものではなく、インド政庁の自律的な政策決定の側面を有していた点である。しかし、前述した日英間の対立が全体を覆うなかで、日本側においては、英印の一連の輸入制限策は「英国ノ指図ニヨルトノ誤解ハ日本ニテ一般ノミナラズ外ム《ママ》省モ抱ケル様子[43]」であり、条約廃棄の通告が英印の外交権を握るイギリス本国から出されたことはかかる傾向を一層強めていた。さらに、この日本の「誤解[44]」は、英印における「関税自主権」と「外交権」の所在の差異を認識することが出来なかったことにもとづいていた。

また、政治的な諸問題についても、反イギリス感情の高まる英印では「独立気風旺盛デ英国ガ思フ様ニナラナイ」面があった。[45] 例えば、対イギリス特恵を基本方針として定めたオタワ英印協定であっても、イギリスが最も関心を払っていた綿織物については、明確な対イギリス特恵規定を確保できないまま、前述した「関税調査会ノ答申」に待つことを決め（三二年八月）、英印側の意向を尊重していた。[46] 英印側の意向を尊重した事例は他にもみられ、日印間の綿業貿易問題が協議の中心をなす日印会商においても、英印の外交権を握るイギリスはインド政庁を日本との協議にあたらせ、外交権の委託も認めたのである。また、イギリス側が日本に提案した、世界市場をめぐる日英民間交渉に関しても、英印市場については、インドでの日英印三国の民間交渉の開催を認めていた[47]（後述）。もちろん、こうした会商・交渉を通して、イギリスは綿布も含めた対イギリス特恵関税体制の完備をはかり、ブロック化を強固にすることを主眼としていたのであるが、三三年の九月頃までの段階では、日本が考えるほどに英印間の距離は近いものではなかったのである。

（2）日本政府の対外協調路線

インド政庁の一連の日本製品輸入制限策にたいして、日本綿業は大日本紡績連合会（以下、紡連と略す）を中心に「ダンピング的の大積極策を以って、英印に対抗する意志」[48]を表明し、競争的な販売姿勢をみせていた。しかし、商工省・外務省を中心とする日本政府は、この綿業側とは異なった対応を示していた。一九三三年四月に、商工省は紡連にたいして「対印売込ニ対シテ当業者ニ於テ充分自制」すべしと注意を喚起した上で「根本的ノ解決トシテハ、我方ノ輸出統制ト之ニ伴フ日印間商業協定ノ外無カルベシ」と通達した。[49] これは、輸出統制の実施などを通して日本綿業の競争的販売姿勢を規制しようとするものであり、外務省も日本品の「安値売急キヲ慎ム為ニ何等カノ申合」[50]を必要と感じていた。また、かかる競争規制の方針は、日本人輸出商においても支持されており、「一時売控エ又ハ売値維持ノ申合セ」を検討するほどであった[51]。日本政府と日本人輸出商の方針は近似したものであった。

日本政府が日本品の対インド輸出競争を規制しようとした理由は、通商摩擦の拡大を抑え、対外的な協調を維持するためであったが、そこには冒頭でも述べたごとく次のような対外政策上の目的があった。

(i)対英印輸出条件の安定。中国市場の縮小に対応して、日本政府はイギリスの伝統的な市場である英印を、輸出市場として安定的に確保する必要に迫られていた。そのためには、まず一九三三年一〇月一〇日以降に来るであろう保障法の発動を「未然ニ防止[52]」する必要があり、具体的には保障法の発動を阻止しうるような、最恵国待遇を含んだ通商条約の再締結に漕ぎつけることが不可欠と考えられていた。そして条約の「復活[53]」には、英印側からの協調を引き出す必要があり、その条件として「誠意アル輸出統制[54]」方針がたてられたのであった。競争を規制し、「価格低落防止ニ関スル断乎タル方針ヲ樹立シ以テ帝国政府ノ誠意ヲ披瀝[55]」することで、条約の再締結にのぞみ、対英印輸出条件の安定につとめる方針がたてられていたのである。

また競争規制の方針は、販売価格の安定を通した在日本印僑との取引条件の安定化からも必要とされていた。日本品の対英印輸出において、彼らの取扱量が加工綿布をめぐって無視しえない存在であったことは第五章で述べたが、彼らは日本品を「仕入れたならば後から後からと同様商品の値段の安い物が入荷され［中略］大きな損を[56]」すると訴え、価格の安定を求めていた。日本政府は輸出条件の安定化の一環として、価格の低落を抑える、競争規制の必要を感じていたと言える。そして、そこには中国や東南アジア華僑の対日本製品ボイコット運動に鑑みて、反英感情の高まる「印度人ノ我国ニ対スル敬愛ノ念ヲ助長シ以テ彼等ヨリ進ンテ汎亜細亜主義ヲ提唱セシ[57]」めようとする構想も含まれていた。東南アジアにおいても、印僑が日本人貿易商の容易に取引できない地域や輸入商に対応していったのである。

この時点において日本政府は、中国市場に代わる輸出市場として、英印市場の安定的確保をめざしており、そのためには、たとえ英印がイギリスの勢力下にあったとしても、日本品の競争をある程度規制することで、イギリス本国から協調を引き出し、英領植民地域内に安定的に参入しうると考えていたのであった。

(ii)対イギリス協調の必要。日本政府は、英印市場を維持するために、対イギリス協調の必要を感じていたが、その必要はそれだけに留まるものではなかった。満洲事変と上海事変の勃発により、世界的な批判のなかに立たされた日本は、「満洲国」建設といった課題の前に、「帝国ノ国際的孤立状態ノ緩和[58]」をはかる必要に迫られていた。なかでも当時の外交政策を主導した宮中グループは、満洲国の対外的な承認を得るには、「満洲問題の解決は［中略］英米等の理解ある態度[59]」が必要であるとし、その点からも列強からの協調姿勢を引き出し、維持してゆく必要を訴えていた。とくにイギリスとの協調をはかるためには、彼らのアジアにおける既得権益を尊重する必要があり、その一環としてイギリスの伝統的な輸出市場であった英印への輸出統制が企図されたのである。換言すれば、日本政府の企図した輸出統制策は、東アジアにおける日本のヘゲモニーを対外的に追認させるために、イギリスからの協調の引出しを意図した政治的方途に他ならなかったのである。また、排日運動が高揚している中国問題の処理をめぐっても、その対応には一九二〇年代の外交経験から「日英協調ノ回復ニ努ムルコト」が、「甚ダ望マシ[60]」いと考えられていた。満洲と中国問題をめぐって対イギリス協調を維持することは軍部も認めるところであり、そのためにも英印市場への日本製品の輸出競争を規制する必要があったのである。日印会商の開催期間中において、広田弘毅外相が「イギリスとの関係は、シムラ会議［日印会商のこと］を纏めて、両国の関係をよくするようにして行くより方法がない[61]」と語ったように、日印会商はイギリスからの協調姿勢を引き出し、日本の東アジア支配への追認姿勢を引き出すための舞台に他ならなかったのである。

(iii)綿布の輸出規制と雑貨の輸出振興。イギリスから協調姿勢を引き出すために、日本製品への輸出規制策が具体的に検討されていたが、問題はその規制対象となる輸出品をどれに定めるのかということであった。冒頭でも述べたように、日本の対英印輸出品には綿布とその他の雑貨類が多くを占めており、ともに為替の下落に乗じて、英印市場に輸出を拡大させた[62]。そして、商工省はこれらのうち「綿製品ノ如キハ最早価格調節以外ニ数量協定ヲモ行フ可キ時期ニ至リタル[63]」との考えに傾いていたのである。綿製品が貿易摩擦拡大の主要な原因をなしていたからであったが、こうした選択の基準はそれだけに留まるものではなく、次のような政府の雑貨に対する認識に強く係わっていた。

まず、雑貨生産は中小規模経営になるものが多いところから、雑貨の「統制ノ至難ナルコト綿布ト同日ニ論スル能ハス[64]」との認識があった。さらに、かかる経営規模の問題から、商工省は、輸出向け雑貨が「中小工業ノ所産ニシテ［中略］悲鳴ヲ挙ゲ救済悃願ノ態度」を示し易い性格ゆえに[65]、それらの輸出振興の必要を認めていた。つまり、雑貨の輸出振興が「中産階級の経済機構を維持し、それが社会機構として最も安定[66]」することにつながると考える社会政策的な含意を有していたのである。

一九三三年五月一〇日の「日印貿易懇談会[67]」は、こうした雑貨への政策方針を再確認する結果となっていた。雑貨関係者は商工省と外務省の代表にたいして、現在「重大ナル困難ニ遭遇シテ居ル」（安住大薬房）と述べた上で、中小規模経営を主体とした雑貨生産の動揺によって「失業者ハ非常ニ多数ニ上ル」（二川商店――雑貨貿易商）ことを強調していた。また、雑貨の対英印輸出依存の高まりを、綿業と同様に、排日運動による中国市場の縮小に代わるものとした上で（二川商店）、中国での排日運動の高揚の原因を、幣原外交にみられた「対支問題ニ就テ外務当局ノ繰返サレタ失敗」（中川商店――化粧品）に求め、外務省の対中国外交姿勢に強い批判をあびせていたのである。そして、「此際支那ノボイコットヲ英国ト日本トガ協力シテ之レヲ阻止スル」（同前）ことを要求していた。こうした中小規模経営者が対イギリス協調を標榜している点は、綿業と雑貨業との相違点である。

この懇談会を通して、政府は当業者の要求から、中国問題については改めて対イギリス協調路線の必要を確認し、対英印問題については、綿業の輸出規制策と、社会政策的観点を有する雑貨の輸出振興策の、対照的な二つの方針を固めた。そしてこれは、以前に商工省が示していた、「雑貨ノ如キハ［中略］工業組合ニヨリ、［中略］輸出組合ニヨリ指導シ行ク[68]」（四月二四日）とした方針の具体化であった。つまり、政府においては、輸出統制による「綿布ノ進出停止ニ依リ失ヘル所ヲ雑貨ノ輸出増進ヲ以テ補ハント欲スル[69]」期待も含まれていたのであり、綿布輸出に統制を加える反面、貿易収支を均衡させる外貨獲得産業としての役割を雑貨に期待していたのである。

冒頭でも述べたごとく、従来の研究には、一九三〇年代の日本政府の対外政策方針を、綿業の輸出拡大志向を強く反映させたものとする認識がある。しかし、この時期における日本政府は、雑貨の対英印輸出条件の安定に政策上の比重を置き、通商条約の再締結に漕ぎつけうるような譲歩姿勢として、綿布の対英印輸出統制を企図していたのである。そして「満洲国」の公認をはじめとする東アジア問題の処理をめぐって、対イギリス協調路線を具体化するところからも、綿業への輸出規制方針を固めていた。日本綿布の輸出統制策は、三つの課題を有していたのである。

（3）従価七五％綿布関税の引上げとインド棉花不買

一九三三年四月一〇日に通商条約の廃棄が通告されてから、日本政府は対応策の検討をイギリス本国に申し出た（四月二四日）。まずイギリスは、綿布の世界市場をめぐる「日英民間交渉」を提案し（四月二五日）、そしてインド政庁はイギリス本国からの外交権の委託の上で、「日印政府間会商」を提案した（六月六日）。会商の開催に本国と植民地間の合意が得られたのであるが、インド政庁はその翌日に綿布輸入関税の従価七五％への引上げを通告して来たのである（図6-4）。これは九月に開かれることとなる「会商を有利ならしめるための策略[70]」に他ならなかった。

しかし、この関税引上げ通告は日本綿業側の反発を買うこととなり、紡連による「インド棉花不買」運動の実施をまねいた。インド棉花不買運動とは、対日本輸出依存度の高いインド棉花の買付けを止め、インド棉作関係者に市場縮小といった打撃を与え、日本側の交渉力を高めようとするものであった。紡連としては、これを圧力に綿布関税率の引下げを意図していた。当初、この不買運動には、インド棉花消費の高い紡績企業からの反対があり[71]、実施にむけての紡連内合意形成は困難であったが、〈インド棉花高―アメリカ棉花安〉傾向が続き、「印棉の買溜[72]」が一九三三年末まで保証されていると言われたなかで、インド棉花の買付制限に強い抵抗はみられなくなった。しかし、不買運動には、その継続にあたって、次のような問題が孕まれていた。

(i)日本人棉花商の参加問題。不買運動への参加について、糸商と専業織布業者（日本綿織物工業組合連合会）は合意したが、棉花輸入商は消極的であった。東洋棉花、日本綿花、江商の三大棉花商（以下、三綿《さんめん》と略す）は、インド内地の棉作地帯での直接買付けを内容とする「直買」活動を行っており（本書、第四章）、インド棉花不買運動への参加はこの直買を停止し、「日本商社多年ノ地盤根本的ニ覆ガヤサル[73]」ことを意味していたからである。

(ii)在華紡の参加問題。日本人投資になる在華日本紡績企業（以下、在華紡と略す）も内地紡績と同様にインド棉花を原料としていた。彼らも不買運動への参加にあたり、「已むを得ざる処置と思う[74]」と回答していたが（六月）、八月には「何日迄モ是レト同様ノ態度ヲ持続スルモノト期待シ難シ[75]」との報告が寄せられた。彼らによるインド棉花買付けは、不買の実効性を弱めることに他ならず、在華紡と内地紡との利害対立は鮮明となっていたのである。

以上の問題を孕みつつも、インド棉花不買運動は、日本政府にとっても日印会商において、自らの交渉力を高める上での、有効な条件であると考えられていた。その点で政府と紡連側の認識は一致していたが、それぞれの会商での獲得目標は違っていた。

紡連は、日印会商の日本政府顧問として、またイギリスの提案になる民間交渉（この場合、日本、イギリス、英印の三者を含む）にのぞむべく渡印したが、先述したようにインド棉花不買運動をもって、綿布輸入関税の引下げに最大の関心を有していた。他方、商工・外務省に代表される日本政府側は、保障法の発動を未然に阻止するような、通商条約の再締結に第一の目標を置いていた。そのためには紡連の不買運動を利用し、また政府主導の対英印綿布輸出統制を、イギリスからの協調を引き出す譲歩姿勢として用意していたのである。とくにこの対英印輸出条件の安定は、社会政策的な性格を持つ雑貨の輸出振興を企図するところからも必要とされた。会商にあたる政府は「雑貨ニ対シテハ一般的ニ最恵国待遇ヲ要求」し、あわせて雑貨製品をめぐる「統制ノ協定ハ避クル」[76]方針を固めており、インド棉花不買をも「綿布以外ノ交渉ニモ［中略］雑貨其他ニモ利用セント」[77]していたのである[78]。

一九三三年七月一日の綿業関係者との「官民協議会」は、両者の「不統一」[79]な様相をみせていた。政府側は、条約の再締結の必要を強調し、「雑貨等ノ関係上国策」[80]にたって、柔軟な外交姿勢で会商にのぞむことを訴えた。しかし綿業側はかかる姿勢を英印両国の「鼻息ヲ窺フ」[81]ものとして批判的であった。

日本政府と綿業との間に利害の差異があったことにかかわって、改めて注意したいのは、紡連によるインド棉花不買運動には、政府の指導が皆無であった点である。政府は、日印会商において、この運動を利用する姿勢をみせたが、イギリスからの協調を引き出す交渉での政府の切り札は、あくまでも対英印綿布輸出統制案に他ならなかったのである。また、実際の日印会商の交渉過程においても、紡連が強く求めた輸入関税の引下げをめぐって、紡連が求めた四一％水準（後述）の税率を五〇％の水準に定め、その水準において早期に妥結を果したところも（一〇月一七日、後掲表6-4）、政府と紡連との距離を示すものであった。

しかし、紡連の主導したインド棉花不買運動は、日印会商の交渉過程において、意外にも、インド政庁の重視する経済利害の一面を示すことになる。インド政庁にとっては、第一次産品の輸出拡大を通した貿易収支の黒字幅の維持・拡大を、イギリス本国との関係において追求しなければならなかったからである（第五章）。

三　会商の経過

(1) 最恵国待遇の確保とインド棉花不買の撤回要求

(i)諸勢力の利害。日印会商は、インド政庁の第一回協定案が出される一〇月一七日までは、具体的な進展をみせず、両国の利害をそれぞれ主張するに留まっていた。また同時に進行していた民間交渉も、政府間会商の「基礎工作[82]」と位置づけられながらも各国綿業の主張を表明するに留まっていた。

最初の会商は、九月二五日に開かれ、日本政府は、前述の方針に即して、最恵国待遇を含む通商条約の再締結を要求した。しかしインド政庁は、一〇月一〇日に失効する現条約の一カ月の延期を認めたに留まった。つまり保障法の発動の可能性は一一月一〇日以降に延びたにすぎなかった。ともかく中心問題である日本綿布輸入規制問題について「決定ヲ見タル上他ノ問題ニ進ムコト[83]」になり、日本は綿布輸入関税の従価五〇％への引下げを要求し、それとともに対印綿布輸出量を最高五七八百万碼までに制限することを申し出た（一〇月二三日）。そして、ここで注意したいのは、この日本側の輸出量制限規定の申し出が、日本綿業側の合意を得たものではなく、紡連にとっては「甚ダ以外《ママ》ナ[84]」提案と評された点である。日本政府は当初から用意した綿布輸出の規制方針を具体化させたのであり、これを譲歩として最恵国待遇の確保とイギリスからの協調の引出しをねらっていた。一九三三年一〇月の「五相会議」においても、会商「ヲ成功セシメ英国トノ［中略］親善ヲ確立[85]」することが再確認されていた。また、イギリス本国が、植民地に課した対英「特恵関税ニ付反対セザル[86]」ような、イギリス本国の経済「ブロック」政策への容認の姿勢をもみせていた。

日本側の提案にたいして、インド政庁は「大ナル喫驚[87]」を示し、次の三項を要求した（一〇月三日）。

ⓐインド棉花の一定量の買付保証
ⓑ綿布価格の規制
ⓒ雑貨の輸出統制

とくに、インド政庁はインド棉花不買運動の「影響ヲ非常ニ虞レ[88]」、ⓐの実現を強く要求した。それは「棉作地方地主［中略］及其ノ借地者ハ立法議会ニ相当ノ勢力ヲ有[89]」しており、かつボンベイ紡連の関税引上げ要求を受け入れてきた一連の政策が、日本のインド棉花購入に制約を加えることに帰結する、インド棉作関係者の懸念を高めるようなものであったがために、ここに至り、彼らの利害を尊重する必要が生じて来たのであった。つまり、日本製品の輸入制限は、日本の「印棉買付ノ減退ヲ来[90]」す懸念を高め、インド棉作関係者は一連の関税政策に反対する姿勢をみせたのである。

政府間交渉の日印会商が進むなかで、綿業関係者による、日本、英印、イギリスの民間交渉もなされた。まず日本とインド綿業間の民間交渉では、日本側の従価四一%への綿布輸入関税引下げ要求と、インド側の日本綿布価格の引上げ要求が出されたまま、平行線に終わった。そして、日本とイギリス綿業代表間の民間交渉も、相互の批判を内容に平行線に終わった。

しかし、注目したいのは、イギリスとインド綿業間の民間交渉においては、「悪名高い」、「リース＝モーディー協定[91]」が結ばれたことである（一〇月二八日）。反英的であったインドにおいて、この協定が結ばれたことは画期的な意味をもった。この協定は、ボンベイ紡連のイニシアチブによるもので、市況の悪化に苦しむ彼らが、それへの対応策として独自に協定に乗り出した性格が強かった。協定によりインド綿業側は、「帝国及其他海外市場ニ於ケル綿織物及綿糸ニ関シ英国品ニ与ヘラレタル利益ハ印度品ニ迄及ホス」[92]ことを約束させた。そしてイギリス綿業側は対英特恵関税をインド側に約束させたのであった。そして協定には、イギリス綿業のインド棉花利用の促進も謳われており、日本のインド棉花不買運動の実効性を相殺することも含意されていた。

つまり、この協定の政治的含意は、次のようになろう。ボンベイ紡連が対英特恵を認めたことは、先述した綿業保護法の継続を調査した「未発表関税調査［委員会の］報告書中の提案の廃棄を意味[93]」したのであった。[94]それは、インド統治法につながる憲法改正問題が反英感情の高揚を背景に暗礁に乗り上げていた時、この協定が同「法改正ニ対スル同［ボンベイ］地方議員ノ態度ヲ印度［政庁］側ニ有利ニ導キタリ[95]」と評された点にも示されていた。そして、イギリスにとっても、反英感情の緩和は、後述するように、今まで至難であった日印会商をめぐるインド政庁への直接的介入を容易にさせたのである。

(ii)雑貨への「特別保証」の確保。インド政庁は、一〇月一七日に八項目から成る協定案を提出した。その内五項目は、表6-4にみられるように、日本綿布の輸入規制（①、③〜⑤）と日本側のインド棉花購入（②）に関するもので、これらの受入れを条件に綿布への最恵国待遇を認め、保障法の発動を綿布に限って行わないことを提案した。

この五項目の内、⑤の対日本綿布輸入関税率については、早期に合意の基本線が確認された。当時のマスコミ報道では、英印側から出された、この輸入関税問題が、通商摩擦問題の中心的な交渉の課題と評されたが、対日本綿布輸入税率は五〇%の水準で、早期に合意がなされたのである。また、日本綿布の輸出量規制策を基本的に認めていた日本政府にとって、①の日本綿布輸出量制限案も受け入れやすいものであった。それゆえ、最後まで交渉の争点となったのは、②〜④であった。②は、毎期のインド棉花の一定量の買付けを、日本側に認めさせようとするものであり、そして③は、日本からの綿布輸入量を、生地五八%・晒八%・加工三四%とする品種別割当による制限

表6-4　第一次日印会商の経過（1933年）

協定案提出回数	月日	①	②			③						④	⑤	
		対英印綿布輸出量Ⓐ（百万碼）	インド棉花輸入量Ⓑ（百万俵）	Ⓐ/Ⓑ（碼/俵）	備考	Ⓐの品種別割当（%）						Ⓐの時期別割当	対日本綿布輸入関税率	
						生地		晒	加工				平織生地	その他
						平織	縁付		反染	捺染	糸染			
I	10.17	300〜350	1.25〜1.50	233.3	Ⓑ<1.25の時Ⓐを減　Ⓑ>1.50の時Ⓐを増（1万俵＝200万碼）	45	13	8	9	15	10	年4期，各期¼割当	従価50%または従量税1ポンド5¼アンナ	従価50%または従量税適用も可能
Ⓘⓘ	10.23	578	1.25	462.4	Ⓑの増減によりⒶを増減（1万俵＝200万碼）	………						………	—	—
Ⓥ	11.9	325〜400	1.00〜1.37	290.9	Ⓘⓘと同じ	45〜60		20〜35	35〜50			年2期，各期½割当　各期融通率年10%（40百万碼）	従価50%　従量税は従価換算で50%以下	—
V	11.15	—	1.00〜1.50	266.7	Ⓑ<1.00の時Ⓐを減（1万俵＝200万碼）　Ⓑ>1.00の時Ⓐを増（1万俵＝150万碼）	45.0〜49.5	13.0〜14.3	8〜8.3	34〜37.4			年2期，各½割当　各期融通率各期10%（20百万碼）	Iと同じ	—
Ⓥⓘ	11.21	—	—	—	Ⓑの増減によりⒶを増減（1万俵＝150万碼）	45〜55	13〜23	8〜18	34〜44			—	—	—
VI	12.4	—	—	—	Vと同じ	Vと同じ						—	—	—
協定	1934 1.5	325〜400	1.00〜1.50	266.7	Ⓑ<1.00の時Ⓐを減（1万俵＝200万碼）　Ⓑ>1.00の時Ⓐを増（1万俵＝150万碼）	45.0〜49.5	13.0〜15.6	8〜9.6	34.0〜37.4			年2期，各期½割当　各期20百万碼の範囲で融通	従価50%または従量税1ポンド5¼アンナ	従価50%

資料）日印通商協議会『日印会商史』1942年9月。紡連『日印会商ニ関スル電報復往控』（日本紡績協会蔵）。日本経済連盟調査課『最近日本及英帝国経済関係ノ経過』第2輯，1934年7月。『日印会商電報綴』第1〜4冊（大4-139-141）。

注記）○は日本政府の提案。□内は新協定（34年1月5日）の内容となる各項目の初出を示す。ただし，①項目は，インド側第III回提案（10月30日）が初出。……は，インド案への反対を示す。—は相手国の提案への同意を示す。

規定であった。この比率を一九三二／三三年のインド紡績兼営織布生産状態と比較すると、インド綿業側の利害が読みとれる。つまり、前掲の図6-3から確認するならば、その品種別生産構成は生地五八%・晒一八%・加工二四%であり、これを英印市場における綿布需要の構成と考えるならば、日本製品には晒にたいする割当が極めて少なく、輸入制限が最も強かったことがわかる。三品種のなかでも、インド製晒綿布の価格の低下は最も激しく、輸入圧力が、晒にたいして強く加えられたことが確認できる。インド政庁はそれへの対抗として日本製晒の輸入割当を八%に抑えたのであった。

綿関係五項目をめぐって会商が進むなかで、日本政府側は通商条約が失効する前日（一一月九日）の第V回目提案まで、五項目の設定を認める方向に譲歩していた。日本側はいまだ、③において晒の二割以上の確保に固執するなど、各項目での数量規定をめぐって両国間の違いがみられたものの、日本綿布の輸入制限を意味する各項目の受入れは、日本側の譲歩に他ならなかった。

こうした譲歩が、最恵国待遇の確保とイギリスからの協調の引出しを企図したものであることは先述したが、ここでは、インド政庁側の示した譲歩姿勢に即応しても促されていたことに注意したい。インド側は、会商の進行のなかで、綿布に関する「問題ニ付合意成立スレハ雑貨ニ関スル産業保護《ママ》［障］法適用ノ主張ハ放棄スルモ可ナリ」として、「雑貨ニ対シテモ従量税適用ノ方法ニ依リ最恵国待遇ヲ与フ」ると提案したからである[96]（一〇月二五日――以下、大蔵省財政史室蔵『日印会商電報綴』第一冊〔第四号第一三八冊〕からの引用は、大四-一三八のようにした上で、文書番号と月／日などを、本文中に表記する）。従量税適用の可能性を残しつつも、日本側はこれを雑貨の輸出条件を安定させるものとして、「今回会商ノ賜」と高く評価し、さらなる「互譲ノ精神」をみせていたのである。

しかし、インド政庁側の譲歩もこれ以上に引き出されるものではなかった。紡連のインド棉花不買運動が撤回されずに、譲歩を繰り返すならば、「日本ノ希望ニ応スルハ政府［庁］側ヘノ右援助者［棉作関係者のこと］モ政府

［庁］ヲ離レ［中略］憲法改正問題ニモ累ヲ及ホシ当国トシテ眞ニ由々敷キ政治問題ヲ惹起スル惧」（大四‐一三九、一八四号、11／8）れがあったからである。インド政庁側にとっては、インド棉花不買運動を早急に撤回させ、協定案にもあった②の日本の毎期のインド棉花の買付保証を得ることが優先されたのである。

他方、日本政府側にとっても、この段階で紡連にインド棉花不買の撤回を指導することは「策ヲ得タルモノト考ヘラレサル」（大四‐一三九、一九五号、11／10）状態にあった。雑貨への最恵国待遇確保の展望がみえたとしても、従量税適用の可能性を残すなかでは、「雑貨ニ付何等確乎タル保障ヲ得ルコトナクシテハ印棉不買撤回ノ段取リナルコトハ」（同前）時期尚早と考えられた。雑貨関係者ものべるように、日本の雑貨は「下級品ニシテ従量税ニ依ル結果其ノ対印輸出カ甚大ナル打撃ヲ受」（大四‐一三九、二〇〇号、11／15）ける危険性を残していたからである。ましてて、雑貨の輸出条件を安定させるために、綿業関係者を始めとする「国内反対ヲモ押シ切リ［中略――綿布問題の］先方案ノ数字ヲ容認」してきただけに、「従量税按配ノ如何ニ依リテハ或ハ本邦品ニ禁止的ノ高率関税ヲモ課」せられる可能性を取りのぞく「特別保証」が必要不可欠であった（以上、同前）。

インド棉花不買運動の撤回の展望や、雑貨関税についての「特別保証」が、相互に得られないままに、両者の歩み寄りは期し難いものであった。そうしたなかで、通商条約は一一月一〇日に失効し、保障法の対日発動は現実的可能性を強く帯びるようになった。また、棉花の市場出廻り期（一〇月〜翌年二月）に入った棉作農民にも、インド棉花不買運動の実効性（価格下落）への懸念は高まっていたのである[97]。

（2）日本側の最終的譲歩

（i）イギリスのインド棉花買付保証の意義。一一月一五日に、インド政庁側の第Ⅴ回目提案が、「最終案」として出された（表6‐4）。①項目以外は、全て日本側の提示した数量規定を認めない内容であった。注意したいのは、柳沢悠氏が指摘するように、この譲歩の余地なしとみえるインド側の姿勢には、イギリス本国の介入と指導が働き始めていた点である。(98) インド棉花の出廻り期を迎えるなかで、インド側は、③の日本綿布への晒割当を、八%台から一三%へ拡げる譲歩案を検討していた。(99) 棉作関係者の不安を抑えるためにも、こうした譲歩と引換えにインド棉花不買運動の早期撤回を希求していたのである。しかし、この譲歩案には、イギリス本国からの圧力が加えられた。イギリス綿業にとっても晒は、最も高い輸出量を占める品種であり（図6-3）、日本綿布への割当枠の八%から一三%への拡大は、日本の競争圧力の緩和を意味しないからである。

イギリス本国の介入により、より硬直した会商を「一併解決」（大四-一三九、二〇七号、11／17）するために、日本政府側は、③以外はほぼインド案を認める第Ⅵ回提案を出した（一一月二一日）。イギリス本国の介入が明確になるにつれて、対イギリス協調を標榜する日本側は、「先方ヲ承服セシムルコトハ鮮カラス困難」であり、「最早会議ハ議論ニ終始スル時期ニ非ス」（大四-一三九、二三二号、11／22）と考えたからである。

インド政庁側からの回答が長く待たれたが、その二週間後の一二月四日には、第Ⅴ回目インド案と同様の第Ⅵ回協定案が出され、日本の提案をインドが拒絶する結果となった。事前にインド側が「幾分譲歩ノ意向ナリ」（大四-一四〇、二六二号、12／6）との情報を入手していた日本側にとっては意外なものであった。実は、ここでも、イギリスの指導が強く、むしろ日本への譲歩に傾いていたインド政庁が、イギリス本国からのインド棉花一五〇万俵までの買上保証を得ることで、第Ⅴ回目案に固執したのであった。そして、インド政庁は、日本政府が強く求めた雑貨の輸出条件の安定化をねらう「特別保証」についても、拒否姿勢を示したのである。(100) つまり、インド政庁は、インド棉花の輸出販路を確保することによって、日本政府代表にたいして、提案に変更を加えることのない強固な姿勢を示したのである。イギリス本国からのインド棉花の買付保証を得るにおよんでインド政庁の姿勢が硬化したことは、日印会商の趨勢が、棉花に代表される第一次産品の輸出条件の安定化によって決定されるものであることを示していた。そして、インド政庁側が、これ以上「綿布其他の関税を据置くこと［中略――は］制し得ない[101]」と、保障法の発動を匂わせたことによって、日本政府代表は、インド政庁案（12／4）をほぼ全面的に受け入れることになったのである。

(ii)インド棉花不買運動の継続の困難。日本政府代表が、インド案（12／4）の受入れを余儀なくされた要因は、インド棉花不買運動の継続をめぐる日本綿業界内部の結束が、棉花商を通して乱れ始めたことであった。とくに、英印の内地で「直買」活動を行っている三綿の動揺が大きくなっていたのである。インド棉花は不買の影響で一九三三年七月より割安傾向に転じていたが、一〇月末からは先述の「リース＝モーディー協定」も手伝って、「印棉割安［中略］ニ依ル対欧州方面実需旺盛[102]」といった局面をみせていたのである。それゆえ、同様に「直買」を進める西欧人棉花商とインド人棉花商の買付けが、インド棉花の割安傾向をねらって活発化し、他方で三棉はこうした状況を静観しながら買付競争の劣位に立たされたのである。第四章で強調したように、三〇年代の東洋棉花では、従来のようにインド棉花の「直買」活動を積極的に展開することはなくなっていたが、西欧人棉花商やインド人棉花商（ジェタワラ）の競争圧力の前に、より一層の後退を余儀なくされたのである。インド棉花「直買」の実績を示した表6-5をみると、一九三三／三四年の三綿の買付量は前年度より低下しており、逆にラリーやボルカルトなどの西欧人棉花商の買付量の拡大が確認できる。また三綿はインド人棉花商に対しても、不買運動による「印棉ノ暴落セル其安値ヲ甘々土人商ニ漁夫ラレタ［「漁夫の利」の意味[103]］」結果になったのである。こうした状況のなかで、日本人棉花商は「非常ニ焦リコソコソ裏面デヤッテ居ル」と伝えられるようになるや、紡連

表6-5　インド棉花の「直買」状況

（単位：千俵）

年　度	東洋棉花	日本綿花	江商	ラリー	ボルカルト
1930/31	235	**242**	150	205	**238**
31/32	59	**71**	**71**	36	63
32/33	**179**	150	141	140	**204**
33/34	131	123	90	**292**	**365**
34/35	111	99	109	**147**	**171**

資料）笹倉貞一郎『覚書』1935年5月20日付（大阪市立大学経済研究所蔵）。
注記）太数字は上位2社を示す。

表6-6　インド棉花の生産・輸出

（単位：千俵）

年　　代	1932/33 Ⓐ	1933/34 Ⓑ	Ⓐ－Ⓑ
収　穫　高*	4,657	5,108	451
輸　　出	2,063	2,740	677
日　本	1,085	1,022	▲63
中　国	134	337	203
ヨーロッパ	774	1,217	443
価格（1キャンデー当たりルピー）	194	203	9

資料）紡連『月報』529号，22頁。日印会商準備委員会『日印貿易参考資料』1939年3月，56，58頁。

注記）*は7月に終わる年。その他は3月。▲はマイナス。

側も「此際不買ヲ止メル方得策」と考えるようになったのである[104]。

また、紡連内部からも、インド棉花消費率の高い太糸生産型の紡績企業を中心に、インド棉花不買運動の撤回要求が出されるようになっていた。一九三三年末には、太糸用のインド「棉［花］が切れかかった会社がずい分あった[105]」ためである。そして紡連内では、こうした企業と、アメリカ棉花消費率が高いところから不買運動の継続を追認する企業との対立さえみられた。とくに上位企業にあっても、そうした対立が、東洋紡績と鐘淵紡績との間でみられるに至っては、紡連内の結束は大きく動揺しはじめていたのである[106]。政府の譲歩に、紡連が強い抵抗姿勢をみせなくなっていたのは、こうした内部結束の動揺が生じていたためである。

次に、表6-6をみると、一九三三／三四年の対前年度インド棉花輸出拡大量六七・七万俵は、同収穫増加量四五・一万俵を上回り、かつ価格も若干の上昇を示していることがわかる。輸出の拡大を背景に、インド棉花不買運動による国内棉花価格の暴落は避けられたのである。輸出先では、先述の西欧人棉花商の活動に照応して、ヨーロッパ向けの多いことがわかるが、中国向けの拡大も看過されてはならない。これは、インド棉花不買運動に明確な参加姿勢をみせなかった、在華紡による買付けであった。以上でみたように、西欧人棉花商の「直買」や、在華紡のインド棉花買付けに伴って、インド棉花価格の動きは三三年一〇月末から、その下落を止めはじめ、インド棉花不買運動は「一一月頃より儘力を減せられ[107]」たのであった。

日本綿布の輸入規制問題によってはじまった日印会商であったが、その交渉の趨勢を決定したのは、インド棉花の輸出条件の安定化にあったことに注目しなければならない。日印会商は、毎期の綿布の輸入量とインド棉花の輸出量の確定を、日本に求めたものであり、前者を中心に議論されたようにみえる会商も、交渉過程においては、後者の問題、つまりインド棉花の輸出市場の確保問題が鍵となったのである。前者が、日本綿布の輸入量の調整という、イギリスと英印の両国綿業の「産業」的利害にかかわるものであれば、後者の問題は、第五章で強調したように、英印の貿易収支の黒字幅の拡大と維持を通した、イギリス本国への毎年の支払いの円滑化に利害を置く、「サービス・金融」的利害にもとづくものであった。そして、日印会商の交渉過程は、後者に比重を移すように推移したのである。

(3) 通商条約の再締結と雑貨関税の引上げ

一九三四年一月五日に日印新協定が結ばれた。綿関係問題五項目については、数量規定においてもインド案への譲歩がみられた（表6-4）。この譲歩によって、日本側は、最恵国待遇を相互に認めた通商条約の再締結に漕ぎ付け、保障法の発動を未然に防いだ。しかし、この協定では、①為替相場の変動に対応した、高率課税権を認める、最恵国待遇への例外規定が盛り込まれており[108]、②従量税の適用をめぐる雑貨への「特別保証」も得られなかった。インド政庁は、一般「関税ニ関スル最恵国待遇」は認めたものの、例外規程を設けたのである。そして日本政府側にあってはインド政庁側の「特定国の商品の輸入を禁止せんとするが如き動機は全然無[109]」しとする説明をうけつつ、自らの交渉力の低下のなかでインド側の意向を受け入れたのであった。

しかし、名目的には「差別待遇ヲ与ヘストスルモ細分方法其ノ他ニ依リ本邦品ノミ重税ヲ負担スル」（大四-一三九、一六〇号、11／2）危険性は残されていた。事実、日本が綿関係協定五項目に即して輸出統制の準備に着手した一二月下旬に、イギリスからのインド棉花買付保証を得たインド側は「相当我方ノ腹ヲ見透シ居ル」（大四-一四〇、三四〇号、12／24）ような態度に出た。つまり、「本邦品ト競争的地位ニアルカ如キ雑貨［中略］約廿種品目ニ亘リ新従量税ヲ設ケ[110]」（一二月二三日）、翌年二月五日にも「繊維工業品等保護関税[111]」の引上げ改正案を議会に提出したのである。雑貨の輸出条件の安定を優先した日本政府のシナリオは潰え去ったといえる。そして雑貨関税の引上げにより、「印度商人ト日本ノ輸出業者ノ間ニハ非常ナ混乱[112]」が生じた。

日本政府は外務省をはじめ「全く裏切られた[113]」と表明していたが、民間側の反応はそれ以上のものであった。輸出統制を余儀なくされた日本綿業は、「雑貨も綿布が犠牲になった為に助かったようなものだ[114]」との不満を表明し、大阪商工会議所に集結する雑貨関係者も、インド政庁による雑貨関税の引上げが「本邦雑貨ノ対印輸出ヲ殆ンド全滅セシメ百万ノ職工ヲ窮地ニ陥[115]」らせるものであるとして、インド政庁に引下げを要求するとともに、日本の外交を「軽率ナ遣リ方」として、その「革新」を迫った[116]。そして「印度ヨリノ輸入品ニ対シ適当ナル報復手段ヲ[117]」求めていた。

もっとも、対外的な批判は、イギリスにも向けられていた。雑貨関税の引上げが、「オタワ協定ヲ基調ト[118]」し、対英特恵を含んでいたものだけに、日印会商が日英会商に近似したものと映るなかでは、民間側からの対英批判は必至であった。議会のなかでも、「英本国自治領属領ノ商品ニ対シ報復関税ヲ以テ対抗[119]」せよとの論調が強まった。民間側のなかでも、日本綿業界からの対英批判は、かなりの高揚を示した。しかし、ここで注意したいのは、こうしたイギリス批判は、自らの利害を後援するような政治的基盤を失った空白状態から生じたものであり、日本政府と民間側との間に緊密な関係が存在していなかった点である。つまり、一九三〇年代前半においては、これまでの研究史が想定してきた、日本綿業の利害を日本の外交政策に反映させるような両者の緊密な関係は存在しなかったのであり、むしろ政府の経済外交は、日本綿業の存在を無視して方針が決定されるほどに、両者には大きな距離があったのである。これは、その後の日蘭会商においても同様であった（第八章）。

まとめにかえて

日印会商を通して日本政府は、綿布の対英印輸出統制を譲歩的な条件に、最恵国待遇の確保による、雑貨の対英印輸出条件の安定を企図していた。しかし、結果的には、綿布輸出統制の具体的内容となる綿関係五項目規定（表6-4）が締結されたものの、取り交わされた新協定には最恵国待遇への例外規定が設けられ（三四年一月五日）、また雑貨の輸入関税の引上げに直面し、日印会商は「退嬰外交」（大四-一四一、五二九号、三四年2／3）と評される結果に終わった。こうした日印会商の意義を最後に整理したい。

（1）綿布輸出統制をめぐって

商工省は、「当業者ノ自治的統制[120]」を内容とする紡連の要求を排して、輸出商主導の統制方法を採用した。具体的には輸出商を中心とする「対印綿織物輸出組合」（のちに「日本綿糸布印度輸出組合」と改称）を結成し、日印新協定の輸出制限量内で輸出を許可する「輸出権」を、組合内の輸出商に割り当てる方式をとった[121]。本来、紡連などの生産者には割り当てられず、「競争売込ノ弊ニハ［中略］困リ抜キ居ル[122]」輸出商に割り当てられた点は、輸出商の競争制限の志向を具体化させたものであり、政府において、紡連をはじめとする生産者側の動向を規制する姿勢が一貫していたことを示す。第五章で述べたように、その後の輸出量の割当による統制は、英印市場の市況変化に対応しながら、「競争を排撃[123]」する実効性を有した。

(2) 日印会商の本質

日印会商は、英印市場での日本綿布の輸入規制問題を中心に議論された。しかし、会商の過程で判明した日本政府とインド政庁側の関心は、その問題に集中していたのではなく、むしろ次の政治経済的課題にむけられていた。

(i)日本「帝国」膨張への列強からの追認。新協定の調印にむけて起草作業に入った過程で、インド政庁は、新条約内の最恵国待遇の規定にもかかわらず、日本製品は英帝国内特恵に均霑しえないとする趣旨の明文化を要求して来た。この趣旨の条項は、さらなる最恵国待遇の例外規定に他ならず、「英国政府ノ希望ニ基[124]」づいていた。むしろ、インド側では、その条項を一度「抹消シ[125]」たほどに、その挿入に強い必要を認めていなかった。

日本政府は、この条項の趣旨については黙認すると述べつつも、その明文化については「本来印度自身ヲシテ條約交渉ニ当ラシメ其ノ妥結事項ニ何等実質的変更ヲ加ヘザルベキコトヲ約シタル英国政府当初ノ申出ニ違反[126]」するとして、反対を表明した。この問題にたいして、日本政府は受入れの譲歩をみせず、三四年一月一二日のインド側の提案から二カ月以上が経過した。しかし、三月二一日に日本政府側は、次の提案をインド政庁側が認めることを条件に、この文言の明文化を容認する旨を申し出た。つまり、日本と東アジア「接譲国トノ特恵関税制度ヲ容認[127]」せよとの提案であった。インド政庁側にとってこの提案は、日本の対「接譲国」特恵が対満洲銑鉄特恵となりうる点で、インド銑鉄の対日本輸出競争力の低下を意味しており、容認しうるものではなかった[128]。結局、明文化問題は、インド政庁側がその要求を取り下げたことで解決したのであるが、この問題を通して判明してくるのは、日本の外交姿勢のなかに、日本と東アジア圏との通商関係の緊密化(=ブロック化)をはかり、それを対外的に公認させようとする動きが存在していた点である。換言するならば、日印会商を通して日本政府は、対英印綿布輸出統制といった、譲歩による協調姿勢を顕示することで、「満洲国」の承認問題などをはじめ、東アジアでの日本のヘゲモニーの確立を対外的に追認させることを一貫して企図していたのである。当初から、日本「帝国」の膨張を対外的に公認させる舞台として、日印会商が設定されていたのである。[129]

(ii)英印にとっての第一次産品輸出市場の確保。日印会商において、日本政府は、当初から日本綿布の対英印輸出統制策の導入を認める姿勢を用意していた。交渉が始まって以降、五つの綿関係統制項目（表6-4）の設定を認め、またこれらのうち、⑤項目の対日本綿布輸入関税率の水準については、早期に基本線での合意が形成されたことは、その姿勢を反映していた。会商での交渉が、最後まで続いたのは、②項目のインド棉花の毎期の対日本輸出量の確定と、③項目の日本製品の輸入に際しての品種別割当規程についてであった。後者においては、英印市場において競争圧力が最も強く加わっていた晒において、日本製品への輸入規制を加える割当比率をインド政庁側は提案した。また、この晒製品への輸入規制は、同様に晒製品輸出に強い関心を有するイギリス綿業にとっても、彼らの「産業」的利害にかなった提案であった。⑤と異なり、会商は③をめぐる交渉が繰り返された。こうしたなかで、インド政庁側が、日本政府側の提案を退け、自らの提案に修正を加えることのない強固な姿勢に転じる契機は、柳沢悠氏が指摘したように、イギリス本国からの介入に求められるが、なかでも重要なのは、日本の紡連によるインド棉花不買運動によって販路の縮小問題に直面していた、インド棉花の輸出市場の安定的確保の問題に展望が得られたことであった。インド政庁側は、「リース＝モーディー協定」を含めて、イギリス本国がインド棉花の販路として本国内市場を開放することによって、そうした強固な姿勢を形成したのであった。換言するならば、日本綿布の輸入規制問題を討議する場として開始された日印会商は、インド棉花の販路問題がその趨勢を決定したのである。その結果、日本の対英印綿布輸出量と日本のインド棉花の輸入量の割合（表6-4の(A)／(B)）は、インド政庁案（10／17）に近似した水準に落ちつき、日本は毎年一〇〇万俵以上の棉花購入を、綿布輸出の見返りとして政府間において取り決めたのである。そして、インド棉花の輸出市場の確保を優先しながら交渉に臨むインド政庁側の姿勢は、第七章で扱う第二次日印会商においても、そして一九三九年三月の「英印貿易協定」でも維持された。

とくに後者において、インド側はイギリス綿布の英印輸入において対英特恵待遇を認めたものの、その代わりにイギリス本国によるインド棉花の特定量の購入を認めさせたのであった。[130] 一九三〇年代のインド政庁は絶えず第一次産品の輸出市場の安定的な確保に重点を置いていたのであった。

第五章で強調したように、インド政庁にとっては、イギリス本国への毎年の支払いの円滑化という「サービス・金融」的利害を反映させた対外政策が重要であり、そのためには輸入関税の引上げを通した財政収入の増加や、貿易収支の黒字は必要不可欠な条件であった（図5-3）。前者の場合には、対英特恵待遇を含むとも、インド綿業の一層の工業化に帰結する可能性を通して、イギリス本国の「産業」的利害に抵触するものであったが、[131] インドのナショナリズムへの対応と財政収支の均衡を必要とするインド政庁にとっては、受け入れやすい経済政策であった。そして、後者において、インド政庁はイギリス本国への輸出拡大に強く期待するようになる。実際に、一九三〇年代のイギリス本国と英印との通商関係は、イギリス本国が英印の第一次産品の購入者として立ち現れる側面を強めていた。英印の輸入においてイギリス本国が占める割合は、一九二九年の四二％から三七年の三二％へと低下し、逆に英印の輸出における本国への依存度は二一％から三二％へと高まっていた。イギリス綿業の対英印輸出にはすでに限界が画されていたのである。むしろ、こうした通商関係の変容は、イギリス本国が「農産物価格の動揺から惹起されたスターリング地域の対域外収支の不足の若干を埋めてやらなければならなかった」[132] ことの現れであるとともに、スターリング地域が本国への輸出拡大によって充分なスターリング準備を確保し、ポンド通貨の価値の維持に努めたことの現れであった。[133]

一九三〇年代のイギリス本国と英印との通商関係が、こうした「サービス・金融」的利害に規定されるものであるとするならば、インド政庁は日印会商においても、日本にたいして棉花に代表される第一次産品の安定した購入者として、制度的に関わらせることを期待したのであった。日本綿布の輸入規制問題を討議する場として開始された日印会商が、インド棉花の販路問題によってその趨勢を決定されたことは、そのインド政庁側の利害を表現していた(134)。日印会商は、こうした本国の「サービス・金融」的利害を背景にしたインド政庁の通商問題を、その舞台裏で討議したのであった。

一九三〇年代の日本と英印との通商的相互依存関係は、日本「帝国」の膨張を対外的に追認させる日本側の政治課題と、イギリス本国が英印において比重を移すようになる「サービス・金融」的利害の重視という経済課題の双方において、維持されたのであった。

（1）第一次日印政府間会商についての先行研究には、外交史からの接近が多い。柳沢悠「第一次日印会商（一九三三〜三四年）をめぐる英印関係」（横浜市立大学経済研究所『経済と貿易』一二五号、一九八〇年二月）、石井修「日印会商一九三三〜三四年」（『アジア経済』第二一巻三号、一九八〇年三月。のちに『世界恐慌と日本の「経済外交」――一九三〇〜一九三六年』勁草書房、一九九五年一一月、に所収）、山本満「日・印（英）綿業紛争（一九三三〜三四年）」（細谷千博編『太平洋・アジア圏の国際経済紛争史　一九二二〜一九四五』東京大学出版会、一九八三年二月）などが代表的なものであるが、とくに柳沢悠氏と石井修氏の論文は、経済「ブロック」化をすすめるイギリス本国とインド政庁との政治的関係について詳細な検討を加えている。それらの点に関して、本章も両論文に負うところが大きい。また、日印会商に至るインド綿業の動向については、西川博史『日本帝国主義と綿業』ミネルヴァ書房、一九八七年一月、第五章が詳しく、本章での事実経過の叙述は、これに多くを負っている。これらの先行研究をふまえ、本章では日印会商をめぐる日本政府と日本綿業の利害の差異に重点を置いた。

（2）以上、細谷千博他編『ワシントン体制と日米関係』東京大学出版会、一九七八年三月、三頁。

（3）以下、西川博史「産業＝貿易構造」II（石井寛治他編『近代日本経済史を学ぶ』下、有斐閣、一九七七年三月）一〇一―三頁。

（4）『日印会商電報綴』第一冊（『昭和財政史資料』第四号-第一三八冊）第一四〇号、一九三三年一〇月二九日付（大蔵省財政史資料室蔵。以下、同室所蔵の『昭和財政史資料』については、〈大四-一三八〉等と略記する）。

（5）日印会商準備委員会『日印貿易参考資料』一九三九年三月、統計編三―五頁。

（6）以上、『東洋経済新報』の「統計月報」各期より。

(7) 商工省貿易局『内外商工時報』第一九巻第一号、一九三二年、一頁。
(8) 外務省通商局第二課『華僑ノ現勢』一九三五年六月、二頁。
(9) 商工省貿易局『阪神在留ノ華商ト其ノ貿易事情』一九三八年六月、一―七頁。
(10) 大日本紡績連合会（以下、紡連と略す）『重要書類』一九三一年度（史料番号二―二、日本紡績協会蔵。以下、同協会所蔵のものは史料番号を記して示す）。
(11) 川勝平太「アジア木綿市場の構造と展開」（『社会経済史学』第五一巻第一号、一九八五年）一二一頁。
(12)『小寺源吾翁伝』一九六〇年六月、二八七頁、参照。
(13) League of Nations, *Review of World Trade, 1938*, p. 61. 阿部武司『日本における産地綿織物業の展開』東京大学出版会、一九八九年九月、第五章。
(14) 商工省貿易局『海外諸市場ニ於ケル本邦繊維工業品』（一）一九三三年四月、三五頁。
(15) 外務省通商局『海外経済事情』一九三四年、四六号、二二頁。また同年九号の「付録」一六頁。
(16) 大貫朝治『老兵の呟き』一九八三年、三一頁。また『神戸又新日報』一九三一年七月一七日付。
(17) 東洋棉花株式会社『支店長会議々事録』一九三一年七月、三五頁（大阪市立大学経済研究所蔵）。
(18) 以上、前掲『海外諸市場ニ於ケル本邦繊維工業品』（一）一二頁。紡連『月報』四九八号、一九三四年三月、八頁。同四七六号、一九三二年四月、一四頁。
(19) 紡連『月報』五〇一号、一九三四年六月、四九頁。また安川雄之助『通商難局突破策』一九三四年六月、七頁。
(20) 前掲『海外経済事情』一九三四年、四六号、二一頁。
(21) 紡連『月報』四六五号、一九三一年五月、六頁。
(22) 前掲『海外諸市場ニ於ケル本邦繊維工業品』（一）四三頁。
(23) 同前、四三、四五頁。また紡連『月報』四七九号、一九三二年七月、八頁。
(24) 同前、四三頁。
(25) 外務省記録『各国ニ於ケル輸出入禁止及制限関係雑件』（E. 3. 7. 0. X1-B1）第一冊、一九三四年五月一二日付、栗原発、広田宛。同『各国関税並法規関係雑件（英領印度ノ部）』（E. 3. 1. 2. X1-B5）第五冊、一九三一年六月一日付、大場貿易通信員発（外交史料館蔵。以下、同館所蔵史料は史料番号で示す）。
(26) 商工省貿易局『繊維工業品輸出状況調査』一九三二年七月、九頁。
(27)「印度関税調査委員会報告要旨」（『日印協会会報』第五五号、一九三四年）二九頁。

(28) 紡連『月報』五二〇号、一九三六年一月、九頁。
(29) 紡連『印度関税問題ニ関スル書類綴』第一冊、一九三二年（史料番号一-七）七月一日付孟買出張所発電。
(30) 外務省記録、前掲（E. 3. 1. 2. X1-B5）第七冊、一九三三年六月九日付、松平発、内田宛。
(31) 紡連『月報』五二二号、一九三六年三月、四〇頁。
(32) 日印会商準備委員会『日印貿易参考資料』一九三六年版、統計編三八頁。一九三二〜三三年の「印度紡績」と「手織」の綿布生産高より推計。
(33) 同前、一八頁。三二〜三三年の二〇番手以下太糸生産率は、アーメダバッドで三九・二%、孟買島で五四・六%、その他で六七・七%である。
(34) 外務省記録、前掲（E. 3. 1. 2. X1-B5）第六冊、一九三二年九月一三日付、酒匂発、内田宛。
(35) 酒匂秀一「通商上に於ける日印新関係に就て」（日本工業倶楽部『最近経済の重要問題』一九三四年一二月）五四〇頁。
(36) 前掲『印度関税問題ニ関スル書類綴』第一冊（史料番号一-七）一九三二年七月五日入電、酒匂発。
(37) 以上、外務省記録（E. 3. 1. 2. X1-B5）第六冊、一九三二年九月一日付、酒匂発、内田宛。
(38) 紡連『日英会商日誌』（史料番号一-九）第一分冊、一九三三年九月七日付、松平談。
(39) 前掲「印度関税調査委員会報告要旨」三〇頁。スミット・サルカール（長崎暢子他訳）『新しいインド近代史II――下からの歴史の試み』研文出版、一九九三年九月、四三八頁。
(40) 『日本綿糸布印度輸出組合時報』第七号、一九三五年。
(41) 前掲「第一次日印会商（一九三三〜三四年）をめぐる英印関係」三六頁。
(42) 紡連『印度関税問題ニ関スル書類綴』第二冊、一九三三年（史料番号一-八）四月一四日付、日印経済協会甲谷陀支部発電。
(43) 前掲『日英会商日誌』（史料番号一-九）第一分冊、一九三三年九月七日付、松平談。
(44) 同前。
(45) 同前。
(46) 前掲「第一次日印会商（一九三三〜三四年）をめぐる英印関係」。
(47) 紡連『日英会商書類綴』（史料番号一-一三）一九三三年七月二三日付、松平大使発、外務省着。
(48) 『大阪時事新報』一九三三年六月一四日付。
(49) 前掲『印度関税問題ニ関スル書類綴』第二冊（史料番号一-八）一九三三年四月二六日付、寺尾進発「印度関税問題ニ関スル件」。

(50) 前掲『印度関税問題ニ関スル書類綴』第一冊（史料番号一-七）一九三二年七月二日付、栗原発、斉藤宛。
(51) 同前、一九三二年六月三日付、ボンベイ日本綿糸布協会発。また一九三二年七月四日付、ボンベイ出張所発。
(52) 外務省記録、前掲（E. 3. 1. 2. X1-B5）第七冊、一九三三年四月一七日付、三宅発、内田宛。
(53) 同前。
(54) 同前。
(55) 同前、一九三三年三月八日付、三宅発、内田宛。
(56) 日本綿織物工業組合連合会『海外綿織物市場調査報告』一九三五年七月、一一頁。
(57) 外務省『帝国政策関係雑件』（対印度他）（E. 3. 1. 1. 4）一九三一年二月二五日付、酒匂発、幣原宛。
(58) 外務省編纂『日本外交年表竝主要文書』一九五五年一二月、二〇八―九頁。
(59) 『木戸幸一日記』上、一九六六年四月、一三四頁。
(60) 前掲『日本外交年表竝主要文書』二〇八―九頁。
(61) 原田熊雄『西園寺公と政局』第三巻、岩波書店、一九五一年九月、一六九頁。中国支配をめぐるイギリスの対日本認識については、木畑洋一「日中戦争前史における国際環境――イギリスの対日政策・一九三四年」（『教養学科紀要』東京大学、九号、一九七七年）。
(62) 外務省記録、前掲（E. 3. 1. 2. X1-B5）第七冊、一九三三年二月二五日付、三宅発、内田宛。
(63) 前掲『印度関税問題ニ関スル書類綴』第二冊（史料番号一-八）一九三三年四月二六日付、寺尾進発「印度関税問題ニ関スル件」。
(64) 『日印会商関係情報』第一冊（大八-四一）第六五号、一九三三年一〇月六日付。
(65) 「雑貨ニ関スル考察」（紡連『日印会商資料〈連合会控へ〉』一九三三年（史料番号一-一二））月日不明。
(66) 産業政策史研究所『商工行政史談会速記録』一九七五年三月、一八七―八頁。
(67) 以下、『日印貿易懇談会速記録』一九三三年五月一〇日付（大阪商工会議所蔵）。
(68) 日本経済連盟会調査課『最近日本及英帝国経済関係ノ経過』第一輯、一九三三年九月、一四頁。
(69) 外務省『日本印度通商条約関係一件』（B. 2. 0. 0. J-B5）第二冊、一九三四年二月一三日付、広田発、沢田宛。すでに政府側には「綿布関税ノ増徴ニ対シ対印度輸出貿易ヲ支持センカ為ニハ一般雑貨ノ輸出ヲ一層振興スルノ必要」（前掲『帝国政策関係雑件』一九三二年八月八日付、酒匂発、内田宛）を感じていた。
(70) 日印会商刊行会『日印会商』一九五四年、二一一頁。

(71)「官民協議会」一九三三年七月一日（紡連『日印通商条約破棄問題綴』〈史料番号一-三二〉）、とくに福島紡績。こうした反対を表明する紡績企業の存在を念頭に置いて、紡連の中心的人物であった東洋紡績の庄司乙吉が、インド棉花不買運動の「申合書類」に、一番目に書名したという。東洋紡績自身は、インド棉花消費率が比較的高かったが、庄司は、業界をとりまとめるにあたって、自社にも負担を加える不買運動への参加姿勢を示した（故田和安夫氏からの聞取り、一九八五年七月）。

(72) 紡連『月報』四九一号、一九三三年七月、二二頁。

(73) 紡連『重要書類』一九三三年度（史料番号二-六）「十電」（仮）一九三三年六月一六日付、ボンベイ出張所発。

(74)『大阪朝日新聞』一九三三年六月一三日付。

(75) 倉田敬三発電「上海ニ於ケル当業者懇談会ニテ得タル印象」（紡連『印度班事務日誌及送別会』〈史料番号一-一二〉）三三年八月三一日付。

(76)「日印通商協議会議事要領」第二回、一九三三年八月一五日（『日印関税問題』〈大四-一四二〉）寺尾進談。

(77)「シンガポールヲ前ニシテ打合」一九三三年九月六日（前掲『印度班事務日誌及送別会』〈史料番号一-一二〉）。

(78) 日印通商「条約ノ存続ハ雑貨ノ為ノミニ必要ナル」との政府方針は綿業内部においても知られていた（「日印通商条約ノ破棄」〈前掲『日印会商資料〈連合会控へ〉』〈史料番号一-一一〉月日不明）。

(79)「チームワーク」（前掲『日印会商史料〈連合会控へ〉』〈史料番号一-一一〉）月日不明。

(80) 前掲『日印通商条約破棄問題綴』（史料番号一-三）吉野信次談。

(81) 山本顧弥太「再び印度問題に就いて」（前掲『日印通商条約破棄問題綴』〈史料番号一-三二〉）月日不明。

(82)『大阪朝日新聞』一九三三年六月一四日付。

(83) 前掲『日印会商関係情報』（大八-四一）第四九号、一九三三年一〇月一日付。以下、会商の経過は日印通商協議会『日印会商史』一九四二年九月、による。

(84) 紡連『海外電文綴』一九三三年（史料番号一-六）一〇月七日付、紡連発。

(85) 前掲『日本外交年表竝主要文書』下、二七七頁。

(86)「日印通商條約締結方交渉ノ件」内田発、三宅宛、一九三三年六月（前掲『日印会商関係情報』大八-四一）。

(87) 前掲『海外電文綴』（史料番号一-六）一九三三年一〇月六日付、シムラ発電。

(88) 同前。

(89) 外務省記録、前掲（E. 3. 1. 2. X1-B5）第七冊、一九三三年八月二三日付、栗原発、内田宛。

(90) 外務省記録、前掲（E. 3. 1. 2. X1-B5）第六冊、一九三三年七月一二日付、栗原発、内田宛。

(91) 前掲『日印貿易参考資料』五六―七頁。前掲『新しいインド近代史II――下からの歴史の試み』四三七頁。
(92) 同前。
(93) 東洋経済新報社編『日本経済年報』第一四輯、三一四頁。
(94) Basudev Chatterji, *Trade, Tariffsand Empire: Lancashire and British Policy in India 1919-1939*, Oxford University Press, 1992, pp. 381-6.
(95) 外務省記録、前掲（B. 2. 0. 0. J-B5）第三冊、一九三四年三月一八日付、七一五―六頁、沢田発、広田宛。
(96) 前掲『日印会商電報綴』第一冊（大四-一三八）第一三〇号、一九三三年一〇月二六日付。同史料は、四冊（大四-一三八～一四一）所蔵されており、以下での引用には、（大四-一三八、一三〇号、10／26）等と史料番号で示し、文中に記す。
(97) 沢田寿夫編『沢田節蔵回想録』一九八五年、一七〇頁。
(98) 前掲「第一次日印会商（一九三三～三四年）をめぐる英印関係」四一―二頁。
(99) 同前。
(100) 同前。
(101) 前掲『日印会商史』九六頁。
(102) 外務省記録『各国ニ於ケル農産物関係雑件、綿及棉花ノ部』（E. 4. 3. 1. 5-5）冊数番号なし、一九三三年一〇月三一日付、栗原発、広田宛。
(103) 東洋棉花株式会社『支店長会議々事録』一九三六年一一月（大阪市立大学経済研究所蔵）五六頁。
(104) 紡連『日印会商ニ関スル電報往復控』一九三三年一二月三〇日付。この史料は、日印会商に参加した民間顧問の倉田敬三からのデリー発電記録を整理したものである（日本紡績協会蔵）。
(105) 「田和安夫回想録」（東洋紡績株式会社社史編集室『百年史』資料）九四頁。
(106) 前掲、故田和安夫氏からの聞取り。インド棉花不買は「単ナル申合セニ止マリ組合法ニ依ル強制力ヲ欠キタルガ為ニ幾何モナクシテ反則奇利ヲ企ツル者ヲ生ジ」た（国松祐次郎稿「綿業界ニ於ケル統制問題」一九三五年一二月二七日付〔三井合名福島喜三次宛文書に同封の「意見書」〕『東棉四十年史』資料）。
(107) 紡連『月報』四九七号、一九三四年二月、九頁。
(108) 前掲『日印貿易参考資料』二―三頁。
(109) 前掲『日印会商史』八九―九〇頁。
(110) 外務省通商局第一課「日印会商経過大要」一九三四年一月八日（『貿易関係資料〈日英会商問題など〉』）一四頁（通産省商工政

策史編纂室蔵）。

(111) 同前。

(112)『大阪商工会議所月報』一九三四年二月、一二頁。

(113)『中外商業新報』一九三四年二月六日付。

(114) 三輪常次郎（服部商店、日本綿織物工業組合連合会）『執務記録』一九三三年一二月一七日付。一二月末に、綿業側も「雑貨ノ為或程度ノ譲歩ハ已ムヲ得ス」（前掲『日印会商電報綴』第三冊〔大四-一四〇〕三四〇号、一九三三年一二月二四日付）と表明していた。

(115) 外務省記録、前掲（E. 3. 1. 2. X1-B5）第八冊、一九三四年一月八日付、稲畑勝次郎発、広田宛。

(116) 前掲『大阪商工会議所月報』一二―一四頁。

(117) 注(115)。

(118) 外務省記録、前掲（E. 3. 1. 2. X1-B5）第七冊、一九三三年一二月二七日付、栗原発、広田宛。

(119)「日英会商ノ重大議」一九三四年初頃稿（外務省記録、前掲〔B. 2. 0. 0. J-B5〕第一冊）。

(120)「雑書類」（仮）（紡連『重要書類』一九三四・三五年度〔史料番号二-四〕）。

(121)「輸出数量統制規程」一九三四年三月（外務省記録『外国ニ於ケル本邦輸出綿糸布取引関係雑件』〔E. 4. 5. 0. 24〕第二冊）。

(122) 前掲『支店長会議々事録』一九三六年、五八頁。

(123) 三宅郷太『随筆綿業報国』一九三四年、二三六頁。

(124) 外務省記録、前掲（B. 2. 0. 0. J-B5）第二冊、一九三四年二月二八日付、沢田発、広田宛。

(125) 同前、一九三四年二月一三日付、広田発、沢田宛。

(126) 同前。

(127) 前掲『最近日本及英帝国経済関係ノ経過』第二輯、一七〇頁。

(128) 前掲「第一次日印会商（一九三三～三四年）をめぐる英印関係」四四頁。

(129) 日本の外務省においては、日本の領土問題と通商政策とを強く関連付ける傾向を有していた。戦後の日米繊維通商摩擦問題と沖縄返還問題との関係にも同様のことが指摘できる（若泉敬『他策ナカリシモ信ゼムト欲ス』文藝春秋、一九九四年五月、四五〇―八頁）。日本の対外政策のなかに、日本の繊維業界への輸出規制策を、交渉上のカードとして使う体質は、戦前も戦後も一貫しているとの認識が、日本紡績業界には存在している（前掲、故田和安夫氏からの聞取り）。

(130) アメリカ経済協力局遣英特別使節団（後藤誉之助ほか訳）『スターリング地域――その産業と貿易』時事通信社、一九五三年一二月、四〇三頁。

(131) この工業化を制約したのが、通貨の割高な設定であった。インド実業界では、一ルピーを一シリング六ペンスから一シリング四ペンスに引き下げることを希求していた。

(132) R・ヌルクセ（小島清、村野孝訳）『国際通貨——二〇世紀の理論と現実』東洋経済新報社、一九五三年七月、六八、九五頁。

(133) 同前、七八頁。石見徹『国際通貨・金融システムの歴史　一八七〇〜一九九〇』有斐閣、一九九五年八月、八〇頁。

(134) 長崎暢子、狭間直樹『自立へ向かうアジア』（世界の歴史27）中央公論新社、一九九九年三月、三四六頁。

第七章　第二次日印会商（一九三六～三七年）の歴史的意義

――日中戦争前の日本の経済外交――

はじめに

本章の課題は、第二次「日印会商」を事例に求め、前章に続き、英領インド（以下、英印と略す）を舞台にした政府間交渉の過程で現れる日本の経済外交の特徴を検討することにある。第二次日印会商（一九三六年七月末～三七年三月）は、第一次会商（三三年七月～三四年一月）によって三四年一月に締結された日本と英印間の綿業通商協定（以下、第一次協定と略す）の改定を目的に開かれた政府間交渉であった。前章でみたように、第一次会商は三二年以降の日本綿布の輸出拡大とそれに対応したインド政庁側の輸入規制という綿業通商摩擦を契機としており、締結された第一次協定は、日本側の毎期の綿布輸出数量規制とインド棉花の一定量の輸入義務を内容としていた（前掲表6-4、または後掲表7-5の①と②項目）。三四年四月に発効したこの協定の有効期限は三年間であり、協定の失効する三七年三月までに、その廃棄、継続、または変更のいずれかをめぐって協議する必要があった。日本政府とインド政庁は協定継続の意思を有していたが、第一次協定の締結時とは異なる環境のなかでは協定内容の変更が必要であった。協定継続にあたっての両国間の利害調整の場が、第二次会商であった。

第二次会商は広田弘毅内閣期（三六年三月～三七年一月、外相は広田の兼務後に有田八郎）を中心に展開され、第一次日印協定の締結時とは異なる環境のなかで進められた。つまり、三六年の「二・二六事件」の後にあっては、第一次会商を主導した対イギリス協調外交を担う勢力（宮中グループ）は政界から後退しており、むしろ「日独防共協定」の締結（三六年一一月）にみられるような対独接近につながる外交が主導的であった。また三六年には「馬場財政」が展開するなかで、国内のインフレもすすみ、図7-1に示したように英印市場での日本綿布価格はインド製品よりも割高となり、その輸出量も減少するような、日本綿布の輸出競争力の低下する時期であった。第一次会商にみられた通商摩擦の解消は第二次会商の課題ではなかったのであり、そうであるとすれば、こうした第一次会商とは異なる環境のなかでの第一次日印協定の継続の意図が、日本と英印、ないしイギリス本国にとっていかなるものであったのかが問題となろう。これが本章において検討する第一の問題点である。

また第二次会商は第一次協定の若干の修正による継続を企図していたところから、政府や民間の代表を合わせて約四〇名の渡印をみた第一次会商と異なり、カルカッタ総領事（米沢菊二）と民間からの特派員三名を主に派遣する実質四名の「淋しい陣容」[1]であり、それだけ容易に妥結することが期待されていた。しかし一九三六年七月末からはじまった会商は約八カ月という長期間を要した。第二次会商の過程では、「インド統治法」によって三七年四月にインドより分離するビルマ市場をめぐっての、綿布輸出量・棉花輸入量の確定問題を「日緬会商」として別個に討議する必要があったが、それでもこの約八カ月間は交渉に当たった米沢菊二をして、「長かった」[2]と回顧させた。これは第二次会商における外務省の外交方針が大幅な振幅を伴うものであったことを示唆しており、振幅を促した要因が、検討の第二の問題となろう。

本章はこうした二つの問題に注目しつつ、第二次会商の歴史的意義を検討したい。[3]結論を先取りして述べれば、第二次会商の長期化は、日本の東アジア支配にかかわる動向（＝華北分離工作）に強く規定されたものであり、日本の外交政策において、対南アジア外交は、対東アジア外交に従属する位置にあったのである。

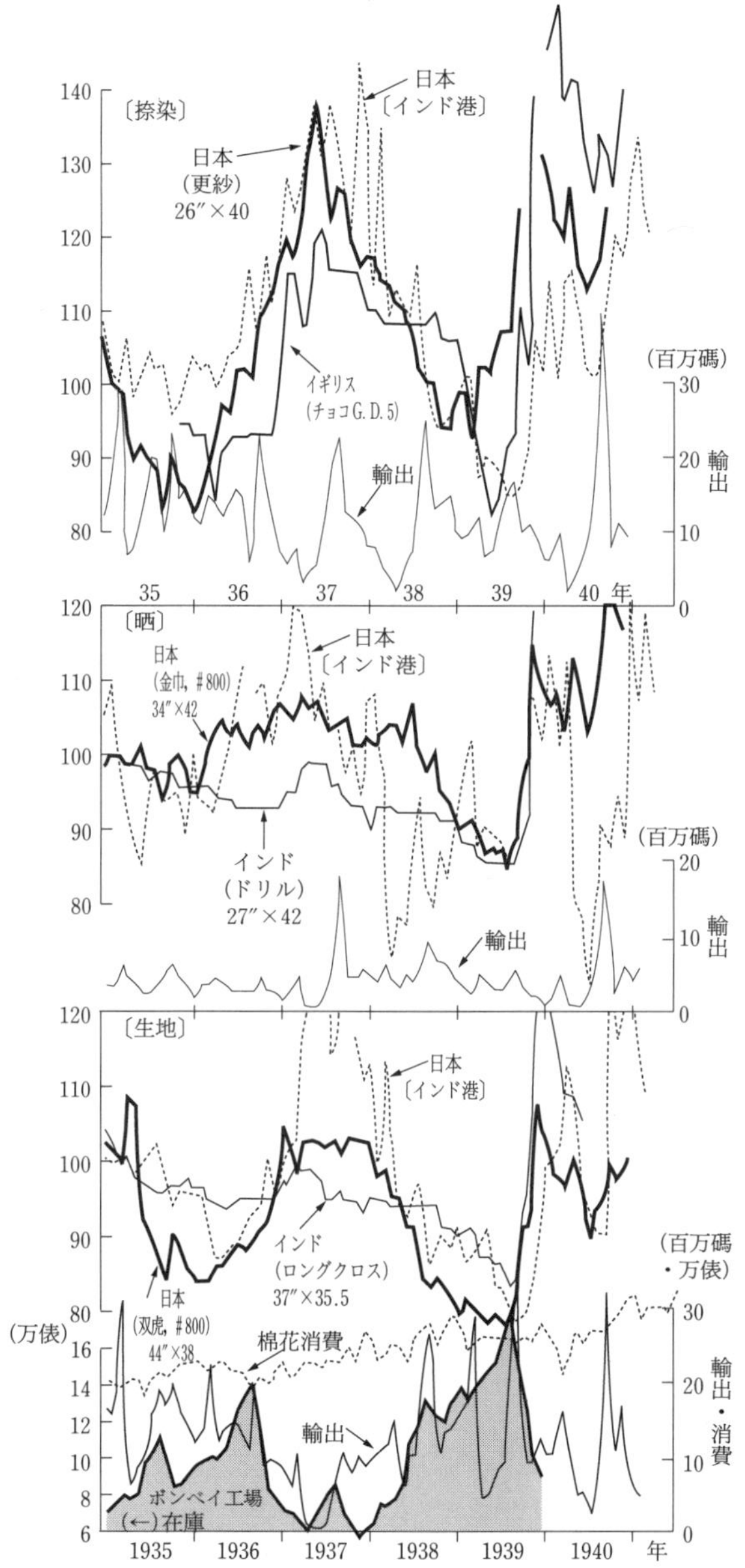

図7-1　英領インド市場における日本とインド製綿布の市況（1935年3月＝100）

資料）Ⓐ日本綿糸布印度輸出組合『時報』の「孟買市中綿布相場表」，「孟買市中印度生地綿布相場表」各月。

Ⓑ *Report of The Millowhers' Association*, Bombay の各年度。

Ⓒ日本綿糸布印度輸出組合『事業報告書』各年度。


注記）〔晒〕のインド品価格，ボンベイ工場の綿布在庫はⒷ。日本品の対英印輸出，点線の価格指数はⒸ。ただし，点線は「cif印度港ヲ以テセ」る日本品価格の指数。インド工場の棉花消費は，図7-2と同じ。それ以外はすべてⒶ。

一　日本綿業関係者と政府の距離

（1）綿業関係者の利害

一九三六年七月からの会商に先立ち、日本の綿業関係者の間で第一次協定の修正をめぐる利害調査とそれらの調整がなされた。すでに三五年一二月に、

大日本紡績連合会〈以下、紡連と略す〉（庄司乙吉〔東洋紡績〕、津田信吾〔鐘淵紡績〕、小寺源吾〔大日本紡績〕）、
輸出綿糸布同業会（南郷三郎〔日本綿花〕、豊島久七〔豊島商店〕、阿部藤造〔又一〕）、
日本棉花同業会（権野健三〔東洋棉花〕、北川與平〔江商〕、永井幸太郎〔日商〕）、
日本綿織物工業組合連合会〈以下、綿工連と略す〉（三輪常次郎〔服部商店、連合会理事長〕、舞田寿三郎〔三河織物工業組合、連合会副理事長〕、大湯平吉〔連合会常務理事〕）、
日本綿糸布印度輸出組合〈以下、印度組合と略す〉（伊藤竹次郎〔伊藤忠商事〕、加藤源次〔加藤物産〕、奥村正太郎〔日本綿糸布輸出組合常務理事〕）

の綿業五団体の一五名の委員からなる「日印会商準備委員会」が、「日印第二次会商ノ為必要アル準備工作ヲナス」目的で結成された。そして「常任委員」として、庄司（東洋紡績）、伊藤（伊藤忠）、南郷（日本綿花）、権野（東洋棉花）、舞田（綿工連）の五名が、「幹事」として奥村正太郎、高柳松一郎、入江鼎の三名が選出された。[5]そして、いずれの団体も協定の破棄ではなく、「修正」[6]による継続に一致していた。なかでも注意したいのは輸出商が協定の継続を強く望んでいた点である。阿部藤造（又一）によれば、継続の意思はインド綿業の発達を念頭に置いたも

表7-1　英領インド市場における各国綿布供給

（単位：百万碼）

年度		生無地Ⓐ	晒Ⓑ	加工Ⓒ	計	品種別各国シェア(%) Ⓐ	Ⓑ	Ⓒ	計	供給品別構成比（%） Ⓐ	Ⓑ	Ⓒ	計
1932/33	インド	1,839	583	746	3,169	84	59	64	72	58	18	24	100
	イギリス	111	281	193	597	5	28	17	14	19	47	32	100
	日本	243	120	212	579	11	12	18	13	42	21	27	100
	計	2,195	995	1,169	4,394	100	100	100	100	50	23	27	100
33/34	インド	1,724	540	680	2,945	88	67	72	79	59	18	23	100
	イギリス	88	184	140	425	5	23	15	11	21	43	33	100
	日本	141	75	122	349	7	9	13	9	40	21	35	100
	計	1,953	801	947	3,740	100	100	100	100	52	21	25	100
34/35	インド	2,018	623	755	3,397	87	69	68	78	59	18	22	100
	イギリス	102	236	212	552	4	26	19	13	18	43	38	100
	日本	193	40	138	373	8	4	12	9	52	11	37	100
	計	2,315	908	1,115	4,340	100	100	100	100	53	21	26	100
35/36	インド	2,118	655	797	3,571	86	71	69	79	59	18	22	100
	イギリス	85	198	153	439	3	22	13	10	19	45	35	100
	日本	245	58	190	495	10	6	17	11	49	12	38	100
	計	2,449	918	1,148	4,517	100	100	100	100	54	20	25	100
36/37	インド	2,108	653	810	3,571	96	75	74	82	59	18	23	100
	イギリス	53	163	115	334	2	19	11	8	16	49	34	100
	日本	207	48	159	416	9	6	15	10	50	12	38	100
	計	2,369	872	1,091	4,334	100	100	100	100	55	20	25	100

資料）日本綿糸布印度輸出組合『時報』201号，1937年11月8日付。
注記）インドは，インド紡績の綿布生産。手織綿布（同，208号）は含まれていない。インド綿布の生地・晒の区分は，キャンブリック・ローン，捺染生地，テント・クロスを生地とし，それ以外の品種の75%を生地，25%を晒として推計したもの。

のであった。つまり、「世界各国ノ輸入制限、割当実施ノ大勢依然トシテ濃厚ナルト、印度国内ニ於ケル生産ノ漸増トヲ考慮シテ協定存続ヲ可ナリトス」[7]と述べられたように、インド綿業の輸入代替化による輸出市場の縮小傾向への対応として日印協定の継続を求めたのである。かつては日本綿布の輸出規制策として実施された第一次協定が、インド綿業の輸入代替化の進行に直面するなかで、むしろ輸出量維持策へと性格を変えていることに注目したい[8]。表7-1に示したようにインドの綿布自給率は、一九三二／三三年の七二%から三六／三七年の八二％へと高まっており、輸入代替化の進む英印市場を日本の綿布輸出市場として維持する方途が日印協定の継続に求められたのである。とくに協定継続は輸出を直接担う貿易商にとっては重要な条件であり、英印市場において活動する日本人綿業関係者とボンベイ領事との間でもたれた「ボンベイ準備協議会」でも、「新条約ノ締結セラルル場合ハ其期限ニ付キ予メ決定シ置ク要アルベシ、三年トスルカ五年トスルカ」(9)を検討したのも、こうした輸出維持の方途を協定に求めたからに他ならない。英印市場に日本綿布を「今後ズット入レテユコウト思ヘバ条約ヲ破棄スルハ損ナリ」(10)との判断が現地でも有力であった。また日本綿花も「数量制限ノ結果、日本綿布相互ノ競争ヲ減シテ、印度ニテ日本綿布ガ自由競争時代ヨリ比較的高価ニ売却セラレ、［中略］日本側ハ数量制限ノ不利益アリシモ輸出統制ニヨリ幾分利益セリ」(11)との評価のもとで継続を求めた。

協定継続の意思を確認した上で、一九三六年一月までに綿業主要五団体の「意見書」が提出された。表7-2は各団体の提案を発表年月順に整理したものである。貿易商で構成される日本棉花同業会と輸出綿糸布同業会、印度組合が比較的早く提案しており、問題への敏感な反応が読み取れる。しかし集約された準備委員会の提案（G）は、最も遅く提出された紡連案（F）と近似した内容であり、紡連の意向を反映していることがわかる。綿業界内での紡連の主導性が改めて読み取れよう。改定案は協定の五項目に対応して、次の四点の修正を求めるものであった。

(1)対インド綿布輸出量①の増加
(2)品種別割当③の全廃
(3)期間別融通量④の増加
(4)税率⑤の二〇％以下への引下げ

毎期のインド棉花の輸入量②については、大きな修正を求めていない点に注目したい。

紡連の意向を反映した改定案が政府に一九三六年一月一四日に提出されたが、検討にあたった外務省松島鹿夫、商工省吉野信次の反応はむしろ否定的であった[12]。吉野は「現状ニ即シ通ルモノト思ッテ出シタノカト聞クノデアル。駆ケ引キノアルコトハ困ル。ソレデハ前回［第一次日印会商］ト同様トナル」と改訂案の再検討を求めた。さらに松島は「［表7-2の①の対英印綿布輸出］数量ノ増スコトハ印度ハ困ル、［③の］品種別［割当の修正］ハ英国ガ困ル」との具体的な利害対立点を指示しながら提案を批判し、むしろ協定内容の大幅な改定を許さない「現状維持」を求める反応を示した。後者について確認するならば、一九三五／三六年において、イギリス綿布の対英印輸出は、晒において四五％、加工において三五％の構成比であり、なかでも晒において、全需要量の二二％のシェアを維持していた（表7-1）。外務省の小瀧彬も伊藤竹ノ助（伊藤忠）に、「我方トシテハ可成早ク協定ヲ希望スル」ことを伝えていた[13]。第一次会商と同様に、政府と準備委員会との間には大きな距離があったのであり、とくに政府においては、①と③項目を通してイギリス本国とインド政庁へ配慮が向けられていたことに注目したい。

こうした政府からの批判を受けて以降、日本の各綿業団体内部では協定の改定にむけての目立った動きはみられなくなる。むしろ国内の静かさを横目に、再検討に積極化したのは在英印日本人綿業関係者たちであった。彼らとボンベイとカルカッタの各領事は、それぞれに先述の「準備協議会」を結成していたが、一九三六年三月になっても「日本政府トシテハ未ダ具体的確定案ト云フ様ナモノハ出来テイナイ故ニ現地ニ於ケル意見ヲ政府ニ送ッテヤル[14]」ことになった。二・二六事件の混乱もあり、日本国内の三月時点では、未だ会商にむけての政府案は十分に纏まっていなかったのである。表7-3がそのボンベイとカルカッタ「協議会」案である。この案は在英印日本人業者からみた英印市場の実情を反映したものと考えられるが、三六年一月七日の国内「準備委員会」案（G）との差異は③、④項目に求められる。とくに③では在英印関係者が割当において〈生地の減少→晒の増加〉を強く求めた

綿業団体の訂正要求と（1936年１月７日）改訂案

④	⑤			
時期別割当	対日本品輸入税率		イギリス品との税率差	そ　の　他
	生無地	その他		
年２期 期間別融通は 200万碼	従価50% または１ポンド 5¼アンナ （従量税）	従価50%	25%	
	減税		無差別を主張	印棉不買は不可。輸入組合設立。協定３年間に450万俵以上の棉花輸入の時，その超過分を次協定年度に繰り越すこと。棉花の不作年度のⒷ変更
	従価40%以下 従量税全廃		25%	印棉不買は不可。輸入組合設立 印棉の需要減少傾向に配慮 棉花の不作年度のⒷ変更
年２期 4,000万碼	従価40% 従量税全廃			
１年制 6,000万碼以上	従価50% 従量税全廃		25%	印棉不買は不可。通商擁護法の適用 雑貨のクォータ制を検討
年２期 6,250万碼	従価40% 従量税全廃		20%	再輸出に対する積出期間の３カ月の延長
年２期 4,000万碼以上	従価35% 従量税全廃		10%	ビルマの独立による分離後でも協定数量は変更しないこと。棉花の繰越と綿布の再輸出を認めること
年２期 4,000万碼	従価35% 従量税全廃		20%以下	棉花の不作年度のⒷ変更。ビルマ独立による分離後でも対インド協定量には変更を加えないこと。棉花の繰越と綿布の再輸出を認めること。協定期間は３年間
年２期 2,500万碼	従価税45% これが受け入れられなければ 従量税全廃		*	ビルマ分離後は，相当分をⒶⒷより差し引く

H.「九月一日開催ノ常任委員会決議要項」。「最後ノ譲歩點トシ伊藤，庄司，南郷上京商工，外務両省ト打合済」（インド特派員あて，13電，36年９月12日）。

注記）準備委員会のメンバーは，紡連（**庄司乙吉**，津田信吾，小寺源吾），輸出綿糸布同業会（**南郷三郎**，豊島久七，阿部藤造），日本棉花同業会（**權野健三**，北川興平，永井幸太郎），綿工連（三輪常次郎，**舞田寿三郎**，大湯平吉），対印輸出組合（**伊藤竹之助**，加藤源次，奥村正太郎）。以上の太字は常任委員。幹事は奥村正太郎，高柳松一郎，入江鼎）1935年12月２日決定。高柳は36年３月24日に川口一郎（紡連）と交代。*は，第一次協定と同じ内容であることを示す。第一次協定の詳細は，前掲表6-4または表7-5を参照。太線内は，G案の原型と考えられるもの。

表7-2　第一次日印綿関係品通商協定をめぐる各

第一次協定内容（表6-4）＊ ／ 団体名と提案年.月.日		① 対インド綿布輸出Ⓐ（百万碼）	② インド棉花輸入Ⓑ（百万俵）	② Ⓐ/Ⓑ（碼/俵）	② ⒶⒷの増減	③ Ⓐの品種別割当（%） 生地 無地	生地 縁付	晒	加工
（第一次協定内容）		325〜400	1.0〜1.5	267	Ⓑ<100万俵の時,Ⓐを減（1万俵=200万碼）Ⓑ>100万俵の時,Ⓐを増（1万俵=150万碼）	45（10）	13（20）	8（20）	34（10）
						（　）は各委譲率の上限			
日本棉花同業会 A	35.4.15	現在の金額による比率Ⓐ：Ⓑは1：3であるため，均衡を図る。Ⓐの増加か，Ⓑの減少			Ⓑ<100万俵の時，その不足分は次期に繰越し，325百万碼を維持				
輸出綿糸布同業会 B	(35.4)	Ⓐ：Ⓑは1：1を理想				減	→	増	
		〜585	〜1.5	390					
		〜650	〜1.5	433					
対印綿織物輸出組合 C	35.8.17	Ⓐ：Ⓑは1：1が原則			Ⓑ>100万俵の時Ⓐを増（1万俵=200万碼）	30		20	50
		400〜500	1.0〜1.5	333					
在ボンベイ・カルカッタの日本人有力者の総合意見（伊藤竹之助報告）D	(35.9)	325〜425	1.0〜1.5	283	Ⓑ>100万碼の時Ⓐを増（1万俵=200万碼）	33.3		33.3	33.3
						50		50	
日本綿織物工業組合連合会 E	（35.12.7以降）	Ⓐ：Ⓑは1：1を理想				37.2		24.4	38.1
		〜450	〜1.5	300					
		〜500	〜1.5	333					
大日本紡績連合会 F	（35.12.23以降）	400〜500	1.0〜1.5	333	Ⓑ>100万俵の時Ⓐを増（1万俵=200万碼）	全廃			
日印会商準備委員会改訂案 G	36.1.7	400〜500	1.0〜1.5	333	Ⓑ>100万俵の時Ⓐを増（1万俵=200万碼）	全廃			
日印会商準備委員会，常任委員会改訂案 H	36.9.1	＊	＊	＊	＊	35	13	12	40

資料）日印会商準備委員会『第一号　日印会商準備関係』。Hのみ同『第二号　日印会商準備関係』。A．日本棉花同業会「日印協定改訂ニ関スル意見」1935年4月15日付。B．輸出綿糸布同業会「日印協定改訂ニ関スル意見」年月日，不明（Aと同封された保存状態から，Aと同時に作成されたと考えられる）。C．「日印通商条約議定書修正ニ関スル意見書」1935年8月17日付。D．伊藤（竹之助）理事長報告「孟買，甲谷陀両地ニ於ケル当業者並ニ邦人有力者ノ綜合意見」年月日不明（伊藤竹之助対印輸出組合理事長が来孟したのは9月であるところから推察）。E．「日印協定改訂案」（準備委員会より改訂案提出の要請が12月7日付で出されている点より推察）。F．表題のない二枚もの（12月23日の第二回準備委員会において紡連案の未提出が議論されている点より推察）。G．「日印協定改訂案」1936年1月7日。

る在英領インド日本人綿業団体の訂正要求

④	⑤			
時期別割当	対日本品輸入税率		イギリス品との税率差	そ の 他
	生無地	その他		
年2期 間別融通は200万碼	従価50% または1ポンド5¼アンナ （従量税）	従価50%	25%	
1年制 8,000万碼			20%以下	
1年制 8,000万碼	従価税35% 従量税全廃		20%以下	
年2期 6,000万碼	従価税35% 従量税全廃		20%以下	ビルマ協定は日印協定と同時に締結し，その協定量は日印協定量より差し引かないこと

領事（米沢菊二），商品館（西），日本綿花（石橋，牧野），東洋棉花（松本，山田），江商（中山），伊藤忠（西村），三井物産（山田，藤林），三菱商事（伊藤，神田），大同貿易（三宅），対印輸出組合（渡辺良吉，中西），鐘淵紡績（山内）。第一次協定の詳細は，前掲表6-4または表7-6を参照。

点に特徴があった。「グレイ［生地］ガ多ケレバ印度品ト正面衝突ヲスル[15]」と言われたように、一九三五／三六年のインド綿布は生地生産に五九％を集中させ、あわせて生地市場の八六％を占めるようになっていた（前掲表7-1）。生地市場をめぐる日本品の輸出増加には限界が意識されていたのである。

また、生地はこうしたインド綿布との競争に直面するとともに、輸出割当統制が引きおこした価格低下問題をも抱えていた。輸出統制によって「品種別割当ニ依リ色物、晒ノ輸入ヲ更ニ制限セル以上」、生地物の供給過剰となり、その「市価ヲ低落ニ誘フ」ことになっていたからである。前掲図7-1からも三五年から三六年初めにかけて、英印市場における日本製生地の価格低下が他品種に比して著しいことが分かる。実際に、インド人綿布取引商も「日本綿布市価安定ノ方法ナキヤ、自分等ハ買ヘバ損失ヲ繰返シ、此上仕入レル元気ナシ」と生地物の競争的な売込みに緩和を求めていた[16]。そのためにも生地の割当率の晒・加工物への委譲が強く求められた。

表7-3　第一次日印綿関係品通商協定をめぐ

第一次協定内容（表6-4）／団体名と提案年.月.日		① 対インド綿布輸出Ⓐ（百万碼）	② インド棉花輸入Ⓑ（百万俵）	② Ⓐ/Ⓑ（碼/俵）	② ⒶⒷの増減	③ Ⓐの品種別割当（%） 生地 無地	③ 生地 縁付	③ 晒	③ 加工
団体名と提案年.月.日		325～400	1.0～1.5	267	Ⓑ＜100万俵の時,Ⓐを減（1万俵＝200万碼） Ⓑ＞100万俵の時,Ⓐを増（1万俵＝150万碼）	45（10）	13（20）	8（20）	34（10）
						（ ）は各委譲率の上限			
ボンベイ準備協議会	36.3.21	400～500	1.0～1.5	333	Ⓑ＞100万俵の時Ⓐを増（1万俵＝200万碼）	33.3		33.3	33.3
						50		50	
カルカッタ準備協議会	36.3.26	400～500	1.0～1.5	333	Ⓑ＞100万俵の時Ⓐを増（1万俵＝200万碼）	33.3		33.3	33.3
						50		50	
ボンベイ準備協議会	36.7.7	325～500	1.0～1.5	333	Ⓑ＞100万俵の時Ⓐを増（1万俵＝325万碼）	30		30	40

資料）前掲『第一号　日印会商準備関係』。
注記）ボンベイ準備協議会のメンバーは，領事（石川），伊藤忠（林），又一（渡辺），東洋棉花（村上），江商（伊豆田，藤本），日本綿花（林，中谷），三菱商事（坂口，伊賀），日商（近藤），紡連（玉垣徳蔵），鐘淵紡績（岡田），対印輸出組合（山東，藤井），三井物産（浜崎）。カルカッタ準備協議会のメンバーは，

対英印輸出競争の緩和に改正の重点をおく点は、④項目をめぐっても同様であった。輸出統制期間を前後期にわける年二期制と期間別の融通量を二〇〇〇万碼に限定することは、期末の売急ぎを喚起し、「価格変動ヲ甚ダシカラシムル関係上、［年二］期ヲ撤廃」[17]して年別に改め、その上で年別融通量を八〇〇〇万碼に拡大することが求められた。一九三五年に英印市場を視察した渡辺良吉も、日本綿布価格の変化と統制規定項目④との関連について、次のように報告していた。

　生地が大部分を占めて居りますために、印度紡績の製品と競争の地位に置かれる。これが為に責任額を積切ります結果却って印紡も同じ様に損害を蒙る。大体、九月迄に二億碼を出し二千万碼しか不足を繰越せない、そして年末には同じく後の二億碼を出して、二千万碼だけ不足又は積過を繰越す［中略］。理想的の繰越量は八千碼、二割位が良い[18]。

なかでも在英印日本人業者は、項目③の修正を求めていた[19]。しかし他方で、晒の割当増を求める③の改正は、先述した松島外務省通商局長の発言にもあるように、「英国に対する挑戦[20]」とする認識が存在していた。イギリス本国は対英印綿布輸出の品種別構成において、晒に四五％以上、加工に三〇％以上の構成比を特徴としており（表7‐1）、両品種をめぐる日本側の輸出枠拡大は、正面からイギリス綿業との利害対立につながるものであった。それゆえ、英印市場の実態に即して競争規制をねらう在インド日本人業者の改正案は、日本政府の思惑と距離を有するものであった。日本総領事が『ボンベイ・タイムズ』記者との会談において「現条約ハ更新改訂セラルルコトアランモ根本方針ニ於テハ別ニ変リタル所ナカラン[21]」と語ったとする情報が流れるにおよんで、ボンベイ協議会は日本の準備委員会あてに、

第二次会商ニ関スル我ガ政府ノ方針ハ協約ノ継続ト多少ノ修正ニ止マルコトニ決定セルモノノ如ク推セラルルニ付、民間代表ノ出発前先決問題トシテ会商ニ対スル政府ノ方針ヲ確カムル要アリ、［中略］政策的ト否ニ不拘シムラ着早々斯ル言辞ヲ述スルコトハ今後ノ折衝ニ悪影響ヲ及ボス処重大ニシテ遺憾ニ堪エズ[22]。

との忠告を電文で送付した。そして「多少ノ修正ニ止マル」現状維持的な政府の方針は五月三〇日にも領事を通して確認された[23]。

以上の経過は、一九三六年五月末の時点で日本側には国内の「準備委員会」案、在インド「準備協議会」案、そして政府案の三つが用意されていたことを示す。前二者は綿業関係者のものであり、内容に違いはあるが、③、④に修正を求める点で一致していた。しかし政府の外交方針は現状維持的なものであり、政府と綿業関係者との間には距離があったのである。

（2）「華北分離工作」の見直しと対イギリス協調路線の復活

一九三六年五月の段階で政府が現状維持的な姿勢を示していたのは、中国をめぐる対イギリス協調の模索を背景にしていたと考えられる。この点は三五年後半から進められた日本の「華北分離工作」への見直しと関連していた。華北分離工作が進むなかで同年一一月に「冀東防共自治委員会」（冀東政権）が設立され、冀東地域を通ずる密貿易が盛んになった。しかし、冀東政権は関東軍の指導の下に、これを「冀東特殊貿易」として追認し、国民政府の定める関税率よりも低率の輸入税（査験料）を設定した。そのため日本製品は華北市場に流出したが、こうした動きは国民党政府の関税収入に打撃を与えるとともに、市場の縮小を余儀なくされた中国人商工業者からの反発を招いた。そしてイギリスも市場を奪われたうえに、国民党政府への借款の担保として得た海関収入を激減させられ、日本への反発を強めた[24]。有田外相は「日支関係をいかに好転させるかということは、北支工作のある間は非常に難しい。で、結局現在のところ、対露関係を強調して、さうして北支工作を変更させるよりほか致し方ないと思ふ[25]」と、華北分離工作への対応を感じていた。つまり、「対露関係を強調」することは防共協定をドイツとならんでソ連と隣接する中国とも結ぶことであり、対中国関係を調整することを含意していたのである[26]。しかし、結果としては日独防共協定のみが結ばれることになるが、この段階では「日中防共協定」が華北分離工作の見直しから構想されていることに注意したい。

もっともこうした構想は、「支那及び他の諸国の反感をなるべく少くして北支那における日本の要望を達する」[27]（傍点は引用者。以下も同様）ことを模索しているに他ならなかった。一九三六年には華北分離工作の一層の拡大ではなく、むしろこの時点までの工作による日本の華北でのヘゲモニーを追認させるような協調の引出しが求められていたのである。とくにイギリスとの協調は重要な課題であり、三五年の中国幣制改革を主導したイギリス財務省上級顧問フレデリック・リース＝ロス（Frederick Leith-Ross）の三六年六月の再来日は、その対イギリス協調を復活させる好機であった。

一九三五年の幣制改革に際してイギリスは、リース＝ロスを派遣して日本との共同借款による対中国援助を申し出た。そしてこの援助の見返りとして、国民党政府に「満洲国」を承認させ、さらに満洲国は中国の旧外債の一部を引き継ぐという提案がふくまれていた。デフレ下に苦しむ中国経済を改革によって建て直し、日本は満洲支配の追認を得て、またイギリスは債権を保全しようとする、三つの内容を有する提案であったが、日本はこれにたいして消極的であった[28]。

日本の消極的態度には、借款に応じうる財源の問題が潜在していたと考えられるが、リース＝ロスの派遣がイギリスの対日宥和派によって進められていたことを外務省が認識するに及んでは、「ああいふやうな形でそのまま英国に帰るということは、日本にとって非常に不利である[29]」として、リース＝ロスの再来日を求めたのであった。そして、

今支那ニ居ル**リイスロス**ハ近々東京ニ行キ日英間経済問題ノ調節ニ付意見ノ交換ヲナスベシ。元来北支ニ於ケル英国利権破壊問題ハ何ヨリモ英国政府ヲ刺激シ居ルト思フ理由アル故日本政府ハ此ノ機会ニ於テ出来ル丈ケ英国ノ対日反感ノ緩和ニ努力セラレ、以テ日印会商ノ円滑ナル運ビニ資セラルル様希望ニ堪エズ[30]。

と準備委員会にも伝えられたように、外務省はリース＝ロスの再来日を前に、対イギリス協調の姿勢を用意したのである。第一次会商同様に、第二次会商においてもイギリスの反発を招くことには極めて慎重な姿勢を日本政府は用意していたのであった。

一九三六年前半の日本の外交は、華北での日本のヘゲモニーの対外的な追認を主な課題に、英印市場をめぐる通商問題には対イギリス協調をもって臨むことを基本にしていたのである。東アジア圏を外交の主な対象として、南

アジア圏を副次的に位置づけるような、換言すれば後者が前者に規定されるような、第一次会商の時にみられた経済外交がここでも特徴であった。それゆえ、対英印綿布輸出条件に修正を求める綿業関係者と政府との間には距離があったのである。

一九三六年六月までの経過のなかで、もう一つ注意したいのは、政府の現状維持的な方針が綿業関係者には明示されていなかった点である。会商がはじまる七月までに、綿業関係者は政府の具体的な方針の確認に努めた。準備委員会は七月二〇日に代表委員（中村信太郎、関桂三、南郷三郎）を上京させ、松島外務省通商局長との非公式会談に臨んだ。委員は、綿業関係者による一月七日の紡連案（以下、1／7案と略す。表7-2のG）に「変化ナキモ会商切迫ニ付其ノ後ノ状況並ニ外務省ノ交渉方針ニツキ差支ナキ限リ非公式ニ説明アリタシ」[31]と述べ、改めて1／7案の採用を求めるとともに、さらに第二次協定を三年間ではなく、五年間有効とする案を追加した。インド「国内産業ノ発達ヲ懸念」[32]し、協定の長期化を通して対英印綿布輸出量を確保しようとする追加案であった。しかし、この時の松島の対応は「漸次全面的交渉ニ話ヲ進メ行ク方針」[33]という極めて抽象的な内容に終始した。以上のように、第二次会商は具体的な政府の方針を綿業関係者の準備委員会に周知せず、いわば綿業関係者を外部に置くなかで、七月二〇日から開始されたのである。第一次会商と同様に、各綿業団体は経済外交方針の決定に規定的な役割を担う存在ではなかったのである。そして、このことは逆に、外交を規定するほどには綿業界内部の結束が強くなかったことを含意していた。

二　日本綿業関係者内の足並みの乱れ

一九三六年七月二〇日から始まった第二次会商は、第一次会商と同様に、英印の外交権を握るイギリス本国から派遣されたインド政庁商務次官トマス・スチュワート（Thomas Stuart）と、日本カルカッタ領事米沢菊二との間でなされた。オブザーバーにはイギリスよりW・B・カニンガム（W. B. Caningum）、英印駐在イギリス主席商務官トマス・アインスコフ（T. M. Ainscough）、日本からは柿坪正義カルカッタ副領事が就いた。そして日本の民間顧問特派員としては、前述のように奥村正太郎（印度組合専務理事）、田和安夫（紡連書記）、阿部正己（綿工連検査監督）の三名が選ばれた。

日本からの民間顧問の選出で注意したいのは、この人選そのものが政府に委ねられた点である。当初の人選では「常任委員ニ一任」となっていたが、「人選容易ニ決定セズ依ッテ［中略］政府ノ指名ニ一任」することに変更された[34]。当初、常任委員は紡連、綿工連、日本棉花同業会、輸出綿糸布同業会、印度組合の五つの綿業「各団体ヨリ一名宛ノ委員[35]」を選出して、計五名の顧問とすることを考えていたが、これが実現に至らなかったのは綿業内部での足並みの乱れが理由と考えられる。紡績業者（紡連）が1／7案（表7-2のG）の作成においても主導権を握っていた点は先述したが、この紡績業者と棉花輸入商（日本棉花同業会）との間では不協和音が生じていた。紡連は第一次会商で実施したインド棉花不買運動のような、日本側の交渉力を高める条件の確保を検討していたが、インド棉花不買自体の再度の実施については棉花輸入商を中心に強い反対がみられた。日本棉花同業会は、

日印会商ニ際シ印度ニ対抗スル唯一ノ武器トシテ断行セル印棉買付停止ハ紡績連合会先ツ之ヲ決議シ棉花同業会ハ業界ノ統一ヲ紊サザランガ為メ莫大ノ犠牲ヲ忍ビテ該決議ヲ支持シ兎モ角表面ハ一致ノ形ニ纏リタルモノナレドモ本会ニハ不幸ニシテ其違反者ヲ取締又ハ懲罰スベキ何等強固ナル統制力ヲ有セザリシ為メ二、三カ月ノ後ニハ早ヤ結束弛ミ協定ノ成立ト不買解除ノ暁ヲ予測シ率先シテ印棉ヲ本邦ニ輸入シ巨利ヲ貪ラントスルモノ現ハレ、上海、大連、香港等の諸港向ケト称シテ待機ノ姿ヲ以テ所謂見越輸入ヲ企テルモノ相次ギ不買申合

セ当初ノ精神ハ無視没却セラルルニ至レリ、然レドモ之レニ対スル本会ノ取締方法トシテハ除名処分ニ依ル制裁アリト雖モ実際消費者団体タル紡績連合会ト棉花同業会トノ間ニ棉花売買ニ関スル何等具体的申合セナク、紡績会社ハ本会々員タルト会員外ノモノタルトヲ問ハズ自由勝手ニ棉花ノ買付ヲ行ヒ得ル。[36]

と述べ、第一次会商でのインド棉花不買運動の結束力の弱さを、紡績企業の「自由勝手」の行動に理由を求めて批判し、第二次会商での不買運動実施に強い反対の姿勢を表明していた。また棉花輸入商は、他方で綿糸布の輸出取引も兼ねることが多いために輸出綿糸布同業会も同様の反応を示した。[37]

有力な日本人貿易商である東洋棉花、日本綿花、江商の三社のうち、東洋紡績の傘下に入った江商[38]を除く二社は不買運動の再度の実施には反対であった。これら三社はインド内地での棉花の直接買付けである「直買」に従事していたが、一九三三年の不買運動に参加するために直買を停止したことから、その後の棉花買付け競争においては劣位に立たされることを余儀なくされた（第四章と第六章）。また三〇年代のインド棉花市場はインド紡績業の発達を背景に内需化傾向を強めており、それにともなって「土人商の活躍進出」[39]が目ざましく、日本人貿易商はこれ以上の競争劣位の危険性を孕む不買運動には賛同できなかったのである。[40]東洋棉花は「今後紡連ノボイコットニハ吾々ハ盲従セヌ」[41]ことを決議していた。前掲表4-2に示したように、三〇年代のボンベイの対日本棉花輸出取引では、東洋棉花と日本綿花などのシェアの低下と、ラリー社、ボルカルト社などの西欧人貿易商やインド人棉花売込商（ジェタワラ）の台頭が生じていたのである。また次頁の表7-4に示したように、上位紡績企業と上位棉花輸入商との緊密なインド棉花取引関係は、一九一七／一八年には〈東洋紡績─東洋棉花・江商〉、〈鐘淵紡績─東洋棉花・日本綿花〉の四つのケースが確認できるが、三〇年代には〈東洋紡績─江商〉との関係を除いては希薄化していることがわかる。

表7-4　三大紡績と三大綿関係商のインド棉花取引

（単位：俵）

紡績企業	商社	1917年9月30日～18年4月			1934年1～12月		
		取引高	各紡績構成(%)	各商構成(%)	取引高	各紡績構成(%)	各商構成(%)
東洋紡績	東洋棉花	80,834	**34.0**	**38.2**	42,150	11.7	14.7
	日本綿花	45,900	19.3	**27.0**	39,600	11.0	16.6
	江商	49,343	**20.7**	**39.8**	105,500	**29.3**	**33.1**
	その他	61.853	26.0	13.8	172,388	47.9	19.2
	計	237,930	100.0	24.3	359,638	100.0	20.7
鐘淵紡績	東洋棉花	52,900	**46.1**	**25.6**	31,405	**32.7**	11.0
	日本綿花	46,819	**40.8**	**27.6**	21,808	**22.7**	9.2
	江商	8,191	7.1	6.6	13,300	13.8	4.2
	その他	6,831	6.0	15.2	29,525	30.7	3.3
	計	114,741	100.0	11.7	96,038	100.0	5.5
大日本紡績	東洋棉花	13,326	14.9	6.5	45,733	**22.2**	16.0
	日本綿花	23,506	**26.2**	13.8	45,974	**22.3**	19.3
	江商	15,064	16.8	12.2	47,250	**23.0**	14.8
	その他	37,699	42.1	8.4	66,916	32.5	7.5
	計	89,595	100.0	9.2	205,873	100.0	11.8
その他	東洋棉花	59,287	11.6	28.7	167,191	15.5	58.3
	日本綿花	53,627	10.0	31.6	130,925	12.1	54.9
	江商	51,320	9.6	41.4	152,367	14.1	47.9
	その他	341,610	63.8	76.2	628,518	58.2	70.0
	計	535,844	100.0	54.8	1,079,001	100.0	62.0
合計	東洋棉花	206,347	21.1	100.0	286,479	16.5	100.0
	日本綿花	169,852	17.4	100.0	238,307	13.7	100.0
	江商	123,918	12.7	100.0	318,417	18.3	100.0
	その他	447,993	45.8	100.0	897,347	51.5	100.0
	計	978,110	100.0	100.0	1,740,550	100.0	100.0

資料）三井物産棉花本部「棉花統計表」（「物産会社第六回支店長会議資料」三井文庫蔵）。東洋紡績調査『紡績会社原綿買付統計資料』1932～35年（『東洋紡百年史』資料）。

注記）太数字は，三大紡と三大商との取引で20%以上のもの。1917～18年の，東洋紡績には大阪合同紡績，大日本には摂津と尼崎を加えた。

さらに棉花輸入商と紡連との不協和音を高めたのは、輸入商側が棉花輸入統制を企図した「棉花輸入組合」の結成案を持ち出したことにもよっていた。これは日本棉花同業会がインド棉花不買運動に代わるような、交渉力向上の「武器」[42]として提案したものであるが、

現在各国ガ求償政策ヲ採用スル結果、我商品ノ輸出維持ノ必要上、相手国ノ物産ヲ止ムヲ得ズ輸入セザルベカラザル場合多ク［中略］他国棉花ノ輸入ヲ全然自由ニ放任センカ其結果ハ貿易ノ均衡ヲ破リ徒ニ国際貸借ヲ不利ニ陥ラシムハ論ヲ挨タズ、之レガ調節ヲ行フヲ要シ此意味ニ於テモ或ル種ノ統制ノ必要ハ将来必ズ起リ来ル[43]。

と述べられていたように、世界経済の「ブロック」化への対応策としても提案されたものであった。そしてこの輸入統制案については、輸出綿糸布同業会も支持していた[44]。これに対して紡連は、「輸入貿易ハソノ本質上法規ニヨル統制ヲ行ハザルヲ以テ原則[45]」として反対した。日本紡績業は「最モ有利ナル種類ノ棉花ヲ各産地ヨリ自由ニ買付ケ巧ニ混棉」することに発展の条件があり、輸入統制はこの「混棉」に制約を加えるものに他ならず、また棉花購入価格をめぐっても「紡績業者ニトリテハ輸入商ニ不当ナル条件ヲ強ヒラルヽ」ものであるとして、統制への反対を表明した[46]。あわせて三〇年代は棉花価格の上昇を背景にした「原棉操作」が全面的に展開された時期でもあったために、操作に制約を加える統制は回避されなければならなかった。「原棉操作」とは棉花価格の動きを予想して、価格の上昇前に棉花の大量の買付けと在庫としての持ち抱えを行い、価格の上昇後に消費（＝綿糸生産）することで、上昇後の時価に比べて低廉な棉花消費をねらう投機的な行為であった（第6章）。紡績業者にとって、低廉な原料調達の条件であるこうした操作に制約を加える棉花輸入統制は認めがたいものであった。

インド棉花不買運動の再度の実施や輸入統制の模索をめぐって、紡連と貿易商との対立がみられるなかで、第二

次会商に参加する民間顧問の人選は難航した。先述したように、当初計画された主要綿業五団体から一名ずつの選出（=計五名）では、貿易商から三名の選出となるからであった。結局、政府の指名によって貿易商側、紡連、綿工連からそれぞれ奥村正太郎、田和安夫、阿部正己の計三名の顧問が選出された。三名の役割は「所属団体ヲ離レテ一致ノ行動ヲ採」ることが前提とされていたが、奥村が主席としてカルカッタ総領事米沢との連絡に当たり、田和は会計主任、阿部は金銭出納の記録や現金の保管を担当することになり、実質的には印度組合専務理事奥村が実権を握った。[47] 政府は紡連からの代表の田和を会計主任に指名することで、第二次会商における紡連の直接的な介入を牽制したものと考えられる。[48]

三　日本の外交方針の転換——日中「提携」論の台頭

第二次会商は一九三六年七月三〇日に、日本側からの提案によって始まった。表7-5がその経過をまとめたものである。交渉の対象となる日印協定の五項目のうち、④、⑤は、ほぼ一一月までに、日本政府側がインド政庁案を認める形で合意されている。⑤対日本綿布輸入関税率の水準をめぐって早期に基本線の合意が形成されていた点は第一次会商と同様であった。それゆえ、以下では、最後まで争点として残った①、②、③に即して考察したい。

日本政府は八月末まで「民間ニ何等諮問セザリシ」[49] 状態で会商を進めた。政府の7／30案（表7-5）は民間の1／7案（表7-2のG）とは大きく異なるものであった。まず①と②では、単位当たりの棉花輸入量から認められる綿布輸出量の割合、Ⓐ／Ⓑ（以後、Ⓐ／Ⓑ値と略す）が、民間案では三三三碼／俵を求めるのにたいして、政府案は現状維持の二六七碼／俵であった。そして③では民間案が品種別割当の全廃を訴えていたのに対して、政府案は晒・加工物の増率を主張していた。インド綿業の生地を主体とした成長は日本政府においても充分に認識されており、現状以上の生地綿布輸出の拡大に期待が持てないとすれば、品種別割当比率に変更を加えて、供給の調整にあたることが望ましいと考えられたのである。しかし政府が③の品種別割当率の変更を提案したことは、先の松島の発言（一月一四日）に即して考えれば、晒、加工物に比重を置く「英国との摩擦」を覚悟した提案であったとも言える。

日本政府がこうしたイギリス本国との利害対立につながり得る提案にふみだしたのは、英印市場の景気回復によって晒・加工品の需要が拡大することに期待したからである。晒・加工品の割当率増加はイギリスとの競合を意味するが、英印市況の好転による需要増加がこの競合を吸収するとの期待があった。実際、英印市場の綿布在庫は一九三六年後半に減少しており、景気回復の局面に入っていた（図6-1）。またインド紡績業の利益の動向をみても三六年から好転していた[50]。

七月三〇日の日本の提案以降八月末までは、インド政庁側より改定案が続けて出され、両者の利害状況が判明した時期であった。八月二〇日から二七日までのインド政庁案は、①の変更を重視するもので、②を現行のままとし、「インド統治法」によって三七年四月に英印から分離するビルマ市場への日本綿布輸出量分四二〇〇万碼を①から差し引く内容であった。それによって、インド案のⒶ／Ⓑ値は、二六七碼／俵から二三三碼／俵に修正されることになった。これはインド政庁側が日本の②インド棉花輸入量を相対的に大きく残すことに関心を寄せていたことを示すものであり、注意したい。そしてこの①の変更を「日本政府ニ於テ応諾スル場合ハ日本政府ガ希望スル品種別比率変更ニ付キ何等カノ考慮ヲ払フベシ[51]」と、日本が重点を置く③の変更を認める姿勢を示した。

③のインド案は〈生地の割当五％減―晒二％増、加工三％増〉であり、日本案の〈生地の一八％減―晒一二％増、加工六％増〉との間にはいまだ隔たりがあったものの、③での譲歩と引換えに①の変更を強く求めるインド政庁側の姿勢は、Ⓐ、、、、／Ⓑ値の有利な修正に利害の重点を置くものであることを改めて示していた。

日印会商の経過

割当（%）加工 捺染	割当（%）加工 その他	④ Ⓐの時期別割当	⑤ 対日本綿布輸入税率 生無地	⑤ 対日本綿布輸入税率 その他	備考
34〜37.4（10）		年2期，各期½割当。期間別融通量は2,000万碼（以下，数字のみを記す）	従価50%，または1ポンド5 1/4アンナ	従価50%	
40〜48（20）		＊ 4,000碼	従価40%		a）①と②にビルマを含む
20	17	＊ 2,500万碼	＊		b）ビルマ分（42百万碼）と国内過剰分（8百万碼）を減
40〜48（20）		同上	従価45%		①と②よりビルマ分を減
40〜44（10）			従価45%または1ポンド4 3/8アンナ	従価は45%，ただし捺染は50%	
37			同上撤回　＊		c）①よりビルマ分（25百万碼）減
28〜33.6（20）	9〜10.8（20）				d）①よりビルマ分（42百万碼）減 e）②よりビルマ分（7万俵とする）減
20〜21（5）	17〜17.9（5）				
25〜27.5（10）	12〜13.2（10）				
20〜21（5）	17〜17.9（5）				
20〜22（10）	17〜18.7（10）				
20〜22（10）	17〜18.7（10）	年2期，各期1/2割当。期間別融通量は2,500万碼	＊	＊	

注記）Ⅰ，Ⅳ，Ⅴ期の点線内はインド側の提案，それ以外は日本側の提案。同前は各国側の前回提案内容と同じことを示す。＊は第一次協定と同じ内容を示す。太線内は第二次協定内容と同じものの初提案を示す。第Ⅲ期からⅣ期には日緬会商（表7-6）が介在している。

ともあれ八月の段階までに会商の争点はかなり絞られたと言えよう。第二次会商はインド側の①の変更と日本側の③の変更を、双方がどの程度認めるか焦点が絞られてきたのである。八月までの交渉は「空気円満[52]」であり、「諸種ノ情勢ヲ総合スルニ印度側ハ協定成立ヲ希望シ且ナルベク速ニ成立セシメ度キ意向アル様ニ看取セラル[53]」と評されていた。

しかし、その後の日本政府の9／15案と10／3案は、全く相手に譲歩の姿勢をみせないものであった。Ⓐ／Ⓑ値ではインド案（二三三碼／俵）を上回るような二八三〜九

表7-5　第二次

期	年.月.日	① 対英印綿布輸出量Ⓐ（百万碼）	② インド棉花輸入量Ⓑ（百万俵）	Ⓐ/Ⓑ（碼/俵）	ⒶⒷの増減条件	③ Ⓐの品種別 生地 無地	縁付	晒
第一次協定＊	34.1.5（表6-4）	325〜400	1.00〜1.50	267	Ⓑ<1.00：Ⓐの減率（1万俵＝200万碼） Ⓑ>1.00：Ⓐの増率（1万俵＝150万碼） Ⓑ>1.50：超過分は次期棉花年度に加える	45〜49.5（10）	13〜15.6（20）	8〜9.6（20）
						（　）内は各委譲率の上限		
I	36.7.30	＊ a）	＊ a）	＊	Ⓑ≦1.00：Ⓐの増減率（1万俵＝200碼）	40〜48（20）		20〜24（20）
	8.20〜27	275 b）〜350	＊	233	＊	40	13	10
II	9.15	325〜425	不明	283	（7.30と同じ）	45〜54（10）		15〜18（20）
	10.3	325〜364	1.00〜1.26	289	（＊）	35〜38.5（10）	13〜15.6（20）	12〜14.4（20）
III	11.9	300 c）〜360	1.00〜1.40	257	＊	40	13	10
IV	37.2.19	283 d）〜358	0.93 e）〜1.43	250		40〜44（10）	13〜15.6（20）	10〜12（20）
	2.27	275 b）〜350				40〜44（10）	13〜13.7（5）	10〜10.5（5）
V	3.6	同前	＊	239		同前	同前	同前
	3.20（イ）	283 d）〜358	＊	239		40〜44（10）	13〜13.7（5）	10〜10.5（5）
	（ロ）	275 f）〜350	0.93 e）〜1.43	245		40〜44（10）	13〜15.6（20）	10〜12（20）
第二次協定	3.23〜25	283〜358	＊	239	＊	40〜44（10）	13〜15.6（20）	10〜12（20）

資料）奥村正太郎編『日印会商史』（日印通商協議会，1942年9月）201-428頁。日印会商準備委員会『第二号日印会商準備関係』。同『第二次日印会商準備委員会常任委員会』。

碼／俵の提案がなされ、③においても晒割当率の減少（二〇%→一二%）を認めたものの、加工品では7／30案の水準から譲歩するものではなかった。あきらかに第一次協定の内容を維持しようとした一九三六年一月段階とは異なる政府の姿勢が読み取れる。

さらに注意したいのは、こうした日本政府の姿勢がそれまでとは変わって、綿業関係者の準備委員会に諮問することを通して形成されるようになった点である。10／3案は、①と③とともに準備委員会が用意した9／1改定案（表7-2のH）をもとに「伊藤［竹之助］、関［桂三］、南郷［三郎］、舞田［寿三郎］、商工省ト懇談ノ結果」[54]（それぞれ、印度組合、紡連、輸出綿糸布同業会、綿工連の代表として参加）から提案され、とくに③については既に九月の初めに「伊藤、庄司［乙吉］、南郷ラ上京、商工、外務両者ト打合済ミ」[55]（それぞれ、印度組合、紡連、輸出綿糸布同業会の代表として参加）のものであった。それまで距離のあった日本政府と綿業関係者との関係が、政府からの諮問を通して九月から接近するようになったのである。そうであるとすれば、こうした官民接近による硬直した外交姿勢の形成はいかなる背景によって促されたのであろうか。①を中心に交渉の経過から検討したい。

まず日本綿業の立場からは、中国棉花の供給増によるインド棉花への依存緩和に期待をよせていたことが大きかった。八月末にインド政庁側が日本のインド棉花購入量を現行のままの、最低一〇〇万俵—最高一五〇万俵として提案したのにたいして、日本は最高一二六万俵（表7-5の10／3案）を切り出した。これは一九三七年四月にインドから分離されるビルマ市場を対象にした日本の棉花輸入・綿布輸出の確定量を日印協定内でいかに調整（削減）するかという問題に関係していた。インド政庁側は②の日本の棉花輸入量は現行のままとし、日本の対ビルマ綿布輸出量分のみを①から削除する提案であったが、日本政府は対ビルマ綿布輸出量に照応する対ビルマ棉花輸入量分（二四万俵）をも②から削減して最高一二六万俵に修正すべきであると主張したのである。この主張は政府の「諮問」[56]をうけた準備委員会の回答内容をうけて提案されたもので、綿業関係者の意向に後押しされたものであった。そして、日本綿業のなかには、

緬甸ヲ別問題トシ綿織物ヲ三億五千万碼ト成ス場合棉花買付義務ハ二十四万俵ヲ減少シ得ベキ道理ニテ北支政治的工作並ニ支那棉花豊作ノ関係上印度棉花買付義務ノ軽減ヲ必要トスル日本ノ立場ヨリ印度ガ綿布数量ノ減少ヲ固執スル場合、日本政府ハ印度棉輸入ノ制限ヲ命令スルノ已ムナキニ立至ルベシ。日印相互利益ノ最上対

策トシテハ四億碼対百五十万俵ヲ其儘トシ日印緬ノ三角関係ニ於テ、緬甸分離後緬甸トノ協定ニ依リ許与セラレタル棉花対綿織物ノ各数量ヲ逓減スル事。[57]

と報告されたように、三五年末からの「華北分離工作」による中国棉花（アメリカ棉花種）確保による、インド棉花への依存緩和に寄せる強い期待があった。日本政府の10／3案（表7-5）は、「支那棉豊作並ニ将来ノ増産見越ト求償貿易ノ建前カラ印棉ノ大量買付ハ漸次困難トナルモノト思ハルル故」、分離するビルマへの日本綿布輸出量を協定から削減するならば、「其ノ比率ニ応ジ印棉買付ヲ減少スルコト当然ナリ」[58]との、民間と政府との共通認識による提案であった。また「今年度支那棉ハ未曾有ノ豊作ニシテ五十万俵以上ノ本邦輸入ヲ予想セラレ、支那ニ於ケル棉作奨励ト大増産傾向並ニ支那通貨改革ニ伴フ生産費ノ大低落ニ想到スルトキハ今後支那棉花ノ本邦殺到ハ勢免ル可カラズ」[59]と、中国の幣制改革後の景気の好調による棉花増産にも注目していた。

そして、日本政府の姿勢も、まさにこの中国の幣制改革の成功による状況変化を背景に形成されていた。一九三五年一一月の幣制改革後の中国は対ポンド・ドル為替レートの切下げを背景に景気回復を実現しており、[60]日本政府はこうした状況をとらえて「経済提携工作を進め以て支那政局の動向如何に依り影響せられざる日支不可分関係の構成を期す」[61]ような、日中「経済提携」の枠組を模索していた。そして、それは「南京政権の面子をも考慮し同政権をして其の授権の形式下に実際上北支連省分治を承認せしむる」[62]方向をも模索するものであり、「第二次北支処理要綱」（三六年八月一一日）では「日満支三国提携共助実現」を主張し、その上で「冀東地域は之を冀察政権の特別区として同政権に合流せしむる」ような対国民党政府接近の方向も示唆されていたのである。[63]実際に九月三〇日には「第二次北支処理要綱」に即して、田代天津軍司令官と宋哲元（冀察政権）との間で「経済開発ニ関スル了解事項」[64]が調印された。[65]中国経済の成長を前提にした、こうした日中「経済提携」は、イギリスやアメリカなどの

「第三国の既得権益は之を尊重し要すれば此等諸国の施設と合同経営」（「第二次北支処理要綱」）することにも留意すると構想されていたが、他方で「英国は列国殊に米、蘇、支を利用し対日抑圧政策を執るべき虞ある」[66]との警戒姿勢をも有していた。

先述したように、一九三六年六月に再来日したリース＝ロスとの対中国財政援助をめぐる協議は、対イギリス協調の復活の好機であると外務省は認識していたが、他方で外務省は「英国ハ日本ニ比シ相当大ナル海外投資余力ヲ有スル関係上、動モスレハ日英提携ニ名ヲ籍リ対支経済、財政援助ヲ為シ之ニ依リ自国ノ経済的勢力ノ挽回ヲ図ラントスル」[67]においては、日英提携に消極的な姿勢を有するようになっていた。それゆえ、リース＝ロスとの会談において、外務省は、改めて日英提携に慎重な態度でのぞんだ。リース＝ロスは、「北支の関税収入は密輸入のために非常に減っている」との認識を前提に[68]、「日英協調上最喫緊ノ問題ハ日本ガ真ニ海関制度ノ維持ニ協力スルヤ否ヤニアリ、海関制度ノ保全ハ英国ノ支那ニ於テ最重要視スル所ニシテ之カ為ニハ最後ノ努力ヲ為スノ決意ヲ有スルモノナリ」[69]と、関東軍下の冀東特殊貿易の拡大による海関収入の減少への対応を求めた。そして「支那援助ノ重点ハ［中略］通貨ノ安定ト購買力ノ増進ニ援助を與フルニアリ、既ニ通貨ノ安定ハ或程度迄成功セル處、購買力及輸出増進ノ第一歩ハ鉄道建設ノ為借款ヲ為ス」[70]ことであるとして、海関収入の増加につながるインフラ整備、とくに鉄道網の整備の共同投資をも申し込んだ。イギリスの利害は、対中国借款の担保として得た海関収入の安定的確保という「サービス・金融」に関わるものであった。しかし日本側は馬場鍈一蔵相を通して、財政的制約の問題から共同出資に消極的な態度を示した。そして外務省も、「密輸入をなんとかしてもらひたい」[71]と華北問題に言及するリース＝ロスにたいして、「北支工作ニ関シ兎角ノ議論ヲ為シ来ル場合ニ於テハ［中略］日支間ノ問題ニ関シ第三国［この場合は、イギリス］カ介入スルコトハ徒ラニ事態ヲ紛糾スル」ものであり、「容認スヘキニ非ス」[72]との態度を用意していた。またイギリスが華北問題に干渉する場合には、「我ガ通商ノ伸展ニ対スル障碍ノ現状殊ニ英帝国ノ門戸閉鎖ニ付キ深甚ナル考慮ヲ促ス」[73]ような批判姿勢をも固めていた。華北分離工作の行過ぎを認めた外務省も、日中「経済提携」の可能性を追求するなかで、「国策」となった華北問題へのイギリスからの干渉にたいしては「反帝国主義的」な姿勢を用意していたのである。いわば日本の対イギリス協調は、東アジアでの日本の支配権への追認を引き出す条件であったが、イギリスが求める華北分離工作の大幅な修正や、共同投資といった東アジアを舞台にする共同行為の実施を具体的な営為として認めるものではなかったのである。有田外相が「密輸入の問題なんかがあるから［中略］、彼［リース＝ロス］の感じを少なくともよくすることはよほど難しい」（六月五日付）[74]と語ったように、華北問題をめぐってイギリスの要求に即した修正に乗り出す姿勢は用意されていなかったのである。

日本政府の硬直した姿勢が明確になるにつれて、政府代表の米沢は会商の促進のための「数度に亘る要請」[75]を展開した。そして日本政府代表の民間顧問からも「妥協ノ好機会ヲ逸スル恐レアル」[76]との危惧が伝えられ、さらに「外務省ノ考ヘ方ハ依然独断的ニシテ現地ノ実情ニ対スル認識ヲ欠キ全然方針ヲ誤マレルモノナリ」[77]との批判が出されるようになった。しかし日本政府との距離を縮めた在日本の民間の準備委員会からは「貴君トシテハ自重静観ヲ必要トスル」[78]との返答が出され、あわせて「一切政府ニ一任スルコト」[79]が指示されたのである。英印において会商にあたった日本政府の代表と民間顧問は、具体的な交渉方針を得られないままに、時間を経過させざるを得なかったのである。

四　イギリスの帝国主義的秩序とインド棉花輸出問題

(1) イギリスの「サービス・金融」的利害

日本政府とインド政庁との歩み寄りがみられないなか、インド側の交渉メンバーに交代がみられた。スチュワートが一九三七年四月以降、工務長官に就任することとなり、一〇月九日以降の交渉には、商務省第二次官ヒュー・ダウと財務省第二次官アブラハム・レイズマンが交渉にあたった。そして、一〇月九日の非公式懇談会にて、インド政庁側は新しい提案をおこなった。それは「品種別ニ於テ譲歩シ［インド政庁案（八月二〇〜二七日）から無生地の五％減―晒の二％、加工三％の増］其ノ代償トシテ」、インド棉花「農民ニ対スル保障[80]」を求める内容であった。つまり、

日本ガ将来印度以外ヨリ棉花ノ供給ヲ受クルニ至ルベキ事ヲ理由トシテ印棉買付ノ困難ヲ指摘セラレ、又新聞ノ報道モ支那棉ノ重要性ヲ協調シ居ルニ鑑ミ印度政府ハ一層其ノ棉作者保護ノ必要ヲ感ズル[81]。

として、インド棉花の代替を中国棉花に期待する日本にたいして、改めてインド棉花の買付け保証を求めることを提案したのであった。そして、この買付け保証が得られるときの更なる代償として「日本ノ対印輸出ノ七割ヲ占ムル雑貨ニ対シ印度ハ無条件最恵国待遇ヲ与エ[82]」ることを伝えた。第一次会商の時にみられたように「日本としては雑貨に就き、最恵国待遇を規定している基本条約の存在を俟って、始めて価値を有する[83]」ものであり、インド政庁側が日本の雑貨の対英印輸出条件の安定を約束したことは大幅な譲歩であった。

こうした譲歩にみられるように、インド政庁側にとってインド棉花の輸出販路の確保は交渉過程において優先さ

れるべき課題であった。そして、この課題はイギリス本国自身にとっても経済外交において優先されるべきものであった点に注意したい。英印駐在イギリス主席商務官アインスコフが本国へ送付した一九三六年三月に終わる一九三五年度の「印度貿易展望」によると、

商品貿易尻ハ幸ニ三億五百万留比ト前年度ニ比シ七千万ノ増加ヲ示シ外ニ金塊輸出ハ一億五千万ダケ減少シテ三億五百万留比トナリ結局六億七千万ノ出超ニ終ル、此ノ金額ハ印度ノ海外支払勘定ヲ決済シ、且対英為替維持ノ目的ニ充分ナリ。又印度ハ其ノ対外信用ヲ維持スルニ主トシテ金塊ノ輸出ニ俟ツ現状ダガ幸ニ商品ノ輸出ニ於テモ堅実ナル増進ヲ示シ一朝世界的景気回復ノ暁ニハ印度ハ早速之ニ参加シ利用シ得ル位置ニアルヲ示ス現在印度ノ経済的安定ハ他ノ如何ナル農業国ニ比スルモ遜色ナシ[84]。

と報告しており、いわば英印を第一次産品輸出型経済として維持することに強い関心を払っていることがわかる。つまり金塊の輸出だけでなく、むしろ第一次産品、とくに農産品の輸出拡大による貿易収支の出超がインドの「海外支払勘定」を支え、あわせて対本国為替レートの維持にも貢献するとの認識が存在したのである。

第一次大戦前より英印は、各種第一次産品の多方面への輸出によって世界市場から巨額の貿易黒字を稼ぎだし、この出超によって、ⓐ対イギリス綿布輸入に対応した貿易収支の赤字分と、ⓑイギリス本国への「本国費」(Home Charges）や利子・配当などの毎年の支払いに対応した。そして、この二つの環がイギリスのアメリカとヨーロッパ諸国への巨額な貿易赤字を決済したことはよく知られている。インドの企業家らの度重なる抵抗運動にもかかわらず[85]、一九二〇年代においてルピーがポンドにたいして高めに設定されたのも、イギリス本国製品の対英印輸出を促進させるためだけではなく、むしろそうした英印からの毎年の支払いの円滑化のためであった[86]。

しかし一九二九年からの大恐慌は、この二つの環にも打撃を加え、イギリス本国は再編を余儀なくされた。まず

アメリカとヨーロッパとの貿易収支赤字の縮小に努力するとともに、ⓑの英印からの毎年の支払いをとどこおらせないことを優先する方向で帝国秩序の再編に努めた。英印を始めとするイギリス帝国内諸国は、ロンドンにたいして膨大な債務を負う一方で、第一次産品の輸出不振によって深刻な国際収支危機に直面しており、そうしたなかでの再編は三二年の「オタワ協定」にみられるように、イギリスがこの過剰な第一次産品を帝国特恵関税制度によって優先的に輸入し、各国の収支危機を改善することを企図するものであった。[87] 帝国内諸国の対イギリス出超を形成し、こうして得られた余剰がポンド残高としてロンドンに備蓄されることが、対イギリス債務の支払いを可能にし、またポンドの信用を回復させるのに有効と考えられたのである。オタワ協定の含意はイギリス本国が帝国内諸国からの投資収益や、とくに英印にたいしては「本国費」の安定的な確保を維持する「サービス・金融」的利害に即したものであり、むしろランカシャーの「産業」的利害とも言えるⓐの維持は副次的なものであった。[88] イギリス本国の英印支配の目的が英印からの利子・配当・「本国費」などの毎年の支払いの円滑化に求められるとすれば、「印度ノ出超ハ毎年多大ノ海外支払勘定ニ応ズル為メ必要[89]」であり、日本によるインド棉花の安定的購入は、その目的にとっては必要不可欠な販路であるとともに、イギリス帝国秩序の再編に配慮することにつながっていたのである。そして日本政府側は、第二次会商へのインド駐在イギリス主席商務官アインスコフの「派遣モ其意、此處ニ存スルニ想像ニ難カラザル[90]」と、英印の第一次産品輸出の拡大・維持を企図するイギリス本国の「サービス・金融」利害を読み取っていたのである。

イギリス本国の帝国秩序の再編という利害に照らして考えると、日印協定（表7-5）の①の対英印綿布輸出規制と②インド棉花輸入の維持は、前者が「産業」的利害、後者が「サービス・金融」的利害に対応したものと言える。とくに後者は英印の出超形成に貢献することを通してイギリス帝国秩序に配慮するものであった。インド政庁側が第一次協定の継続を求めたのはインド棉花の最大の購入先である日本との関係維持を強く望んだからであり、その意味でイギリス帝国の経済「ブロック」化とは、実態としては「サービス・金融」的利害を優先することで、第三国との通商関係を閉鎖する体制ではなかったと言える。

日本が中国棉花の利用拡大を通したインド棉花の輸入減を仄めかすなかで、インド政庁側の譲歩姿勢は日本の11／9案（表7-5）をめぐっても現れた。このインド政庁側の11／9案は、まったくの非公式なものであったために表7-5に記していないが、次のような内容であった。つまりインド政庁側が八月末に示した①のみからのビルマ市場分削減案を大きく変更して、①と②の両方からビルマ市場分（①四二〇〇万碼—②四万五〇〇〇俵）を減じた、〈①二億八三〇〇万碼—②九五万五〇〇〇俵（Ⓐ／Ⓑ値は二九六碼／俵）〉を提案したのであった。これは「従来ノ主張ヲ俄然一変[91]」するインド政庁側の譲歩と評された。こうした譲歩を示してまでも、②のインド棉花の対日本輸出量の確保は、イギリス本国とインド政庁側にとって重要な課題であった。

（2）一一月以降の日本の譲歩

ここで注意したいのは、一九三六年一一月九日の日本の提案をめぐってインド政庁側の譲歩がみられるなかで、日本政府もこの11／9案（表7-5）において相手への譲歩姿勢をみせるようになったことである。①ではインド政庁側も認めるようになった、①・②の両方からのビルマ市場分の日印協定からの削減案（表7-5の9／15案、10／3案）を、日本自ら「緩和シ、印度側ノ希望ヲ容レ棉花基準量ヲ其ノ儘維持シナガラ綿布量ノミ減」ずるという、①のみからのビルマ分（二五〇〇万碼）減少案に急激に転換したのである[92]。そして①については、加工品の〈捺染・その他〉への分割は認めないものの、割当比率の基準については八月末のインド政府案と同じ構成（色物において三七％）に転じたのである。大幅な譲歩であった。双方の歩み寄りがみられるなかで、交渉の争点は、①のみから削減するビルマ市場分の調整（インド案は四二〇〇万碼、日本案は二五〇〇万碼）と、②加工品割当を〈捺

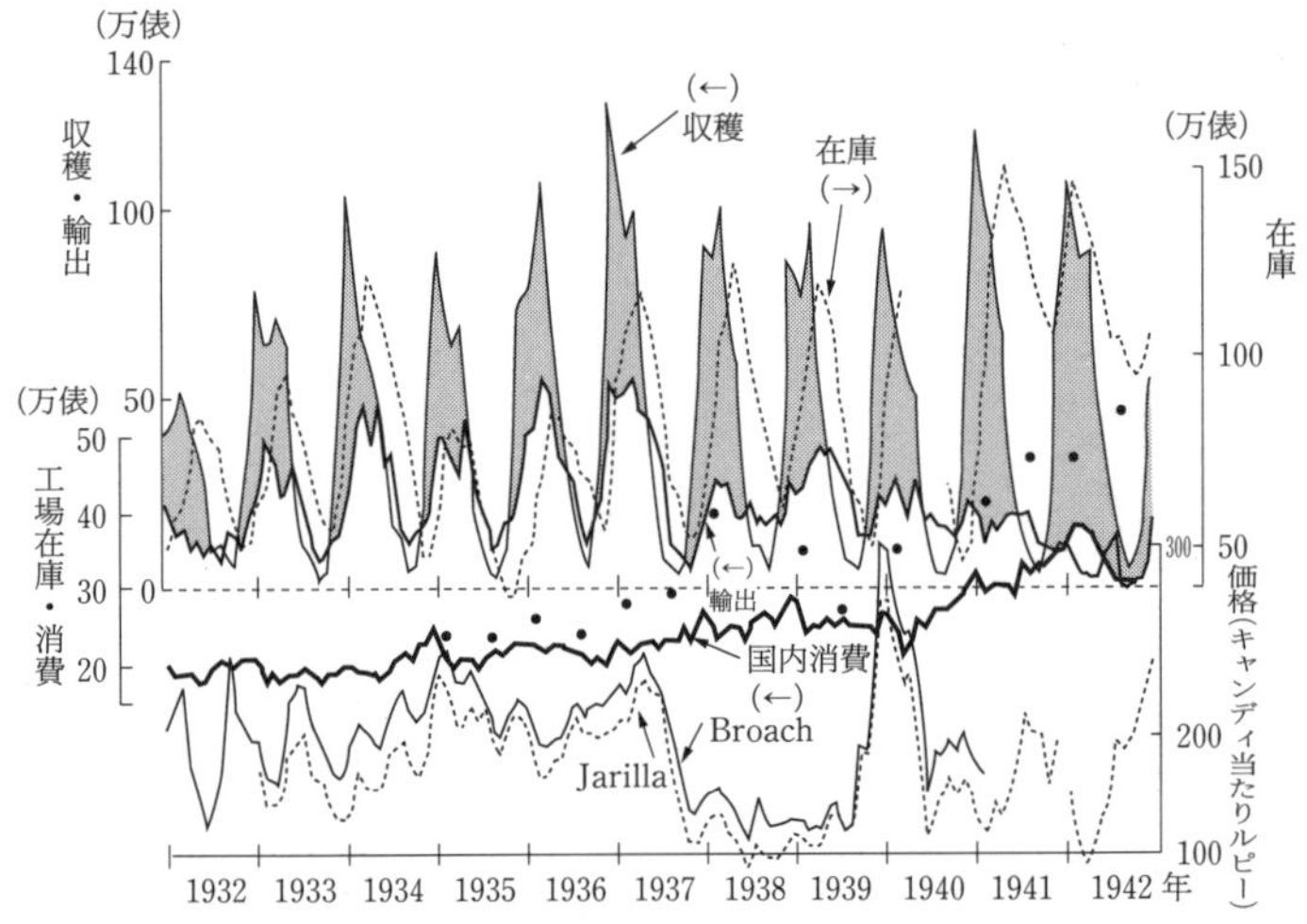

図 7-2　英領インドにおけるインド棉花市場の変化

資料）The East India Cotton Association, *Bombay Cotton Annual* の各年。
注記）• はインド紡績工場の棉花在庫（左目盛）。アミ部分は棉花の国内供給（収穫－輸出）。価格の Jarilla は United States Department of Agriculture Bureau of Agricultural Economics, *Statistics on Cotton and Related Data,* Washington D. C., 1951, p. 174.

染・その他〉に分割するか否かの二つの調整に絞られたのである。とくに前者の調整は三七年四月に英印より分離するビルマ政庁との交渉課題でもあり、ここに至り第二次日印会商は「日緬会商」の決着後に再開することになったのである。

日本政府側の大幅な譲歩は、先述したような、インド棉花への依存緩和を仄めかすことで得られた日本側の交渉力に限界がみられたことに起因していたと考えられる。「時日遷延シ棉花季節ニ入リ印棉買付ガ例年ノ数量ニ達スル時ハ日本側主張ハ根本的ニ論拠ヲ失フニ至ル[93]」と懸念されていたが、図7-2に示したように棉花の出回りシーズンとなる秋以降の英印市場でのインド棉花価格は、日本の期待したような動揺をみせず、むしろ上昇傾向にあった。一九三六年秋からのインド棉花市場は輸出の好調やインド紡績業を主体とする内需拡大に支えられていたのである。また工業化のすすむ中国綿業のインド棉花輸入もこの棉花価格の堅調に貢献しており、なかでも在華紡のインド棉花購入は「支那ノ買進ニ対シテハ［中略］在華紡ニ事情ヲ開陳シ我方立場ヲ support スル様申シ入ルル以外方法ナシ[94]」と言われたように、日本側から抑制することは充分できなかったようである。

またインド棉花の輸出の好調は、日本の積極的な輸入によっても支えられていた。馬場蔵相は軍部の要求を受け入れ、低金利下での公債増発と増税を通した軍備拡張方針を打ち出し、一九三六年一一月二七日の予算閣議では、前年度に比べての約七億円の歳出増加となる「昭和一二年度大蔵省案」三〇億四〇〇〇万円を承認させた。この財政膨張にともなって予想される為替相場の下落は、輸入為替の取組を急がせて輸入増加を促す結果となった。なかでも棉花は「紡績採算良化旁々買付極めて旺盛にして割安なる印棉を中心に［一二］月中買付は七十万俵の大量に上り紡績筋の手当高は略々［三七年］八月迄[95]」進められ、三七年四月には「本年ノ如ク日本ガ大量ノ印棉買付ヲナセルハ未曾有ノコト[96]」と報告されるに至ったのである（前掲図6-2参照）。積極財政への転換による旺盛なインド棉花購入を背景にして、インド棉花市場の動揺が秋以降に表面化しなかったことが日本の譲歩を促したと言える。そして一一月以降、日本の綿業関係者の第二次会商にたいする動きは消極的になったのである。

一九三六年一一月二八日に有田外相は「日印交渉ニ関スル件[97]」を米沢総領事に送付した。そこでは、①からのビルマ分四二〇〇万碼削減とするインド政庁非公式案（11／9案）に合意し、③の割当比率についても「色物［加工品］細分ハ民間ノ強硬ナル反対アルニ拘ラズ印度側ノ立場ヲ諒トシ我方ノ譲歩シ得ル限度ヲ率直ニ示シタモノ」として、〈捺染三〇%・その他七%〉への細分を認めるよう指示されていた[98]。そうした二点での譲歩は、米沢にすれば「最後ノ土壇場ニ於ケル切札[99]」として残しておくべきものであったが、三七年二月一九日の日本案（表7-5）に具体化して行くことになる。しかし、それについて述べる前に、インド棉花市場の安定を横目に日本の譲歩が続くなかで開始された日緬会商の展開を検討しておきたい。

五　日緬会商――対イギリス協調の復活

日緬会商は、米沢とビルマ政府財務長官ウォルター・ブース・グレブリーの両代表の他に、柿坪正義カルカッタ副領事、W・B・カニンガムが顧問として同席して、一九三六年一二月三日から開始された。会商の経過をまとめた表7-6から窺えるように、協定項目は日印会商と同様の五項目からなっていたが、①、④、⑤は一二月三日の交渉で合意をみた。①の四二〇〇万碼での合意は、先述の有田外相の「日印交渉ニ関スル件」（一二月二八日）に即した提案にほかならない。以下では三七年二月まで交渉が続いた②、③をめぐる合意形成に即して検討したい。

まず②について、日本政府側は「緬甸棉輸出ニ対スル**スチール**商会等ノ買占策動ノ危険[100]」に留意して、日本側のビルマ棉花購入義務量を五万俵、またはビルマ棉花総輸出量の五五％の水準に留めていた。ビルマ側が要求するところの棉花輸出可能量の「七〇％ト言ウガ如キ不当ニ高キ率ニ定メンガ其ノ事自身値段ノ上騰ヲ促スベク殊ニ蘭貢ニ於ケル『**スチール**』商会ガ事実上緬甸棉ノ輸出ヲ一手ニ握リ居ル事実ニ徴シ人為的吊上ノ危険甚ダ少カラズ[101]」とする懸念が強かったのである。

③については、もともとビルマに「保護スベキ程ノ棉《ママ》業存在セズ、日本綿布ノ最大部分ハ色物、殊ニ『プリント』物ナル」にもかかわらず、〈捺染二五％・その他三五％〉への加工品の細分案は「不自然ナル制限[102]」であった。その点についてはビルマ側も認めるところであり、ブースも「色物細別ニ付テハ今尚個人的ニハ緬甸ノ利益ニ反スルモノトシテ之ガ撤回ヲ希望シ[103]」ているが、「政治的ニハ印度ヨリ分離ストハ言ヘ、経済的ニハ相互甚ダ密接ニ依存スル関係上、印度ノ必要ニ対応シテ対外通商関係ヲ律セザルヲ得ザル[104]」ような、インド政庁側から経済的影響を強く受けるビルマ側の立場を吐露していた。③の細分案はビルマ側の利害を反映するものでない限り、ビルマ側か

表7-6　日緬会商の経過

年．月．日	① 対ビルマ綿布輸出最高量 Ⓐ（万碼）	② ビルマ棉花輸入量の基準 Ⓑ（万俵）	② Ⓑ<基準量 Ⓐの減少分（万碼/千俵）	③ Ⓐの品種別割当（%） 生無地	③ 晒	③ 加工 捺染	③ 加工 その他	④ 時期別割当	⑤ 輸入関税 生無地	⑤ 輸入関税 その他	備考
36.12.3	4,200	輸出可能量の70%または9.8万俵		30～31.5 (5)	10～10.5 (5)	25～26.3 (5)	35～36.8 (5)	2期，各期½割当期別融通率は日印協定と同率			
12.3	同上	5万俵，または総輸出量の55%	20					同　上	従価50%または1ポンド5¼アンナ	従価50%	綿花相場の人為的吊上げ防止協定
12.8～11		5万俵，または総輸出量の60%		10	10	80					
12.11～30		7.8万俵，または輸出可能量の65%	40	20	10	35	35				ビルマ棉相場がインド棉との適当比価以上に昇騰しないことを保証
37.1.28		同　上	同　上			～45	30				
2.3		7万俵，または総輸出量の65%	30	15～18 (20)	10～12 (20)	45～49.5 (10)	30～36 (20)				対ビルマ輸出に制約条件を追加しない保証
2.13			(一)	20～23 (15)	10～11.5 (15)	40～46 (15)	30～34.5 (15)				
			(二)	17.5～20.7 (15)	7.5～8.6 (15)	45～47.3 (5)	30～34.5 (15)				
37.2.13	4,200	7万俵，または総輸出量の65%	30	15～18	10～12	45～47.3	30～36	2期，各期½割当期別融通率は日印協定と同率	従価50%または1ポンド5¼アンナ	従価50%	

資料）前掲『日印会商史』287-303頁。日本綿糸布印度輸出組合『第四年度事業報告書』。前掲『第二号日印会商準備関係』。

注記）付表ともに点線内はビルマ側の提案，それ以外は日本側。太線内は37.2.13協定内容に至る初出を示す。③の（　）内は各品種の委譲率で，それぞれの項目には割当率の最高を示した。なお，上記の資料に記載されていない1937年12月20日の日緬妥結案は次頁の付表のようである。出典は「在デリー米沢総領事発，有田外務大臣宛電報」1936年12月21日着，「同」12月23日着。太字は日本とビルマの合意内容を示す（日印会商準備委員会「常任委員会議事録」1936年12月23日付）。

付表　公開されなかった12.20協定案

	②（万俵）	Ⓑ＜基準量Ⓐの減少分（万碼／千俵）	③（%） 生無地	晒	加工	備考
日本	5～6.5万俵，または総輸出量の55～65%		15～18（20）	10～12（20）	75～80.3（7）	
ビルマ	～7万俵	30	20	10	70	棉花の人為的吊上げを予防する規定を議定書に入れる

らの譲歩を引き出しやすい項目であったが、インド政庁の圧力を受けている以上、ビルマ側より譲歩を引き出したとしても、その「緬甸ノ譲歩丈ケ印度ノ分ニ於テ比率ヲ窮屈ニ[105]」させられる危険性を有していた。それだけに③をめぐってはインド政庁とイギリス本国側の動きに注意する必要があった。

一二月一一日から翌三七年一月にかけてビルマ案が出された（表7-6）。ビルマ「トシテハ日本ノ棉花買付量ニ最大ノ関心ヲ有スル[106]」として「若シ買付量に関シ満足ナル合意ニ達セバ色物［加工品］ニ付テイモ現在緬甸案以上reasonable タリ得ベシ[107]」と、②でのビルマ案〈七万八〇〇〇万俵、または総輸出量の六五％〉の日本側の受入れに対応した、ビルマ側の③での譲歩を示唆した。そして日本政府側も「棉花買付量ヲ六五％ニ引上グルコトハ結局ニ於テ已ムヲ得ザル」としてビルマ案の②を認めた上で、ビルマ側が一二月初旬の日本案の③の「原案一〇％、一〇％、八〇％案ニ近ク決定セラルベキコトヲ[108]」求めた。「緬甸ノ問題ハ棉花［②］ノ話サヘツケバ他ハ妥協ニ依リ解決[109]」できるものであり、これをうけてビルマ側も③については「相当、日本案ニ近ク色物ノ細別モ drop シ得ベシ[110]」との情報を日本側に流した。

両者の合意形成が進むなか、一二月二〇日には両代表の「私的懇談」において、一層の歩み寄りが見られた。表7-6の付表がそれである。若干の数字の差異は残るものの、日本が②においてビルマ棉花輸入量を高めた点（五万俵から六・五万俵、または総輸出量の五五％から六五％）、そして③においてはビルマ側が加工品の細分案を放棄し、かつ加工品への割当率を七〇％とした点などは、両者からの合意の方向を示すものであった。

しかし状況は、その一〇日後の一二月三〇日に急転した。ビルマ側は再び加工物の細分案を持ち出し、「印度トシテハ印度自身ノ細分ヲ死守スル決意ヲ固メ[111]」、かさねて一九三七年一月二八日においてもその姿勢を固持したのであった（表7-6）。軟化していた交渉は、③をめぐって硬直状態に転じたのである。結局、12／20案は公にされることのない幻の協定案となった。ビルマ側の硬化を米沢は次のように分析していた。

専ラ英本国政府ガ自国プリント保護ノ見地ヨリ緬甸政府ニ指図シ居ル結果ナルコト疑ヲ容レズ、従ツテ日印交渉ニ於ケル印度側ノ細別主張ト同様、之ガ撤回方ノ我方希望達成ハ容易ニアラズ[112]。

ビルマ側の色物細分の再提案にはイギリス本国の強い圧力が潜在していると考えられ、在インド民間顧問も「本件ハ専ラ英国政府ノ指金[113]」によるものと認識していた。懸念されていたインド棉花市場の動向が「本年度ハ印棉買付旺盛ニシテ印度政府ハ印棉問題ニ付、全然安心シ居レ[114]」る状態のなかで、イギリス本国は、英印とビルマにたいして圧力を加える機会を見いだしたと考えられたのである。

イギリス本国の圧力の強まりを認識しながらも、民間顧問は「緬甸ニ譲歩スルハ日印会商ニ極メテ重大ナル影響ヲ及ボス故ニ緬甸ノ提案ハ絶対ニ之ヲ拒絶スル[115]」ことを訴えていたが、日本政府の二月三日の提案（表7-6）は加工物の細分を認めるものであり、譲歩姿勢を示していた。ビルマ側が「対英、対印ノ政治的並ビニ経済的関係ニ立脚セル[116]」ことが日本側において認識されている以上、加工品細分案の承認は対イギリス協調姿勢を示すものであった。

こうした日本の対英協調への転換は、中国政策の転換と連動していた。日本が華北を舞台に一九三六年八月頃より中国との「経済提携工作」をめざしていたことは先述したが、こうした工作も一一月一四日の「綏遠事件」の勃発以降に限界を画される。関東軍の指導のもとで綏遠省に侵攻した内蒙軍が傅作義の率いる中国軍に敗走するや、中国のナショナリズムの高揚は避けられぬものとなり、抗日の気運がひろがった。また、一二月一二日の「西安事件」が、中国ナショナリズムの高揚と国共合作による中国統一の方向を示す画期的な事件であったところから、中国政策をめぐって改めてイギリスとの協調の必要を認識させる契機となった。「最近又々外務省ハ貴方トノ連絡不充分」[117]と評されたように、外務省と綿業関係者との距離は西安事件後に改めて広がったのである。

対イギリス協調への転換を促した要因として看過してならないのは、宮中グループの駐英大使吉田茂の役割であった。二・二六事件後の広田内閣の組閣に際し、「自由主義」的であるとして軍部から入閣を拒絶された吉田はイギリスにおいて「支那の問題について日英協調」[118]の可能性を追求していた。もっともこの吉田の策動については吉田の個人プレー的側面が強調され、また吉田への不信からイギリス側が懐疑的であったために結実するものではなかったことがすでに指摘されているが[119]、一九三七年初めの中国政策をめぐっては対イギリス協調を求めるように日本外交を規定する効果を担ったと考えられる。三七年一月末に、吉田が日緬会商について次のように指示していた点は、会商での日本側の譲歩を促したと考えられる。

日緬交渉モ大体終局的場面ニ到達シ本省ニ於テモ折角米沢総領事請訓ノ次第ニ対シ御考慮中ノコトトハ察スル処［中略］此ノ上我方ニ於テ頑張ルモ到底大ナル成果ヲ期待シ得ザル。［中略］日英一般関係ニ及ボス心理的悪影響多大ナルモノアルベシト思考セラル。就テハ本省ニ於テモ国内関係上種々困難アルベシト察スルモ緬

［甸］案ニモ既ニ駆引キナキコト明カトナレル。此ノ際大局的見地ヨリ我方主張ヲ緩和シテ時幾ヲ逸セザル内ニ妥協ニ導カレテハ如何カト存セラル。又日印交渉ニ付テモ同様ノ御方針ニ御決定切望ニ堪ヘズ。[120]

吉田の提言直後の二月初めに、奥村が「特派員トシテハ米沢総領事ヨリ諮問ヲ受クベキ問題ナキ現状[121]」と伝えたように、日本政府は対イギリス協調姿勢を固めたようであり、二月一三日に会商は決着した。

中国でのナショナリズムの高揚と統一の方向を認識するなかで、日本の経済外交は改めて対イギリス協調に傾斜した。一九三七年二月一九日から再開された日印会商は日本の譲歩のうちに決着をみる。争点であった①と③のうち、まず①ではインド政庁側の八月提案に近い内容で妥結した。②の据え置きと、①のみからのビルマ市場分四二〇〇万碼を差し引くという内容での妥協であった。Ⓐ／Ⓑ値は、二三九碼／俵となり、第一次協定のそれ（二六七碼／俵）に比べて日本のインド棉花輸入の負担は高まったと言える。これはインドの貿易出超の維持を帝国秩序として強く望むイギリス本国への配慮と評価できよう。そして③については、日本が加工品の細分を認め、その割当比率も日緬会商と同様に、インド政庁側の3／20案を受け入れたものであった。米沢は加工品の細分については「英国紡績業保護ノ目的ニ出タルモノ[122]」であることを聞き及んでおり、「此ノ際、特ニ日印関係ノ全局ノ利害ニ着眼シ、更ニ対英関係ノ将来ヲモ篤ト考慮ニ入ルルコトヲ要スベシ[123]」との方針に即して提案したのであった。

まとめにかえて

第二次日印会商が開かれた一九三六年後半は、日本の「馬場財政」期にあたり、インフレ基調のなかで日本の輸出競争力が低下した時期であった。それゆえ第二次会商は、日本綿布の対英印輸出拡大が通商摩擦問題になった第一次会商とは取り巻く環境が大きく異なっており、第一次協定の若干の修正で終了するものと考えられていた。第二次会商の日本代表が、カルカッタ総領事米沢と綿業団体からの顧問三人に限定されたのも、交渉の早期終了を期待してのことであった。しかし第二次会商が三六年七月末から約八カ月という長期間を要したことは、この間に日緬会商を含むとはいえ、日本の外交方針に大きな振幅があったことを反映していた。

第二次会商のはじまる以前の一九三六年六月頃までの日本外務省は、三五年後半から進められた「華北分離工作」の行過ぎを認め、対イギリス協調に戻る方向を模索していた。それゆえ英印市場をめぐる会商においても、イギリス本国をにらみながら現状維持的姿勢を用意していた。その点で対英印綿布輸出拡大を求める日本綿業、とくに紡連との間には距離があった。しかし会商が始まった七月末以降一〇月末頃まで、日本政府側は硬直した交渉姿勢に転じた。外務省内には華北問題にたいして第三国の参加に慎重を期す日中「経済提携工作」論が台頭していたためであり、三六年の中国経済が前年一一月の幣制改革後の為替下落によって好調であったことがその背景にあった。また綿業関係者も「華北分離工作」を背景にした中国棉花の供給増に期待することで、インド棉花への依存緩和を仄めかし、第二次会商に民間顧問として強い態度で臨んでいた。その意味で官民の距離は接近したかにみえた。だが、こうした官民の硬直姿勢も、一一月以降に再び変化する。綿業関係者が期待したインド棉花市場の動揺が、日本の積極的な棉花輸入などによって顕在化せず、あわせて中国でのナショナリズムの高揚と統一の気運に直面してからは再び対イギリス協調に転換し、会商も日本政府側の譲歩が目立つように変化した。日印協定項目では①と②と③が重要であったが、第二次協定においては、②のインド棉花購入量の比重が第一次協定より大きくなっている点で、インドの貿易出超の維持を帝国秩序として強く望むイギリス本国の「サービス・金融」的利害への配慮が示された。そして、③において加工品の細分を認めたことは、加工綿布の輸出条件に強い関心を払うイギリス綿業の「産業」的利害に配慮したことを示していた。

表7-7　東洋棉花の各店別「総利益」の構成

（単位：千円）

年	総利益	大阪	船場	東京	名古屋	京城	奉天	天津	青島	上海	香港	スラバヤ	ボンベイ	ダラス
1920	570	3,903	▲1,533	192	102	▲225	540	▲2,009	▲3,080	▲1,516	14	0	2,441	1,305
21	3,106	▲2,410	270	117	128	▲84	244	219	197	651	79	174	661	2,160
22	5,200	649	▲375	▲137	▲1	86	42	94	49	901	82	76	1,371	1,078
23	7,284	2,007	132	107	67	90	131	102	45	887	58	77	1,529	756
24	9,050	2,878	59	72	87	71	217	124	151	1,761	109	69	2,207	400
25	8,378	2,357	▲1	71	▲11	8	187	91	116	1,528	▲51	112	2,346	566
26	2,869	▲670	15	113	58	59	▲216	96	149	133	▲136	33	1,729	178
27	5,656	1,365	115	125	74	63	205	85	188	927	60	110	1,040	394
28	3,470	▲584	172	155	60	89	160	89	213	783	▲42	132	813	525
29	5,117	167	▲41	85	▲13	55	64	70	201	673	23	121	1,592	620
30	2,269	▲186	141	178	20	87	▲76	68	70	1,521	66	64	84	▲126
31	2,628	▲633	▲159	73	31	82	68	45	116	542	52	96	1,119	540
32	5,327	▲53	180	137	92	128	276	100	320	1,147	44	269	▲203	1,690
33	4,991	▲512	217	180	122	159	435	75	294	1,112	59	265	117	1,433
34	6,880	▲53	▲105	150	131	118	327	74	284	1,199	84	373	584	1,759
35	6,575	1,541	60	167	132	▲28	85	▲4	201	721	120	475	224	732
36	6,069	▲419	117	221	137	22	185	147	758	1,069	117	574	819	640
37	12,247	6,064	479	367	719	124	436	226	1,309	▲379	164	579	846	▲2,236
38	13,057	2,404	352	▲35	▲400	627	1,785	626	▲382	554	85	292	1,321	3,283
39	13,089	1,502	317	104	52	830	3,819	166	171	1,648	▲29	573	743	357
総利益にしめる構成比（%）														
1920	100.0	**684.7**	▲268.9	**33.7**	**17.9**	▲39.5	**94.7**	▲352.5	▲540.4	▲266.0	2.5	0.0	**428.2**	**228.9**
21	100.0	▲77.6	8.7	3.8	4.1	▲2.7	7.9	7.1	6.3	**21.0**	2.5	5.6	**21.3**	**69.5**
22	100.0	12.5	▲7.2	▲2.6	0.0	1.7	0.8	1.8	0.9	**17.3**	1.6	1.5	**26.4**	**20.7**
23	100.0	**27.6**	1.8	1.5	0.9	1.2	1.8	1.4	0.6	12.2	0.8	1.1	**21.0**	10.4
24	100.0	**31.8**	0.7	0.8	1.0	0.8	2.4	1.4	1.7	**19.5**	1.2	0.8	**24.4**	4.4
25	100.0	**28.1**	0.0	0.8	▲0.1	0.1	2.2	1.1	1.4	**18.2**	▲0.6	1.3	**28.0**	6.8
26	100.0	▲23.4	0.5	3.9	2.0	2.1	▲7.5	3.3	5.2	4.6	▲4.7	1.2	**60.3**	6.2
27	100.0	**24.1**	2.0	2.2	1.3	1.1	3.6	1.5	3.3	**16.4**	1.1	1.9	18.4	7.0
28	100.0	▲16.8	5.0	4.5	1.7	2.6	4.6	2.6	6.1	**22.6**	▲1.2	3.8	**23.4**	**15.1**
29	100.0	3.3	▲0.8	1.7	▲0.3	1.1	1.3	1.4	3.9	13.2	0.4	2.4	**31.1**	12.1
30	100.0	▲8.2	6.2	7.8	0.9	3.8	▲3.3	3.0	3.1	**67.0**	2.9	2.8	3.7	▲5.6
31	100.0	▲24.1	▲6.1	2.8	1.2	3.1	2.6	1.7	4.4	**20.6**	2.0	3.7	**42.6**	**20.5**
32	100.0	▲1.0	3.4	2.6	1.7	2.4	5.2	1.9	6.0	**21.5**	0.8	5.0	▲3.8	**31.7**
33	100.0	▲10.3	4.3	3.6	2.4	3.2	8.7	1.5	5.9	**22.3**	1.2	5.3	2.3	**28.7**
34	100.0	▲0.8	▲1.5	2.2	1.9	1.7	4.8	1.1	4.1	**17.4**	1.2	5.4	8.5	**25.6**
35	100.0	**23.4**	0.9	2.5	2.0	▲0.4	1.3	▲0.1	3.1	11.0	1.8	7.2	3.4	11.1
36	100.0	▲6.9	1.9	3.6	2.3	0.4	3.0	2.4	12.5	**17.6**	1.9	9.5	13.5	10.5
37	100.0	**49.5**	3.9	3.0	5.9	1.0	3.6	1.8	10.7	▲3.1	1.3	4.7	6.9	▲18.3
38	100.0	**18.4**	2.7	▲0.3	▲3.1	4.8	13.7	4.8	▲2.9	4.2	0.7	2.2	10.1	**25.1**
39	100.0	11.5	2.4	0.8	0.4	6.3	**29.2**	1.3	1.3	12.6	▲0.2	4.4	5.7	2.7

資料）前掲表0-7と同じ。

注１）百以下は切り捨てたために，前掲表0-7と数字は異なる。太数字は，収益の貢献が高い支店で，構成比15%以上を対象にした。

２）総収益は，棉花，綿糸，綿布（加工も含む）を合計したもので「雑益」は含まない。

３）▲はマイナス。

品別「総利益」の構成比

（単位：千円）

				加工綿布								
上海	香港	スラバヤ	ボンベイ	小計	大阪	奉天	天津	青島	上海	香港	スラバヤ	ボンベイ
▲170	29	0	144	▲2,361	200	▲68	▲855	▲502	▲962	▲74	0	0
124	19	139	27	120	▲27	37	53	12	67	7	35	▲5
84	12	43	134	168	6	18	10	▲2	29	6	30	40
73	16	59	101	218	65	9	15	6	28	6	14	34
85	30	77	153	366	191	17	17	9	51	4	▲18	38
▲2	▲3	76	201	240	109	0	15	3	▲26	▲4	32	66
36	▲23	16	3	▲30	▲47	2	5	▲11	▲36	▲9	15	35
83	21	71	113	231	45	1	14	▲1	57	17	36	20
101	▲16	76	129	106	▲83	10	33	▲2	18	▲7	54	22
143	▲3	60	109	10	▲174	10	▲5	0	41	10	60	19
198	12	▲1	▲142	146	18	▲42	0	1	34	34	65	▲2
▲177	14	29	40	62	▲4	▲18	3	0	▲55	32	66	2
▲36	15	63	144	955	259	67	61	41	▲13	14	202	209
185	16	20	334	1,001	▲91	84	47	72	211	27	243	269
153	29	75	▲5	1,155	181	175	21	13	110	43	297	215
▲203	22	88	▲245	498	0	▲9	▲7	▲12	73	83	386	▲33
307	32	107	15	734	▲140	8	12	51	156	71	456	▲39
544	61	138	129	375	105	153	6	48	▲766	80	384	79
158	17	129	302	2,439	1,008	824	69	▲157	100	42	192	292
335	▲2	115	24	3,667	621	2,068	▲19	149	316	▲22	431	▲8
▲29.8	5.1	0.0	25.3	▲414.2	35.1	▲11.9	▲150.0	▲88.1	▲168.8	▲13.0	0.0	0.0
4.0	0.6	4.5	0.9	3.9	▲0.9	1.2	1.7	0.4	2.2	0.2	1.1	▲0.2
1.6	0.2	0.8	2.6	3.2	0.1	0.3	0.2	▲0.0	0.6	0.1	0.6	0.8
1.0	0.2	0.8	1.4	3.0	0.9	0.1	0.2	0.1	0.4	0.1	0.2	0.5
0.9	0.3	0.9	1.7	4.0	2.1	0.2	0.2	0.1	0.6	0.0	▲0.2	0.4
▲0.0	▲0.0	0.9	2.4	2.9	1.3	0.0	0.2	0.0	▲0.3	▲0.0	0.4	0.8
1.3	▲0.8	0.6	0.1	▲1.0	▲1.6	0.1	0.2	▲0.4	▲1.3	▲0.3	0.5	1.2
1.5	0.4	1.3	2.0	4.1	0.8	0.0	0.2	▲0.0	1.0	0.3	0.6	0.4
2.9	▲0.5	2.2	3.7	3.1	▲2.4	0.3	1.0	▲0.1	0.5	▲0.2	1.6	0.6
2.8	▲0.1	1.2	2.1	0.2	▲3.4	0.2	▲0.1	0.0	0.8	0.2	1.2	0.4
8.7	0.5	▲0.0	▲6.3	6.4	0.8	▲1.9	0.0	0.0	1.5	1.5	2.9	▲0.1
▲6.7	0.5	1.1	1.5	2.4	▲0.2	▲0.7	0.1	0.0	▲2.1	1.2	2.5	0.1
▲0.7	0.3	1.2	2.7	17.9	4.9	1.3	1.1	0.8	▲0.2	0.3	3.8	3.9
3.7	0.3	0.4	6.7	20.1	▲1.8	1.7	0.9	1.4	4.2	0.5	4.9	5.4
2.2	0.4	1.1	▲0.1	16.8	2.6	2.5	0.3	0.2	1.6	0.6	4.3	3.1
▲3.1	0.3	1.3	▲3.7	7.6	0.0	▲0.1	▲0.1	▲0.2	1.1	1.3	5.9	▲0.5
5.1	0.5	1.8	0.2	12.1	▲2.3	0.1	0.2	0.8	2.6	1.2	7.5	▲0.6
4.4	0.5	1.1	1.1	3.1	0.9	1.2	0.0	0.4	▲6.3	0.7	3.1	0.6
1.2	0.1	1.0	2.3	18.7	7.7	6.3	0.5	▲1.2	0.8	0.3	1.5	2.2
2.6	▲0.0	0.9	0.2	28.0	4.7	15.8	▲0.1	1.1	2.4	▲0.2	3.3	▲0.1

表7-8　東洋棉花の取引商

年	棉花							生地綿布				
	小計	大阪	天津	青島	上海	ボンベイ	ダラス	小計	大阪	奉天	天津	青島
1920	7,442	3,490	▲43	41	498	2,091	1,305	153	213	255	▲203	▲229
21	1,748	▲1,469	79	29	239	632	2,160	▲424	▲914	114	18	24
22	3,625	707	42	23	512	1,160	1,078	311	▲64	41	15	1
23	4,572	1,827	▲20	0	548	1,329	756	561	115	55	46	4
24	6,356	2,288	58	121	1,446	1,948	400	999	399	140	24	24
25	5,763	1,775	8	98	1,136	2,035	566	931	473	116	34	1
26	1,763	▲567	39	87	178	1,696	178	▲74	▲56	▲160	27	4
27	3,048	801	27	89	727	864	394	1,037	519	120	30	35
28	1,599	▲366	14	147	557	619	525	381	▲135	84	26	28
29	3,152	411	51	116	381	1,459	620	337	▲70	▲8	16	31
30	1,318	▲238	47	78	1,197	250	▲126	172	34	▲46	20	28
31	2,001	▲702	34	82	837	1,077	540	71	73	41	5	28
32	1,917	▲646	33	104	1,210	▲636	1,690	775	334	108	▲13	69
33	745	▲929	17	117	497	▲517	1,433	1,503	508	244	7	66
34	2,592	▲546	10	107	801	317	1,759	916	312	100	37	99
35	3,551	1,181	2	284	700	425	732	257	360	14	▲6	▲18
36	1,989	▲299	91	271	386	709	640	912	20	83	30	211
37	3,950	5,411	107	202	▲320	588	▲2,236	2,451	548	260	61	475
38	5,525	993	435	▲382	248	615	3,283	2,483	403	550	161	96
39	2,285	563	90	179	496	756	357	2,314	318	1,080	32	▲25
総利益にしめる各構成比（%）												
1920	1,305.6	612.3	▲7.5	7.2	87.4	366.8	228.9	26.8	**37.4**	**44.7**	▲35.6	▲40.2
21	56.3	▲47.3	2.5	0.9	7.7	20.3	69.5	▲13.7	▲29.4	**3.7**	0.6	0.8
22	69.7	13.6	0.8	0.4	9.8	22.3	20.7	6.0	▲1.2	0.8	0.3	0.0
23	62.8	25.1	▲0.3	0.0	7.5	18.2	10.4	7.7	1.6	0.8	0.6	0.1
24	70.2	25.3	0.6	1.3	16.0	21.5	4.4	11.0	**4.4**	1.5	0.3	0.3
25	68.8	21.2	0.1	1.2	13.6	24.3	6.8	11.1	**5.6**	1.4	0.4	0.0
26	61.4	▲19.8	1.4	3.0	6.2	59.1	6.2	▲2.6	▲2.0	▲5.6	0.9	0.1
27	53.9	14.2	0.5	1.6	12.9	15.3	7.0	18.3	**9.2**	2.1	0.5	0.6
28	46.1	▲10.5	0.4	4.2	16.1	17.8	15.1	11.0	▲3.9	2.4	0.7	0.8
29	61.6	8.0	1.0	2.3	7.4	28.5	12.1	6.6	▲1.4	▲0.2	0.3	0.6
30	58.1	▲10.5	2.1	3.4	52.8	11.0	▲5.6	7.6	1.5	▲2.0	0.9	1.2
31	76.1	▲26.7	1.3	3.1	31.8	41.0	20.5	2.7	2.8	1.6	0.2	1.1
32	36.0	▲12.1	0.6	2.0	22.7	▲11.9	31.7	14.5	**6.3**	2.0	▲0.2	1.3
33	14.9	▲18.6	0.3	2.3	10.0	▲10.4	28.7	30.1	**10.2**	**4.9**	0.1	1.3
34	37.7	▲7.9	0.1	1.6	11.6	4.6	25.6	13.3	**4.5**	1.5	0.5	1.4
35	54.0	18.0	0.0	4.3	10.6	6.5	11.1	3.9	**5.5**	0.2	▲0.1	▲0.3
36	32.8	▲4.9	1.5	4.5	6.4	11.7	10.5	15.0	0.3	1.4	0.5	**3.5**
37	32.3	44.2	0.9	1.6	▲2.6	4.8	▲18.3	20.0	**4.5**	2.1	0.5	**3.9**
38	42.3	7.6	3.3	▲2.9	1.9	4.7	25.1	19.0	**3.1**	**4.2**	1.2	0.7
39	17.5	4.3	0.7	1.4	3.8	5.8	2.7	17.7	2.4	**8.3**	0.2	▲0.2

資料）表7-7と同じ。

注記）各取引において，重要と思われる店のみを取り上げた。また，「綿糸」「雑」取引は除外した。百以下は，切り捨てた。下段は各年「総利益」（表7-7）を100とした構成比。▲は，損を示す。生地，加工綿布での太数字は，構成比3%以上の支店を示す。

以上のような外交方針の振幅は、日本の対英印経済外交が対中国経済外交に従属する位置にあったことを示すものであった。交渉に当たった米沢が回顧談にて、第二次会商の初期においてインド政庁側から提示された③の加工品細分と、そのうちの捺染二〇%割当を求める八月案（表7-5）が出されたときに、「早きに及んで合理的な比率増加案を用意」し、細分案の受入れを日本政府に求めたが、「遂に機を逸し、旧議定書失効の寸前に会商を救った妥結の瞬間には［中略］細別の撤回は愚か、その比率も先方案をそのまま呑まざるを得なかった。斯くて八カ月に亘る苦労は［中略］この細分比率の緩和に協力して呉れなかったわが業界の短見と、政府の不明を心から遺憾に思った[124]」と語ったのは対英印経済外交の従属性をよく示していた。日中戦争勃発までの日本の経済外交は、満洲、華北支配への追認を引き出すために、英印でのイギリス本国の利害に配慮する協調姿勢を基調とするものであり、そうであるとすれば一九三〇年代の対南アジア外交は、日本の東アジア支配の「担保」としての役割を担っていたと言える。日本と英印間の綿関係品貿易の相互依存関係は、日本の東アジア支配にとって必要な条件であったことに注意したい。

一九三〇年代の日本の経済外交が、対南アジア外交に副次的な位置しか与えていなかったことは、綿布輸出市場として英印市場に強く依存する日本綿業と、政府との間に大きな利害の差異を生むことになった。日本外交の対イギリス協調路線への転換が明確になるにつれて、民間顧問の奥村が三七年一月中旬に「民間顧問トシテ吾々ノ使命ハ殆ンド尽キ居ルト思考セラルニ付、此際色物［加工品］細別ニ対スル民間ノ強硬態度ヲ表明スル一手段トシテ特派員ノ引揚ヲナスコト一策[125]」と伝えたのは、第二次協定が日本綿業の利害に即した内容ではなかったことと同時に、日本綿業が経済外交を主導する、または規制する立場になかったことを改めて示していた。

有田八郎に代わって外相になった佐藤尚武が対外協調的であり、華北分離工作を否定して「経済工作」による中国政策を打ち出したことはよく指摘される[126]。しかし、この協調外交は一九三七年六月の第一次近衛内閣の成立によって短期間で終焉する。他方でこの短期の協調外交の過程で成立した第二次日印協定は、第一次協定と同様に、改めて日本綿布輸出を左右する条件として日本綿業を規定した。輸出統制の実効性については第五章で検討したが、表7-7に示した東洋棉花の各支店別収益を見ても、三〇年代のボンベイ支店は、その収益を減らす傾向にあり（第四章）、また表7-8をみても、同店の生地綿布、加工綿布取引も、有益な部門ではなくなって行くことがわかる。むしろ有益な取引は生地綿布での大阪店、奉天店と、加工綿布での大阪店、奉天店、スラバヤ店などであった。スラバヤ店が三〇年代に有益な支店になったことは第八章でふれるが、ここでは国内店と満洲市場取引の有益性に注目したい。このことは日本の東アジア支配の「担保」として機能した、日本と英印間の綿関係品貿易が、その担い手を通して大きく後退することを含意していたのである。

（1）シムラ会（小野慶太郎代表）編『日印会商』日印会商刊行会、一九五四年一〇月、二一六頁。
（2）米沢菊二「第二回会商の印象」（前掲『日印会商』所収の「会商余録」）八六頁。
（3）第二次日印会商についての研究史は極めて浅く、いまだ未解明の部分が多い。唯一、綿業団体が発行した「回想録」類が残されている程度である。代表的なものには、第二次会商に各綿業団体から構成された「日印会商準備委員会」を通して派遣された民間顧問の奥村正太郎（印度輸出組合・伊藤忠商事）の編纂になる『日印会商史』（日印通商協議会、一九四二年九月）がある。同書は「政府側の資料を拝借して」（同書の凡例）、会商の経過を具体的に記録した基本資料であるが、刊行された時期の制約もあって日本綿業団体と政府の関係や、政府の経済外交方針の形成過程などの、日本側内部の動向変化についての情報記載は禁欲的という限界がある。それゆえ同書において「会商の空気、與論等は粗略にされた」限界を克服すべく、綿業関係者側の立場から前掲『日印会商』が戦後の一九五四年に編纂された。しかし同書は会商への参加努力への顕彰に比重がおかれ、課題への接近には不十分な内容である。経済外交をめぐる政府と綿業団体の動向に検討を加える本章の課題からすれば、両書の利用が基本となるが、本章では日印会商準備委員会が残した『日印会商関係文書』（仮）（輸出繊維会館蔵）によりながら、第二次会商をめぐる政府外交と綿業団体のあり方に検討を加えたい。なお、同『文書』は、一九三五年から三七年の史料がほとんどであるため、以下では基本的に一九を略した。

(4) 本書、第六章。
(5) 「第一回日印会商準備委員会決議録」三五年一一月二日。
(6) 「第二回日印会商準備委員会議事録」三五年一一月二三日。
(7) 阿部藤造稿「対印通商協定ニ関スル意見」年代不明。
(8) 「マドラス三井物産ニ着キ折柄ボンベイ支店機械係員の出張セルアリ。マイソール、コインバトール、バンガロアー等、最近ノ紡機新設或ハ付属機械購入等ノ状況モ聞クヲ得タリ。尚同氏ト同行。ボンベイニ到着、ボンベイ紡績三ケ工場、アーメダ紡績三ケ工場ヲ視察シタリシニ何レモ日印協商後ノ好況発展、特ニ晒、加工品、捺染、ズブ染等高級化シ新設備ノ下、英日高級品ヲ模倣シ〔中略〕、日英品ニ対抗、肉薄セルモノアル等益々協定強化ヲ記録スルニ至レル」(在シンガポール友田久雄より田和安夫宛私信、三六年六月二三日付〔『日印会商準備委員会綴』一九三六年度、故田和安夫氏蔵〕)。
(9) 「ボンベイ準備協議会議事及決議録」三五年一〇月一五日。メンバーは領事、伊藤忠、江商、又一、三井物産、三菱商事、日本綿花、日商、東洋棉花、印度組合員代表と、紡連代表、鐘淵紡績である。
(10) 「第六回準備協議会議事録」三五年一二月一四日。
(11) 日本綿花株式会社「日印条約ニ就テ」年代不明。
(12) 三六年一月一四日付、商工省第三会議室談話メモ(鉛筆書き)。
(13) 三六年四月一六日付、日印会商準備常任委員会での上京報告メモ。小瀧彬は、吉田茂の影響を強く受けた人物である(小瀧彬伝記刊行会編『小瀧彬伝記』一九六〇年九月)。
(14) 「第一〇回ボンベイ準備調査会議事録」三六年三月一一日。
(15) 同前。
(16) 「クォータノ目的ニ関スル一解釈」(第七回カルカッタ準備調査会〔三六年二月五日〕提出書類)。
(17) 前掲「第一〇回ボンベイ準備調査会議事録」。
(18) 渡辺良吉述『印度にて観たる日印条約』三五年五月二一日(日本紡績協会蔵)。
(19) 「ボンベイ第九回準備協議会議事録」三六年二月一二日。「カルカッタ電報要領」三六年三月二六日(第四回準備委員会において奥村幹事より報告のあった三月二一日のカルカッタ準備調査会〔米沢総領事との会合〕記録)。
(20) 前掲『印度にて観たる日印条約』一四頁。
(21) 「山東ボンベイ駐在員報告」を内容とする「五月二一日付ボンベイ来電移牒ノ件」三六年五月二三日。
(22) 同前。

(23)「五月三〇日付、カルカッタ渡辺駐在員発電」三六年六月一日。
(24)「支那の密輸問題に就いて」一九三六年五月二七日（島田俊彦、稲葉正夫編『現代史資料』八、みすず書房、一九六四年）。
(25)原田熊雄『西園寺公と政局』第五巻、岩波書店、一九五一年九月、一七〇頁。
(26)井上寿一『危機のなかの協調外交』山川出版社、一九九四年一月、二七二頁。
(27)四月一二日付、前掲『西園寺公と政局』第五巻、四八頁。
(28)波多野隆雄「幣制改革をめぐる日本と中国」（野沢豊編『中国の幣制改革と国際関係』東京大学出版会、一九八一年二月）。Stephen Lyon Endicott, *Diplomacy and Enterprise: British China Policy 1933-37*, Manchester, 1975. 中村隆英『戦時日本の華北経済支配』山川出版社、一九八三年八月、三三頁。
(29)外務大臣、三六年二月四日談、前掲『西園寺公と政局』第四巻、四一七頁。
(30)「五月三〇日付、カルカッタ渡辺駐在員発電」三六年六月一日。
(31)日印会商準備委員会「常任委員会議事録」三六年七月二三日。
(32)同前。
(33)同前。
(34)日印会商準備委員会「第五回日印会商準備委員会議事録」三六年五月一八日。
(35)同前。
(36)日本棉花同業会「日印協定改定ニ関スル意見」三五年四月一五日。
(37)輸出綿糸布同業会「日印協定改定ニ関スル意見」年月日不明。
(38)「中山秀一氏回顧録」一九四八年一二月（『東洋紡績七十年史』資料、東洋紡績株式会社蔵）。
(39)東洋棉花株式会社『支店長会議々事録』一九三六年一月、五五頁（大阪市立大学経済研究所蔵）。
(40)本書、第四章。
(41)前掲『支店長会議々事録』五六頁。
(42)日本棉花同業会「日印協定改定ニ関スル意見」三五年四月一五日。南郷三郎（日本綿花）も「輸入組合ガアッテ十分ニ統制ガ取レルヤウニナッテ居レバ、声ヲ大ニシテ『不買』ト云ウヤウナコトヲ唱ヘズトモ、輸入数量ヲ六十万俵トカ八十万俵トカニ制限スルト云ヘバ彼等モソレハ実行可能ト考へ、印棉ハ自然ニ下落セザルヲ得ザル」と述べていた（「輸入組合法制定ノ急務」日本経済連合会『我国貿易統制ニ関スル関係当業者ノ意見並ニ参考資料』日本経済連盟調査彙報第二四号、一九三六年一一月、一一〇頁）。また同様の発言は、南郷三郎「輸入統制立法急務論」（落合久次編『日本経済の再編成　産業及貿易編』経済情報社、一九三六年一〇月）二九二頁、にも見られる。
(43) 日本棉花同業会「日印協定改定ニ関スル意見」三五年四月一五日。
(44) 前掲『我国貿易統制ニ関スル関係当業者ノ意見並ニ参考資料』一〇頁。
(45) 同前。
(46) 同前。
(47) 日印会商準備委員会「常任委員会決議録」三六年六月一三日。
(48) 故田和安夫氏からの聞取り（一九八二年七月五日、米川伸一氏代表の共同調査）。本章では十分に検討できなかったが、専業織布業者が組織する綿工連は輸出商と歩調をあわせて（前掲『我国貿易統制ニ関スル関係当業者ノ意見並ニ参考資料』三六年一一月、一三―五頁）、紡連に対して対抗的な姿勢を取った。綿工連の動向については、後日の検討に俟ちたい。
(49) 在シムラ印度特派員宛、第一二号電、三六年八月二九日。
(50) *Report of Textile Labour Inquiry Committee*, Vol. 2, Bombay, p. 255.
(51)「常任委員会資料」「印度政府提案内容」三六年八月二四日。
(52) 在シムラ印度特派員発、第二四電、三六年八月二八日。
(53) 在シムラ印度特派員発、第二〇電、三六年八月二一日。
(54) 在シムラ印度特派員宛、第一五電、三六年九月二二日。
(55) 在シムラ印度特派員宛、第一三電、三六年九月四日。
(56)「第八回日印会商準備委員会議事録」三六年八月二五日。
(57) 在シムラ印度特派員宛、第一三電、三六年九月五日。
(58) 在シムラ印度特派員宛、第一五電、三六年九月二二日。
(59)「第八回日印会商準備委員会議事録」三六年八月二五日。
(60) 久保亨『戦間期中国〈自立への模索〉――関税通貨政策と経済発展』東京大学出版会、一九九九年六月、第八章。
(61)「対支実行策」三六年八月一一日関係諸省間決定（前掲『現代史資料』八、三六六―七頁）。
(62) 同前。
(63)「第二次北支処理要綱」三六年八月一一日、関係諸省間決定（同前、三六八―七〇頁）。
(64) 東亜局「昭和十一年度執務報告」第一冊（第一課関係）三六年一二月一日、三五四―六頁（『外務省執務報告　東亜局』第一巻、クレス出版、一九九三年一〇月に復刊）。

（65）前掲『戦時日本の華北経済支配』五一―二頁。
（66）「帝国外交方針」三六年八月七日、総理、外務、陸軍、海軍四大臣決定（前掲『現代史資料』八、三六四頁）。
（67）前掲「昭和十一年度執務報告」四五七―八頁。
（68）前掲『西園寺公と政局』第五巻、九二頁。
（69）前掲「昭和十一年度執務報告」四六二頁。
（70）同前。
（71）前掲『西園寺公と政局』第五巻、九二頁。
（72）以上、前掲「昭和十一年度執務報告」四五八、四五六頁。
（73）同前、四五八頁。
（74）前掲『西園寺公と政局』第五巻、八二頁。
（75）前掲『シムラ会商』八三頁。
（76）在シムラ印度特派員発、第三二電、三六年九月二一日。
（77）在シムラ印度特派員発、第四三電、三六年一〇月一八日。
（78）在デリー宛印度特派員宛、第一九電、三六年一〇月二二日。
（79）在シムラ印度特派員宛、第一五電、三六年九月二二日。
（80）米沢総領事発、日印一五五号、三六年一〇月一〇日着。
（81）同前。
（82）米沢総領事発、日印一五六号、三六年一〇月一〇日着。ただし、第一次会商期と異なり、第二次会商において日本政府は、日本の雑貨輸出条件の安定を課題にはしていなかった。
（83）前掲『日印会商』二一九頁。
（84）在カルカッタ渡辺インド駐在員発、三六年八月四日。
（85）塚田公太『外遊漫想　よしの髄』浅井泰山堂、一九二九年、二八―九頁（東洋棉花株式会社蔵）。
（86）一ルピーを、一シリング六ペンスに固定したことの問題については、以下を参照。株式会社台湾銀行調査部『印度経済事情』一九四二年九月、一五二頁。小竹豊治稿「金融」（古山勝夫編『印度概観』満鉄東亜経済調査局、一九四三年一二月）六八四―九頁。スミット・サルカール（長崎暢子ほか訳）『新しいインド近代史II――下からの歴史の試み』研文出版、一九九三年九月、四二八、四三七頁。英印、蘭領東インド、フィリピンにおいて、一九三八年の段階でも東アジア圏（中国、日本）のような対ポンド為替レートの切下げが生じていないのは、その帝国主義的通貨政策のあらわれであった（杉原薫『アジア間貿易の形成と構造』ミネルヴァ書房、第四章、参照）。

(87) Basudev Chatterji, *Trade, Tariff and Empire: Lancashire and British Policy in India 1919-1939*, Oxford University Press, 1992, Chapter 8を参照。

(88) P・J・ケイン、A・G・ホプキンズ（木畑洋一、旦祐介訳）『ジェントルマン資本主義の帝国II――危機と解体　一九一四～一九九〇』名古屋大学出版会、一九九七年四月、第八章（原著は、一九九三年刊）。井上巽『金融と帝国』名古屋大学出版会、一九九五年四月、第五章。

(89) 「『協定外商品』ノ日印貿易尻ニ就テ」雑調資料第一、三六年六月二三日（「第十四回調査会」提出資料）。

(90) 同前。

(91) 在ニュー・デリー印度特派員発、第四九電、三六年一一月九日。

(92) 「第十回日印会合ニ関スル米沢総領事来電」三六年一一月一三日。

(93) 在シムラ印度特派員発、第四三電、三六年一〇月一八日。

(94) 在ニュー・デリー印度特派員宛、第二七電、三六年一二月二二日。

(95) 「昭和一一年日本銀行調査月報」一二月（日本銀行調査局『日本金融史資料　昭和編』第八巻、三五八頁）。

(96) 奥村主席来信「ボンベイ紡連棉花船腹割当ニ関スル件」三七年四月七日。

(97) 有田外務大臣発、在デリー米沢総領事宛、三六年一一月二八日発。

(98) 民間もこの提案について三六年一一月三〇日の常任委員会で追認した（「常任委員会議事録」三六年一一月三〇日）。

(99) 在デリー米沢総領事発、有田外務大臣宛、三六年一二月二日。

(100) 在ニュー・デリー印度特派員宛、第二二電、一二月三日発。

(101) 在デリー米沢総領事発、有田外務大臣宛、三六年一二月八日着「棉花買付量」。

(102) 同前。

(103) 在デリー米沢総領事発、有田外務大臣宛、三六年一二月三一日着。

(104) 在デリー米沢総領事発、有田外務大臣宛、三六年一二月八日着。

(105) 在デリー米沢総領事発、有田外務大臣宛、三六年一二月九日着「極秘　往電日印第二一五号末段ニ関シ」。

(106) 在デリー米沢総領事発、有田外務大臣宛、三六年一二月一一日着。

(107) 同前。

(108) 有田外務大臣発、在デリー米沢総領事宛、三六年一二月一五日発。
(109) 在ニュー・デリー印度特派員宛発電、第二四電、三六年一二月一五日発。
(110) 在デリー米沢総領事発、有田外務大臣宛、三六年一二月一八日着。
(111) 在デリー米沢総領事発、有田外務大臣宛、三六年一二月三一日着。
(112) 在デリー米沢総領事発、有田外務大臣宛、三六年一二月三〇日着。
(113) 在ニュー・デリー印度特派員発、第六九電、三七年一月一一日。
(114) 在デリー印度特派員発、第七〇電、三七年一月一八日。
(115) 同前。
(116) 在デリー米沢総領事発、外務大臣宛、三七年一月二九日着。
(117) 在ニュー・デリー印度特派員発、第六〇電、三六年一二月一七日。
(118) 前掲『西園寺公と政局』第五巻、二三八頁。
(119) 前掲『危機のなかの協調外交』二九一頁。
(120) 在イギリス吉田大使発、外務大臣宛、三七年一月三一日着。また、吉田の対イギリス協調については『吉田茂書簡』中央公論社、一九九四年二月、六四五―六頁、参照。
(121) 在デリー印度特派員発、第七四電、三七年二月七日。
(122) 在デリー印度特派員発、第七〇電、三七年一月一八日。
(123) 米沢総領事発、外務大臣宛、三七年三月二三日着。
(124) 前掲「会商余録」八三―四頁。
(125) 在デリー印度特派員発、第七〇電、三七年一月一八日。
(126) 佐藤尚武『回顧八十年』時事通信社、一九六三年四月、三六八頁。佐藤外交の再評価としては、松浦正孝「再考・日中戦争前夜」（日本国際政治学会編『両大戦間期の国際関係史』〔国際政治122〕一九九九年九月）。

第八章　日蘭会商（一九三四〜三八年初頭）の歴史的意義
――オランダの帝国主義的アジア秩序と日本の協調外交――

はじめに

本章の課題は「日蘭政府間会商」（一九三四年六月〜三八年初頭）を事例に求め、一九三〇年代の綿布輸出問題を通した日本と蘭領東インド（以下、蘭印と略す）との通商的相互依存関係の特徴に検討を加えることにある。

一九三二年の為替切下げを背景にした日本綿布の輸出拡大は、イギリスとオランダの植民地であった南アジア、東南アジアを対象にしたところから、当該地域での通商摩擦問題を喚起した。とくに英領インド（以下、英印と略す）と蘭印は、イギリスとオランダ本国の伝統的な綿布輸出市場であったために、両本国の綿業との通商摩擦が主な問題となった。まず三三年からは、英印を舞台にした摩擦解消を目的に、政府間交渉の第一次「日印会商」（三三年九月〜三四年一月）が英印でもたれ（第六章）、つづけてロンドンにおいても日英両国綿業の代表者によって「日英民間会商」（三四年二〜五月）がもたれた。そして日蘭会商はそれらに続く三四年六月からの政府間交渉であったために、一連の綿業通商摩擦問題交渉の一齣として位置づけられた。蘭印の総輸入のうちオランダ本国からの輸入割合は二九年の一九％から三五年には一三％へと減少し、代わりに日本のそれは一〇％から二九％へと拡大した(1)。それゆえ既存の研究の多くも、日蘭会商を蘭印市場をめぐる日本とオランダ両国の綿業の「産業」的利害の調整を主な目的とする政府間交渉の場として叙述して来た。[2]

既存の研究は、日印会商からはじまる一連の綿業通商摩擦問題のなかに日蘭会商を位置づけながら、一九三〇年代の日本の経済外交の限界に言及している点で共通している。まず第一次日印会商、日英民間会商の後で対英印綿布輸出に制約が加わるなかで、日本綿業は対蘭印輸出拡大を志向し、オランダ本国綿業との通商摩擦を喚起したと想定される。そして摩擦問題の解消を企図した日蘭会商が三四年末に「無期延期」したために、交渉は「事実上の決裂」と評された。[3]国際政治での含意からすれば、日本綿布の対蘭印輸出拡大は世界経済の「保護主義的傾向を強化」し、日本自身も会商の「失敗」を通して世界から「孤立」する傾向を強めたとする認識が共有されてきたと言えよう。[4]そしてその際、各国政府の外交方針は各国綿業の「産業」的利害に即したものであったとの認識が共有されてきた。[5]つまり、日蘭会商以後の日本の経済外交は、日本綿業の利害に即しながら、「ブロック」化の進む世界経済のなかにおいて対外協調を果たせず、あわせて「孤立」化を回避できなかったという認識が共有されてきたのである。

しかし、結論を先取りして述べれば、日蘭会商に臨む日本政府代表は、必ずしも日本綿業の利害に即して交渉にあたったわけではなく、むしろ一九三〇年代のオランダ本国と蘭印政府の関係に注目しながら、その帝国内秩序とオランダ人貿易商が取り結ぶアジア通商網に配慮する姿勢を有していた。オランダ人貿易商は、有益な日本製品の取引を求めており、日本政府は彼らの利害を遵重していたのである。むしろ日本政府と綿業との間にこそ大きな距離があったのであり、本章では外交方針を形成する上での日本政府の有した蘭印経済への認識に注目したい。[6]

本章で依拠する資料は、生産者側の利害を代表する大日本紡績連合会（以下、紡連と略す）と綿布輸出商からなる日本綿糸布輸出組合、そして両者をも含めた各綿業団体の代表者で組織された「日蘭会商委員会」が残した『日蘭会商関係文書』である。[7]資料の性格から、本章の分析範囲は日本側の政府と綿業関係業者（生産者と商社）の状況認識やその動向に限定されるが、会商の過程を追いながら、綿業の利害とは距離を有した日本とオランダの両国政府が日本と蘭印との一九三〇年代の通商的相互依存関係の維持を企図していたことに注目したい。つまり、三四年末の会商の「休止」以後にも、「本邦蘭印間の通商関係が現存条約の規定および、精神の範囲を逸脱した措置によってますます悪化せられるやうなことはない[8]」と評された点に注目したい。

一　オランダ本国と蘭領東インドとの利害の差

日蘭会商の開催の要請は、まずオランダ政府から出された。一九三三年八月に在オランダ与謝野公使を通して、「日英民間会商」（三四年二〜五月）のために渡英していた日本綿業の代表団に、オランダ政府は「日蘭民間会商」の開催の必要を呼びかけた[9]。

同年五月に成立したオランダのコライン内閣が、従来の自由貿易主義を修正し、保護主義的経済政策に転換したことはしばしば指摘されており、オランダ政府は八月三〇日付『官報』に蘭印での「綿布輸入割当」策の実施を公表して[10]、日本に圧力を加えた。もっともこの輸入割当策は具体的には実施されなかったようであるが、植民省大臣を兼ねるコライン首相がこの輸入規制策を公表した含意は、その実施そのものにあったのではなく、むしろ「日蘭民間会商」の必要を促し、会商を通して日本の対蘭印輸出の自主規制を具体化させようとすることにあったようである。実際に三三年一二月に開かれる「日蘭民間会商」は、こうした首相の構想に副うものであった。

他方、日本政府も、日本綿業に対してこの民間会商への参加を促した。その背景となる日本政府の状況認識は次の二つに求められる。まず第一は、オランダ本国と蘭印との関係についての認識である[11]。やや複雑であるが、以下のような関係認識であった。蘭印の国民参議会は一九三三年九月一六日に、蘭印政府に輸入制限の施行権限を付与する「非常時輸入制限令」を通過させた。当令は「蘭印産業ノ保護」を企図するところから、サロンを対象に適用される可能性を有していたが、あわせて同令はオランダ「本国ノ利益」にも考慮する面を持っており、オランダ本国が利害を有するキャンブリックにも適用される可能性が高かった。キャンブリックはサロンの原料となる晒綿布の一種であった。しかし蘭印政府自身は、後述するように当時のデフレ政策をにらみながら広範な輸入規制を望んでおらず、「蘭印各方面有力者ハ蘭印消費者ノ負担増加ヲ犠牲ニシテ蘭本国工業ヲ保護スルハ望マシカラス」として、サロンの原料たるキャンブリックの輸入規制を望んでいなかった。特に蘭印の第一次産品生産者などは本国の利害に即した輸入規制には反対する傾向を有していた。むしろ蘭印は三〇年代のデフレ下では低廉な日本製品を求めたのである。その意味で「蘭印及蘭本国ノ利害一致セザル点」が存在したのである。[12]

しかし、蘭印政府はオランダ本国からは「一億数千万ギルダー」の歳入不足を補填する「財政上多大ナル援助」を受けているために、本国の要求を「無下ニ拒絶シ得サル状態」であるとも日本側は認識していた。[13] 蘭印は本国との利害調整問題において複雑な立場にあったものの、結局は本国の利害に即した輸入規制策を選択するものと認識され、日本政府と綿業は「和蘭ノ重視スル『キャンブリック』ニノミ限定シ」（引用文における傍点は引用者。以下同様）て、「日蘭当業者ノ協定成立セバ足リ」るとの認識を持つに至ったのである。日本政府はオランダ綿業「『ツエンテ』救済ノ為ニ日本ト円満ナル協定」を求めるオランダ本国の意向を配慮して、民間会商への参加を日本綿業関係者に促したのであった。[14]

そして第二の認識は、オランダ本国がイギリスとの協調を通して東南アジア市場での日本綿布の輸入規制に踏み切ることを強く懸念したことにあった。この「英蘭提携」については具体的な内容を有するものではなかったことが後にコライン首相の説明から判明するが、[15] 日本の外務省においては、蘭印と本国との不協和音を認識しながらも次のような懸念を表明していた。つまり、

［蘭印］政府ハ本国ノ圧迫アル場合ニハ「ブロック」経済及経済国家主義ニ追随スルノ已ムナキ事ヲ表面ノ理由トシテ割当ヲ行フモノト察セラルル故、我方トシテハ日蘭会商ニ応セス「キャンブリック」割当制ノ不評判ト不成功ヲ静観スルモ一方法カトモ思考セラルルモ、斯クテハ益々英蘭間ノ提携ヲ密接ナラシメ、且「キ［ャンブリック］」ノミナラス其他ノ商品ニ対シ民間協議ノ方法ニ依ラスシテ抜打的ニ割当ヲ実施セシムルニ至ル虞アリ。(16)

との懸念から、キャンブリック以外の綿布も含めた広範な輸入規制を牽制するためにも民間会商に応ずることを日本綿業代表団に求めたのである。(17)

二　オランダ政府と綿業との距離

一九三三年一二月一六日から開かれた民間会商は、なんらかの協定を取り結ぶことなく終わった。しかし、民間会商はオランダ本国内の政府と綿業関係者との関係についての情報を日本側に提供することになった。紡連の代表は民間会商の直前（一二月一五日）に、コライン首相との会見に臨んだ。そして、首相は、以下の提案をした。(18)

①オランダ本国の綿業のために、一九三二年の日本の対蘭印キャンブリック輸出数量実績に相当する取引量（六九五〇万碼――蘭印のキャンブリック総輸入量の四九％）を確保し、その他の綿布については何ら規制を加えない。

②会商期間中の競争を制限するために、三二年の実績を基準にしたキャンブリックの輸入規制を暫定的（一〇カ月間）に実施する。

（以下、断らない限り、オランダ本国・蘭印からの提案項目は、○にて示す。）

しかし交渉の直接の相手であるオランダ綿業側は、ゲルダマン（H. P. Gelderman）を代表にして、民間「会商ハ和蘭政府ノ斡旋ニ依ルモノナルモ自分等ハ全然関知セス、突然ナル」民間会商であると指摘した。そして、ありうべき民間協定の基礎は、日本が通貨を切り下げて対蘭印輸出を拡大させる以前の、「即チ一九三一年以前ノ」数年の数量実績に求めたいと述べ、あわせて協定の対象は「一切ノ綿布」にしたいとの希望を述べた[19]。ここではオランダ綿業側が、輸入規制の基準年を日本綿布が蘭印市場に急激に流入する前の三一年以前の数年に求めていたのにたいして、オランダ政府は日本綿布流入後の三二年に求めるといった点に見られる、両者の差異に注意したい。あわせて輸入規制対象品目としても、政府がキャンブリックのみに限定したのにたいして、綿業側は全品種に求めた点にも注意したい。これらの二つの差異は、オランダ政府が綿業とは異なって蘭印市場からの日本綿布の徹底した排除を企図していなかったことを示唆するものであった。

オランダ政府と綿業との間には「非常なる懸隔」があったのであり、むしろオランダ「政府は殆ど眼中当業者なきが如く」であり、むしろ「政府は当業者との関係を『カムフラージュ』して当業者をして過大なる要求をなさしめつつ政府に於て自己の希望を容易に達成せんとするが如く[20]」と評されたのである。こうした印象を持った日本綿業との再度の会談（一二月一六日）のなかでも、コライン首相は蘭印の「消費者の利益をも併せ考ふ可きなれば当業者［オランダ綿業］とは多少異りたる立場に居る事は必然なり」として、「キャンブリックに付き協定に達し得ば其他に付きては日本は自由に輸入をなし得る[21]」と、改めて提案①を伝えた。このことは、オランダ本国政府が綿業との距離を置きながら外交の主導権を握っていたこと、そして日本綿布全般の徹底した輸入規制は蘭印の経済状態にてらして企図されていなかったことを示していた。

オランダ政府の主導性が確認されるにおよんで、紡連の代表は「民間会商に依りて本問題を解決する事は極めて困難」であるとして、「両国政府間の問題として政治的に処理」することが望ましいと、政府間交渉による会商の継続を求めた。(22) そしてここで注意したいのは、紡連が、

コライン首相言明の如くキャンブリックのみに付き協定成立すれば他の品種に就きしは日本に Free Hand を認むると云ふオランダ政府の申出を仮りに容認するとすれば、［中略］同時に大局的に現時の国際貿易政策の情勢より見、殊に蘭領印度と我国との全般的貿易関係が甚敷我輸出超過なるに鑑み、［中略］又英蘭本国間の協定を蘭領印度に延長せんとするが如き横槍の出でざる間に多少の譲歩をなしとも問題の解決を計るを尤も得策。(23)

であると述べたように、オランダ政府の外交方針に好意的に反応していた点である。紡連に代表される民間代表は日蘭会商にあたって、第一次日印会商でみられたような強硬な姿勢を有していなかったのである。

三　オランダ本国と蘭領東インドの接近

一九三三年一二月の民間会商のあと、蘭印は、三三年に公布したセメントとビールに対する「非常時輸入制限令」（本章末尾の付表8-2参照）に加えて、三四年二月に「サロン輸入制限令」（正確には「非常時織物輸入制限令」。一三日）と「晒輸入制限令」（正確には「非常時晒織物輸入政府令」。二八日）の公布と発令に踏み切り、(24) 具体的な綿布輸入規制に乗り出し、日本に対して政府間会商の必要を促した。

サロン輸入制限令は、一九三四年二月一四日からの三カ月間を対象に、数種のサロン類の総輸入量を三〇年の輸

入量実績の三カ月平均の八〇%に相当する、七万七八〇〇コージ（この内、綿サロンは七万二六〇〇コージ）に制限した。そしてオランダ本国製品には二万一四九五コージ（この内、綿サロンは一万九二五〇コージ）を割り当てる内容を有しており、蘭印が本国の綿業利害に配慮した側面を有していた。しかし、より重要なのは同制限令がオランダ人貿易商の利害を優先する内容を有していた点である。つまり、「輸入業者ニ与フル輸入許可数量」の規程を設け、その基準を日本製品が蘭印に多く輸入される以前の一九三〇年の実績に求めていたのである。三〇年の日本製品の輸入実績はサロン全体の一・三%に過ぎないところから、同制限令は「一般商人ヲ無視シ、一九三〇年度輸入商タル**インターナショナル**其他五[、]六ノ政商ヲ保護スル」[25]ものと評された。同制限令は蘭印「『バダン』及『ガルー』ニ於ケル製品保護ノ為、高級『サロン』ニ対スル総括的割当」であり、「日本ヨリ大量ニ来ル安物『サロン』ニハ影響少カル」[26]と予想されたが、日本側が強く懸念したのは「一九三〇年において定期的に輸入をなしていた輸入業者のみに輸入許可証を下付」[27]する「貿易商への輸入許可数量」規程であった。日本人貿易商の取引に大きな制約を加え、オランダ人貿易商の取引機会を優先させる内容に他ならなかったからである。

オランダ人貿易商の取引機会を保証する点は、晒輸入制限令でも同様であった。蘭印政府が晒綿布の輸入規制自体を本来望むものではなかったことは先述したが、晒輸入制限令は「和蘭本国ヨリ命令アラバ直ニ実施ス」[28]ることが蘭印から明示され、一九三四年二月二八日に公布されたのであった。この蘭印側の態度変化の要因を当令の内容から考えたい。

晒輸入制限令の輸入規制内容は次のようであった。

①一九三四年三～一二月の一〇カ月間を「仮措置期間」として、晒綿布の蘭印総輸入量を一億一九七一万碼（キャンブリックは七五〇〇万碼）と限定し、オランダ製品の輸入量には五九九二万八〇〇〇碼（五〇%。キャン

ブリックは六一％の四五七五万碼）を割り当て、それ以外の枠において日本製品の輸入を認める。

②「バタビア輸入業者組合」に所属しており、かつ複数の在蘭印「欧州人商業会議所」への加入状況によって、以下の資格別輸入量割当を実施する。

ⓐ一〇所以上に加入している貿易商には、蘭印総輸入量の六〇％。

ⓑ九所以下の組合に加入している貿易商には、三〇％。

ⓒいずれにも未加入の貿易商には、一〇％。

①は先述のコライン首相の12／15提案の①と②にほぼ即したものであり、オランダ製品への「割当残部ノ輸入ハ自由競争ニ委セ[29]」ることを具体化し、キャンブリックの対蘭印輸出に強い関心を有するオランダ本国の綿業利害を反映したものであった。

しかし紡連と輸出綿糸布同業会が「過般斉藤前和蘭大使トコライン首相トノ交渉ニ於テ『カンブ《ママ》リック』以外ノモノニ就テハ何等措置ヲ執ラザル約束アルニ拘ラズ該制限令ヲ発シタルハ不信[30]」と表明したように、晒輸入制限令はキャンブリック以外をも含めた晒綿布全般をも輸入規制の対象にした点に特徴があった。次頁の表8-1に示したように、オランダ綿業は対蘭印綿布輸出において晒の取引に大きな比重を置いていた。一九二九年から三五年までにオランダ製綿布の対蘭印総輸出のうち約八割以上が晒取引であった（三六年以降は、反染・捺染と糸染の比重が高まる）。しかし、晒取引におけるオランダ品のシェアは三一年の七〇％から三二年四九％、三三年一四％、三四年二九％へと大きく落ち込んだ。他方、晒取引における日本の輸出依存度は一貫して三〇％を超えることはなかったが、蘭印での同取引における日本品のシェアは先述の各年において、一六％、三八％、七七％、六五％へと増加する対照をみせた。オランダ綿業にとって日本綿業との対抗を意識した晒取引での地位回復は重大な利害問題で

表8-1　蘭領東インドにおける日本製品およびオランダ製品の綿布輸入状況

年次	輸入量（百万碼）			輸入綿布構成比（%）								輸入綿布シェア（%）							
				日本品				オランダ品				日本品				オランダ品			
		日本品（%）	オランダ品（%）	未晒	晒	反染・捺染	糸染	未晒	晒	反染・捺染	糸染	未晒	晒	反染・捺染	糸染	未晒	晒	反染・捺染	糸染
1929	631	36	25	**21**	4	**40**	**27**	2	**82**	12	3	70	5	48	82	5	67	10	5
30	520	43	25	19	6	**44**	**26**	1	**89**	7	2	78	8	56	83	3	71	5	2
31	477	54	23	18	8	**44**	**26**	2	**89**	7	1	82	16	67	86	5	70	4	1
32	553	67	14	16	14	**49**	17	1	**89**	7	4	89	38	77	86	1	49	2	2
33	575	83	4	13	**26**	**39**	9	1	**87**	5	10	90	77	84	91	0	14	1	2
34	599	83	7	14	19	**36**	10	0	**95**	1	5	91	65	88	91	0	29	0	1
35	493	83	11	17	14	**47**	13	0	**97**	1	2	98	49	100	95	0	46	0	1
1936	500	77	15	**23**	16	**41**	17	0	**73**	**22**	7	98	49	81	90	0	45	9	5
37	792	66	22	**21**	**21**	**40**	14	0	**58**	**28**	15	97	48	65	72	0	44	16	19
38	525	56	33	**21**	**22**	**38**	15	0	**61**	**27**	13	92	36	59	67	1	58	25	24
39	576	67	22	**20**	11	**47**	**20**	2	**54**	**35**	8	91	35	70	86	2	59	17	9
40	483	76	11	17	**26**	**41**	16	0	**57**	**39**	3	94	71	69	93	0	24	10	2

資料）日蘭会商委員会『日蘭貿易参考資料』日本綿糸布南洋輸出組合，1937年5月，18-9頁。
対蘭印日本綿織物輸出組合『第二年度（1935年4月1日～36年3月31日）事業報告書，決算報告書，第三年度（1936年4月1日～37年3月31日）収支予算案』1936年4月，付録四。
注記）構成比における太字は20%以上。

あったのである。

さらに、ここでより注意したいのは、オランダ本国が②によって輸入商の「資格制限」規程を新たに提案した点である。②において日本人貿易商が日本製品のみを取引する場合を試算するならば次のようになった。すなわち、一九三三年の日本の対蘭印晒綿布輸出量の実績は一億二四七一万碼であり、そのうち日本人貿易商の取引は五九六〇万碼（四八%。したがってオランダ人貿易商は五二%）であるのにたいして、晒輸入制限令によって日本人貿易商の取引量は二七三六万碼（二二%）へと減少し、オランダ人貿易商は日本製晒綿布取引において七八%を占めると見積られた。[31]そして同令は「日本商排斥法令ニシテ、スデニ経済問題ヲ離レテ政治問題ニ変化[32]」したと、日本人貿易商からは強い危機感が表明された。[33]

以上の経緯から理解できることは、本来、低廉な日本綿布の輸入規制に消極的であった蘭印政府が、①晒綿布全般を規制対象にするとともに、②輸入商の「資格制限」規程の提案を加味することで、輸入規制をめぐってオランダ本国との距離を急速に縮めたと考えられる点である。[34]紡連の神坂静次郎が「蘭印政府ハ由来和蘭商トノ利害ノミヲ考慮シ[35]」ていると報告したごとく、キャンブリック以外の晒綿布をも対象に含めて日本製晒綿布の取引機会をオランダ人貿易商に与えることが蘭印側の含意であったと言える。蘭印政府は、一九三四年二月前後からオランダ人貿易商の取引機会の増加と保護を通商政策の課題にかかげることで、本国との距離を縮め、具体的な日本製晒綿布輸入規制に乗り出したのである。会商に関心を持つ日本の民間団体においても、「蘭印ノ制限令ハソノ制定ニ当リ常ニ民間有力商社（所謂五社ノ如キ）、之ニ参与シ彼等蘭商ノ意ノママニ極メテ巧妙ニ立案[36]」されるとの認識を持った。アジア市場におけるオランダ人貿易商の取引活動を制度的に保証することが、オランダ本国と蘭印政府の両者にとっての重大な関心事であった。

四　オランダ本国と蘭領東インド間の帝国経済秩序

オランダ本国と蘭印の接近が見られるなかで、次に蘭印政府は綿布類全般を含む「五十六種商品の輸入制限」と「営業制限令」（三四年一〇月二三日公布）の公布をほのめかして[37]、日蘭会商の開催を促した。前者は「日本品全般の輸入を極端に制限し、日本人の取扱を拒絶し、蘭商、蘭船、蘭系銀行、蘭系保険会社の取扱のみを許可し、日本人を根本的に排除せんとするもの」と評され、後者は「商社の営業地域並に取扱商品を限定するもの」で「蘭人にのみ今後の拡張、活躍を許すもの」と評された[38]。六月から開かれる日蘭会商までに、日本では会商にむけての経済外交方針が議論された。

蘭印の輸入規制に強い危機感を覚えたのは日本の綿業関係者であった。なかでも強い反応を示したのは在蘭印輸入取引に大きな制約を加えられる在蘭印日本人貿易商であり、生産者の中核である紡連はこれら貿易商の動向に追随する形をとった。まず東洋棉花はスラバヤ支店を通して「政府強制力ノ下ニ結束、少クトモ Cambric ノ［中略］

一切輸出商談ヲ当分拒絶シ以テ蘭領東印度側ヲ牽制シツツ、根本策トシテ至急一般会商ヲ行ヒ局面転換」[39]を計ることを求めた。さらに在蘭印日本人商の三井物産、三菱商事、東洋棉花、日本綿花、江商、伊藤忠、又一、大同貿易は、「会商有利ニ導ク為ニモ此結束力示威必要」として「輸出商談中止」を求めた[40]。対蘭印キャンブリック不売の実施による対抗措置であった。

これに対して在日本の紡連と輸出綿糸布同業会の両会は、「両会ノ決議ノミニテハ［対蘭印綿布不売は］効力薄ク、且却テ其為メ短時日ニテモ同業会会員以外ノ取扱増加ヲ来シ」うる危険性を強調し、むしろ「対蘭印綿織物輸出同盟会準備委員会」を組織して、日本側の結束力の存在を示威することを求めた[41]。在蘭印輸入商の求めた対蘭印綿布不売運動について、なかでも消極的であったのは生産者側の紡連であった。紡連が対外強硬派として立ち現れた第一次日印会商の時とは態度が大きく異なっていたのである。そして外務省も、輸出綿糸布同業会が在蘭印日本人貿易商（日本人実業協会）にあてて「外務省モ重大視シ慎重ニ対策考究中ノ模様或ハ現在ヨリモモット交換貿易ノ方針ニ出デ其代リ先方ノ緩和ヲ求ムル政策ラシク察セラル之レニ対シ当会ハモット強硬ニ根本的ノ抗議ヲナサシムル様頻々要望シツツアルモ要領ヲ得ズ［中略］当局ノ方針右ノ如ク不徹底ナルタメマダ商談中止ハ実行シ居ラヌ」[42]と評したように、対蘭印綿布不売運動といった対外強硬姿勢を採ることには慎重であった。ここでの外務省の「交換貿易」の含意については後述したい。

在蘭印日本人貿易商をして、対蘭印綿布不売運動が政府間交渉での日本側の交渉力を高める条件であると主張させた根拠は、一九三〇年代前半のオランダ本国と蘭印との経済秩序が通貨政策を背景に、低廉な日本綿布を強く求める構造を有しているとの認識であった。表8-2に示したごとく、三一年から三三年にかけて日本品の対蘭印輸出増加は八六七〇万円であり、そのうち〈日本人→在蘭印日本人貿易商〉の取引は三八三〇万円、〈日本人→在蘭印欧人貿易商〉のそれは三二一〇万円の増加という構成であった。日本製品は在蘭印西欧人貿易商（主にオランダ人）にとっても輸入取引を求める対象であったことが窺える。

オランダ本国は、一九三六年九月まで金本位制を維持したところから蘭印も同様の通貨政策を採った。オランダ本国は「海外投資利潤ニヨリテ生活スル大多数ノ国民ノ為メ［中略――金本位制を］最後迄維持スル[43]」方針であったと言われていた。そして蘭印は、「貿易外決済のマイナスは第一に外国に対する配当、第二に公債の利息、次に最も大きいのが恩給[44]」と言われたように、本国への配当・利子・政治費用の円滑な支払いの継続を求められる植民地経済を特徴としていた。次頁の表8-3に示したように、とくに配当と利子の毎年の支払い（ⓘ）は大きな比重を占めた。

表8-2　日本の対蘭領東インド輸出の国籍別輸出商の変化

（単位：百万円）

在日本輸出商		在蘭印取引商			
		日本商	欧商	中国商	計
日本商	1931年	24.3	12.7	7.9	44.0
	1933年	62.6	44.8	14.9	122.3
欧　商	1931年	—	3.5	—	3.5
	1933年	—	10.0	—	10.0
中国商	1931年	—	—	9.8	9.8
	1933年	—	0.1	11.6	11.7
計	1931年	24.3	16.2	17.7	57.3
	1933年	62.3	54.9	26.5	144.0
増加（1931〜33年）					
日　本　商		38.3	32.1	7.0	78.3
欧　　　商		—	6.5	—	6.5
中　国　商		—	0.1	1.8	1.9
計		38.3	38.7	8.8	86.7

資料）大蔵省関税課調「最近三箇年ニ於ケル蘭領印度ヘ輸出セラレタル商品ノ取引状況調」（外務省記録，B2.0.0.J/N2-1）。東亜研究所『蘭領印度の貿易及貿易政策』（臨時南方調査室資料第十輯）1943年12月，58頁。

オランダ本国と植民地蘭印との関係を、こうした「サービス・金融」的利害を通してみた時に[45]、蘭印の対本国支払いには「購買力の増加した金フローリンを以ってせざるを得な[46]」いような、蘭印の通貨の割高な設定が求められたのである。実際に一九一三年を一〇〇とした三八年の対ドル為替レートの推移をみると、日本は五六であるのに対して、蘭印は一三七と高位を維持して、対照的であった[47]。

こうした蘭印にたいする高い通貨設定は、オランダ本国への毎年の支払いの円滑化にとって必要な条件であったが、他方において蘭印にデフレ的環境を付与した。蘭印が、相

表8-3　蘭領東インドの国際収支

（単位：百万ギルダー）

年次	統計	支払											
		輸入ⓐ	利子ⓑ	海外旅費	配当個人利益ⓒ	年金	使節派遣	生保回送	対在外役員支払	蘭での政府流動公債	短期信用	公債償還	公社債買入ⓓ
1925	1,915	841	92	43	279	23	15	24	43		447	42	34
26	1,669	895	90	48	329	24	15	23	60		55	40	41
27	1,714	904	83	109	302	25	15	26	54		75	40	36
28	1,730	1,011	30	103	287	25	15	39	47			51	36
29	1,797	1,152	79	86	250	26	15	33	36			55	33
30	1,469	920	81	83	189	28	12	33	24			43	25
31	945	593	89	59	64	31	10	21	20			33	15
32	783	385	85	33	35	34	8	19	16		65	47	10
33	658	330	89	26	21	36	7	17	14		25	58	6
34	715	291	90	26	20	34	6	13	14	115	50	45	4
35	563	277	80	28	28	27	6	8	14		53	33	4
36	651	287	76	26	49	28	16	8	16	52	38	34	6
37	1,043	499	68	26	89	32	19	8	20	40	131	26	13
38	890	486	53	27	167	32	21	8	27			40	13
39	925	476	54	24	125	40	20	8	22		23	41	12

年次	受取						出超	資本勘定	利子勘定	ⓖ+ⓗ−ⓘ
	輸出ⓔ	金輸出	輸出税	新規投資ⓕ	短期信用	蘭での政府流動公債増	ⓖ=ⓔ−ⓐ	ⓗ=ⓕ−ⓓ	ⓘ=ⓑ+ⓒ	
1925	1,805	8	13	82			964	48	371	641
26	1,590	8	15	48			695	7	419	283
27	1,649	7	15	35			745	▲1	385	359
28	1,585	5	14	103	12		574	67	317	324
29	1,483	5	13	59	227		331	26	329	28
30	1,186	5	9	180	71		266	155	270	151
31	750	44	4	103	27		157	88	153	92
32	545	46	2	93		87	160	83	120	123
33	471	36	2	117		12	141	111	110	142
34	490	26	15	151			199	147	110	236
35	449	58	26	8		8	172	4	108	68
36	540	21	57	12			253	6	125	134
37	953	21	38	25			454	12	157	309
38	660	21	29	12	138	17	174	▲1	220	▲47
39	748	53	27	18		42	272	6	179	99

資料）*Changing Economy in Indonesia*, Vol. 5, 1979, p. 99. 蘭印経済部中央統計局編『蘭印統計書』1940年版，国際日本協会，1942年5月，153頁。

注記）▲はマイナス。

対的に割高なオランダ本国製品よりは低廉な日本製品を必要としたのは、こうした本国の「金融」的利害に対応した通貨政策を背景にしていたからである。蘭印内においても、こうした通貨政策を「オランダ本国が、自国の利益のために行ふ債権者の政策[48]」であるとする批判が出されるに及んでは、そうした蘭印内批判層を吸収する社会政策的対応からも低廉な日本製品の輸入は必要であった。

蘭印の通貨政策は、一九三二年以降の日本の通貨切下げとともに、日本の対蘭印輸出圧力を強める結果となり[49]、あわせてオランダ人貿易商にも、仕入れコストの安さから「日本品によって或る期間得られた膨大な利益[50]」をもたらすことになった（後掲表8-10）。オランダ人貿易商が三二年以降に日本品の取引に乗り出した理由がここにあった。会商に顧問として参加した木村鋭市がオランダ「五大商といえども左様に廉くて仕入れられる、随つて取扱ふ時の利潤の大きい日本品を輸入せざれば、彼等は利益を収めることが出来ない。かういふことが［中略］蘭印側から認識をせざるを得なくなった[51]」と述べたように、本国からの投資を受ける在蘭印オランダ人貿易商の利益と配当を回復させる上で、有益な日本品の取引は必要であった。蘭印政府は、こうした状況を認識するに及んで、本国との距離を縮め、オランダ人貿易商への日本品取引機会の増加を企図した輸入規制に乗り出したのである。そうであるとすれば、晒輸入制限令までの一連の輸入規制は、日本製品の直接的な輸入制限ではなく、むしろオランダ人貿易商の日本品取引機会の増加による利益と配当の回復を含意するものであったのである[52]。

一九三〇年代前半の日本綿布の対蘭印輸出拡大は、日本の輸出努力とともに、本国への毎年の支払いの円滑化を企図した割高な通貨設定にみられる本国と蘭印との帝国主義的経済秩序によって促されたのである。三〇年代の日本の対アジア輸出競争力を、当時の世評では日本の低賃銀構造に根ざした「ソーシャル・ダンピング」論として議論することが流行したが、それは輸出相手先の経済秩序を視野から外した議論であったと言えよう。オランダ本国も含め、三〇年代の金ブロック諸国には通貨価値の過大評価を背景に景気回復の遅れる傾向があり、他の諸国にくらべて貿易制限措置に乗り出しやすい動きがあったが[53]、そうした二国間通商協定主義は低廉な日本品の輸入を直接に制限する排他的なものではなかったことに注意したい。低廉な日本製品は、本国と蘭印との経済秩序に即して、蘭印社会においては必要なものであり、在蘭印オランダ人貿易商の活動にとっても有益な取引品であった。コライン首相がオランダ綿業とは異なってキャンブリックの輸入規制の基準年を、日本製品が大量に流入した後の三二年に求めたのも、こうした経済秩序を理解しての反応であったと言える。また日本製品の全面的な輸入制限につながる関税政策が討議された第一次日印会商とは大きく異なり、日蘭会商では関税問題が殆ど問題にならなかったことは（後掲表8-6参照）、蘭印が日本綿布の徹底的な排除を企図していなかったことを示すものであった。むしろ蘭印は「輸入割当」という規制を通して、その輸入量の調整を企図していたのである。そして、日本政府も蘭印の「土民モオランダ商モ日本品ノ輸入取扱ノ必要ヲ認メテイル」[54]と判断していた。そうであるとすれば、三〇年代前半のオランダ本国と蘭印との経済関係は、本国の綿業の輸出市場確保という「産業」的利害を基調に推移していたのではなく、むしろ本国への毎年の支払いの円滑化という「サービス・金融」的利害を基調に据えて推移したのである[55]。

五　日本の外交政策と民間

(1) 日本人貿易商社と紡連との距離

オランダ本国と蘭印との経済秩序が日本製品を求めるものであれば、日本人貿易商は対蘭印綿布不売運動を日本側の交渉力を高める条件になると認識していた。しかし生産者の中核である紡連がこの不売運動に消極的であったのは、「生産者ノ内ニハ、物サエ売レバヨイ。ソノ取捌人ガ邦商タルト、蘭商タルトハ重大問題デナイカノ如キ考ヘヲ持タルル」[56]生産者が多いと評されたように、蘭印をとりまく帝国経済秩序のもとでは日本綿布への輸入制限は決して厳しいものではないとの楽観的な判断に基づいていた。蘭印経済への共通の認識を有しながらも、輸出商と生産者との間には微妙な差異がみられたのである。

問題の対応に主導的な輸出商からなる輸出綿糸布同業会（会長山崎一保、東洋棉花）は、一九三四年五月一八日に会商に臨む「長岡大使への意見書[57]」を作成した。それは三月から実施された晒綿布の輸入制限の緩和を求めるもので、

[1]晒以外の綿布には一切制限対象としないこと。
[2]日本製晒綿布の対蘭印輸出量は、三二〜三三年の平均実績（＝蘭印の晒綿布総輸入量の五九％に相当）。
[3]「輸入資格制限」を撤廃。
[4]サロン制限令についても以上と同様。
[5]「対蘭印生産輸出綿織物同盟会」を結成するために輸出商は東洋棉花、日本綿花、江商、伊藤忠、又一、豊島の六社の「準備委員」を結成する。

（以下、断らない限り、日本側の提案は、□で示す。）

という内容であった。[1]と[2]は、晒の輸入割当を事実上追認したことを示していたが、商社にとっては[3]が重要な獲得目標であった。そして紡連においても、[1]〜[3]とほぼ同様の要求を政府に提案した[58]。また[5]は、九月一八日に「対蘭印日本綿織物輸出組合」を結成することに繋がった。しかし輸出組合内部には、「大手筋ガ小組合員ニ重圧ヲ加フル傾向アル」ことを指摘する声や「在留印度商ヲ代表シテ、**エス、マンガンマル**氏ガ市場ヲ開拓シタル印度人ノ努力ヲ閑却セサランコトヲ希望」する声などもあり、規模別・国籍別に会員の足並みの悪さを含んでいた[59]。

日本綿業界内に微妙な差異が存在するなかで、会商に向けての外交方針が政府内で検討された。そして政府は「会商ニ当リ我綿業関係者ヨリ何等顧問若クハ嘱託ヲサエモ同行セザル方針[60]」を決定したのである。それゆえ輸出綿糸布同業会は東洋棉花スラバヤ支店を通して在蘭印日本人貿易商の東洋棉花、日本綿花、伊藤忠、江商、又一に、「政府ハ綿業関係者ヨリ顧問ヲ選任セザルニ付キ」、蘭印に「日蘭会商対策委員会」を組織し、「常ニ政府代表及顧問ノ間ニ接触ヲ保チ尚紡績連合会出張所トモ合流シテ事態ノ推移ヲ察知[61]」することを求めた。実際に日本政府の代表部は次のようであった[62]。

〔特命全権大使〕　長岡　春一
〔総　　　務〕　越田佐一郎（バタビア駐在総領事）
　　　　　　　　早間　恒雄（外務事務官）
〔法 制 情 報〕　木村　鋭市（会商顧問・前満鉄理事）
　　　　　　　　姉歯　準平（スラバヤ領事）
　　　　　　　　長谷川元吉（上海副領事）
　　　　　　　　小谷　淡雲（バタビア副領事）
〔経　　　済〕　尾関　将玄（大蔵省事務官）
　　　　　　　　奥山　新三（商工省事務官）
　　　　　　　　根岸　保吉（商工省技師）
　　　　　　　　山中清三郎（会商顧問・三井物産スラバヤ支店長）
〔嘱　　　託〕　半田治三郎（南洋倉庫）

有村　貫一（南国産業）
河津　勝雄（三菱商事スラバヤ支店長）
井岡　大輔（大阪府立貿易館長）
小原　友吉（南洋協会スラバヤ商品陳列所）

民間からの公式な参加は、三井物産スラバヤ支店長山中清三郎に限定されており、日本政府は綿業の利害を反映させるような代表を編成しなかったのである。このことは日本綿業の利害が、日印会商と同様に、日蘭会商をめぐる経済外交を規定する位置にはなかったことを改めて示していた。日本綿業関係者からすれば、これらのメンバーは「現地ニテ会商ニ対シ吾々［綿業］ヨリモ関係ノ薄キモノト見ラルルモノ」[63]であった。そのために日本綿業側は、神坂静太郎、柴田捷三（以上、紡連）、谷口豊三郎（東洋紡績）、原吉平（大日本紡績）、石田退三（豊田紡織）、松永増夫（鐘淵紡績）、谷城利雄（富士瓦斯紡績）が渡蘭印して、独自に会商の進行を観察することにした。いずれもが綿糸布生産企業からの代表であった。日本綿業関係者は会商にあたって政府とは別個に渡蘭印したのである。[64]そうであるとすれば、日本政府の外交方針はいかなるものであったのだろうか。

(2) 協調外交

一九三四年五月一六日に「日蘭会商ニ関スル官民協議会[65]」が開かれた。この協議会は、政府代表の渡蘭印の前に、会商における日本側の「根本方針」への了解を民間に求めることを企図していた。そして、以下の二つの点が協議された。まず第一は、日本側からの対蘭印商品輸出統制は必要か否かというものであった。基本的には「輸出統制ヲ行フコトニ決定」したが、その統制実行機関については「既存ノ組合ヲ基礎トシテ品種別ノ輸出組合ヲ作ルカ、シカシテ此等ノ組合ヲ総括スル輸出中央組合ヲ作ルカ、或ハ各品種ヲ包含スル対蘭印輸出組合ヲ組織スルカ」につき意見が分かれて、未決となった[66]。結論を先取りして述べれば、印度輸出組合と異なり、輸出組合による対蘭印輸出統制は実施されることはなかったが、この統制案はその後にも検討された重要な問題であった。それは、輸出統制を嫌う在日本オランダ人貿易商の利害に深く関係していたからであった（後述）。

そして第二は、「蘭印物産ノ輸入増加ノ必要生ジタル場合ニハ財政上ノ負担ヲ忍ビテモ之ニ応ズベキヤ否ヤ」についてであった。先述の通貨の「切下」圏（日本）から「割高」圏（蘭印）への輸出には拍車がかかるが、逆に前者が後者から輸入を拡大させる場合には割高な財の購入を余儀なくされるわけで、日本ではその輸入をめぐる負担が大きな問題となった。「輸出業者ノミナラズ輸入業者ニ於テモ之ヲ負担スルト共ニ政府ニ於テモ可然便宜ヲ与ヘラレ度シ」との意見が出されたが、基本的には「多少ノ犠牲ヲ忍ビテモ之［蘭印からの輸入］ガ増加ヲ計ルコトハ已ムヲ得ザルベシ」との結論に達し、輸入をめぐる負担問題をふくめた具体案は商工省にて作成し、追って協議することになった[67]。

この蘭印からの日本の輸入増加問題は、日蘭会商の意義を理解する上で極めて重要であった。蘭印が本国への利子・配当・年金などの支払いの円滑化を政策の中心課題としており、その条件として割高な通貨が設定されたことは先述したが、蘭印の「輸出超過は、年々の利子、利潤、配当、各種経営費及び官吏の恩給を支払ふべき源泉[68]」と言われたように、貿易収支の出超は本国への支払いの「源泉」であったからである。とくに第一次「大戦と共に和蘭等の蘭印に対する投資は減少し却って旧投資回復に熱心なるに至りしが為めに一層蘭印に於ける輸出超過の増進を余儀なくせられた[69]」と言われた。蘭印は恒常的な本国への支払いのために、砂糖、ゴム、錫、コーヒー、油脂、煙草、茶、石油などの第一次産品を主体とした輸出超過（前掲表8-3）を維持しなければならなかったが、三〇年代前半には出超額は減少する傾向にあった。また「蘭印産貨物の輸出超過充分ならざるときは勢ひ正貨の流出を見るの外なく、また正貨の流出は勢ひ『ギルダー』貨幣の暴落とならざるを得ない[70]」と言われたように、蘭印の通貨動揺を回避するためにも出超を維持する必要があったのである。

表8-4は、オランダ本国が蘭印から受ける支払いの概算である。これをみるに直接投資においては、ゴム、石油、砂糖からの投資収益が大きいことがわかる。そして次頁の表8-5に示したように、一九二九年におけるオランダ本国の投資額のうち、砂糖生産へのそれは、ゴム、石油と異なり、また他の欧米投資国と比較しても抜群であった。石油はイギリス資本の「ローヤルダッチシェル（貝印）の殆ど独占の様」であり、すでに「厳格なる統制の下」にあった。またゴムも「馬来半島のゴムと一緒に価格其他凡てシンガポールの統制下[71]」にあるために、蘭印としては他の投資国や第一次産品生産国の動向への配慮を相対的に必要としない、かつ投資実績も高い砂糖部門での輸出拡大の方向を目指していたと考えられる。

蘭印の砂糖輸出は、三〇年代の英印における砂糖の輸入代替によって減少を余儀なくされるが（後掲表8-8）、投資実績を持つオランダ本国の投資家は蘭印砂糖業の輸出拡大による大不況からの立直りを、「サービス・金融」的利害を通して重要視していたと考えられる。

官民協議会において蘭印からの輸入増を展望したことは、こうしたオランダ本国と蘭印との経済秩序に配慮するものであり、日本の対外協調姿勢に他ならなかった。先述したように、外務省が

表8-4　オランダ本国の蘭領東インドからの収益の概算（1939年）

（単位：百万ギルダー）

	部　門	収益額	収益率(%)
*	在蘭印オランダ人俸給	50.0	
	ゴム投資	48.0	10.7
*	恩給	40.0	
	石油投資	30.0	6.0
	対オランダ国民利子	28.0	
	製糖投資	24.0	6.0
	農業貸付銀行	16.4	6.0
	鉄道投資	9.0	6.0
	対オランダ政府利子	7.0	
	船舶交通投資	6.0	6.0
	公益事業投資	6.0	6.0
	輸出	6.0	
	蘭印政府への軍需品販売	1.8	
	個人企業経営	1.5	3.0
	錫投資	0.5	5.0
	その他とも計	319.3	

資料）濱田恒一『蘭印の資本と民族経済』ダイヤモンド社，1941年7月，221-30頁。
注記）収益率は投資額との対比。＊は間接収益。

表8-5　蘭領東インドにおける各国の投資状況（1929年末現在）

（単位：百万ギルダー）

部門		オランダⓐ	蘭印政府	イギリス	フランス・ベルギー	アメリカ	日本	その他	計ⓑ	ⓑ/ⓐ(%)
農業	砂糖	779		10			4		793	98.2
	ゴム	292		192	66	53	12	45	660	44.2
	茶	140		45	6			9	200	70.0
	コーヒー	89		21	8			12	130	68.5
	タバコ	116			3			1	120	96.7
	油椰子	53		3	27		2	3	88	60.2
	規那	20		2				3	25	80.0
鉱業	石油	248	5	123		110		1	487	50.9
	石炭	11	31						42	26.2
	錫	17	16					1	34	50.0
	金銀	14	5					1	20	70.0
	その他鉱物	17						1	18	94.4
計		1,844	58	402	111	163	19	70	2,667	69.1

資料）南洋協会編『企業投資関係調査』（南洋経済懇談会参考資料第四）1939年９月，7-8頁。
注記）鉱業は，1937年のデータ。

「交換貿易」をもって対外協調を模索していたのは、蘭印からの第一次産品の購入増によるオランダ本国の「サービス・金融」的利害への対応を含意していた。一九三〇年代前半の蘭印は本国への支払いの円滑化を図るために、出超の維持と、割高な通貨設定のもとでのデフレ政策の継続を経済問題の中心に位置づけていたのであり、蘭印にとって日蘭会商での課題は、本国綿業のアジア市場確保というよりは、むしろそうした問題を日本との関係においていかに調整するかというものであった。いわばオランダ本国と日本の両国綿業の蘭印市場をめぐる「産業」的利害調整は副次的な問題であり、本国と蘭印との「サービス・金融」的利害調整に関して、日本を制度的に係わらせることが主たる課題であった。

そうであるとすれば日蘭会商は、以下の二つの問題に交渉の焦点が絞られたと言えよう。

ⓐ低廉な日本品をめぐってオランダ人貿易商の取引機会をいかに拡大させるのか。

ⓑ日本が蘭印物産（特に砂糖）の輸入をどの程度まで拡大させるのか。

広田弘毅外相は「我方ニ於テモ能フ限リ蘭印産品ノ買付方当業者ヘ従心勇心シ」と論点ⓑを認め、あわせて論点ⓐにおいても、「蘭印輸入業者ノ利益保持ヲ目的トシ居ルハ察知スルニ難カラズ、殊ニ［中略］事実上『リンデ』、『インタナシオ』、『シュリーパー』、『ウェリー』、『ボルスミ』等ノ輸入業者ノ邦品取扱権ヲ確保セントスル底意」に対応して「彼等ニモ相当ナル利益ヲ分与シ之ヲ共存共栄ノ立場ニ置クヲ得策トスベシ」(72)との協調姿勢を指示し、「所謂『リブ・エンド・レット・リブ』の趣旨ニテ適当ナル協和点ナキヤ」の検討を求めた(73)。オランダ人貿易商の取引活動を保証することに配慮していたのである。

（3）民間諸団体の反応

官民協議会に参加した雑貨業者もこうした問題状況を理解していた。京浜地域の日本蘭印貿易協会、京浜日蘭貿易団体連合などは、セメント、ビール、サロン、晒にすでに実施されている制限令の「割当方法ハ甚シク不合理」としながらも、一九三三年に蘭印政府が国民参議会において可決させた「輸入制限令」実施の理由を、オランダ人貿易商の保護と貿易収支均衡の二点に求めていた。そして「対蘭印輸出組合連合会」の結成を通した日本からの輸出数量の「手控ヘ需給ノ調節」によるこの二点への対応によって、蘭印における「在留邦商ヲ排斥」させぬ方途を模索していた。さらに蘭印からの物産買付けについても「円為替低落ニヨル［中略］出損」への「補償」を必要としながらも、「応ズル」意向を示していた(74)。また大阪商工会議所が組織した「阪神対蘭印貿易関係業者大会」も、「砂糖其他ノ商品ヲ成ルベク多ク購買スルコト」で、蘭印の経済秩序に充分配慮し、蘭印市場を協調的に維持することを表明していた(75)。

会商にあたって民間代表のなかで経済問題を担当したのは顧問山中清三郎（三井物産）であった。山中は蘭印の「綿糸布対策協議会ノ一部有力者ノ意見」(76)を徴して、次の方針を日本綿業関係者との間で取り決めた。「有力者」とは、先述した神坂をはじめとする綿糸布生産企業を中心とする派遣メンバーであった。

1晒の輸入許可総量については「異議ナシ」。

2日本製晒綿布の対蘭印輸出量は晒総輸入量の六〇％とする。

3一九三二〜三三年の実績平均にもとづき、日本人商には日本製晒綿布取引量の五三％を割り当てる（蘭印の晒綿布総輸入量の三二％）。

2は、輸出綿糸布同業会の「長岡大使への意見書」（五月一八日）の2とほぼ同じものであったが、ここでは日本綿業関係者が3において、オランダ人貿易商の日本製品の輸入取引を認めた点に特徴があった。換言すれば、生産企業を中心とする日本綿業関係者は、3においてオランダ人貿易商の日本製晒綿布取引のシェアが四七％となることを認めたのである。そしてさらに注意したいのは、この割当が晒輸入制限令でのオランダ人貿易商の割当要求（日本製晒綿布輸入量の七八％――三五二頁参照）を大きく下回ることになるために、その「割当減少ニ対スル代償」として、日本からの「輸出品ニ対シ手数料ヲ徴収し、其ノ資ノ一部トミテ右代償支出ノコトハ考慮」する方向までも打ち合わせていたことである。あくまでも「蘭商ノ利益ヲ現行令ヨリモ傷［付け］ザルコト、及ビ蘭商ハ目下和蘭品輸入ヲ不利トスルコトヲ考慮」することが前提とされていたのである。

そして山中は、オランダが「蘭印ノ財政的見地カラ砂糖ノ最低生産額トシテ目標トスルハ一五〇万噸」であり、日本は「二五万噸ヲ買ッタラ宜カラウ」(77)との姿勢を用意していた。蘭印糖業は、英印の砂糖増産を背景にした輸出市場の縮小に対応して新しい販路を求めていた。山中の構想に見られる日本の対蘭印経済外交は、先述のⓐとⓑに照応した「蘭商ヲ利スル方法」を優先することと、「砂糖ヲ買ッテヤル」ことからなる対外協調であった。(78)

六　会商の経過

（1）六月から九月までの諸問題

日蘭会商の本格的な交渉は、一九三四年九月下旬からであった。六月初めの開会から九月下旬の実質的な交渉までに約四カ月の時間が経過したことになる。これは、

・「海運」問題（七月一七日）
・「陶磁器輸入制限令」問題（七月二五日）
・「未晒輸入制限」問題（七月二五日）
・「糸染サロン不売」問題（八月八日）
・「営業制限令」問題（九月二四日）

などの「派生的な」[79]問題への対応に追われた結果であった。ここで、それぞれの問題について詳細に検討することはできないが、後論との関係から各問題に簡単に触れておきたい。

(i)海運問題。これは、小風秀雄氏[80]が詳細に分析したように、綿業通商問題とならぶ日蘭会商の重要な政府間交渉事項であった。当初、交渉は政府間ではなく、民間にて進めることになっていた（三四年九月一八日）が、交渉が長引くにつれ、日本「政府の主導により、オランダ側の主張に事実上妥協する」かたちで、一九三六年六月に決着した。石原海運などの対蘭強硬派の存在を規制することが趨勢を規定した。この海運問題において看過されてならないのは、オランダ本国にとっては海運収入の向上が強く意識されていた点である（前掲図5-3）。海運運賃収入

の増加による貿易外収支の黒字拡大は、先述した「サービス・金融」的利害の一環であり、日本海運業からアジア間積送を委譲させることは、オランダ海運会社の収益・配当を増加させることともあわせて重要な課題であった。「和蘭側は貿易尻の超過に依って恩給の尻を拭くか、それが間に合わなければ、船賃に依ってでも得たい」と評されたように、第一次産品の輸出増による出超形成と同様に、海運収入の増加に、本国への支払いの円滑化の条件を見いだしたのである。日本政府主導の「妥協」は、そうした「サービス・金融」的利害への配慮に他ならなかったのである。

(ii)陶磁器輸入制限令問題。陶磁器輸入制限令の発布はオランダ人貿易商の日本製品取引機会の拡大を企図したものと考えられる。日本からの陶磁器の輸入についてはすでに日本人とオランダ人輸入商との間で輸入統制を目的にした「輸入組合」構想が具体的に議論されていた。一九三四年の輸入量水準を、三三年実績の約七割にあたる三万五〇〇〇トンとし、各輸入商への割当は過去三カ年の実績平均とすることが話し合われた。そしてオランダ人輸入商への割当については、実績平均からすれば日本製陶磁器輸入量の二〇%に相当するが、それを上回る三五%を割当ることが既に協議されていた。そうしたなかでの同令発布はこうしたオランダ人輸入商への割当をめぐって「一層有利な条件を獲得[81]」することを企図したものと評された。そしてこの問題は、日本陶磁器輸出組合連合会が八月三日に対蘭印輸出中止を実行して対抗し、八月三一日の同制限令停止と輸入組合の任意解散を条件に解決した。対蘭印輸出中止が実効性を有し、日本側の交渉力を高めたことは、蘭印にとって低廉な日本製品が必要であることを改めて示していた。その後、日本陶磁器輸出組合連合会は「蘭領東印度向特別統制規程」を制定し、輸出統制にあたった。

(iii)未晒輸入制限問題。同問題は先の晒輸入制限令の施行（三月）によってサロンの原料である晒綿布の価格が高騰し、未晒綿布が代替的に輸入増加したことへの対応から発生した。蘭印は「未晒輸入制限令」の発布を仄めかし

（七月二五日）、日本に輸出量の調整を求めた。八月四日に日本綿業は、紡連、輸出綿糸布同業会、日本綿織物工業組合連合会（以下、綿工連と略す）の三団体によって「調整の具体化」を申し合わせた。さらに外務省は日本綿業に「未晒綿布輸出調整は必要且つ止《ママ》むを得ざる」（八月一一日[82]。以下、紡連『日蘭会商日誌』からの引用は（ ）内に月日を本文中に記す）ものであると、対応を迫った。そして、八月一五日には紡連内の日蘭会商特別委員五社（東洋紡績、大日本紡績、鐘淵紡績、富士瓦斯紡績、豊田紡織）が三巾生金巾の売約停止を申し合わせ、一七日にはこの申し合わせに輸出綿糸布同業会特別委員五社（東洋棉花、日本綿花、江商、伊藤忠、又一、豊島商店）が加わった。そして二〇日には、「日本綿織物対蘭印輸出組合」の結成の方向と、その組合による具体的な輸出統制実施までの間における、時限的な未晒綿布不売が申し合わされた。先述したように購買力の低下した蘭印において、またオランダ人貿易商にとって、低廉な日本製品の取引が必要であることを考えれば、この申し合わせは「日印会商当時の印綿不売問題と同様の作用を為す[83]」と評されたように、日本側の交渉力を高める条件となった。前掲表8-1から確認するに、蘭印での未晒綿布はオランダ綿業の供給することの殆ど無い製品であり、一貫して日本からの供給に依存するものであった。その後の未晒綿布の不売解除と対蘭印輸出調整問題は九月下旬以降の会商のなかで協議されることになる（後述）。

未晒綿布不売に踏み切った日本綿業関係者の対応のなかで注意したいのは、紡連（生産）と輸出商との間に不協和音が存在した点である。問題の緊急性にも拘わらず、八月四日の不売の申合せから実施までに二週間以上を費やしたり、「対蘭印綿織物輸出組合」の結成が九月一八日にずれ込んだことも、こうした事情を背景にしていた。輸出商は「至急輸出組合ヲ結成スルコト」（八月一〇日）を求めたが、組織編成にあたって「紡績側ヨリモ之ニ加入シ［ても］、発言ノ権利ヲ留保スル」（八月一三日）こと、「理事会ニ生産者側ヨリモ入レル事ニハ賛成ナル事［なれど］」、人数ハ輸出ト生産トヲ半々ニスル事ハ不可能ナラン」（八月一四日）といった、紡連（生産者）を牽制する姿勢を有していた。そのため二週間の会議における雰囲気は「民間ニテ自由意思ニヨリ道徳的ニ抑整スル事ハ不可能ナル」（八月一二日）ものであった。未晒綿布不売運動は紡連が「事情止《ママ》ムヲ得ザルモノト認メ」（八月一七日）たことによってようやく纏まったものであり、そうであるとすれば生産者の姿勢変化によっては不売運動の継続は動揺しやすいものであったと言える。実際に会商途中の一〇月末には、「蘭印側、殊ニ商人側ハ日本ノ結束力ヲ見限リ初メ、積止メヲモ軽視スル傾向(84)」にあった（後述）。

(iv)糸染サロン不売問題。蘭印が一九三四年二月一三日にサロン輸入制限令を発布し、翌一四日から糸染サロンの輸入規制（第一次は五月一三日までの三カ月間、第二次は五月一四日〜一一月一三日までの六カ月間）に乗り出してから、「日本糸染サロン輸出組合」は八月八日に対蘭印サロン不売を決議した。そして八月二〇日には、蘭印よりこの不売解除を求めることになった。九月三日には山中顧問とハルト委員との会談がもたれた。山中は三三年実績（七一万二九五四コージ）を輸入規制基準に求めたが、蘭印はこれに反対し、輸入制限令の若干の修正と引換えに日本側に不売解除を求めた。続けて一一月初旬に、一一月一四日からの第三次規制（一二月一三日までの一カ月間）を念頭に置いて、蘭印から「輸入数量の増加」と三三年実績による輸入商別割当を提示した。さらに日本人貿易商には「或る方法により事実上特に利便を与ふる(85)」ことを提案した。さらに一二月一四日からの第四次規制（三五年六月一三日までの六カ月間）では「本品の輸入業者と認むる者に対し、［中略］妥当なる割合と判断する数量を許可する(86)」ことを提示し、日本糸染サロン輸出組合は三五年二月一日より輸出統制を実施し、不売運動を解除した。蘭印はサロンにおいて日本の不売解除を求めるごとに譲歩を重ねたと言えよう。

以上の四つの問題から、交渉の焦点が国際収支の改善と、オランダ人貿易商の日本製品取引拡大にあることが改めて理解できる。さらに低廉な日本製品は輸入規制の対象であるものの、日本の「未晒積止は、蘭印内地の未晒需給の関係上苦痛(87)」であり、不売運動による供給制約は蘭印の求めるものではなかったことが理解できよう。それゆえ、未晒綿布の不売運動は、日本綿業関係者内の結束が続く限り、蘭印への日本品の供給制約を通して日本側の交渉力を高める条件でもあった。

（2）蘭印の総輸入における日本人貿易商の取引比率についての交渉

一九三四年九月二一日から始まった具体的な政府間交渉は、一〇月末には含みをもたせて「休会」[88]する。その間に、実質的には二〜三回の意見交換がなされたほどであったが、これは交渉の円滑化が図れなかったことを示すものではなく、むしろ交渉の論点が既に集約されていたことを含意していた。次頁の表8-6にその協議経過を簡単にまとめたが、先述の二つの論点ⓐとⓑに即して交渉内容を検討したい。

まず蘭印の総輸入における日本人貿易商の取引比率について、綿布六種（未晒、晒、捺染、反染、糸染、雑類）に即して会商の経過を整理したい。同表からまず確認できる点は、第一次日印会商と大きく異なり、日蘭会商での協議内容には対日本輸入関税問題が含まれていないことである。第一次日印会商[89]は対日本綿布輸入量の規制、対日本インド棉花輸出の確保の問題とともに、対日本綿布輸入関税の設定基準が主要な論点の一つであったが、日蘭会商では対日本品輸入関税問題は交渉対象に据えられていなかった。それは繰り返し述べるように、蘭印が日本製品への厳しい輸入制限を求めていなかったことを改めて示していた。

九月二四日の蘭印側の提案をうけて、一〇月九日に日本代表自らが綿布六種（未晒、晒、捺染、反染、糸染、雑類）を含む重要貿易品一四種（綿布六種とビール、セメント、陶磁器、メリヤス、自転車、織糸、サロン、人絹織物）をめぐって日本人貿易商の対総輸入量取引比率を提案した（表8-6）。綿布六種については、蘭印の総輸入量に占める日本人貿易商の取引比率を五〇％とし、残りの五〇％をオランダ人貿易商の取引に委ねることを提案した（表8-6の日本一〇月九日案のⒶ。以下、10／9案と略す）。日本側代表がこうした提案に踏み切ったのは、蘭印側の9／24

表8-6　日蘭会商の経過（1934年）

対日本輸入問題ⓐ

提案月．日	制限品種	日本人輸入商割当比率	対日本輸入量基準
9.21～28 日本提案	輸入額100万ギルダー以上の商品で，オランダ，蘭印の工業の保護の必要が認められるもの	各制限品目ごとに，日本商の輸入量/日本品総輸入量は，42.5％	1933年
9.24 蘭印提案	56品種 ビール，セメント，晒綿布は除外 10.30案も同じ	日本商の輸入額/総輸入額は， 日本品の輸入比率が， (1)15％以下の商品は，33年の実績 (2)15～20％の商品は，総輸入額の15％ (3)20％以上の商品は，総輸入額の20％ (4)捺染綿布，人絹織物は15％ (5)また，綿サロンは検討中	1933年
10.9 日本提案	14品種	日本商輸入量/総輸入量は， (A)6種は50％，(E)1種は20％ (B)1種は45％，(F)1種は15％ (C)2種は30％，(G)1種は10％ (D)1種は25％，(H)1種は4％	1933年
10.30 蘭印提案	65品種 一定歩合を蘭品に保留し，他について各国商品の輸入の自由競争に任せる（自由比率・相対的数量）	9.24案と同じ。とくに最大限の割当は20％（12.17には25％）	1933年
11.25 12.11 日本提案	65品種 1932～33年の実績をもって，各日本品の輸入量を提案（絶対数量）	日本商輸入量/総輸入量は，1933年の実績	1933年実績の20％減

対日本砂糖輸出問題ⓑ

提案月日	日本の砂糖購入量	その他
10.11 蘭印提案	1934年20万トン 1935～37年150万トン（年50万トン）	年15万トン以上の輸出は不可 日本，およびその委任統治国における砂糖生産制限 年18万トンの在庫維持
11.23 蘭印提案	1934年15万トン 1935年以降，各年30万トン	年10万トン以上の輸出は不可
12.11 日本提案	1935～37年の各年50万トンの買付けを日本人当業者に勧説する	同上は認められない

資料）外務省記録『日蘭通商條約関係一件　昭和九年日蘭会商関係経過報告』（外交史料館 B.2.0.0.J-N2-1-9)。田和安夫編『日蘭会商の経過』1935年5月。外務省編纂『日本外交文書』（日本外交追懐録1900～1935年）1983年3月，1069-234頁。南洋協会調査係『日蘭会商日誌』1935年9月。

注記）10月9日の日本案のうち，(A)は未晒，晒，無地染，捺染，糸染，雑類の綿布6種，(B)は陶磁器，(C)縞サロン類，メリヤス製品，(D)は人絹織物，(E)は自転車・同部品，(F)はビール，(G)は織糸，(H)はセメント。これらについては，表8-7の〇印の品目を参照。

案が、未晒、捺染、反染、糸染、雑類の綿布五種を含めた五六種の商品を対象に「輸入制限令」の公布を仄めかしたからであった。[90]

日本代表が「スラバヤ日本人実業協会」から入手した資料によると、[91] 五六種商品輸入制限令は次のような内容と解釈された。つまり同令の発動からまず一〇カ月間を対象にして、未晒綿布の総輸入量を六五四〇万碼に、捺染、反染、糸染のそれらを三億六〇〇万ヤードに制限し、さらに総輸入量の八五%を「欧州人商業組合又ハ団体ノ四以上ニ加入」するものに許可する内容であった。該当する輸入商は次の一二社であり、日本人貿易商では三井物産が該当するだけであった。[92]

①Internationale Crediet-en Handels Vereeninging "Rotterdam"
(2) Lindeteves Stokvis
③Borneo Sumatra Handel Maatschappij
④Handel-mij. "Deli-Atjeh"
(5) Hagemeyer & Co.'s Handel Mij.
⑥G. Hoppenstedt
⑦Jacobson van den Berg & Co.
(8) Handelsvereeiging Oost Indie
(9) Carl Schlipper Handel Mij.
⑩L. E. Tels & Co.'s Handel Mij.
⑪Geo. Wehry & Co.

(12) Mitsui Bussan Kaisha（三井物産）

第十章で指摘するように、オランダ人輸入商一一社のうち、七社（○印）は一九四〇年代初頭においても多くの日本人輸出商と取引関係を有するものであり（後掲表10-9）、日本製品の輸入取引に積極的なメンバーであった。

表8-7をみるに、日本の提案した一四種は日本からの輸入品の上位を占める主要品であることがわかる。外務省の試算によれば、蘭印政府側の9／24提案は、日本人貿易商の日本綿布輸入取引額を一九三三年の実績一九〇五万ギルダーから九八二万ギルダー（これは対総輸入額の二〇%に相当）へとほぼ半減させ、その減少分の取引額をオランダ人貿易商に委譲させる内容であった。そうであるがゆえに、日本政府代表は主要品一四種に対して事前に「制限の条件を協定し、以て一種の保証(93)」を得ることを含意して提案に踏み切ったのであった。

日本の10／9案は、ビール、セメント、織糸、自転車・同部品以外の全ての品種において蘭印9／24案の日本人貿易商割当額を上回るものであったが、注意すべきは、当時の争点になっていた未晒、晒だけではなく、反染、糸染、捺染、雑類もふくめた綿布六種をも規制対象として、日本代表が認めた点であった。そして、さらに注意したいのは、この提案が綿業関係者「には一切打合す所はなかった(94)」ことであった。綿業者からは「サロンの外に綿布六種を加えたことは、当業者としては実に意外(95)」な提案と評されたほど、提案は綿業関係者と距離をおく政府の主導の結果であった。日蘭会商に参加した民間代表団の谷口豊三郎（東洋紡績）にとっても、「実際私には会商の実情はよくわからず、約半年程で帰国(96)」したのであった。

そして、つづく日本の12／11案も再び民間には「何等諮問なくして決定(97)」された。そして綿布六種取引をめぐる日本人貿易商の取引比率は一九三三年の実績（蘭印総輸入量の三八%。表8-7参照）を求める内容へと修正され、10／9日本案（蘭印総輸入量の五〇%）に比べて、割当比率を減少させる譲歩姿勢を示していた。そして会商の

表8-7　日蘭会商における商品別対日本輸入規制交渉

（単位：千ギルダー）

番号	輸入品目	総輸入額ⓐ	日本製品の輸入額ⓑ	日本商による輸入額ⓒ	ⓑ/ⓐ(%)	ⓒ/ⓐ(%)	蘭印案(9/24)試算の日本商取引額	日本案(10/9)試算の日本商取引額
①	晒綿布	20,924	15,471	7,380	73.9	35.3	4,185	(50)　10,462
②	人絹織物	7,650	6,792	1,295	88.8	16.9	1,148	(25)　1,913
③	反染綿布	6,980	6,128	4,321	87.8	61.9	1,396	(50)　3,490
④	未晒綿布	5,932	5,392	2,867	90.9	48.3	1,186	(50)　2,966
⑤	雑類綿布	7,291	4,815	615	66.0	8.4	1,458	(50)　3,646
⑥	縞サロン	6,964	4,695	1,652	67.4	23.7	1,393	(30)　2,089
⑦	糸染綿布	4,932	4,047	2,124	82.1	43.1	986	(50)　2,466
⑧	捺染綿布	4,023	3,798	1,741	94.4	43.3	603	(50)　2,012
9	金物	9,834	3,387	394	34.4	4.0	1,967	
⑩	ビール	4,374	2,670	568	61.0	13.0	875	(15)　656
⑪	メリヤス製品	2,990	2,258	715	75.5	23.9	598	(30)　897
⑫	セメント	1,812	1,751	64	96.6	3.5	362	(4)　72
⑬	織糸	3,786	1,608	347	42.5	9.2	757	(10)　379
⑭	陶磁器	1,640	1,401	745	85.4	45.4	328	(45)　738
⑮	自転車・同部品	1,954	1,386	296	70.9	15.1	391	(20)　391
16	琺瑯鉄器	1,493	1,174	525	78.6	35.2	299	
17	硝子器	905	796	391	88.0	43.2	181	
18	ゴム靴類	966	754	264	78.1	27.3	193	
19	ベニヤ函	1,704	660	77	38.7	4.5	341	
20	紙類	7,410	589	150	7.9	2.0	150	
21	自動車タイヤ	3,363	530	292	15.8	8.7	504	
22	石油ランプ	489	424	169	86.7	34.6	98	
23	毛織物	1,372	312	37	22.7	2.7	274	
24	肥料	6,282	272	151	4.3	2.4	151	
25	電球	987	250	92	25.3	9.3	197	
26	石鹸	2,017	247	106	12.2	5.3	106	
27	ペイント	1,046	223	109	21.3	10.4	209	
28	苛性曹達	931	211	53	22.7	5.7	186	
29	鉄鍋	212	136	41	64.2	19.3	42	
小計		120,263	72,177	27,581	60.0	22.9	(17)　20,566	(27)　32,176
その他とも計		329,378	98,715	44,422	30.0	13.5		
綿布6種小計		50,082	39,651	19,048	79.2	38.0	(20)　9,815	(50)　25,041

資料）外務省記録「蘭印総輸入価額ニ対スル日本商輸入価額比率」（B.2.0.0.J-N2-1-2）。同「山中清太郎報告」（仮）1934年11月21日付（B. 2.0.0.J-N2-1）。

注記）ⓐ～ⓒは，1933年の実績。（　）内は，総輸入額における日本人貿易商の取引割合（%）。番号の○は，日本案（10/9）で提案された規制対象案の14種類。蘭印案（9/24）の試算については，表8-6を参照。その際，番号20，24，26についてはⓒの実績をそのまま，番号②，⑧，21についてはⓐ×0.15で，それ以外の番号はⓐ×0.2で求めた。

「休止」が決定された一二月末には、以下の二点が政府間で合意された。

①輸入総量の基準を一九三三年の実績から二割減ずること。

②輸入商の資格規定を緩和して、「欧州人商業組合に加入しているか否か」を問題としないこと。

さらに、これに加えて蘭印側の提案（一二月一七日）になる、次の協定も両者で合意された[98]。

③日本人貿易商への割当を蘭印総輸入量の二五％にすること。

③は、蘭印側が日本人貿易商の対綿布総輸入取引比率の増加（二〇％〔表8-6の蘭印の10／30案〕→二五％）を認めたことを示すものであったが、日本側も対総輸入取引比率の減少（五〇％〔表8-6の日本の10／9案〕→三八％〔表8-7の日本の12／11案〕→二五％）を認めたように、両者が歩み寄りの姿勢を示したことに特徴があった。蘭印は会商を「中止スル意思ハ全クナイ[99]」ごとくであり、一一月以降の蘭印は「妥協的[100]」であった。

蘭印政府側の歩み寄りについては後述するとして、日本側の譲歩姿勢を考える時に看過してならないのは、日本の糸染サロンと未晒綿布の不売運動の継続問題についてである。これらの積止めは当該品を求める蘭印との交渉において、日本側の交渉力を高める条件であったことは先述したが、この時期には不売運動の継続が主体である綿業関係者の間で難しくなっていた。不売運動の民間協定においてどの程度の違反が発生したのかは判然としないが、綿布生産者のなかには協定を遵守しない者が現れたようであり、日本政府は積止めが「蘭印側ニ与エシ恐怖感ハ全ク一時的ニシテ今ヤ以前ノ軽視ニ戻リ、今後ハ同様ノ事件起リテモ日本側ノ結束ニ永続性ナク恐ルルニ足ラズトノ念ヲ与エシ[101]」状態に直面し、日本側の交渉力の限界を強く意識したのである。譲歩することで蘭印側との協定を急いだ背景がここにあった。

交渉の主導権を握ることのなかった綿業関係者も、「商社割当比率ハ日蘭通商補則協定成立スルコトノ期待ノ下ニ差当リ二五%ト」（一二月一四日）することを追認した。そして紡連と輸出綿糸布同業会は、「対蘭印輸出組合」の結成を通した日本の輸出統制の実施を蘭印側が承認することを条件に、一二月一四日に未晒綿布の不売解除を決議した。生産者側に不売運動の継続が難しくなってきたことと、低廉な日本製品は蘭印から規制される対象であっても排除されることは決してないことが認識されていたからである。

対蘭印綿布輸出組合による輸出統制は、以下のように輸出量の各貿易商への「割当」を基本方法としていた。[102]

・輸出総量の五〇%は過去の実績により、また第二年度からは前年の実績により組合員に割り当てる。
・残る五〇%は「入札」方法か、または「自由競争ニ委ス」こと。

日本製品を必要とするオランダ人貿易商にとっては組合への加入が新たに必要となり、より一層の参入には「入札」という競争的な対応が必要であった。「輸出組合法」の第九条の発動によって「アウトサイダーヲ強制加入セシメル」（三五年一月八日）ことは、アウトサイダーであることの多い在日本オランダ人貿易商（後掲表8-9）の活動に制約を加える危険性を有するものと考えられていた。それゆえ、在日本オランダ人貿易商にとって輸出組合による統制は利害調整を要するものであり、そのまま受け入れうる条件ではなかった。

もっとも一九三五年時点での輸出組合による輸出統制案は日本綿業関係者が「統制ハ緩慢ナル程度トスルコト、即チ割当ヲセズ」（三五年一月八日）と決議したように、具体化の動きを示さずに経過した。「会商ハ決裂シテモ結局日本品以外ニハ［蘭印へは］入ラナイ様ニ思ヘル節ガアル」（一一月二〇日）と評されたように、需要の高い日本製品にあえて供給規制を加えることはないとの認識が綿業関係者には存在したからであった。また輸出組合の統制をめぐっては直接に統制の対象となる貿易商が組合内における紡連の発言権を抑えようとする不協和音があり、[103] 直ちに実施されにくい環境下にあった。後述するように、輸出組合による輸出統制問題は、在日本オランダ人貿易商の利害問題を中心に、その後にも再燃する。一九三五年一月に日本側が未晒綿布不売運動の解除に踏み切ったことは、蘭印における日本製品の需要の高さとともに、不売運動の継続や、統制の実施方法をめぐって綿業関係者内部で足並みの乱れが生じていたことを示していた。

（3）日本の蘭印砂糖購入問題についての交渉

ともあれ論点ⓐについては、政府の主導の下で、基本的な合意ができたと言える。しかし、会商が「休止」という形を採ったのは論点ⓑについての合意の不成立が理由であった。蘭印が砂糖の対日本輸出拡大を強く望んでいたことは日本側においても明確であったが、日本政府内においては蘭印砂糖購入問題について各省間の調整が進まなかった。論点ⓐにおいて日本政府内の、とくに綿業関係者を規制した外務省と商工省の主導性が発揮されたのとは対照的であった。一九三四年末に蘭印が日本に対して妥協的であったのも、蘭印が重要と考える論点ⓑにおいて日本側の明確な提案がなかなか出されなかったことへの焦燥感を背景にしていた。

日本にとって蘭印からの砂糖輸入の拡大は日本市場における台湾砂糖との競合を喚起するものであり、政府内でも拓務省と農林省を中心に強い反対が見られた。輸入圧力による台湾砂糖の動揺は「再び台湾の米作を増加し、わが米穀政策上の重大問題を醸す」[104]と批判された。蘭印砂糖の輸入増は日本における台湾砂糖との競合を通して「台湾総督ノ統治上ノ重大問題」[105]とされたのであった。一〇月一〇日の関係各省会議において両省は、蘭印側10／11案が日本の購入した蘭印砂糖の海外への再輸出に大きな制約を加えている点（表8-6参照）から、日本市場内での砂糖の供給過剰を懸念して、蘭印政府案を拒否した。そして各年「五十万トンノ蘭印砂糖買付方已ムヲ得サルヘキ」としながら、「右ハ我カ輸出業者ノ負担ニ於テ之ヲ行ハシメ、且其販路ハ凡テ之ヲ海外ニ求ムヘシ」[106]との案を提示した。蘭印市場からの砂糖購入の必要を認めた上で、再輸出の方途を探り、あわせて購入後の在庫負担を民間の輸出商に求めたのである。

この提案は日本市場における台湾砂糖の利害を代弁する点で、各省内では十分な発言力を持ったようであり、外務省は一一月一六日の綿業関係者との官民協議会において「綿布関係デ此ノ犠牲ヲ何ノ程度迄負担シ得ルヤ」と尋ね、あわせて商工省も綿業関係者には「負担能力モアルノデハナイカト思ウ」（吉野信次談）と、とくに紡連に約三〇〇万円の捻出による蘭印砂糖の購入負担を提案した（一一月一六日）。

以上の四省以外のなかで、蘭印からの砂糖の輸入増の試みに消極的であったのが大蔵省であった。蘭印砂糖の購入負担については、「高橋是清氏の大蔵大臣就任を見たので［中略］砂糖輸入問題については恐らく会商成立に好都合なる回訓に接する」[107]との、財政対応にも期待が寄せられたが、この時点での高橋には、輸入増加が、〈入超↓円の下落↓インフレ〉に繋がるとの懸念があり[108]、財政の後援による輸入増には慎重な態度をとった。一九三二年から財政拡張による不況からの脱出を試みた高橋であったが、この時点ではそうした財政の運営には慎重な立場をとっていたのである。

外務省・商工省と大蔵省の差異を含みつつも、各省は蘭印からの砂糖購入問題の解決を、民間、とくに綿業関係者の負担を通して対応することに求めたようである。しかし紡連と綿業関係商側もこの負担要請には反対であった。一一月二七日に両者は協議し、「綿業者自身ノRiskニテ砂糖買付ハ不可能ナリ」（一一月二七日）との反対姿勢を示した。その後の政府側の対応については詳らかにできないが、結局砂糖の「買いつけを当業者に勧説」[109]するとの提案に落ちついたことを考えれば、政府は省内の意見対立を背景に複数の選択肢を持ちえていなかったと言えよう。砂糖の購入拡大を通した協調外交は、台湾経済の利害問題、外務省・商工省と大蔵省との不協和音、綿業関係者の負担拒否によって具体化しなかったのであり、日蘭会商は論点ⓐの合意内容を明文化せずに「紳士協約」にとどめ、「休止」という形を採らざるを得なかったのである。

七　会商の「休止」

しかし、蘭印砂糖の輸入増問題をめぐって日蘭会商が一九三四年一二月に「休止」したことは、従来の研究史が指摘してきたように、会商そのものの決裂を、ひいては世界政治経済における日本の「孤立」化を含意するものではなかったと考えられる。日本綿業関係者が三五年一月に未晒綿布の積止めを解除したことは、不売運動を継続させる業界内の結束力に限界があったとしても、通商関係を維持させる方向を示していた。また会商の論点ⓑについてみても、三四年以後の日本の蘭印砂糖の輸入は日本の国内の景気回復を背景に増加した。表8-8に示したように、蘭印砂糖の対日本輸出依存度は三〇年の一〇％から三六年には二二％へと高まっていた。あわせて第一次産品から構成される対日本輸出額も三四年の一八百万ギルダーから三六年の三〇百万ギルダーへと増加した。[110] また、図8-1に示したように、蘭印砂糖の対日本輸出依存度が二割以上となる三六年と三七年に、対日本輸出価格は、蘭印市場価格を先導するように上昇に転じていた。蘭印の砂糖輸入増がどの程度まで政策的な含意を通して進められたのかは判然としないが、「昭和十一、二年頃には日本糖商の爪哇糖輸入は増加[111]」したように、政府の民間への「勧説」が有効であったと考えておきたい。実際に、ニヴァス（NIVAS――蘭印砂糖販売組合）の常務理事ファルクフィッサーと糖業連合会のメンバーとの懇談会が、三五年一一月にもたれたが、そのなかで、日本の蘭印砂糖の購入を求めるファルクフィッサーにたいして玉井義助（台湾製糖）は、「黙ツテ日キテモ買フ丈ハ買ヒマス。要点ハ［協定によって］注文ヲ確定スルコトノ出来ナイコトデス[112]」と説明していた。

日本と蘭印との通商関係が会商の休止後にも弱まらなかったことは、会商の論点ⓐにおいても確認することがで

表8-8　蘭領東インドの輸出先構成と主要輸出品構成

（単位：％）

年次	輸出（百万ギルダー）	アメリカ	オランダ	イギリス	シンガポール	英印	日本	ゴム	石油	砂糖
1929	1,443	12	16	9	21	10	3	16	12	21
30	157	12	15	8	21	12	4	15	16	21
31	747	12	18	9	19	8	4	11	19	17
32	541	12	19	9	17	7	4	6	18	18
33	467	12	19	6	17	5	5	8	22	13
34	487	11	21	8	18	3	4	18	20	9
35	445	14	23	7	15	3	5	16	19	8
36	537	18	24	5	12	1	6	16	18	6
37	951	19	20	5	19	1	5	31	17	5
38	657	14	20	5	17	1	3	21	25	7
39	745	20	15	5	17	3	3	26	21	10

地域別輸出依存度

年次	ゴム			石油		砂糖			
	アメリカ	シンガポール	イギリス	ビンタン島	シンガポール	オランダ	英印	香港	日本
1929	37	3	14	11	42	0	43	11	9
30	41	24	16	13	50	0	50	16	10
31	46	19	11	0	37	0	40	22	10
32	47	15	9	20	32	1	35	17	3
33	32	30	8	22	27	2	33	16	13
34	26	33	15	18	27	2	28	19	11
35	36	19	16	23	27	0	31	14	14
36	48	14	9	35	18	1	5	21	22
37	37	32	7	26	23	9	3	12	16
38	34	25	10	29	24	15	4	9	2
39	45	24	6	29	25	8	26	8	0

資料）南洋協会編『南方圏貿易統計表』日本評論社，1943年2月，180-5頁。

きる。表8-9に示したように、対蘭印日本綿布輸出取引において、在日本オランダ人貿易商の日本綿布取引率は一九三二年の一八％から三五年には二九％へと拡大したことに注目したい。また、在蘭印オランダ人貿易商が蘭印において日本人輸出商より引き取った日本品をも彼らの日本製品取引シェアとみなせば（後述のシフ取引）、彼らの取引比率は三五年には四四％へと拡大したことになる（表8-9の修正値）。日本人貿易商とオランダ人貿易商との間において、いかなる取引機会の調整が具体的になされたのかは今のところ不明であるが、会商の休止後に前者から後者への取引機会の委譲が試みられたのである。

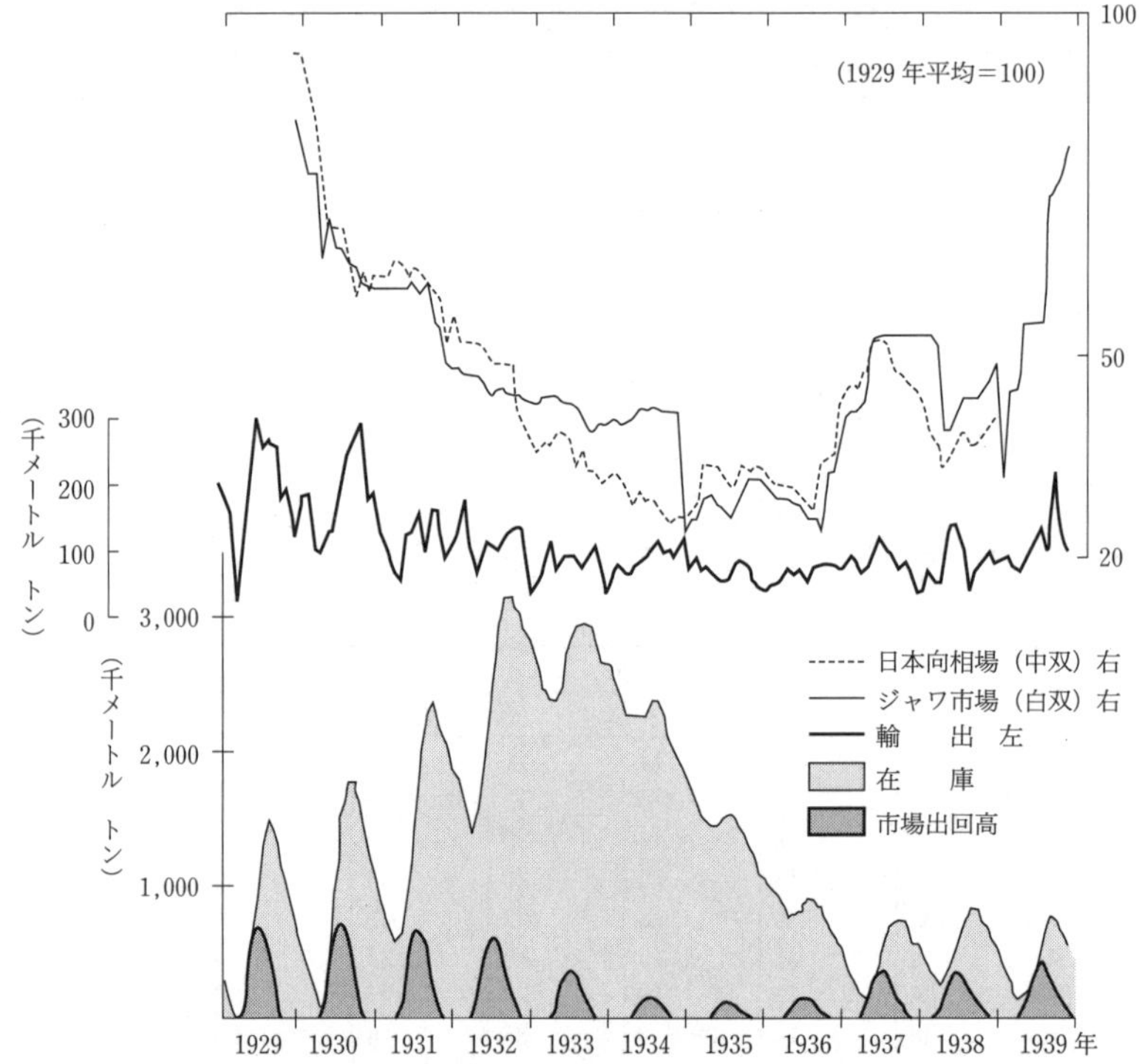

国別輸出依存度(%)	スエズ以西	12	0	9	**24**	15	12	1	14	**41**	**53**	**37**
	英領インド	**44**	**48**	**31**	**24**	**24**	**26**	**23**	11	2	8	27
	日本	10	13	8	7	14	13	**25**	**20**	18	0	0
	香港	11	18	**23**	14	16	17	15	**20**	9	11	8

図 8-1　蘭領東インドにおける砂糖市場

資料）山下久四郎編『砂糖年鑑』日本砂糖協会，各年。
注記）太数字は 20%以上。輸出依存度のデータは各年 4 月はじまり。

表8-9　主要輸出商別の対蘭領東インド日本綿布輸出の変化

（単位：%）

国籍		商　社	会員番号	32年取扱品構成			35年取扱品構成			1932年各社シェア				1935年各社シェア			
				生地	晒	加工	生地	晒	加工	生地	晒	加工	計	生地	晒	加工	計
オランダ商	1	N. V. Borneo Sumatra Handel Miji.	db-5	6.2	12.6	81.3	16.1	10.2	73.7	5.29	11.09	16.10	13.62	11.70	10.61	13.83	13.04
	2	Intetrnationale	*				32.2	17.7	50.1					6.22	4.88	2.50	3.47
	3	田中助左衛門	dt-11	0.7	2.9	96.3	3.3	16.7	79.9	0.05	0.22	1.62	1.15	0.63	4.47	3.86	3.36
	4	和蘭貿易	*	2.8	5.6	91.5	7.2	16.1	76.7	0.50	1.02	3.73	2.80	1.33	4.25	3.67	3.32
	5	Geo. Wehry	*				41.7	0.0	58.3					5.55	0.00	2.00	2.39
	6	Dreher & Stibbe	*				0.0	6.7	93.3					0.00	0.93	2.35	1.75
	7	Deli-Atjeh	*				2.9	3.8	93.3					0.20	0.39	1.72	1.28
	8	Netherlanda-Asiatics Trading Co.	dn-6	9.3	48.0	42.7	10.1	9.2	80.7	0.50	2.66	0.53	0.86	0.27	0.35	0.55	0.48
	9	Jacobson Van Den Berg	*				0.0	100.0	0.0					0.00	0.32	0.00	0.04
	10	Hagemyer	*				39.9	34.1	26.0					0.09	0.11	0.01	0.04
日本商	1	東洋棉花	dt-24	34.8	31.1	34.1	38.0	11.9	50.1	22.16	20.30	5.00	10.08	15.31	6.86	5.23	7.24
	2	日布洋行	dn-10	2.5	6.0	91.5	1.8	10.2	88.0	0.57	1.41	4.83	3.63	0.71	5.86	9.15	7.22
	3	伊藤忠	di-4	34.9	15.7	49.4	41.1	12.3	46.6	21.62	9.98	7.07	9.82	15.84	6.75	4.64	6.91
	4	江商	dg-1	8.2	36.2	55.6	15.2	34.1	50.7	4.77	21.77	7.50	9.27	4.52	14.47	3.90	5.35
	5	又一	dm-6	26.1	31.9	42.0	23.9	32.9	43.2	8.68	10.92	3.23	5.28	6.87	13.48	3.21	5.16
	6	豊島商店	dt-25	23.7	7.0	69.3	51.5	1.7	46.8	5.18	1.57	3.50	3.47	13.17	0.62	3.09	4.59
	7	大同貿易	dd-1	3.6	6.8	89.7	4.4	5.0	90.6	2.08	4.04	12.02	9.21	0.99	1.62	5.27	4.04
	8	服部商店	dh-6	62.0	3.1	34.9	47.9	5.5	46.5	14.71	0.76	1.91	3.76	8.72	1.44	2.19	3.26
	9	山本顧弥太商店	dy-4	32.5	4.0	63.5	39.5	11.4	49.1	4.67	0.60	2.11	2.28	3.08	1.26	0.99	1.40
	10	伊藤万	di-5	0.2	0.0	99.8	0.0	0.0	100.0	0.01	0.00	1.77	1.22	0.00	0.00	1.73	1.20
	11	日本綿花	dn-9	38.0	51.1	11.0	31.0	25.3	43.7	4.94	6.83	0.33	2.06	2.01	2.34	0.73	1.16
	12	田村駒商店	dt-10	0.0	1.8	98.2	0.0	5.3	94.7	0.00	0.18	2.16	1.51	0.00	0.40	1.31	0.96
	13	竹村商店	dt-5	0.0	3.5	96.5	3.7	10.6	85.7	0.00	0.41	2.55	1.81	0.15	0.59	0.87	0.70
中国商	1	新端興	ds-8				4.6	0.6	94.8					0.18	0.03	0.97	0.71
	2	得人和	dt-1	0.0	2.3	97.7	24.7	27.5	47.9	0.00	0.16	1.52	1.07	0.73	1.16	0.37	0.53
	3	建和隆	dk-9	14.2	11.9	73.9	5.5	12.6	81.9	0.31	0.27	0.37	0.35	0.05	0.15	0.17	0.15
	4	華東公司	dw-1	0.0	6.4	93.6	0.0	97.9	2.1	0.00	0.05	0.18	0.13	0.00	0.58	0.00	0.07
	5	東南公司	dt-28	1.5	1.4	97.1	0.0	80.4	19.6	0.13	0.13	2.03	1.43	0.00	0.39	0.02	0.06
	6	有昌公司	dy-6				0.0	0.0	100.0					0.00	0.00	0.07	0.05
	7	成興公司	ds-5				0.0	23.8	76.2					0.00	0.10	0.06	0.05
	8	福源公司	*	0.0	25.0	75.0				0.00	0.01	0.01	0.01				
		その他とも日本品輸出合計		15.9	15.4	68.7	18.0	12.6	69.5	100.00	100.00	100.00	100.00	100.00	100.00	100.00	100.00
		中国商	a	2.4	3.1	94.5	10.6	18.6	70.8	0.45	0.61	4.10	2.98	0.96	2.41	1.66	1.63
		オランダ商	b	5.5	12.6	82.0	16.0	11.4	72.7	6.35	15.00	21.98	18.43	25.97	26.31	30.51	29.17
		その他外商	c	4.0	5.7	90.3	1.5	9.8	88.7	3.82	5.63	19.95	15.18	1.70	15.59	25.53	20.00
		日本商	d	22.3	19.2	58.5	26.0	14.2	59.7	89.39	78.76	53.97	63.41	71.37	55.69	42.30	49.20
		中国商	a				10.6	18.6	70.8					0.96	2.41	1.66	1.63
		オランダ商	b（修正）				15.0	16.8	68.2					37.07	59.14	43.44	44.28
		その他外商	c				1.5	9.8	88.7					1.70	15.59	25.53	20.00
		日本商	d（修正）				31.7	8.4	59.8					60.27	22.87	29.37	34.10

資料）「昭和6年7月1日～11年12月31日　蘭領東印度向綿織物輸出実績届け出数量」1937年6月29日（日本綿糸布輸出組合『日蘭会商委員会』所収）。

注記）修正値は，蘭印の港での日本商からオランダ商への綿布引渡し量を調整したもの。オランダ商に引き渡された日本綿布は，生地8,974碼，晒18,219碼，色物39,622碼。会員番号における＊は，1937年6月での対蘭印輸出組合（のち日本南洋輸出組合）の未加入商社で，アウトサイダーであることを示す。田中助左衛門は，オランダ人の出資によるダミー商社であるとの「解説」にしたがって，オランダ商に入れた。

表8-10　蘭領東インドにおける日本とオランダ製綿布の単価の推移

（単位：ギルダー/千碼）

年次	日本品 ⓐ				オランダ品 ⓑ				ⓑ/ⓐ			
	未晒	晒	反染・捺染	糸染	未晒	晒	反染・捺染	糸染	未晒	晒	反染・捺染	糸染
1929	193.6	260.3	227.7	168.5	226.2	253.6	245.3	336.4	117	97	108	200
30	186.0	227.6	176.5	152.6	203.4	229.2	241.6	305.6	109	101	137	200
31	147.3	189.7	141.2	139.1	148.4	187.5	199.1	242.7	101	99	141	174
32	113.9	139.4	80.1	98.6	118.4	153.3	156.8	341.6	104	110	196	347
33	89.1	122.7	70.7	**68.8**	115.4	141.3	189.8	389.3	129	115	268	566
34	94.8	113.0	68.0	73.1	117.3	127.7	240.0	306.2	124	113	353	419
35	88.6	108.0	73.0	71.6	116.0	117.6	187.1	264.2	131	109	256	369
36	**88.1**	**103.8**	**59.2**	69.8	160.7	**111.5**	**107.5**	**145.1**	182	107	182	208
37	111.8	127.9	70.9	78.8	129.6	133.5	142.9	158.9	116	104	201	202
38	100.0	131.1	69.6	78.9	103.1	142.7	154.8	196.2	103	109	223	249
39	113.9	140.4	70.7	86.6	**97.6**	160.5	152.9	192.7	86	114	216	223
40	108.2	169.4	75.9	86.8	125.6	178.1	167.0	268.1	116	105	220	309

年次	日本品輸入単価（円換算）ⓒ				日本品輸出単価（円）ⓓ				ⓒ/ⓓ				対蘭印レート（円）
	未晒	晒	反染・捺染	糸染	未晒	晒	反染・捺染	糸染	未晒	晒	反染・捺染	糸染	
1929	162	218	191	141	178	235	232	232	91	93	82	61	0.838574
30	151	185	143	124	137	158	161	161	110	117	89	77	0.811359
31	**130**	**167**	125	**123**	**112**	**143**	**139**	**139**	116	117	90	88	0.882029
32	149	183	**105**	129	114	146	151	151	131	125	70	86	1.311475
33	177	244	141	137	144	175	201	201	123	140	70	68	1.990050
34	208	248	149	160	145	185	202	202	144	134	74	79	2.194787
35	208	253	171	168	132	177	196	196	158	143	87	86	2.342606
36	182	214	122	144	131	164	168	168	139	131	73	86	2.065405
37	214	245	136	151	174	207	203	203	123	118	67	74	1.916168
38	195	256	136	154	137	183	161	161	142	140	85	96	1.953602
39					125	172	146	146					
40					156	219	177	177					

資料）表8-1と同じ。

注記）ⓓは円/100平方碼で求めたもの。対蘭印レートは，１ギルダーに対する円建値。太数字は，底の値。

綿布の品種別にみればオランダ人貿易商は、生地と晒の取引に比重を置いた。表8-10は日本製品の輸出単価と蘭印での輸入単価（円に換算）との価格差を品種ごとに示したものである。輸出単価を一〇〇とした時の輸入単価（ⓒ／ⓓ）をみるならば、生地・晒はその価格差が相対的に大きいことから、生地・晒は相対的に有益な取引品であったと考えられる。そうであるとすれば、オランダ人貿易商の両品取引は、有益な日本製品の取引機会を増やし、オランダ本国の投資家が強く期待するオランダ人貿易商の収益・配当の増加に貢献したと考えられる。

他方、日本人貿易商の日本製品の取引比率は一九三二年から三五年にかけて、六三%から四九%へと後退した。そして「シフ取引」においては三四%へと後退した（表8-9の修正値）。しかし、ここで注意したいのは、こうした日本人貿易商からオランダ人貿易商への取引機会の委譲が、必ずしも日本人貿易商の経営に大きな制約を加えるものではなかった点である。日本製品への蘭印からの輸入規制は晒に、そして会商の休止後には、未晒、反染、捺染、糸染に課せられたが、こうした規制はかえって「業者の無暴《ママ》なる競争は自ら緩和停止され［中略］本邦商品の価格も著しく昇騰し、ために邦商に在りても輸入量の減少に不拘却って営業利益を増加せる」[113]るような合理的な結果をもたらしたからである。表8-11の各年の輸入割当量ⓐと輸入実績ⓑを対比すると（総輸入におけるⓑ／ⓐ）、綿布輸入の推移は、蘭印市場の購買力が高まった三七年（後述）を除いて、ほぼ蘭印政府の輸入制限基準内で推移する内容であることがわかる。とくに三六年以降の日本製品の輸入は、糸染から、むしろ有益な価格体系を有するようになった未晒、晒綿布に取引の重点を移す傾向が見られた（前掲表8-1）。未晒綿布は日本製品のほぼ独占するところであったが、晒綿布においては蘭印政府の輸入規制が日本製品のシェアを下げることになったとしても、販売競争の抑制に実効性を有したと言えよう。こうした規制が輸入取引を有益なものに再編したのであり、日本人貿易商も安定した収益を対蘭印輸出取引から確保したのであった。

さらに日本人貿易商と在蘭印オランダ人貿易商には、特定の取引関係が形成されていたようであり、相互の競争制限に有効であったと考えられる。各上位紡績企業の兼営織布は「自家商標による特定商社と密接に連携して委託荷の連続出荷を行」っており、下記のような連携がみられた[114]。

・東洋紡績　→江商→インタナシオ（三七三頁の1。以下同様）

入統制とその実績推計（1935～40年）

（単位：千碼）

ⓑ	37年実績ⓒ	制限期間年.月	ⓐ	ⓑ	38年実績ⓒ	制限期間年.月	ⓐ	ⓑ	39年実績ⓒ	制限期間年.月	ⓐ	ⓑ	40年実績ⓒ
72,687	113,836	38.1～12	57,395	57,415	67,681	39.1～40.1	51,233	65,051	86,870	40.1～41.1	64,233	54,686	67,973
70,644	110,826	5次	—	53,369	62,258	6次	—	63,905	79,349	7次	—	51,013	63,929
n. a.	122		—	n. a.	380		—	n. a.	2,133		—	n. a.	87
191,418	226,237	38.1～12	172,300	157,616	182,823	39.1～12	127,900	98,673	118,392	40.1～41.1	132,800	113,603	131,471
95,006	108,433	6次	—	55,379	65,613	7次	—	33,406	41,585	8次	—	81,427	93,461
n. a.	100,176		89,602	n. a.	106,724		63,560	n. a.	69,433		65,898	n. a.	30,987
208,959	317,707	37.9～38.9	283,140	134,940	188,817	38.9～39.9	283,340	189,281	264,312	39.9～40.9	283,339	152,009	214,382
139,555	207,403	3次	—	83,519	112,213	4次	—	134,887	183,406	5次	—	106,746	148,797
n. a.	49,470		35,228	n. a.	47,118		35,228	n. a.	44,886		35,228	n. a.	21,151
79,129	121,254	37.9～38.9	87,786	52,667	75,624	38.9～39.9	87,786	65,081	93,453	39.9～40.9	87,785	42,889	61,849
58,309	87,240	3次	—	36,986	50,785	4次	—	56,745	80,255	5次	—	39,894	57,717
n. a.	23,247		3,756	n. a.	18,077		3,756	n. a.	8,561		3,756	n. a.	1,410
552,193	779,034		600,621	402,638	514,945		550,259	418,086	563,027		568,157	363,187	475,675
n. a.	379	38.6～39.6	169	n. a.	164	39.6～40.6		n. a.	79	40.6～41.6	169	n. a.	
n. a.	212	10次	—	n. a.	34	11次	—	n. a.	4	12次	—	n. a.	
n. a.	144		78	n. a.	122			n. a.	65		109	n. a.	

・鐘淵紡績　→東洋棉花→インタナシオ（1）、
　　　　　　　その他華僑
・富士紡績　→三菱商事→ヤコブソン（7）
　　　　　　→伊藤忠→ボルスミ（3）、ゲ
　　　　　　　オ・ウェリー（11）
・大日本紡績　→日本綿花→不明

日本綿花などは蘭印の輸入規制によって「取扱高は頓に減少[115]」し、江商も「消極的トナリ、漸次人モ減ラシ居ル[116]」状態であったが、東洋棉花では「インター社と折衝を重ね、日蘭両国品の取扱いについて相互に便宜を供与することに成功[117]」し、「取引高モ却ツテ輸入制限令実施以前ヨリモ相当増加シ、且ツ輸入制限ニヨルマージンノ増加ニテ［中略］蘭商相手ノ方ガ仕事ガヤリ良キ[118]」との反応を示した。前掲表7-8に示したように、東洋棉花のスラバヤ支店において加工綿布取引の総収益が高まったことは、こうしたオランダ人貿易商との協調関係に基づいていたのである。そして新規参入社である三菱商事も

表8-11　蘭領東インド政府による綿布輸

綿布種類			33年				35年				36年		
			実績ⓒ	制限期間 年．月	制限対象品または蘭品割当ⓐ	同左実績ⓑ	実績ⓒ	制限期間 年．月	ⓐ	ⓑ	実績ⓒ	制限期間	ⓐ
未晒	総輸入量	①	67,295	35.1〜10	52,980	58,498	71,639	35.11〜36.12	**81,845**	70,436	89,820	37.1〜12	67,019
	日本品	②	60,501	1-2次	—	56,770	69,949	3次	—	69,419	88,185	4次	—
	オランダ品	③	230		—	n. a.	149		—	n. a.	34		—
晒	総輸入量	①	162,889	35.1〜12	128,852	101,845	118,344	36.1〜12	110,802	102,542	123,113	37.1〜12	155,350
	日本品	②	**126,062**	2次	—	48,066	58,141	3-4次	—	50,841	60,869	5次	—
	オランダ品	③	22,003		63,749	n. a.	54,160		53,373	n. a.	55,856		78,306
反染・捺染	総輸入量	①	220,578	35.4〜36.2	165,000	133,862	192,198	35.11〜36.9	183,298	139,489	197,625	36.9〜37.9	207,959
	日本品	②	186,209	（1次）	—	129,590	181,623	1次	—	117,972	159,704	2次	—
	オランダ品	③	1,164		—	n. a.	711		21,858	n. a.	16,835		35,228
糸染	総輸入量	①	64,815	35.4〜36.2	52,000	44,008	65,031	35.11〜36.9	48,220	55,364	77,826	36.9〜37.9	75,815
	日本品	②	58,801	（1次）	—	41,761	61,590	1次	—	50,681	70,109	2次	—
	オランダ品	③	1,050		—	n. a.	575		814	n. a.	3,911		3,756
計	総輸入量	①	515,577		398,832	338,213	447,212		424,165	367,831	488,384		506,143
綿サロン(千コージ)	総輸入量	①	666	34.12〜35.12	435	n. a.	303	35.12〜36.12	410	n. a.	279	37.6〜38.6	370
	日本品	②	624	4〜5次	—	n. a.	279	6〜7次	—	n. a.	204	9次	—
	オランダ品	③	11		147	n. a.	25		134	n. a.	70		109

総輸入におけるⓑ/ⓐ（%）	35年	36年	37年	38年	39年	40年
未晒	110	86	108	100	127	85
晒	79	93	123	91	77	86
反染・捺染	81	76	110	48	67	54
糸染	85	115	104	60	74	49
計	85	87	109	67	76	64

総輸入におけるⓒ/ⓐ（%）	35年	36年	37年	38年	39年	40年
未晒	135	110	170	118	170	106
晒	92	111	146	106	93	99
反染・捺染	116	108	153	67	93	76
糸染	125	161	160	86	106	70
計	112	115	154	86	102	84

オランダ品におけるⓒ/ⓐ（%）	35年	36年	37年	38年	39年	40年
晒	85	105	128	119	109	47
反染・捺染		77	140	134	127	60
糸染		480	619	481	228	38

資料）日本綿糸布南洋輸出組合『事業報告書，決算報告書，収支予算案』各年度。前掲『日蘭貿易参考資料』。南洋協会『蘭領印度現行輸入制限一覧表』1939年6月調査。同『蘭印経済概観』1940年11月，69-81頁。

注記）—は割当なしを示す。n. a. はデータなし。（　）内は資料に記されているものを，そのまま記した。太数字はⓐとⓒの各年のピーク。

「蘭商ヤコブソン社を一手取扱者として選定し、［中略］始めて綿布輸入商の資格を得」[119]たのである。その意味で蘭印市場を舞台とする対外協調は民間のレベルにおいてもそれを支える根拠を持ちえたのである。

　日本が会商の休止後においても輸出入の両面において蘭印との通商関係を維持したことは、先述したように東南アジアにおけるオランダ本国の帝国主義的経済秩序に配慮するものであった。一九三五年八月一日に外務省がまとめた『国際関係ヨリ見タル日本ノ姿』[120]（以下、同史料からの引用は、頁数を記す）は、そうした協調外交の含意するところが示唆されていた。ここでは国際連盟からの脱退後に、日本が「集団組織ニ見限リヲ付ケ、各国交渉ニ移ッタ」（七頁）として二〇年代のワシントン体制からの離脱を前提にした外交方針が構想されていた。そして外交の対象地域を東アジアと、ヨーロッパの植民地圏である南アジア・東南アジアの二類型に整理した上で、まず対東アジア外交での重要な課題を、「支那ガ自ラ東亜ニ於ケル責任ヲ自覚シテ日本ト共ニ之［東アジアの「安定」］ヲ果たし、中国が「赤露ト結ヒ又ハ欧米ト合作シテ日本ニ当ルガ如キ旧套ニ復帰セシメザル様ニ［日本が］導クコト」（三八―九頁）に求めた。つまり中国との政治的、経済的競争のなかで、日本が「安定勢力」として中国を規制することが肝心であった。そして、三〇年代の中国のナショナリズムの高揚が諸列強との多様な連携につながることを注視していたのである。

　そして日本は「東亜ニ於テ自ラ其ノ安定勢力タルベキ実力ト信望トヲ有スルノミナラズ、進ンデ世界列国ヲシテ帝国ノ東亜ニ於ケル其ノ地位ヲ理解セシメ承認セシムル」ために「協和外交」（二頁）を採ることが強調された。なかでも協和外交はヨーロッパの植民地圏の南アジア・東南アジアを対象にしていた。「英国ノ強大ナル精神系統デアル印度・南洋・豪州ノ線ニハ経済通商ノ擁護以外ニハ努メテ触レザル様ニスベキ」であり、「仏モ蘭モ将又白モ葡モ何レモ英国ノ傘下ニアル」（二五―六頁）とするならば、それらのヨーロッパ各国には同様に対応することが必要であると強調された。つまり日本の経済外交は、あくまでも東アジアでの日本の「安定勢力」化（＝ヘゲモニー確立）を主な課題としており、東南アジア・南アジアを対象にしたヨーロッパの利害「擁護」を内容とする協調的経済外交は、その日本のヘゲモニーへの追認を列強から引き出すための条件と位置づけられていたのである。このことは、換言すれば、外務省はあくまでも対東アジア外交を中軸に、対南アジア・東南アジア外交を副軸に位置づけていたことを示しており、あわせて後者は前者の動向に強く規定される関係にあったことを示していた。

八　会商の再開

（1）「石沢ーハルト協定」と新しい競争の問題

日蘭会商は一九三四年末の休止から数年を経て、三七年五月から再開された。周知のように三七年四月九日に「石沢ーハルト協定」が結ばれたことが再開の契機であった。同協定は三八年一二月末まで有効とされたが、以下に協定内容を要約したように、細部にわたってそれぞれの提案内容を詰める必要があり、民間を主体にした会商が再開されたのである。[121]まず、蘭印政府の提案内容は、

①日本人貿易商取扱比率。蘭印総輸入における日本人貿易商社の取引比率は、「現制度を存続」させて、最高で二五％とする。ただし、ある輸入品については三〇％まで認める。そしてまた「可能ナル場合、特別割当許与方ニ付キ好意的考慮ヲ加フル」。

②義務輸入。砂糖などの輸入は「現行ノ原則ニ遵ヒ存続」する。

③自由割当。オランダ製品の輸入割当を優先するも、非オランダ製品輸入の「自由割当」枠については、特に「日本ノ利益ニ関スル現状維持」について好意的考慮をなす。

④輸入制限。日本人貿易商に「温和」なる政策を維持する。
⑤その他。日本の「対蘭印［南洋］輸出組合」については、オランダ人貿易商の加入を「勧奨」する。
そして日本政府側の提案内容は、蘭印政府側の提案に即して述べれば、
2砂糖買付け。日本の砂糖当業者にジャバ砂糖の輸入を「極力勧奨」する。その他の蘭印物産買付け増進には「注意ヲ払フ」ように関係者に誘導する。そのために輸入税の据置きについては好意的に考慮する。
5対蘭印輸出組合。組合に加入するオランダ人貿易商には「日本人ト平等」（つまり五〇％）に輸出割当を行う。またオランダ人貿易商には、「基礎割当増加」と「特別割当付与」をなすためにオランダ人貿易商と協議する。そのために政府は当業者の了解を得られるように「斡旋」する。

これらの内容は一九三四年末に協議された内容ⓐとⓑを追認したものであった。ⓐオランダ人貿易商に有益な日本製品取引の機会を譲渡すること、ⓑ日本が蘭印の第一次産品（砂糖など）の購入に努力することが、重ねて議論されたのである。前者は①③④⑤を通して、後者は②を通して議論された。日本側は①③④についてはほぼ承認しており、調整の必要は②—2と、⑤—5の二つの問題に絞られたのである。

石沢豊蘭印総領事が、一九三七年四月の時点で内容を詰めずに協定を急いだ理由は、三六年以降の蘭印における新しい状況への対応の必要にあった。つまり、蘭印の金本位制離脱以前のデフレ的環境においては、

［低廉な］日本のものをもって独占出来ると我人は思っていた所、［金本位制離脱後に］土人の購買力が増して来た故、支那、本国、その他等よりも買うことが出来る。世界市場におけるゴム、コプラ、これらの価格が高くなった。輸出税も撤廃するときは土人の購買力が増して来た。この増勢を見て、英、独、伊、米、濠、支那

などは制限を緩める様に蘭印に迫って来た故に、自分としてはこのまま放任するなれば日本品の輸入は減ずとの危機認識からであった。オランダ本国の金本位制離脱後の蘭印での物価上昇を背景にした購買力の向上が新しい競争関係を生み出すとの認識が、暫定的であっても協定を急がせた理由であった。[122]

交渉の論点の一つである砂糖の購入増問題については、日本「糖業連合会ニ承諾ヲ求メタル処、態度意外ニ強硬ナリ茲ニ於テ先ツ関係者ヲ説得シテ高圧的ニ臨ムヲ得策ト信シ、農林省、拓務省ヲ個別的ニ説得シ得タルヲ以テ糖連ニ回答ヲ迫リタル処［一九三七年］四月六日ニ至リ藤山［愛一郎］理事長ヨリ本件内容ヲ公表セサルコトヲ条件トシテ受諾[123]」された。そして実際に「昭和十三年夏、大日本製糖会社藤山愛一郎氏は爪哇に渡り、此の工作をした[124]」のであった。日本は一層の蘭印砂糖の購入姿勢を用意していたのである。[125]

それゆえ、民間会商において争点となったのは、後者の輸出組合による対蘭印輸出統制問題であった。輸出統制については、人絹、サロン、陶磁器、綿布の四種品が対象となったが、対蘭印輸出組合問題に関しては「至極抽象的協定にとどまり、細目の具体的協定に関しては民間会商に委譲することになっ[126]」た。以下では綿布に絞って民間交渉の内容を検討したい。

（2）東アジアにおける新しい競争関係

石沢が協定において輸出組合による統制案を盛り込んだのは、先述した一九三六年以降の新しい競争的環境に対応して日本製品の輸出条件の安定化を企図したからであった。第一次日印会商で締結された、日本—英印間の綿関係品通商協定は、輸出統制によって日本製品の輸出量を規制するものであったが、同時に毎期の日本製品の輸出量の枠を確保する機能を有していた。三六年以降においては、「[日本人貿易商社への総輸入取引割合］二五％は放任するも、このまま続くものと考えて居らぬ[127]」との危機意識が、対蘭印輸出統制を協定に盛り込ませたのであった。

しかし注意したいのは、こうした石沢の思惑とは異なり、むしろ新しい競争的環境のなかにおいては輸出統制はかえって日本の立場を弱めることに繋がるとの懸念が生まれていた点である。なかでも新しく競争勢力として台頭しつつあった中国綿業が強く意識された。「スラバヤ実業協会」から本国へ出された情報においても、蘭印代表の「渡日ノ途中上海ニ立寄リ支那品研究スル筈ニ付［中略――日本の］統制無理押ハ蘭印ヲシテ外国［中国］品ニ走ラセル可能性充分ニアリ[128]」との警戒が発せられていた。対蘭印輸出組合による輸出統制はオランダ人貿易商にとっては彼らの日本品取引に制約を加える可能性を有する点で緊急な対応を要するものであったが[129]、他方で、この情報は対蘭印輸出統制の実施が、オランダ人貿易商をして中国製品の輸入取引に傾斜させる危険性を孕むものであることを示唆していた。もっとも一九三六年以降の蘭印の対中国綿布輸入は三七年の日中戦争の影響もあって劇的に増加することはなかったが、輸出組合による輸出統制は中国との東アジアでの新しい競争関係を意識しながら討議されなければならないものであり、統制の実施は市場の環境からみて必要なものではなかったのである。

（3）在日本オランダ人貿易商の待遇問題

一九三七年の時点で改めて対蘭印輸出組合による輸出統制が具体的に議論されるようになったことは、先述のようにオランダ人貿易商にとっては緊急な対応を要するものであった。蘭印側代表が三七年六月に来日して、民間交渉に臨んだ理由がここにあった。先述したように、輸出組合による輸出統制は、輸出総量のある割合については、各輸出商の過去の実績に即して割り当て、そしてその残りを「入札」によって振り分ける方法が用意されていた。蘭印側は「最初ノ些少無償割当以外ニ競売ニヨッテ輸出許可証ヲ購入シ得ル事実ハ既ニ吾々ノ承知スルトコロデアルガ、コレハ蘭商ノ要求ニ対シ不十分デアルガ故吾々ハ日本ニ来タノデアリマス[130]」として、来日の理由を語った。

表8-12　日蘭民間会商の経過：対蘭領東インド綿布輸出統制の方法をめぐって（1937年）

提案月日	① 輸出割当総量	② 割当の基準年	③ 新規加入の蘭商の地位向上	④ cif 買約者
6月15日	蘭印の輸入割当と同量	36.5～37.4の年平均		○
6月17日		31.7～34.6の年平均	輸出割当総量の30％を入札にする	×
6月17日		36.5～37.4の年平均	所要量を無償で割当 蘭印の需要増加に対応して割当増量が必要な時は入札に付す 入札に際しては低廉に落札しうること 落札量は次期の実績	○
7月1日	蘭印の輸入割当量の10％以内の増加	31.7～37.6の年平均	輸出割当総量の30％を入札にする 落札量は次期（3年後）の実績	買約量の50％
7月9日（政府案）	蘭印の輸入割当量の10％以内の増加	33.1～12と36.4～37.3の年平均	輸出割当総量の30％を入札にする 落札量は次期（2年後）の実績	買約量の50％
7月15日	蘭印の輸入割当量の10％以内の増加	34.7～37.6の年平均	輸出割当総量の30％を入札にする 割当量以上に買い入れ，輸出した量は，次期（1年後）の実績	買約量の75％
9月28日（政府案）		33.1～12と36.4～37.3の年平均	割当量以上に買い入れ，輸出した量は，次期（1年後）の実績	買約量の70％

資料）表8-9と同じ。
注記）点線内は蘭印側代表の提案。［枠］は合意に至った項目。9月28日案は，小谷淡雲バタビヤ副領事の作成したものであったが，交渉過程のなかでは開示されなかった。

オランダ人貿易商はあくまでも、入札という競争的な参入方法に好意的ではなかったのである。

日本「政府トシテハ多少辛抱シテモ纏メテ貰イタイ」との希望であった。しかし、この民間交渉が決裂の場合は、蘭印政府側が報復的手段を採るかも知れず、先述した蘭印側提案①の「二五％ノ割当比率ヲ取消スコトアルベシ」[131]と評されたように、輸出統制問題の行方は、合意の方向にあった蘭印側提案①③④をも無効に帰す危険性を有していたのである。[132]表8-12は交渉過程を簡単にまとめたものであるが、七月九日以降の会商から日本政府（外務省）案が盛り込まれるようになるのは、民間会商であっても政府の主導性が強いことを改めて示していた。

六月七日から始まった民間会商の代表は以下のようであった。[133]蘭印側にはオランダ人貿易商の代表の他に、二名の政府関係者が含まれていたことが特徴であった。

日本

伊藤竹ノ助（日本綿糸布南洋輸出組合理事長）
庄司乙吉（紡連）
南郷三郎（輸出綿糸布同業会）
豊島久七（日本絹人絹糸布輸出組合）
舞田寿三郎（綿工連）

蘭印
J・E・ファン・ホーフストラーテン（J. E. van Hoogstraten）（蘭印経済省通商局長）
E・O・ファン・ブッツェラール（E. O. Baron van Boetzelaer）（総督府官房外事課長代理）
W・A・F・ストックホイセン（W. A. F. Stokhuyzen）（蘭印輸入業者組合）
K・H・ラーベン（K. H. Raben）（ゲオ・ウェリー商会、三七三頁の11）
A・ファン・デル・プール（A. van der Poel）（ヤコブソン商会支配人、7）
C・デン・ヘルトック（C. den Hertog）（インタナシオ商会、1）

日本側からの交渉は庄司乙吉が、蘭印側からのそれはストックホイセンがあたった。

（4）会商の停滞

結論を先取りして述べれば、民間会商は一九三四年の政府間会商と同様に協定の明文化をみないままに散会する。いかなる交渉が繰り返されたのか、その内容を蘭印側から出された四点に即して検討したい（表8-12の①～④）。蘭印側は「日本在留和蘭輸出商ノ地位ニ関シ交渉スル」こと、すなわち「貴方組合機構ニ於ケル［オランダ人貿易商の」会員ノ地位ニ関スル問題[134]」を交渉の基本課題としていた。日本綿業側が用意している対蘭印輸出統制が在日本のオランダ人貿易商の取引活動にたいして制約にならないこと、そしてむしろ有益な条件となることが交渉の課題であることを重ねて表現するものであった。「日本には多数の和蘭商人が居って、彼等は日本商品の蘭印向け輸出を取扱ってをり、これら蘭商の利益を保護する為にも、日本商品の輸入は認めなければならない[135]」のであり、日本側からの対蘭印輸出統制そのものはオランダ人貿易商の脅威に他ならなかったのである。

表8-12の①の輸出割当（可能）総量については、七月一五日に合意され、蘭印での輸入割当に即応させることになった。それゆえここでは、残る三点について考察したい。まず③は、輸出「割当ノ上ニ更ニ蘭商ノ地位ヲ築キ上ゲル機会（Build up positon）ヲ与ヘラレタイ[136]」とストックホイセンが強調したように、輸出組合に新たに加入するオランダ人貿易商の取引実績を保証するとともに、蘭印市場の需要増加に対応してオランダ人貿易商の取引機会を増やすことを求めるものであった。割当の具体的な増加方法としては、輸出割当総量の三〇％を入札に付し、あわせて落札された輸出量を次期の割当実績として積み上げる方法が提案された。そして割当総量の残る七〇％については過去の実績に基づいて各商社に割り当てることを認め、もし割当量以上にオランダ人貿易商が綿布を購入して輸出した場合には、その取引量をも次期の実績に加えることが蘭印側から提案された。同案は日本製品の輸出増加につながる内容であり、基本的には合意される方向にあった。

オランダ人貿易商の日本綿布取引機会の増加をいかに制度的に保障させるのかが課題であることは、④においても同様であった。「シフ（cif）買約者」とは抽象的な表現であるが、日本製品を輸入する在蘭印オランダ人輸入商を指すもので、④は日本人輸出商社との取引関係を有する在蘭印オランダ人輸入商の輸入実績をも、輸出割当対象として保証することを求めた。つまり、在蘭印オランダ人貿易商へ売り込む日本人輸出商の輸出実績のいくらかを、割当実績としてオランダ人貿易商に委譲させることを求めたのである。ストックホイセンは7／15案において

『シフ』買手ノ名義ニテ所要量ヲ基準トシテ割当ヲ保証スル[137]」ことを求め、当該取引量の七五％をオランダ人貿易商へ割当量として委譲させることを求めた。そして、この委譲案にたいして、日本政府の9／28案は七〇％の委譲を認める方向にあった。

他方、日本綿業界も、「蘭印の要求 cif を認めること[138]」を合意する方向にあった。庄司乙吉は「シフ売手」（日本人輸出商）に「犠牲」を「勧説」し、蘭印側から「多大ノ好意ガ生ズル[139]」ことを期待したのである。オランダ人輸入商の通商網が日本製品を排除するものではなく、むしろ日本製品に対して開かれたものであれば、オランダ人貿易商の利害を尊重することは、日本綿業関係者にとっては抵抗の少ないものであった。③と④に日本側が柔軟な対応をみせた理由がここにあったと言える。

民間会商が最後まで平行線を辿ったのは②に関する交渉であった。各輸出商への輸出量の割当（輸出割当総量の七〇％が対象）については、割当の基準をいつの年の実績に求めるかが問題であった。蘭印側が最近一カ年（三六年五月～三七年四月）か、三四年七月以降の三年間に基準を求めたが、日本側は三一年七月からの六カ年の平均（民間7／1案）か、三三年の実績を加味したもの（政府7／9、9／28案）を提案して平行線を辿った。輸出割当の実績基準年としては、三七年に「近ケレバ近イ丈ケ最近ノ年ガ蘭商ニ対シ有利デアルト同様、一九三一年カラ一九三四年迄ハ日本ノ輸出商ニ対シ有利デアル[140]」ために両者の利害対立は明確であった。日本側は三一～三四年の三年間と三五～三六年の二年間を合わせた年平均に求める折衷案を提示したが、蘭印側はオランダ人貿易商が輸出取引量を増やした三四年以降の実績にこだわったのである。

（5）日中戦争の勃発と協調外交

民間会商は②を除いてほぼ日本側が譲歩し、合意する方向にあった。しかし協定の明文化はなされずに会商は散会し、一九三七年八月上旬には蘭印側代表が帰国する結果となった。その後は日本政府からの提案が用意され（9／28案）、会商は実質的には継続したが、それでも具体的な協定は結ばれなかった。

こうした結果は一九三七年七月に勃発した日中戦争を背景にしていた。蘭印側がオランダ人貿易商の待遇問題と同様に、強い関心を持っていた日本の蘭印砂糖輸入増問題をめぐって大きな変化が生じたからである。「蘭印物産ノ輸出就中砂糖、支那事変ノ為メ為替管理強化、前途蘭印トシテ輸出ニ不安ガ[141]」生じ、日本政府としては「現状維持ヲ得策トス[142]」ることに方針を転換させたのである。実際に、蘭印砂糖の対日本輸出依存度は三七年から低下した（表8-8）。会商において蘭印側への譲歩を試みた小谷淡雲副総領事案（九月二八日）が採択されず、蘭印に開示されなかったのには、こうした理由があった。

蘭印側からも一九三七年一一月に「石沢—ハルト協定」の有効期間中の三八年一二月までは、日本による「対蘭印輸出統制ヲ行ハサルコト[143]」との提案があった。そして日本側は「日本政府ハ現覚書有効期間中即一九三八年十二月末日迄綿布ノ対蘭印輸出統制ヲ行ハザルコト[144]」を決議した。日本が蘭印砂糖の購入を継続させることが困難である以上、蘭印との協調関係を維持するためには、オランダ人貿易商が懸念する輸出組合統制案を放棄することしか、方途は残されていなかったのである。そして石沢—ハルト協定「覚書ガ既ニ相互ニ自発的ニ実施セラレ居ル今日強ヒテ正式取極トナス実際上ノ必要モナキ[145]」と評されたように、オランダ人貿易商が日本製品取引に参加することを、従来のように民間の紳士協約として保障することに委ねたのであった。その意味で、会商においては対東南アジア経済外交における協調姿勢は三八年の初頭までは保持されたと言える。しかし対蘭印協調外交そのものは、蘭印市場からの砂糖輸入量が減少するなかで、その機能を低下させつつあったのである。

まとめにかえて

日蘭会商が一九三四年一二月に「休会」し、具体的な通商協定を締結できなかったことは、日本の東南アジアにおける経済的「孤立」化を促すものと考えられてきた。そして、こうした孤立化をその後の日本の戦時状況への突入の前史として位置づける傾向を既存の研究史は有してきたと言える。つまり日本と東南アジアの経済的相互依存関係は三四年以降に弱まるものと認識されてきたのである。しかし会商の休会は決裂を含意するものではなかった。蘭印政府は、日本綿布の輸入を必要とし、また日本に対して蘭印の第一次産品の購入を強く求める利害が存在しており、日本と蘭印との通商関係は三四年以降も輸出入両面において継続されなければならないものであった。

オランダ本国は、蘭印からの利子・配当・政治費用などの毎年の支払いの円滑化を、植民地支配の第一義的な課題としていた。支払いの円滑化には蘭印の通貨を割高に設定することが求められ、蘭印に対してデフレ的な環境をもたらした。一九三六年にオランダ本国と蘭印が金本位制を離脱するまで、デフレ的な環境下に置かれた蘭印では社会政策的対応が必要とされ、低廉な日本品はむしろ歓迎されたのである。そしてアジア市場に展開するオランダ人貿易商の活動にとっても、本国の製品を取引するよりも、むしろ低廉さを背景にした有益な日本製品を取引することが、その収益を上げ、本国への配当の支払いの円滑化に貢献する方途となっていた。また通貨を割高に設定された蘭印にたいしては、通貨を三二年に切り下げた日本から、また三六年から切り下げた中国から輸出が促されることになったのであり、三〇年代には東アジア圏から東南アジア圏にむかって製品の輸出が拡大・維持される構造がつくられていたのである。

蘭印にとって本国への支払いの源泉となっていたのが、貿易の出超と海運収入であった。日蘭会商において海運問題が討議されたこともこの「サービス・金融」的利害の一つであった。また通貨の安定のためにも出超の維持は必要であった。蘭印の出超にとって重要なのが、石油、ゴム、砂糖などの第一次産品の輸出であった。第一次産品の最大の購入国はオランダ本国とアメリカ合衆国であったが、三一年以降に景気回復を果たした日本にたいしても、第一次産品の購入に制度的にかかわらせることが求められた。

つまり、日蘭会商は、ⓐ蘭印において低廉な日本綿布が必要であることを前提に、いかにオランダ人貿易商に日本製品の取引機会を譲渡するのかという問題と、ⓑどれほどまで日本が蘭印砂糖の輸入を増やすのかという問題の二つを討議する場であった。従来の研究史は、会商にのぞむオランダ本国が、本国の綿業の利害を優先して、つまり蘭印を本国製品の販売市場として維持することを優先していたと考えてきたが、こうしたオランダの「産業」的利害は会商において副次的な位置しか与えられておらず、むしろオランダ本国は蘭印との「サービス・金融」的利害に即して外交姿勢を形成していたのである。

会商ではⓐの問題について、日本綿業関係者も容認する形で結論が出され、日本はオランダ本国の「サービス・金融」的利害に配慮する協調外交姿勢を示した。日本製品が蘭印において排除される対象ではなかったことが、こうした姿勢形成を支えていた。しかし、会商が休会したのは、ⓑの問題をめぐって、輸入される蘭印砂糖と台湾砂糖との競合問題について日本内部で合意が得られなかったためであった。蘭印砂糖の輸入拡大が東アジアにおける台湾砂糖生産に制約を課すものであれば、日本の台湾支配に動揺を与えるものであるとの認識が存在した。そうであるとすれば、オランダ本国に配慮した対蘭印協調外交は日本の東アジア支配秩序の前に具体化できなかったことを意味している。日本の対アジア関係においては対東アジア外交が主軸であり、対東南アジア・南アジア外交は副軸であることを示唆していたのである。

しかし会商は主要な二つの問題ⓐⓑに、「紳士協約」という、ゆるやかな合意によって対応した。その後において、オランダ人貿易商が日本製品の取引を増やし、また日本の景気回復を背景に蘭印砂糖の輸入を着実に増やす方向を一九三七年まで辿ったことを考えれば、この「紳士協定」は実効性を有するものであったと言えよう。日本にとってはオランダ人貿易商の利害に配慮することが続けられたのであり、また彼らの日本に対する開放性を維持することが重要と認識されていたのである。(146) その意味で、日本は三四年以降に、対蘭印協調的経済外交を放棄せずに経済的相互依存関係を維持したのであり、世界経済のなかで「孤立」化を余儀なくされたのではなかったのである。

もっともこうした対東南アジア外交での協調性は日本の東アジアにおけるヘゲモニー問題と強くかかわっていた。日本の東アジア支配に対する追認をヨーロッパ列強から引き出すことが、こうした協調性の含意に他ならなかったからである。いわば副次的な位置にある対東南アジア外交は、日本の東アジア支配の政治外交的「担保」であったと言えよう。そうであるとすれば、日本の「孤立」化は中国との新しい競争関係の展開を通した東アジア秩序の動揺から改めて検討される必要があると言えよう。

（1）大蔵省管理局『日本人の海外活動に関する歴史的調査』通巻三三冊（南方編　第四分冊〔各論　蘭印編〕）九八頁。

（2）主な資料は、日本学術振興会『通商条約と通商政策の変遷』世界経済調査会、一九五一年三月、一〇一八―六四頁、であり、これを用いた代表的な研究には以下のものがある。石井修『世界恐慌と日本の「経済外交」――一九三〇～一九三六年』勁草書房、一九九五年一一月。村山良忠「第一次日蘭会商」（清水元編『両大戦間期日本・東南アジア関係の諸相』アジア経済研究所、一九八六年三月）。Hiroshi Simizu, 'A Study of Japan's Commercial Expantion into the Netherlands Indies from 1914 to 1941'（『名古屋商科大学論集』第三四巻第二号、一九九〇年三月）。杉山伸也「日本の綿織物輸出と貿易摩擦」（杉山伸也、イアン・ブラウン編『戦間期東南アジアの経済摩擦――日本の南進とアジア・欧米』同文舘、一九九〇年八月）。また、蘭印糖業との関連で日蘭会商を検討したものに、白木沢旭児『大恐慌期日本の通商問題』御茶の水書房、一九九九年二月、第三章。

（3）前掲『世界恐慌と日本の「経済外交」』八二―五頁。

（4）前掲「日本の綿織物輸出と貿易摩擦」一〇三―四頁。
（5）直接に日蘭会商を扱ったものではないが、西川博史氏の「綿業帝国主義」論は、綿業の利害が日本外交を規定したものと前提して、綿業の対外膨張主義の延長に日本の侵略を展望し、その後の研究に大きく影響を与えた（西川博史『日本帝国主義と綿業』ミネルヴァ書房、一九八七年一月、参照）。
（6）村山良忠氏の前掲「第一次日蘭会商」は、日本の「孤立」の局面ではなく、むしろ日本とオランダ双方の利害調整面を考慮している点で本章の問題意識に近い。以下、会商に到る経過については同論文の蓄積を参照した。
（7）輸出繊維会館蔵。本章で引用する資料の殆どはこれらの未整理文書である。同文書からの引用については一九三三年などの場合、一九を略して、三三年とした。
（8）小瀧彬「日蘭会商の経緯」（『官報』三五年二月一三、二〇日）。
（9）紡連「蘭領東印度ニ於ケル綿布輸入制限問題」三三年一〇月二〇日付メモ。
（10）在蘭斎藤公使発、内田外務大臣宛、三三年九月一日着。この割当によれば、一九三三年八月一日〜一一月三〇日の四カ月間を対象に、蘭印での未晒・晒綿布の輸入を制限するものであった。三一〜三二年の両年の当該四カ月間（八〜一一月）の平均輸入価額を指標にして、未晒はその価額の八五％以上、晒は八五％以上の輸入を禁じるものであった。具体的には、「本邦ヨリノ未晒綿布及晒綿布輸入ハ一九三一年皆無ニテ一九三二年晒綿布二億六千『グルデン』輸入セラレタルカ、本年上半期ニ於ケル晒綿布ノ輸入額ハ四億四千『グルデン』ナルカ本令ニ依ル今後四ケ月間ノ輸入可能量ハ三千三百『グルデン』トナル」ものであった。
（11）前掲「蘭領東印度ニ於ケル綿布輸入制限問題」三三年一〇月二〇日付メモ。
（12）以上、同前。
（13）前掲、村山「第一次日蘭会商」九三頁。
（14）前掲「蘭領東印度ニ於ケル綿布輸入制限問題」三三年一〇月二〇日付メモ。
（15）「過日マンチェスター綿業団を含む英国実業団当地に来り、当国綿業者と会見したる由なるが如何なる協議をなせるやと」紡連代表岡田源太郎の質問にたいして、コライン首相は「マンチェスターから綿業代表者が来た事すら知らぬ。従って何事も承知し居らん」と答えたという点から、「英蘭提携」の具体的な動きはなかったとしておきたい（紡連英国班発、阿部房次郎紡連委員長宛、第一三信、三三年一二月二六日）。
（16）在蘭印越田総領事発、外務省宛、三三年九月一一日着。
（17）「会商ニ応セサル時ハ英蘭間ニ於テ協定シ割当制ヲ実施セルヤモ知レヌ」との懸念が外務省には存在した（在蘭印越田総領事発、外務省宛、三三年九月一八日着）。

(18) 前掲、紡連英国班発、阿部房次郎紡連委員長宛、第一三信。
(19) 斎藤公使発、広田外務大臣宛、三三年一二月一八日着。
(20) 前掲、紡連英国班発、阿部房次郎紡連委員長宛、第一三信。
(21) 同前。
(22) 同前。
(23) 同前。
(24) ビール輸入制限は三三年一二月一三日に実施された。江商の調査によると、当該令は国別割当基準量を三二年の実績に求め、輸入商別割当のそれを三一年の実績に求めた。一二月一三日以降三カ月間の輸入許可総量一一七万立のうち、日本品への割当は一九万八九〇〇立、日本人貿易商の取引許可量は五万八五〇〇立となった。したがってその差一四万四〇〇立はいわば「和蘭商社の分け前」となる見込みと報告された。日本人貿易商の江商などは、「由来、輸入制限法発布の趣旨は蘭商保護の目的を包含するものであり、キャンブリックなどは「非常時輸入制限法たる一方的の法令の発動を見ざる前に於いて、吾々に最も有利なる結果をもたらす様協商の必要可有之」と政府間会商の必要を訴えていた（江商スマラン出張所発、東洋紡績加工品係宛「当領輸入制限法ニ依ル麦酒輸入制限ノ件」三三年一二月三〇日付）。このように在蘭印オランダ人貿易商の取引機会を増加させるために輸入制限令が発動された点ではセメントも同様であった（前掲、村山「第一次日蘭会商」九六―八頁）。詳細は、日蘭会商委員会『日蘭貿易参考資料』一九三七年五月の各条文を参照（一七―二六頁）。
(25) 石原産業海運合資会社発、外務大臣広田弘毅・商工大臣松本治宛、「蘭印サロン輸入制限ニ対スル住民不平ノ件」、対発第九二七号、三四年二月一七日。
(26) 在蘭印越田総領事発、広田外務大臣宛、三四年二月一日着。
(27) 「蘭領印度政府サロン輸入制限令を発布」電通経済通信、三四年二月一五日発行。
(28) 前掲、在蘭印越田総領事発、広田外務大臣宛、二月一日着。
(29) 在海牙与謝野事務取扱発、外務大臣宛、三四年二月一一日着。
(30) 紡連委員長阿部房次郎・輸出綿糸布同業会会長山崎一保発、外務省来栖通商局長・商工省吉野商工次官宛、三四年二月一七日発。
(31) 在スラバヤ姉歯領事発「織物輸入制限実施ノ結果蘭印在留邦商ニ及ホセル影響」三四年五月二一日着。また東亜研究所『蘭領印度の貿易及貿易政策』（臨時南方調査室資料第十輯）一九四三年一二月、六〇頁。
(32) 江商発メモ、月日不明。そのほか同様の鉛筆書きメモは伊藤忠、東洋棉花、三井物産から出された（前掲「織物輸入制限実施ノ結果蘭印在留邦商ニ及ホセル影響」に付された文書）。

（33）紡連委員長阿部房次郎・輸出綿糸布同業会発、総理大臣・外務大臣・商工大臣宛「陳情書」三四年三月一日。

（34）前掲「第一次日蘭会商」にても「貿易政策に対するオランダ人輸入商の影響力の増大とともに日本との対立を強めた蘭領東インドは、本国オランダと対日利害を共有するようになり」（九六頁）と指摘している。

（35）神坂静太郎発、紡連宛「蘭印政府ト土人トノ関係」三四年六月一七日付。

（36）阪神対蘭印貿易関係業者大会発、総理大臣・商工大臣・外務大臣・拓務大臣宛「建議」大阪商工会議所内、三四年四月一四日。

（37）石原産業海運合資発、外務大臣・商工大臣・逓信大臣・拓務大臣宛「対発三〇一号」三四年三月二四日。

（38）輸出綿糸布同業会発「長岡大使への意見書」（仮）三四年五月一八日。

（39）スラバヤ支店長代理沼田孝造発、紡連・輸出綿糸布同業会宛、三四年三月五日。

（40）紡連・輸出綿糸布同業会宛「蘭印在留日本人商社バタビア会議ノ結果左ノ通リ決議来電」（東洋棉花取次）三四年四月一〇日着。

（41）紡連・輸出綿糸布同業会発、蘭印在留邦人商社宛「電信」（仮）（東洋棉花取次）三四年四月一二日。また紡連・輸出綿糸布同業会発、蘭印在留邦人商社宛「電信」（仮）（東洋棉花取次）四月二五日、にも同様の内容が見られる。

（42）輸出綿糸布同業会発、スラバヤ在留日本人綿布商（日本人実業協会）宛、三四年三月二七日発。

（43）ジャバニュース「蘭領政府ノ輸入制限ニ対スル邦人世論其他ニ就テ」三四年三月三一日付。

（44）木村鋭市『日蘭会商と蘭領印度の情勢』三五年二月二〇日、二六頁（神戸大学人文社会科学系図書館蔵）。

（45）同前。

（46）ファン・ヘルデレン（原田禎正訳）『蘭印最近の経済・外交政策』生活社、一九四〇年九月、一四頁。

（47）アンガス・マディソン（金森久雄監訳）『二〇世紀の世界経済』東洋経済新報社、一九九〇年四月、一九四頁。さらに、この点を強調したものに、杉原薫『アジア間貿易の形成と構造』ミネルヴァ書房、一九九六年、第四章。

（48）前掲『蘭印最近の経済・外交政策』一六頁。

（49）前掲「日本の綿織物輸出と貿易摩擦」九七頁。

（50）前掲『蘭印最近の経済・外交政策』三二頁。

（51）前掲『日蘭会商と蘭領印度の情勢』二二頁。

（52）オランダ人貿易商については、ピーター・ポスト「オランダ商社と日本の蘭印貿易——二重地域経済における信用と地位」（杉山伸也、リンダ・グローブ編著『近代アジアの流通ネットワーク』創文社、一九九九年六月)。
(53) 伊藤正直「国際連盟と一九三〇年代の通商問題」(藤瀬浩司編『世界大不況と国際連盟』名古屋大学出版会、一九九四年二月)一九六頁。
(54) 長岡発、広田宛、一七九号、三四年一〇月二七日付(外務省記録〔B. 2. 0. 0. J-N2-1〕外務省外交史料館蔵。以下、外務省記録は同館所蔵のもの)。
(55) こうしたオランダの植民地に対する「金融」的利害についての認識は、当時の時事問題関連文献において多く指摘されている。こうした植民地からの支払い負担の継続が、植民地の「貧困」と工業化への「制約」要因であるとの認識にもとづいて、かえって日本の植民地経営の正当性を引き出す論調を作っていたように考えられる。とりあえず浜田恒一『蘭印の資本と民族経済』ダイヤモンド社、一九四一年七月。
(56)「山中氏報告要旨」三四年、月日不明(手書きのメモ)。
(57) 輸出綿糸布同業会発「長岡大使への意見書」(仮)三四年五月一八日。
(58) 日本晒綿布の対蘭印晒輸出総量は三三年の実績とする点で輸出綿糸布同業会とは異なる。紡連理事神坂静太郎発、日蘭会商帝国代表部宛「決議」三四年七月三〇日付。
(59) 対蘭印日本綿織物輸出組合「創立総会決議録要綱」三四年九月一四日。木村鋭市『爪哇みやげ』日本海時代社、一九三四年四月、一二三頁。
(60) 輸出綿糸布同業会発、在蘭印の東洋棉花(山本喜一)・日本綿花(岩沢忠治)・伊藤忠(関雅三)・江商(久米為助)・又一(小野好男)(東洋棉花スラバヤ支店経由)宛、三四年五月一六日。
(61) 同前。
(62) 田和安夫編『日蘭会商の経過』紡連、一九三五年五月、一二六頁。同資料は日蘭会商に関する紡連側の「備忘録」として纏められたものであると言われており、随所に紡連と会商にあたる政府代表団との意見の差異が記録されている(故田和安夫氏からの聞取り、一九八五年七月)。南洋協会調査係『日蘭会商日誌』三五年九月、一三―四頁。これら参加者については、前掲『爪哇みやげ』を参照。

そして蘭印側の代表は以下の通りであった。

〔総督〕　デ・ヨング
〔九月一五日から四週間外領視察〕

〔代表委員長〕　J・W・メイヤー・ランネフト　〔蘭印評議会副議長〕

　　　　〔九月一五日から四週間、総督代理となり、委員長代行はＧ・Ｈ・Ｃ・ハルト〕
〔副委員長〕　Ｅ・Ｂ・ウェレンスタイン　（蘭印経済長官）
　　　　〔八月四日に死去。後任の長官は八月二二日にＧ・Ｈ・Ｃ・ハルト〕
〔代表委員〕　Ｇ・Ｇ・ファン・バッテンガ・ウィハース　（ジャワ銀総裁）
　　　　〔八月四日に帰国。Ｋ・Ｗ・Ｊ・ミキールセン副総裁と交代〕
　　　　Ａ・Ｌ・Ｂ・スパニヤールト　（輸入割当諮問委員会委員長）
　　　　〔八月一三日に帰国〕
　　　　Ｇ・Ｈ・Ｃ・ハルト　（蘭印企業家組合会長）
　　　　〔八月以降の後任の会長にＪ・Ａ・Ｂ・ウェイヤース〕
　　　　Ｈ・モー　（亜細亜局長）
　　　　〔一二月に帰国〕
〔専門委員〕　Ｊ・ファン・ヘルデレン　（植民省内経済委員会委員長）
　　　　Ｗ・Ｈ・デ・ローズ　（駐神戸総領事代理）
　　　　Ｊ・Ｅ・ファン・ホーフストラーテン　（蘭印経済省非常時事務局長）
〔代表部書記〕　Ｐ・Ｊ・Ａ・イーデンブルグ　（蘭印評議会副議長秘書）

(63) 在蘭印神坂静太郎発、紡連宛、三四年六月一七日付。
(64) 故谷口豊三郎氏（東洋紡績）からの聞取り（一九八六年一〇月）。聞取りにあたっては故高岡定吉氏（大同マルタ染工）のお世話になった。
(65) 「日蘭会商ニ関スル第二回官民協議会議事録」三四年五月一六日付（紡連東京出張所用原稿用紙に記されたメモ）。政府側からは吉野信次次官、竹内工務局長、寺尾進貿易局長、来栖三郎通商局長、若松虎雄事務官、長岡春一代表、山中清三郎顧問が出席。民間からは紡連（庄司乙吉）、綿工連、輸出綿糸布同業会、東京、大阪、神戸、名古屋、横浜の商工会議所、雑貨業者（人絹、メリヤス、ホウロウ鉄器、ガラス、タオル等）が出席した。
(66) 同前。
(67) 同前。
(68) 前掲『蘭印最近の経済・外交政策』八頁。
(69) 前掲『通商条約と通商政策の変遷』一〇三六頁。

(70) 同前。
(71) 前掲『爪哇みやげ』一一―二頁。また、横浜高等商業学校太平洋貿易研究所「蘭印東印度経済研究資料」1（太平洋産業研究叢書第一輯）一九四一年六月、も参照。
(72) 広田発、越田宛、三号、三四年一月一七日（外務省記録〔E. 3. 7. 0. X1-N2〕二冊）。
(73) 広田発、越田宛、二八号、三四年三月三日（同前）。
(74) 日本蘭印貿易協会（有馬彦吉）、京浜日蘭貿易団体連合（京浜輸出協会（矢野悠）、横浜日蘭貿易協会（中村楠太郎）、南洋貿易振興会（山崎亀吉）、在ジャバ・スラバヤ雑貨輸入商水曜会（久我操）、大日本陶磁器輸出組合連合会（飯野逸平））「日蘭会商対策意見書」三四年、月日不明。
(75)「蘭領東印度ノ輸入制限ニ対スル対策（案）」大阪商工会議所貿易部長安住伊三郎代表（阪神対蘭印貿易関係業者大会）発、総理大臣・商工大臣・外務大臣・拓務大臣宛、三四年四月二一日。
(76) 在バタビヤ神坂静太郎発、紡連宛、第二〇号、三四年七月一八日。
(77) 山中清二郎述「交渉ニ対スル根本的方針」（「山中氏報告要領」三四年、月日不明）。
(78) 同前。
(79) 前掲『日蘭会商と蘭領印度の情勢』二〇頁。「営業制限令」については「邦商に対し除外例を認め、特定の割当を与へる」ことが確認され、それほど深刻な問題の展開は見られなかった（南洋協会調査係『日蘭会商日誌』一九三五年九月、三六―七頁）。
(80) 小風秀雄「日蘭海運摩擦と日蘭会商」（前掲『戦間期東南アジアの経済摩擦』）一三六頁。前掲『日蘭会商と蘭領印度の情勢』二七頁。
(81) 前掲『日蘭会商の経過』四三頁。なお、対蘭印陶磁器輸出問題については、前掲『大恐慌期日本の通商問題』第九章を参照。
(82) 紡連『日蘭会商日誌』三四年五月起（日本紡績協会蔵）。以下、断らない限り、同史料からの引用は本文中において［　］内に月日を記して示す。
(83) 新田直蔵『日蘭政府会商（其の九）』一九三五年三月、一七頁（京都大学経済学部図書館蔵）。
(84) 長岡発、広田宛、三四年一〇月三一日付（外務省記録〔B. 2. 0. 0, J-N2-1〕）。
(85) 以上、前掲『日蘭会商の経過』一〇三―四頁。
(86) 同前、一〇六頁。蘭印側は「本邦商社の取引比率を輸入許可総量の大約二五%にまで引き上げること」（前掲『蘭領印度の貿易及貿易政策』六一頁）を認めた。対蘭印糸染サロンの輸出の推移は付表8-1で示したように、日本商の取引比率が高まる傾向にあったが、サロンは蘭印における輸入代替が進む製品であり、オランダ本国と日本もサロンの輸入取引に意欲を示さなくなっていたと考えられる。サロン輸入量は減少傾向にあったのであり、それゆえ以下の叙述において、サロンについての言及は省略した。
(87) 前掲『日蘭会商の経過』一一〇頁。
(88) 「日蘭通商条約関係一件　昭和九年日蘭会商関係　経過報告」（外務省記録〔B. 2. 0. 0 J-N2-1-9〕）一三一頁。
(89) 本書、第六章。
(90) 前掲、南洋協会『日蘭会商日誌』二七頁。
(91) 「会報」第九号、スラバヤ日本人実業協会。
(92) 「蘭印輸入卸組合（Nederlandsch Indische Vereeniging van Importeurs-Grooth andelaren NIVIG）欧人組合員名」三四年一〇月一八日付。オランダ人貿易商については、G. C. Allen and Audrey G. Donnithorne, *Western Enterprise in Indonesia and Malaya*, George Allen & Unwin Ltd., 1957, Chapter XIV を参照。
(93) 前掲『日蘭会商の経過』七七頁。
(94) 同前、七六頁。
(95) 同前、七五頁。また九〇—一頁も参照。一〇月一六日に紡連と輸出商は、日本人貿易商の綿布対総輸入量取引比率を五〇％にする10／9日本案を追認したものの、「少クトモ［対総輸入ではなく］日本綿布輸入高ノ五〇％ヲ日本商社ニ割当テルコト」と、「未晒・反染・捺染・糸染ヲ規制対象カラ除外スルコト」を強く求めて譲らなかった（紡連「発電五一号」〔前掲、紡連『日蘭会商日誌』〕三四年一〇月一六日付）。
(96) 谷口豊三郎『苦楽つづれ織り——紡績と歩んで』大阪府なにわ塾、一九八一年一〇月、一一二頁。
(97) 同前、一一四頁。
(98) 外務省記録『日蘭通商条約関係一件　昭和九年日蘭会商関係経過報

付表8-1　対蘭領東インド糸染サロンの国籍別貿易商の輸入実績

（単位：コージ）

年度	期	期間	日本人		オランダ人		インド人		華僑		計	各商構成比（%）			
												日本人	蘭人	インド人	華僑
1932			217,412	(21)	88,370	(4)	86,557	(10)	2,933	(3)	395,272	55	22	22	1
33			405,238	(27)	144,819	(4)	96,067	(11)	1,249	(3)	647,373	63	22	15	0
35	1	35.2.1〜9.30	156,237	(40)	40,242	(3)	34,702	(21)	600	(3)	231,781	67	17	15	0
35	2	35.10.1〜36.3.31	85,170	(26)	19,608	(3)	18,530	(16)	664	(3)	123,972	69	16	15	1
36	1	36.4.1〜9.30	106,754	(36)	15,011	(3)	17,083	(17)	355	(2)	139,203	77	11	12	0
*36	2	36.10.1〜37.3.31	76,949	(26)	21,742	(4)	13,108	(16)	601	(3)	112,400	68	19	12	1
36	2	36.10.1〜37.3.31	65,363	(21)	17,165	(4)	11,548	(14)	500	(2)	94,576	69	18	12	1
*37	1	37.4.1〜9.30	85,894	(36)	13,601	(4)	12,219	(16)	286	(2)	112,000	77	12	11	0

資料）表8-9と同じ。
注記）（　）内は商社数。＊は各年の統制による割当数。

告』（B. 2. 0. 0. J-N2-1-9）一三九頁。

(99) 一九七号、長岡発、一一月九日（外務省記録〔B. 2. 0. 0. J-N2-1〕）。

(100) 前掲『日蘭会商の経過』八六頁。

(101) 山中清三郎「日本当業者ノ結束力ニ対スル蘭側観測」三四年一〇月二六日（外務省記録〔B. 2. 0. 0. J-N2-1-6-2〕）。

(102) 「蘭印向輸出綿布割当方法」（前掲、紡連『日蘭会商日誌』）三五年一月二五日付。

(103) 日本経済連盟会『我国貿易統制ニ関スル関係当業者ノ意見並ニ参考資料』（調査彙報第二四号）一九三六年一一月、六五―七〇頁。

(104) 前掲、小瀧「日蘭会商の経緯」。

(105) 広田発、長岡宛、一六二号、一二月四日（外務省記録〔B. 2. 0. 0. J-N2-1〕七冊）。

(106) 広田発、長岡宛、一四七号、一一月一二日（外務省記録、同前）。新田直蔵『日蘭政府会商（其の八）』一九三五年二月、一一頁。

(107) 前掲『日蘭会商の経過』一一三頁。

(108) 前掲『大恐慌期日本の通商問題』。

(109) 前掲『日蘭会商の経過』一〇〇頁。

(110) 前掲『蘭領印度の貿易及貿易政策』一一四頁。日本の「景気ガ良クナッテ購買力ガ増大」（玉井義助、台湾製糖）したことが確認されている「ニバス常務理事ファルクフィッサー氏トノ会談摘要」一九三五年一一月一一日（『糖連「極秘」文書類』一九三二年一二月～三五年一二月A、糖業協会蔵）。

(111) 山下久四郎編『砂糖業の再編』上巻、日本砂糖協会、一九四〇年七月、一五一頁。

(112) 「ニバス常務理事ファルクフィッサー氏トノ会談」一九三五年一一月一一日（糖業連合会『協議会議案六七二回［昭和一〇年九月］～六八四回［同年一二月］』（糖業協会蔵）。日本の糖業連合会が日蘭協定に反対したことについては、同会のカルテル行為に影響を与えるためであったという（前掲『大恐慌期日本の通商問題』第三章）。

(113) 南洋協会編『蘭領印度の経済現勢』南洋研究叢書第二三編、一九三六年七月、一九二頁。最も有益な取引は、未晒、晒綿布にみられた傾向であり（表8-10）、日本品が多くのシェアを占めた反染・捺染、糸染綿布においては、蘭印政府の輸入割当によってオランダ品の参入機会が提供され、日本側の販売競争は緩和されず、有益な取引ではなかったようである（表8-1参照）。

(114) 姉歯報告「未晒綿布問題」（外務省記録〔B. 2. 0. 0. J-N2-1-6〕一巻）。「インドネシア市場」（『東洋棉花四十年史』資料）。

(115) 日本綿花『日本綿花株式会社五十年史』一九四三年五月、一四三頁。

(116) 東洋棉花株式会社『支店長会議議事録』一九三六年一月、二三五頁。同資料は大阪市立大学経済研究所蔵の笹倉貞一郎文書。
(117) 東洋棉花『東綿四十年史』一九六一年一月、一二一頁。
(118) 前掲『支店長会議議事録』二三五頁。
(119) 三菱商事株式会社『立業貿易録』（稿本）一九五八年、六九三頁。
(120) 外務省記録（A. 2. 0. 0, X1）。文中の（　）内に引用頁を記す。
(121) 外務省通商局「日蘭通商取極大綱」三七年五月。
(122) 対蘭印輸出組合「石原総領事の話」三七年五月五日。
(123) 外務省通商局『昭和十二年度執務報告』七六六頁（『外務省執務報告』通商局第二巻〔昭和十二年〕としてクレス出版から一九九五年二月に復刻）。実際に、日本糖業連合会では、「日本ノ糖業者ガジャワ糖ノ日本ヘノ輸入ニ影響ヲ及ボスガ如キ砂糖生産ノ増加ヲナスノ意向ナキ」（『第九九回理事会決議』一九三七年三月一六日〔糖連「極秘」文書綴、一九三六年一〇月～三七年一二月C〕）ことが表明されていた。
(124) 前掲『砂糖業再編』上巻、一五三頁。
(125) 前掲『日本人の海外活動に関する歴史的調査』〔南方編　第四分冊〔各論　蘭印編〕〕九八頁。
(126) 前掲「日蘭通商取極大綱」。
(127) 前掲「石原総領事の話」。
(128) スラバヤ実業協会「電報」三七年五月一五日付。
(129) 前掲、紡連『日蘭会商日誌』三五年一月二五日。
(130) 「日蘭会商第二回会合議事録」三七年六月一七日。
(131) 以上、「第二回日蘭会商官民協議会」三七年五月三一日。
(132) 前掲「日蘭通商取極大綱」。
(133) Reception in honour of The Netherlands Indies Economic Mission held at Mengyo Club on Tuesday, the 8th June 1937.
(134) 「日蘭会商第一回会合議事録」三七年六月一五日。
(135) 石沢豊『蘭印現状読本』新潮社、一九四一年二月、一二九頁。
(136) 前掲「日蘭会商第一回会合議事録」。
(137) 前掲「日蘭会商第二回会合議事録」。
(138) 「小委員会」三七年五月四日。

(139)「日蘭会商第三回会合議事録」三七年七月一日。
(140) 同前、中村談。
(141)「小谷副領事公電」三七年一〇月一〇日着。
(142)「輸出組合問題」三七年九月二八日における鉛筆書きのメモ。
(143)「綿糸部門委員会議事録　松嶋案（7／9）ニ対スル蘭側対策」三七年一一月二三日。
(144) 同前。
(145) 前掲『昭和十二年度執務報告』一九三七年一二月、七七四頁。
(146) 本書、第十章。

付表8-2　日蘭会商に関する略年表

年	月	日	会　商	蘭　印	日　本
33	6	27		セメント輸入条令，公布	
	9	16		非常時輸入制限令，国民参議会通過	
		26		セメント輸入制限令，発令	
					セメント輸出協会，設立，輸出統制開始
	12	12		ビール輸入制限令，公布，発令	
		16	蘭にて民間交渉		
34	2	13		サロン輸入制限令，公布，発令	
		28		晒輸入制限令，公布，発令	
	3	28			日本糸染サロン輸出組合，結成
	6	4	政府間会商，開始		
	7	17		海運問題の提案（7/31に正式提案）	
		25		陶磁器輸入制限令，公布，発令	
		28			在蘭印日本人陶磁器輸入商組合，不売断行決定
	8	3			日本陶磁器輸出組合連合会，対蘭印不売断行
		4		56種商品の輸入制限の用意を表明	
		8			日本糸染サロン輸出組合，対蘭印積止決議
		15			紡連，対蘭印三巾生金巾売約停止申し合わせ
		20			
		28		56種商品の輸入制限令，提案を示唆	
		30		陶磁器輸入制限令，停止	
	9	1			日本陶磁器輸出組合連合会，対蘭印不売解除
		18	海運問題は並行して民間会商で対応		対蘭印綿織物輸出組合，結成
		21	会商の実質的再開。日本提案		
		24	蘭印提案	56種商品の輸入制限令，営業制限令，提案	
	10	9	日本提案（私的懇談）		
		17		営業制限令案，国民参議会を通過	
	11	1		65種商品の輸入制限，提案	
		23		営業制限令，公布	
		25		鋳鉄製平鍋制限令，発令	
		30	蘭印提案（私的懇談）		
		29	海運問題は神戸での民間会商を開催，決定		
		30		未晒綿布の輸入制限の実施を決定	
	12	11	日本提案		
		14			未晒綿布の不売解除
		21	会商，休止		
35	1	1		未晒綿布の輸入制限の実施	
	2	1			日本糸染サロン輸出組合，統制開始。
	4	21		布染，捺染・糸染，雑綿布の輸入制限の実施	

第九章　日中全面戦争後の華僑通商網

――神戸と東南アジアとの通商関係を事例に――

はじめに

本章の課題は、日中全面戦争後から一九四〇年代初頭までを対象に、日本と東南アジア華僑との通商関係について考察を加えることにある。当該期は、日本において華僑研究が最も盛んであった時期であり（前掲図0-1参照）、そこで蓄積された研究成果に依拠しながら、日本製品取引をめぐる華僑通商網の実態に迫ることを目的としている。

一九三〇年代から四〇年代初頭を対象にした日本の対アジア関係史の多くは、ヨーロッパ本国がアジア植民地に適用した経済「ブロック」化政策や、日本の攻勢的なアジア進出によって、日本とアジアとの通商的相互依存関係が希薄化するものとして描いてきた。とくに後者については、満洲事変（三一年九月）、日中全面戦争の勃発（三七年七月）を背景にした、東南アジア華僑の対日本製品ボイコット運動の高揚によって、日本製品取引をめぐる華僑通商網は閉じる方向にあったと考えられてきた。

しかし、前章までに検討したように、イギリス本国の対植民地経済「ブロック」化政策は、日本製品への排他性のみによって特徴づけられるものではなく、むしろ対植民地通貨政策を背景に、日本の対アジア製品輸出と第一次産品輸入との間に相互補完性を有する、開放性よって特徴づけられるものであった（第五章）。そして本章で検討する華僑通商網も、英領マラヤにおいては、激しい対日本製品ボイコット運動によって閉鎖的となるが（第十章参照）、その他の東南アジア地域においては開放性を有するものであった。[1]

日本と東南アジアとの通商関係は、貿易商ごとに分類するならば、次の三つの取引系統に分けられる。

①在日本日本人輸出商→現地の日本人輸入商
②在日本日本人輸出商→現地の外国人輸入商
③在日本外国人輸出商→現地の外国人輸入商

周知のように、取引系統①については、既に多くの研究がなされているが、綿布の輸出取引について述べれば、一九三九年の段階でも、輸出総量の四割は在日本外国人輸出商によって取引されており（前掲表0-2参照）、③の存在は決して低いものではなかった。また、②については、第一〇章で詳しく検討を加えるが、日中戦争後においても、日本人輸出商は、英領インド（以下、英印と略す）と英領ビルマにおいてインド人輸入商と、オランダ領東インド（以下、蘭印と略す）においては華僑およびオランダ人輸入商と、英領マラヤにおいては印僑輸入商との取引関係を維持していた。それゆえ、日中戦争後の華僑通商網のあり方に検討を加える本章では、②と③に即して、日本製品の取引にどのように華僑輸入商が関わったのかを考察したい。とくに③においては、在神戸華僑輸出商と東南アジア華僑輸入商との関係について検討を加える。

結論を先取りして述べれば、日中戦争後の華僑通商網において、日本綿製品取引をめぐる開放性を維持したのは、フィリピン、タイ、蘭印であった。フィリピンでは、福建系を中心にした有力華僑が商業活動に従事しており、有益な日本製品の輸入取引を継続した。タイ華僑社会においては、有力な潮州系華僑が金融業などに主に関わり、日本製品輸入商は有力者とはいえなかったが、タイ華僑の現地同化志向を背景に、抗日的なナショナリズムの喚起に慎重であり、広東（客家）系華僑通商網を通して日本（神戸）との通商関係を維持した。

そして、対日本開放性を最も維持したのは、蘭印の、とくに在ジャワ島華僑であった。この点は第十章においても強調される点である。ジャワ島では一九四〇年代初頭においても日本人輸出商と多くの取引関係を有する華僑が存在した。Kian Gwan（建源）、Tjoan Bie（荘西言）、Sih Khay Hie（薛朝興、薛朝陽）、Djie Hong（鴻瑞）、Hong Seng（陳世陽）、Liem Kiem Leng（林松良）、Lian Yoeng（丘桃栄）、Yoeng Sheng（丘元栄）、Yoeng Hien（張順仁）などであった（後掲表10-11）。とくに、これらの輸入商のなかには蘭印生まれの「僑生《きょうせい》」(2)の福建系が多いことが特徴であった。「広東人の方が郷土愛が強く比較的同化性が少なく気骨あるに反し、福建省人の性質が其の反対」(3)と評されたように、蘭印における広東系は、中国ナショナリズムの高揚を支える政治主体になりやすい傾向を有していた。しかし、こうした広東系華僑輸入商にたいしては、広東系神戸華僑が通商関係を維持する構造が形成されていた。つまり、日中戦争後においても、神戸華僑は、日本人輸出商の容易に進出しえない地域や相手を対象に、通商関係を維持する役割を果たしたのである。そして、この神戸華僑の補完的通商機能は、排日運動が激しく展開した英領マラヤにおいてもみられた。

一　日中戦争後の神戸華僑と東南アジア

まず前述の取引系統③において、日本製品の対アジア輸出取引に関わった神戸華僑について検討したい。神戸華僑は、日中全面戦争後においても東南アジア華僑との通商関係を維持していたからである。神戸には「兵庫県外事課の斡旋に依って」設立された「神戸華僑新興会」（一九三八年七月設立）が、三八年三月に日本軍の指導によって成立した南京「臨時政府の有力な支持団体[4]」として存在した。そして一九三九年一月には、広東系、福建系、三江系の三派を統合した「神戸中華総商会」が設立された[5]。在神戸華僑の取引額を推計した前掲表5-9を改めてみると、一九三六年に五六〇〇万円（対東南アジア輸出総額の三七％）であった取引額は、日中戦争後に二五〇〇万円に落ち込むことがわかる。日本製品をめぐる華僑通商網が閉じるように読みとれる。しかし、注意したいのは、神戸華僑の取引額は、四一年においてもその水準を低下させることなく、二九〇〇万円（対東南アジア輸出総額の三一％）へと、若干ながらも上昇した点である。そして、さらに注意したいのは、この四一年の取引額は、日中戦争後に商業興信所編『商工資産信用録』にはじめて顔を出す新規参入のメンバーによって、約三三％が取引されていた点である。日中戦争後においても神戸華僑は、新規参入を背景に輸出業務を中心とした経済活動に活力を有していたのである[6]。神戸華僑は「南洋華商ノ動向ハ日本帝国経済建設ニ重大ナル関係ヲ有スルヲ慮リ過グル昭和十四年全南洋各地ニ在ル華僑ニ対シ大東亜建設ノ重大意義［の――中略］啓蒙ニ積極的警鐘ヲ与ヘタ」と報告されており、「昨年［一九四一年］資産凍結令ノ後ニ大東亜戦争ノ幕ハ開キ吾等在神華商ハ一層帝国ヲ信シ益々一致団結シテ中華総商会及神戸華僑新興会指導ノ下ニ日華共存共栄ノ一範トシテ幾多ノ親善提携工作ヲ致シ[7]」たという。日中戦争後の対東南アジア関係における神戸華僑の重要性が読みとれる。

表9-1は、そうした工作の一環として調査された、神戸華僑と取引関係をもつ華僑輸入商のアジア地域内での分布を整理したものである[8]。神戸華僑が多くの取引関係を有したのは、シンガポール（英領マラヤ）とジャワ島（蘭印）であったことがわかる。蘭印は東南アジアにおいて最大の人口を擁する消費市場として立ち現れるのにたいして、英領マラヤは人口そのものは少なく、経済的にはイギリス本国の植民地政策を反映して、第一次産品の供給を含めた中継貿易港としての位置を占めていた。

また、神戸華僑のなかに出身地域ごとの取引関係の分布に特徴があることも読みとれる。三江系は、わずか一社と少ないものの、その元勝洋行（番号8）は関東州・満洲国、北部中国に取引が集中していた。とくに同社の代表何芍莚は、戦時下の華僑団体「全日本華僑総会」や「神戸華僑新興会」の会長をつとめ、神戸華僑の親日的側面の強化に奔走した人物であった[9]。東南アジアとの取引関係は希薄であるものの、「満洲国」といった日本「帝国」圏内の取引関係が緊密であることを背景に、日本軍政に即応する側面を強く有していたと考えられる。そうした何芍莚の特徴が、日中戦争後の神戸華僑社会におけるオルガナイザーとしての側面をも際立たせたと考えられる。

神戸華僑の多くは、広東系と福建系が多かったが、とくに戦前期には広東系が優勢であった[10]。現地輸入商五つ以上の取引関係を有している場合をみると、神戸華僑の広東系はタイ（番号2、3、4）において優勢を占めた。そして、福建系は仏領インドシナ（以下、仏印と略す。番号1、10）、スマトラ（番号7、9）、フィリピン（番号16、20）で優勢であることがわかる。そして、神戸華僑が最も多く取引関係を有した、シンガポールとジャワ島では、広東系と福建系の両方が、それぞれ緊密な取引関係を有していた。ただ、シンガポールの場合は、一〇社以上の輸入商との取引関係を有するメンバー（番号1、2、7、12）に、福建系（番号1、7、12）が多かったことも特徴であった（後述）。

他方、華僑輸入商のなかにおいて、神戸華僑二社以上との取引関係を有するものをとりあげると、フィリピン、タイ、シンガポール、セレベス、ジャワ島の四地域において複数の神戸華僑との関係を有する輸入商の存在が確認できる。華僑通商網においては言語の問題も含めて出身地ごとのつながりが極めて緊密であるとするならば、フィリピン・仏印では福建系の、タイでは広東系の、そしてシンガポール・ジャワ島・セレベスでは両系の通商網が存在していたことになる。神戸華僑はこうした地域において緊密な通商関係を有したのであった。そして、ここに現れる華僑輸入商のなかで、台湾総督府が調査した『南方華僑有力者名簿』にあらわれる「有力者[11]」の存在を確認すると、フィリピン、ジャワ島とセレベスの蘭印において、その存在が確認できる。このことは、通商事業部門がそ

表9-1　在神戸華僑の対アジア取引（1942年初頭）

資料に初出する年（表5-9）	番号	商社名	代表者	41年 資産（千円）	41年 取引額（千円）	出身	取引先別の現地輸入商数（その他とも計）	関満	北支	中支	南支	香港	フィリピン	タイ	仏印	シンガポール	スマトラ	ジャワ島	セレベス
1928	1	振記公司	林清波・	100	1,000	福建	92		1	8	29	6	2		12	23		10	
25	2	長発公司	黎振聲		250	広東	44					4		5		10		18	4
21	**3**	得人和號　△	潘植我・	400	1,000	広東	39							8		1	3	20	7
38	4	新生隆公司	潘楚珩	100	150	広東	38				3	1		6		3	2	18	8
25	5	成興公司　△	陳根瑱	35	150	広東	33			1		11	6	1		8			5
21	**6**	東南公司　△	陳澍彬・	500	1,000	広東	33				1	2				4		7	6
21	**7**	祐興商行　△	詹廷英・	100	750	福建	32						3		2	13	10		3
21	[8]	元勝洋行	何芍筵・	75	300	三江	30	16	10	2		2							
1925	9	天華号	許桂舫	50	150	福建	26			4		2			1	4	5	6	4
38	10	大榮貿易公司	不明	不明	不明	福建	24								6	2	1	15	
21	11	建和隆　△	李景嶼	20	150	福建	20									5		3	11
1938	12	集発公司	周家珍	100	400	福建	17									17			
25	**13**	萬利公司	任伝伯	35	250	広東	16			2		3			2				9
21	14	仁記洋行	鄭金桂・	500	不明	福建	14					2	2			8			2
不明	15	生怡廣	李錦進	不明	不明	広東	13											13	
21	**16**	新瑞興　△	周起博・	300	300	福建	12						6					3	3
25	17	福源公司	邱世恩	35	50	福建	11											4	7
28	18	三盛洋行　△	労功器	250	500	広東	10							3		7			
1925	**19**	裕発公司　△	李樹安	200	250	広東	9					1				8			
25	20	鼎記公司	周起特	不明	不明	福建	8						7					1	
その他とも計（38社）							579	16	13	21	30	56	29	23	23	119	23	124	81
									中原（8.泰興公司）			徳興（8.9）	**遠勝**（⑦.⑯）経元（⑦.⑭）新光泉（⑯.⑳）	鐘振源（3.4）振遠（3.4）振和（3.4）	新協成（①.⑩）瑞源（①.⑦）東南（①.⑩）	永興隆（2.5.19）協益（⑫.19）祥利源（18.19）	錦通（3.4）	益與（⑯.⑳）協同昌（2.3.4）源遠（4.6）	**永安**（⑦.13）永漳（⑦.⑯）**興昌**（2.4）

神戸華僑２社以上と取引関係を有する現地輸入商 （番号は，神戸華僑。○は福建系）						**成記** (⑯.⑳) **東成** (⑯.⑳) **東美** (⑳.東方公司) **南美** (⑳.東方公司) 楊栄昌 (⑯.⑳) 万順隆 (5.順成) 万泰昌 (⑯.⑳)	天成 (3.4) 湄光 (3.4)	福泉盛 (①.⑩)	泰安 (2.5.19) 万利興 (6.⑦) **利生源** (6.18) 連通和 (3.4.6) 連東 (⑦.⑫) 陞泰 (2.⑩.19) 永泰 (2.5)		宏昌 (2.4) 昆和昌 (2.3.4) 順和隆 (2.4) 信裕昌 (3.4) 成信和 (2.4) 西南 (2.6) **大同** (2.3.4) 得華興 (3.4) **阜通** (2.3.4) 有方 (3.6) **広合発** (2.4) 応彰 (4.6)	**錦興** (2.3.4) 錦彰 (3.4.6.13) 瑞興 (3.4.5.6.13) 東成 (3.13) 南華 (3.13) **茂彰** (3.4) 麗興 (3.4.5.6) **連合** (2.⑰)
小　計		2			2	20	10	8	22	2	34	30

資料）神戸中華総商会『海外取引先商社調査表』1942年初頭（『神戸東亜貿易株式会社檔案』東洋文庫2-2744）。取引額と資産は，商業興信所『商工資産信用録』第42回。

注記）資料に初出する年は，表5-9と同じで，『商工資産信用録』各回による。番号の太数字は，『神戸華僑新興会』の役員で，□は会長（企画院『華僑の研究』松山房，1939年10月，356頁）。商社名の△は，1932年に日本人輸出商が，「信用」しうると公認したメンバー（『大阪綿布商同盟会々報』109号，1932年10月，17頁，日本紡績協会蔵）。代表者の・は，帰化したメンバー（前掲『華僑の研究』356頁）。出身は，品川仁三郎『華商内容一覧』日華新報社，1926年５月。神戸商工会議所『神戸貿易業者名鑑』1929年，１～50頁（大阪市立大学学術情報総合センター蔵）。広東系については神戸華僑歴史博物館入口の起工碑文。太数字は，５以上。神戸華僑２社以上との取引関係を有する輸入商のうち，太字で記したのは，「有力者」と目されているもの（台湾総督府外事部『南方華僑有力者名簿』〔南方資料第四号〕南方資料館，1942年９月）。数字は，神戸華僑の番号で，番号外は実名で記した。その数字の○印は，福建系神戸華僑を示し，○印のないものは広東系を示す。

の地域の有力華僑を支える事業主体であり、神戸華僑を通した通商関係を重要な経済活動にしていたことを示唆している。

二　シンガポールの福建系華僑ルート

第五章において指摘したように、一九三〇年代の東南アジアにおいて、日本製品の輸入を拡大させたのは、蘭印、英領マラヤ、フィリピンであった。仏印は、フランス本国との通商関係が緊密であり、三〇年代の華僑による排日運動についても、仏印では「今までは日本品が輸入されていぬから、日貨排斥もない[12]」状態であった（前掲図5-2参照）。むしろ、このなかで、最も排日運動が激しく展開したのは、英領マラヤであった。実際に、一九四〇年代初頭において、日本人輸出商と多くの取引関係を有するシンガポール華僑輸入商は存在しなくなる（後掲表10-5参照）。つまり先述の②のルートは大きく後退し、日本と英領マラヤとの通商関係は、③の神戸華僑とシンガポール華僑輸入商とによってのみ、支えられるものとなったのである。

英領マラヤにおいて排日運動が激しくなった要因の一つは、対日本製品ボイコット運動を支える条件として、日本製品に代替する消費財の供給が可能であったことである。この非日本品消費財には英国製品も含まれていたが、ここでは上海から香港を経由する消費財の供給が多くなったことが重要であった。日中戦争後に「支那の資本は安全なる避難場所として上海租界に流れ込んで膨大な遊資を形成」し、「過剰労働力の存在、物価高、法幣安に乗じて各種小工場を建設[13]」したのであった。一九三〇年代前半のシンガポール華僑には、従来のヨーロッパ製品取引から中国製品取引に乗り変える者がいたことは先述したが（前掲表5-5のⒸ）、「南洋華僑は引き続き根強い日貨排斥をやって居り、他面に安い上海品を取り扱[14]」う状況が展開していたのである。つまり、英領マラヤには、三五年の

表9-2　東南アジアの人口と華僑

（千人）

	フィリピン	仏　印	タ　イ	英領マラヤ	蘭　印	ビルマ	計
全人口　A	16,000	23,026	14,464	5,501	60,027	14,667	133,685
華僑　B	117	326	524	2,358	1,190	193	4,708
印僑		6		748	114	1,200	2,068
西欧人	49	39	98	31	240	31	488
宗教	カソリック 12,603	仏教 不明	仏教 10,958	イスラム教 1,993	イスラム教 54,024	仏教 12,348	
B/A（%）	0.7	1.4	3.6	42.9	2.0	1.3	3.5

資料）南洋団体連合会『大南洋年鑑』第2回，1943年，224-30，470-1頁。台湾総督府編『第三回南洋年鑑』1937年11月，835，1214頁。

幣制改革後の通貨の切下げによって対アジア輸出を拡大させた中国製品が、香港経由で大量に流入する構造が形成されており、華僑が日本製品へのボイコット運動に乗り出しやすい環境が用意されていたのである。このことは、東南アジア華僑の排日運動の展開が、工業化を通した日中間の、東アジアでの新しい競争の展開と表裏の関係を有していたことを示唆している。

第二の要因は、イギリスの植民地政策を背景にした英領マラヤ華僑の事業活動との関係である[15]。表9-2に示したように、英領マラヤは、人口も少なく（約五〇〇万人）、蘭印（約六〇〇〇万人）とは異なり、広範な消費財市場として位置づけられるものではなかった。むしろシンガポールは、第一次産品の輸出を通した中継貿易機能が重要であり、次頁の表9-3に示したように、英領マラヤ華僑は、他の地域の華僑と異なり、主要貿易品であった錫やゴムなどの第一次産品の生産投資に積極的であった[16]。福田省三による推計投資額の六割以上が生産事業に集中していた。また植民地本国を含めた外資との対比からも窺えるように、華僑の投資を制限する傾向にあったフィリピンや蘭印と異なり、英領マラヤでは華僑の投資に相対的には開放性を有していた。それゆえ生産事業への集中（＝移動性の低さ）を背景に、居住地域を防衛しようとする政治的志向を強く有していたのである。表9-4は、台湾総督府の視点から、シンガポールの有力華僑を整

表9-3　東南アジア華僑の投資額推計（1930年）

	投資額（百万円）　A						左の構成比（%）					
	英領マラヤ	蘭印	フィリピン	仏印	タイ	計	英領マラヤ	蘭印	フィリピン	仏印	タイ	計
生産	640	414	72	86	85	1,297	64	33	19	18	9	32
農業	493	384		24		901	50	31		5		22
鉱業	101	2			6	109	10				1	3
工業	46	29	72	62	79	288	5	2	19	13	8	7
商業	333	793	190	345	869	2,530	33	63	50	72	91	62
貿易	303	768	176	188	395	1,830	30	61	46	39	41	45
金融	30	25	14	157	474	700	3	2	4	33	50	17
その他	22	50	121	47		240	2	4	32	10		6
計	995	1,258	383	478	954	4,068	100	100	100	100	100	100
華僑以外の外資	1,863	7,493	1,949	1,013	838	13,156	187	596	509	212	88	323
	就業者（千人）　B						一人当たり投資額推計（円）　A/B					
生産	1,361	629	45	168	1,000	2,596	470	658	1,600	512	85	500
農業	856	259		61	250	1,103	576	1,483		393		817
鉱業・工業	505	370	45	107	750	1,492	291	84	1,600	579	113	266
商業	549	456	135	213	1,750	3,374	607	1,738	1,407	1,617	497	750
その他とも計	2,195	1,233	180	381	2,500	6,489	453	1,020	2,128	1,255	382	627

資料）福田省三『華僑経済論』大同書店，1939年6月，101-2頁。大蔵省為替局『南洋華僑ニ就テ』1942年3月，14-5頁。支那派遣軍総指令部『南洋華僑出身別ニ就テ』1941年5月（国立中央図書館台湾分館蔵――同史料の収集には近藤正己氏のお世話になった）。

理したものである。その多くが錫、ゴムの生産事業に関わっていることがわかる。このことは、よく指摘されるように、シンガポール華僑の排日運動を主導した陳嘉庚（番号19）が生産事業への投資家であるのにたいして、「親日家」と評された胡文虎（番号1）[17]が薬種類の商業を経営基盤に持っていたことと照応するものである。

　そして、第三の要因は、この生産投資の高さを背景に、英領マラヤの労働者には、中国本土生まれの「新客《しんけ》」が多く[18]、現地への土着化志向が弱かったことである。華僑労働者は、英領マラヤの第一次産品生産地域化という植民地政策の一環として、一九世紀後半から新たに登用され移住した中国生まれの「新客」が多かった。それゆえ、出生地の中国の政治動向に敏感に反応する傾向にあった。後述する蘭印などの土着化したプラナカンのように、現地の政情に即して活動方針を決定するのではなく、シンガポール華僑は中国人がそのままの顔をして生存していると言ってよい存在であった。[19] そして、華僑が英領マラヤの総人口の約四割を占めたことも（表9-2）、抗日的なナショナリズムを喚起しやすくしたのである。

なかでも広東人は「華僑として支那教育を受けているために愛国的思想[20]」を有しており、「一層民族精神に富んで排外的」であったという。[21] シンガポール華僑の経済的な有力者には、福建系や潮州系が多かったが（表9-4[22]）、他方において広東系は、労働者を含めた下層のメンバーに多く、出身地域ごとに階層差が強く存在した。[23] そして、この下層の広東系が排日運動に積極的に参加する傾向にあったのである。

第五章で強調したように、一九三〇年代前半に日本製品を専門的に輸入した華僑には広東系が多かった[24]（前掲表5-5の(A)）。実際に、神戸華僑二社以上と取引関係を有するシンガポール華僑輸入商をみると（表9-1）、彼らは広東系神戸華僑と関係を有していることがわかる。しかし、「昭和十三年ニ入ルモ［中略］華僑ノ排日ハ依然執拗ニ続ケラレ」、日本品の輸入取引を求める華僑がいたとしても「日貨ヲ取扱フ華商ニ対シテハ暴行脅迫ヲ加フル[25]」状態が継続するなかにあって、広東系華僑輸入商は日本製品の取引を継続することが難しくなったと考えられる。「邦品関係の華僑は世論に圧倒されていてその利益関係を主張する力がない」と言われたのは広東系華僑の状況であったと言える。[26]

そうであるとすれば、神戸華僑社会において、シンガポール華僑輸入商との緊密な取引関係を有するようになった福建系（表9-1の番号1、7、12）は、日本とシンガポールとの通商関係を維持するべく台頭した、新規のメンバーであったと考えることができる。[27] 蘭印においても、「ボルネオ、スマトラに於ける華僑の輸出業者と新嘉坡の華僑卸売業者との間には密接な関係[28]」があることを通して、両地域では、排日運動の激しいことが特徴であったが、このうちスマトラと神戸の通商関係を維持していたのが、福建系（表9-1の番号7、9）に他ならなかったの

における主要華僑

社会関係	政治関係	そ　の　他
慈善家 アイルランド・ゴルフ・クラブ会長	親日家	1893～1954 余仁生（シンガポール一の財界人）の息子
星華籌賑会委員 樹膠公会の設立に尽力したほか，多数の学校に出資，南安公会会長，育才学校校長を歴任	排日を指導	
		陳嘉庚の娘婿。1893～1971
華僑婦人界の最大有力者	事変後救国公債募集に奔走	李俊成の妻
元中華総商会長 建築工会会長	抗日団に関係あり	
厦門大学，集美学校の出資者	排日を指導	かつて「陳嘉庚公司」としてゴム園，ビスケット工場，パイナップル工場等を経営したが，日本品の輸入により数年前に破産，娘婿李光前に事業の一部を譲る。以来日本品のボイコットに努め，常に華僑の排日運動を指導。1874～1961
	シンガポール市会議員，抗日運動に関係あり	
	抗日団幹部	
学者として尊敬され，日本に対する理解あり	日本に対する理解あり	

表9-4　シンガポール

番号	名前	出身	資産（万ドル）	職業	関係企業
1	胡文虎 Hu Wen-hu	福建永安	3,000	薬種商	永安堂，中国銀行名誉顧問
2	余東旋 Yu Tung-suwan	広東	3,000	錫鉱山，ゴム園等経営	利華銀行理事
3	陳賜敏 Chen Tzu-min	福建	2,000	事業家，ゴム園経営，地主	
4	**陳振賢 Chan Chen-hsien**	潮州	1,000	銀行	四海通銀行司理
5	侯西友 Heu Hsi-yeu	厦門	600	教育家	
6	李光前 Li Kuang-chien	厦門	600	パイナップル，ビスケット，ゴム工場経営	
7	李偉南 Li Wei-nan	潮州	400	会社役員	再和號代表者，四海通銀行大株主
8	王紹經 Wang Shao-ching	海南島	300	信託業	
9	謝榮西 Hsieh Jung-hsi	福建	300	建築材料販売，政府指定建築請負業	
10	陳仰蔵 Chen Yang-tsang	福建	300	事業家，ゴム園経営，錫販売業	萬福興錫製錬所所有
11	李俊源 Li Chun-yuah		300	ゴム園，ビスケット工場経営，株主	大興，泰豊両ビスケット工場経営，華僑銀行理事
12	呉佛長 Wu Fo-chang	福建	200	事業家，地主	娯楽場「快楽世界」
13	王文達 Wang Wen-to	福建	100	ゴム園経営	娯楽場「新世界」経営
14	符和謙 Fu Ho-chien	海南島	100	ゴム園経営，雑貨商	
15	葉玉推 Yeh Yu-tuei	福建	100	鉄機，鉄材卸商	華僑銀行元支配人
16	林文田 Lin Wen-tien	広東	100	医療	広恵病院理事
17	**林茂豊 Lin Mao-feng**	福建	100	会社役員	福安有限公司社長，ビスケット製造，煉瓦製造業
18	陳延謙 Chen Yen-chien	福建	90	事業家，ゴム園経営	華僑銀行総理
19	**陳嘉庚 Chen Chia-keng**	福建同安	30	事業家，ゴム園と『南洋商報』を経営	陳嘉庚公司，謙益号
20	**曾紀辰 Tseng Chi-chen**	広東	不明	鉄材業	
21	**林慶年 Lin Sung-nien**	福建	不明		林金隆茶荘経営
22	林文慶 Lin Wen-sung	厦門	不明	教育	英国医博，厦門大学校長

資料）台湾総督府外事部『南方華僑有力者名簿』（南方資料第四号）1942年9月。中島宗一（井出季和太，須山卓，国本嘉平次稿）編『英領馬来・緬甸及濠洲に於ける華僑』満鉄東亜経済調査局，1941年2月。

注記）名前の太字は，抗日家とみなされている人物。

である。一九三〇年代後半になって資料に登場する福建系の集発公司（表9-1の番号12）は、四一年頃が最も「儲かった」[29]時期であったと言われており、日中戦争後が福建系にとっては新しいビジネス・チャンスを提供する時代であったと考えられる。また、日中戦争後の神戸華僑社会では、新たに輸出取引に乗り出すものがいたことを述べたが、そこには福建系（台湾系を含む）が多く、三〇年代後半の神戸では、閩南語を共通言語とする福建・台湾系華僑通商網が[30]、日本とアジアとの通商関係において重要になったと考えられる。[31]

三　フィリピン華僑の経済力と安定性

次に、フィリピン華僑について述べれば、その特徴は、まず経済活動において、商業部門に集中していた点である（表9-3）。一九三六年の輸出額のなかで四割を占めたのが対アメリカ合衆国輸出用の砂糖であったが、砂糖業はアメリカ人とフィリピン人による投資によって主導され、華僑の砂糖業投資は制限されていた。それゆえ、華僑は対アメリカ合衆国第一次産品輸出経済においては、木材、マニラ麻取引をはじめとする商業部門に関わることに限定されていたのである。[32]

第二の特徴は、経済的に有力な華僑が存在したことである。フィリピン華僑は、東南アジアにおいて、最もその数が少なく、フィリピンの全人口に占める割合も一％を越えるものではなかった（表9-2）。しかし、一人当たりの投資額の推計では、東南アジアにおいては抜群の二一二八円であり（表9-3）、経済的な有力者が存在した。排日運動の激しく展開した英領マラヤのそれが四五三円であることと極めて対照的であった。また日中戦争期の重慶政府への華僑献金額においても、フィリピン華僑の一人当たりのそれは抜群であった。[33]居住数の少なさにも拘わらず、フィリピン華僑の調査が積極的に進められた理由がここにあった。

そして第三の特徴は、福建省南部の閩南方言グループに属する、泉州・漳州・厦門出身者が中心であり、広東系華僑は少数であったことである。[34] 二社以上の神戸華僑との取引関係を有するフィリピン華僑をみても、そのほとんどが福建系神戸華僑との通商関係を有していたことがわかる（表9-1）。神戸華僑の新瑞興（周起博、表9-1の番号16）は、一八九九年に来日し「上海及香港等に輸送」する福建系輸出商であった。[35]

第四の特徴として、出身地域の集約性（在住地の集中度）が高いところから、フィリピン華僑は相対的に出身地域別組織化を必要とせず、むしろ陳・林・呉・黄・施などの姓ごとの「血統的な宗族団体」を造る傾向にあった。それゆえ、シンガポール華僑社会にみられたような、複数の出身地域ごとの組織（幇）が並立する状況ではなく、幇別の経済的分業や、または対立は顕著ではなかった。むしろ商業活動を中心にするなかで、親戚や同郷人からなる商店主と従業員といった、血縁・地縁的な横断的な結びつきが強いのが特徴であった。また、在住地域別にみても、マニラにおける華僑の在住数は、一九三九年には四万六〇〇〇人であり、それが全フィリピン華僑数の四割（表9-2）を占めた点においても集中的であった。

事業種・出身地・在住地における集中度の高さを背景に、フィリピン華僑は安定的な経済社会を形成していた。[36] その安定性は、華僑の有力団体であった「マニラ中華総商会」（一九〇四年設立）の会長に、一九一九年以降、李清泉が連続六期にわたり就任したことからも推察しうる。また李清泉は、華僑への金融支援機関としての中興銀行（一九二〇年に設立）の頭取もつとめ、華僑関係事業を支援する金融体制を整えた。

表9-5は、取引額の上位を占める有力フィリピン華僑を整理したものである。李清泉（番号1）がそうであったように、フィリピン華僑社会の有力者の多くは、材木輸出や金物輸入取引を中心に、対合衆国通商関係を有していたことがわかる。他方で、一九四〇年代初頭において、神戸華僑との取引関係が確認できるメンバー（番号18、20、27、31、36、37、48、49）は、同表の中位以下に位置していた。商業部門を中心としたフィリピン華僑の相対的

表9-5　フィリピン華僑の有力者

（単位：万ペソ）

表9-1	番号	名前	出身	職業	取引額(1930年)	対合衆国輸出	資産 37年	資産 40年	関係企業	中興銀行	政治的傾向
	1	李清泉	福建	材木商	1,000	1,000	700	400	福泉公司 製材会社李成美公司 鉱業企業 Mindanao Gold Mine Co. 益華商業公司 製材会社ネグロス・比律賓木材公司	頭取	抗
	2	薛芬士	福建	輸出入商	600	300	100	200	益華商業公司の総経理 益荷手商業公司		抗
	3	李成業		苧商	500	500	100	60	太祐和公司	重役	
	4	楊啓泰		金物商	400	●	150	700	瑞隆興鉄業公司	重役	抗
	5	施宗符		貿易商	330		200		施光銘公司支配人		
	6	邱允衡		貿易商	325		100		大興有限公司社長		
	7	荘祥料		精米業	300		100		荘祥南公司		
	8	許経源		煙草製造	300		150		泉慶公司		
	9	李呈芳		貿易商	300	300	100	100	新合美公司	重役	
	10	呉択探		製材	300	●	100		合和興公司		
	11	呉克仁		製材	300	●	100		合茂公司		
	12	陳迎来		酒造	300		100		馨泉酒廠		
	13	黄照北		材木商	300	●	100	400	黄照北木業	重役	
	14	詹孟杉		金物商	300	●	100	100	詹成発鉄業	重役	抗
	15	李昭璜		酒醸造業	250		150		日晶酒廠	重役	
	16	鄭譽三		直輸出入，砂糖，金融，布類卸小売	250				永怡盛支配人(ほかに陳吉砦，黄振誠が参加)		
	17	黄念憶	福建	金物商	200	●	100	100	黄聯興鉄業	重役	抗
⑦⑯	⑱	呉荀来	福建	輸入商	200		100		**遠勝公司**		
	19	李鋒鋭		製材	200	●	60	400	李鐐鋭木業		
[5]	⑳	鄭啓内		綿布輸入商	200		40		南通公司		
	21	施能宗		製材	200	●	50		東方木廠		
	22	蔡祖慨		精米業	200		30		崇興公司		
	23	楊知母		金物店	200	●	42		瑞隆興店主		
	24	黄欣		金物卸小売商	200	●	60		瑞成鉄業		
	25	黄必応		雑貨卸小売商	200		60		新聚興公司		
	26	呉賓秋		製材	200	●	50	10	呉合成木廠		

5 (boxed)	㉗	鄭啓哲		綿布輸入商	200		40		興華公司		
⑦⑯	28	呉遠勝	福建	会社役員	199		5		**遠勝公司**総理		
	29	戴愧生		貿易商	180		3		漢源公司支配人		
	30	鄭煥彩		貿易商	180		100		鄭正益店主		
⑳㉕	㉛	洪傳解		貿易商	150		4		**東美公司**支配人		
	32	呉天爲		輸出入，土産，船舶，金融，保険	150		200		呉協珍支配人		
	33	呉章江		輸出入，土産，船舶，金融，保険	150		200		呉協珍支配人		
	34	黄恩成		雑貨卸小売商	150		50	100	聚興公司		
	35	鄭崇玉		貿易商	105		8		南通店主		
⑯⑳	㊱	李儞侘		綿布輸入商	100		20		**東成公司**		
⑳㉕	㊲	汪閣年		綿布輸入商	100		20		**東美公司**		
	38	陳清棧		綿布輸入商	100		20		蘇州公司		
	39	林順昌		貿易商	100		1		蘇州公司支配人		
	40	王金水		金物卸小売商	100		30		振源鉄業		
	41	蘇連		精米業	100		10		勝泰公司		
	42	呉天増		雑貨卸小売商	100		50		源発公司		
	43	楊邦梭		煙草製造	100		50		源馨公司		
	44	許万麗		金物卸小売商	100		40		許自徳鉄業		
	45	鄭及七		精米	100		10		Manila Rice Mill Corp.支配人		
	46	林再生	福建	酒造，呉服商	100		40		顥源酒廠公司，源隆		
	47	呉康威		建物，土地売買	100		18				
⑳㉕	㊽	洪苑年		貿易商	95		10		**南美公司**支配人		
⑯⑳	㊾	洪萬都		貿易商	95		22		**成記**支配人		
	50	鄭禮明		貿易商	90		2		東和公司支配人		
小計				A	10,999		3,892				
その他とも計（1251人）				B	20,631		5,951				
				A/B （%）	53		65				

資料）渡辺薫，松屋太市編『比律賓華僑信用録』1932年10月（台湾大学研究図書館蔵）。満鉄東亜経済調査局（井出季和太稿）『比律賓に於ける華僑』（南洋華僑叢書第三巻）1939年10月，109-14頁。黄演馨『比律賓華僑』文化研究社，1944年3月，156-65頁。台湾南方協会編『比律賓の華僑』1941年，134-9頁。

注記）番号の○は1942年の調査にて在神戸華僑との通商関係の確認できるもの（表9-1参照）。表9-1欄の○は福建系，□は広東系。太数字は，前掲『南方華僑有力者名簿』に記されているもの。●は対アメリカ合衆国取引を有することが確認できるメンバー（前掲『比律賓華僑信用録』）。㉕は表9-1の番号外で，福建系神戸華僑の東方公司を示す。関係企業の太字は，表9-1に示した，神戸華僑2社以上と取引関係を有する企業。政治的傾向の抗は，「抗敵会」の主要メンバーを示す。

に高い経済力は、経済大国のアメリカ本国との通商的相互依存関係を背景に持つものであったと考えられる。そして、低廉な日本製品は、フィリピン市場においても歓迎される対象であり、有力な華僑輸入商のなかにおいても神戸華僑を通して取引がなされたのである。フィリピンにおいては、福建系通商網の開放性が特徴的であった。

日中戦争勃発後のフィリピン華僑による排日運動は、国民党政権への献金行為を通して展開され、日本製品の取引拒絶といったボイコット運動は一九三八年初頭に頂点を迎えるものの、相対的には弱かった。フィリピンには政治団体として「国民党支部」（王泉笙）があり、三七年七月に日中戦争が勃発するや、抗日組織として「援助抗敵委員会」（以下、抗敵会と略す）がつくられ、九月には中国政府公債一五〇〇万元が持ち込まれ、李清泉をはじめとする有力者に割り当てられた。しかし、「ボイコットはやれ、献金は怠るな、だが事実日本品を取扱はずにどうして献金が出来やうか[37]」と或る華僑が語ったように、日本製品の取引が有益である以上、排日運動と献金運動は両立しない側面を有していた。綿布・雑貨を内容に日本品輸入において「二割[38]」を占めた華僑にとって、日貨ボイコット運動は盛り上がりに欠ける状況であった[39]。

有力華僑のなかでも、金物商瑞隆興の楊啓泰（表9-5の番号4）は、抗敵会の有力メンバーであったが、上海と大阪に支店を有し、日本製品の輸入にも関わっていた。楊啓泰は上海とマニラにおける対日本通貨レートの差異を利用して、有利な日本製品仕入れを展開していた。つまり、「上海デハ日本金百円ガ比島金二十三ペソトイフ相場」であり、「比島ニ於テハ日本金百円ハ比島金四十六ペソ五十仙」という日本円の〈上海安―フィリピン高〉という状況のなかで、楊は「此ノ安イ円ヲ上海仕入部ノ手デ買ッテ、之ヲ大阪ニ送金シ、日本品ヲ買イ入レテ上海ニ送ラセ」、上海からフィリピンに供給するルートを有していた。それゆえ、フィリピンの日本人輸入商が「直接日本ヨリ仕入レル値段ノ約半額」で日本製品を集荷しうることになり、日本製品取引においても日本人輸入商との間で競争力を有したのであった。そして、フィリピンにおける対日本製品ボイコット運動の高揚も、楊にすれば、「他人ニ日貨排斥ヲサセテ、自分ハ独占的ニ日貨ヲ取扱ッテソノ間ニ利益ヲ得ントスル策略」と評されるシステムに他ならなかったのである。[40] こうしたシステムは、マニラ、上海、大阪という異なる地域をつなげながら取引コストを引き下げるとともに、独立国、半植民地、植民地といった様々な権力形態を相対化する華僑ネットワークの実態を示していた。

またフィリピン華僑による排日運動も、日本製品「以外ノモノハ、香港カラノ輸入品ガ大部分ヲ占メテ居タガ、漸次上海方面ニ移リツツアル[41]」なかで高まりをみせたように、日本製品に代替する中国製品の供給を受けて展開される側面が強かった。実際に、フィリピンにおいて華僑の排日運動が頂点を迎えた一九三八年初頭は、日本製の綿布価格が日本本国の原料輸入統制政策を背景に高騰したことが背景にあったのであり[42]、日本製品が三八年後半からの「綿業リンク」制[43]を通して低廉化するに及んで運動は鎮静化する傾向にあった。商業活動を主体とするフィリピン華僑にとって、「邦品ガ割安トナレバ、華商ハ否ヤガ応デモ邦品取扱ヒニ転換セザルヲ得ナク[44]」なっていたのである。そして、排日運動を追認した「三巨商が反対に門にコール・タールを塗られた如きことがあったのは排日貨に依り窮乏した[45]」中小商人の仕業であったと言われたように、下位の商人が日本製品輸入取引を強く求める動きの前に、三〇年代の排日運動の「足並は容易に得られず[46]」にいたのである。

フィリピン華僑の排日運動が低調となった第二の要因は、フィリピン華僑の「地域主義」に基づいていた。フィリピン華僑は出身地の集中性を背景に、不動産を中心にした福建省南部への投資に積極的であった。[47] 代表的な存在である李清泉・楊啓泰が、幼少期に渡比した「新客《しんけ》」であったことも、その動きを促した。[48] そして、一九三〇年代になると、こうした出身地域への投資拡大という地域主義が、合衆国からの独立を念頭においたフィリピン人のナショナリズムの台頭や、合衆国の華僑規制策強化[49]によって促された。[50]

フィリピン華僑の代表的存在であった李清泉は、第一次上海事変の際に一九路軍蔣光鼐らに献金したこともあって、同軍が一九三三年一一月に福州において反蔣介石政権「中華共和国人民政府」（通称「福建人民政府」）を樹立する際には政府委員に抜擢された。また、日中戦争の勃発によって頓挫するが、漳龍鉄道の建設にも加わり、厦門に多くの不動産を所有していた。楊啓泰もまた厦門に不動産を所有していた[51]。それゆえ、これら抗敵会の有力者は、一九三八年五月に福建省南部が日本軍によって陥落してからは「排日貨の会合に出席を差し控へた[52]」と言われたように、フィリピン華僑の動静は、中国ナショナリズムの動向によって規定されるものではなく、むしろ福建省南部の変化に左右される「地域主義」的なものであった[53]。したがって、一九三八年一二月から三九年一月に汪兆銘の南京政権が発足するや、フィリピン華僑は、それを「支持し、日支事変を終息せしめ、其の故国に於ける家屋を保全[54]」する傾向を強めたのである。

四　タイ華僑の土着化と対日本開放性

タイは多くの華僑の居住国であった。しかし、表9-2と表10-12に現れるタイ華僑数は、前者が五二万人、後者が二五〇万人と、大きな隔たりがある。これは他の東南アジア地域と比べても、タイでは華僑の現地への土着化が進んでおり、人口数調査が極めて難しいことに起因している。労働力の不足するタイでは、従来から中国人の移住に開放的であり、華僑とタイ人との結婚を通した土着化を歓迎した。またタイ華僑は広範な地域に分散して居住しており、これも同化傾向の一面であった。それゆえ、タイ華僑には中国人としての政治的自覚は低く、「半分現地人、半分中国人の顔」をしているのがその特徴であり[55]、中国語しか話せない華僑は例外的であった。華僑はタイという民族国家の構成員として自らを意識し、その役割を果たした。こうした同化が比較的に容易であったのは、タイの国家宗教が仏教であり、イスラム教と比べて、融通性を有していたことも背景にあった。

タイ華僑の事業投資は、貿易と金融業に集中しており、とくに現地への同化傾向の進展を背景にした、後者への投資比率の高さが特徴であった（表9-3）。実際に、タイ華僑の有力者を整理した次頁の表9-6をみると、比較的資産額の高いメンバーには、金融業・海運業・保険業に関わる者が多く、その多くがタイ華僑社会の主流であった潮州系であることがわかる。

貿易業関係者をまとめた表9-7をみると、ここで表9-6にも顔を出すのは、わずかに二者（番号5と9。これは表9-6の番号24と28にあたる）のみであり、タイにおいては有力者の多い金融業者と貿易業者とは重なり合うことの少ない構成になっていたのである。そして、後者には「ズバ抜けた巨商が見出されない」[56]と評されたように、タイ経済界の中心に位置するような商業関係者は少なかったようである。とくに、タイにおいては、「日本品との関係が密接だから、阪神地方に仕入れ店や代理店を置くもの」[57]には客家系が多いと言われていた。タイの華僑輸入商（表9-7の番号8、23、47、55、71、84、86）のなかで、取引関係を有する神戸華僑（表9-1の番号3、4、6、18）は、広東系であり、とくに得人和（番号3）は客家であったところからも、日本製品を取引するタイ華僑は広東系、または客家系の、タイにおいては非主流的存在であったと考えられる。[58]

日中戦争勃発後のタイ華僑社会では、排日運動が展開するなかにあって、華僑商人層は「極めて運動に冷淡」[59]であった。一九三〇年代のタイの外国貿易規模は政府のデフレ政策のもとで停滞的であり、「華僑としては、［低廉な］日本品を取扱はねば事実商売が出来ない」[60]状態であった。また日本製品の取引拒否は、在タイ印僑に取引機会を提供することになり[61]、華僑の取引機会を縮小させることになった。三八年一〇月の広東、三九年二月海南島、六月潮汕占領と続く日本軍の占領によって、タイ華僑の動向も鎮静化し、三九年後半には日本製品取引に柔軟に対応する華僑が現れるようになる。そして、一九四〇年六月に、タイと日本が「友好和親条約」を結び、四一年一二月には「攻守同盟」を締結するにおよんで、タイ華僑は「百八十度の転向」[62]をした。四一年四月に排日運動の激しく

表9-6　タイ華僑の重要人物（1930年代末調査）

番号	名前	出身	生まれ	関係企業	年齢（歳）	資産（万バーツ）	中華総商会	政治関係
1	黄求標	広東新会		黄養記	82			
2	頼渠岱	広東潮安		福興利行	76			
3	鄭寄雲	広東澄海（潮州）		裕源發	70			
4	馬仁聲	広東潮陽（潮州）		永泰豊行	63			
5	蟻光炎	広東潮海（潮州）	タイ	廣興利，光興利行	63	30	会長	西南派→汪兆銘派
6	廖報初	広東饒平（潮州）		榮安保険公司	62	3		
7	伍佐南	広東梅縣		広安隆保険公司	62			陳派
8	林簡相	広東新会		聯泰保険公司	60			
9	葉雲舫	広東梅縣		葉天生堂	60			
10	馬雪岩	広東潮陽（潮州）		萬和隆	58	10		陳派
11	雲竹亭	広東文昌（海南）		雲瑞和行	58			
12	周祐湛	広東三水		泰成豊，恒豊米行	57	7		
13	馮爾和	広東文昌（海南）		廖業興行，馮爾和薬行	56	14	常務委員	
14	周仰雲	福建連城		広福公司	56			
15	盧颷川	広東潮安		霖興桟火	55			
16	蕭介珊	広東潮陽（潮州）		詩炎基関公司	54			
17	鄭子彬	広東潮陽（潮州）		老長發米行，和豊發酒行	54			西南派
18	梁樹箱	広東梅縣		永生隆	53			蕭仏成派→西南系，汪兆銘の友人
19	廖公圃	広東澄海（潮州）		陳怡隆行，栄興銀行	50	200	常務委員	西南派
20	許仲宣	広東饒平（潮州）	タイ	恒豊米行，長発桟，長盛興，長成隆	47	200		
21	謝毅庵	広東澄海（潮州）		広順利行，廣順利銀行	46	5		
22	梁任信	広東台山		徳昌行	45	3		
23	馬立羣	広東台山		馬振盛	44			
[24]	蔡楽斯	広東澄海（潮州）		吉兆昌，陳炳春行	43			
25	伍伯林	広東梅縣		広安隆保険公司	41			
26	符昭光	広東文昌		宴芳楼米行	40			
27	陳景川	広東饒平（潮州）	タイ	馮爾和薬行，豊生泰製材所，泰成豊，泰豊祐質店，泰商業銀行買辨，南銀行買弁	40	100	執行委員	蕭仏成派→西南派
[28]	陳守明	広東饒平（潮州）		黌利，陳黄利行，黌利銀行	38	100	元会長	国民党，外交部商務員，商事弁務
29	馬快冬	広東潮陽（潮州）		義和酒業公司	35	2		
30	陳鏽鏘	広東澄海（潮州）		両發利公司，永安保険公司	35	1		反日家
31	許葛汀			福芳煙草商，中華中学校長	不明			西南派
32	郭實秋	広東梅縣		振華	不明			蔣介石派

資料）前掲『南方華僑有力者名簿』22-4頁。中島宗一（宮原義登稿）編『タイ国に於ける華僑』満鉄東亜経済調査局，1939年８月，67，273-7頁。岡本書編『現地に視るタイ国華僑』南洋協会，1939年８月，60-1頁。

注記）□は表9-7に現れるメンバー（表9-7の番号5，9）。

表9-7　タイ華僑の輸出入取引（1936年調査）

表9-1	順番	店　名	業　種	取引額 (千バーツ)	輸　入 日本	香港	英領マラヤ	蘭印	中国	輸　出 英領マラヤ	蘭印	香港	中国
	1	建源	輸出入	3,373	250			1,700			1,200	23	
	2	廣高隆	米輸出	3,000									
	3	恒豊	米輸出	2,400						2,400			
	4	乾利	輸入	2,300		800	1,500						
	5	釁利	汽船，保険	2,000									500
	6	和平公司	輸入食料品問屋	2,000									
	7	成豊泰	輸入	1,800	400	1,100							300
18	⑧	開昌利		1,450	650		800						
	9	吉兆昌	輸入	1,300		1,300							
	10	初興発	輸入食料品問屋	1,300									
	11	金財合	輸入食料品問屋	1,200									
	12	松記	輸入	1,050	500		500						
	13	宏興隆	輸入	1,020	520	500							
	14	鴻興利	綿糸布輸入	1,000			1,000						
	15	鴻興桟 (鴻興利の別店)	輸入綿糸布問屋	1,000									
	16	林坤盛	輸入食料品問屋	1,000									
	17	両峰	輸入食料品問屋	1,000									
	18	木記	輸入食料品問屋	1,000									
	19	同成昌	輸入食料品問屋	1,000									
	20	春合興	輸入食料品問屋	1,000									
	21	福成発	輸入雑貨問屋	1,000									
	22	振華興	金物輸入	1,000									
6	㉓	日興	輸入	850	850								
	24	元泰興	食料品輸入	800		800							
	25	万成	金物輸入	800									
	26	開興利	輸入	700			500						
	27	成泰	輸入金物問屋	700									
	28	往和隆	輸入	600	600								
	29	炳春	米輸出	600		600							
	30	許和発	輸入綿糸布問屋	500									
	31	栄豊	輸入綿糸布問屋	500									
	32	宝豊	食料品輸入	500		500							
	33	元昌隆	食料品輸入	500		500							
	34	栄茂	食料品輸入	500		500							
	35	表合	輸入食料品問屋	500									
	36	勝合昌	雑貨輸出	500									
	37	合興利	雑貨輸出	500									
	38	合興昌	雑貨輸出	500									
	39	蔡和桟	雑貨輸出	500									
	40	信成	輸入雑貨問屋	500									
	41	合成豊	輸入雑貨問屋	500									
	42	利成興	輸入金物問屋	500									
	43	成美	輸入金物問屋	500									
	44	王示成	輸入金物問屋	500									
	45	成昌	輸入綿糸布問屋	480									
	46	華生	輸入	450	450								
3 4	㊼	民生	輸入	450	450								
	48	裕隆	輸入	400		400							

	49	集成豊	食料品輸入	400			400						
	50	合興茂	食料品輸入	400					400				
	51	鼎盛	輸入食料品問屋	400									
	52	泰曳源	雑貨輸入	370	370								
	53	長河	輸入綿糸布問屋	350									
	54	雄烈	金物輸入	350									
[3][4]	○55	鐘振源	輸入	300	300								
	56	炳和隆	輸入綿糸布問屋	300									
	57	豊泰	食料品輸入	300					300				
	58	長成桟	食料品輸入	300			300						
	59	新昌	食料品輸入	300					300				
	60	怡和	輸入雑貨問屋	300									
	61	新順泰	綿糸布輸入	250		250							
	62	福盛	食料品輸入	250					250				
	63	集和成	食料品輸入	250					250				
	64	錦灑桟	食料品輸入	250		250							
	65	源利	綿糸布輸入	200		200							
	66	義成	輸入綿糸布問屋	200									
	67	新合記	食料品輸入	200					200				
	68	慶昌	食料品輸入	200					200				
	69	裕訳	輸入食料品問屋	200									
	70	成源	雑貨輸入	200	200								
[3][4]	○71	振遠	雑貨輸入	200	200								
	72	泰興利	木材輸出	156									156
	73	同泰昌	輸入綿糸布問屋	150									
	74	泰昌	食料品輸入	150		150							
	75	順亨泰	食料品輸入	150					150				
	76	永成隆	木材輸出	117		117							
	77	南成興	食料品輸入	100		100							
	78	日光	雑貨輸入	100	100								
	79	天曳	雑貨輸入	100	100								
	80	公記	木材輸出	98		98							
	81	泰興	木材輸出	91		91							
	82	広金隆	輸出	84								84	
	83	東北	雑貨輸入	80	80								
[3][4]	○84	振和	雑貨輸入	80	80								
	85	栄和	雑貨輸入	80	80								
[3][4]	○86	湄光	雑貨輸入	80	80								
	87	南興隆	木材輸出	68								68	
	88	美盛	食料品輸入	50								50	
	89	陳悦記	食料品輸入	50								50	
	90	潮合	食料品輸入	50									50
	91	陳時記	食料品輸入	40								40	
	92	広成隆	木材輸出	30								30	
	93	瑞珍	食料品輸入	30									30
	94	得興	木材輸出	23								23	
	95	成記	食料品輸入	20									20
	96	成元豊	木材輸出	10								10	
	97	合興隆	木材輸出	9								9	
計		(97社)	その他とも計	55,989	6,260	8,256	5,000	1,700	2,050	2,400	1,200	387	1,056

資料）前掲『タイ国に於ける華僑』128-33，138-9，141頁。

注記）順番内の○は，1942年の調査にて，神戸華僑との取引関係を有するもの（表9-1参照)。表9-1欄の○は，福建系，□は広東系の神戸華僑を示す。

展開されたタイ南部シンゴラに日本領事館が開館するに際しては、多くの華僑が祝賀会に参加したという。[63] そして四二年一月には汪兆銘国民政府支持の姿勢を披瀝した。[64] 四一年七月の英米蘭による資産凍結によって物資供給に大きな制約を課せられた日本であったが、タイからの錫・ゴム・米の買付けは「華僑の手にある物資が日本側に流れ込んで来て居る」[65] 状況を生んでいたのである。

タイ華僑社会において、排日運動の展開が緩やかであった要因は、まず第一にタイ国政府の華僑政策に関連していた。タイは東南アジアにおいて唯一の独立国であったが、金融的にはイギリスに強く依存する特徴を有しており、[66] 元利の返済や利子の支払いをふくめた財政の安定化には、税収入、なかでも輸入税の増徴とその安定化が重要であった。実際に、一九二〇年代半ばの関税自主権の或る程度の回復を経て、政府収入に占める輸入税の割合は、二六年に七％であったものが、二七年一四％、三〇年一五％、三五年二五％へと着実に上昇していた。[67] そうしたなかにおいて、三〇年代前半の不況期には、歳出超過の年が現れるようになり、政府としても「こんなときに、排日貨を行はれては大変だというので、最初から、従前にみられなかった峻厳なる態度を以て、華僑に対した」[68] ことが排日運動の展開の緩やかさにつながった。このことは、第五章でも強調した、イギリス本国のアジア諸国にたいして有する「サービス・金融」的利害が、タイ政府をして、華僑の排日本製品ボイコット運動の高揚を押さえることにつながったことを示していた。東南アジア華僑の排日運動が、当該地に多くの経済的利害を有するイギリスの存在をにらんで展開されたことは、先述の英領マラヤでも同様であった。シンガポールの「華僑指導者たちも、彼らの祖国救済活動の成功は英国政府の好意によるところが多いことを認識して」[69] いた。ただ、英領マラヤでは、自由貿易港としての機能から、日本製品にも課せられる輸入関税は、政府歳入において占める割合が、それほど大きくなく、むしろ、海峡植民地では消費税、連邦州では錫やゴムの輸出税が重要な税源であったために、イギリス本国は、華僑の排日運動を追認する傾向にあったのである。東南アジア華僑の排日運動は、イギリスの「サービス・金融」的利害に抵触しない範囲において、展開されたのである。

第二の要因は、対政府関係という点では、第一の要因とかかわるが、タイ華僑が現地への同化傾向を背景に、タイ国政府との協調関係維持を優先したことにあった。一九四一年にタイの華僑団体である中華総商会が、国民党政府にたいして、「泰国政府に対し誤解を招くがごとき工作は一切慎んで貰いたい」[70]と打電したことは、タイ政府を刺激することによってタイ国内での経済活動に制約が加わることを強く懸念したタイ華僑の特徴を示していた。タイ華僑の基本的な関心は、中国本国の政情変化よりも、むしろタイ社会内部での適応を優先するものであった。なかでも三二年六月の立憲革命後のタイのナショナリズムの高揚への対応が、タイ華僑にとっては優先されたのである。

第三の要因は、第二の要因に関わって、タイ華僑社会内の、とくに主流であった潮州系華僑には、中国の国民党の政治的介入に慎重な側面があったことである。タイ華僑の一人当たりの投資額は相対的には低位であり（表9-3）、このことはフィリピンの李清泉のような、抜群の経済力を背景に華僑経済社会を統括する中心的人物が少ないことを示唆していた。それゆえ、これを補完したのが、先述の「中華総商会」の組織的対応であった。中華総商会はタイ華僑社会の頂点的存在であり、潮州会館をはじめとする七つの会館を含んでいた。タイ華僑の六割を占める潮州系を中心とした纏まりを有しながら、華僑の利害を代弁する組織として中華総商会は重要な位置を占めていた。そして、この中華総商会の重要人物が、簫佛成[71]（Seow Hoot Seng 一八六四―一九三九・五末）であった。

本国との関係において、簫佛成は、国民党シャム総支部長をつとめていたが、本来、反蔣介石派と言われた「西南派」の指導者であり[72]、一九三一年の満洲事変に際しても、簫佛成を中心とするタイの「華僑は、その南京政府に対する反感から、延て今回のことは南京政府と日本との紛争であるとして、案外に熱意を欠」[73]く反応を示した。また夕イ国内の関係において、簫は一九三二年の「人民党政権」樹立によって高まるタイ・ナショナリズムを前にして、タイ新政府との協調関係を模索した。籥には本国の政情をタイ華僑社会内に持ち込むのではなく、むしろタイ国内の政情変化を追認しながらタイ華僑社会のあり方を展望する傾向が強かったのである。

しかし潮州系華僑社会には、こうした籥の現地追認方針とは異なって、国民党中央の介入を歓迎する勢力も存在した。若い「蒋派の当地財閥[74]」と評された陳守明（表９-６の番号28[75]）をはじめとする勢力であった。中国との外交関係は樹立されていないものの、バンコクには一九三二年に南京政府外交部より「中華民国駐泰商務委員弁事処」の設置があり、一〇月にはその商務委員に、陳守明が就任した。商務委員は実質的には外交上の窓口であった。そして、籥佛成派が、蟻光炎（表９-６の番号５、Hia Kwang Iam 一八八〇―一九三九[76]）らの「潮州会館」派に継承されるにおよんで、タイ華僑社会は、陳守明派と会館（西南）派の二つに分裂した。これは籥にはじまる会館派が、タイ華僑社会においてその主導権を磐石のものにしていなかったことを示唆していたが、これより「タイ国華僑間の政治的勢力の分野は蒋介石派と汪兆銘派とが相半[77]」する状況へと進展して行き、そのために国民党タイ支部は「近来は有名無実で甚だ微力な機関[78]」と評されるようになった。潮州系を中心とする有力華僑内における足並みの乱れから、タイにおける排日運動は高まりを見せず、商業を主体とする広東（客家）系華僑は日本製品の輸入取引を続けたのであった。

五　蘭領東インドの消費財市場と華僑の対日本開放性

蘭印華僑は、スマトラ島ではメダン、ジャワ島ではバタビア（西部）・スマラン（中部）・スラバヤ（東部）に分散的に居住した[79]。蘭印は、一〇〇〇万人以上の華僑を擁する東南アジアにおける三大華僑居住国の一つであったが、全人口に占める華僑の割合は二％と少なかった（表９-２）。それゆえ蘭印華僑は中国人意識を前面に出すよりは、

表9-8　蘭領東インド華僑の職業別構成（1936年）

（単位：%）

職業	内生まれ（プラナカン）		外生まれ（トトク）		計	福建	客家	潮州	広東	その他
	男	女	男	女						
原始生産業	26	13	36	24	32	13.9	**35.8**	**48.2**	26.6	**54.3**
工業	17	20	22	19	21	15.4	20.4	12.8	**42.7**	13.6
交通業	7	1	2	1	3	3.7	2.2	1.5	1.8	2.5
商業	34	54	32	38	34	**57.7**	**30.7**	29.6	20.5	17.5
自由業	2	1	1	6	2	1.6	1.5	0.7	1.8	1.7
公務員	1	0	0	0	1	0.7	0.7	0.6	0.8	0.5
その他	13	10	6	12	8	7.0	8.7	6.6	5.8	9.9
計	100	100	100	100	100	100.0	100	100	100	100
計　（人）	111,269	22,854	308,068	6,162	448,353	175,241	80,466	47,612	74,151	88,887
全華僑人口（人）	372,884	383,288	348,019	79,722	1,183,913					

資料）前掲「南洋華僑ノ職業別ニ就イテ」9-10頁。華南銀行『蘭領印度商業界に於ける華僑』（華銀調査第89号）1941年8月，20-1頁。

注記）全人口は1930年調査。太数字は30%以上を示す。

むしろ蘭印の政情にあわせて行動する土着化した中国人、すなわち「プラナカン」が多かった。蘭印ではイスラム教徒が多いために食事の制限などの厳格な戒律の前に華僑の現地への同化は弱かったが、どこかに中国人の面影を残しながら現地人の顔をして暮らすプラナカンが多かったのである[80]。それゆえ、蘭印華僑は、タイと同様に、中国本土の政情変化に敏感に反応することとは少なかった[81]。

蘭印華僑の関係事業は、英領マラヤに似て、商業と農業の両部門への投資割合が高かった。蘭印の場合は前者の比重がより大きかったが（表9-3）、砂糖業やゴム栽培への投資も盛んになされた。表9-8にまとめたように、商業部門には福建系と客家系が深く関わり、農業や工業には客家系、広東系、潮州系が深く関わっていた[82]。労働者階級にもこうした客家系、広東系が多く、蘭印の排日運動は、英領マラヤと同様に、こうした生産投資の高さを背景にした広東系と客家系によって主導される傾向にあった。

商業部門に事業基盤を求める福建系プラナカンは経済的に裕福であり、現地への同化の進むなかで、ジャワ語を日常会話に用いた。上層には、オランダ人学校を卒業して、オランダ語や英語を話すものもいた[83]。「新客ハ依然トシテ抗日的」であるのにたいして、「大多数ヲ占ムルババ［僑生のプラナカン］ニアリテハ、カカル政治的関心ハ薄ク、土着的ナ経済的安定ヲ第一ニ欲求シテ」いたのである[84]。そして、福建系はジャワ中部に多く、東部がこれに次いだ。福建系が、「同化性強クジャワを子孫安住の地として商業を営む」存在であったのにたいして、広東（または客家）系は、ジャワ西部に多く、「愛国心」が強く、「広東系支那人ニシテ当領生レ即 Baba［＝プラナカンと同義］ノ少キ[85]」と言われていた。また、広東系の一つに分類されていた客家系については、「祖先ハ流浪者トシテ特殊扱サレタ」と、彼らへの卑賤視が指摘されていた[86]。また新客はスマトラにも多く、一九三〇年代の排日運動がスマトラや西部ジャワにおいて激しかったことの背景がここにあった。換言すれば、蘭印においては、東に向かうにしたがい、福建系華僑の対日本開放性を強める特徴を有したのである。

表9-9～11は、ジャワ島のバタビヤ（西部）、スマラン（中部）、スラバヤ（東部）での有力華僑を整理したものである。スマランとスラバヤの上位は福建系が多くを占めたのにたいし、バタビヤには広東系が多いことが確認できる。蘭印の排日運動は、「『スマトラ』及西部『ボルネオ』方面ニ於テハ相当熾烈ナリシカ右ハ排日ノ盛ナル新嘉坡方面ニ近キコト[87]」によるものであり、ジャワ島ではシンガポールに近い蘭印東部のバタビヤで最も激しかった[88]。しかし、「蘭印各地に設立された抗日救国機関は地域的に統一され居らず、又バタビヤ慈善会（荘西言主席）の勢力も比律賓抗敵会の場合の如く［中略］強力なものではなかった[89]」と報告されていた。

表9-9をみると、バタビヤの有力華僑には輸入商が多いことがわかる。東南アジアにおいて最大の人口を擁する蘭印は、消費財市場の大きな地域であり、低廉な日本製品の輸入取引は有益なものであったと言える。それゆえ、バタビヤにおいて排日運動に関係したメンバーは、広東（客家）系の、しかも下位に位置するメンバーに限られていたのである（番号9、15、24）。逆に資産額の上位にあるものは、日本人輸出商との通商関係を有する者が多

表9-9　バタビヤ（ジャワ島西部）における重要華僑

表9-1	番号	名　前	出身	生地	資産（萬盾）	業　種	関係企業	社会的事項	その他
	1	許金安　Hsu Chin-an	福建		200	金融，地主	バタビヤ銀行総経理	華僑最高監督。オランダ政府より Majoor の待遇を受ける	オランダ式の教育を受ける
	[2]	荘西言　Tjong See-gan	福建漳浦		60	綿布輸入商	全美公司(Tjoan Bie)社長	華僑輸入商会理事，励志社幹事，バタビヤ慈善会前主席，国民党参政院の参政員	バタビヤ慈善会前主席，華僑の重鎮。バタビヤの某綿布商の小僧として努力し，次第に重要な地位を占め，店を譲りうけて経営者として手腕をふるい成功する。一般に狡猾な手腕
	3	陳興硯　Chen Hsing-yen	福建		30	会社役員	萬源公司	バタビヤ慈善会副主席，社会事業に関係	長くバタビヤに住み，各種物産並びに茶の取引に当たる。性格穏健
	[4]	丘元榮　Chiu Yuan-jung	広東梅縣		30	綿布・為替商	榮盛公司	中華総商会会長，バタビヤ慈善会主席，励志社幹事，捐寒衣委員会委員，月捐委員会委員	古くからバタビヤに居住
	5	李成蹊　Li Cheng-his	福建		30	鉄類輸入商の経理	建發公司（Kian Hoat）		日本製鉄器の外にドイツ製品を多量に輸入
[2][3][4]	⑥	劉阿欣　Liu A-hsin	広東客家		30	綿布輸入商の経理	大同公司（Thay Tong）		永年中国製雑貨を取り扱い，毎年バタビヤで使用される爆竹の大部分を輸入，他に日本雑貨も輸入しつつある
	[7]	丘桃榮　Li Tao-jung	広東客家		20	輸入商	聯榮公司（Liang Yoeng）経理		丘元榮（番号4）の一族で主として日本綿布を扱っている。綿布輸入制限時一時店を閉めたことがあるが，輸入制限後ライセンスを獲得したため再び同じ店号で経営を再開
[3]	⑧	劉継明　Liu Chi-ming	広東客家		20	綿布輸入商の経理	陸潤記公司（Loek Joen Kie）		永年日本雑貨の輸入に当たる
	9	**呉慎機**　Wu Hua-chi	広東蕉嶺		20	会社役員	漢字紙『天聲日報』，青年貿易公司，呉元合公司	中華総商会委員，バタビヤ慈善会委員，捐寒衣委員会委員，瓜哇における社会的有力者の一人	各種物産煙草その他の取引に従事。純然たる反日家。上海南洋中学，蘇州東呉大学修業，漢学の素養あり
	10	張守仁　Chang Shou-jen	広東客家		15	油，米商の経理	張義盛公司	バタビヤ慈善会委員，捐寒衣委員会委員，月捐委員会委員	
[4]	⑪	張順仁　Chang Shun-jen	広東客家		15	綿布輸入商の経理	榮興公司（Yoeng Hien）		屈指の大公司。聯榮及榮盛一族の出資による株式組織。主に日本雑貨及び中国雑貨を輸入し，日本綿布も少量輸入

	12	陳隆吉	Chen Lung-kiat	広東梅縣		15	医業，レモン製造		バタビヤ慈善会委員，義平学校幹事，盧託汽水有限公司総經理，『天聲日報』董事，月捐委員会委員，社会事業に貢献	妻は日本人。日本千葉医専卒業
	13	陳箒霖	Chen Mu-lin	広東		15	金融	渣華銀號（Javasche Bank）		最近新設。香港（本店）・バタビヤ（支店）のみの小規模のもの
	14	柯全壽	Ko Yu-shou	福建	バタビヤ	15	開業医		バタビヤ慈善会救護班主任，養生院院長，事変後に社会事業に積極的	医科大学
	15	**沈遇青**	Shen Hsuan-ching	広東梅縣		15	会社役員	沈成茂公司	中華総商会委員，バタビヤ慈善会委員，『天聲日報』董事	相当の活動家
	16	楊德子	Yeung Te-tzu	福建		15	売薬製造業		バタビヤ慈善会委員	
	17	游子雲	Yu Tzu-yun	広東客家		15	医師	大安堂漢薬局店	バタビヤ慈善会委員，社会事業には消極的	
	18	李招腰	Li Chao-yao	福建		10	鉄類輸入商。バタビヤ市にて鉄鋼製造	德發有限公司（Tek Hoat）		同族出資による株式組織。取扱商品は日本製鉄類の外，欧州製品殊にドイツ製品を多量に輸入しつつある
2	⑲	廖阿三	Liao A-san	広東客家		10	綿布輸入商の経理	德茂有限公司（Jek Miauw）		資本金10萬盾で4,5年前に組織され，日本雑貨輸入を中心に経営される
	20	施仁瑞	Suan Jen-jui	福建	ジャワ	10	会社役員	建源公司輸入部支配人	華僑輸入商会常務理事，励志社会長，温厚な紳士	オランダ式の教育を受ける
	21	梁柄農	Liang Ping-nung	広東客家		7	会社役員	協昌機械工廠經理	中華総商会委員，バタビヤ慈善会委員，著名な人物	
	22	林偉明	Lin Wei-ming	広東客家		6	輸入商	榮和公司社長	中華総商会委員，華僑輸入商会総務，バタビヤ慈善会財政副主任	個人経営（約20年），主に日本雑貨の輸入
	23	詹錦發	Chan Chin-ta	福建	ジャワ	0			バタビヤ慈善会委員	事務
	24	**司徒贊**	Szu Tu-tsuan	広東		0	教育	バタビヤ広仁学校長	バタビヤ慈善会委員，月捐委員会委員	反日家と目される

資料）前掲『南方華僑有力者名簿』。中島宗一（岩限博，竹林勲雄，後藤友治稿）編『蘭領東印度に於ける華僑』満鉄東亜経済調査局，1940年3月，附録1の主要都市華僑重要人物調査表。

注記）番号の□は，1940年代初頭においても日本人輸出商社5社以上と取引関係を有することが確認できるメンバー（表10-11）。○は，42年初頭の調査において，神戸華僑と取引関係を有するメンバー（表9-1参照）。表9-1欄において，□は広東系神戸華僑を示す。名前の太字は，反日的と評価されている。

表9-10　スマラン（ジャワ島中部）における重要華僑

番号	名　前	出身	生地	資産（萬盾）	業　種	関係企業	社会的事項	その他
[1]	黄宗孝 Huang Tsung-hsiao			4,000	製糖業，銀行業，船舶業，貿易業	建源（Kian Gwan）代表者。黄仲涵製糖拓殖会社，黄仲涵銀行，協榮茂輪船公司，中央爪哇倉庫株式会社，建源商事株式会社，建源印度有限公司，建源馬來有限公司，建源暹羅有限公司，建源西欧代理株式会社		先代黄仲涵の次男。顧維均と姻戚関係。オランダとイギリス留学経験
[2]	林松良 Liem Siong-lieng	福建	ジャワ	1,000	輸出入	林金寧（Liem Kim Ling & Co.）代表者		
[3]	薛朝興 Sih Tiauw-hien	福建	ジャワ	500	輸入商	薛開禧（Sin Khay Hie & Co.）綿布商支配人		
[4]	薛朝陽 Sih Tiauw-yan	福建	ジャワ	500	輸出入	薛開禧（Sih Khay Hie & Co.）代表者		
[5]	陳澤炳 Tan Tek-peng	潮州	当領生れ	300	製糖業，銀行業，船舶業，貿易業	建源（番号1）支配人	スマラン中華総商会会長	
6	張盛隆 Thio Sing-liong	福建		300	商人		スマラン中華総商会常務委員，中華会館総理	
7	張添聰 Thio Thiam-tjong	福建	当領生れ	300	砂糖穀物輸出入	張盛隆（Thio Sing Liog）代表者	スマラン中華総商会常務委員，損助祖国慈善事業会主席	反日派。張盛隆の息子。張盛隆は砂糖取引
8	鄭在煙 The Tjaij-yan	福建		200	砂糖穀物輸出入	允盛（Oen Seng）代表者		
9	Wie Boyang			150	物産商			前身は豆腐屋。第一次大戦の際一代にて資産を作る
[10]	林朝模 Liem Tiauw-bo	福建		100	綿布輸入商	林萬盛（Liem Bwan Sing）代表者		
[11]	林朝勳 Liem Tiauw-hoen	福建		100	綿布輸入商	林萬盛（Liem Bwan Sing）		
12	周聰従 Tjioe Tien-tjiong	福建	新客	100	砂糖雑穀輸出入	萬源（Ban Gwan）店主	スマラン中華総商会常務委員	
13	鄭在烟			100	砂糖穀物輸出入	允盛（Oen Seng）支配人		
14	林玉巽 Liem Giok Sven	台湾		50	煙草紙商			台湾人有力者
15	義和 Gie Hoo	福建	新客	30	茶商	張宝鏡		
16	許振傑 Kho Tjin-kiat			30	精米物産商			同地元老第一の顔役
17	張天想 Thio Thaan-siong		新客	10	麦粉雑穀輸入商	源和（Gwan Hoo）店主		
18	尤水池 Joe Tjoei-tee	福建	新客	10	砂糖穀物輸出入商	天記（Thian Kie）	スマラン中華総商会常務委員	
19	三隆 Sam Loong	広東	新客	10	綿布輸入商	（Khoe Moen Koe）	三寶壟寄属公会総理	
20	鄭三陽 The Sem-yang	福建		10	塩魚商		三萬興総理	
21	張天想 Thio Thaan-siong	福建		10	麦粉雑穀取扱商，信局業	源和（Gwan Hoo）店主，信局業	スマラン中華総商会常務委員	
22	張作陰 Thio Tjo lim	福建	新客	10	穀物商	國盛（Kok Seng）	スマラン中華総商会常務委員	
23	李和順 Lie Hoo-soen	福建	当領生れ	5	会社役員	建源（番号1）不動産係主任，和合総理		

資料）表9-9と同じ。
注記）表9-9と同じ。番号1は，大阪に支店を有するところから，□を記した。

表9-11　スラバヤ（ジャワ島東部）における重要華僑

表9-1	番号	名　前	出身	生地	資産（万ギルダー）	業　種	関係企業	社会的事項	その他
	1	Njanja The Ing Bian	福建		500	地主，家主			
	2	Tjo Sie-liem	福建		500	地主			
	3	Tjoa Sie-lian	福建	福建	500	地主			
	4	Han Thoan-hwie	福建		300	地主，家主			
	5	Han Ing-hwie	福建		200	物産商			
	6	Njoo Sak-liang	福建		200	雑貨輸入	浯源（Hwat Gwan）店主		
	7	Oei Bing-boen	福建		200	精米工場，農園経営			親日派。最近当島陸軍兵糧部に白米を納入しつつある模様
	8	Sioe Liem-kongsie	福建		200	物産商			
	9	林生地 Liem Sing-tee	福建		130	煙草工場経営			
	10	曾徳源 Tsan Tax-gwan	福建		110	商人	嵩源（Siong Gwan）支配人		
	11	Han Sing-kien	福建		100	物産商			
	[12]	Kho Sien-tjing	厦門		100	繊維輸入	許瑞陽（Kho Soei Yang）支配人		
	13	Liem Seng-tee	福建		100	雑貨輸入	三寶哪（N.V. Handel Mij. Sampoerna）支配人		
	14	Njoo Sik-liang	福建		100	地主，家主			
	15	黄皆徳 Oei Khay-tak	福建		100	雑貨輸入	遠深(H. Mij. Wan Tjhim)支配人	中華総商会会員	
	16	Ong Hwa Soe Tjong	厦門		100	雑貨商	遠深（Wan Tjhim）店主	中華総商会会員	
	17	蔣報赤 Tjang Po-tjhat	福建		100	珈琲，米，砂糖の輸出	合泰（Hap Thang & Co.）支配人		
	18	姚文麟 Yauw Boen-lien	福建		100	自動車商	（Ban Hoy Lion）支配人	中華総商会会計	
	[19]	Djie Tjan-hok	厦門		70	織物商	遠和（Wan Hoo）店主	中華総商会会員	
	20	Tjio Khay-wan	福建		70	地主，家主			
	21	Yauw Boean-lien	福建		70	雑貨商	萬豊隆（Ban Hong Liong）店主	中華総商会会員	
	22	Oei Bing-hak			60	工場，家作所有	工場，家作所有		Oei Bing-boen（番号 7）の弟
	23	Ang Tjoe Hien	福建		50	物産商			
	[24]	兪鴻瑞 Djie Hong-swie	福建		50	織物商	振徳桟（Tjin Tak Tjian）店主	中華総商会会員	

	25		Oei Bing-tjiang			50	家作所有			Oei Bing-boen（番号 7）の弟。最近健康が勝れず事業を息子に託す
	26	黄超龍	Oei Tjhiaw-liong	福建	ジャワ	50	雑貨商	和順号（Hoo Soen Hoo）支配人	中華総商会会長	オランダ，イギリス，上海に留学経験
	27		Tjio Khay-eng	福建		50	地主，家主			
	28		Tjio Poo Tioe			50			中華総商会会員	
	29		Tjio Poo Tjhat			50			中華総商会会員	
	30	陳金道	Tan Kiem-tong	厦門		40	織物商	陳金道（Tan Kiem Tong）店主		
	31		Tjoe Gie-tex	福建	ジャワ	40	物産商			パレンに精米工場を所有
	32	盧慶善	Lo Khing-siang	福建	ジャワ	35	織物商	盧慶善（Lo Khing Siang）店主	中華総商会会員	
	33		Han Kian-kie	福建		30	雑貨商	韓建記（Han Kian Kie）		
	34		Ong Kie-tjwan		ジャワ	30	精米業			
	35	韓成霖	Han Sing-lien		ジャワ	25	自動車部分品商			
	36		Oei Tjiauw Tjang	福建		25	物産商，精米業			
	37	呉金箴	Goh Kim-chim	厦門	二代目	20	運輸業	加里鴉氏汽船通運公司経営	スラバヤ福建公司会長。顔役としてソロ，ジョクジャ方面に及ぶ東部ジャワ一帯にかけて勢力を有する	大の親日家で，ジョクジャの植田商会と緊密な関係。砂糖，コーヒー，タマネギの物産取引をするも，30年砂糖不況にて数千万の損失。運輸業のみに限定
	38		Lie Tek		ジャワ	20	精米業			
	39		Oei Tjhian-liong	福建		20	雑貨商	和順号（Hoo Soen Hoo）店主	中華総商会会長	
	40	陳洪金	Tan Hong-kiem	福建		20	織物商	陳洪金（Tan Hong Kiem）店主	中華総商会会員	
	41		Tjio Tioen-bwee	福建		20	雑穀商	瀉源（Siong Gwan）店主	中華総商会会員	
	42	蔡清久	Tjoa Tihing-kioe	福建		20	珈琲，タピオカ輸出商	和記（H. Mij. Hoo Kie）支配人		
	43		Han Soen-hie		ジャワ	15	日用品物産商			
	44		Han Tiauw Tjhing		福建	15	雑貨商	Auto Bus Order “H. T.”主人		
2 4	㊺		Tang Mien	広東		15	雑貨商	廣合蔡（Kong Hap Fat）店主		
⑯	㊻	黄康革	Oey Kong-hwa	広東		13	雑貨商	黄康革（Oey Kong Hwa）店主	中華総商会会員	
⑯	㊼		Oei Sie-kan	福建		11	銅鉄，建築用金物一式	慶平号（Keng Peng Hoo）店主		
	48		Ak Pie	広東		10	雑貨商	新々公司（Sin Sin & Co.）店主		
	49		Go Tjhing-gam	福建		10	雑貨商	治安居（Ye An Hie）店主		
	50		Koo le Soen		福建	10	雑貨商	Koo le Soen 主人		

51	李雙輝	Lie Siong-hwie	福建		10	精米業			
52		Liem	福建		10	雑貨商	中天（Tiong Thian）店主		
53		Oen Thong-haij		ジャワ	10	物産商			
54		Tan Ing-tjoen	新客		10	日用品物産商			
55		Tan Sin-ing		ジャワ	10	サロン製造業			
56	曾國治	Tjan Kok-tie	福建		10	砂糖，珈琲，米穀輸出商	榮南（Eng Nam）支配人	中華総商会副会長	
57		Tjoa Tjwan-bo	福建		10	物産商		中華総商会会員	
58		Tjio Poo-bat	新客		8	日用品店経営			以前は抗日家であったが，30年代末はその気配なし
59	林徽業	Liem Hwie-giap		ジャワ	5	会社役員	建源スラバヤ総支配人		
60	林泉徳	Liom Thwan-tek		ジャワ	5	映画業	ジャワ映画業界の大立物		
61		Loe Bian-tjioe		ジャワ	5	製造業	Kroepoek 製造業		抗日家
62		Djio Tong-hay	新客		3	日用品物産商			抗日運動の主領
63		Go Soeu-nie	新客		3	日用品及物産商			インテリの頭目，排日思想濃厚
64	林徽宗	Liem Hwie-tjong		ジャワ	3	乗合自動車，木材会社経営			
65		Oie Giok-tjoe	新客		2	日用品物産商			
66		Tan Tjien-sik		ジャワ	2	日用品物産商			
67		Yoe Sin-tjig	新客		2	日用品店経営			幾分抗日家と見受けられる
68		Kho Ing-hoa	新客		2	日用品物産商			
69		Go Kie-yap	新客		1	日用品店経営			排日思想濃厚
70		Tjoa Kim-hang	新客		1	日用品物産商			

資料）表9-9と同じ。

注記）表9-9と同じ。表9-1欄の○印は，福建系神戸華僑，□印は広東系神戸華僑を示す。

いことがわかる（番号2、4、7、27――後掲表10-11に現れる輸入商）。

さらに、ここで注意したいのは、このバタビヤの広東（客家）系輸入商のメンバーのなかに、在神戸華僑との取引関係を有しているものがいたことである（表9-9の番号の6、8、11、19――表9-1に現れるメンバーと取引関係を有する者）。彼らは、いずれも客家であり、神戸華僑（表9-1の番号2、3、4）の場合は、いずれも広東系であった。神戸華僑のうち、潘植我（表9-1の番号3）は、一九〇四年に来日して、広興昌に入店し、一九一三年に独立して得人和を開業し、翌一四年に帰化した。広東省梅県の出身であるところから客家系と考えられる[90]。それゆえ、排日運動が相対的に激しく展開したバタビヤでは、冒頭で述べた通商網のうち、

②日本人輸出商と輸入取引を求める福建系通商網

③広東系神戸華僑を通した客家系華僑通商網

の二つによって開放性が維持されていたと言えよう。シンガポールにおいては、排日運動の継続によって、広東系華僑通商網は閉じる傾向にあり、蘭印のバタビヤにおいても、広東系や客家系が排日運動の担い手となる傾向にあったが、蘭印の場合、広東系神戸華僑が、日本人輸出商が容易には進出できない地域や相手を対象に日本製品の通商網を補完する役割を担ったのである。

バタビヤでの排日運動は、一九三七年一〇月に、蘭印華僑輸入商総会が日本製品取引停止を決議する展開を見せたが、南京陥落（三七年一二月）後には鎮静化し、取引も三八年二月には再開されたという[91]。バタビヤの綿布輸入商においては、「広東人の巨頭は**丘元栄**で、福建人の大将は**荘西言**[92]」と言われた。両者はいずれも「新客」であり、排日運動に関わった華僑であったが、他方で日本人輸出商との通商系統を有していた。丘元栄（表9-9の番号4、一八九五―一九七八[93]）は、客家であり、国民党員として排日運動に奔走した。しかし、「表面は反日を強調せるもそ

の真意不明[94]」と評されていた。そして、福建系の荘西言（表9-9の番号2、一八八五―一九六五）も、日中戦争勃発後に「一重要指導者として表面に立ったが一般に不評判、これは曩の上海事変の際表面上対日ボイコットを強調したが内密に日本から綿布を多量に輸入して巨利を博したとの評判に基づくもの[95]」であった。東南アジア華僑の排日運動のなかで転機となったのが、三八年一〇月のシンガポールにおける「南洋華僑籌賑祖国難民総会」の設立であったが[96]、同会におけるバタビヤ代表の荘西言は、マニラ代表の李清泉とともに副主席として、主席陳嘉庚を補佐する立場にあったにもかかわらず、積極的な役割は担わなかったという[97]。バタビヤにおいて、「新客」として排日運動に乗り出した華僑は、日本製品への徹底した排他性を示すものではなかったのである。最大の消費市場をかかえる蘭印においては、こうした有力華僑輸入商の開放性が残されており、日本人輸出商が容易に進出できない地域や相手には、広東系神戸華僑が通商網を補完しうる関係が出来上がっていたと考えられる。

ジャワ島中部のスマランは「三寶」を語源としており、華僑の開拓した土地であった[98]。表9-10にまとめたように、スマランには推定資産額の巨大な華僑が存在した。とくに、ここでは建源商事を経営する福建系プラナカンの黄宗孝（表9-10の番号1）が代表的な存在であった。表9-12は、蘭印の資本金上位の企業の内から兼任役員を抽出して、人的なつながりから蘭印華僑財界のあり方を考察したものであるが、黄宗孝の父黄仲涵が複数の有力企業と人脈を有していたことがわかる[99]。実際に一九三四年には親日的新聞『マタ・ハリ』を発刊するなど[100]、親日的であった。日本軍政期には中部ジャワの重要人物として軍政に「献身的に努力[101]」し[102]、日本軍のイニシアチブになるインドネシア独立運動体の Badan Penyelidik Kemerdekaan Indonesia（スカルノとハッタが主導）に参加した[103]。

建源以外のスマラン有力華僑には、上位に日本人輸出商との通商関係を有する綿布輸入商が多く、ジャワ生まれのプラナカンが多かった（表9-10の番号2・3・4・10・11[104]）。綿布輸入商の林松良（番号2）は「親日華僑[105]」であった。福建系の輸入商は「祖国観念希薄で、今次事変に対しても割合平静なる態度」であり、「一部煽動分子並

僑主要企業の兼任状況（1939年）

兼任社数	設立年	業種	資本金（千ギルダー）	企業名（所在地）
番号				
華僑名				
	1906	銀行	4,000	Oei Tiong Ham（スラバヤ）
	1862	商社	3,000	Kian Gwan（スマラン）
	1908	砂糖栽培	1,000	Suikerfabriek Krebet（スマラン）
	1917	カッサバ加工業	600	Cassava Onderneming Krebet（スマラン）
	1904	甘藷栽培，製糖工業	600	Suikerfabriek Pakkies（スマラン）
	1908	甘藷栽培，地玉	600	Suikerfabriek Ponen（スマラン）
	1902	甘藷の植付，製糖，販売	600	tot Exploitatie der Suikerfabriek Redjo Agoeng（スマラン）
	1902	甘藷の栽培，製糖及び販売	600	tot Exploitatie der Suikerfabriek Tanggoel Angin（スマラン）
	1897	拓殖栽培	600	tot Exploitatie der Tegalwaroelanden Merk Goan Soen Hin（パイテンゾルフ）
	1918	銀行業	2,500	Batavia Bank（バタビア）
	1919	商業，船舶代理店	765	Indisch Blauwvriesveem（不明）
	1929	農産物栽培，販売，貸地	500	Tapos（バタビア）
	1904	各種農作物の栽培	1,000	Waringin（パイテンゾルフ）
	1920	農作物の仲介業及び栽培	750	Tjitaringin（パイテンゾルフ）
	1928	農産物栽培，売買	600	Paranggong（パイテンゾルフ）
	1887	拓殖開墾	1,000	tot Exploitatie van het land Pebajoran（ケドン・ゲデ）
	1929	農産物の栽培及び買入，販売	1,000	Tan Wie Siong（ケドン・ゲデ）

表9-12　蘭領東インドにおける華

1	Djie Ting Ham		7			副	副	副	秘	副	副								
2	Oei Tiong Hauw	黄仲涵	6		社			社	社	社	社 建源								
3	Oei Tjong Hauw	黄宗孝	4	会		社	社												
4	Oei Tjong Tjiat		2	秘															
5	Tan Tek Peng	陳澤炳	1		秘														
6	Ho Kiem Hwa Nio		1		取														
7	Ho Wie Han		1		取														
8	Oei Tiong Tjiat		1		取														
9	Tjoa Soe Tjong		1	取															
10	Tjoa Tjing Djwan		1	取															
11	Hioe Njan Yoeng	丘元栄	2									取							
12	Khouw Keng Tjiong		2									取		取					
13	Tan Yam Hok		5										取	社					
14	Soen Hok Tan		3											取					
15	Khouw Keng Liem		1									社							
16	Khouw Kim An	許金安	1									副							
17	Tan Eng Djin		4												副	副	社		
18	Tan Tek Haij		3												社	社			
19	Tan Tek Hay		3														取		
20	Tan Gin Nio		2												取	取			
21	Tan Soan Nio		2												取	取			
22	Tan Kim Nio		2												取	取			
23	Tan Gin Nio		2												取				
24	Tan Tjoan Hong	陳子煌	2															社	社
25	Tan Tjoan Bouw		1															取	
26	Tan Tjoan Hie		1																取
27	Tan Tjoan Ho		1																取
28	Tan Tjoan Keng		1															取	

資料）*Handboek voor Cultuur-en Handelsondernemingen in Nederlandsch-Indië*, 1939年（シンガポール国立大学中央図書館蔵）。

注記）資本金50万ギルダー以上の企業を対象にした。兼任社数は，他の企業も含めたもの。会は会長，社は社長，副は副社長，取は取締役，秘は秘書。

に広東系新客に引きずられて表面上対日ボイコットは一般的風潮と化した」[106]にすぎず、むしろ綿布輸入商にとっては「邦品の取扱は彼等の死活問題」[107]であったために、運動は鎮静化する方向にあったのである。

ジャワ島東部のスラバヤの有力華僑を整理した表9-11をみても、福建系が多かったことがわかる。排日運動は一層「微温、消極的」[108]であり、三七年一一月の段階においても「華商の排日貨現れず」[109]という状態であった。排日運動に乗り出すのは下層に位置する新客であり、日用雑貨を取り扱う商人であった（番号59、62、63、64、68、70）。上位には日本人輸出商と取引するものがおり（番号12、19、24）、また、下層（番号45、46、47）には神戸華僑（表9-1の番号2、4、16）との取引関係を有するものが配置されていることは、改めて神戸華僑が日本製品をめぐる通商網を補完する関係にあったことを示している。日中戦争後においても、華僑通商網は蘭印を対象に福建系通商網を通して開かれていたのであり、日本人輸出商社の進出しえない地域や相手を神戸華僑ルートが補完する関係がつくられていたのである。そして日本の軍政は、この開放性の利用に強く期待したのであった。[110]

まとめにかえて

日中戦争後から一九四〇年代初頭にかけての東南アジアの華僑の動向を、日本製品の取引との関係で考察した。三七年の日中全面戦争の勃発以降、東南アジアでは華僑による排日運動が各地で展開したが、その展開は決して一様ではなかった。東南アジア華僑にとって日本製品の輸入取引は有益であったからである。英領マラヤ、タイ、蘭印といった、東南アジア華僑の三大居住国においては、英領マラヤにおいて最も激しく排日運動が展開したが、その対局に蘭印の華僑があった。

第十章でも述べるように、一九四〇年代初頭において、日本人輸出商と緊密な取引関係を有した東南アジア華僑の存在は、蘭印において確認できる。また、同時期に神戸華僑と緊密な通商関係を有した東南アジア華僑の存在は、フィリピン、タイ、シンガポール、ジャワ島とセレベスの蘭印において確認できた。四〇年代初頭においても、神戸華僑がシンガポール華僑輸入商との取引関係を有していたことは、彼らは東南アジア華僑の排日運動を背景に日本人輸出商が容易に進出できない地域や取引相手を対象に、通商活動を維持していたことを示していた。日本と東南アジアとの通商関係において、神戸華僑は日本人通商網を補完する役割を担っていたと言える。とくにシンガポールにおいては福建系通商網が、蘭印においては広東（客家）系通商網が通商関係の維持に重要な役割を果たした。

冒頭で述べた三つの通商ルートのうち、②〈日本人輸出商→東南アジア華僑輸入商〉、③〈神戸華僑輸出商→東南アジア華僑輸入商〉の二つの通商ルートの存在を確認した上で、一九四〇年代初頭の東南アジア華僑の特徴について整理しておきたい。タイにおいて見られたように、タイ華僑の排日運動はタイ国政府によって強く規制された。イギリスへの毎年の円滑な支払いが求められたタイにおいて、輸入税収入は重要な位置を占めるようになるが、こうした環境下における華僑の日本製品輸入ボイコットは税収の低下につながる危険性をはらんでいた。タイ政府が華僑の排日運動への規制に乗り出した背景がここにあったのであり、このことは、イギリスのアジアにたいして持つ「サービス・金融」的利害が、華僑の排日運動の規模を規定したことを示唆していた。これが第一の特徴であった。

第二の特徴は、蘭印の華僑が、日本にたいして開放性を有したことに関わる特徴である。蘭印には現地生まれの福建系の「僑生」が多く、本国生まれの「新客」の多いシンガポールと対照的であった。後者は、いまだ生地中国の政情変化に敏感に反応するのに対して、前者は居住国政府の政策やナショナリズムへの対応を求められ、あわせて現地での経済活動に即して行動を選択する合理性を有していたのである。

第三の特徴は、「地域主義」的志向を有しつつ、必ずしも国民党の喚起する中国ナショナリズムの高揚そのものを受け入れることのない華僑が存在した点である。これらは、日本軍による厦門占領後に排日運動が鎮静化したフィリピン華僑や、反蔣介石派とみなされた「西南派」を支持するタイ華僑に当てはまった。神戸華僑においても汪兆銘政権を支持する姿勢を明確にすることで、日本軍政下に自らを位置づけるのであり、③〈神戸華僑輸出商↓東南アジア華僑輸入商〉における通商網の開放性には、政治過程との有意な関係が含まれていたと考えられる。

（1）検討に際して主に用いる資料は、
①台湾総督府外事部編『南方華僑有力者名簿』（南方資料第四号、南方資料館、一九四二年九月刊行、台湾大学研究図書館蔵）
②神戸中華総商会『海外取引先商社調査表』（『神戸東亜貿易株式会社　案』一九四二年頃、東洋文庫蔵）
③日本綿布輸出組合『南方地域向取引調』（一九四二年二月調査、輸出繊維会館蔵）
の三種類である。
①は、台湾総督府が山村魏に委託して、一九三七年から四一年一一月現在までに記された東南アジア華僑についての情報を総括したダイレクトリーであり、当時の東南アジアにおける日本人の華僑認識を表現する資料となっている。後述するように、資料の過半は蘭領東インド（以下、蘭印と略す）華僑について割かれており、日中戦争勃発以後の台湾総督府の蘭印華僑への関心の高さと情報入手の容易さが窺える。中華学術院南洋研究所『三十年代南洋華僑領袖調査報告書続編』（南洋研究史料叢刊第三集）文史哲出版社、一九八三年七月、として復刊された。
②は、神戸華僑が「軍政下南方建設」において「南方華僑ノ利用」（『陳情書』一九四二年）を企図して作成したもので、在神戸華僑との関係を有する現地輸入商の華僑の調査報告である。戦時下の神戸華僑は、三八年末に汪兆銘政権を支持する政治的傾向を有しており、日本軍政に即応する側面を有したことが近年の研究で明らかにされている（出口晴久「日中戦争期における神戸華僑の実態と動向」〔東アジア史研究会『東洋史論』第九号、一九九六年一〇月〕。安井三吉稿「中日戦争下の中華会館」〔中華会館編『落地生根――神戸華僑と神阪中華会館の百年』研文出版、二〇〇〇年近刊〕。資料の出典などが記されていないためにその資料的価値は不明であるが、当時の神戸華僑社会については、鴻山俊雄『神戸大阪の華僑――在日華僑百年史』華僑問題研究所、一九七九年七月、七〇―五）。
③は、第十章で主に検討する資料である。欧米の対日本資産凍結（一九四一年七月）を契機に輸出が困難となった第三国市場

を対象に、それまでに日本人輸出商がどのような現地輸入商と取引していたのかを報告させた原票である。それゆえ、当時において国際関係を維持していた、タイと仏領インドシナ（以下、仏印と略す）の二国は調査の対象外であった。また、アメリカ合衆国領のフィリピンは調査対象であるものの、原票は残されていない状態であった。限定された調査対象地域ではあるが、日本人輸出商と多くの取引関係を有する現地輸入商の華僑は、蘭印のジャワに多くみられ、他方で蘭印のセレベス・スマトラや英領マラヤには存在しないことが特徴であった。

　本章は、以上の三点の資料を通して、一九三〇年代から四〇年代初頭の華僑通商網の特徴を、当該期の日本人の認識（資料）を通して考察することになる。

（2）居住国生まれの華僑を「僑生《きょうせい》」（または「旧客」「老客」。英領マラヤではBaba「峇々」、蘭印ではPeranakanプラナカン、タイではLuk Chinルーク・チーン、仏印ではMinh-huongミン・ユオンまたはSino-Cambodgienシノ・カンボジアン、フィリピンではSangley Mestizoサングレイ・メスティソと呼んだ）と呼び、中国本国生まれの華僑を「新客《しんけ》」（または「生客」「遷民」。蘭印ではTotokトトク、タイではChin Nokチーン・ノーク）と呼んだ（井出季和太『南方華僑論』東亜新書、一九四三年九月、一四―六頁）。

（3）三好俊吉郎述『南洋華僑ニ就テ』東亜研究所、一九三九年九月、三頁（名古屋商工会議所蔵）。相対的な評価であるが、前者は、後者にくらべて、中国の政治的変化にあまり敏感に反応しない傾向があった。

（4）企画院『華僑の研究』松山房、一九三九年一〇月、三五五―六頁。

（5）神田末保「神戸華商の研究」（神戸貿易同志会『同志』一八号、一九四一年一月）七一頁。鴻山俊雄『神戸大阪の華僑』華僑問題研究所、一九七九年七月、六〇、七三―五頁。

（6）神戸華僑の輸出取引は一九四三年になると一九〇〇万円に低下し、神戸の対東南アジア輸出総額の一四%を構成するに過ぎなくなる（前掲表5-9の資料より推計）。軍政下の東南アジア輸出は、仏印とタイが比重を高めるが、こうした取引は日本人貿易商によって担われた。四三年以降には東南アジア華僑についての調査報告が少なくなることを考えても、日本人にとっての華僑への関心は一九四二年ごろまでであったと考えられる。

（7）「神戸華商ノ沿革概要」（『神戸東亜貿易株式会社　案』一九四二年頃、東洋文庫蔵）。

（8）表9-1からは、輸入商との取引系統数の多いメンバーが、必ずしも資産・取引額が大きいものであるとは限らないことがわかる。それゆえ、取引関係数の多さには政治的な偏差が含まれていると考えられる。林清波（番号1）については、不明な点が多いが、一九二〇年二月一八日生まれであり（田村謙吉編『苦節十年――海親会十年史』海親会、一九六七年七月、一九六頁）、四二年当時二二歳であったところから考えて、社会的熟練があったとは考えられず、なんらかの政策的後援をうけた上位への上昇であったと考えられる。

（9）内務省警保局編『外事警察概況』第八巻（一九四二年）龍渓書舎、一九八〇年七月復刊、二一四―六頁。

（10）企画院編『華僑の研究』松山房、一九三九年一〇月、三五二―三頁。陳根興（表9-1の番号5）の実弟陳根霖氏が、一九三三年に上海から日本に戻る時に「上陸禁止」措置を受けたが、「東南公司の陳［澍彬、番号6］さんや、同孚泰の鄭［祝三］さん、それから得人和の潘［植我、番号3］さん。これが、保証してくれて、ようやくあげてもらえた」（安井三吉、陳来幸、過放『阪神大震災と華僑』一九九六年五月、二三八頁）と言うように、広東系には緊密な繋がりがあった。また、周家珍氏（番号12）からの聞取りでは、集発公司を立ちあげる以前に、隆順六房洋行に入店後、裕興商行（番号7）に入り、泰安公司を経たという。泰安公司は台湾系貿易商であり（前掲『苦節十年――海親会十年史』一一六頁）、いずれも閩南語による纏まりを通して、福建系華僑にも緊密な関係があった（泰安公司については、陳来幸氏から情報を提供いただいた）。

（11）前掲『南方華僑有力者名簿』。

（12）宮崎彦一郎（大同貿易）『南洋事情』（講演第四）日本貿易振興協会、一九四一年五月、一六頁。

（13）伊藤斌『第三調査委員会報告書――南洋華僑抗日救国運動の研究』東亜研究所、一九四五年七月、三七七、四一八頁。

（14）前掲『南洋事情』一四頁。芳賀雄『東亜共栄圏と南洋華僑』刀江書院、一九四一年一〇月、三二七頁。中国の綿布輸出量は、一九三六年から四〇年までの五年間の各年において、六一一六万碼、四四五一万碼、七〇六五万碼、一億三〇七七万碼、一億二三八三万碼へと拡大する。三七年から三八年の増分二六一四万碼を主導したのは、香港（増分は三九三三万碼）であった。そして、三八年から三九年の増分六〇一二万碼を主導したのは、仏印（増分は四二六三万碼）であった（『全国紡績会社事情』一九四〇～四年［『東洋紡百年史』資料］）。

（15）華僑の多く居住するシンガポールはイギリス本国の領有（一八一九年）後に新たに造られた新興都市であり、もともとは住民の少ないマレー人の一漁村に過ぎなかった。シンガポールを直ちに中継貿易港へと作り替えるには多くの人的資源を投入せねばならず、そこに登用されたのが華僑であった。一八六九年のスエズ運河の開通は、アジアとヨーロッパ間の中継港としてのシンガポールの役割を増大させ、また一八六〇年以降の清朝の中国人海外渡航の公認にも促され、英領マラヤでの華僑の流入を増加させた。またゴム栽培においては印僑も積極的に登用された。イギリスは他の欧米諸国と異なり、植民地経営においてアジア人の活用に積極的であり、また開放的であった。他の東南アジアと異なり英領マラヤの人口の約四割を占めるまでに華僑は増えつづけたが、その理由がここにあった。そして英領マラヤの都市開発に登用された華僑には、広東系が多く、彼らは錫・ゴム生産業の労働力提供者として立ち現れることが多かった。

（16）Ian Brown, *Economic Change in South-East Asia, c.1830–1980*, Oxford University Press, 1997, chapter 13 を参照。

(17) 胡文虎（表9-3の番号1、一八八三—一九五四）はラングーンに渡り、後にシンガポールに来る福建省生まれの客家系「新客」であったが、客家の土着化を志向した人物であった（酒井忠夫「近現代シンガポール・マレーシア地域における華人の社会文化と文化摩擦」（酒井忠夫編『東南アジアの華人文化と文化摩擦』巌南堂書店、一九八三年二月、三七頁）。林慶年（表9-3の番号21）はその支持者であった。彼らと陳嘉庚はことごとく対立した。抗日献金においても胡文虎は『星州日報』を通して献金し、陳嘉庚の主催する「南洋華僑籌賑祖国難民総会」を通すことはなかったという（欧亜局第三課『新嘉坡福建華僑情勢調査』年代不明、六頁、横浜開港資料館蔵）。胡文虎は「親日派」と評されることが多かったが、胡文虎が一九四三年七月に来日し、東条英機首相と語った内容には、両者の微妙なズレが存在した。日本軍の確保したビルマ米と交換に、タングステン・棉花・桐油の供出を求める東条に対して、あくまでも胡文虎は重慶政権との停戦を求め、食料の不足する東南アジアにおいて「南洋には自分の克く承知しある華僑ありて、安南等より『ジャンク』にて米を持ち来る手配」（伊藤隆他編『東条内閣総理大臣機密記録』東京大学出版会、一九九〇年九月、二〇四頁）の追認を日本から引き出すことにあった。

(18) 排日運動を主導した陳嘉庚（表9-3の番号19、一八七四—一九六一）も福建省生まれの「新客」であり、英領マラヤにおいてゴム栽培が始まったころにゴム園を買い入れ、第一次大戦期のゴム価格の高騰によって資産を拡大した人物であった。事業の多角化を図り、最盛期の資産額は四〇〇〇万—五〇〇〇万ドルと報告された。一九二一年に厦門大学を創設したことから、二〇年代前半が事業経営の絶頂期と考えられる。その後は、大不況の打撃を受けて一九三三年二月に破産し、残ったパイナップル・ビスケット工場経営を娘婿の李光前（表9-3の番号6、一八九三—一九六七）に委譲する。『南洋商報』を通して情報操作をも展開した。侯西友（表9-3の番号5）は支持者であった。

(19) 川崎有三「部族・民族・エスニシティー」（溝口雄三他編『交錯するアジア』（アジアから考える1）東京大学出版会、一九九三年九月）。

(20) 南方経済研究会編『蘭領東印度に於ける華僑の排日ボイコット運動と其対策』一九三八年一月、三頁、名古屋商工会議所蔵。

(21) 井出季和太述『南洋華僑事情』（講演第九）日本貿易振興協会、一九四二年六月、七頁。

(22) 一九〇六年三月に設立された「中華総務商会」の設立当初の役員は広東系二四名、福建系一六名であったが、一九一九年の「中華総商会」（一七年九月に中華総務商会が改称）の会員は、福建系一五二名・潮州系五八名・広東系四四名・海南系二七名となり、福建系が優勢となった（内田直作『東南アジア華僑の社会と経済』千倉書房、一九八二年一二月、二〇四—五頁）。

(23) 英領マラヤの華僑社会は、出身地域ごとの分立的状態を特徴とした。一九〇六年には錫の鉱山開発をめぐって福建系と潮州系の労働者間抗争が顕在化したことは、有名であった。また銀行経営においても、利華銀行（一九一七年設立、払込資本金三二〇万ドル——以下同様）は広東系、四海通銀行（一九〇七年、二〇〇万ドル）は潮州系、華僑銀行（一九三四年に華商銀行・和豊銀行・華僑銀行を合併、一〇〇〇万ドル）は福建系という出身地域ごとの区分が明確であった（表9-4）。また表9-3で示したように、英領マラヤ華僑の一人当たりの事業投資額は他に比して小額であり、このことは後述するフィリピンのような、華僑社会を統括する中心的人物が少ないことを示唆していた。こうした組織力の弱さと全人口にしめる華僑人口が四割（表9-2）という高さを有したことが、排日運動の激しさと長期化につながったと考えられる。以下、各地域での華僑の排日運動への関わりには、事業種、経済的に突出した有力者の存在（以上は表9-3）、人口比に占める華僑の割合、居住形態の集中・分散性、出身地域ごとの分類などから考察する。

(24) Shimizu Hiroshi and Hirakawa Hitoshi, *Japan and Singapore in the World Economy: Japan's Economic Advance into Singapore 1870-1965*, Routlege, 1999, pp. 64-5. W. G. Huff, *The Economic Growth of Singapore-trade and Development in the Twentieth Century*, Cambridge University Press, 1994, p. 268.

(25) 外務省通商局『昭和十三年度執務報告』一九三八年一二月、三四一頁。

(26) 企画院編『華僑の研究』松山房、一九三九年一〇月、二六八頁。

(27) このほかに、華僑通商網の閉鎖を補うものとして、シンガポールでは、A. A. Valibhoy, M. A. Fazal Ellahi, Maganlal Nagindas, Gian Singh, Uttaram などの印僑が現れる（本書、第十章）。これはタイでも同様であった（前掲『第三調査委員会報告書』四一七—八頁）。

(28) 前掲『蘭印印度商業界に於ける華僑』四一頁。

(29) 周家珍氏からの聞取り（一九九七年五月）。聞取りには、陳来幸（神戸商科大学）、陳福臨（福建会館）の両氏のお世話になった。

(30) 呉柏林『福建公所今昔録』福建会館事務局、一九九〇年三月。

(31) 神戸新聞社編『素顔の華僑』人文書院、一九八七年。

(32) 黄演馨『比律賓華僑』文化研究社、一九四四年三月、一一六頁。

(33) 原不二夫「日本の北ボルネオ統治とアピ事件」（田中宏編『日本軍政とアジアの民族運動』アジア経済研究所、一九八三年三月）六〇—一頁。一九三七年一〇月に中国財政部長孔祥熙がフィリピンを訪れて、華僑からの献金促進を示唆したことは、彼らの経済力の高さを認識してのことであった（南洋協会調査部〔原繁治調査〕『比律賓に於ける華僑の日貨排斥』一九三八年九月、一四頁、山口大学経済学部図書館蔵）。

(34) こうした集中性は、スペインやアメリカ合衆国の宗主国の対応を背景にしていた。一六世紀からのスペイン統治時代には統治政策のなかにおいて華僑の商業機能に依存する面を有したが、華僑人口の増加には一七世紀初めの虐殺で対応した。東南アジアでの華僑弾圧は、フィリピンにおいて早期に、かつ複数現れる。東南アジアにおいてカソリック教国であったフィリピンは（表9-2）、華僑の経済機能の利用と教化との間で揺れ動き、教化のために弾圧するという対応を選択したと言える。そして、一九世紀末からの合衆国時代には、合衆国が中国人労働者の入国規制策を採用し、フィリピンにも規制策を適用したために、労働力としての華僑の入国は制限された。フィリピン華僑が商業投資型の性格を強めた背景がここにあった（劉赤陽「フィリピン左派愛国華僑組織の変容」（原不二夫編『東南アジア華僑と中国――中国帰属意識から華人意識へ』アジア経済研究所、一九九三年八月）。

(35) 武井啓治郎編『織物要鑑』下巻、東京信用交換所大阪支所、一九一八年七月、兵庫県の八五―六頁。

(36) フィリピン華僑は、他民族と雑居することは稀であったが、比較的現地への同化が円滑に進んだという。主要部門であった商業部門において、一九二一年には「欧米文簿記」法などによって中国文の使用に制限が加わり、経済活動においても華僑の現地への同化を加速させた。また、フィリピン国教のカソリック教には、イスラム教ほどの教義の厳格性が少なく、実践においても寛容性を有しており、同化の妨げにはならなかったと言える（表9-2）。イスラム教徒の多い、英領マラヤや蘭印とは異なる特徴であった。

(37) 前掲『比律賓に於ける華僑の日貨排斥』一〇頁。

(38) 福田省三『華僑経済論』大同書院・巌松堂書店、一九三九年六月、三七七頁。

(39) 前掲『比律賓に於ける華僑の日貨排斥』一〇頁。また日本製品の取引に関係のない、内需用品生産型の酒造業の日昌酒廠（表9-5の番号15、李昭璜）などが献金の減額を申し込むなどの動きもあった（中島宗一編〔井出季和太稿〕『比律賓に於ける華僑』〔南洋華僑叢書第三巻〕満鉄東亜経済調査局、一九三九年一〇月、一七五頁）。

(40) 「比情第二四四報」一九三九年一一月一四日（『南支調査会情報』台湾中央図書館台湾分館新店文庫蔵）。また、楊啓泰については、『比律賓の華僑』台湾南方協会、一九四一年、一三三頁、参照。

(41) 「秘第一二一八号」一九四〇年一二月二四日（前掲『南支調査会情報』）。香港―マニラ間の日本綿布の通商ルートについては、高村直助「フィリピン市場をめぐる日米政府間協定」（上山和雄、阪田安雄編『対立と妥協――一九三〇年代の日米通商関係』第一法規、一九九四年一〇月）一四〇頁。

(42) マニラ日本商業会議所「日貨ボイコットト邦品ノ地位」（対比島綿布日米交渉委員会『対比島関係書類綴』一九三八～三九年、日本紡績協会蔵）。また、日貨ボイコット運動を先導したのは一九三七年一〇月頃に「堂々と現はれでた」（前掲『比律賓に於ける華僑の日貨排斥』一〇頁）と評された曾廷泉であった。曾廷泉については判然としない点が多いが、福建省南安県生まれ、厦門同文学校卒業の「新客」華僑であった。三二年上海事変においてもボイコットを先導し、「暴力団代表」と評された運動家であった。三八年初頭に曾廷泉を中心にした排日運動が頂点を迎えたのは、日本製品の中心であった綿布の価格が日本の原料輸入統制政策を背景に高騰したことが背景になっていた。綿布輸入商は価格比較から、日本製品からアメリカ製品へ取引を転換しやすい環境にあった。また、内需依存度の高い木材商や対合衆国貿易依存度の高い金物商と合衆国製綿布輸入商などは、排日運動を追認する傾向にあった。しかし、三八年三月に抗敵会が在マニラ中国総領事下に組織化されてから、曾廷泉は「排され［中略］排日貨運動が秩序的に整へられた」（前掲『比律賓に於ける華僑』一八八頁）たと言われるように、攻勢的な対応は規制された。

（43）寺村泰「日中戦争期の貿易政策」（近代日本研究会『戦時経済』〔近代日本研究九〕山川出版社、一九八七年一〇月）。

（44）「秘第一一三四号」一九四一年三月六日（前掲『南支調査会報告』）。

（45）前掲『比律賓に於ける華僑』一八九頁。

（46）前掲『比律賓に於ける華僑の日貨排斥』二九頁。

（47）前掲『比律賓に於ける華僑』七二、一二二頁。

（48）台湾拓殖株式会社調査課『支那事変と華僑』下編、一九三九年一二月、一四〇頁。

（49）華僑の砂糖業投資が制限されたことは先述したが、輸入取引においても、とくに米の対タイ・仏印輸入取引においては、一九三六年四月の国立米穀会社の設立による米価規制策のもとで有益な取引とはなりえなくなっていた（日本貿易振興協会『比律賓の資源と貿易』（調査彙報第九、一九四二年一月、一〇一、一一五頁）。荘祥南公司（表9-5の番号7）が八〇〇万比の貸倒れにあったことはそれを示していた（前掲、黄演馨『比律賓華僑』一二一頁）。また国内小売り商業においてもフィリピン商人の台頭が見られた。一九一二年の売上高において、華僑は六〇%、フィリピン人一五%を占める構成であったが、一九三四年には華僑四〇%、フィリピン人三〇%となり、新たに日本人が二五%を占めるまでに圧力が加えられた（前掲『比律賓に於ける華僑』八六、九〇頁）。

（50）Antonio S. Tan, "The Chinese in Manila and Fukien Movement of 1933", *Philippine Historical Review*, Vol. 4, May 1971.

（51）前掲『南方華僑有力者名簿』一四頁。

（52）前掲『比律賓に於ける華僑』一八九頁。

（53）もともと「抗敵会」の設立も、「福建政権」誕生に関わった十九路軍の蔡廷鍇がマニラを訪れたのを契機としていたのである（同前、一七四頁）。「福建人民政府」については、橋本治一「福建人民革命政府の財政経済基盤と経済政策について」（『近きに在りて』第二五号、一九九四年）参照。

（54）前掲『比律賓に於ける華僑』一九二頁。

（55）前掲「部族・民族・エスニシティー」。

(56) 稲村青『南洋華僑とその実勢力』日華協会文化部、一九四一年一〇月、八六頁。また、一九三四年四月から三五年三月の一年間のタイの華僑の輸出額は、四三〇〇万バーツ、輸入額は二〇〇〇万バーツであり、合計の六三〇〇万バーツは表9-7の合計五六〇〇万バーツに近似している（日本貿易振興会編『泰国の産業貿易事情』一九四二年一月、一六四頁）。

(57) 沢田謙『コンタイ・ムアンタイ——泰国の人と土』愛国新聞社、一九四一年六月、一二一—二頁。

(58) 戦前期の日本の華僑調査においては客家系華僑を独自の存在として認識するよりも、広東系の一つとして認識する傾向が強く、本章で利用した資料においても、両者を明確に分別することは稀であった。以下の記述には、広東系と客家系が同様に記される場合がある。

(59) 中島宗一（宮原義登稿）編『タイ国に於ける華僑』満鉄東亜経済調査局、一九三九年九月、二三八頁。

(60) 前掲『コンタイ・ムアンタイ』一三三頁。

(61) 前掲『第三調査委員会報告書』四一七—八頁。佐藤宏『タイのインド人社会——東南アジアとインドの出会い』アジア経済研究所、一九九五年三月、一三、七八—八一頁。

(62) 井出季和太述『南洋華僑事情』日本貿易振興協会、一九四二年六月、一四頁。

(63) 渡辺武史『南方共栄圏と華僑』一九四一年五月、一一五頁。

(64) 台湾総督府外事部『南方華僑団体調査』（調査第一〇二）一九四三年三月、一四六頁。

(65) 愛知揆一『最近に於ける泰国の一般事情』全国経済調査機関連合会、一九四二年。

(66) 一九三五年三月にはタイ国債九七二〇万バーツのうち八七二〇万バーツはポンド公債であった（前掲『コンタイ・ムアンタイ』一六一頁）。

(67) James C. Ingram, *Economic Change in Thailand 1850-1970*, Stanford University Press, California, 1971, p. 183.

(68) 前掲『コンタイ・ムアンタイ』一三四頁。データは、国際日本協会編『泰国統計書』（大東亜統計叢書第一部5）一九四二年一二月、九九—一〇一頁。

(69) スティーブン・レオン「英領マラヤの華人社会と日中関係」（『岩波講座　近代日本と植民地6　抵抗と屈従』一九九三年五月）。英領マラヤの政府収入については、日本貿易振興協会『マライの資源と貿易』（調査彙報第十）一九四四年六月、第二章を参照。植民地財政のあり方と、華僑の日本製品の輸入ボイコット運動との間には有意な関係があった（前掲『タイ国に於ける華僑』二二〇頁。

(70) 南洋協会調査部「支那事変と南洋」四四（『南洋』第二七巻第五号、一九四一年五月）一〇八頁。タイ国政府も華僑の民族意識の高揚にたいして慎重であった。一九二八年一二月の北伐完了後に国民党南京政府はタイ政府に公式国交関係の樹立を求めたが、タイ政府はこれを拒絶した。中国との外交関係の樹立による中国外交使節のタイ駐在は、かえって華僑の民族意識を刺激し、タイ華僑の同化を抑制するとの懸念が存在したからである。まして二〇年代には中国人女性のタイへの入国が盛んとなり、タイにおける中国人女性の増加は「純血子孫の増加、出稼でなく移住傾向の増加、華僑の民族意識の増加」（前掲『タイ国に於ける華僑』三五頁）に繋がるものとして、タイ政府は華僑の民族意識の覚醒を懸念したのであった。

また、「満洲国」の承認問題をめぐって国際連盟から日本が脱退する時にも、タイ国が議決権を放棄したことは有名であるが、このことは、タイ政府の親日姿勢を示すものではなく、「連盟側に賛成投票をすることは、支那に同情することになるから［中略］泰に於ける華僑の動向が心配になった」（竹井十郎『南方建設と民族問題』国際日本協会、一九四二年九月、二〇九頁）ためであると認識されていた。

(71) 蕭佛成は、先祖六代前において福建よりマラッカに移住し、父の代でバンコクに移住した。イギリス国籍を有しており、タイ内においてもイギリスの裁判管轄権に守られる有利な条件を有した。タイは中国との条約関係を持たず、華僑は無条約国人であったから、フランス、イギリスなどの西欧人籍をとって、タイに不平等条約を強いた欧米諸国民と同じ特権的待遇を得ることで、自らの経営を有利に導くものが多かった（村嶋英治「タイ華僑の政治活動――五・三〇運動から日中戦争まで」（前掲『東南アジア華僑と中国』）。同『ピブーン』（現代アジアの肖像9）岩波書店、一九九六年一〇月、三一―九頁）。

(72) 蕭佛成は、一九二四年一月の国民党第一回全国代表大会（一全大会）に出席し、二六年一月（二全大会）に三六名の中央執行委員の一人に選出される。二九年三月（三全大会）には、中央監査委員となった。しかし蕭は、胡漢民との関係が強く、三一年三月に蒋介石が独裁強化をねらって胡立法院院長を監禁したことを契機に、反蒋介石派による「広東国民政府」を樹立する広東国民政府委員二一名の一人となる。この反蒋介石派は広西軍閥との妥協を通して「西南派」と呼ばれた（『福建独立運動に就て』刊行年月不明、大阪市立大学学術情報総合センター蔵）。同年五月に樹立された広東国民政府は、同年九月の満洲事変の勃発によって、形式的に南京政府に統合されるものの、西南派は「国民政府西南政務委員会」として、また国民党内においても「国民党中央執行委員会西南執行部」と改称して、その勢力を存続させた。西南派は、広東・広西の軍閥に支えられる政治勢力であり、胡漢民が死去する三六年までその組織を維持し、蒋介石派を脅かした。蕭は、三一年一一月の四全大会に国民党政府委員に、三五年一一月の五全大会でも中央監査委員に選出されたが、広東国民政府成立後から健康問題に遭遇する三六年半ばまで（胡漢民も同年に死去）は広東に居住したように、タイの「西南派」華僑の中心人物であった（前掲「タイ華僑の政治活動」）。また、山田辰雄「中国国民党改組派の政治路線について」（藤井昇三編『一九三〇年代中国の研究』アジア経済研究所、一九七五年一一月）も参照。

(73) 前掲『タイ国に於ける華僑』二一七頁。

(74) 井出季和太「タイ国の華僑」（宮原武雄『躍進泰国の全貌』〔大東亜共栄圏叢書第二編〕愛国新聞社）三一八頁。

(75) 陳守明は、潮州系の三代目であったが、幼少期から二一歳まで汕頭、香港にて勉学したために、タイ語は十分に話せず、むしろ中国人として政治的アイデンティティーが強かった。黌利（Wang Lee）行の若主人であり、銀行（一〇〇万バーツの投資額）・精米業（六〇万バーツ）・海運業・保険業に関係した（企画院『華僑研究資料』〔南方調査二調第二号〕一九三九年三月、一〇四頁）。馬立羣（表9-6の番号23、Ma Liap Khun 一八九七―一九六四）が事業に失敗して中華総商会主席を退いた後に、一三代目の主席に就いた。そして、陳は一九三二年四月～三四年三月までの、二年間にわたって主席をつとめた。日中戦争後には華僑の西南開発投資を求める重慶政府に応じて西南（雲南、四川）への投資をすすめ、四〇年には西南地方での農工鉱業開発と通商・金融業を企図して、「華西墾殖股分有限公司」を設立した（末広昭「ネットワークの三類型」〔『アジ研　ワールド・トレンド』第三六号、一九九八年七月〕。Suehiro Akira, *Capital Accumulation in Thailand 1855–1985*, Silkworm Books, 1996, pp. 110–22）。

(76) 西南派の代表的存在であった蟻光炎（表9-6の番号5、Hia Kwang Iam 一八八〇―一九三九）は、貧農の出身の「僑生」であった。タイ語を話し、母語は話さなかった。輸送会社光興利行などの海運業（一〇万バーツの投資額）や精米業（一〇万バーツの投資額）、酒造業に従事した（前掲『華僑研究資料』一〇四頁）。

蟻光炎は、一九三六年三月の中華総商会の執行・監査委員改選において、最高得票（一五九票。第二は陳守明）にて一五人の執行委員に当選した。この一五人の互選によって主席を選出する際に、伍佐南（陳派）（表9-6の番号7、Wng Cha Nam 一八八〇―一九三九）が執行委員を辞任し、あわせて主席に再度選出された馬立羣（表9-6の番号23）が就任を辞退して、四月末に蟻が一五代目総商会主席に就任した（前掲「タイ華僑の政治活動」参照）。六〇歳台の伍佐南が辞退した状況から考えて、若い陳守明をはじめとする陳派には、内部結束を保つことができなかったと言えよう。

しかし、蟻光炎も、一九三九年一一月に「反対派に暗殺された」（東洋協会調査部『現下の華僑概観』東洋協会、一九四〇年六月、一一五頁）というように、タイ華僑社会はそれを先導する中心的人物を欠く状態であった。

ちなみに、馬立羣の辞退は、馬の「タイ人」化を背景にしていた。一九四〇年代のタイ華僑には、馬のように、一九四一年三月にイギリス籍を捨ててタイ国籍にとりかえるように、タイ人化するものも現れる。馬は国営タイ・ライス・カンパニー（三八年一二月設立）の経営にかかわるが、これは華僑に握られた精米業のタイ人による奪取を含意した。

その他、西南派には、次のメンバーがいた。陳景川（表9-6の番号27、Tan Keng Chuang 一九〇一―一九四七）は、銀行買弁・保険業・薬品商・製材業・精米業・質業に関係した。廖公圃（表9-6の番号19、Liyo Kong Phow 一八九二―一九八〇）は、第九代中華総商会主席でもあった初代廖の息子であり、一九〇万バーツの投資額（銀荘四〇万バーツ・不動産六〇万バーツ・電気事業五〇万バーツ・精米業三〇万バーツなど（前掲『華僑研究資料』一〇四頁））を有し、銀行業・保険業・精米業・製材業・錫鉱山業に関係した。

(77) 岡本日高編（天田六郎稿）『現地に視るタイ国華僑』南洋協会、一九三九年八月、一三四頁。

(78) 前掲『タイ国に於ける華僑』二八一頁。

(79) 一七世紀初頭にオランダが東インド会社を設立した時に、オランダは華僑の特別市街区域を設け、租税徴収権、民事裁判権を付与して統治政策に利用した。一七世紀半ばの明朝の倒壊に伴って福建系の華僑の移入が増加したことをうけて、一八世紀半ばには華僑の入国規制策が採られ、その延長線上に「紅河事件」などの弾圧策が登場した。華僑は、東インド会社の統治の及ばない外領に逃避したことが、分散的な居住の動因であったという。

(80) 前掲「部族・民族・エスニシティー」。

(81) 一九〇六年にシンガポールに同盟会（孫文）支部が出来たが、ジャワでは一一年の辛亥革命につながる保皇派と革命派の対立に巻き込まれないようにする傾向があった（永積昭「中華民国成立期における在インドネシア華僑の動向」〔河部利夫編『東南アジア華僑社会変動論』アジア経済研究所、一九七二年三月〕五二頁）。

(82) プラナカンの男女比は均等で、新客のそれは男数が女数を上回る構成であった。それゆえプラナカンは家庭を有し、新客は本国への帰還を前提にした出稼ぎ型であることが確認できる。

(83) 華南銀行調査課『蘭領東印度商業界に於ける華僑』（華銀調査第八九号）一九四二年五月、二三頁。

(84) 「其後ノ蘭印情報」一九四一年一月一四日受付（前掲『南支調査会情報』）。

(85) 台湾銀行スマラン支店『華僑調査資料ノ件』一九三八年一月一二日付記録（滋賀大学経済学部図書室蔵）。

(86) 同前、一九三八年一月二七日付記録。

(87) 外務省通商局『昭和十三年度執務報告』一九三八年一二月、九一一頁。

(88) George L. Hicks (ed.), *Overseas Chinese Remittances from Southeast Asia 1910–1940*, Select Books Pte. Ltd., 1993, p. 136.

(89) 前掲『第三調査委員会報告書』三三〇頁。

(90) 山川茂雄編『京阪神における事業及び人物』一九一九年九月、「は」の六頁。

(91) 中島宗一（岩隈博、竹林勲雄、後藤友治調査）編『蘭領印度に於ける華僑』満鉄東亜経済調査局、一九四〇年三月、三八〇—六頁。

(92) 三好俊吉郎（外務省欧亜局第三課・前バタビア副領事）述『南洋華僑ニ就テ』東亜研究所（資料〔外乙〕第二四号D）一九三九年九月、三頁。

(93) 後掲の表9-12に示したように、丘元栄は、バタビアにおける華僑有力者許金安（バタビア銀行の主要株主、一八九七―一九四五、表9-9の番号の1）との関係があった。許は、福建系プラナカンであったが、オランダ式の教育の影響を受けた人物であり、一九〇〇年の中華会館（Tiong Hoa Hwee Koan）の設立に奔走した二〇人の一人であった。しかし、一九四二年に日本軍に拘留され四五年に死去するところから（Leo Suryadinata (eds.), *Prominent Indonesian Chinese*, Institute of Southeast Asian Studies, 1995, p. 116）、丘同様に反日的であったと考えられる。

(94) 前掲『蘭領印度に於ける華僑』付録一「主要都市華僑重要人物調査表」の四頁。

(95) 同前。バタビヤ副領事三好俊吉郎によれば、日中戦争勃発（一九三七年七月）後の蘭印の排日運動の開始は三七年「九月の終から十月の始にかかって漸く」であったという。それは、一〇～一一月がインドネシア人（イスラム教徒）の「正月」に当たり、その「商売繁盛」の時期にむけて「出来る丈商売をし又倉の中にストックが一杯に」なることを待った結果であったという（前掲『南洋華僑ニ就テ』一〇頁。三好俊吉郎「経済上より見たる蘭印の重要性と華僑問題」〔伊藤一郎（蘭印事情講習会）編『蘭領印度叢書』下巻、愛国新聞社出版部、一九四〇年九月〕一八四頁）。

(96) 前掲『第三調査委員会報告』三五〇―七頁。

(97) 後藤乾一『昭和期日本とインドネシア』勁草書房、一九八六年三月、四六二頁。

(98) 佐田弘治郎『南洋に於ける支那人』南満州鉄道、一九二六年六月、二一頁。

(99) またそれらの企業の設立は一九〇〇年代のものが多い。なかでも建源商事は黄財閥の子会社であったが、設立は一八六二年と、傘下企業のなかでは最も古く、黄仲涵が主宰する同社は一八九〇年から一九〇三年にかけてアヘン取引によって資産を高めた。黄仲涵は一八六六年スマラン生まれで、父の黄志信より引き継いだ建源商事を大きくし、多角化を図った。なかでも一九〇〇年代の砂糖業への参入は資産増加に大きく貢献し、黄仲涵製糖拓殖会社（tot Exploitatie de Suikerfabrieken）は「総元締」的存在であった。

一九二四年に黄仲涵が死去してからは、黄仲涵の二男の黄宗孝が継承した。陳澤炳（表9-10の番号5、一八九六―一九六九）は建源の支配人として手腕を振るったプラナカンであった。

(100) 南洋団体連合会『大南洋年鑑』第二回、一九四三年八月、三〇八頁。

(101) 榊原政春『一中尉の東南アジア軍政日誌』草思社、一九九八年八月、一八八頁。

(102) Twang Peck Yang, *The Chinese Business Elite in Indonesia and the Transition to Independence 1940-1950*, Oxford University Press, 1998, Chapter 3.

(103) Leo Suryadinata (eds.), *Prominent Indonesian Chinese*, Institute of Southeast Asian Studies, 1995, p. 116.

(104) 表9-10の中位以下には、砂糖取引商が顔を出す。建源商事においてもそうであったように、ジャワ砂糖取引は華僑にとっては有益な部門であった。付表9-1に示したように、華僑はオランダ人貿易商と同様に白双種取引に比重を置き、三割台のシェアを有していた。しかし、一九三〇年代にはジャワ砂糖輸出が、輸出先の英領インドでの輸入代替によって急激に縮小し、華僑は砂糖の砂糖取引において大きく後退せざるを得なかった。

プラナカンながら排日運動に参加した、砂糖穀物輸出入商張添聡（表9-10の番号7、一八九六―一九六九）は、砂糖・穀物などは、対中国取引に比重を置いており、台湾砂糖を主に輸入する日本との取引関係は希薄であった。そのことが排日運動への参加の背景であったと言えよう。

(105) 早川馨（東洋紡績・スマラン軍政部財政課長）『私の思い出話　会社と私』前編、一九六四年八月、八五頁。

(106) 前掲『蘭領印度に於ける華僑』三九五頁。

(107) 同前、三九六頁。

(108) 同前、三九〇頁。

(109) 同前、三九二頁。

(110) 「大東亜建設審議会第三回議事速記録」一九四二年三月二五日（『大東亜建設審議会関係史料』（南方軍政関係史料㉓龍溪書舎、一九九五年五月復刊）参照。台湾総督府外事部『本島人を利用する華僑工作の具体的方策』一九四三年一一月。

付表9-1　国籍別貿易商によるジャワ糖買付けの状況（1926～29年）

各商別買付構成比　（単位：%）

商社	白双		中双		赤双		幼砂		計	
	1926	1929	1926	1929	1926	1929	1926	1929	1926	1929
日本商	32	27	40	72	0	1	1	0	100	100
欧州商	78	70	16	26	1	4	0	0	100	100
華　僑	76	75	18	21	5	3	1	1	100	100
印　僑	89	85	11	15	1	0	0	0	100	100
計	60	67	26	29	2	3	1	0	100	100
品種別シェア										
日本商	21	5	60	29	8	3	50	0	39	12
欧州商	41	57	20	48	14	69	20	0	31	55
華　僑	33	32	18	20	78	28	30	100	26	24
印　僑	5	7	2	3	0	0	0	0	3	7
計	100	100	100	100	100	100	100	100	100	100

資料）1926年は，山下久四郎編『日本糖業年鑑』1929年版，1929年5月，274-5頁。29年は，同1931年版，1931年6月，270頁。

注記）26，29年の買付高はそれぞれ1,815千メートルトン，2,676千メートルトン。

第十章　一九四〇年代初頭の日本綿布取引をめぐるアジア通商網

――日本綿糸布輸出組合『南方地域向取引調』の検討――

はじめに

本章の課題は、一九四〇年代初頭における日本綿布の対アジア輸出を事例に、三〇年代末から太平洋戦争勃発までの期間に、いかなる現地輸入商が各地域において日本綿布の取引に従事していたのかを考察することにある。

緒論でも述べたように、近年のアジア国際経済史研究は、アジア域内に共通する消費構造と近代工業の展開を背景にした域内貿易の拡大というダイナミズムに注目している。この拡大には日本人、華僑、印僑らの貿易商が広範に張りめぐらした通商網が重要な役割を果たしており、こうした横断的な通商網のなかに近代アジアの自律性を探り出し、あわせてアジア工業化との有意な関係を見いだす分析視角を提示している(1)。しかし従来の日本経済史研究はこうした横断的な対アジア通商網の歴史的意義について充分に考慮してきたとは言いがたい。

日本経済史研究は、アジアでの「国民国家」形成を念頭に置いて、それを支える「国民経済」の登場がいかに日本において可能であったのかを問うことに課題を求めてきた。そして日本の「国民経済」形成史研究は、「国民国家」が有する内的な求心性と外的な排他性を通して、経済発展の差を念頭においた〈中心―周辺〉という、アジア域内の序列化認識の視角を前提にしてきたと言えよう。こうした分析視角は、植民地研究としての対アジア関係史において貴重な実証研究を蓄積してきたことは言うまでもない。しかし他方で、こうした視角が「国民国家」の単位では捕捉できない、むしろその枠から外れるようなアジアの経済主体の役割を充分に認識することを難しくしてきたことも否定できない。国家の後援を受けない華僑や印僑の通商網は「国民経済」のような「纏まり」をもつものとしては認識することができないために、また〈中心—周辺〉というアジア地域への序列化認識がそれらの域内の横断的連関を可視化することにつながらなかったために、これまでの日本経済史研究は対アジア関係史のなかに、こうした地域間を取り結ぶ横断的通商網を位置づけることをしてこなかったと言える。本章は、こうした華僑や印僑らの取り結ぶアジア通商網の歴史的意義の解明を直接の課題とはしていないが、アジア通商網が分断される印象を持つ戦時期においてさえも、こうしたアジア通商網が存在したことを強調したい。

依拠する資料は「日本綿糸布輸出組合」が一九四二年二月に各日本人輸出商から提出を求めた『南方地域向取引商調』の原票である。調査の背景には四一年一二月二二日に公布された「貿易業整備要綱」の実施があった。同「要綱」は、同年七月の対日本資産凍結による日本の第三国向け貿易の停止を契機に、「満支、仏印及泰並ニ逐次拡大セラルベキ南方占領諸地域内」の四つの地域を対象にした「物資交流ノ円滑」を計画化しており、あわせて困難となった第三国向け輸出商の整理・統合を具体的な目的にしていた(2)。四二年三月一六日には「要綱細則」が出されたが、輸出商の統合は順調ではなく、統合が完了したのは同年八月末であった。その結果、綿糸布輸出商は五七一から一三六社へと減少することになった。表10-1がその「適格」商の上位メンバーである。『南方地域向取引調』は、この間において、輸出が停止した第三国市場（タイ・仏印を除く）を対象に、それ以前より日本人輸出商がいかなる現地輸入商と取引関係にあったのかを調査したものであり、「逐次拡大セラルベキ南方占領諸地域内」の「物資交流ノ円滑」を計画化する上での予備的調査であった。

調査の対象地域は英領のインド、ビルマ、セイロン、マラヤ、ニューギニア、ボルネオ、オーストラリアの七地

表10-1　貿易業者整備統合による貿易商（1942年11月）

（単位：千円）

番号	会社名	取引実績
1	東洋棉花株式会社	56,294
2	三興株式会社	35,251
3	日本綿花株式会社	26,491
4	三菱商事株式会社	25,923
5	江商株式会社	19,728
6	又一株式会社	17,608
7	大同貿易株式会社	7,675
8	株式会社服部商店	7,351
9	株式会社兼松商店	6,593
10	加藤物産株式会社	4,056
11	竹村棉業株式会社	4,032
12	昭和棉花株式会社	3,829
13	太平洋貿易株式会社	3,682
14	合資会社山本顧彌太商店	3,531
15	株式会社丸永商店	3,409
16	旭洋合資会社	3,211
17	株式会社岩井商店	3,148
18	日商株式会社	2,926
19	株式会社田附商店	2,869
20	岩田商事株式会社	2,551
21	株式会社三友商店	2,432
22	株式会社田村駒商店	2,379
23	豊島株式会社	2,340
24	株式会社安宅商会	2,212
25	南阿西阿貿易商会	2,202
26	田中助左衛門商店	2,145
27	稲西合名会社	2,099
小計		255,967
その他とも計（136社）		327,646

資料）『貿易統制会資料』1942年11月。

域、蘭領のジャワ、スマトラ、セレベス、ボルネオの四地域の計一一地域である。南アジア・東南アジア・オセアニアの三つに大きく分けられる。そのほかにもアメリカ領のフィリピンが調査対象に含まれていたが、その原票は残されていない。それゆえここでは、南アジアと東南アジアのなかのイギリスとオランダの両領アジアを中心に、日本綿布取引の通商網について整理し、とくに東南アジアにおける華僑、印僑、オランダ人輸入商に比重をおいて整理したい。

一　一九四〇年代初頭の日本綿布輸出

『南方地域向取引調』実施の契機は、一九四一年七月の対日本資産凍結による日本の第三国向け貿易の停止で

表10-2　戦時期における日本綿業貿易の地位

（単位：千円）

		全商品		綿糸・綿織物（輸出） 棉花（輸入）	
		金額	比率(%)	金額	比率(%)
輸出	1940年	3,655,850	100	457,114	12.5
	41年	2,650,865	100	336,680	12.7
	42年	1,792,547	100	106,760	6.0
	43年	1,627,350	100	122,500	7.5
	44年	1,298,198	100	50,401	3.9
	45年上期	353,219	100	13,096	3,7
輸入	1940年	3,452,725	100	504,070	14.6
	41年	2,898,565	100	392,262	13.5
	42年	1,752,637	100	224,306	12.8
	43年	1,924,350	100	266,301	13.8
	44年	1,944,834	100	236,701	12.2
	45年上期	831,277	100	115,238	13.9
合計	1940年	7,108,575	100	961,184	13.5
	41年	5,549,430	100	728,942	13.1
	42年	3,545,184	100	331,066	9.3
	43年	3,551,700	100	388,801	10.9
	44年	3,243,032	100	287,102	8.9
	45年上期	1,184,496	100	128,334	10.8

資料）日本綿糸布輸出組合「日本綿業貿易小史」〈戦時昭和期〉（『輸出綿糸布月報』1957年8・9号）29頁。

あった。原票の検討に入る前に、その前後の日本綿業の貿易構造について概観しておこう。

表10-2からわかるように、日本綿糸布の輸出額は一九四一年を転換期にして急減する。全輸出額における綿糸布輸出額の割合は四一年の一二・七%から四二年には六・〇%へと低下する。他方、綿関係品（主に棉花）の輸入額も四一年を転換点として低減するものの、輸出額ほどにその低減は激しくない。全輸入額におけるそれらの割合も一〇%台を維持しているところから、これらの輸入額の継続はほぼ内地向け消費用原料に当てられたと考えられる。それゆえ、日本綿業が輸出産業として存在したのは、四一年までであったことが読み取れよう。

綿布輸出市場の構成比を概観したのが表10-3である。一九三五年には英領インド（以下、英印と略す）と蘭領東インド（以下、蘭印と略す）が主要な輸出市場であり、これらの市場を対象に平均単価より低廉に売り込まれていることがわかる。両市場が重要であることは四〇年においても変わりないが、四〇年には輸出市場ごとに輸出単価のばらつきが激しく、とくに戦時経済の展開する満洲と中国では単価の高騰がみられた。しかし、四一年までは、

表10-3　日本綿布輸出の地域別構成

地域　＼構成・単価＼年	1935年			40年			41年			42年			43年		
	構成(%)	単価	同左	構成(%)	単価	同左	構成(%)	単価	同左	構成(%)	単価	同左	構成(%)	単価	同左
満洲	**5.7**	22	**122**	0.2	85	**394**	0.1	48	**173**	0.2	54	89	**9.5**	36	55
関東州	2.5	22	**122**	1.7	35	**162**	**6.6**	41	**147**	**44.9**	49	81	**41.8**	54	84
中国	2.1	21	**117**	3.1	51	**238**	**6.4**	61	**218**	**7.0**	63	105	**12.0**	62	96
香港	1.8	20	109	2.1	23	105	2.3	24	87	—	—	—	—	—	—
仏領インドシナ	0.0	19	106	0.0	25	**116**	1.7	61	**220**	**23.6**	76	**126**	4.7	124	**192**
タイ	2.6	19	104	**5.5**	21	96	**6.6**	27	96	**16.4**	71	**118**	**13.7**	102	**158**
英領マラヤ	0.0	20	108	0.1	28	**132**	0.0	30	108	—	—	—	1.7	75	**116**
海峡植民地	1.6	19	104	1.5	27	**127**	1.3	32	114	—	—	—	—	—	—
フィリピン	3.2	17	91	1.8	20	92	2.2	22	78	0.1	56	93	4.3	65	100
英領ボルネオ	0.0	18	99	0.0	25	114	—	—	—	—	—	—	0.2	71	109
蘭領東インド	**13.6**	18	99	**17.3**	17	81	**26.0**	23	84	**6.6**	61	100	**10.3**	61	94
英領ビルマ	—	—	—	1.8	21	100	1.9	25	89	0.2	57	94	1.3	54	83
英領インド	**20.5**	15	84	**21.1**	16	74	**16.7**	21	75	—	—	—	—	—	—
英領セイロン	0.2	18	101	1.0	18	83	0.7	22	79	—	—	—	—	—	—
小計	54.0	18	98	57.1	20	95	72.4	29	104	98.9	61	101	99.5	65	100
その他	10.0	18	98	7.8	20	91	3.9	22	78	—	—	—	—	—	—
アジア計	64.0	18	98	64.9	20	94	76.3	29	103	98.9	61	101	99.5	65	100
ヨーロッパ計	3.3	18	98	2.1	20	94	0.8	25	89	0.8	19	32	—	—	—
アメリカ計a	4.4	18	97	15.9	23	108	6.1	21	77	—	—	—	—	—	—
アメリカ計b	7.3	20	109	—	—	—	6.5	28	99	—	—	—	—	—	—
アフリカ計	17.5	19	103	12.8	23	107	7.4	26	94	—	—	—	—	—	—
太平洋計	3.6	20	110	4.3	29	136	2.5	27	97	0.2	62	102	0.4	60	93
合計	100.0	18	100	100.0	22	100	100.0	28	100	100.0	61	100	100.0	65	100
	2,715百万平方碼			1,854百万平方碼			1,044百万平方碼			166百万平方碼			189百万平方碼		

資料）『内外綿業年鑑』各年。

注記）単価は，円/千碼。アメリカのａは北米，ｂは南米。構成比の太数字は５％以上。それ以外の太数字は115以上。—は，輸出量のない地域。

綿布輸出依存度五％以上の市場において平均単価を下回るような逆相関関係が、四一年の中国市場を例外として残されていた。単価の高騰する円域への輸出に制約を加え、外貨獲得に貢献する第三国市場に輸出を拡大させたのが「綿業リンク制」であった。紡績企業を中心に第三国向け綿布輸出の実績に照応して輸入棉花の獲得を許すリンク制は、棉花獲得を急がせることを通して第三国向け綿布輸出に拍車をかけ、激しい輸出競争を喚起した。[3]英印と蘭印向けの輸出単価が相対的に低く抑えられているのはそのためであったが、輸出競争の激化は日本綿布を取り扱う外国人貿易商の台頭を促し、「近年に顕著なる印度人と近東商人の進出」[4]に拍車をかけたのであった。あわせて三九年九月に勃発した第二次大戦は、ヨーロッパからアジアへの製品供給に大きな制約となり、「昭和十六年六月ニ至リ国際情勢ノ緊迫ヨリ蘭印筋ノ買進ミトナリ市価暴騰シ市中人気熱狂スル」[5]という状況を生じさせた。英印が四〇年代に綿布の輸入代替化を進めたのに対して（後述）、蘭印では欧州製品の供給低下に対応して日本製品の供給に強い期待を寄せるようになったのである。前掲表0-2は三九年の日本綿布輸出取引に占める「外商」の割合をみたものであったが、この段階でのそれは全体の四二％を占めており、彼らが日本製品の取引に積極的であったことを示している。そうであるとすれば、日本人輸出商がいかなる現地輸入商と取引関係を有していたのかを調査した『南方地域向取引調』は、三九年の全輸出のうち日本人輸出商が取引を担った五八％を対象にしたものであったことに注意しておかねばならない。

二　『南方地域向取引調』の概観

図10-1は『取引調』の原票そのものを、上位商社東洋棉花（表10-1）の対蘭領ジャワ取引を事例にサンプルとして示したものである。東洋棉花がジャワにおいて取引した一一の輸入主体（以下、「取引系」と表現する）が記さ

①商　社　名	②国籍	③営業所所在地	④支店，出張所，代理店
バタビヤ東洋棉花	日　本	No. 12 Binnen Nieuwpoortstraat Batavia, Java.	支　店
スラバヤ　〃	〃	No. 5 Heerenstraat, Sourabaya, Java.	支　店
スマラン　〃	〃	Kerkstraat, Semarang, Java.	出張所
チェリボン　〃	〃	No. 36 Pabean Handelskade Tjankol, Cheribon, Java.	出張所
Kwee Tiong Ywee	中華民国	Pasan Baroe, Bandoeng, Java.	代理店
Toko Kian Seng	〃	Malang, Java.	〃
Lim Boen Towo	〃	Soekaboemi, Java.	〃
Alidoelo Shahab	Arab	Solo, Java.	〃
Bin Kodah	〃	Pamekasan, Madoera.	〃
Dawood Bay	英　印	Den Passar, Bali.	〃
Tokyo Ong Boe	中華民国	Tegal, Java.	〃

図10-1　『南方地域向取引調』の原票（東洋棉花の蘭領ジャワでの取引事例）

れ、それぞれの、

①輸入商名

②その国籍

③その住所

④東洋棉花との関係

を報告している。現地輸入商との取引額そのものは記されていないシンプルなものであるが、一九四一年七月の対日本資産凍結時までの各日本人輸出商の取引経験を充分に反映していると考えられる。東洋棉花のような上位商社の場合は、各地に自社の「支店」や「出張所」を有し、直接に製品の売りさばきに乗り出していたことが読み取れる。取引係数一一のうち四つがバタビヤ、スラバヤ、スマラン、チェリボンなどでのそれらであるが、その他は外国人輸入商との取引系であり、東洋綿花が彼らの通商網を利用していたことが読み取れる。外国人輸入商の国籍のうちで「中華民国」籍は「華僑」、「英印」または「Arab」は「印僑」として認識しうる。

表10-4〜6が一一地域ごとの現地輸入商を国籍別に整理したもので、表10-7がそれらの総計である。これらの諸表の現地輸入商社数とその取引系数の見方についてはやや複雑であるため、図10-

表10-4　蘭領東インドにおける輸入商とその取引系数

現地輸入商 ／ 現地取引系数	蘭領ジャワ										蘭領セレベス								蘭領スマトラ								蘭領ボルネオ				計	
	華僑		日本人		オランダ人		印僑		その他		華僑		日本人		オランダ人		その他		華僑		日本人		オランダ人		その他		オランダ人		その他			
	社	系	社	系	社	系	社	系	社	系	社	系	社	系	社	系	社	系	社	系	社	系	社	系	社	系	社	系	社	系	社	系
15以上	1	15	1	15	1	24			1	15																					4	69
14					1	14																									1	14
13					1	13																									1	13
12			1	12	2	24																									3	36
11					1	11									1	11															2	22
Ⓐ 10	2	20			2	20															1	10	1	10							6	60
9					5	45	1	9																							6	54
8	3	24											1	8									1	8							5	40
7	3	21	1	7	2	14															1	7									7	49
6	2	12	2	12											2	12											1	6			7	42
5	1	5	3	15	3	15	1	5	1	5					2	10							2	10			1	5			14	70
4	5	20	5	20	3	12	1	4					2	8	1	4					1	4	2	8	1	4	1	4			22	88
3	6	18	6	9	1	3							1	3	1	3							2	6	3	9					17	51
2	16	32	8	16	8	16			2	4	2	4			4	8					3	6	4	8	1	2			2	4	50	100
1	108	108	24	24	34	34	23	23	8	8	17	17	7	7	7	7	3	3	9	9	7	7	17	17	4	4	4	4	2	2	274	274
Ⓑ 合　計	147	**275**	48	**130**	64	**245**	26	41	12	32	19	21	11	26	18	**55**	3	3	9	9	13	34	29	**67**	9	19	7	19	4	6	419	982
Ⓐ　計	12	97	8	61	18	180	2	14	2	20	0	0	1	8	5	33	0	0	0	0	2	17	4	28	0	0	2	11	0	0	56	469
Ⓐ/Ⓑ（%）		35.3		**46.9**		**73.5**		34.1		62.5		0.0		30.8		**60.0**		0.0		0.0		50.0		**41.8**		0.0		57.9		0.0		47.8
Ⓒ上位輸出商		124		16		43		9		7		1		4		8		0		0		4		13		2		5		0		236
Ⓒ/Ⓑ（%）		**45.1**		12.3		**17.6**		22.0		21.9		4.8		15.4		14.5		0.0		0.0		11.8		**19.4**		10.5		26.3		0.0		24.0

注1）各列の左は現地輸入商数，右はその輸入商が取引相手とする日本人輸出商数（以下，取引系と表現する）の計を示す。例えば蘭領ジャワの「華僑」欄における最上の「1社，15系」は，日本人輸出商15社と取引していた華僑が1社存在していたことを示す。

2）□と Ⓑにおける太数字は，取引系数が50以上のもの。日本人輸出商が比較的に多くの取引系を有する，重要輸入商群であることを示す。

3）Ⓐ/Ⓑ（%）における太数字は，2）の重要輸入商群のうち，全体平均値（40.5%，表10-7）を上回るもの。日本人輸出商との信頼関係が強いと考えられる輸入商群を示す。

4）Ⓒは，上位日本人輸出商（表10-1の上位11社）が有する取引相手と系数を示す。Ⓒ/Ⓑ（%）における太数字は，2）の重要輸入商群のうち，上位日本人輸出商の平均値（16.9%，表10-7）を上回るもの。上位日本人輸出商が，比較的多くの取引系を有する輸入商群であることを示す。

表10-5　英領アジアにおける輸入商とその取引系数

現地輸入商／取引系数	英領マラヤ								英領インド						英領ビルマ				英領セイロン				計	
	華僑		日本人		インド人		その他		インド人		日本人		その他		インド人		その他		インド人		その他			
	社	系	社	系	社	系	社	系	社	系	社	系	社	系	社	系	社	系	社	系	社	系	社	系
Ⓐ 15以上			1	21	1	17			1	16					2	37			1	27			6	118
Ⓐ 14					1	14																	1	14
Ⓐ 13									1	13									1	13			2	26
Ⓐ 12									3	36													3	36
Ⓐ 11									4	44					1	11							5	55
Ⓐ 10									2	20													2	20
Ⓐ 9									5	45					2	18							7	63
Ⓐ 8					1	8			8	64					3	24			2	16			14	112
Ⓐ 7			1	7			1	7	9	63					2	14			2	14			15	105
Ⓐ 6			1	6			2	12	8	48					1	6			3	18			15	90
Ⓐ 5			1	5	2	10			11	55	2	10			6	30	1	5	3	15			26	130
4					2	8			8	32	1	4	1	4	4	16			6	24			22	88
3			2	6	3	9	1	3	21	63	2	6			7	21	1	3	3	9			40	120
2	1	2	2	4	5	10	2	4	56	112	1	2	1	2	12	24			10	20			30	180
1	13	13	12	12	28	28	15	15	311	311	4	4	7	7	55	55	1	1	47	47	4	4	497	497
Ⓑ 合計	14	15	20	**61**	43	**104**	21	41	448	**922**	10	26	9	13	95	**256**	3	9	78	**203**	4	4	745	1654
Ⓐ 計	0	0	4	39	5	49	3	19	52	404	2	10	0	0	17	140	1	5	12	103	0	0	96	769
Ⓐ/Ⓑ（%）		0.0		**63.9**		**47.1**		46.3		**43.8**		38.5		0.0		**54.7**		55.6		**50.7**		0.0		46.5
Ⓒ 上位輸出商		1		7		5		3		191		9		4		32		0		7		1		260
Ⓒ/Ⓑ（%）		6.7		11.5		4.8		7.3		**20.7**		34.6		30.8		12.5		0.0		3.4		25.0		15.7

注記）表8-4と同じ。

表10-6　英領「その他」アジアにおける輸入商とその取引系数

現地輸入商／取引系数	オーストラリア				ニューギニア				英領ボルネオ				計	
	イギリス人		その他		イギリス人		その他		日本人		その他			
	社	系	社	系	社	系	社	系	社	系	社	系	社	系
Ⓐ 15以上														
Ⓐ 14														
Ⓐ 13														
Ⓐ 12														
Ⓐ 11	1	11											1	11
Ⓐ 10	1	10											1	10
Ⓐ 9													0	0
Ⓐ 8	2	16											2	16
Ⓐ 7	1	7											1	7
Ⓐ 6					1	6							1	6
Ⓐ 5	4	20	1	5									5	25
4	6	24	1	4									7	28
3	9	27	2	6			1	3					12	36
2	36	72	1	2			2	4	2	4	1	2	42	84
1	347	347	7	7	3	3	8	8	4	4	11	11	380	380
Ⓑ 合計	407	534	12	24	4	9	11	15	6	8	12	13	452	603
Ⓐ 計	9	64	1	5	1	6	0	0	0	0	0	0	11	75
Ⓐ/Ⓑ（%）		12.0		20.8		66.7		0.0		0.0		0.0		12.5
Ⓒ 上位輸出商		40		6		0		2		0		3		51
Ⓒ/Ⓑ（%）		7.5		25.0		0.0		13.3		0.0		25.0		8.4

注記）表8-4と同じ。

表10-7　11地域における現地輸入商数とその取引系数

取引系数		輸入商社数	同左取引系数	同左構成比の累積
		社	系	%
Ⓐ	15以上	10	187	5.8
Ⓐ	14	2	28	6.6
Ⓐ	13	3	39	7.8
Ⓐ	12	6	72	10.1
Ⓐ	11	8	88	12.8
Ⓐ	10	9	90	15.6
Ⓐ	9	13	117	19.2
Ⓐ	8	21	168	24.4
Ⓐ	7	23	161	29.3
Ⓐ	6	23	138	33.6
Ⓐ	5	45	225	40.5
	4	51	204	46.8
	3	69	207	53.2
	2	182	364	64.5
	1	1,151	1,151	100.0
Ⓑ　合　計		1,616	3,239	
Ⓐ　計		163	1,313	
Ⓒ　上位輸出商			547	
Ⓒ/Ⓑ（%）		16.9		

資料）表8-4～6の計。
注記）Ⓒの上位日本人輸出商は表8-1を参照。同表の11社を対象にした。

2を参考にしながら説明したい。同図は『取引調』に記されている取引の実例を抽象的に示したものである。先の東洋棉花が一一の取引系を有していたように、日本人輸出商の甲は五つ、乙は四つ、丙は五つ、丁は六つ、戊は三つの現地輸入商との取引関係（系）を有し、ここにおける日本人輸出商五社は総計で二三の取引系数を通して現地輸入商に対応していることを示している。そして、同様に現地輸入商の九社もそれぞれ日本人輸出商との取引系を有しており、この場合は、五つの取引系を有するａの一社、四つを有するｅの一社、三つを有するｆ・ｈの二社、二つを有するｃ・ｄ・ｇの三社、一つのみを有するｂ、ｉの二社、という構成順において、総計九社の輸入商が二三の取引系数をもつことを示している。ちなみに東洋棉花の事例でみたように、同じ輸入商でありながらも複数の支店・出張所をもつところから複数の取引系（図10-1の場合は東洋棉花の支店と出張所の四つ）が記されている場合には、それらを一つとして数えた。つまり東洋棉花は八つの取引系を有するものと解釈した。そして、表10-4に即して述べれば、蘭領ジャワの「華僑」欄の最上に〈1社―15系〉とあるのは、「日本人輸出商一五社との取引関係を有する華僑現地輸入商が一社存在している」ことを示している。

表10-7にまとめたように、日本綿布を扱う現地輸入商数は調査対象地域内で一六一六社に上り、その取引系数の合計は三二三九であった。以下、一一の地域ごとに国籍別輸入商を整理した表10-4〜6に即して概観していきたい。

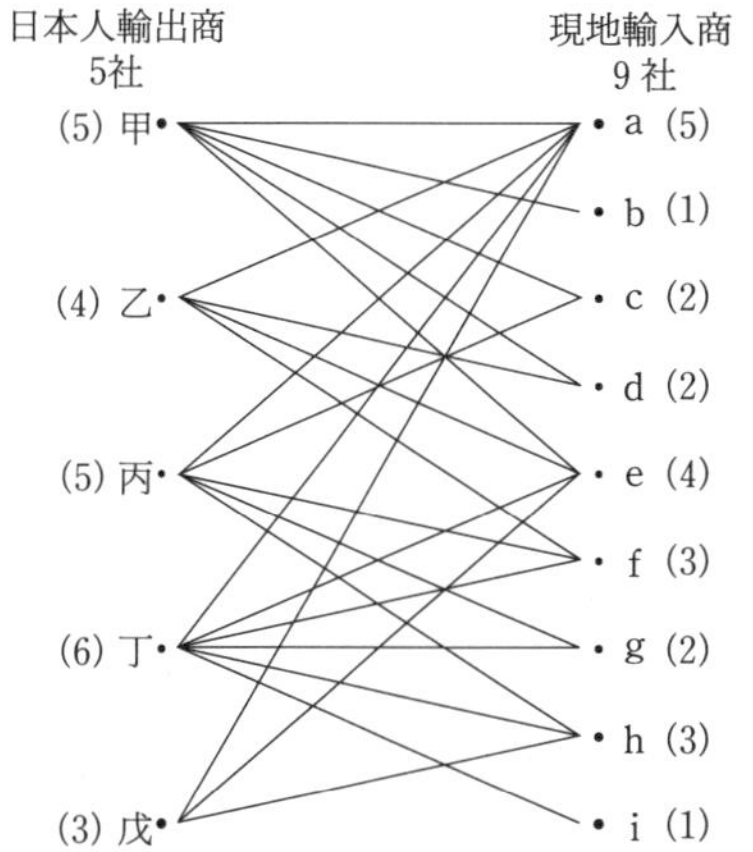

取引系数	輸入商名	輸入商数	同左取引系数の計
		社	系
A5	a	1	5
4	e	1	4
3	f, h	2	6
2	c, d, g	3	6
1	b, i	2	2
B 合計		9	23
A　計		1	5
A/B(%)			21.7

注記)（　）内は取引系数。

図 10-2　『南方地域向取引調』の取引例

(i)現地輸入商の取引系の地域的分布。まず地域別の取引系数の分布は下記のように要約できる。

英領インド　九六一系
蘭領ジャワ　七二三系
英領オーストラリア　五五八系
英領ビルマ　二六五系
英領マラヤ　二二一系
英領セイロン　二〇七系
蘭領スマトラ　一二九系
蘭領セレベス　一〇五系
蘭領ボルネオ　二五系
英領ニューギニア　二四系
英領ボルネオ　二一系

英領の南アジア、マラヤ、オーストラリアと、蘭領東南アジアの地域に取引系が集中していることがわかる。これは表10-3の輸出市場の地域別構成にほぼ照応している。

(ii)国籍別輸入商の地域分布。取引系数の計（表10-4～6のⒷ）のうち「その他」の輸入商の系数計一七九を省いて、国籍別に輸入商群の取引系数の分布を概観すると、以下のようになる。

	南アジア	東南アジア	オセアニア	計
インド人（印僑とも）群	一三八一（三）	一四五（二）	—	一五二六（五）
イギリス人群	—	—	五四三（二）	五四三（二）
オランダ人群	—	三八六（四）	—	三八六（四）
華僑群	—	三二〇（四）	—	三二〇（四）
日本人群	二六（一）	二五九（五）	—	二八五（六）
計	一四〇七（四）	一一一〇（一五）	五四三（二）	三〇六〇（二一）

（ ）内は地域数、それ以外は取引系数

もちろんこれらの比重は取引実績を反映しているものではない。日本人輸出商には直輸出志向が強いと仮定すれば、日本人輸入商群の取引系が少数であっても、そこに取引実績が集中する傾向がありうるからである。しかし、通商網のひろがりを考察する本章の課題からすれば、こうした取引系の分布の検討は十分に意義を有していると考えられる。南アジアではインド人輸入商の通商網が多く存在し、英領のマラヤ・ボルネオや、蘭印を内容とする東南アジアには多くの国籍別輸入商の通商網が存在しており、東南アジアの多様性が読み取れる。こうした多様性に注目して、後述では東南アジアの考察に比重を置きたい。

(iii)重要輸入商群の地域分布。次に表10-4～6の取引系数の合計が五〇以上となる国籍別輸入商群を地域ごとにみると、以下のように一一地域の分布が確認できる。

インド人群　四地域（英領マラヤ、英領インド、英領ビルマ、英領セイロン）
イギリス人群　一地域（英領オーストラリア）
オランダ人群　三地域（蘭領ジャワ、蘭領セレベス、蘭領スマトラ）
華　僑　群　一地域（蘭領ジャワ）
日 本 人 群　二地域（蘭領ジャワ、英領マラヤ）

インド人は英領アジア、華僑とオランダ人は蘭領東南アジア、日本人は英・蘭領東南アジアにおいて、重要な通商網を構成していることが理解できる。それゆえアジア通商網を考察する上においては、オーストラリアでのイギリス人輸入商群を除く四群一〇地域に注目してゆけばよい。

(iv)日本人輸出商と緊密な関係を有する現地輸入商群とその地域分布。日本人輸出商五社と取引関係を有する現地輸入商（表10-4〜6のⒶ欄）の社数と系数をまとめると、以下のようになる。これらは、日中戦争後においても複数の日本人輸出商との取引を求める、日本製品の輸入取引に開放的なメンバーであると考えられ、以下では、日本製品取引にとっての「主要輸入商」と表現したい。

			（Ⓐ／Ⓑ）
インド人群	八八社	七一〇系	四六・五％
イギリス人群	一〇社	七〇系	一二・九％
オランダ人群	二九社	二五二系	六五・三％

華　僑　群　一二社　九七系　三〇・三％
日本人群　一七社　一三五系　四七・四％

これらのデータの含意するところはやや複雑であるが、現地主要輸入商の存在については、以下の解釈が可能であろう。つまり、

①当該地域における有力輸入商であるところから、複数の日本人輸出商が高い信頼を寄せるもの
②排日運動が展開するなかでも、政治的に親日的であるゆえに、日本人輸出商が信頼を寄せるもの

との解釈である。主要輸入商の合計は「その他」も含めて一六三社であり、その取引系数の割合（Ⓐ／Ⓑ）は全体平均で四〇・五％であった（表10-7）。これを基準にとれば、インド人、オランダ人、日本人の三群には①と②に相当する主要輸入商が多く存在していることになる。先の取引系数の比較的多い一一地域を対象にしたときには、主要輸入商が相対的に多いのは以下の三群九地域であることがわかる。

インド人群　四地域（英領インド、英領ビルマ、英領セイロン、英領マラヤ）
オランダ人群　三地域（蘭領ジャワ、蘭領セレベス、蘭領スマトラ）
日本人群　二地域（蘭領ジャワ、英領マラヤ）

日本人輸出商が日本人輸入商に信頼を寄せることは至極当然であるが、一九四〇年初頭においてインド人とオランダ人輸入商の二群が七地域を対象にして、こうした取引関係を有しながら存在していたことに注目したい。四〇年代初頭においてもアジア通商網はこうした外国人輸入商を通して開かれていたのである。大戦の影響によって「昭

和一五年九月カラワガ国エ引合イガ殺到シテキタ。コトニ阪神市場デ蘭領インド商ノ大手筋ガ大量ノ買付ケヲハジメタ」と言われたように[6]、これらの輸入商によってアジア通商網は日本に対して開かれていたのである。

他方、日本人輸出商五つ未満と取引関係を有する現地輸入商については、以上の意味において日本人輸出商が信頼を置きにくい対象であったと考えられる。それは、取引系数の多い一一地域のうち、主要輸入商の取引系数の割合（Ⓐ／Ⓑ）が比較的低位な、華僑（蘭領ジャワの三五％）とイギリス人（オーストラリアの一二％）の二群二地域に該当することになる。しかし、先述したように日本製品への需要が戦時状態のなかで高まりをみせている時には、取引系数五つ未満の輸入商が比較的多い群についても別の解釈が可能であろう。つまり、多くの現地輸入商が日本製品の輸入取引に参入するために、そこでの取引系数の割合（Ⓐ／Ⓑ）が低くなる傾向が生じると考えられるからである。それゆえ、主要輸入商の取引系数の割合（Ⓐ／Ⓑ）が比較的低い輸入商群においては、

③日本製品への需要が高く、多くの輸入商の参入によって広範な通商網が形成された場合があると考えたい。こうした特徴は蘭領ジャワの華僑に想定しうると考えられるが（後述）、イギリス人輸入商については戦時状況のなかで日本人輸出商が信頼を寄せることが難しい状況が生じていたと解釈しておきたい。

(v)上位日本人輸出商と現地外国人輸入商。次に取引実績額四〇〇万円以上の上位日本人輸出商（一一社）に着目して（表10-1）、その動向を整理した（表10-4〜6のⒸ）。上位一一社は、輸出額全体の六四％を占めた。上位輸出商は先の東洋棉花の事例にみられるように、自ら支店・出張所を各地域に開設する傾向が強いために、本来各現地外国人輸入商との取引系数は少なくなる傾向があり、取引系数全体に占める上位商の系数の割合（Ⓒ／Ⓑ）は小さくなると考えられる。実際にその割合は一六・九％であった（表10-7）。これを基準にすれば、先の取引系数の比較的多い一一地域において、

インド人群　（英領インド）
オランダ人群　（蘭領ジャワ、蘭領スマトラ）
華　僑　群　（蘭領ジャワ）

の三群四地域ではその水準を上回っており、これらの地域では上位商においても自社以外の現地外国人輸入商との取引関係に依存する傾向が強かったことになる。

以上の概観を念頭において、以下では蘭領東インド、英領マラヤ、英領南アジアでの現地輸入商の特徴について簡単な考察を加えたい。

三　蘭領東インド

まず注目されるのは、日本人輸入商の進出が蘭印において最も顕著なことである。蘭領ジャワでの一三〇系、スマトラでの三四系、セレベスでの二六系の、計一九〇系は（表10-4）、日本人輸入商の系全体（二八五系）の六六・七％を占めた。一九三〇年代の日中関係の悪化を背景にした華僑の排日運動が「在留日本商に対し多大な影響を与え」て「日本品と日本商との商権を拡大(7)」させ、在蘭印「日本人の輸入商は、その商品を地方市場の小売商や店主に売らねばならず、その小売商たらんとする日本人の数は漸く増加しつつある(8)」と言われた状況が看て取れる。先述の、日本人輸出商五社以上と取引関係を有する現地の「主要輸入商」のなかでの日本人輸入商八社をまとめたのが表10-8である。三井物産、三菱商事、大同貿易、東洋棉花などの上位輸出商社の支店・出張所のほかに、四社の在ジャワ輸入商が存在したことがわかる。たとえば南洋商事は「全ジャワ奥地及ボルネオに多くの販売店を持って居る」[9]日本人輸入商であった。上位輸出商はほぼ自社の支店・出張所を活用する傾向が強いと考えれば、これら在ジャワ輸入商は中小規模の日本人輸出商との関係を有していたと考えられる。

他方、華僑やオランダ人輸入商などの外国人輸入商の取引系数が多いのも蘭領ジャワの特徴であった。主要輸入商としてのオランダ人は、ジャワでは一八社（表10-9）、スマトラで四社、セレベスで五社、ボルネオで二社（以上表10-10）が存在した。オランダ人輸入商の多くは一九三〇年代前半からの有力輸入商であり、彼らの「日本品によって或る期間得られた莫大な利益は、欧州品による利益の欠如や、損害の報償に用いられた」[10]と評された。本来、本国のオランダ綿製品の対蘭印輸出を選好するように認識されがちなオランダ人貿易商であるが、彼らはその低廉さを背景にした有益な日本綿布取引に積極的であり、その意味で中立的な存在であったと言えよう。一九三〇年代前半の「オランダ系商社は深刻な財政問題に直面していた」ので、「偏見を捨て」て日本品の取引に乗り出したと言われる。[11]第八章で言及したように、日本とオランダの両国綿業の通商摩擦問題を議論したと考えられてきた三〇年代の日蘭会商も実は、オランダ人貿易商の日本製品取引への参画を制度的に認めうるか否かを検討する場であった。日蘭会商にのぞむオランダ政府は蘭印市場において、日本製品に排他的に対応したのではなく、むしろ、有益な日本製品取引へのオランダ人貿易商の参入機会の形成を企図していたのである。蘭印における五大オランダ人貿易商は、

表10-8　蘭領ジャワにおける主要現地輸入商（日本人）

番号	輸入商	系数
1	松原商店	15
2	南洋商事	12
3	S. Ando Shoten	7
④	大同貿易	6
⑤	東洋棉花	6
6	桜井洋行	5
⑦	三井物産	5
⑧	三菱商事	5
計		61

資料）表10-4の「蘭領ジャワ」の「日本人」。
注記）○は，本社を日本に有する輸出商をかねるもの。

・N. V. Internationale Crediet-en Handels-Vereeniging
"Rotterdam"

表10-9　蘭領ジャワにおける主要現地輸入商（オランダ人）

番号	輸　入　商	系数	A	B
①	N. V. Borneo Sumatra Handel Maatschappij	24	●	○
2	Harmsen Verwey & Co., N. V.	14	○	
3	N. V. Handel-Maatschappij voorheen "G. Hoppenstedt"	13		○
④	Jacobson Van Den Berg & Co.	12	●	○
5	N. V. Handels Vereeniging v/h Reiss & Co.	12	○	
6	N. V. Everard & Co.'s H. Mij.	11		
⑦	Geo. Wehry & Co.	10	●	○
8	N. V. Handel-Mij. "Deli-Atjeh"	10	●	○
9	Brandon Mesritz & Co.	9	○	
10	Dreher & Stibbe	9	●	
11	N. V. Behn Meyer & Co.	9	○	
12	N. V. Handelsvereeniging "Java"	9		
⑬	N. V. Internationale Crediet-en Handels Vereeninging "Rotterdam"	9	●	○
14	L. Platon Handel-M. N. V.	7		
15	N. V. Handel Maatschappij Guntzel & Schumacher	7		
16	L. E. Tels & Co.'s Trading Society	5	○	○
17	Kerkhoff, Kerstholt & Co.	5		
18	Wilding & Co.	5		
	計	180		

資料）表10-4の「オランダ人」。

注記）Aの○は，商工省貿易局『海外諸市場ニ於ケル本邦繊維工業品』4（比律賓，蘭領印度，暹羅），1933年10月，67-8頁，に記されている有力オランダ人輸入商で，●はそのなかでも，日本に支店を開設しているもの。Bの○は，1934年10月の段階で「蘭印輸入卸組合（NIVIG）」に4つ以上加入している主要輸入商12のうちの7社を示す。この他には，Lindeteves Stokvis, Oost Indie, Carl Schlipper, Hagemeyer，三井物産の5つがある（第8章）。番号の○は，5大商と呼ばれるもの。

- N. V. Nederlands Indische Maatschappij tot voortzetting der zaken Van der Linde & Teves en R. S. Stokvis & Zonen
- Borneo-Sumatra Maatschappij
- Jacobson & van den Berg
- Geo Wehry & Co.

であることが指摘されているが、[12] そのうちの四社は表10-9のオランダ人主要輸入商として顔を出していた。また、「一九三二年に猶ほ日本商品の取引を拒んでいたヨーロッパ人配給代理店は日本に止むなく代理店を開放しさえした[13]」と言われたように、オランダ人貿易商のなかには日本に支店ないし出張所を開設するものがあり（表10-9の番号1、4、7、8、10、13）、日本綿布の直接の輸入取引に乗り出すも

表10-10　蘭領セレベス・スマトラ・ボルネオにおける主要現地輸入商

セレベス

番号	輸入商	国籍	系数
1	W. B. Ledeboer & Co.	D	11
2	S. Usui & Co.	J	8
3	J. Mohrmann & Co.	D	6
④	N. V. Borneo Sumatra Handel Maatschappij	D	6
⑤	Geo. Wehry & Co.	D	5
6	N. V. Gebroeders Veth's Handel-Mij, Macassar	D	5
計			41

スマトラ

1	Mij. voor Handel & Industrie	D	10
②	N. V. Borneo Sumatra Handel Maatschappij	D	8
③	Jacobson Van Den Berg & Co.	D	5
④	Geo. Wehry & Co.	D	5
5	Seya & Co.	J	10
6	東海洋行	J	7
計			45

ボルネオ

①	Borneo Sumatra Handels Mij.	D	6
②	Jacobson Van Den Berg & Co.	D	5
計			11

資料）表10-4の各地域の「オランダ人」。
注記）表10-9と同じ。Dはオランダ人，Jは日本人。

のも現れた。

上位日本人輸出商においても、オランダ人現地輸入商との取引関係を有するものが多く、とくに主要輸入商との取引関係を有していた[14]。東洋棉花などは「インター社と折衝を重ね、日蘭両国品の取扱いについて相互に便宜を供与することに成功[15]」したのである（第八章）。

華僑は蘭領ジャワを主な舞台に日本製品の輸入に従事していた。一九三〇年代前半には、日本人輸出商と「ジャワ華僑トノ直接取引ハ最モ希有ノコトニ属ス[16]」と報告されており、こうした華僑の日本製品の輸入商としての台頭は、三〇年代後半以降に生じた新しい現象であったと言える。それだけに、戦時状況での供給制約を背景に日本製品を積極的に購入しようとする動きが華僑において強くみられたと考えられる。蘭印ジャワの華僑の

表10-11　蘭領ジャワにおける主要現地輸入商（華僑）

番号	輸入商	系数	経営者	出身	備考
1	N. V. Handel-Mij., "Tjoan Bie"（全美公司）	15	荘西言	福建	資産60万盾。1927年設立，資本金30万盾
2	N. V. Handel-Mij., Goan Seng Hoat	10	Liauw Po Soan		1932年設立，資本金10万盾
3	Sih Khay Hie & Co.（薛開禧）	10	薛朝興，薛朝陽	ジャワ（福建系）	
4	Djie Hong Swie & Co.	8	兪鴻瑞	福建	資産50万盾
5	Hong Gang & Co.（豊源公司）	8	陳世陽	福建	
6	Liem Kiem Ling & Co.（林金寧）	8	林松良	ジャワ（福建系）	資産1000万盾
7	Hong Seng & Co.	7			
8	Lian Yoeng & Co.（連栄公司）	7	丘桃栄	客家（広東系）	資産10万盾。1931年設立，資本金20万盾
9	N. V. Handel-Mij., Yoeng Sheng（栄盛公司）	7	丘元栄	広東	資産30万盾。1930年設立，資本金15万盾
10	N. V. Handel-Mij., "Yoeng Hien"（栄興公司）	6	張順仁	客家	
11	Sun Lioeng	6	Oey Tek Fong		
12	Sam Loong & Co.	5			
	計	97			

資料）表10-4の「蘭領ジャワ」の「華僑」。
注記）経営者名を記したもの10は，満鉄東亜経済調査局『蘭領印度に於ける華僑』（南洋華僑叢書第4号），1940年3月，附録（一）（二）の「主要都市華僑重要人物調査表」と「華僑主要企業名鑑」に記載されているもの。その他は，芳賀雄『東亜共栄圏と南洋華僑』刀江書院，1941年10月，357-9頁，貿易奨励会『南洋の華僑』（貿易奨励資料第34輯）1942年8月，54-7頁。

主要輸入商（表10-11）一二のうち一〇は、満鉄東亜経済調査局『蘭領印度に於ける華僑』が「主要企業」・「重要人物」と評したメンバーであり、こうした主要勢力を通して日本綿布が積極的に輸入されたことが理解できる。これら一〇社の傾向をみると、その多くが福建系であり、比較的に広東系が少ないことがわかる。「蘭印の華僑は出身地別に見て大体福建省人が六割、広東省人が四割と云う比率」であるが、「広東人の方が郷土愛が強く比較的同化性が少く気骨あるに反し、福建省人の性質が其の反対である」[17]と評されたように、福建系華僑は排日運動の展開する戦時期においても日本製品の取引に否定的な態度をとらなかったのである。出身地ごとの差異においては、「広東系は福建系のやうに出稼地を楽土として永住し、居留国の法制、社会組織に順応し拘束せられることを肯んぜず、郷土愛、祖国愛に強く、子弟はこれを本国に送って教育し、国民精神を培養した[18]」と言われたように、広東系はナショナリズムの高揚を支える政治主体になりやすい傾向を有していた。蘭印のバタビヤ（現在のジャカルタ）において、「広東人の巨頭は**丘元栄**（客家）で福建人の大将は**荘西言**」（太字は引用者[19]）と言われたが、表10-11をみると前者の「栄盛公司」は日本人輸出商七社と取引関係を有するのにたいして、後者の「全美公司」は日本人輸出商一五社との取引関係を有した。荘西言は、反日的な行動をとる華僑とも評されていたが[20]、日中戦争の勃発に際しては、排日運動のなかでも日本製品取引に否定的な態度を示さなかったことが伝えられていた[21]。

また蘭領ジャワでは「福建出身が広東出身に比し甚だ多いと同時に僑生《きょうせい》は約八割を占め、そのうち福建系は九割に当っているから大勢は不逞の行動はなく鎮静[22]」と評されたように、蘭領ジャワでは現地で生まれた華僑の「プラナカン」が多く、本国でのナショナリズムの高揚を背景に展開する排日運動に即応すると言うよりは、むしろ現地生活の論理を優先して行動する場合が多かった。日中戦争後の東南アジアの華僑通商網は蘭領ジャワの福建系華僑を通して日本にたいして開かれていたと言えよう。むしろナショナリズムの高揚を支えた華僑は本国との関係を強く有する「新客《しんけ》」層であり、広東系が多かったと言える。

次頁の表10-12に示したように、南洋華僑（六〇〇万人）は、タイ（二五〇万人）、英領マラヤ（一七〇万人）、蘭印（一二三万人）の三地域に集中していたが、なかでも排日運動は広東系が三九％を占め、かつ「新客」層の多い[23]蘭英領マラヤが最も「激烈[24]」であり、「南洋に於ける華僑の排日運動は常に馬来半島に端を発し漸次各地に波及[25]」する連関を有した。そして蘭印の排日運動は、バタビヤの広東系に先導される傾向があり、ジャワにおける「広東人と福建人とは仲が悪い[26]」と言われた対照がみられた。在セレベス、スマトラ華僑は、広東系が比較的多く、後述の「新嘉坡の華僑卸売業者との間には密接な連絡[27]」を有しており、その意味で日本製品の取引には消極的であったと言える。蘭領セレベス・スマトラに日本人輸出商との取引を有する華僑輸入商がみられないのは、そうした対照を

表10-12　南洋華僑人口の分布（1930年代半ば）

地　域	出　身		人数（千人）
タイ	広東系	潮州人	1,500*
		広東人	250
		海南人	250
		客家人	200
		小計	2,200
	福建系		250
	その他		50
	計		2,500
英領マラヤ	広東系	潮州人	205
		広東人	410
		海南人	102
		客家人	307
		小計	1,025
	福建系		581
	その他		102
	計		1,708
蘭領東インド	広東系	潮州人	123
		広東人	184
		客家人	246
		小計	554
	福建系		677
	計		1,231
仏領インドシナ	広東系	広東人	190
		潮州人 海南人 客家人	114
		小計	305
	福建系		76
	計		381
フィリピン	広東系		22
	福建系		88
	計		110
英領北ボルネオ	広東系		52
	福建系		22
	計		74
計	広東系		4,160
	福建系		1,696
	その他		152
			6,008

資料）東洋協会調査部『現下の華僑概観』1940年5月，6-7頁。
注記）＊は，同資料では福建系とみなされている。

示していた（表10-4）。

上位日本人輸入商は自社の通商網を活用する傾向が強いものの、華僑の現地輸入商との取引関係が相対的に多いのが蘭領ジャワの特徴でもあった（表10-4）。上位日本人輸出商のなかでも特に三興（旧伊藤忠）、江商、又一の三社が華僑との取引関係を多く有していた。それぞれ二四、六七、一六の、計一〇七の華僑現地輸入商との取引関係を有し、上位日本人輸出商の全取引系数一二四の八割以上を占めた。これら三社はともに晒の取引に比重を置いており（前掲表8-9）、それを原料とするバティク（ロウケツ更紗）の取引で独占的な華僑との取引を必要としたためであった。[28] 伊藤忠では「晒綿布ノ販路開拓ヲ意欲的ニススメテ［中略］加工綿布兼営ノ紡績五社〈呉羽紡績、富士瓦斯紡績、豊田紡織、大日本紡績、日清紡績〉カライチハヤクキャンブリックノ独占販売権ヲトリツケ［中略］リンバンシン（Lien Bwan Sing & Co.）、シーカイヒ（Sih Khay Hie & Co.）［表10-11の番号3］ナドノ華商トオオキナ取引ヲツズケルコトガデキタ[29]」と言われた。

四　英領マラヤ

先述したように英領マラヤ華僑は、広東系「新客」層が排日運動の中核を形成していた。第五章で検討したように、英領マラヤにおける日本綿製品輸入取引については、一九三四年六月から一二月の七カ月間を対象にした輸入商別取引実績調査が存在する（前掲表5-3）。総輸入量のうち、華僑は三八・四％、印僑二六・三％、日本人三〇・〇％、その他（主にヨーロッパ人）五・三％という構成比であり、外国人輸入商が日本製品の分配に重要な役割を果たしていたことが理解できる。これらの輸入商と表10-13にまとめた一九四〇年代初頭の主要輸入商とを対比すると、まず華僑が輸入商として姿を消していることが注目される。日本人と印僑においては三四年の取引から継続して顔を出しているものが存在するが（表10-13の○印）、同年の輸入取引において四割近くを担った華

表10-13　英領マラヤにおける主要現地輸入商

番号	輸入商	国籍	系数
①	B. S. Simoda & Co.	J	21
②	A. A. Valibhoy	I	17
③	M. A. Fazal Ellahi & Co.	I	14
④	Maganlal Nagindas & Co.	I	8
⑤	Edgar Brothers Ltd.	E	7
⑥	三井物産	J	7
⑦	Diethelm & Co.	S	6
8	Echigoya & Co.	J	6
9	Handelsvereeniging “Holland” N. V.	D	6
10	Gian Singh & Co.	I	5
⑪	Uttaram & Co.	I	5
⑫	三菱商事	J	5
計			107

資料）表10-5の「英領マラヤ」。

注記）Jは日本人，Iはインド人，Eはイギリス人，Sはスイス人，Dはオランダ人。番号の○は，1934年においても日本製品の輸入取引に関係していたメンバー（前掲表5-4・7のⒶ，表5-6）。番号の9と10は，当時イギリス製品の輸入に重点を置いていた（表5-5のⒷ，表5-7のⒷ）。

僑は主要輸入商として顔を出していない点は、英領マラヤの華僑の日本にたいするボイコット運動の激しさを改めて示すものである。日中戦争勃発から三八年八月までの約一年間における抗日戦費調達のための華僑からの義捐金は八六四二万元であり、その内訳はシンガポール三七・〇%、フィリピン一〇・一%、バタビヤ六・七%、タイ五・五%という構成であり、英領マラヤの華僑の抗日意識の強さが改めて確認できる。(30)

英領マラヤと蘭領ジャワでの日本軍政における華僑対策について、前者においては「武断的権力主義の色彩を濃くし、華僑の協力を求める基礎をうしなった」のにたいして、後者では「宥和主義に根ざす家父長的な匂い」を特徴にしたとする認識があるが、(31)こうした対照は日本製品を輸入する華僑の存在の差異に照応するものである。日本軍政の差異が華僑の存在の差異を促したのか、また逆に華僑の対日本姿勢の差異が軍政の差異を促したのかという論点は今後の検討課題であるが、東南アジア華僑においても一九四〇年代初頭にこうした差異が生じた点は注目しうる。(32)

華僑と対照的であったのが印僑輸入商であった。(33)「満州事件ニ因ル排日貨当時、ハイ街［華僑街］ヨリ暫時邦品輸入販売ノ実権ヲ奪ッタ感アッタ、アラブ印度人商店(34)」と評されたように、印僑は一九三〇年代の華僑の排日運動に乗じて日本製品の輸入に乗り出した新興勢力であった。日中戦争勃発時には印僑のなかにも「中国支援の立場(35)」にたつものがいたが、四〇年代初頭においても英領マラヤ華僑の日本品輸入取引の停止とは対照的に、日本製品の取引を継続したのである。その意味で印僑通商網は戦時状況のなかでも開かれたものであった。日本製品の現地主要輸入商として立ち現れるGian Singh（表10-13の番号10）は、三四年当時は、日本製品ではなく、イギリス製品の輸入商であったことを考えても（前掲表5-4の(B)の番号2）、印僑通商網の開放性が、日中戦争後の特徴であったと言える。(36)本章の対象ではないが、タイにおいても「支那事変勃発により華僑が日貨排斥運動を起こすと［中略］日本商社は専ら印度商社を利用して日貨の売捌きに腐心した(37)」と言われたように、印僑は華僑通商網に代替する側面を有していたと言える。

英領マラヤ印僑のアジア関係史のなかにおける歴史的意義については今後の検討課題であるが、印僑が「日本の東南アジア軍事支配に協力した」ことから、いままで考察の対象とはなりにくかった点が指摘されている[38]。英印の脱植民地化を促す反英運動が、結果として対日協力に転ずる政治的連関が問題になるが、こうした軍政における日本と印僑との関係の緊密化は通商網を通しても考察される必要があろう。

五　英領南アジア

英領南アジアでは、インド人輸入商が日本人輸出商との広範な通商網を張りめぐらしていることが特徴であった。しかし、英印のインド人主要輸入商五二社（表10-14）、ビルマの主要輸入商一七社（表10-15）、セイロンの主要輸入商一二社（表10-16）については検討しうる資料を入手しておらず、そうした輸入商の性格の検討は別の機会に譲らざるをえない。限られた資料から概観するに、一九二〇年代後半から日本製品の輸入に従事していた輸入商が上位に顔を出しており、比較的安定した関係が継続していたと考えておきたい。

もっとも、日本とインド人輸入商との関係については他地域と異なり、関係維持をめぐって特異な問題が存在した点に注目したい。一九四〇年以降の英印では、産業基盤を持たない東南アジアと異なって、インド綿業の一層の輸入代替化が進んでおり、こうしたインド人輸入商との取引関係はヨーロッパ製品の供給に制約が加わるなかでも縮小を余儀なくされる傾向にあったからである。すでに三五年には全需要の八割近くをインド国産品で供給する態勢が出来上がっており、四〇年にはインド棉花価格の動きが国内需給によって規定されるほどにインド棉花の国内消費は高まっていた[39]。そうであるとすれば、日本は早晩こうしたインド人通商網との距離を深めざるをえないこと

表10-14　英領インドにおける主要現地輸入商

番号	輸　入　商	系数	番号	輸　入　商	系数
①	Jewanram Gangaram & Co.	16	28	Heeralall Gobindlall	7
②	B. M. Kharwar	13	29	Jagkumar & Co.	7
3	Bansidhar Gopaldas	12	30	Madhowji Thakersey Sons	7
④	Haji Hasan Dada	12	㉛	Pannalal Sagarmal	7
5	Lilaram Kewalram	12	32	Sreechand Ganeshdass	7
6	Chaturbhuj Bhaichandhai & Co.	11	33	Vora Bros.	7
7	Damodar Khetsey	11	34	B. Gokaldas & Co.	6
8	Jiwanram Periwal	11	35	Devidas Muljee Kapadia	6
⑨	Morarji Velji & Sons	11	36	Hasasingh Lalsingh	6
10	Bombay Import & Export Agency	10	37	K. Kishindas & Co.	6
11	Sankalchand G. Shah & Co.	10	38	Moolchand Sewkissen	6
12	Abdulla Ayoob	9	39	Motilal Periwal & Co.	6
13	C. P. Doshi & Co.	9	40	Pannalal Joharimull	6
14	Megraj Kanyalal	9	41	Rameshwar Periwal	6
⑮	Nandram Sardarmull	9	42	Central trading	5
16	Rugnath lalji & Co.	9	43	E. K. Kavarana & Co.	5
17	Batliwalla & Co.	8	44	H. Blascheck & Co.	5
18	Chotalal Ravicarandas & Co.	8	45	Jindaram Harbilas	5
19	Dulabhdas Kuberdas & Co.	8	46	Jitmull Ramlal	5
⑳	G. Soondardass	8	47	Madangopal Acharaj	5
21	Hazarat & Co.	8	48	Omprakash Durgadas	5
22	Ramnarain Basdeo	8	49	P. Dwarkadas	5
23	Ratilal & Co.	8	50	Perozshaw Pestonjee Sethna	5
24	Surendra Nath Dutt & Co.	8	51	Sewanram Kaluram	5
㉕	Ahmed Abdul Karim Bros.	7	52	Sookhdebdass Gobordhandass	5
㉖	Bhagwandas & Co.	7	㊽	三井物産	5
27	Fazalbhoy Tulsidas & Co.	7	㊾	東洋棉花	5
計					414

資料）表10-5の「英領インド」。

注記）53，54は日本人輸入商。○は，1920年代において日本品取引に関係した主要輸入商（商工省商務局編『内外市場に於ける本邦輸出綿織物の現勢』日本輸出綿織物同業組合連合会，1929年2月，459-62，592頁。以下，表10-16・17も同書による。それぞれ510-1，670-1頁）。

表10-15　英領ビルマにおける主要現地輸入商

番号	輸　入　商	系数
1	Hajee Tarmohamed Vallymohamed Sons & Co.	20
②	B. M. Khalwar & Co.	17
3	Abdulla Ayoob & Co.	11
④	Ahmed Abdul Karim Bros.	9
5	Hashim Hajee Ahamed Bros.	9
6	Abdulla Aziz Abdul Hamid	8
7	Cassim Tar Mohamed Bros. & Co.	8
8	H. V. Mohamed Moosa Motiwala & Sons	8
9	G. Y. Knight & Co.	7
⑩	Moosa Hoosain & Sons	7
11	Ahmed Ebrahim Bros.	6
12	Abdul Sattar & Noor Mohamed Co.	5
⑬	Abdulla Ally Mohamed Motiwala	5
14	H. A. S. H. Vally Mohamed & Sons	5
15	Herperink Smith & Co.	5
16	J. Kimatrai & Co.	5
17	Massink & Co.	5
18	三井物産	5
	計	145

資料）表10-5の「英領ビルマ」。
注記）18は日本人，それ以外はインド人。表10-14と同じ。

表10-16　英領セイロンにおける主要現地輸入商（インド人）

番号	輸　入　商	系数
①	S. T. R. Salay Mohamed & Co.	27
②	Haji Abdul Karim & Co.	13
3	Haji Mohamed & Sons	8
4	Sulaiman Vali Mohamed & Co.	8
5	D. A. Khan & Co.	7
6	Somar Textile Co.	7
⑦	A. R. Kareem & Co.	6
8	Haji Abdul Gani Giga & Co.	6
9	Haji Abdul Gani Haji Bawa	6
10	Ahamed Abdul Satter & Co.	5
11	Ismail Essa & Co.	5
⑫	N. M. Karim & Co.	5
	計	103

資料）表10-5の「英領セイロン」。
注記）表10-14と同じ。

になっていたと言えよう。

こうした戦時期におけるインド人通商網の縮小に関する問題については、第五章でも述べたように、第三次「日印会商」の過程が日本の反応を伝えるものとして興味ある論点を提示している。[40]詳細な経過は省略するが、一九三七年四月から発効した第二次日印綿業協定の失効（四〇年三月）を前に、その継続か否かを議論する会商が三九年一一月から具体的に始められた。現行協定の維持を四〇年一月に表明した英印と異なり、日本は加工綿布を中心に対英印綿布輸出量の拡大を要求する姿勢を見せた（三九年一二

表10-17　対英領ビルマ日本綿布輸出商（1934年2月19日～3月8日）

順番	輸出商	取引量（千碼）	生地		晒		加工	
1	B. M. カルワー	1,050	(8)	244	(5)	238	(22)	568
2	エ．エ．カリム・ブラザース	772	(2)	94		—	(7)	679
3	東洋棉花	711	(8)	250		—	(28)	462
4	ジェー・キマトライ	224	(1)	82		—	(3)	142
5	又一	212	(3)	103		—	(5)	109
6	伊藤忠商事	149	(1)	53	(2)	96		—
7	日本綿花	146		—	(1)	96	(2)	50
8	南星商会	133		—		—	(6)	133
9	杉本	120	(3)	40		—	(6)	80
10	三井物産	96	(2)	25		—	(2)	71
11	岩井商店	82		—		—	(4)	82
12	瀧定商店	29		—		—	(2)	29
13	北川	28		—		—	(2)	28
14	大同貿易	23		—		—	(1)	23
	その他とも合計	3,780	(28)	889	(8)	430	(90)	2,460
	インド商3社のシェア（%）	54		47		55		56

資料）外務省記録『外国ニ於ケル本邦輸出綿糸布取引関係雑件』1934年（E.4.5.0，2-4）。
注記）（　）内は取引回数。

月）。しかし、こうした修正要求も四〇年二月には徹回され、現行協定の僅かな修正にとどまる提案に落ちついた。日本には譲歩の姿勢がみられたのである。日本の譲歩姿勢の経済的含意は、現行に近い形であっても協定締結によって対英印綿布輸出条件を維持しようとするものであった。第二次大戦の勃発によって、第三次日印綿関係品協定は「申合」にとどまったが、英印の輸入代替化が進むなかにおいては、日本の対英印綿布輸出を維持する条件へと読み替えがなされるようになったのである。

日本の譲歩としてもう一つ看過されてならない論点は、日本綿布の輸出商への割当方法をめぐる交渉のなかで現れた。日本側は輸出割当方法として、六割を前年の「実績」によって、四割を新規参入の輸出商を主な対象にした「入札」によって振り分けることを提案した。日本側が新規参入者に配慮したのは「輸出振興の為旧業者を戒める一方、新規取引を促進する必要から生じた」と説明されたが、インド政庁側は在日本インド人輸出商（印僑）がすでに取引実績を多く有しているところから、八割を「実績」、二割を「入札」に付すことを求めた。前掲表5-18で示したように、一九三五年の段階で印僑をふくめた在日本外国人輸出商は加工綿布において四二%を占め、そして表10-17に示したように、三四年二月からの約二週間であるが、対英領ビルマ輸出において、印僑三社は五四%を占めていた。結局、第三次会商は、四〇年三月に、インド政庁案を採用する日本の譲歩によって交渉が落ちつくが、この譲歩の含意は在日本印僑への配慮であり、彼らの通商網との関係維持を企図したものであった。日本の譲歩には、英印市場の輸入代替化のなかでの対英印輸出条件の確保とともに、日本と英印をつなぐインド人通商網の維持という二つの課題が含意されていたのである。

日本がインド人通商網の維持を企図していたことは、「敵国」人としての「指定外国人」規定の適用に際して、インド人にたいしては適用を除外した場合が比較的多いことからも看て取れる。[41] インド人通商網を維持しようとした政治的含意は今後の検討課題であるが、日本にとってはインド人通商網はその取引系の多さを背景に、戦時下においても十分な利用価値を有するものであったと考えられる。インド人通商網が多くの取引系を有しながら日本に対して開かれていたことをこうした政治的含意との関係で考察する必要があるように思われる。

まとめにかえて

一九四一年七月の対日本資産凍結によって日本が、第三国向け貿易の停止を余儀なくされるまでに、日本は南・東南アジアを対象に、華僑、インド人（印僑も含む）、オランダ人らの輸入商が取り結ぶアジア通商網との関係を維持していた。三九年以降の第二次大戦がヨーロッパ製品の対アジア供給に制約を加え、日本製品へのアジアからの需要を喚起したことを背景に、日本綿布はアジア市場に強く求められるようになった。日本綿布の輸出は、在日本外国人輸出商と日本人輸出商によって担われたが、後者は在外日本人輸入商との取引関係のほかに、広範な外国人輸入商との取引関係を有していた。蘭印においてはオランダ人輸入商、英領マラヤにおいては印僑、南アジアにおいてはインド人輸入商の通商網が日本に対して開かれた存在であった。また、蘭領ジャワにおいては華僑が福建系「僑生」を中心に日本綿布の取引に従事していた。オランダ人、インド人、華僑らの通商網を前提に日本綿布はアジア市場の深層に流れたのであった。こうした「開かれた」アジア通商網の日本軍政における役割を検討することが今後の課題である。

（1）本書、緒論参照。
（2）貿易業整備要綱は、輸出が困難になった第三国向け輸出商を統合し、彼らに未だ輸出可能な地域（円域、タイ、仏領インドシナ）への参入の機会を提供することを課題にしていた。「要綱」の概要は、以下の三つの基準において輸出商の存続を認めるものであった。
(1)一九三九〜四〇年度の対第三国（タイ・仏印を含む）平均輸出実績五〇万円を最低限として、これに達しない商社には合同を勧誘する。――「総合基準」規定。
(2)但し商品別に或る程度の基準を設け（二〇―三〇万円ぐらい）、総合基準に達していなくても、この基準を超える輸出商には存続を認める。――「商品別基準」規定。
(3)特定市場のみを相手にする輸出商は必要に応じて存続を認める。――「特定市場別基準」規定。
そして、こうした規定に照らして存続を認められた輸出商の、円域、タイ、仏領インドシナへの輸出介入については、輸出計画総額の二〇％を彼らに割り当て、さらに二〇％を「申請割当」にする方法がとられることになっていた（六〇％は当該三域に実績を有する貿易商に割り当られる）。
（3）寺村泰「日中戦争期の貿易政策」、および高村直助「綿業輸出入リンク制下における紡績業と産地機業」（いずれも近代日本研究会『戦時経済』〈近代日本研究九〉山川出版社、一九八七年一〇月）参照。
（4）神田末保『輸出振興より貿易改善の急務と貿易商許可制論』神戸貿易会館、一九三九年八月、一一頁。
（5）日本綿糸布輸出組合事業部『昭和一六年度　輸出綿糸布需給調整事業概要』（一九四一年四月〜四二年三月）一〇頁。
（6）伊藤忠商事株式会社社史編纂室『伊藤忠商事一〇〇年』一九六九年一〇月、一三五頁。
（7）J・ファン・ヘルデレン（原田禎正訳）『蘭印最近の経済・外交政策』生活社、一九四〇年九月、七頁。

(8) 同前。
(9) 小沢友義編『日本綿花株式会社五十年史』日綿実業株式会社、一九四三年九月、一四〇頁。
(10) 前掲『蘭印最近の経済・外交政策』三二頁。
(11) ピーター・ポスト「対蘭印経済拡張とオランダの対応」(『岩波講座　近代日本と植民地3　植民地化と産業化』岩波書店、一九九三年二月) 六七頁。
(12) 同「オランダ商社と日本の蘭印貿易——二重地域経済における信用と地位」(杉山伸也、リンダ・グローブ編『近代アジアの流通ネットワーク』創文社、一九九九年六月)。
(13) J・S・ファーニヴァル (南太平洋研究会訳)『蘭印経済史』実業之日本社、一九四二年二月、五八六頁。
(14) 根拠は紙幅の関係から省略したが、上位輸出商がオランダ人現地輸入商との間で有した取引系数四三 (表10-4) のうち、オランダ人主要輸入商のそれは三四であった。
(15) 東棉四十年史編纂委員会『東棉四十年史』一九六一年一月、一二一頁。
(16) 商工省貿易局『海外諸市場ニ於ケル本邦繊維工業品』4 (比律賓、蘭領印度、シャム) 一九三三年一〇月、六八頁。
(17) 三好俊吉郎 (外務省欧亜局第三課・前バタビヤ副領事) 述『南洋華僑ニ就テ』東亜研究所 (資料 (外乙) 第二四号D) 一九三九年九月、三頁。
(18) 東洋協会調査部『現下の華僑概況』一九四〇年六月、七頁。
(19) 前掲『南洋華僑ニ就テ』一八頁。
(20) 岩武照彦『南方軍政論集』巌南堂書店、一九八九年三月、二四九頁。
(21) 本書、第九章。出典は、満鉄東亜経済調査局『蘭領印度に於ける華僑』(南洋華僑叢書第四巻) 一九四〇年三月、付録(一)の「主要都市華僑重要人物調査表」四頁。
(22) 井出季和太「南洋華僑最近の動向と将来」(東洋協会『東洋』四三号、一九四〇年新年号) 九二頁。
(23) 表10-12のタイにおける潮州人を福建系と読みかえて試算。根拠は前掲「現下の華僑概況」七頁。
(24) 台湾南方協会『華僑概況』刊行年月不明、二二頁。
(25) 前掲『南洋華僑ニ就テ』六頁。
(26) 同前、一七頁。
(27) 井出季和太『華僑』六興商会、一九四二年六月、二七九頁。
(28) 村上良忠「両大戦間期日本綿織物の東南アジア進出」(『東南アジア——歴史と文化』No.11、一九八二年) 五六頁。

(29) 前掲『伊藤忠商事一〇〇年』一二六頁。

(30) 満鉄東亜経済調査局『英領馬来・緬甸及豪州に於ける華僑』（南洋華僑叢書第五巻）一九四一年二月、五九〇頁。

(31) 前掲『南方軍政論集』二八二、二八六頁。

(32) 日本に対して閉鎖的であった華僑通商網は日本品の代替として中国品の取引に比重を移したと考えられる。中国では上海（華中）からの供給比率の増加と香港を経由する英領マレー、仏領インドシナへの供給比率増は日中戦争後に顕著であり、こうした中国の工業化の連鎖が華僑の排日運動を、限界を持ちながらも支えた条件であったと考えておきたい。東亜研究所『第三調査委員会報告書――南洋華僑抗日救国運動の研究』一九四五年七月（龍渓書舎より一九七八年一〇月に復刊）四一八頁。

(33) Rajeswary Ampalavanar Brown, *Capital and Entrepreneurship in South-East Asia*, St. Martin's Press, 1994, Chapter 10を参照。

(34) 商工省貿易局『海外諸市場ニ於ケル本邦繊維工業品』八（英領馬来）一九三四年一月、八九頁。

(35) 長崎暢子「東南アジアとインド国民軍」（『岩波講座　近代日本と植民地五　膨張する帝国の人流』岩波書店、一九九三年四月）一五七頁。

(36) 同社は一九三五年に日本に支店を開設している（A 000167 / 07, BAJAJ, Jaswant Singh, in *Pioneers of Singapore*, Archives & Oral History Department, Singapore)。

(37) 前掲『第三調査委員会報告書』四一七頁。

(38) 前掲「東南アジアとインド国民軍」一五五頁。

(39) 本書、第七章。

(40) 以下は奥村正太郎編『日印会商史』日印通商協議会、一九四二年九月、四三八―九八頁。本書、第五章参照。

(41) 「大蔵省告示第六〇三号――一般許可第六七号」（『官報』一九四二年一月）。

あとがき

本書は著者がこの約一〇年間に発表してきた、日本とアジアとの通商関係についての論考を基礎に、新たに書き下ろした論考を含めて、まとめたものである。日本史研究の立場でありながら、アジア市場に展開する華僑、または印僑の通商網の役割について議論しようと企図したものである。

本来、著者は戦前期日本綿業を対象にした「産業史」研究に関心をもって、一九八一年に大学院に進学した。本書が、やや「流通史」に比重を置いているために、そうした研究歴からは、やや奇異な印象を与えるかもしれないが、本書の課題を見つける契機となったのは、一九八四年の夏に帰省した折りに、たまたま『豊能町史』の編纂にかかわっていた父の助手として参加した黒田康男家調査での、『黒田新六郎文書』との出会いであった。同史料は寒天生産に関わる地域の名望家のものとして政治史的にも有意義な情報を満載していたが、なかでも中小規模生産者の自立を企図した同業組合結成の背後に、大阪・神戸の華僑商人への強い抵抗意識を読みとった時に、そうした記述が、これまでの日本史研究では説明できない歴史的事実として強く印象に残った。その時には、これを直ぐに論考としてまとめることなど考えてはいなかったが、続く一九八五年に発表された「アジア間貿易」論（『社会経済史学』五一巻一号）を通して、アジア市場における華僑の存在と彼らの通商活動が決して明治期の日本と無関係ではないことに確信を得た時に、論考としてまとめることを思いついた。いわゆる明治期の開港場であった横浜、神戸、大阪、函館、長崎などの主要な図書館をまわり、関係する資料を収集するうちに、黒田新六郎に現れるナショナリズムの高揚に似た意識は、当時の日本においては、決して例外的なものではなかったことに確信をえるようになった。少なくとも神戸・大阪・函館においては華僑商人からの「商権」奪取が強く訴えられていたのであった。

調査に時間を費やすなかで、成稿には数年を要したが、本書の課題に接近した第一の論考は第一章となって本書に収められている。日本の近代的産業の代表的な存在である綿業の産業史研究を専攻していた者が、突然、伝統的な対アジア輸出品の寒天を素材にした通商問題の論考を発表したときには、周囲にいた先生方や諸先輩からは、「君、大丈夫かね」といった反応がよく返ってきた。本人には「衝撃」であっても、周りにとってはそうでないことはよくあるわけで、絶えず謙虚でなければならないと思う。しかし、第一論考の成稿に至る数年間は楽しい作業であった。諸先生や諸先輩には、ずいぶん御心配をおかけしたが、この約一〇年間、日本と華僑にこだわり続けたことで、お許し願いたい。

本書を作成するにあたっての第二の契機は、輸出繊維会館での史料調査の過程でもたらされた。本書の緒論でも紹介したように、華僑や印僑の通商網に強く依存する第一次大戦後の日本の繊維業界の姿に出会ったことである。黒田家文書が華僑商人への「対抗」を意識したものであれば、ここでの史料群は「依存」の側面を主張していたわけである。本書の後編につながる史料との遭遇であった。本書でも強調したように、華僑と印僑の通商網を通して、日本製品がアジア市場に流れ出ることを戦前の業界人は充分に認識していた。史料を読み返し、アジア経済史の先達との議論のなかで、工業化には鉄道網や通信網などのインフラ公共財が必要であるように、アジア通商網それ自身がアジアの工業化を支える「公共財」的な存在ではなかったかとの考えを抱くようになった。そして明治期の日本が、華僑商人との接触のなかで、これを凌駕するような日本人通商網形成の動因を得たことの歴史的意義を改めて考えるようになった。あわせて、こうした通商網の存在を、政治的に秩序づけるのではなく、むしろ軍政に利用することで初めて認識するようになる一九三〇年代の日本の政治を問題視するようにもなった。もっとも本書では、こうした政治史的な論点を充分に議論できているわけではないが、アジア通商網の開放性とそれへの戦前期日本の依存性については、できうるかぎり表現したつもりである。

本書の分析では、対象とした時期や流通過程に注目したところから、繊維業界の内部史料に接近する必要があった。その多くは未刊行であり、史料の閲覧にあたっては多くの方々を煩わせている。以下、お名前と機関名をあげることで、謝意に代えさせていただきたい（五十音順）。

穴見裕美氏（東洋棉花株式会社）、片岡朋子氏（名古屋商工会議所）、蒲池友子氏（日本紡績協会）、故 黒田康男氏、呉密察氏（台湾国立大学）、近藤正己氏（近畿大学）、鍾淑敏氏（台湾中央研究院台湾史研究所準備処）、塩田耀子氏（高瀬織布）、菅瀬実氏（元東洋棉花株式会社）、故高岡定吉氏（大同マルタ染工株式会社、元日本綿花）、故谷口豊三郎氏（東洋紡績株式会社）、故田和安夫氏（日本紡績協会）、日高準一氏（輸出繊維会館）、故福井慶三氏（日本綿花株式会社）、村上義平氏（東洋紡績）、三輪隆康氏（興和株式会社）、横田健一氏、林満紅氏（台湾中央研究院近代史研究所）。

なかでも、穴見裕美、故黒田康男氏、蒲池友子氏、菅瀬実氏、日高準一氏からは本書の核となる貴重な史料の閲覧を許された。

伊藤忠商事株式会社総務課、大蔵省財政史資料室、大阪市立大学経済研究所、大阪市立大学学術情報総合センター、大阪商工会議所図書室、神戸大学人文社会科学図書館、神戸市史編纂室、神戸商工会議所、神戸貿易協会、神戸税関広報室、興和株式会社、国立国会図書館憲政資料室、京都大学経済学部図書館、外務省外交史料館、滋賀大学経済学部図書室、社団法人糖業協会、シンガポール国立大学中央図書館、シンガポール・ナショナル・アーカイヴズ、台湾国立大学研究図書館、台湾中央研究院近代史研究所、台湾中央研究院台湾史研究所準備

処、台湾中央図書館台湾分館、瀧定株式会社、田村駒株式会社社史編纂室、東京大学経済学部図書室、東洋紡績百年史編集室、東洋文庫、東洋棉花株式会社広報室、長崎県立図書館、日本紡績協会、日本綿花株式会社、日本綿花協会、名古屋商工会議所図書室、一橋大学付属図書館、北海道立公文書館、山口大学経済学部図書館、輸出繊維会館、横浜開港資料館、龍谷大学図書館長尾文庫。

そして、収集した史料の整理とデータ入力は、小島紀子、島口寿美、松延眞介の三氏に依頼した。整理にもちいたパソコンの設定や操作では多くのご教示を得た。

本書をまとめるにあたっては、多くの方々のご指導、ご教示に導かれてきた。まず、大阪市立大学経済学部から一橋大学大学院経済学研究科に在籍していた時代には、歴史研究の基礎を学んだ。歴史研究の理論と実証の往復運動の必要を教えていただいた山崎隆三先生。既成概念を相対化しながら、現れた歴史的データをいかに自分のなかに吸収するのかを伝えていただいた杉原薫先生。高い水準での実証研究こそ歴史研究の生命であることを教えていただいた中村政則先生。研究史の厚みを前にそれを越えることの必要性を強く教えていただいた西成田豊先生。日本国内の主要な紡績企業の社史史料の博捜の必要とその方法を教えていただいた米川伸一先生。研究生活を継続するにあたって良好な環境を提供いただいた由井常彦先生、芝原拓自先生、塩見治人先生、井上泰夫先生。産業史分析の方法とあわせて、歴史研究論文作成とは如何にあるべきかを初歩から教えていただいた橋本寿朗と武田晴人の両先生。調査対象は大きく異なるものの史料所在地（とくに一九八二年夏の岐阜県）での聞取り調査の方法からマイクロ・カメラの撮影方法まで、直接に教えていただいた森武麿先生。そして先輩の、大島真理夫、大門正克、市原博、筒井正夫、柳沢遊の各氏。いずれの方々からも論文作成にあたっての一次史料の博捜の重要性をご教示いただいた。研究対象となる企業経営史料、企業団体史料や役場文書など、また関係者からの聞取り調査に重点を置く、

「地べた這いずり」型と評されるようになった調査スタイルを今後も続けて行きたい。

大学院を単位取得後満期退学してからは、いくつかの研究会で自分の作品を発表する機会をえた。布川弘と飯塚一幸の両氏のおさそいで参加した「日本史研究会」。竹内常善、阿部武司、沢井実の各氏をはじめとする「中小企業史研究会」。杉山伸也、リンダ・グローブ、濱下武志、古田和子の各氏をはじめとする「アジア流通ネットワーク研究会」。秋田茂氏とともに主催した「アジア国際関係史研究会」。湯沢威先生が組織された社会経済史学会共通論題「ジェントルマン資本主義とアジア」（一九九八年六月、学習院大学）をめぐる研究会。そして、現在の職場であり、「共同研究会」を組織しながら知の共有を前提に新しいアジア史像を追求している人文科学研究所の各研究会。これらの研究会への参加は、ややもすれば「事実」発見に専念しすぎる私の思考を、たえず理論的整理へと導いてくれたように思う。なかでも人文科学研究所においては、更なる「共同研究」への参加と組織化を企図し、研究班が「アジアからの情報の発信源」となるようにかかわって行きたい。

名古屋大学出版会の橘宗吾氏の強いお誘いがなければ、このような形で本書をまとめることはできなかった。最初に出版のお誘いをうけてから、数年が経過したが、過去に発表した著者の拙稿を並べながら、全体像へとつなげる氏の構想力に大いに助けられた。そして本書の書き下ろし部分の草稿については、杉原薫先生（大阪大学）をはじめ、脇村孝平（大阪市立大学）、秋田茂（大阪外国語大学）の各氏に読んでいただいた。少しでも日本史をアジア史、イギリス帝国史とつなげながら議論することの重要性を教えていただいたのは、この三氏であった。三氏は日本史を一国史として完結させるのではなく、グローバル・ヒストリーのなかで語ることの意義を強調されているのである。

大学院に在籍していた時から、研究成果の刊行をすすめていただいた米川先生は、昨年の一一月一八日に他界された。初校正の段階での訃報であった。昨年の六月に社会経済史学会大会（京都大学）会場で、本書の刊行のお話をした時には大変喜んで下さったが、ついに本書を直接にお届けするすることができなかった。いつもゼミに参加する院生にたいしては、その人の比較的ひいでた点を引き出しながら評価して下さる先生であった。
改めて、以上の先生方や諸先輩、友人に厚くお礼を申し上げたい。

本書の基礎となる研究については次の研究費交付の後援を得た。一九八八年度と九二年度の文部省科学研究費補助金（奨励研究A）、一九九六年六月〜九七年一二月の松下国際財団（代表　山本有造）、一九九七〜九八年度文部省科学研究費補助金（萌芽的研究）、一九九八〜九九年度文部省科学研究費補助金（特定領域研究A—公募研究）。そして刊行にあたっては一九九九年度日本学術振興会科学研究費補助金「研究成果公開促進費」が交付されている。

最後に私事にわたって恐縮であるが、現在も史料を判読しながら自分の作品をつくりあげている両親の次郎と眞智子に、そして私の研究生活を支えてくれている家族の直子と直太に本書を贈りたい。

二〇〇〇年一月三日

東一条の研究室にて　　著　者

初出一覧

緒　論　日本孫文研究会、神戸華僑華人研究会編『孫文と華僑』汲古書院、一九九九年三月。書き下ろし。

第一章　『歴史学研究』六〇八号、一九九〇年七月。

第二章　同前。『オイコノミカ』名古屋市立大学経済学会、第三一巻第二―四号合併号、一九九五年三月。

第三章　『日本史研究』三三四号、一九九一年四月。『国立台湾師範大学歴史学報』第二二期、一九九四年六月。

第四章　杉山伸也、リンダ・グローブ編著『アジアの流通ネットワーク』創文社、一九九九年六月。データを追加して、『人文学報』京都大学人文科学研究所、第八二号、一九九九年三月。

第五章　Japanese Cotton-textile Diplomacy in the First Half of the 1930s: The Case of the Dutch-Japanese Trade Negotiations in 1934, *Bulletin of Asia-Pacific Studies*, Vol. 7, Osaka University of Foregin Studies, March, 1997. 『岩波講座　世界歴史19　移動と移民――地域を結ぶダイナミズム』岩波書店、一九九九年八月。後半は、書き下ろし。

第六章　『土地制度史学』一一七号、一九八七年一〇月。これに加筆。

第七章　『人文学報』京都大学人文科学研究所、第七七号、一九九六年一月。

第八章　『人文学報』京都大学人文科学研究所、第八一号、一九九八年三月。

第九章　書き下ろし。

第十章　『人文学報』京都大学人文科学研究所、第七九号、一九九七年三月。

《著者略歴》

籠《かご》谷《たに》直《なお》人《と》

1959年　京都市に生まれる
1981年　大阪市立大学経済学部卒業
1986年　一橋大学大学院経済学研究科博士課程退学
名古屋市立大学助教授などを経て
現　在　京都大学人文科学研究所助教授

アジア国際通商秩序と近代日本

2000年2月20日　初版第1刷発行
2001年9月20日　初版第2刷発行

定価はカバーに
表示しています

著　者　籠　谷　直　人

発行者　岩　坂　泰　信

発行所　財団法人　名古屋大学出版会
〒464-0814　名古屋市千種区不老町1名古屋大学構内
電話(052)781-5027/FAX(052)781-0697

印刷・製本 ㈱クイックス　ISBN4-8158-0376-5

人名索引

1）比較的重要と思われる人名（研究者を除く）をあげた。
2）本文および注を対象とし，図表からはとっていない。

ア　行

カ　行

サ　行

タ 行

ナ 行

ハ 行

マ 行

ヤ 行

ラ・ワ行

事項索引

1）比較的重要と思われる事項をあげた。
2）本文および注を対象とし，章題・図表からはとっていない。
3）文献名・史料名からはとっていない。
4）内容や概念の説明に関するところは，イタリックの頁数で示した。

ア 行

カ 行

サ　行

タ　行

ナ　行

図表一覧